Grundkurs deutsche Militärgeschichte • Band 1

Grundkurs deutsche Militärgeschichte

Drei Bände für die historische und politische Bildung in der Bundeswehr

Im Auftrag des Militärgeschichtlichen Forschungsamtes/
Zentrums für Militärgeschichte und
Sozialwissenschaften der Bundeswehr
herausgegeben von

Karl-Volker Neugebauer

Band 1

Grundkurs deutsche Militärgeschichte

Band 1

Die Zeit bis 1914

Vom Kriegshaufen zum Massenheer

Mit Beiträgen von
Michael Busch, Michael Epkenhans,
Stephan Huck, Karl-Volker Neugebauer
und Matthias Rogg

sowie Winfried Heinemann, Herbert Kraus,
Werner Rahn und Dieter Storz

DE GRUYTER
OLDENBOURG

Projektkoordination: Knud Neuhoff
Redaktion: Knud Neuhoff, Carmen Winkel
Bildredaktion: Gunnar Lucke, Daniela Morgenstern, Hubertus von Prittwitz
Lizenzen: Marina Sandig
Nebentextautoren: Eva Besteck, Andreas Brandner, Marko Gebert, Anja Hawlitschek, Dorothee Hochstetter, Alexander Kranz, Thorsten Loch, Gunnar Lucke, Knud Neuhoff, Christian Senne, Dirk Sieg, Stephan Theilig, Carmen Winkel
Lektorat: Eva Besteck, Knud Neuhoff, Carmen Winkel
Karten/Grafiken: Bernd Nogli, Christopher Volle, Harald Sylvester Wolf
Texterfassung/Satz: Carola Klinke, Antje Lorenz, Christine Mauersberger, Christine Nemitz, Inge Uebachs

Umschlagabbildungen:
Die fünf Landsknechte. Eisenradierung von Daniel Hopfer, 1470 (DHM)
Wachablösung an der Neuen Wache, Berlin 1911 (ullstein bild/Imagno)

Bibliografische Information der Deutschen Nationalbibliothek
Die Deutsche Nationalbibliothek verzeichnet diese Publikation in der Deutschen Nationalbibliografie; detaillierte bibliografische Daten sind im Internet über http://dnb.d-nb.de abrufbar.

Nachdruck der Ausgabe von 2009

© 2017 Walter de Gruyter GmbH, Berlin/Boston

Satz: ZMSBw, Potsdam
Layoutkonzeption: Knud Neuhoff (Berlin)/Maurice Woynoski (Potsdam)
Layout: Marc Berger (Berlin)/Maurice Woynoski (Potsdam)
Umschlaggestaltung: Maurice Woynoski (Potsdam)
Druck und Bindung: Hubert & Co. GmbH & Co. KG, Göttingen

Gedruckt auf säurefreiem Papier
Printed in Germany
www.degruyter.com

Inhalt

Vorwort

1993 gab das Militärgeschichtliche Forschungsamt die »Grundzüge der deutschen Militärgeschichte« heraus, mit denen zum ersten Mal ein zweibändiges historisches Grundlagenwerk gezielt für den historisch-politischen Unterricht – vor allem aber im Rahmen der Offizierausbildung – vorgelegt wurde. Es spricht für die Qualität der Bände, dass sie sich auch in der Wissenschaft und der Öffentlichkeit großes Ansehen erworben haben.

Seit Kurzem nun sind die »Grundzüge« vergriffen. Dieses und der seit dem Erscheinen verstrichene Zeitraum sind Grund genug, eine Neuauflage zu erarbeiten und dabei die Chance zu nutzen, ein völlig neu konzipiertes, an aktuellen didaktischen Forderungen orientiertes sowie ansprechend gestaltetes Werk zu schaffen. Dieser Entschluss begründet sich zunächst inhaltlich, so beispielsweise mit dem allgemeinen Fortschritt in der geschichtswissenschaftlichen Erkenntnis, aber auch in der angemessenen Berücksichtigung von Entwicklungen der neuesten Geschichte wie etwa der wichtigen Zäsur der Jahre 1989/90, die in den »Grundzügen« zeitbedingt nur ganz knapp thematisiert werden konnten. Darüber hinaus galt es aber auch, die veränderten Lese- und Lerngewohnheiten der jüngeren Generation zu berücksichtigen, mit erheblichen Auswirkungen auf das sprachliche Format der Beiträge sowie die Text- und Abbildungsgestaltung.

Die größte Neuerung verbindet sich bei dem nun zum dreibändigen »Grundkurs deutsche Militärgeschichte« erweiterten Lehr- und Lernkompendium jedoch mit der beigefügten Software auf DVD, die dem technisch geprägten modernen Nutzerverhalten breiter Schichten entgegenkommt. Das nach neuesten methodisch-didaktischen Erkenntnissen gestaltete Lernprogramm ergänzt das Gesamtwerk quasi als vierter Band. Die DVD ist aber nicht nur elektronisches Beiwerk für die Lehre, sondern bietet einen eigenen Zugang zum Unterrichtsstoff und regt über sein vielfältiges Informationsangebot zum eigenständigen Vertiefen von Kenntnissen an. Darüber hinaus erfüllt sie in gewisser Weise mit ihren zahlreichen Biogrammen und Artikeln den Zweck eines militärgeschichtlichen Nachschlagewerkes.

Alles in allem werden im »Grundkurs deutsche Militärgeschichte« Grundlagen wie Details in angemessener Ausführlichkeit wie auch notwendiger Differenziertheit und Anschaulichkeit vermittelt. Das Werk bietet damit die besten Voraussetzungen, um mindestens einer weiteren Generation von Studierenden und Dozenten zum unentbehrlichen militärhistorischen Begleiter zu werden, sei es als Mittel des Selbststudiums oder für Unterrichtszwecke.

Abschließend bleibt mir noch, der mit der Erarbeitung des »Grundkurses« beauftragten Projektgruppe im MGFA für die Verwirklichung des anspruchsvollen Werkes in immer knapper werdender Zeit meinen Dank auszusprechen. Stellvertretend sei vor allem der Herausgeber Karl-Volker Neugebauer hervorgehoben, dem es gelang, eine Vielzahl von kompetenten Autoren innerhalb und außerhalb des MGFA für die gemeinsame Arbeit zu gewinnen und zu motivieren. Für die redaktionelle Betreuung des Großwerkes durch die Schriftleitung des MGFA und weitere Kräfte sei an dieser Stelle vor allen anderen Knud Neuhoff genannt, der über seine schon umfangreichen Aufgaben als Projektkoordinator hinaus wie kein Zweiter mit Engagement und Kompetenz die Realisierung auch unter schwierigen Umständen vorangetrieben hat. Schließlich sei auch die fruchtbare Zusammenarbeit mit den Verlagen Oldenbourg (München) und Cornelsen (Berlin) gewürdigt, ohne deren Expertise das anspruchsvolle Vorhaben nicht hätte durchgeführt werden können. Stellvertretend hierfür seien Christian Kreuzer und Ralf Kasper erwähnt. Allen genannten und ebenso den zahlreichen nicht genannten Mitarbeitern an dem Projekt gilt mein Dank und meine Anerkennung.

Dr. Hans Ehlert
Oberst und Amtschef des Militärgeschichtlichen Forschungsamtes

Einleitung

Vorstellung Der »Grundkurs deutsche Militärgeschichte« ist die neu erarbeitete Folgeauflage der 1993 erschienenen zweibändigen »Grundzüge der deutschen Militärgeschichte«. Ähnlich wie der Vorgänger ist das Folgewerk ein facettenreiches und multiperspektivisches Lehr- und Studienbuch für Studenten und und Dozenten der Geschichte und natürlich in erster Linie für die Offizieranwärter und Offizieranwärterinnen der Bundeswehr. Zudem soll die Publikation, ähnlich der Erstauflage, eine breite militärhistorisch interessierte Öffentlichkeit ansprechen..

Neuerungen Eine wesentliche Neuerung stellt die Ergänzung des Printteils mittels einer interaktiven, multimedialen Lernsoftware dar. Die Lernsoftware ist zwar einerseits den Lehr- und Studienbüchern als ergänzendes Begleitmedium beigeordnet, andererseits ist sie in ihrer Hauptfunktion eigenständig nutzbar und erfüllt jegliche Anforderungen an Interaktivität, die ein »forschendes Lernen« ermöglicht, sei es im Selbststudium oder unter Anleitung im Unterricht.

Konnten in den alten »Grundzügen« der Geschichte der NVA sowie der sicherheitspolitischen Entwicklung nach 1989 auf Grund des noch unzureichenden Forschungsstandes nur wenige Seiten gewidmet werden, so betrachten wir es als einen großen Schritt nach vorne, dass der Zeitraum nach 1945 jetzt einen eigenen Band füllt. Allerdings werden die westdeutschen und die ostdeutschen Streitkräfte darin bewusst nicht äquivalent behandelt, vielmehr hat die Bundeswehr ein deutliches Übergewicht, das auch die unterschiedliche Größe der beiden deutschen Staaten und ihrer Armeen andeutungsweise widerspiegeln soll.

Zielsetzung Der »Grundkurs deutsche Militärgeschichte« bietet breite Grundlagen für einen Lernprozess des »(sich) informierenden Lernens«, aber nunmehr durch das digitale Medium auch verbesserte Vorbedingungen für ein »entdeckendes Lernen«. Durch die Verbindung eines Druckerzeugnisses mit einem Digitalmedium werden die Voraussetzungen entscheidend verbessert, die drei didaktischen Zentralaufgaben des Geschichtsunterrichts zu erfüllen: das notwendige historische Orientierungswissen zu vermitteln, zu verdeutlichen, wie die Wissenschaft zu historischen Erkenntnissen und Urteilen gelangt, und Kritikfähigkeit zu wecken gegenüber jenen Darstellungsformen von Geschichte, wie sie uns in der Öffentlichkeit alltäglich begegnen.

Struktur Der erste hier vorliegende Band umfasst den Zeitraum vom Mittelalter bis zum Vorabend des Ersten Weltkrieges 1914, Band 2 das »Zeitalter der Weltkriege« 1914 bis 1945 und Band 3 die Epoche von 1945 bis zum Anfang des 21. Jahrhunderts.

Aufbau

Das Werk gliedert sich nach einem grobchronologischen Schema in zwölf schärfer konturierte, überschaubarere »Epochenabschnitte«, wobei die Leitfragen für alle Epochenabschnitte seit der ersten Auflage der »Grundzüge« nahezu unverändert geblieben sind und gleichzeitig die Kapitelstruktur bilden:

Überblick

Im Kapitel »Überblick« werden die wichtigsten historischen Ereignisse der Epoche schlaglichtartig beleuchtet, um dem Leser einen kompakten Einstieg in den behandelten Zeitabschnitt zu ermöglichen. Die vorangestellte Zeittafel gibt eine tabellarische Orientierungshilfe über die wichtigsten Daten und wird durch Literaturtipps nebst Hinweisen auf Themenschwerpunkte der Lernsoftware ergänzt.

Umfeld

Im Kapitel »Umfeld« wird das komplexe und mitunter spannungsreiche Wechselverhältnis von Militär, Politik, Staat und Gesellschaft thematisiert.

Strukturen

Das Kapitel »Strukturen« beinhaltet die Organisation der Streitkräfte in umfassendem Sinne, aber auch verstärkt die »Lebenswelt« der Soldaten.

Konflikte

Im Kapitel »Konflikte« stehen die militärischen Auseinandersetzungen im Mittelpunkt, sofern sie für die deutsche Militärgeschichte von Bedeutung waren.

Die Gliederung des ersten Epochenabschnitts »Die Ursprünge: Ritter, Söldner, Soldat – Militärgeschichte bis zur Französischen Revolution 1789« weicht von diesem Schema insofern ab, als darin ein chronologischer Überblick dieses Zeitraums behandelt wird.

Zentraler Kern der Bände sind die erzählend-analytischen Autorentexte, die »Fließtexte«. Sie werden ergänzt durch vielfältige »Medien«: neben Abbildungen, Karten und grafischen Darstellungen zahlreiche »Nebentexte« wie

Auf diese parallelen Ergänzungen wird im »Fließtext« mittels ▶ hingewiesen. Ferner ermöglicht das Sachtext- und Personenregister die lexikalische Nutzung der Bände.

IX

Literatur Unter den »Tipps« am Anfang jedes Epochenabschnitts findet derjenige Leser, der sich intensiver mit der einen oder anderen Thematik befassen möchte, eine knappe Auswahl weiterführender, aber möglichst nicht zu spezialisierter Literatur. Umfangreichere Angaben zu der von den Autoren benutzten wissenschaftlichen Literatur befinden sich am Ende des dritten Bandes. Um die für alle Epochenabschnitte grundlegenden Werke nicht immer wieder anführen zu müssen, wird als »Standardliteratur«, die man als Erstes heranziehen sollte, an dieser Stelle benannt:

- Handbuch zur deutschen Militärgeschichte 1648–1939. Hrsg. vom Militärgeschichtlichen Forschungsamt, München 1979
- Carl Hans Hermann, Deutsche Militärgeschichte. Eine Einführung, Frankfurt a.M. 1966
- Siegfried Fiedler und Georg Ortenburg, Heerwesen der Neuzeit, Augsburg 2005

Obwohl der »Grundkurs« an Umfang zugenommen hat, ist es, wie schon in der ersten Auflage, unmöglich, alle wünschenswerten Themen, die das weite Feld der Militärgeschichte bietet, zu behandeln. Bei der Auswahl der Lerninhalte hat der Herausgeber auch bewusst den einzelnen Autoren als Fachleuten für die jeweilige Epoche weitgehende Freiheiten eingeräumt.

Umfeld Hier handelt es sich um »Quellen« und »Materialien« im weitesten Sinne, die vor dem Hintergrund einer konkreten Fragestellung wie in einem Seminar zusammengestellt worden sind. Dies dient verstärkt dem Kennenlernen des »Werkzeugs« des Historikers, also der historischen Methode, dem Unterscheiden verschiedener Quellengattungen und dem Erlernen des kritischen Umgangs mit ihnen sowie mit Sekundärliteratur.

Strukturen/ Konflikte Im Gegensatz zum »forschenden Lernen« im Bereich Umfeld bietet die Software innerhalb der Abschnitte »Strukturen« und »Konflikte« eine informationsorientierte Vertiefung in Themenschwerpunkten.

Die Zahl der am Gelingen des Projekts Beteiligten ist groß – mein Dank gilt dem gesamten Team.

Karl-Volker Neugebauer

X

Geschichte und Militärgeschichte.
Von der Lebenserfahrung zur Wissenschaft

Identität: Lebensgeschichte

Wenn der Mensch über sich selbst nachdenkt, wird er wesentlich damit konfrontiert, wie sein bisheriges Leben verlaufen ist. Wer über seine eigene Person kommuniziert, wird darüber reden müssen, wie sie zu dem geworden ist, was sie jetzt ist. Am Anfang aller Beschäftigung mit Geschichte steht die Erfahrung, dass für Identität, für das »Ich-Sein«, das Wissen um das eigene »Geworden-Sein« zwingend erforderlich ist. Der Begriff »Identität« bezeichnet diesen Zusammenhang: Er kommt von dem Lateinischen »idem esse« – derselbe sein, drückt also die erstaunliche Erfahrung aus, dass es vor geraumer Zeit ein Kind gab, das aber »derselbe« Mensch ist wie der Erwachsene heute.

Personale Erinnerung ist inhärent subjektiv. In jeder Erinnerung gibt es Kapitel, die der Mensch verdrängen will und muss: Teile seiner Vergangenheit, derer er sich schämt, oder die auch im Rückblick noch zu schmerzhaft sind, als dass man daran rühren möchte. Die Erinnerung des Einzelnen bedarf daher schon im privaten Bereich des Korrektivs: Andere erinnern sich anders. Schon Menschen, die nur ein relativ kurzes Stück ihres Lebensweges miteinander gegangen sind, machen die Erfahrung, dass sie diese gemeinsame Vergangenheit unterschiedlich in Erinnerung behalten haben, unterschiedlich gewichten, unterschiedlich bewerten. Menschen neigen daher auch dazu, ihre eigene Vergangenheit festhalten, durch Erinnerungsstücke belegen zu wollen. Das sind Souvenirs (das französische Wort für »Erinnerungen«) aus dem Urlaub, Fotos oder Tagebücher.

Die Darstellung der eigenen persönlichen Vergangenheit wird durch den jeweils subjektiven Standpunkt und durch das Interesse des Erzählenden stark beeinflusst. Wie es »wirklich« gewesen ist, lässt sich häufig gar nicht mehr klären. Es gibt – auch in der persönlichen Biografie – nicht *die* eine, objektive Wahrheit, sondern nur das Abwägen unterschiedlicher Erfahrungen und Perspektiven. Das zwingt am Ende auch zur persönlichen Entscheidung: Welche erzählte Geschichte kann ich, will ich glauben? Überzeugt mich die Eindringlichkeit des Vortrags, überzeugen mich die vorgelegten Quellenbelege oder überzeugt mich die Person des Erzählenden?

Objektivierung: Erinnerung und Geschichte

Nicht nur Individuen, auch gesellschaftliche Gruppen und Großgruppen definieren ihr So-sein, ihre Identität über ihre Vergangenheit. Die Erfahrung, schon lange zusammen gehalten zu haben, über Jahre hinweg etwas aufgebaut, »geschaffen« zu haben, schweißt zusammen. Das gilt für Familienkreise, Schützenvereine, Werksbelegschaften und sogar für Interessenverbände. Kein Verein, keine Gemeinde, die es sich nehmen lassen würden, ein »rundes« Jubiläum zu feiern und dabei auf die gemeinsame Vergangenheit zurückzublicken. Was für »gesellschaftliche Großgruppen« (Kirchen, Parteien usw.) gilt, das gilt auch für ganze Gesellschaften. Sie definieren sich über gemeinsame Sprache, Kultur, politische Institutionen, aber immer auch über (ganz oder teilweise) gemeinsame Geschichte. »Die Deutschen« sind, wo immer sie im Ausland auftreten, eben nicht nur Menschen, die deutsch sprechen (und sich dann vielleicht als Schweizer oder Österreicher entpuppen), sondern Menschen, die oftmals mit den Schattenseiten der deutschen Geschichte in Verbindung gebracht werden. Ausländer erfahren Deutschland häufig als von einer geschichtsfernen Kultur geprägt. Deutsche machen umgekehrt im Ausland die für sie verblüffende Erfahrung, dass dort Menschen Ereignisse von vor mehreren hundert Jahren mit den Kategorien des »wir« und »die Anderen« beschreiben – in den vielen ausländischen Kulturen ist das Bewusstsein um die kollektive Vergangenheit oft lebendiger als in Deutschland.

Das heißt aber nicht, dass mit ihrer Vergesellschaftung die Darstellung von Geschichte automatisch von Einseitigkeiten und Bindungen an einen Standpunkt befreit wäre. Im Gegenteil: Da die Erzählung von Geschichte in dieser Weise der gesellschaftlichen, der nationalen Identifikation, auch der Abgrenzung gegen »die Anderen« dient, wird sie ebenso ausgewählt und damit einseitig vermittelt sein wie die personale Selbstdarstellung eines Menschen. Kritische Aussagen, die nicht in das eigene Geschichtsbild passen, werden da teils gezielt und offen, teils subtil und versteckt unterdrückt.

Methodik: Geschichte als Wissenschaft

Sind also historische Aussagen immer so subjektiv und vom Standpunkt des Aussagenden abhängig, dass sie alle gleich unzuverlässig und deshalb beliebig sind? Lassen sich »wahre« und »falsche« Geschichtsschreibung unterscheiden? Anders ausgedrückt: Worin besteht der Anspruch, dass die Befassung mit Geschichte eine »Wissenschaft« sei?

»Wissenschaft« bezeichnet die Betrachtung von Phänomenen mit methodischer Vorgehensweise und kommt zu intersubjektiven Ergebnissen, die im Dialog zum Wissensfortschritt beitragen. Was heißt das? Für den Bereich der Naturwissenschaften ist das leicht nachzuvollziehen: Wer ein physikalisches Phänomen untersucht, der erstellt einen Versuchsaufbau, welcher andere Einflüsse als die zu untersuchenden möglichst ausschließt, führt den Versuch so durch, dass Andere mit dem gleichen Versuchsaufbau zu den gleichen Ergebnissen kommen müssten, und stellt Versuchsaufbau sowie Ergebnisse anschließend in nachvollziehbarer Weise der Fachwelt zur Diskussion.

Das gilt für Historiker ähnlich. Die historische Methode arbeitet allerdings nicht mit einem Versuchsaufbau (wie sollte man den Zweiten Weltkrieg noch einmal nachvollziehen?), sondern sie basiert auf der Auswertung der Quellen. Als »Quelle« bezeichnet der Historiker das, was heute noch vorhanden ist und Rückschlüsse auf die Vergangenheit zulässt: Schriftgut, Bilder, archäologische Ausgrabungen, mündliche Überlieferungen, Wohn- und Verkehrsstrukturen sowie manches mehr. Aus diesen Quellen gewinnt der Historiker sein Wissen, indem er sie nach festgelegten, eben methodischen Verfahren befragt. Im Bereich der Einzelbiografie wäre das Familienalbum eine solche Quelle: zum methodischen Herangehen würde die Frage gehören, wer es angelegt hat, wann (wie nah an den Ereignissen?), was dabei das Interesse war (also, was etwa verschwiegen werden sollte), und ob seither Veränderungen vorgenommen wurden. Schon die Frage nach der Echtheit einer Quelle ist oft schwierig: Im Mittelalter war das Fälschen von Urkunden an der Tagesordnung, und noch in den achtziger Jahren des 20. Jahrhunderts fiel ein großer Teil der Fachwelt auf die gefälschten Hitler-Tagebücher herein.

Wissenschaftliche Geschichtsschreibung versucht also, durch methodisch nachvollziehbares Vorgehen zu Ergebnissen zu gelangen, die intersubjektiv sind – von denen mithin jeder andere erkennen kann, wie sie entstanden sind. Deshalb ist es für wissenschaftliches Arbeiten unverzichtbar, die genutzten Quellen und die herangezogene Literatur präzise zu benennen; die Folge sind leider manchmal Bücher, bei denen die Fußnoten umfangreicher sind als der Textteil. Dabei kann es durchaus sein, dass unterschiedliche Methoden zu unterschiedlichen Ergebnissen führen; die Aussage einer Quelle hängt auch davon ab, welche Fragen man an sie stellt. Ein Schriftstück, aus dem hervorgeht, dass im späten Mittelalter in China der sprichwörtliche Sack Reis umgefallen ist, wird den Militärhistoriker wenig interessieren – der Wirtschaftshistoriker wird daraus vielleicht zentrale Aufschlüsse über die Geschichte des Reishandels im Fernen Osten gewinnen.

Auch in der Fachwelt der Historiker gibt es unterschiedliche Forschungsmeinungen, gibt es berühmte Dispute. Die »Fischer-Kontroverse« über die Gründe für den Ausbruch des Ersten Weltkriegs hat die deutschen Geschichtswissenschaftler jahrzehntelang beschäftigt. Trotzdem darf man als »Konsument« von Geschichte nicht der Versuchung nachgeben, alle Formen historischer Darbietung als gleich zuverlässig anzusehen. Unterschiedliche wissenschaftliche Herangehensweisen führen zu unterschiedlichen Ergebnissen – dennoch bleibt der Anspruch, dass sich wissenschaftliches Arbeiten qualitativ von anderen Formen der Geschichtserzählung unterscheidet.

Geschichte ist nicht immer schon da. Geschichten gibt es nicht, wenn sie nicht erzählt werden, und das gilt auch für die eine Geschichte. Neben die Nüchternheit der Wissenschaft muss die literarische Kunst des Erzählens treten. Die beiden Nobelpreise, die für geschichtswissenschaftliche Publikationen vergeben worden sind, waren Preise für Literatur (Theodor Mommsen und Winston Churchill). Es ist legitim, historische Werke nicht nur an ihrer wissenschaftlichen Solidität, sondern auch an ihrer darstellerischen Qualität zu messen.

Vom Nutzen der militärischen Geschichte

Mehr vielleicht als andere gesellschaftliche Großgruppen hat das Militär aller Zeiten und Länder sich mit seiner jeweiligen Geschichte befasst. Dabei stand aber ein anderer Faktor im Vordergrund als die bisher geschilderten: »Kriegsgeschichte« im klassischen Sinn bezeichnet die Aufarbeitung von militärischen Operationen mit dem Ziel, an Hand der gewonnenen Erkenntnisse zukünftige Operationen zu optimieren. Die Kernfrage solcher Erkenntnisse ist dann nicht: »Wie war das?«, sondern »Was kann man daraus lernen?« Die Auswahl von Forschungsthemen orientiert sich deshalb nicht daran, welches Teilthema für ein besseres Verständnis einer Epoche noch erforderlich ist, sondern welche Schlacht der Vergangenheit am besten als Beispiel, als Vorlage für eine geplante Operation der Zukunft dienen könnte. Es ist kein Zufall, dass der Chef des Großen Generalstabs, Alfred Graf von Schlieffen, der vor dem Ersten Weltkrieg den Umfassungsangriff gegen Frankreich plante, auch immer wieder Forschungen über die Schlacht von Cannae 216 v.Chr. vorantrieb, bei der Hannibal die Römer umfasst, eingekesselt und vernichtend geschlagen hatte. Für eine solche Orientierung militärhistorischer Fragestellungen an dem jeweils gegenwärtig Gewollten hat sich der Begriff der »applikatorischen Methode« eingebürgert. Bis zum Ende des Zweiten Weltkriegs bezeichnete der Begriff das gängige Verständnis von »Kriegs-« oder »Wehrgeschichte«. Die ihr zu Grunde liegenden Quellen waren deshalb militärische Verschlusssachen, und ihre Ergebnisse – weil für die zukünftige Operationsplanung höchst relevant – gelegentlich ebenfalls streng geheim. Sehr vereinzelt hat sich auch in Deutschland die Denkweise gehalten, die Erforschung früherer Kriege habe einen Nutzen für die Steigerung militärischer Effizienz – eine Denkweise, die im angelsächsischen Bereich noch weiter verbreitet ist. »Was kann man aus der Geschichte lernen?«, wird da gefragt, oder auf Englisch knapp von »Lessons learned« gesprochen. Andere erwarten vom Studium früherer Konflikte einen Beitrag zur Verhütung nächster Kriege. Beides ist anwendungsbezogene Analyse, ist eine Form applikatorischer Methode. Letztlich betreibt, wer so fragt, keine zweckfreie Wissenschaft, sondern will vorher feststehende Aussagen mit historischen Argumenten untermauern. Die Kernaussage des Historikers ist jedoch gerade, dass historische Phänomene immer wieder anders sind, dass sich keine zwei geschichtlichen Situationen gleichen. Ob man also aus einer Beschäftigung mit dem Zweiten Weltkrieg verwertbare Rezepte für den Einsatz in Afghanistan gewinnen kann, erscheint zweifelhaft; dass man aus dem nuklearen Patt des Kalten Krieges Schlüsse für friedenssichernde Maßnahmen in Afrika ziehen kann, hat noch niemand überzeugend nachgewiesen. Gegen ein solches applikatorisches Herangehen an das Fach Militärgeschichte sprechen daher sowohl grundsätzliche wissenschaftstheoretische Argumente als auch Zweifel am tatsächlichen Nutzen.

Teildisziplin der allgemeinen Geschichtswissenschaft

Der Universitätsprofessor Hans Delbrück hatte sich bereits vor dem Ersten Weltkrieg gegen eine solche anwendungsorientierte Form der Geschichtsschreibung gewehrt und eine Behandlung militärgeschichtlicher Fragen im Rahmen der Fachwissenschaft gefordert, aber seine Appelle verhallten weitgehend ungehört.

Erst nach dem Zweiten Weltkrieg änderte sich der Forschungsansatz. Erstaunlicherweise war es aber auch dann nicht so, dass die universitäre Forschung das Feld der Militärgeschichte für sich entdeckte, sondern die »amtliche« Militärgeschichtsschreibung aus den Streitkräften selbst wollte sich nun als Teil der allgemeinen Geschichtswissenschaft begreifen, wollte mit deren Methoden und Standards arbeiten. Das Militärgeschichtliche Forschungsamt, eine Einrichtung der Bundeswehr, früher in Freiburg und heute in Potsdam beheimatet, stellt seit seiner Gründung 1957 diesen Anspruch an sich selbst.

Das hat gelegentlich zu Missverständnissen geführt – vor allem im Umgang mit der Geschichte des Zweiten Weltkriegs. Die deutschen militärischen Akten waren teils von der Wehrmacht bei Kriegsende vernichtet, teils von den Alliierten beschlagnahmt und außer Landes gebracht worden. So basierte die erste Generation von Publikationen über den Zweiten Weltkrieg vielfach auf den Memoiren beteiligter Generale und Feldmarschälle. Erst nach Rückgabe der Akten in den späten sechziger Jahren des 20. Jahrhunderts kam eine quellengestützte Geschichtsschreibung zustande. Die Quellen aber belegten mehr als deutlich die weitreichende Verstrickung auch führender Stellen der Wehrmacht in den Vernichtungskrieg im Osten. Überlebende, kriegsgediente Soldaten konnten oft nicht verstehen, warum ausgerechnet eine Einrichtung der Bundeswehr so etwas über die Wehrmacht veröffentlichen konnte. Sie gingen dabei fälschlicherweise von einer fortdauernden Identität zwischen Wehrmacht und Bundeswehr aus und sahen die Rolle der bundesdeutschen Militärgeschichtsschreibung darin, eigene »Fehler« möglichst zu verwischen – alles andere als ein wissenschaftlich-kritisches Herangehen!

Didaktik: Unterrichtsbezogene Auswahl aus der Geschichte

Wie lernt der Mensch Geschichte? Er lernt, indem ihm von Anderen (Eltern, Großeltern, Lehrern, Medien usw.) historische Sachverhalte nahe gebracht werden, oder indem er sich selbst um ein Mehr-Wissen bemüht, Bücher liest, Quellen sucht und auswertet. Immer da, wo Menschen geschichtliche Inhalte vermittelt werden, also etwa in Schule und Universität, muss ausgewählt werden. Aus der Fülle der bekannten historischen Phänomene wird sich der Unterrichtende, aber auch der Studierende für jene wenigen entscheiden, die ihm wichtig erscheinen.

Jede solche Auswahl ist naturgemäß subjektiv, und ein Blick auf den Wandel des schulischen Geschichtsunterrichts zeigt, wie zeitgebunden jede solche Auswahl ist. Bestimmten noch vor 30 Jahren die politische Geschichte, also die Geschichte von Herrschern und Regierungen die Klassenzimmer, so stehen heute alltagsgeschichtliche oder geschlechterspezifische Fragen im Vordergrund. Nun ist aber Militärgeschichte Teil von Herrschaftsgeschichte und fällt daher bei der didaktischen Auswahl heute oft durch den sprichwörtlichen Rost. Die Behandlung des Zweiten Weltkriegs in der Schule beschränkt sich häufig auf den Holocaust – zumeist am Beispiel von Anne Frank – und auf den Widerstand – am liebsten illustriert durch Sophie Scholl. So zentral wichtig diese Themen sind, bleiben sie ohne eine Einordnung in den Gesamtzusammenhang des Krieges einseitig und vordergründig.

XIV   Jede didaktische Auswahl muss sich begründen aus dem, was Schulunterricht oder universitäre Lehre erreichen wollen. Es gibt daher keine »richtige« oder »falsche« Didaktik, sondern vor allem eine Auseinandersetzung um Bildungs- und Ausbildungsziele. Für das Feld der Militärgeschichte bedeutet das: Verzicht auf jeden Anspruch, praktisches Handlungswissen vermitteln zu können, und stattdessen Auswahl von Lerninhalten nach dem Kriterium, welche Themen einen wichtigen Beitrag zur Gesamtgeschichte einer Epoche leisten können.

So verstanden, ist die Beschäftigung mit Militärgeschichte an sich ja bereits eine didaktische Entscheidung. Ihr liegt die Erkenntnis zu Grunde, dass die Geschichte sich ohne ein Verständnis der Rolle bewaffneter Macht und ohne die Untersuchung der Mechanismen bewaffneter Auseinandersetzungen nicht erklären lässt. Noch vor wenigen Jahren, in den Zeiten der nuklearen

Blockkonfrontation, erschien Krieg undenkbar, daher wurde er nicht gedacht. Militärgeschichte galt als irgendwie »unfein« und wurde den wenigen Interessierten überlassen. Seit dem Ende der Ost-West-Auseinandersetzung dagegen wird Krieg in seinen vielfältigen Formen zu einer alltäglichen Erscheinung auf den Bildschirmen. Das wachsende Interesse an Militärgeschichte, auch und gerade an deutschen Universitäten, ist ein Indiz dafür, dass die Menschen von der Wissenschaft und von den Medien Erklärungsmuster für diese Phänomene erwarten.

Tradition: Wertebezogene Auswahl aus der Geschichte

Zu unterscheiden von wissenschaftlicher Auseinandersetzung mit Geschichte ist zuletzt die Pflege von Traditionen. Eine wissenschaftlich-wertfreie Auswahl wird sich nicht an den Kriterien von »gut« und »böse« orientieren können. Orientierungswissen darf weder die negativen noch die positiven Seiten deutscher oder europäischer Geschichte ausblenden. Die Pflege öffentlichen Erinnerns und Gedenkens dagegen verlangt nach einer wertebezogenen Auswahl aus Geschichte. Dabei geht es nicht nur um die in der Vergangenheit lange heiß umstrittenen Kasernennamen der Bundeswehr, sondern auch um die Benennung öffentlicher Straßen oder von Schulen, um Denkmäler oder die Beachtung bestimmter Jahrestage. Der Historiker wird hier sehr genau die Grenzen seines Faches beachten müssen. Was gesellschaftlich überlieferungs*wert* sei, ist gesellschaftlich umstritten und nicht wissenschaftlich zu klären. Der Historiker kann Aussagen dazu treffen, ob, in welchem Maße, und unter welchen Handlungsoptionen Angehörige des militärischen Widerstands zugleich in Verbrechen an der Ostfront verwickelt gewesen sind. Ob diese Offiziere sich damit für ein öffentliches Gedenken eignen, ist dagegen eine politische, weil wertebezogene Diskussion.

Historische Bildung, die Beschäftigung mit Militärgeschichte, schafft die Voraussetzungen für eine gute Auswahl aus der Geschichte. Ohne umfassende Kenntnisse der Umstände, unter denen ein Handeln stattgefunden hat, wird eine Bewertung immer einseitig bleiben. Historische Bildung und Traditionspflege sind dennoch nicht dasselbe: Die eine wählt nach didaktischen Gesichtspunkten aus, was für ein umfassendes Orientierungswissen nötig ist; die andere wählt wertebezogen aus, was nach heutigen gesellschaftlichen Maßstäben als vorbildlich gelten kann.

Militärgeschichte

Militärgeschichte als Teildisziplin der allgemeinen Geschichtswissenschaft steht neben solchen Disziplinen wie Wirtschafts- oder Sozialgeschichte, Technikgeschichte oder Genderstudies. Historische Phänomene lassen sich nie allein durch Untersuchung ihrer militärischen Dimension erklären, aber viele historische Phänomene lassen sich nicht ohne diese Dimension verstehen. Wie andere Teildisziplinen des Faches auch erfordert die Militärgeschichte spezielle Kenntnisse und Methoden. Mit diesen leistet sie einen Beitrag zum umfassenden Verständnis der Vergangenheit. Der vorliegende Grundkurs will Interesse an dieser Teildisziplin wecken, zugleich auch ihre Arbeitsweise aufzeigen und wesentliche Inhalte vermitteln.

XV

Winfried Heinemann

Die Schlacht am Weißen Berge bei Prag. Öl auf Leinwand von Pieter Snayers, um 1640.

Die Ursprünge: Ritter, Söldner, Soldat – Militärgeschichte bis zur Französischen Revolution 1789

von Matthias Rogg

768–814		Karl der Große
843		Vertrag von Verdun – Aufteilung des Frankenreiches
955		Schlacht auf dem Lechfeld
1096–1099		Erster Kreuzzug
11.–14. Jhd.		Kolonisation Ost- und Mitteleuropas
1315	15. November	Schlacht bei Morgarten
1339–1453		Hundertjähriger Krieg
1346	26. August	Schlacht bei Crécy
1415	25. Oktober	Schlacht bei Azincourt
1386	8. Juli	Schlacht bei Sempach
1419–1436		Hussitenkriege
1476/1477		Burgunderkriege
1453		Eroberung Konstantinopels
1495		Reichstag zu Worms
1524/1525		Deutscher Bauernkrieg
1525	24. Februar	Schlacht bei Pavia
1529		Erste Belagerung Wiens durch Osmanen
1546/1547		Schmalkaldischer Krieg
1547	24. April	Schlacht bei Mühlberg
1618–1648		Dreißigjähriger Krieg
1620	8. November	Schlacht am Weißen Berg
1631	17. September	Schlacht bei Breitenfeld
1632	16. November	Schlacht bei Lützen
1648	24. Oktober	Westfälischer Frieden

002 Schlacht von Tannenberg am 15. Juli 1410. Miniatur aus der Chronik des Diebold Schilling 1484/85.

003 Süleyman II. wird aus seinem Feldlager vor Wien vertrieben. Kolorierter Kupferstich von Dirk Coornhert, 1555/56.

004 Rast auf dem Marsch. Öl auf Leinwand von Cornelis de Wael, undatiert.

005 Schlacht bei Fehrbellin am 18. Juni 1675. Kupferstich, um 1675.

006 Flötenkonzert Friedrichs des Großen. Öl auf Leinwand von Adolph von Menzel, um 1850.

007 Friedrich der Große hält eine Ansprache an seine Generäle vor der Schlacht bei Leuthen.

1640–1688		Der Große Kurfürst – Friedrich Wilhelm I.
1675	18. Juni	Schlacht bei Fehrbellin
1661–1715		Ludwig XIV.
1683		Zweite Belagerung Wiens durch Osmanen
1688–1697		Pfälzischer Erbfolgekrieg
1699		Friede von Karlowitz – Zurückdrängen der Osmanen auf den Balkan
1701–1713/14		Spanischer Erbfolgekrieg
1704	13. August	Schlacht bei Höchstädt/ Blindheim
1713–1740		Der Soldatenkönig – Friedrich Wilhelm I.
1740–1786		Friedrich der Große
1733–1735		Polnischer Erbfolgekrieg
1740–1748		Österreichischer Erbfolgekrieg (1. und 2. Schlesischer Krieg)
1756–1763		Siebenjähriger Krieg (3. Schlesischer Krieg)
1757	15. Dezember	Schlacht bei Leuthen
1759	12. August	Schlacht bei Kunersdorf
1772–1795		Aufteilung Polens durch Österreich, Preußen und Russland

1. Literaturauswahl

Allmeyer-Beck, Johann-Christoph, und Erich Lessing, Die kaiserlichen Kriegsvölker. Von Maximilian I. bis Prinz Eugen 1479–1718, München 1978

Krieg und Frieden. Militär und Gesellschaft in der Frühen Neuzeit. Hrsg. von Bernhard R. Kroener und Ralf Pröve, Paderborn 1996

Parker, Geoffrey, Die militärische Revolution. Die Kriegskunst und der Aufstieg des Westens 1500–1800, Frankfurt a.M. 1990

Schmidtchen, Volker, Technik im Übergang vom Mittelalter zur Neuzeit zwischen 1350 und 1600. In: Metalle und Macht 1000–1600, Berlin 1992 (= Propyläen Technik-Geschichte, 2)

Mittelalter

De Vries, Kelly, Infantry Warfare in the early fourteenth century. Discipline, Tactics and Technology, 3. ed., Woodbridge 2000

Hechberger, Werner, Adel, Ministerialität und Rittertum im Mittelalter, München 2004 (= Enzyklopädie Deutscher Geschichte, 72)

Ohler, Norbert, Krieg und Frieden im Mittelalter, München 1997

Schaufelberger, Walter, Der Alte Schweizer und sein Krieg. Studien zur Kriegführung vornehmlich im 15. Jahrhundert, 3. Aufl., Frauenfeld 1987

Selzer, Stephan, Deutsche Söldner im Italien des Trecento, Tübingen 2001

Tresp, Uwe, Söldner aus Böhmen. Im Dienst deutscher Fürsten. Kriegsgeschäft und Heeresorganisation im 15. Jahrhundert, Paderborn 2004 (= Krieg in der Geschichte, 19)

Frühmoderne

Baumann, Reinhard, Landsknechte. Ihre Geschichte und Kultur vom späten Mittelalter bis zum Dreißigjährigen Krieg, München 1994

Möller, Hans-Michael, Das Regiment der Landsknechte. Untersuchungen zu Verfassung, Recht und Selbstverständnis in deutschen Söldnerheeren des 16. Jahrhunderts, Wiesbaden 1976 (= Frankfurter historische Abhandlungen, 12)

Rogg, Matthias. Landsknechte und Reisläufer. Bilder vom Soldaten. Ein Stand in der Kunst des 16. Jahrhunderts, Paderborn 2002 (= Krieg in der Geschichte, 5)

Schilling, Heinz, Aufbruch und Krise. Deutschland 1517–1648. Berlin 1994 (= Das Reich und die Deutschen, 5)

Schulze, Winfried, Reich und Türkengefahr im späten 16. Jahrhundert. Studien zu den politischen und gesellschaftlichen Auswirkungen einer äußeren Bedrohung, München 1978

Dreißigjähriger Krieg

Burkhardt, Johannes, Der Dreißigjährige Krieg, Frankfurt a.M. 1992

Eichberg, Henning, Festung, Zentralmacht und Sozialgeometrie. Kriegsingenieurwesen des 17. Jahrhunderts in den Herzogtümern Bremen und Verden, Köln 1989

Englund, Peter, Die Verwüstung Deutschlands. Eine Geschichte des Dreißigjährigen Krieges, 3. Aufl., Stuttgart 1997

Parker, Geoffrey, Der Dreißigjährige Krieg, Frankfurt a.M. 1987

Absolutismus

Engelen, Beate, Soldatenfrauen in Preußen. Eine Strukturanalyse der Garnisionsgesellschaft im späten 17. und im 18.Jahrhundert, Münster 2005 (= Herrschaft und soziale Systeme in der Frühen Neuzeit, 7)

Europa im Zeitalter Friedrichs des Großen. Wirtschaft, Gesellschaft, Kriege. Im Auftrag des Militärgeschichtlichen Forschungsamtes hrsg. von Bernhard R. Kroener, München 1989 (= Beiträge zur Militärgeschichte, 26)

Kunisch, Johannes, Absolutismus. Europäische Geschichte vom Westfälischen Frieden bis zur Krise des Ancien Régime, Göttingen 1986

Luh, Jürgen, Ancien Régime Warfare and the Military Revolution. A Study, Groningen 2000

Pröve, Ralf, Stehendes Heer und städtische Gesellschaft im 18. Jahrhundert. Göttingen und seine Militärbevölkerung 1713–1756, München 1995 (= Beiträge zur Militärgeschichte, 47)

Schilling, Heinz, Höfe und Allianzen. Deutschland 1648–1763, Berlin (= Das Reich und die Deutschen, 6)

Winter, Martin, Untertanengeist durch Militärpflicht? Das preußische Kantonsystem in brandenburgischen Städten im 18.Jahrhundert, Bielefeld 2005 (= Studien zur Regionalgeschichte, 20)

Kapitel I:

Das Mittelalter – der weite Blick zurück

Warum ein so weiter Blick zurück? Muss man auf der Suche nach den Grundzügen deutscher Militärgeschichte über tausend Jahre zurückblicken? Die naheliegende Antwort lautet: weil die Wurzeln des Deutschen Reiches im Frühmittelalter, genauer im 9. und 10. Jahrhundert zu suchen sind und Staatsgründung und Staatserhalt ohne eine bewaffnete Macht nicht zu denken sind. Wer aber genauer hinsieht stößt darüber hinaus schnell auf bestimmende historische Leitlinien, die bis in die jüngste Vergangenheit unterschiedliche Bilder hervorrufen: zum Beispiel der diffuse Ehrbegriff des »ritterlichen« Kriegers, das »Ritterkreuz« oder der »Kreuzzug«. Während vom mittelalterlichen Wehrwesen außer Burgen, musealen Ausstellungsstücken und schwer zu deutenden Wappen nicht mehr viel übrig geblieben ist, wirken die Bilder in uns weiter und werden in aktuellen Diskussionen für Vergleiche und Argumentationen gerne bemüht. Wer diese kaum wahrnehmbar verlaufenden Linien erkennen und deuten will, sollte darum einen weiten Blick zurück wagen.

1. Lehnswesen und ritterliches Ideal

Am Anfang waren Boden und Bindung. Im so genannten Feudalsystem formten der Rechtsakt der Landvergabe, die ökonomische Basis des Landbesitzes und das ideelle Band zwischen Herr und Gefolgsmann den institutionel-

008 Walther von Klingen im Zweikampf. Buchmalerei aus der »Manesseschen Liederhandschrift«, um 1310–1340.

len Rahmen. Nach dem Ende des Römischen Reiches und dem Zusammenbruch der Geldwirtschaft bildeten Grund und Boden über Jahrhunderte die entscheidenden Bezugsgrößen für Herrschaft und letztlich auch militärische Macht. Unter den Karolingern verlagerte sich der Schwerpunkt des Kampfgeschehens immer mehr auf die Schultern professionell trainierter, schwerer Panzerreiter, den Rittern, die für ihren Kriegsdienst ein wirtschaftliches Fundament benötigten. Das lateinische feudum bedeutet ▸ Lehen, in dem sich wiederum das

Das Lehnswesen

KÖNIG

Schutz und Schirm

KÖNIGSVASALLEN

Schutz und Schirm   Dienst und Treue

UNTERVASALLEN   Dienst und Treue

© MGFA
05170-06

S Das Lehnswesen bildete die Grundlage der mittelalterlichen Gesellschaftsform. Der Lehnsherr verlieh einen Teil seines Besitzes, an den damals auch bestimmte Rechte gebunden waren, an einen Vasallen. Der Lehnsherr forderte von dem Lehnsempfänger persönliche Leistung ein, dazu gehörte auch die Teilnahme an Kriegszügen. Im Gegenzug garantierte der Lehnsherr seinem Vasallen »Schutz und Schirm«, der ihm wiederum »Dienst und Treue« gelobte.

neuhochdeutsche Leihen verbirgt. Die Formel war denkbar einfach: Der Lehnsherr gab dem Lehnsmann Land zur Nutzung und durfte dafür mit dessen Gefolgschaft in Kriegszeiten rechnen. Personenrechtliche Bindungen und ein gegenseitiges Treueverhältnis bildeten dabei für beide Parteien eine abstrakte aber gleichwohl feste Klammer. Während die so genannten *Vassi* (vassalus, lat.; Lehnsmann) oder *Ministerialen* (ministerialis, lat.; Dienstmann) schon in der Namengebung ihre ideelle Hörigkeit dokumentierten nahm ihre wirtschaftliche und damit teilweise auch politische Selbstständigkeit im Verlauf des Mittelalters immer weiter zu. Diese »Freiheit als Selbstbindung« (Arno Borst) gehört zu den wichtigen Stützen des Feudalsystems. Das Selbstbewusstsein, einer ökonomischen und gesellschaftlichen Elite anzugehören, verdeutlichte sich im Anspruch – nicht in der Wirklichkeit! – als alleiniger Träger der bewaffneten Macht aufzutreten und verweist auf eine der wichtigsten Wurzeln adeligen Selbstverständnisses.

Der Panzerreiter des Mittelalters lässt sich anschaulich mit einem »High-Tech-Waffensystem« vergleichen: kostspielig in der Anschaffung, extrem teuer im Unterhalt und nur von bestens trainierten Spezialisten optimal zur Wirkung zu bringen. Im 12. Jahrhundert kostete allein ein gutes Kriegspferd etwa fünf Mark Silber und entsprach damit dem Wert einer vollen Bauernhufe, die sich aus Hof, Nutzvieh und Land für eine Großfamilie zusammensetzte. Der Ritter kämpfte aber keineswegs allein. Hinzu kamen mehrere Gefolgsleute, die zusammen mit ihrem Herren eine so genannte *Gleve* (mhd.; Lanze) bil-

009 Fränkische Krieger mit Drachenfeldzeichen. Miniatur des »Psalterium Aureum« zu St. Gallen, 10. Jahrhundert.

deten, sowie Ersatzpferde und die enorm teuren Waffen. Der »Wehrstand« der Krieger musste also auf die ökonomische Absicherung durch den »Nährstand« der Bauern setzen.

Von zentraler Bedeutung war der Anspruch eines breiten ethischen Fundaments: Das Leitbild vom edlen Ritter, der als *Miles Christianus* (lat.; christlicher Kriegsmann) Kirche und Glauben verteidigte und zugleich als tugendhafter Diener dem Dienst der ▸ Minne huldigte. In der höfischen Dichtung, ihren Romanen und Liedern, nicht zuletzt in der Bildenden Kunst lebt die Imagination des jugendlichen Ritters weiter, der als Held die Jungfrau aus den Fängen des Bösen, in Gestalt des Drachen, befreit. In diesem Zusammenhang muss auch das mittelalterliche Turnier gesehen werden: eine Mischung aus militär-sportlichem Wettkampf, übersteigerter Selbstdarstellung und dem Ringen nach Aufmerksamkeit. Das Rittertum bildet mithin ein kompliziertes Geflecht aus wirtschaftlichen und sozialen, politischen und militärischen,

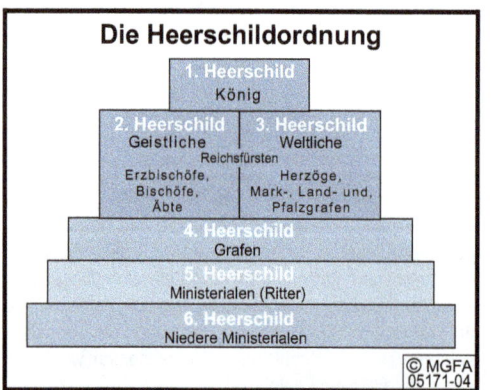

Die Heerschildordnung

1. Heerschild
König

2. Heerschild
Geistliche

3. Heerschild
Weltliche

Reichsfürsten

Erzbischöfe, Bischöfe, Äbte

Herzöge, Mark-, Land- und Pfalzgrafen

4. Heerschild
Grafen

5. Heerschild
Ministerialen (Ritter)

6. Heerschild
Niedere Ministerialen

© MGFA
05171-04

B Walther von der Vogelweide (1170–1230)
Minnesänger – Seine erste Wirkungsstätte ist der Wiener Hof des Babenberger Herzogs Friedrich I. von Österreich. Nach wechselhaften Anstellungen und verschiedenen Dienstherren für die Walther von der Vogelweide in seiner politischen Sangspruchdichtung Propaganda betreibt, schlägt er sich Ende 1213 politisch auf die Seite des neuen Stauferkönigs Friedrich II. Er ist von nun an bis zu seinem Tod ein Kämpfer für die staufische Sache. Dies äußert sich nicht zuletzt in Versen gegen die römische Kurie. Um 1230 stirbt Walther und wird im Kreuzgang des Stiftes Neumünster in Würzburg begraben.

010 Walther von der Vogelweide. Miniatur aus der »Manesseschen Liederhandschrift«, um 1310–1340.

mentalen und religiösen Strängen. Während die gesellschaftspolitischen Triebe längst verdorrt sind, hat das ritterliche Ethos noch lange, teilweise merkwürdig anmutende Blüten getrieben und das Selbstbild militärischer Führungsschichten bis in die Späte Neuzeit bestimmt.

2. Söldneraufgebote und Condottieri

Neben den *Milites* (lat.; lehensrechtlich gebundenen Vasallen) nahm die Bedeutung der *Militares* (lat.; Kriegsknechte im Solddienst) seit dem Hochmittelalter stetig zu. In der Wortwurzel *Solidus* (lat.; Goldmünze) wird deutlich, dass für diese Männer nicht Grund und Boden, sondern vornehmlich Geld die Basis ihres Dienstes bildete. Durch die schrittweise Ablösung der Natural- durch die Geldwirtschaft und der

1 Walther von der Vogelweide, »Vride und Reht sint sêre Wunt« (1198)

In seinem bekanntesten politischen Gedicht beschreibt der Minnesänger die Unmöglichkeit, in den Wirren des Thronstreits nach höfischen Tugenden streben zu können.

»Ich saß auf einem Stein
und schlug ein Bein über das andere,
darauf stützte ich den Ellenbogen.
Ich hatte in meine Hand geschmiegt
das Kinn und meine eine Wange
So dachte ich in großer Sorge darüber nach,
wie man in dieser Welt leben sollte.
Keine Lösung konnte ich finden,
wie man drei Dinge erwerben sollte,
ohne dass eines davon verloren ginge.
Zwei davon sind Ansehen und Besitz,
die oft einander beeinträchtigen.
Das dritte ist Gottes Gnade,
weit wertvoller als die beiden anderen.
Die hätte ich gerne in einem Kasten.
Doch leider ist das unmöglich,
dass Besitz und gesellschaftliches Ansehen
und dazu Gottes Gnade noch
in einem Herzen zusammenfinden.
Stege und Wege sind ihnen versperrt.
Verrat lauert im Hinterhalt,
Gewalt zieht über die Straße.
Friede und Recht sind todwund.
Die drei haben kein sicheres Geleit,
wenn nicht vorher diese beiden gesunden.«

*Zit. nach: Deutsche Gedichte. Eine Anthologie.
Hrsg. von Dietrich Bade, Stuttgart 1994, S. 60*

langsamen Schaffung eines Kapitalmarktes seit dem 12. Jahrhundert konnten vor allem die besser entwickelten Wirtschaftsregionen wie Italien, Südfrankreich, Flandern und Brabant oder straff geführte Verwaltungsstaaten wie England die finanziellen Mittel für die Anwerbung und den Unterhalt bewaffneter Männer freisetzen.

Die Vielzahl der Motive, sich als Soldknecht in den Dienst nehmen zu lassen, konnte größer

7

S Im Minnegesang wurden ritterlichen Tugenden wie Treue, Stetigkeit, Gottvertrauen, Zucht und Selbstbeherrschung idealisiert. Durch Minnesang und -dienst, die zugleich Kunst und Ideologie waren, suchte sich der Ritterstand selbst zu zivilisieren. Von der 2. Hälfte des 12. bis zum Anfang des 13. Jahrhunderts erlebte der Minnegesang in der so genannten Hohen Minne eine Blütezeit. In den Liedern jener Zeit stilisierten die Troubadoure die adelige und meist verheiratete Frau zur unerreichbaren Herrin. Die Gebieterin wurde zum Symbol einer Vollkommenheit, in deren Widerschein der nicht erhörte Verehrer leidend seine Tugenden bewähren und steigern konnte. Mit dem Ende der Stauferzeit setzte der Niedergang des Rittertums und seiner Werte ein. Mit dem gleichzeitigen Aufstieg der Städte und damit des Bürgertums setzte auch eine neue literarische Epoche in Deutschland begann.

nicht sein. Für straffällig Verfolgte und Verfemte bot der Solddienst im Ausland Schutz vor Nachstellungen. Nachgeborene, in der Erbfolge nicht berücksichtigte junge Adelige konnten lediglich zwischen Kloster und Schwert wählen, wenn sie der elterlichen Gewalt entfliehen wollten. Zudem fielen Mitte des 14. Jahrhunderts die Preise für agrarische Produkte drastisch und der ländliche Adel musste sich immer mehr mit sinkenden Einnahmen abfinden. Da die Kosten für herrschaftliche Repräsentation und Waffendienst aber nicht abnahmen und der ökonomische Druck wuchs, suchten viele Adelige im Solddienst ihre Chance. Schließlich lehrten die Erfahrungen der ▶ Kreuzzüge, dass man keine militärische Operation ohne leichte Fußtruppen, die so genannten *Fanti* (ital.; Buben) führen konnte, die für Bewachungen, bei Belagerungen und als Bogen- oder Armbrustschützen unentbehrlich waren. Während der Ritter in seiner Zweitfunktion als Grundherr nur bedingt ein Interesse an ausgedehnten Feldzügen haben konnte, zogen die langen Kriege immer mehr Männer an, die davon lebten – oder besser gesagt, davon leben mussten. Vor allem im Hundertjährigen Krieg zwischen Frankreich und England (1338–1453) bedienten unter einem einheitlichen Kommando kämpfende Kriegsknechte, die so genannten *Kompanien* (cum pane, lat.; Brotgemeinschaft) den Kriegsmarkt. Diese auf Geld gestützte Rekrutierung machte das Söldnerwesen zu einem internationalen Geschäft, in dem die landsmannschaftliche Herkunft keinerlei Rolle spielte.

Zu den Sonderformen des frühmodernen Soldwesens gehörte das System der italienischen Condottieri. Die Condotta bezeichnete einen Vertrag, den eine selbstverwaltete Kommune oder ein Landesherr mit einem Condottieri, einem Kriegsunternehmer schloss. Statt der persönlichen Bindung des Ministerialen standen dabei der Umfang der Dienstleistungen, die Dauer und die Höhe der Zahlungen im Vordergrund. Die Verdinglichung des Militärwesens öffnete die sozialen Schranken und ermöglichte Männern aus einfachen Verhältnissen den sozialen und sogar politischen Aufstieg. Zu den bekanntesten Beispielen gehören der in Italien Giovanni Acuto genannte Engländer John Hawkwood, Bartolomeo Colleoni und schließlich Franceso Sforza, der es bis zum Herzog von Mailand brachte. Unter diesen wirtschaftlichen Rahmenbedingungen hatten die Condottieri naturgemäß kein Interesse an schnellen Entscheidungen und bevorzugten die Taktik des weniger risikoreichen Manövrierens und Hinhaltens. Im privatwirtschaftlichen Charakter der Condottieri sind bereits deutlich die Grundlinien zu erkennen, die das Kriegswesen in der Frühen Neuzeit bestimmen sollten.

3. Das eidgenössische Wehrwesen

Wie tief das Ritterwesen im wirtschaftlichen, sozialen und kulturellen Gefüge verwurzelt war beweist sein langsamer Abgang von der europäischen Bühne. Die eindeutigen Niederlagen ritterlicher Aufgebote gegen Fußtruppen in der ▶ »Sporenschlacht« bei Courtray (1302), bei Bannockburn (1314) und Crecy (1346) kennzeichnen den Anfang dieses Prozesses. Besonders anschaulich lässt sich die Entwicklung in der schweizerischen Eidgenossenschaft verfolgen. Mit den ökonomisch wichtigen Alpenpässen sowie einer anfangs auf Textilproduktion und spä-

011 Francesco Sforza.
Tempera auf Holz
von Bonifacio Bembo,
um 1450.

012 John Hawkwood.
Fresko von
Paolo Uccello,
um 1436.

013 Schlacht bei Courtray. Holzstich, um 1866.

S Die »Sporenschlacht« bei Courtray markiert den Beginn des Niedergangs der gepanzerten adeligen Ritterheere. Ausgangspunkt war die Auseinandersetzung Frankreichs mit England. Die Grafschaft Flandern besaß
wegen ihres reichen Tuchgewerbes und ihrer Lage als potentielle englische Landebasis eine Schlüsselstellung. Ein
Grund für die französische Besetzung war schnell gefunden: Der flämische Graf Guido hatte mit der Unterstützung
der Bevölkerung gegen die mächtigen Patriziergeschlechter in den Handelsstädten Front gemacht. Diese suchten
nun Schutz beim französischen König Philipp IV., genannt der Schöne. Der Graf wurde unter dem Vorwand des
Hochverrats von französischen Truppen gefangengenommen, sein Lehen konfisziert sowie französische Beamte in
Flandern eingesetzt. Im Mai 1302 kam es deshalb zum Aufstand in Flandern. Philipp reagierte, indem er ein Ritterheer unter der Führung des Grafen Robert von Artois in die Krisenregion entsandte. Die Flamen konnten lediglich
Fußtruppen aufbieten. Auf französischer Seite war man siegessicher, denn seit Jahrhunderten hatten keine Fußsoldaten mehr ein Ritterheer besiegt. Im Juni 1302 kam es schließlich bei Courtray zur Schlacht. Ohne die Möglichkeit
einen schnellen Rückzug durchführen zu können, formierten sich die Flamen vor einem kleinen Fluss. Nach kurzem

Schusswechsel der Armbrustschützen erfolgte die
Attacke der berittenen französischen Vortruppe. Das
sumpfige Gelände und von den Flamen gegrabene Lö-
cher brachten jedoch den Angriff zum Stehen und die
Ritter arg in Bedrängnis. Graf Robert gab daher seiner
Hauptstreitmacht ebenfalls den Angriffsbefehl, um die
Vortruppe zu retten. Aber auch die Hauptstreitmacht
konnte auf dem für Ross und Reiter schwierigen Grund
ihre Kampfkraft nicht voll entfalten. Zwar konnte der
Vortrupp gerettet werden, aber ein Durchbruch der flä-
mischen Reihen misslang. Die Flamen ihrerseits machten sich erst über die Pferde und anschließend über
die hilflosen Reiter her. Am Ende des Tages hatten 700
französische Ritter ihr Leben verloren, darunter auch
Graf Robert, fünf weitere Grafen, beide Marschälle von
Frankreich und einige weitere höhere Adlige. Wegen
der großen Anzahl der nach der Schlacht auf dem Feld
gefundenen goldenen Rittersporen wurde die Schlacht
auch als die »Sporenschlacht« bezeichnet. Nach dem
Sieg blieb Flandern vorerst von der Fremdherrschaft
verschont, musste sich aber schon 1305 Frankreich
unterwerfen.

9

014 Bartolomeo Colleoni.
Bronzeskulptur von Andrea del Verrocchio,
um 1479–1488.

015 Schlacht zwischen Hussiten (links am roten Kelch zu erkennen) und Kreuzrittern. Buchmalerei aus dem »Jenaer Codex«. Das aufgespießte Kind ist ein Hinweis auf die Brutalität der Kriegsführung.

Die Wortschöpfung

Der Begriff Kreuzzug ist bis heute extrem aufgeladen. Die Instrumentalisierung von Religion in bewaffneten Konflikten und deren katalytische Funktion ist unbestritten und folgt einer moralisch zweifelhaften und keinesfalls neuen Tradition. Unter Kreuzzügen im weiteren Sinne versteht man von der Kirche geförderte Kriege gegen »Ketzer« oder »Heiden, zum Beispiel die Kriege gegen die südfranzösischen Albigenser (12.–13. Jahrhundert), die böhmischen Hussiten (15. Jahrhundert) und in Ostmitteleuropa die slawischen Wenden und die Prutzen.

Im engeren Sinne beziehen sich die Kreuzzüge auf die militärischen Aktionen zur »Befreiung« des Heiligen Landes vom 11. bis 13. Jahrhundert. Bis heute urteilt die Forschung differenziert über die Ursachen und Folgen. Die Kämpfe gegen die muslimischen Araber in Sizilien und Spanien (Reconquista) sind als Vorstufe zu betrachten. Das Rolandslied und weitere Werke der altfranzösischen Epik münzten die blutigen Ereignisse in Identitätsangebote. Nicht weniger wichtig sind die kirchenkulturellen Hintergründe. Anfang des 11. Jahrhunderts entstand eine stark anwachsende religiöse Erneuerungsbewegung, zu deren Selbstverständnis unter anderem die Pilgerfahrt gehörte. Entgegen der Polemik späterer Chronisten, blieb für die Christen der Weg zu den Pilgerstätten im Heiligen Land auch in der zweiten Hälfte des 11. Jahrhunderts weitgehend frei. Das Gleichgewicht in der Region drohte sich aber durch das Ausbreiten der türkischen Seldschuken nachhaltig zu verändern, vor allem zum Nachteil des oströmischen Kaiserreichs Byzanz. Zur gleichen Zeit befand sich der Papst in Bedrängnis, der im Ringen um die Vorherrschaft im Reich nach Verbündeten gegen den Kaiser suchte. Ein Zusammengehen von Heiligem Stuhl und Byzanz eröffnete Chancen zum beiderseitigen Nutzen.

Der Krieg im »Heiligen Land«

Im November 1095 rief Papst Urban II. in französischen Clermont zum »heiligen Krieg« gegen den Islam auf. Die römische Kurie versprach sich davon, die Interessen der weltlichen Herren zu bündeln, die Führerschaft der Christenheit wieder selbst zu übernehmen und Byzanz als neuen Bundesgenossen gewinnen zu können. Der Appell des Papstes zeigte anfangs eine enorme Wirkung, nicht zuletzt, weil Wanderprediger die Stimmung anheizten und den Kreuzfahrern einen Nachlass ihrer Sünden versprachen. Besonders traurig sind die Beispiele enthemmter Gewalt im Namen des Kreuzes, wie zahlreiche Judenprogrome und die Plünderung Konstantinopels 1204.

016 Papst Urban II. ruft auf der Synode zu Clermont am 26. November 1095 zum »Heiligen Krieg« auf. Französische Miniatur, 1490.

017 Vor der Abreise ins »Heilige Land« werden die Schiffe der Kreuzfahrer mit Proviant beladen. Französische Miniatur, 14. Jahrhundert.

018 Die Belagerung von Antiochia 1098.
Französische Buchmalerei aus Vincent de Beauvais,
»Miroir historial«, 15. Jahrhundert.

Angesichts der Dimensionen und der Unkenntnis über die arabische Welt erscheinen die Kreuzzüge bis heute als tollkühnes Unternehmen. Der 1. Kreuzzug (1096–1099) und die noch folgenden sechs Kriegszüge zeitigten keine dauerhafte politische Wirkung. Das kurz nach dem 1. Kreuzzug ins Leben gerufene »Königreich Jerusalem« blieb trotz enormer Anstrengungen beim Bau von Burgen (Belvoir, Krak des Cevaliers) eine Episode. Im Jahre 1187 eroberte Sultan Saladin Jerusalem zurück und 1291 verloren die Kreuzfahrer mit Akko ihre letzte Festung im Heiligen Land. Die Kreuzzüge scheiterten vor allem, weil sich die Interessen der beteiligten Fürsten nicht unter dem Banner der *Militia Christi* (lat.; Soldaten Christi) vereinen ließen.

019 Christus führt die Kreuzritter.
Französische Buchmalerei, um 1310–1325.

Die Auswirkungen

Viel deutlicher als die politischen, treten die kulturellen Langzeitwirkungen hervor. Das Papsttum befand sich auf dem Höhepunkt seines Einflusses. Die während der Kreuzzüge gegründeten Ritterorden der Templer, Johanniter (später umbenannt in Malteser) und der Deutsche Orden suchten sich neue Herrschaften und Aufgaben und bestehen als rein karitative Organisationen bis heute. Die Begegnung mit einer hoch entwickelten und in vielen Teilen sogar überlegenen Kultur gab vielfältige Impulse für Medizin, Astronomie, Mathematik, Dichtung, Philosophie und wirkte bis zur Verfeinerung der ritterlich-höfischen Welt. Die Öffnung des Mittelmeers als neuer Wirtschaftsraum beförderte den Aufschwung Südfrankreichs und Oberitaliens, vor allem Venedig, Pisa und Genua.

Am nachhaltigsten ist vielleicht die ideelle Wirkung für die protonationalen Gemeinwesen in Europa, besonders deutlich in Frankreich. Durch den Versuch unterschiedliche materielle, spirituelle und psychologische Interessen unter dem Ideal des Miles Christianus zu sammeln, so das treffende Urteil des Islamwissenschaftlers W. Montgomery Watt, begann Europa »seine Seele zu entdecken«.

020 Der Ordensritter. Holzschnitt, 16. Jahrhundert.

Christentum und Islam

Christen:
- Römisch-Katholische Kirche
- Griechisch-Orthodoxe (Byzantinische) Kirche
- Vorübergehend christianiert
- Christliche Rückgewinnung (Reconquista)

Muslime:
- Unter dem Kalifen von Bagdad
- Unter dem Kalifen von Kairo

Quelle: Putzger Historischer Weltatlas, 2000.

- Lateinisches Kaiserreich und Lehnsstaaten um 1214
- Größte Ausdehnung der Kreuzfahrerstaaten
- Judenpogrome im 1. Kreuzzug

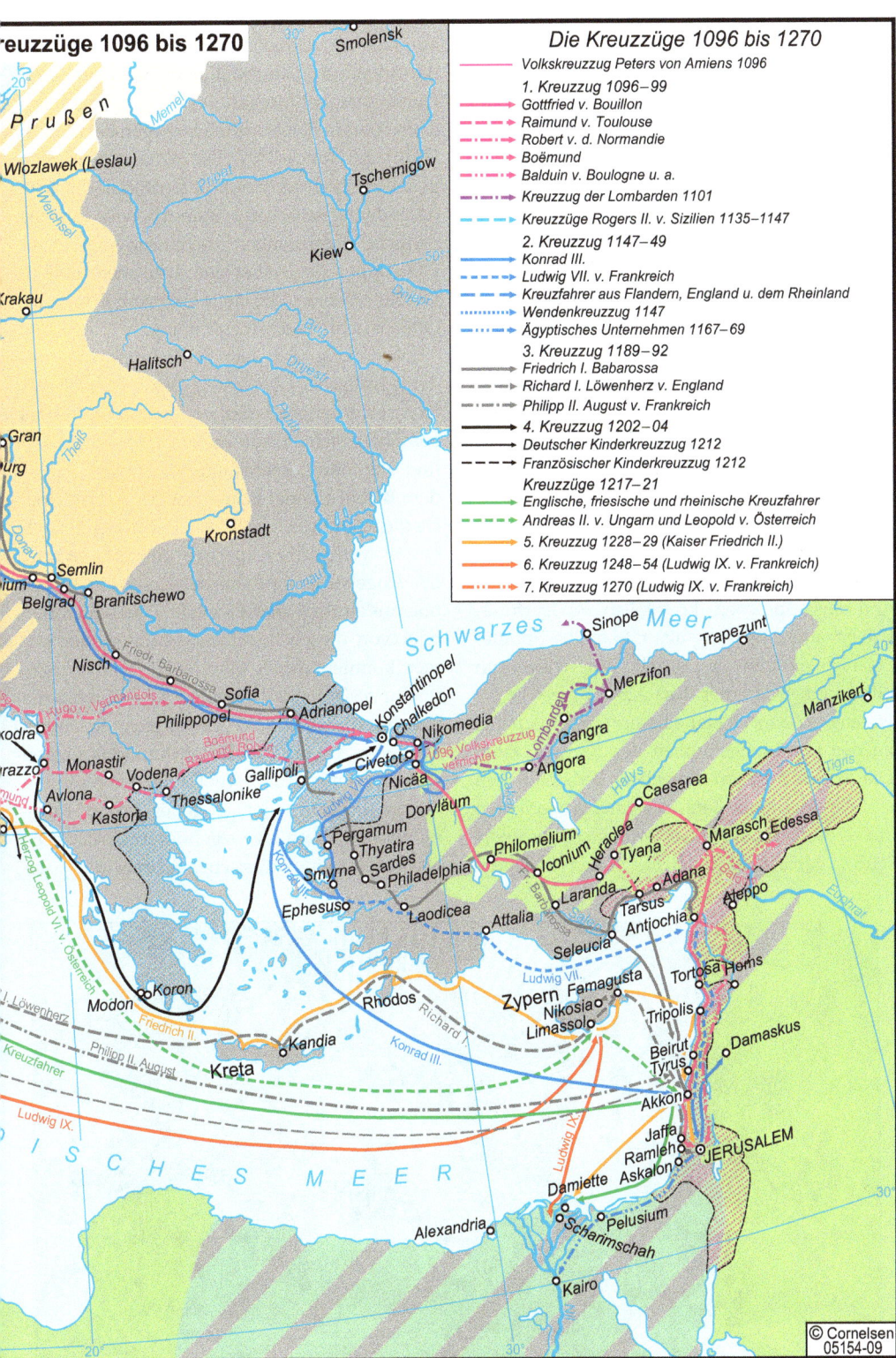

Kreuzzüge 1096 bis 1270

Die Kreuzzüge 1096 bis 1270

— Volkskreuzzug Peters von Amiens 1096

1. Kreuzzug 1096–99
→ Gottfried v. Bouillon
→ Raimund v. Toulouse
→ Robert v. d. Normandie
→ Boëmund
→ Balduin v. Boulogne u. a.
→ Kreuzzug der Lombarden 1101
→ Kreuzzüge Rogers II. v. Sizilien 1135–1147

2. Kreuzzug 1147–49
→ Konrad III.
→ Ludwig VII. v. Frankreich
→ Kreuzfahrer aus Flandern, England u. dem Rheinland
→ Wendenkreuzzug 1147
→ Ägyptisches Unternehmen 1167–69

3. Kreuzzug 1189–92
→ Friedrich I. Babarossa
→ Richard I. Löwenherz v. England
→ Philipp II. August v. Frankreich
→ **4. Kreuzzug 1202–04**
→ Deutscher Kinderkreuzzug 1212
→ Französischer Kinderkreuzzug 1212

Kreuzzüge 1217–21
→ Englische, friesische und rheinische Kreuzfahrer
→ Andreas II. v. Ungarn und Leopold v. Österreich
→ 5. Kreuzzug 1228–29 (Kaiser Friedrich II.)
→ 6. Kreuzzug 1248–54 (Ludwig IX. v. Frankreich)
→ 7. Kreuzzug 1270 (Ludwig IX. v. Frankreich)

© Cornelsen
05154-09

ter auf Viehhaltung ausgerichteten Wirtschaft erweckte die Schweiz früh die Begehrlichkeiten ihrer Nachbarn, vor allem der Habsburger. Im 14. Jahrhundert antworteten die Kantone mit einem Kommunalisierungsprozess, der schrittweise zu einer Entfeudalisierung der Eidgenossenschaft führte. Das kommunale Selbstverständnis verdichtete sich im Streben nach politischer Autonomie und der Mobilisierung gewaltiger Aufgebote. Die Dienstpflicht war so umfassend geregelt, dass die Harste genannten eidgenössischen Kriegshaufen in kürzester Zeit mehrere zehntausend Mann umfassen konnten.

Gleichzeitig beförderten ein deutlicher Anstieg der Bevölkerung und die Umwandlung von der arbeitsintensiven Getreide- auf die Viehwirtschaft die immer aggressiver werdende Territorialpolitik der eidgenössischen Gemeinwesen. Die harten Lebensbedingungen im Gebirge unterstützten die Entwicklung eines hadersüchtigen und ausgesprochen kraftvollen Kriegertums. Die brisante Mischung aus rational bestimmter Staatlichkeit und ursprünglichem Kriegertum bildeten die Klammer des »Altschweizer Wehrwesens« (Walter Schaufelberger), das bis heute zu den Gründungsmythen der Schweiz zählt. Die eidgenössischen Aufgebote bedienten sich der denkbar einfachen aber unüberwindbaren Taktik der kompakten Gevierthaufen, der selbst schwer gepanzerte Reiter nur wenig entgegen-

zusetzen vermochten. Auf diese Weise erfochten die Eidgenossen überwältigende Siege gegen die Habsburger bei Morgarten (1315) und Sempach (1386) und in den Burgunderkriegen bei Murten (1476) und Nancy (1477). Die militärische Überlegenheit sicherte nicht nur die territoriale Existenz der Eidgenossenschaft, sondern bewies auch die taktische Überlegenheit geschlossen eingesetzter Fußtruppen gegenüber den nicht mehr effektiven Ritterheeren. Der lange Weg vom Ritter zum Offizier nahm hier seinen Anfang.

Die Erfolge auf dem Schlachtfeld und der demografische Überschuss begünstigten den Export der eidgenössischen Kriegsleute. Dabei bemühten sich die autonomen Stadtgemeinden und Kantone geschlossene Kontingente unter dem Befehl eigener Befehlshaber zu vermieten. Da die Kommunen und nicht der einzelne Söldner als Verhandlungspartner auftraten, wurde das Angebot Kriegsleute zu »leasen« zu einem überaus einträglichen Geschäft. Die Gemeinden oder von diesen beauftragte Militärunternehmer konnten durch langfristige Soldverträge und *Pensionsgelder* (regelmäßige Zahlungen für Bündnisoptionen) gewaltigen Reichtum erlangen. Anfang des 16. Jahrhunderts gingen zwischen einem und zwei Drittel der gesamten Staatseinnahmen der eidgenössischen Kommunen auf diese Lizenzgebühren zurück. Die vermieteten eidgenössischen Söldner, die so ge-

Die Schweizer Garde wurde 1505 von Papst Julius II. ins Leben gerufen, um als Leib- und Palastwache des apostolischen Stuhls zu dienen. Der Vatikan griff auf die Schweizer zurück, da die Eidgenossen zu jener Zeit als die besten Kriegsleute Europas galten. Die ersten Söldner trafen ein Jahr später unter der Führung ihres Hauptmanns Kaspar von Silenen in Rom ein. Während des »Sacco di Roma« Anfang Mai 1527, der achttägigen Plünderung und Verwüstung Roms durch ein deutsch-spanisches Söldnerheer, starben 147 der insgesamt 189 Mann bei der Deckung des Rückzugs von Papst Klemens VII. in die Engelsburg. In Erinnerung an die damaligen Ereignisse gilt der 6. Mai in der Schweizer Garde als Gedenktag, an dem jährlich die neuen Rekruten vereidigt werden. Mit der französischen Besetzung Roms im Februar 1798 und der anschließenden Proklamierung der Römischen Republik fand auch die weltliche Macht des Papstes erstmalig ein Ende. Neben anderen päpstlichen Truppen wurden auch die Schweizer Gardisten entwaffnet. Das entgültige Aus für den Kirchenstaat kam jedoch im Jahre 1870. Mit der Niederlage von Napoleon III. gegen Preußen verlor das Papsttum seinen wichtigsten Verbündeten im Kampf gegen die italienische Regierung. Am 20. September 1870 stürmten königliche Truppen nach einer kurzen Kanonade die Porta Pia und marschierten in Rom ein. Am folgenden Tag wurden die päpstlichen Truppen

022 Papst Julius II. (1503–1513) empfängt am 22. Januar 1506 die neu geschaffene Schweizer Garde in Rom. Miniatur aus der Chronik des Diebold Schilling, 1513.

verabschiedet, lediglich die Schweizer Garde blieb im Vatikan und hatte von nun an die Aufgabe, das Leben des Papstes zu schützen und für die Sicherheit des Kirchenstaates und des Sommersitzes des Papstes in Castel Gandolfo zu sorgen. Im Lateranvertrag zwischen dem italienischen Staat und dem Heiligen Stuhl vom 11. Februar 1929 wurde der wachpolizeiliche Status der Schweizer bestätigt.

nannten *Reisläufer* (reisaere, mhd.; in den Krieg ziehen) gehörten für Generationen zu den begehrtesten Truppen in Europa. Die ▸ Schweizer Garde des Vatikan hat hier ihre Wurzeln.

4. Die »schwarze Kunst« – Die Zunft der Büchsenmeister

Die Militärgeschichte des Mittelalters ist auch eine Technikgeschichte. Das Schießpulver, ein Gemisch aus Holzkohle, Salpeter und Schwefel wurde zwar nicht in Europa erfunden, hier aber zum ersten Mal als Treibmittel für Geschosse verwendet. Die Erfindung des Schwarzpulvers durch den namengebenden Freiburger Mönch Berthold Schwarz hat die neuere Forschung in das Reich der Legende verwiesen.

Die ältesten Nachweise aus dem frühen 14. Jahrhundert zeigen relativ kleinkalibrige Waffen mit geringer Reichweite und schwacher Durchschlagskraft. Dafür glich die psychologische Wirkung von Feuer, Rauch und Knall sowie das Prestige, ein innovatives und schon bald recht teures Kampfmittel ins Feld zu führen, die militärtechnischen Defizite aus. Die weitere Entwicklung brachte im 14. und 15. Jahrhundert Geschütze mit gewaltigen Kalibern von 50 bis 80 Zentimeter hervor. Aufgrund ihrer Unbeweglichkeit eigneten sich diese *Bombarden* (franz.; urspr. Steinschleudermaschine) und *Kanonen* (canna, ital.; Rohr) anfangs nur

15

021 Die Schlacht bei Sempach 1386.
Holzschnitt von Hans Rudolf Manuel Deutsch, um 1555

Die Ursprünge

Europa im Spätmittelalter um 1400

KGR. NORWEGEN
KGR. SCHWE[DEN]
Oslo · Västerå · Arbos
Stavanger
Älvsborg · Jönköping · Kalma
KGR. DÄNEMARK
1397 Union
Viborg
Kopenhagen · Lund · Bor
Malmö
Schleswig
Rügen
Stralsund
Lübeck Stettin

KGR. SCHOTTLAND
1371 Haus Stuart
Edinburgh · Berwick
Carlisle · Durham
Man Lancaster · York
Chester
Armagh
Galway · Dublin
Limerick · Kildare Carnavon
Waterford
Cork
Pembroke

Wales 1400–1408 Aufstand
KGR. ENGLAND
1399 Haus Lancaster
Oxford · London
Windsor
Exeter · Southampton · Dover
Calais · Brügge · Gent
Norwich

Emden · Bremen · Hamburg
Utrecht
Holland · Münster · Soest · Magdeburg
Brabant · Köln · Aachen
Lüttich
Luxemburg · Mainz · Frankfurt · Erfurt · Leipzig
Trier · Würzbg.
HEILIGES RÖMISCH[ES]
Brandenburg · Berlin · Frankfurt
Meißen · Lausitz
Prag BÖHMEN
Pilsen

ATLANTISCHER OZEAN

Cherbourg
Kanal-Ins. engl.
Harfleur
Brest · Rennes · Bretigny
Bretagne
Nantes · Anjou
Amiens · Rouen · Paris · Reims
Orléans · Troyes
Metz · Straßbg.
Kurpfalz · Speyer · Nürnbg. · Oberpfalz
Nördbg. · Ulm · Augsbg. · Regensbg.
Freibg. · Basel · Ravensbg. · Bayern · Linz · Wie[n]
Eid-genossen · München · Salzburg · Österreich
Innsbruck · Tirol · Gra[z]
Besançon
Dijon
Burgund
REICH
Hzm. Mailand (Visconti)
Genf Savoyen · Verona · Venedig
Turin · Padua
Mailand
Leibach · Triest
Steiermark

KGR. FRANKREICH
1328 Haus Valois
Tours · Bourges · Poitiers
Maupertuis · Limoges
Rodez · Albi 1348 päpstl.
Guyenne · Avignon
Lyon
Toulouse
La Rochelle
Bordeaux · Albret
Bayonne
Marseille
Provence 1396–1409 v. Frkr. abh. · Nizza

Santiago · Braga
León · Santander · Burgos
Porto · Valladolid · Pamplona
Coimbra · Salamanca · Zaragoza
KGR. PORTUGAL · Madrid · Cuenca
Alcántara · Caspe
Lissabon · Aviz · Toledo
KGR. KASTILIEN · KGR. ARAGÓN
KGR. NAVARRA
Lérida · Gerona
Barcelona
Córdoba · Valencia · Menorca
Sevilla · Jaén · Murcia
Granada · Palma Mallorca
KGR. GRANADA Nasriden
Málaga · Ibiza
1349 – 1469 zu Aragón
Baleuren
Cádiz · Gibraltar
Tanger · Ceuta
Tetuán · Melilla · Oran
Algier · Bougie
Bona · Tunis

Korsika 1284/1347 zu Genua
Sardinien 1297/1326 zu Aragón
Elba
Genua · Lucca · Bologna
Pisa · Florenz
Siena · Perugia
KIRCHEN-STAAT
Rom · Aquila
REP. VENEDI[G]
Zara
Adria[tisches]
KGR. NE[APEL] 1266 Hau[s]
päpstl. Benevent
Neapel · Nocera · Salerno

Cagliari

Palermo Messina
KGR. SIZILIEN 1282 Haus Aragón
Caltabelotta
Malta zu Sizilien

M I T T E L [M E E R]
Biserta
Susa
MAROKKO 1296–1465 Mariniden
Fes
ALGERIEN Zaiyaniden oder Abd-al-Wadiden 1339 Vasall von Marokko
Tlemcen
T U N I S 1228–1534 Hafsiden Kairuan · Mahdia
Gabes · Djerba
Tyrrhenisches Meer
Nordsee
Meridian 0° v. Greenwich

Tripolis
T r i p o l i s

Legende:

Habsburger	Fsm. Moskau um 1300
Luxemburger	Grsfm. Moskau um 1425
Wittelsbacher	Osmanisches Reich um 1355
Haus Anjou	Osman. Eroberungen bis 1402
Engl. Besitz in Frankr. 1328	Byzantin. Reich um 1400
Engl. Besitz in Frankr. 1360	
Brest Engl. Stützpunkte um 1380	Grenze des Hl. Röm. Reiches

Reval
Dorpat
STADTREP.
NOWGOROD
Nowgorod
FSM. ROSTOW
FSM. JAROSLAWL'
Livland
ORDEN
Riga
Dünaburg
Pieskau (Pskow)
FSM. TWER
Twer
Wladimir
MOSKAU
Nischnij-Nowgorod
Bolgar
Samaiten
Kaunas
Wilna
Polozk
Witebsk
Smolensk
GRFSM.
Moskau
GRFSM. MOSKAU
Kassimow
Kaluga
Rjasan
Tula
FSM. RJSAN
Grodno
Nowogrodek
GRFSM. LITAUEN
Minsk
Mogilew
Brjansk
Brest
Pinsk
Nowgorod-Sewersk
SARAI
Blaue
CHANAT DER GOLDENEN HORDE
1386 Personalunion
Lublin
Wolhynien
Kiew
Nogaier
(Mongolen) Horde
POLEN
1386 Haus Anjou
Lemberg
Rotrussland
Brazlaw
Kamenez
Przemysl
Halitsch
Kaschau
Sutschawa
FSM. Jassy Moldau seit 1387 poln. Lehenshoheit
Mauro Castro zu Genua
Tana zu Genua
Kuban
Debrecen
Großwardein
Klausenburg
Galatz
Cherson
zu Genua
Kaffa
Sudak
Kertsch
Asowsches Meer
Georgien
Luxemburger
Siebenbürgen
Kronstadt
ARN
Hermannstadt
Argesch
Orsova
Severin
Fsm. Walachei seit 1396 den Osmanen tributär
Bukarest
Silistria
Dobruscha
Schwarzes Meer
Tiflis
Batum
Sinope
Trapezunt
KAISERREICH TRAPEZUNT
Widin
Nisch
Nikopolis
Warna
Amastris
Samsun
Erzurum
SERBIEN 1371–89
Amselfeld
Sofia
Tirnowo
Kastamuni
Amasia
Erzindschan
Kelat
Albanien
Üsküb
Bulgarien
Philippopel
Adrianopel
zu Genua Galata
Ismid
Angora
Germian
Konia (Iconium)
Marasch
Ruha
REICH TIMURS
Sinjar
Ochrida
Seres
Konstantinopel
OSMANISCHES REICH
Thessalonike
Thasos
Bigha
Brussa
Eskischehir (Dorylaeum)
Rakka
Janina
Arta
Lemnos
Bergama
Saruchan
Smyrna
Karaman
Tarsus
Aleppo
Lesbos
Chios zu Genua
Hamid
Selefke (Seleucia)
Antiochia
Hama
Gft.
alonia
zu Venedig
Negroponte
Ephesus
Aydin
Mentesche
Adalia
Latakia (Laodicea)
FSM. ACHAIA 1287–1381 Hs. Anjou
Athen
Andros
Samos
Nikosia
Famagusta
Tripolis
Nauplia
HZM. NAXOS
JOHANNITER ORDEN
Rhodos
KGR. ZYPERN
Beirut
Damaskus
MAMELUKEN
Modon
Mistra
Tyrus
Akkon
ARABIEN
Cerigio
Kanea
Kandia
Kreta zu Venedig
Jaffa
Jerusalem
Gaza
500
Barka
Barka
Damiette
CHES MEER
Alexandria
Rosetta
Mansura
REICH DER
Kairo

© Cornelsen
05156-10

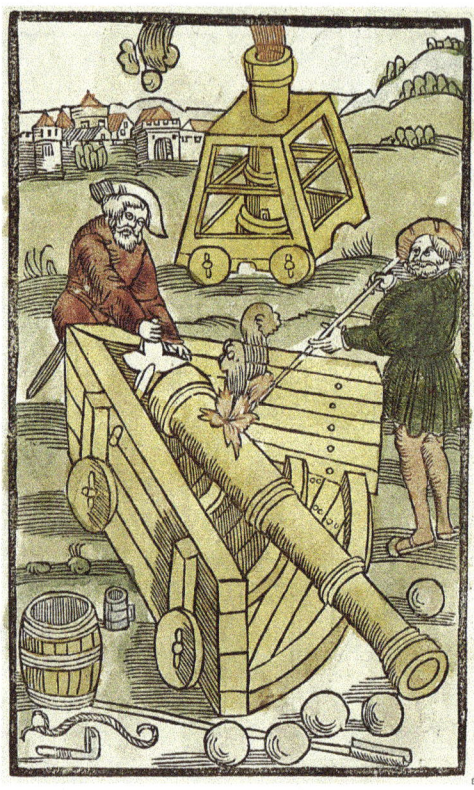

023 Büchsenmeister beim Abfeuern einer Kanone.
Kolorierter Holzschnitt aus Flavius Vegetius,
»Vier Bücher der Ritterschaft«, um 1529.

brachten die Zünfte der Kunst- und Glockengießer mit. Die Zentren der Geschützproduktion etablierten sich dort, wo Brennholz und die Rohstoffe für den ▶ Bronzeguss (1 Teil Zinn, 9 Teile Kupfer) verfügbar waren wie z.B. in Tirol und wo Kapital und Wissen den Erfolg vorindustrieller Fertigungen sicherstellte, nämlich in den erblühenden Reichsstädten Nürnberg, Augsburg, Straßburg. Nur hier und bei wirtschaftlich potenten Territorialherren konnten auch die Mittel für den Unterhalt eines teuren Artilleriefuhrparks aufgebracht werden.

Noch bis zum Beginn des 16. Jahrhunderts lagen Produktion und Bedienung der großen Geschütze in einer Hand. In handschriftlich verfassten und vervielfältigten Büchsenmeisterbüchern wurden die mitunter streng gehüteten Kenntnisse über die Herstellung von Treibmitteln, Minen und natürlich Rohrwaffen weitergegeben. Dieses Geheimwissen, langjährige Erfahrung, umfangreiche technische Kenntnisse und nicht zuletzt das Selbstbewusstsein, einer städtischen Zunft anzugehören erklärt den besonderen Status, den die Büchsenmeister und Feuerwerker beanspruchten. Die Verbindung aus elitärem Selbstwertgefühl und bürgerlichem Standesbewusstsein drückte sich auch in der Abkehr von der immer bunter werdenden Tracht der Kriegsleute um die Wende vom 15. zum 16. Jahrhundert aus: die *Artelarey* (ars tellere, lat.; die Kunst in Kurven zu schießen) bevorzugte Kleidung in den gedeckten Farben braun und schwarz – ganz wie das städtische Bürgertum. Selbst im Kriegsrecht unterschied sich die Artillerie: mit eigenen Artikeln, getrennter Besoldung und besonderen Bezeichnungen der Ämter (Dienststellungen). Die bis in das 19. Jahrhundert reichende bürgerliche Verortung dieser Waffengattung hat hier ihre Wurzeln.

für eine unbewegliche Kriegführung, vor allem für Belagerungen. Diese so genannten Legegeschütze benötigten keine Räder und wurden in der Erde eingegraben. Die ersten Rohre bestanden aus zusammengeschmiedeten Eisenreifen und verschossen noch steinerne Kugeln. Im Verlauf des 15. Jahrhunderts setzte sich immer stärker der Vollguss von Bronzegeschützen durch – ein aufwendiges und teures Verfahren, dass großes handwerkliches Geschick erforderte. Die besten Voraussetzungen dafür

2 Heinz W. Prinzler, »Der Bronzeguss« (1981)

In seiner Abhandlung über die Geschichte des Schießpulvers widmet der Historiker auch der Geschützfertigung sein Augenmerk.

»Allerdings warf der Guß der großen Bronzerohre neue, noch ungewohnte metallurgische Probleme auf: Gußgenauigkeit und -maßhaltigkeit begannen eine viel größere Rolle zu spielen als bisher, Gußfehler mußten im Interesse der Sicherheit weitgehend vermieden werden, da sie beim Lösen des Schusses Anlaß zur Zerstörung der Büchse sein konnten. Denn auch die Kosten für einen solchen Guß waren recht hoch. So wurde z.B. der Büchsenmeister Walter von Arle (dem heutigen Arlons in Belgien), der für die Stadt Frankfurt a.M. eine Büchse gegossen hatte, die schon beim ersten Schuß zersprang, ›gefänglich eingezogen‹ und erst auf Verwendung des Rates der Stadt Trier, seiner Heimatstadt, wieder freigelassen, nachdem er Urfehde geschworen hatte.«

Zit. nach: Hein W. Prinzler, Pyrobolia. Von griechischem Feuer, Schießpulver und Salpeter, Leipzig 1981

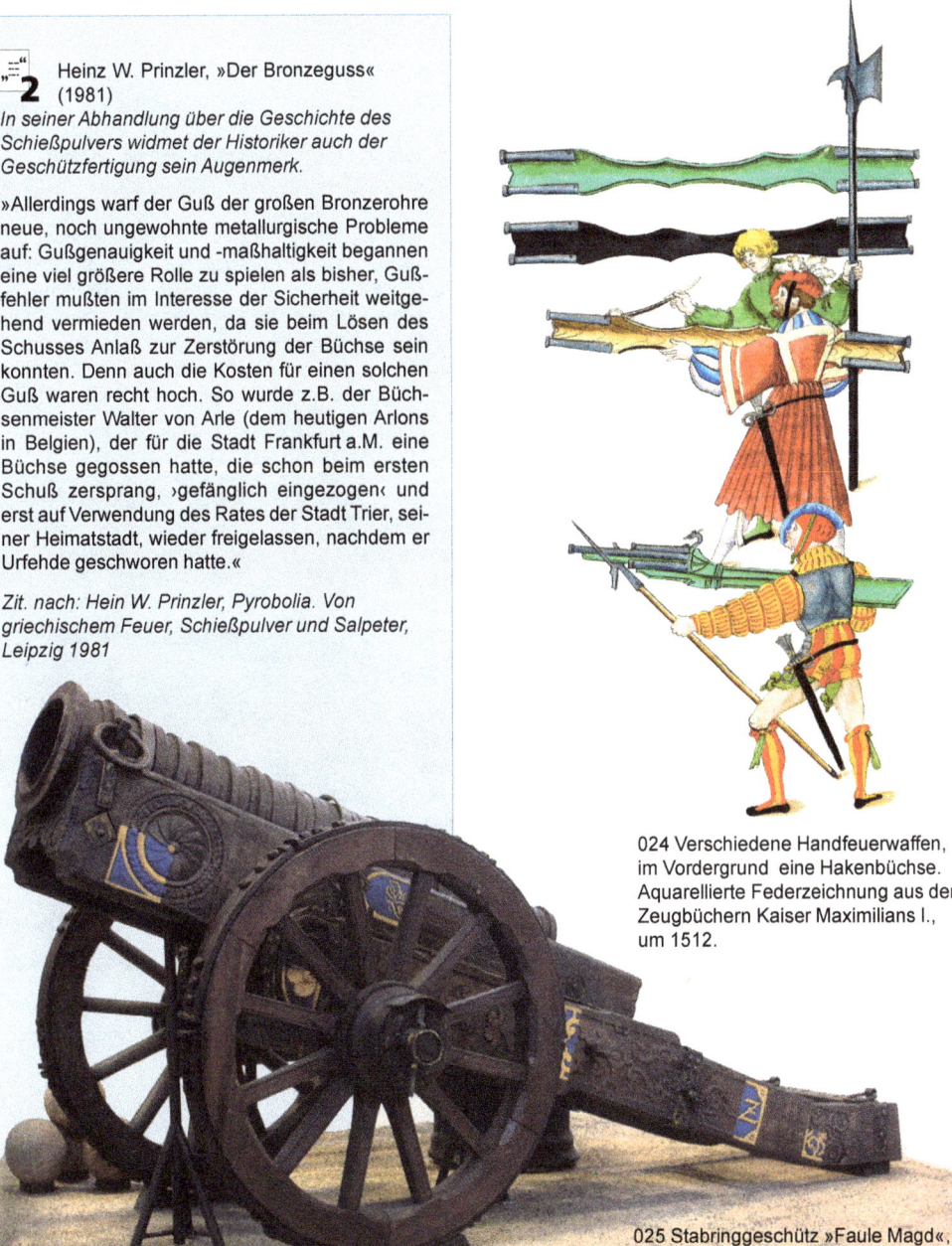

024 Verschiedene Handfeuerwaffen, im Vordergrund eine Hakenbüchse. Aquarellierte Federzeichnung aus den Zeugbüchern Kaiser Maximilians I., um 1512.

025 Stabringgeschütz »Faule Magd«, 1. Hälfte 15. Jahrhundert.

19

027 Fußvolk mit Halbarten und Langspießen
im Gefecht. Lavierte Federzeichnung von
Hans Holbein d.J., um 1531.

Die Infanterie

Der größte Teil der Heere bestanden aus Kriegsleuten, die zu Fuß kämpften. Seit dem frühen Mittelalter
war das Schwert die Hauptwaffe der Soldaten. Die
Klingenlänge dieser Waffen betrug meist 70–80 Zentimeter. Aus dem mittelalterlichen Schwert entwickelte
sich um das Jahr 1500 das Landsknechtsschwert, der
»Katzbalger«, dessen Klinge nur etwa 55 Zentimeter
lang war. Neben diesen Kurzschwertern waren auch
Langschwerter, wie der »Bidenhänder«, in Gebrauch.
Nur ein kleiner Teil der Soldaten konnte den »Bidenhänder« führen und erhielt dafür den doppelten Sold. Aus
den Kurzschwertern hatte sich im Laufe des 15. Jahr-

hunderts der Degen entwickelt, der sich ein Jahrhundert später
als Seitenwaffe der Fußsoldaten durchsetzte. Neben diesen
Waffen für den Nahkampf war ein großer Teil des Fußvolks auch
mit Stangenwaffen ausgerüstet, die um das Jahr 1500 eine Länge von bis zu fünf Metern erreichten.

Seit Beginn des 16. Jahrhunderts wurden die Fernwaffen Bogen und Armbrust durch »Handrohre«, die ersten Handfeuerwaffen, verdrängt. Diese Feuerwaffen waren noch sehr schwer und
mussten aufgelegt werden. Um mehr Halt zu haben, besaßen
sie an der Laufunterseite einen Haken. Deshalb wurden sie auch
»Hakenbüchsen« genannt. Die Reichweite dieser Waffen betrug
etwa 150 Meter. In der offenen Feldschlacht benutzte man zum
Abstützen der Hakenbüchsen eine Gabel. In den Heeren des
Dreißigjährigen Krieges waren nur noch langläufige Musketen
in Gebrauch. Die Muskete erreichte eine Schussweite von bis
zu 200 Meter. Die Handfeuerwaffen der Epoche waren alle Vorderlader, d.h. dass Pulver und Geschoss in die Laufmündung
eingebracht wurden. Die Zündung geschah von außen mit dem
so genannten Schloss.

028 Hakenbüchsen. Aquarellierte Federzeichnung aus den Zeugbüchern Kaiser
Maximilians I., um 1512.

029 Straßenkampf im 15. Jahrhundert.
Holzschnitt.

Die Kavallerie

Im Mittelalter verstand man unter einem Ritter einen
gerüsteten Reiter, der mit seinem Gefolge an einem
Feldzug teilnahm. Die Ritter benötigten besonders
starke Pferde, die den geharnischten Reiter und ihre
eigene Schutzrüstung (Rossharnisch) tragen konnten. Im Laufe der Zeit nahm die Anzahl dieser kräftigen
und teuren Schlachtrösser in Folge der vielen kriegerischen Auseinandersetzungen erheblich ab. An die
Stelle der Vollgeharnischten traten um die Mitte des

16. Jahrhunderts die Lanzierer. Die Lanzierer verschwanden nach und nach von den Kriegsschauplätzen des Dreißigjährigen Krieges. Die Kürassiere traten als geharnischte Reiter an ihre Stelle. Die berittenen Schützen waren leicht gerüstet und trugen Bogen oder Armbrust, nach 1500 wurden sie vermehrt mit Feuerwaffen ausgestattet. Diese berittenen Schützen wurden im Laufe der Zeit mit verschiedenen Bezeichnungen versehen: reitende Hakenschützen, Arkebusiere, Bandelierreiter oder Karabiner. In der zweiten Hälfte des 16. Jahrhunderts betrat eine neue Reitergattung die Schlachtfelder des Dreißigjährigen Krieges, die Dragoner. Dabei handelte es sich um berittene Fußsoldaten, die anders als die normale Reiterei, ihre Pferde nicht im Kampf sondern nur für die Bewegung auf dem Gefechtsfeld benutzten

030 Reiter. Federzeichnung von Albrecht Dürer, 1498.

Die Artillerie

Zu Beginn der Neuzeit entwickelte sich der dritte Bestandteil des Heeres, die Artillerie. Anfangs war ihre Wirkung und Beweglichkeit noch sehr gering, doch erkannte man bald den Wert der neuen Waffe. Die Geschütze wurden durch die Entwicklung von Räderlafetten beweglicher und konnten nun besser in der Schlacht und im Gefecht eingesetzt werden. Zur Vereinheitlichung der verschiedenen Größen der Geschütze trug die Erfindung des Kaliberstabes 1540 in Nürnberg bei. Die Geschütze verschossen Vollkugeln. Diese bestanden bei größeren Kalibern aus Stein, bei kleineren aus Blei oder Weicheisen. Am Ende des 15. Jahrhunderts setzten sich gusseiserne Kugeln durch, weil sie wegen ihres größeren Gewichts mehr Wirkung als Steinkugeln erzielten. Für die Wurfgeschütze wie Mörser und Haubitzen wurden steinerne Kugeln noch länger beibehalten. Hergestellt und bedient wurden die Geschütze von Spezialisten, den Büchsenmachern. Diese waren handwerksmäßig organisiert, bildeten in ihrer Kunst Gesellen und Lehrlinge aus und verfügten über eine eigene Gerichtsbarkeit. Die Fürsten banden sie entweder mit einem festen Vertrag an sich oder warben sie von Fall zu Fall an.

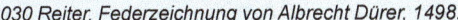

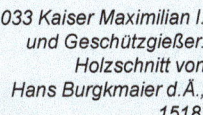

031 Drei Kanonen. Feder und Aquarell auf Pergament aus den Zeugbüchern Kaiser Maximilians I., um 1512.

033 Kaiser Maximilian I. und Geschützgießer. Holzschnitt von Hans Burgkmaier d.Ä., 1518.

032 Hinterlader, um 1460.

5. Ausrüstung, Bewaffnung und Taktik im Mittelalter

Seit dem 8. Jahrhundert nahm die Anzahl der schwer bewaffneten Reiter stetig zu. Neben einem Schwert diente als wichtigste Waffe die zum Stoß verwendete Lanze. Die Panzer bestanden anfangs aus einem mit Metallschuppen besetzten ▸ Leder- oder Stoffwams und wurden bis zum 11. Jahrhundert durch Kettenhemden verdrängt. Der technische Aufwand und damit die Kosten dieser aus kleinen Eisenringen gefertigten Würgarbeiten waren enorm. Bein- und Armschienen, Helm und Schild ergänzten den Panzerschutz. Spätestens zur Jahrtausendwende hatten sich Sattel und Steigbügel etabliert und damit dem geschlossenen Angriff eines schwer gepanzerten Reiterverbandes eine gewaltige Stoßkraft verliehen. Kaum weniger als die maßgefertigte Ausrüstung schlugen die Kosten für die Pferde zu Buche, an die besondere Anforderungen gestellt wurden. Um Freund und Feind voneinander unterscheiden zu können, spielten ▸ heraldische Abzeichen eine wichtige Rolle.

Etwa Mitte des 13. Jahrhunderts genügte der alte Panzerschutz jedoch nicht mehr. Die Ritter verwendeten immer stärkere Lanzen, aber vor allem die Einführung von Fernwaffen wie Armbrust und Langbogen offenbarte die Verwundbarkeit der Rüstungen. Man begann die ▸ Harnische zuerst an den besonders gefährdeten Stellen durch Eisenplatten zu ergänzen und ging schließlich im Verlauf des 14. und 15. Jahrhunderts zu einer vollständigen Körperrüstung über. Je stärker der Panzerschutz wuchs desto mehr benötigte der Ritter Körper- und Waffentraining und umso abhängiger wurde er von der Hilfe durch sein Gefolge. Vom Selbstbewusstsein der adeligen Träger zeugen

die Plattnerarbeiten: aufwendige Rüstungen, welche aus vielen Einzelteilen bestanden, die kunstvoll vernietet oder durch mechanische Elemente miteinander verbunden waren und abschließend von den so genannten Harnischmalern prächtig verziert wurden. Dieser starke Körperschutz hatte einen doppelten Preis, denn er war nicht nur extrem teuer, sondern kostete den Ritter zudem Beweglichkeit im Kampf. Das ritterliche Gefolge und die kommunalen Aufgebote verzichteten darum auf die »Eisenkleider« und setzten auf höhere Flexibilität.

Diszipliniert geführte und geschlossen eingesetzte Fußtruppen hatten seit dem 14. Jahrhundert schonungslos die Anfälligkeit von Ritterverbänden gezeigt. Bei Sempach (1386) überrannte ein eidgenössisches bäuerliches Aufgebot wortwörtlich das stolze Ritterheer der Habsburger. Was die Spießer mit ihren bis zu fünf Meter langen Stoßwaffen nicht niedermachten, erledigten die leichter Bewaffneten mit ihren *Halbarten* (beilförmige Hieb- und Stichwaffe), die den fliehenden Rittern schonungslos nachsetzten. Bei Azincourt (1415) nutzten die scheinbar hoffnungslos unterlegenen Engländer unter ihrem König Heinrich V. das Gelände, verstärkten es geschickt mit zugespitzten Holzpfählen und brachten die Wirkung ihrer Langbogen voll zur Geltung. Der Pfeilhagel konnte bis zu 300 Meter weit reichen, ein gezielter Schuss durchschlug bis zu einer Distanz von 100 Meter fast jede Panzerung. In den ▸ Hussitenkriegen (1419–1434) konnten die böhmischen Truppen lange Zeit beachtliche Erfolge mit ihren Wagenburgen erzielen. Bei dieser Taktik ergänzten sich die geschickte Auswahl des Geländes, defensive Faktoren wie der Schutz durch gepanzerte Trainwagen und ▸ Setzschilde, und die Durchschlagskraft der Distanzwaffen. Dazu gehörten Armbrust,

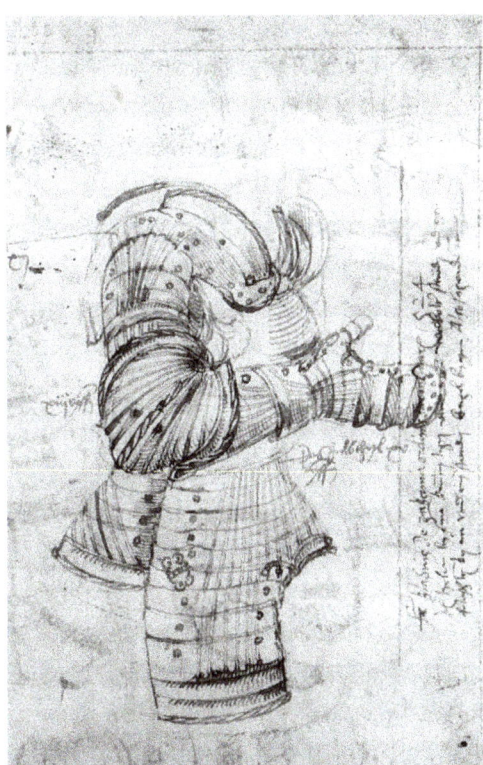

034 Garnitur eines Riffelharnischs. Feder- und Rötelzeichnung von Hans Baldung Grien, 1524.

S Ein Harnisch ist eine aus beweglich verbundenen Eisenplatten zusammengesetzte Rüstung, die durch einen Helm ergänzt werden kann. Vom Spätmittelalter bis ins 17. Jahrhundert wurden solche Panzer im Kampf und Turnier getragen. Der Harnisch bestand in der Regel aus Halsschutz, Brust, Armschienen, Handschuhen, Bauch- und Gesäßreifen, Schamkapsel, Beinzeug (Beintaschen, Diechlingen, Kniekacheln, Beinröhen oder -schienen, Schuhen). Das Gewicht eines Harnischs betrug im Durchschnitt 25 Kilogramm.

Das Wams war ursprünglich ein unter dem Panzerhemd getragener, wattierter Leibrock. Im 16. Jahrhunderts emanzipierte es sich zum zivilen Obergewand mit langen Ärmeln.

S Ein Schild ist eine in der Regel aus Holz, Flechtwerk, Leder oder Metall angefertigte Schutzwaffe gegen Hieb- und Stichwaffen oder Wurfgeschosse. Aus dem einfachen frühmittelalterlichen hölzernen Rundschild entwickelten sich im Laufe des Mittelalters für die verschiedenen Waffengattungen unterschiedliche Modifikationen. Seit dem 14. Jahrhundert gebrauchten die Fußkrieger auch den großen, rechteckigen Setzschild, der sich als Handschild bis in das 16. Jahrhundert erhielt. Gegen Ende des 16. Jahrhunderts verlor der Schild seine waffentechnische Bedeutung.

035 Erfurter Setzschild, um 1348–1385.

23

S Hauptbestandteile eines so genannten Vollwappens in der Heraldik sind Schild und Helm mit Helmzier und Helmdecken. Der Schild ist mit linearen Einteilungen (Heroldsstücken) gemustert oder trägt im »Feld« eine oder mehrere Figuren (Heroldsbilder). Die linearen Einteilungen bilden »Plätze« in mindestens zwei Farben. Leere Flächen können durch ornamentale Musterung belebt werden. Figuren dienen häufig zur bildlichen Darstellung des Namens des Wappeninhabers und werden deshalb auch als redende Wappen bezeichnet. Wegen eines bestimmten Sinngehalts werden manche Tiere, Pflanzen oder »gemeine Figuren« als Wappenbilder bevorzugt. Wappenschild und Figuren sind mit »heraldischen Farben« versehen. Der teilweise mit einer Helmkrone ausgestattete Helm ruht auf dem oberen Schildrand.

Handrohre und leichte Artillerie. Die Idee einer
dynamischen Verteidigung, die ihre Chancen
in der Abnutzung des Gegners und beherzten
Gegenstößen sucht, wurde hier erstmals zum
taktischen Prinzip erhoben.

Trotz der unbestrittenen Vorteile der neuen
Taktiken dauerte es noch Generationen, bis der
Ritter endgültig vom Schlachtfeld verdrängt
wurde. Die feste Verankerung der »Militär-
und Grundaristrokratie« (Jaques le Goff) in das
mittelalterliche Wirtschafts- und Sozialsystem
und die nur mangelhaft ausgebildete Fähigkeit
der Kommunen, Massenaufgebote zu mobilisieren wirkten neben der Realität des Schlachtfeldes zudem als Bremse.

036 Tartsche, um 1480/1490.

037 Kampfszene aus der Schlacht bei Mühldorf am Inn am
28. September 1322. Miniatur aus einer Handschrift, 1334.

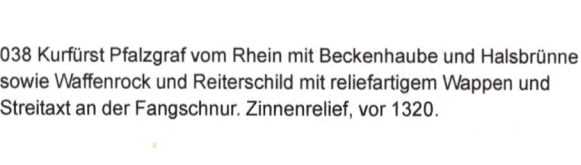

038 Kurfürst Pfalzgraf vom Rhein mit Beckenhaube und Halsbrünne
sowie Waffenrock und Reiterschild mit reliefartigem Wappen und
Streitaxt an der Fangschnur. Zinnrelief, vor 1320.

24

Die Hussiten waren eine kirchenreformerische, gesellschaftspolitisch teilweise sogar revolutionäre Bewegung in Böhmen. Ihren Namen leiteten sie vom tschechischen Kirchenreformer Jan Hus ab. Das Konzil von Konstanz (1414–1418), das die bis dahin größte Kirchenversammlung des Mittelalters darstellte, widmete sich auch der so genannten Hus-Frage. Im Jahre 1415 wurde Hus durch das Konzil zum Tode verurteilt. Er wurde noch im gleichen Jahr öffentlich verbrannt. In den »Vier Prager Artikeln« von 1420 forderte ein Teil der Hussiten unter anderem das Recht auf freie Predigt, die Säkularisation des Kirchenguts und den Verzicht des Klerus auf Reichtum und politische Macht. Der radikalere Flügel der Bewegung forderte darüber hinaus Gütergemeinschaft, die Abschaffung der kirchlichen Einrichtungen und Gebräuche sowie die Errichtung eines Gottesstaates. Im Jahre 1419 kam es nach vorangegangenen Unruhen in Böhmen zum Ausbruch der so genannten Hussitenkriege. Die Hussiten besiegten am 14. Juli 1420 bei Prag und am 8. Januar 1422 bei Havlíčkóv Brod die Truppen von König Sigismund. Nach der Schlacht von Taus (1431) erkannte das Basler Konzil 1433 die Forderungen der »Vier Prager Artikel« weitgehend an. Die weiter kämpfenden Taboriten wurden 1434 bei Lipan von den kaiserlich-katholischen Truppen vernichtend geschlagen.

039 Die Verbrennung von Jan Hus auf dem Scheiterhaufen. Farbzeichnung, 15. Jahrhundert.

040 Wagenburg der Hussiten. Buchmalerei, um 1450.

25

Kapitel II:

Militär und Frühmoderne –
Das »lange 16. Jahrhundert«

1. Die »Military Revolution«

Wann in der Militärgeschichte das Mittelalter zu Ende ging, lässt sich nicht genau bestimmen. Je nachdem wo man den Maßstab anlegt, ob bei den technischen Entwicklungen, den taktischen Veränderungen, dem Wandel der sozialen Strukturen, der Heeresorganisation, der Wehrverfassung oder den Mentalitäten, wird man sehr unterschiedliche Einschnitte feststellen. Dies gilt im übrigen auch für die sehr unterschiedlich strukturierten Territorien des alten Reiches. Fragt man nach tiefgreifenden Ereignissen, dann kann man mit Fug und Recht auf die Burgunderkriege (1476/77), die Invasion des französischen Königs Karl VIII. in Italien (1494) oder die Durchsetzung des ▶ Allgemeinen Fehdeverbots und Verkündigung des Allgemeinen Landfriedens auf dem ▶ Reichstag zu Worms (1495) verweisen. Doch singuläre Ereignisse oder Einzelpersonen »machen« selten ausschließlich Geschichte.

Unbestritten ist der umfassende und nachhaltige Wandel des Kriegswesens vom 15. zum 16. Jahrhundert. Ausgehend von der britischen Forschung hat sich seit den 50er Jahren des 20. Jahrhunderts der plakative Begriff der »Military Revolution« (Geoffrey Parker) etabliert. Der Terminus »Revolution« darf nicht den Blick darauf verstellen, dass es sich um einen eher evolutionären Verlauf handelte, von dem fast

041 Musketier.
Kolorierter Kupferstich aus Jacques de Gheyns »De Wappenhandlinge«, 1608.

jeder zentrale Bereich des Kriegswesens betroffen war: Die Taktik (Aufstieg der Infanterie), die Technik (Leistungssteigerung der Feuerwaffen, Ausbau des Festungswesens), das innere Gefüge (funktionsbestimmte Professionalisierung des Personals), die Heeresaufbringung (gewaltiges Anwachsen der Truppenkörper), der Rechtskörper (Versuch die rechtlichen Institutionen immer enger zu fassen) und schließlich die ökonomischen Grundlagen durch eine enorme Verteuerung des Krieges. Auf den glanzvollen aber immer kraftloseren »Herbst des Mittelalters« (Johan Huizinga) folgte der ▶ Aufbruch in die Moderne.

Die aus frühmittelalterlicher Zeit stammende Fehde galt bis zum »Ewigen Landfrieden« von 1495 als legitimes Rechtsmittel. Im Rahmen des Fehderechts konnte ein Verletzter oder seine Familie am Täter durch Gewalttat Rache nehmen. Da dem Staat die Mittel zur Durchsetzung des Rechts fehlten,

042 Überbringen eines Fehdebriefes. Miniatur aus der »Spiezer Chronik«, 1485.

043 Albrecht Altdorfer, Die Alexanderschlacht. Öl auf Holz, 1529. Im Jahre 1528 erhielt der Regensburger Maler Albrecht Altdorfer von Herzog Wilhelm IV. von Bayern den Auftrag für ein Schlachtenbild, in dem der Sieg Alexanders des Großen über die Perser bei Issos (333 v.Chr.) verherrlicht werden sollte. Altdorfer gelang durch geschickte Einbindung des Himmels und der Landschaft und aufgrund seiner Detailbesessenheit eine extreme Steigerung der Dramatik. Der Sieg des Okzidents über den Orient ist zugleich ein Reflex auf die zeitgleiche Bedrohung durch die Türken.

sollte die Fehde den Rechtsfrieden weiderherstellen. Im Hochmittelalter schränkte man das Fehderecht schließlich auf die ritterliche Gesellschaft ein und versuchte es durch feste Regeln zu kontrollieren. So wurden u.a. bestimmte Zeiten (Fest- und Feiertage) und Örtlichkeiten für fehdefrei erklärt. Im Spätmittelalter nahmen verarmte und sozial heruntergekommene Adelige, die so genannten Raubritter, das Fehderecht missbräuchlich in Anspruch.

Schwierigkeiten der Grenzziehung

Wann war das Mittelalter zu Ende? Diese Frage wird oft recht willkürlich beantwortet. Häufig werden ereignisbezogene Daten herangezogen, um das Ende des Mittelalters zu markieren. Diese Jahreszahlen können und sollen als Wegmarken und Anhaltspunkte dienen, um die strukturellen Veränderungen der Zeit zu verstehen. Epocheneinteilungen sind eine Frage der Perspektive. Europabezogene Untersuchungen sehen im Jahr 1517 das Ende des Mittelalters. Das Jahr in dem Luther seine berühmten Thesen veröffentlichte, wird als Symbol für den reformatorischen Aufbruch verstanden. Diese stark nationale Sichtweise lässt außer Acht, dass auch in anderen europäischen Ländern reformatorische Bewegungen entstanden. Die Epochengrenze im Jahr 1517 verdeckt außerdem den Blick auf die Auswirkungen, die dem Thesenanschlag nachfolgten. Die Reformation begann als theologisches Anliegen, aus dem schnell soziale Schlussfolgerungen gezogen wurden. Alle sozialen Schichten wurden davon erfasst, nur so erklärt sich die rasche Ausbreitung der Reformation.

044 Das Mittelalter stellte die Welt meist schematische wie ein O dar, das durch ein T unterteilt ist. Die obere Hälfte nimmt Asien ein. Die Horizontale bilden Don und Nil, die Vertikale das Mittelmeer. Der Ozean stellt den Rand der Scheibe dar. Holzschnitt nach der Weltkarte des 636 n. Chr. verstorbenen Isidor von Sevilla, veröffentlicht 1472.

Entdeckungen, Erfindungen und Eroberungen

Eine weitere mögliche Epochengrenze bildet die Entdeckung Amerikas 1492. Die »Neue Welt« wurde von den Europäern schnell erschlossen. Viele technische Erfindungen und der »Aufbruch zur Weltwirtschaft« machten dies möglich.

Die »Erfindung« des Buchdrucks durch den Mainzer Johann Gutenberg wird als eine weitere Epochengrenze gesehen. Der Buchdruck verbreitete sich schnell über ganz Europa und ermöglichte neue Bildungs- und Unterrichtsmöglichkeiten. Druckerzeugnisse konnten nun relativ preiswert eine große Öffentlichkeit erreichen.

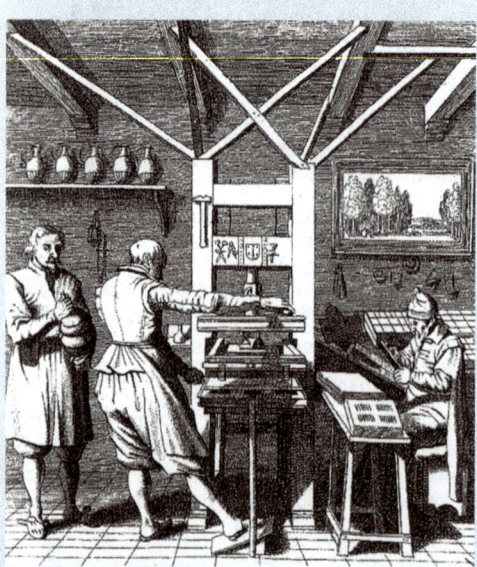

046 Seite der Genesis (1. Buch Moses) der »Gutenberg-Bibel«. Für den Druck der Bibel fertigte Johannes Gutenberg insgesamt 290 verschiedene, kunstvoll geschnittene und gegossene Zeichen. Durch die Vielzahl der Lettern wollte er ein Schriftbild erreichen, das mit den kostbaren kaligrafischen Bibelhandschriften konkurrieren konnte.

047 Druckerwerkstatt. Kupferstich, 17. Jahrhundert.

Der Fall Konstantinopels im Jahre 1453 wird ebenso als Epochenschwelle zwischen Mittelalter und Neuzeit verstanden. Die Hauptstadt des Byzantinischen Reiches wurde im Jahre 1453 von den Osmanen erobert. Das Byzantinische Reich, das im 15. Jahrhundert politisch längst keine Rolle mehr spielte, war damit untergegangen. Die Eroberung und Plünderung der Stadt durch die Osmanen hatte für die Zeitgenossen einen hohen Symbolgehalt. In Europa stand dem negativen Bild vom »Erzfeind der Christenheit« Neugier an der Kultur der Osmanen gegenüber.

Das 15. Jahrhundert war reich an großen Erfindungen und Entdeckungen. Vasco da Gama fand 1498 den Seeweg nach Indien. Die seefahrenden europäischen Mächte verbanden die bisher getrennten europäischen und asiatischen Kulturräume. Der Austausch von Waren und Ideen war damit möglich. Humanistische Studien, Naturbeobachtungen und Forschungen revolutionieren die Naturwissenschaften. In antiken Schriften wurde die Kugelgestalt der Erde wiederentdeckt. Der Arzt Paracelsus reformierte die Medizin. Mit den Erkenntnissen von Nikolaus Kopernikus und anderen wurde das aristotelische Weltbild überwunden. All diese Ereignisse können als Aufbruch zur Moderne verstanden werden.

048 Das Flaggschiff von Christopher Kolumbus, die Santa Maria. Zeitgenössischer Holzschnitt.

049 Vasco da Gama. Porträt, 16. Jahrhundert.

050 Die Durchbrechung des mittelalterlichen Weltbildes. Bis in die jüngste Zeit wurde diese Illustration als ein Werk des 15. Jahrhunderts betrachtet. Sie ist jedoch dem Werk »L'Atmosphère. Météorologie populaire« von Camille Flammarion (1888) entnommen.

2. Wer die »Werbetrommel« rührt – Finanzen und Heeresaufbringung

Auf welche Weise und wie lange Krieg geführt wurde, hing schon immer entscheidend von den finanziellen Ressourcen ab. Je mehr das Heeresaufgebot aus Söldnern bestand und je stärker die technischen Anforderungen im Artilleriewesen, bei der Ausstattung mit Handfeuerwaffen oder auch im Schiffsbau stiegen, umso schwerer wogen Gold und Silber in der Waagschale des Kriegsglücks. »*Point d'argent – point de Suisse*« (franz.; sinngemäß: »ohne Geld, keine Schweizer Söldner«) hieß es in einem Sprichwort des 16. Jahrhunderts: Die Verfügbarkeit von Schweizer Reisläufern, den lange Zeit begehrtesten Kriegsleuten auf dem europäischen Söldnermarkt, war vor allem eine Frage des Geldes. Genau daran mangelte es aber fast allen Territorialherren. Ihre Einnahmen bestanden nur aus ihren Privatgütern, den Domänen und Einkünften aus nutzbaren Hoheitsrechten, den so genannten Regalien, von denen das Münz- und Marktrecht sowie Zölle die größten Gewinne abwarfen. Von wenigen Ausnahmen abgesehen konnten weder die Krone, noch die Landesherren, noch die erblühenden Städte die Mittel aufbringen, um eine größere Truppe über einen längeren Zeitraum zu unterhalten. Selbst bei den großen Territorialherren, bei Königen oder beim Kaiser reichte die begrenzte Hausmacht nicht für umfassende Kriegsanstrengungen. Zudem banden die Repräsentationsverpflichtungen, vor allem die Hofhaltung, immer größere Summen.

Die Grundlage einer effektiven Mittelabschöpfung, nämlich ein modernes Steuer- und Verwaltungswesen, begann sich erst langsam zu entwickeln. Nicht wenige Historiker sehen darum in den immer teureren Kriegen einen entscheidenden Beweggrund für den Aufbau frühmoderner Verwaltungsstrukturen mit Beamtenapparat und Steuerämtern. Mit anderen Worten: Wer über die Steuer eine Armee unterhalten wollte, musste zuerst ein »Heer« von Finanz- und Verwaltungsbeamten aufstellen. Der Finanzstaat war somit zugleich auch ein Kriegsstaat. Militär und Staat standen also in einem Verhältnis wechselseitiger Bindung und Beschleunigung: Der Steuerdruck ermöglichte den Aufbau einer Kriegsmacht, während die Zwänge des Krieges gleichzeitig den Steuerdruck erhöhten.

Das Recht der Steuerbewilligung gehörte seit dem Mittelalter zu den Privilegien der Stände, die sich aus Vertretern des Adels, der kirchlichen Würdenträger und der Städte zusammensetzten. Auf den Land- und Reichstagen berieten und entschieden sie in mehrheitlicher Abstimmung über die Staatseinnahmen – ein zeitraubendes und an Auflagen gebundenes Verfahren, das meistens nur mit Kompromissen und der damit verbundenen Preisgabe von Macht erkauft werden konnte. Wenn der Landesherr diesem unsicheren Prozedere ausweichen wollte, blieb ihm vor allem die Möglichkeit, die »Lizenz zum Töten« zu verkaufen. Der Landesherr trat zwar formal als oberster Kriegsherr auf, vergab das Recht der Aushebung und Führung der Truppen allerdings an selbstständig agierende Kriegsunternehmer. Ein so genannter Bestellbrief regelte die rechtlichen und finanziellen Bedingungen zwischen dem Obersten und dem Kriegsherren. Hier wurde auch die Anschubfinanzierung mit Vorauszahlungen in Form von Lauf- und Antrittsgeldern sowie die Höhe der Folgezahlungen festgeschrieben. Nicht selten warben die Regimentsobersten jedoch ebenfalls mit vorgestrecktem Geld Truppen an, rüsteten sie zuweilen selbst aus und scheuten sich auch

Kompanie (cum panis, lat.; mit Brot, Tischgemeinschaft, davon auch Kumpane) – Der Begriff hatte ursprünglich keine militärische Bedeutung und stand für Gesellschaft, Gemeinschaft oder Genossenschaft. Die Kompanie ersetzte ab dem späten 16. Jahrhundert in Deutschland das Fähnlein als taktische Grundeinheit.
Batterie (battre, frz.; schlagen) – Seit dem 17. Jahrhundert Bezeichnung für eine taktische und administrative Einheit der Artillerie, vergleichbar mit einer Kompanie der Infanterie.
Schwadron (squadrone, ital.; viereckiger Haufen) – Ersetzte im 17. Jahrhundert das Geschwader und bezeichnete eine Reiterkompanie.
Brigade (briga, ital.; Zank, Streit) – Vereinigung mehrerer taktischer Einheiten derselben Waffengattung, in der Regel zweier Regimenter, zu einer Kampftruppe.

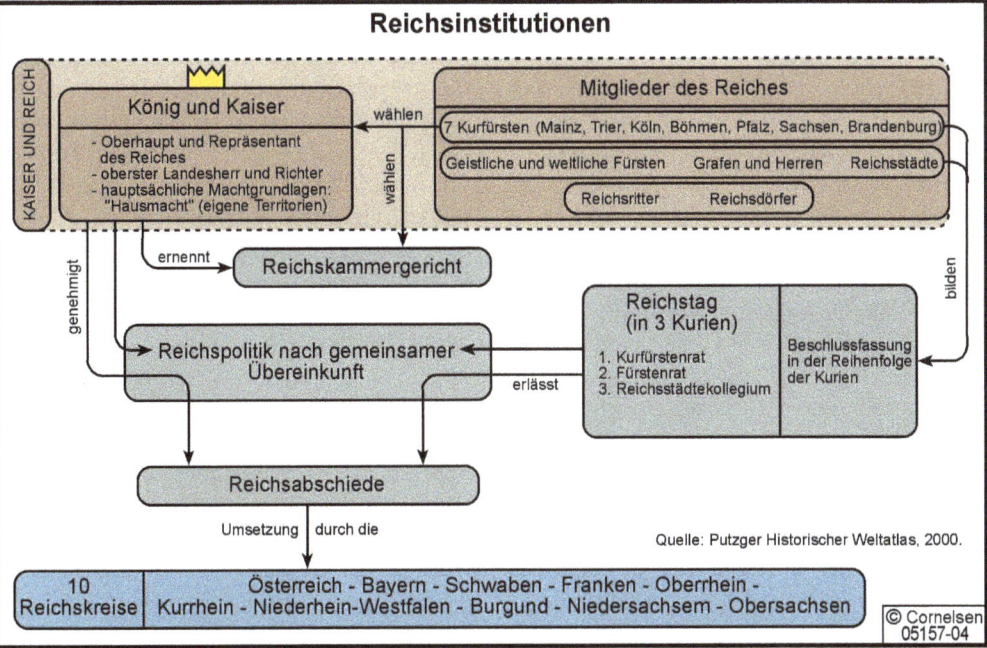

Reichsinstitutionen

KAISER UND REICH

König und Kaiser
- Oberhaupt und Repräsentant des Reiches
- oberster Landesherr und Richter
- hauptsächliche Machtgrundlagen: "Hausmacht" (eigene Territorien)

wählen

Mitglieder des Reiches
7 Kurfürsten (Mainz, Trier, Köln, Böhmen, Pfalz, Sachsen, Brandenburg)
Geistliche und weltliche Fürsten   Grafen und Herren   Reichsstädte
Reichsritter   Reichsdörfer

wählen

ernennt → **Reichskammergericht**

genehmigt

Reichspolitik nach gemeinsamer Übereinkunft

erlässt

Reichstag (in 3 Kurien)
1. Kurfürstenrat
2. Fürstenrat
3. Reichsstädtekollegium

Beschlussfassung in der Reihenfolge der Kurien

bilden

Reichsabschiede

Umsetzung durch die

Quelle: Putzger Historischer Weltatlas, 2000.

10 Reichskreise	Österreich - Bayern - Schwaben - Franken - Oberrhein - Kurrhein - Niederhein-Westfalen - Burgund - Niedersachsem - Obersachsen

© Cornelsen 05157-04

S Das Wort »deutsch« ist erstmals 788 in der lateinischen Form »theodiscus« für die germanische Volkssprache im Reich Karls des Großen und um 1000 in der althochdeutschen Form »diutisc« belegt. Bei den Reichsteilungsverhandlungen von 842/43 wurde das neue »Ostfränkische Reich« als solches charakterisiert und 919 kam informell die Bezeichnung »Deutsches Reich« auf. Nach der Erlangung der Kaiserwürde durch Otto den Großen im Jahr 962 nannte Deutschland sich »Römisches Reich« und zur Betonung des Anspruchs der Deutschen, die politischen Nachfolger der alten Römer zu sein, seit 1512 amtlich »Heiliges Römisches Reich Deutscher Nation«. Die Neuorganisation Deutschlands und die Auflösung des alten Reiches erfolgte 1804/06 auf Druck Napoleons. Aufgrund der starken Eigeninteressen Preußens und Österreichs konnte sich zwischen 1815 und 1866 nur ein relativ schwacher »Deutscher Bund« etablieren. Das »Deutsche Reich« entstand 1871, dessen Name offiziell auch nach der Revolution von 1918 bestehen blieb – bis 1945. Der Nationalsozialismus nahm für sich die geistige Erneuerung durch ein »Drittes Reich« in Anspruch, historisierte die Hohenzollern-monarchie als »Zweites Reich« und tat die Weimarer Republik als »Zwischenreich« ab; sein »Altreich« nach dem Stand von 1937 wurde durch den Anschluss Österreichs 1938 zum »Großdeutschen Reich« erweitert.

052 Die Kaiserkrone des Heiligen Römischen Reiches Deutscher Nation.

31

Bataillon (battaglione, ital.; großer Schlachthaufen) – Seit dem 17. Jahrhundert Bezeichnung eines Truppenkörpers, der sich aus mehreren Kompanien zusammensetzt. Im 18. Jahrhundert war das Bataillon die taktische Grundeinheit der Infanterie im Gefecht.

Regiment (regimentum, lat.; Herrschaft) – Seit dem 15. Jahrhundert gebräuchliche Bezeichnung der vertraglich festgelegten Befehlsgewalt des Feldobersten mit dem Kriegsherrn über eine Anzahl Fähnlein. Im Dreißigjährigen Krieg Größenordnung einer taktischen Einheit (1 Regiment = 10 Fähnlein/Kompanien zu 200–300 Mann). Ende des 17. Jahrhunderts Name für einen fest gefügten taktischen Truppenteil.

Garde (wardon, germ.; Sorge tragen) – Ursprüngliche Bezeichnung für die Leib- und Schutztruppe eines Fürsten wurde die Garde später auch zur Kerntruppe einer Armee.

nicht, Geld dafür zu leihen. Sie betrachteten ihr *Regiment* (regimentum, lat.; Herrschaft), so hieß die zentrale militärische Verwaltungseinheit seit dem frühen 16. Jahrhundert, nicht nur als Gefechts- und Rechtsverband, sondern in gleichem Maße als Wirtschaftsunternehmen, in das sie ja beträchtlich investiert hatten. Das Kapital bestand im Wesentlichen aus den angeworbenen Söldnern, die man nach der Devise »hire and fire« nur für den begrenzten Zeitraum eines Feldzugs vertraglich band. Die Unterhaltszahlungen des obersten Kriegsherren und die Aussicht auf Beute und territoriale Kompensationen nach Abschluss des Feldzuges waren für viele Anreiz genug, das hohe Risiko einzugehen. Ehre und Ruhm spielten nur eine nachgeordnete Rolle. Beispiele wie ▶ Georg von Frundsberg, Merk Sittich von Ems und Sebastian Schärtlin von Burtenbach stehen stellvertretend für eine Generation von Militärunternehmern, denen das Kriegsglück Reichtum und sozialen Aufstieg bescherte. Ungezählte und heute unbekannte Beispiele ließen sich gleichwohl anführen, denen der Krieg keine Dividende, sondern den wirtschaftlichen und persönlichen Ruin brachte.

Risiko und Chance gehörten für den Kriegsunternehmer zu den zwei Seiten der gleichen Medaille. Dieses Grundprinzip setzte sich auf den unteren Ebenen fort. Unterhalb des mehrere tausend Mann starken Regiments bildete das Fähnlein die nächste Verwaltungseinheit, das man am besten mit einer Kompanie von bis zu 400 Mann vergleicht. Für die Bestallung mit einem Fähnlein mussten die Hauptleute, bei den berittenen Truppen Rittmeister genannt, nicht selten tief in ihre Tasche greifen. Im Kleinen setzte sich hier das Prinzip von persönlichem Risiko und Gewinn weiter fort. Die einfachen Kriegsleute selbst erhielten in der Re-

gel den vertraglich festgelegten Sold von vier rheinischen Gulden im Monat, der gleichzeitig die rechnerische Grundeinheit für alle Bezahlungen im Regiment bildete. Damit verdienten die gemeinen Kriegsknechte deutlich mehr als die vergleichsweise gut bezahlten Groß- oder Vollknechte oder angesehene städtische Facharbeiter. Selbst wenn man die unbestritten hohen Lebenshaltungskosten im Lager und auf dem Feldzug in Rechnung stellt, waren vier Gulden keine kleine Münze. »Beschossene Knechte«, die über Erfahrung im Kampf verfügten, besondere Fähigkeiten oder gar ihre eigene Ausrüstung und Waffen mitbrachten, konnten mit deutlich höherem Sold rechnen. Da sich die wirtschaftliche und soziale Situation, vor allem von Lohnabhängigen, im Verlauf des 16. Jahrhunderts zunehmend verschlechterte und gleichzeitig die Bevölkerung anstieg, hatten die Werber wenig Mühe den ständigen Bedarf an Söldnern zu decken. Ideelle oder patriotische Motive, wie sie uns aus dem 19. und 20. Jahrhundert vertraut sind, spielten bei der Werbung keine Rolle. In einer kommentierten Soldatengrafik von 1615 bringt es der »Werbetrommler« auf den Punkt: »Wann ich mein Trummel rühr im feldt, So kost es wahrlich Leut vnd geldt« (Gabriel Weyer, News Soldatenbüchlein, 1615).

3. »Befelch und Ämter« – Kriegsrecht, Kriegslehrbücher und Organisation

Um ein Regiment als Wirtschaftsunternehmen führen zu können, benötigte man eine professionelle Führung mit klarer Hierarchie und festem Regelwerk. Die heute nicht mehr wegzudenkenden Grundlagen der militärischen Rechtsverordnung, des ▶ Vorschriftenwesens

32

053 Heertrummel.
Holzschnitt von Jost Amman.

Mein Heertrummel die laß ich brommen/
Bald der Adl auff die Bahn ist kommen/
Zu thurniren/rennen vnd stechen
In Schilt vñ Helm die Spär zubrechen/
Dergleich wo sie zu feld auch ligen/
Gegen dem feind in den Kriegen/
Mit der Heertrummel das hertz ich weck
Der vnsern/vnd die feind erschreck.

B Georg von Frundsberg (1473–1528)

Landsknechtführer – Nachdem sich Frundsberg als junger Lands-knecht im Heer des Schwäbischen Bundes im Kampf gegen den Herzog Albrecht IV. von Bayern (1492) und beim Landshuter Erbfolgestreit in der Schlacht bei Regensburg (1504) glänzend bewährt hatte, wurde er im selben Jahr von Kaiser Maximilian I. zum Ritter geschlagen. Fortan kämpfte er als kaiserlicher Landsknechtführer und Feldhauptmann gegen Frankreich und in Italien. Er trug maßgeblich zum kaiserlichen Sieg in der Schlacht bei Pavia (1525) bei, in welcher der französische König Franz I. gefangengenommen werden konnte. Frundsbergs Einsatz für das »Regiment der Landsknechte« beendete im Reich entgültig das Zeitalter der mittelalterlichen Ritterheere. Vorbild für Frundsbergs »ritterliche Landsknechte« war das Schweizer Fuß-volk. Die von Frundsberg weiterentwickelten »Artikelsbriefe« bildeten die Grundlage der Kriegsartikel für die folgenden Jahrhunderte.

054 Georg von Frundsberg. Zeitgenössisches Gemälde.

S Exerzier-Reglements im heutigen Sinne, d.h. bindende, für lange Dauer bestimmte Ausbildungsvorschriften, kamen erst mit der Einführung der stehenden Heere auf. Vorher kannte man keine Reglements, da die Heere erst im Bedarfsfalle aufgeboten wurden. Das erste, vollständig gedruckte Exerzier-Reglement für die preußische Infanterie erließ Friedrich Wilhelm I. 1714, sechs Jahre später folgte die entsprechende Vorschrift für die Kavallerie. Die letzten Exerzier-Reglements wurden in Deutschland zu Beginn des 20. Jahrhunderts herausgegeben. Nach dem Ersten Weltkrieg fanden sie in den »Ausbildungsvorschriften« (A.V., H.Dv. usw.) ihre Fortsetzung. In handlichem Taschenformat brachten sie in übersichtlicher Form, streng geglie-dert, kurz und unmißverständlich die Grundlagen einer einheitlichen Ausbildung. In der Bundeswehr sind die Ausbildungsvorschriften in die für die Gesamtstreitkräfte gültigen Zentralen Dienstvorschrif-ten (ZDv) und in die für die jeweiligen Teilstreitkräfte zuständigen Heeres-, Luftwaffen- und Marine-Dienstvorschriften (HDv, LDv, MDv) gegliedert. Die technische Ausbildung an Waffen und Gerät, deren Beschreibung, Bedienung, Wartung, Pflege und Instandset-zung ist in den Technischen Dienstvorschriften (TDv) festgelegt.

055 Feldhauptmann zu Pferde im Gespräch mit zwei Landsknechten. Kolorierter Holzschnitt von Peter Flettner.

und der Vorgesetztenverordnung gehen auf diese Zeit des frühmodernen Militärs zurück. Werbekommandos mit Trommlern und Pfeifern, dem so genannten Feldspiel, zogen durch das Land, richteten sich in Wirtshäusern, auf Märkten oder wo sonst Menschen zusammenkamen ein und warben mit Versprechungen und Handgeld dafür, die Haut als Kriegsmann zu Markte zu tragen. Das Laufgeld, eine Aufwendung für die Reisekosten zum Musterplatz sowie der erste Sold wurden in der Regel im voraus bezahlt. Der neu geworbene Knechte erhielt zudem einen Laufzettel, der Zeit und Ort der Musterung enthielt. Die fehlende Kontrolle zwischen Werbung und Musterung nutzten immer wieder windige Kriegsleute und ließen sich sogar mehrfach mustern, um die Spesen und den Vorschuss einzustreichen und sich anschließend aus dem Staub zu machen. Obgleich die Klagen über dieses Gebaren nie abrissen, blieben die Kriegsherren hiergegen machtlos.

Auf dem Musterplatz erfolgte die entscheidende Begutachtung, in der die Knechte nach Eignung, Erfahrung und der mitgeführten Ausrüstung eingeteilt und in die Musterliste schriftlich aufgenommen wurden. Jetzt entschied sich, ob ein Knecht einfachen Sold erhielt, als kampferprobter »Doppelsöldner« oder sogar Inhaber eines Amtes auf besseren Verdienst hoffen durfte. Im Anschluss erfolgte für alle Knechte das Verlesen des Artikelsbriefs, der das Kriegsrecht und die vertraglich bestimmten Sonderleistungen enthielt und die Abnahme des Eides im so genannten »Ring der Gemein«, einer Art Vollversammlung aller Kriegsleute. Jetzt gehörte der Kriegsknecht zum Regiment, das ihm Arbeitsplatz, Sozialverband und vor allem auch neue Rechtsinstitution war.

Die ständige »Vermahnung der Landsknechte« nicht zu fluchen, fremdes Eigentum zu respektieren, nicht zu raufen und zu saufen und den Glauben zu achten sowie die drakonisch anmutenden Strafen in den Artikelsbriefen zeugen von der Hilflosigkeit der Obrigkeit und der Militärführung, die Disziplin in den Haufen aufrecht zu erhalten. Gewiss, der Oberst des Regiments verfügte als oberster Gerichtsherr aller Militärangehörigen seines Verbandes de jure über eine beinahe unumschränkte Gewalt. De facto darf die starke Position der Kriegsleute, vor allem bis zur Mitte des 16. Jahrhunderts aber nicht unterschätzt werden. Als Vertragspartner pochten sie auf die Einhaltung ihrer Rechte, vor allem die regelmäßige Soldzahlung. Zuweilen »rotteten« sie sich sogar zusammen, drohten zum Nachdruck ihrer Forderungen mit der Niederlegung ihrer Waffen und wechselten auch immer wieder die Fronten.

Die unteren ▸ Ränge innerhalb des Fähnleins, die so genannten Gemeinämter, wählten die Kriegsleute selbst aus. Dazu gehörten die *Rottmeister* (Gruppenführer für bis zu zwölf Mann), *Fouriere* (franz.; Quartiermacher), die *Ambossaten* oder *Amissaten* (Vertrauensleute und Vermittler in Streitigkeiten) und in begrenztem Maße auch die *Feldwaibel* (waiben, mhd.; sich hin und her bewegen), die für die Aufstellung im Gefecht die Verantwortung trugen. Zu den besonderen Rechten gehörte auch eine korporative, von Laien praktizierte Rechtsprechung. Das *Schultheißengericht* (schuldheizzo, ahd.; der Verpflichtungen befiehlt) war eine vom Regimentskommandeur ertrotzte oder gebilligte und an feste Regeln gehaltene Form der Rechtsprechung, in der vom Regiment gewählte Kriegsleute als Verteidiger, Ankläger und *Schöffen* (Laienrichter) fungierten. Dieses Kameradengericht entschied sowohl kleinere Streitigkeiten und Beleidigungsklagen als auch die *Malefizverfahren* (maleficium, lat.; schwere

056 Fünf Landsknechte. Doppelsöldner mit Bidenhänder, Feldspiel mit Pfeifer und Trommler, Fähnrich und Kriegsknecht mit Halbarte. Zeitgenössischer Kupferstich von Daniel Hopfer.

Gefreiter – Ursprünglich Befreiter. Bei den Landsknechten einfache, dienstältere Soldaten, die vom Schildwachendienst und anderen Tätigkeiten befreit waren und zudem auch als Wachhabende verwendet werden konnten.

Fahnenjunker – Bezeichnung für die Söhne von Edelleuten, die meist noch im Kindesalter in das Heer eintraten und als Offizieranwärter die Fahne tragen mussten. Ihre eigentliche dienstliche Bezeichnung war Gefreitenkorporal oder Freikorporal.

Fähnrich – Ursprünglich Fahnenträger. Bei den Landsknechten war ihm die Fahne anvertraut, die er mit »Leib und Leben« verteidigen musste und dem die Kriegsleute bis in den Tod folgen sollten.

Unteroffizier – Bezeichnet eigentlich Soldaten, die ausserhalb der in Reih und Glied stehenden Truppen Führungs-, Ausbildungs- und Hilfspersonal bildeten. Im Gegensatz zu den Oberoffizieren, die später nur noch Offiziere hießen.

Offizier (officiarius, lat.; Verwalter eines Amtes) – In heutiger Bedeutung seit dem 16. Jahrhundert im deutschen Sprachgebrauch. Vorher auch Kriegsamt oder hohes Amt.

Leutnant (locotenente, ital.; Statthalter, Stellvertreter) – Bezeichnung für den Stellvertreter eines militärischen Befehlshabers. In Deutschland seit dem 15. Jahrhundert gebräuchlich. Bei den Landsknechten findet sich die Erklärung des Titels in Liedern, als Bezeichnung des Mannes, der ein Amt bei den Leuten hat (mhd.; Leutenampt), später auch Lütenant, Lietenant.

Hauptmann (houbetman, mhd.; Oberfeldherr) – Ursprüngliche Bezeichnung für einen Anführer, Oberbefehlshaber. Im 15. Jahrhundert nannte man so den Oberfeldherren. Durch zusätzliche Neubezeichnungen, wie Feldhauptmann, verringerte sich dieser Rang bis zur heutigen Bedeutung des Führers einer Kompanie. Im 17. und 18. Jahrhundert auch durch den Kapitän verdrängt.

Major (mayor, span.; Verwalter, Aufseher) – Bezeichnete zuerst eine besondere Tätigkeit des Offiziers. Sorgte auf Regimentsebene für den inneren Dienst, besonders für Versorgungs- und Wachaufgaben. Nach der Einführung des stehendes Heeres wurde der Major zu einer festen Rangbezeichnung.

Oberst (oberest, mhd.; der Oberste) – Ursprünglich stand er an der Spitze des Heeres. Nach dessen Vergrößerung wurde von den zahlreichen Hauptleuten ein Oberst als Höchstkommandierender eines im Felde stehenden Heeres ausgesucht. Später durch den Titel General verdrängt, blieb er die Bezeichnung für den mit der Führung eines Regiments beauftragten Offizier.

General (generalis, lat.; allgemein) – Bereits im 15. Jahrhundert wurde so der Oberbefehlshaber des Deutschen Ritterordens bezeichnet. Im 16. Jahrhundert wird es zur Regel, dass jede Waffengattung einen General hat. Im 17. Jahrhundert nicht mehr allein auf Oberbefehlshaber beschränkt, übernahm der General Tätigkeiten in der Spitze der Heeresleitung.

057 Der Oberst. Holzschnitt nach Zeichnung von Jost Amman.

058
Der Hauptmann.
Holzschnitt.

35

Straftat), die mit Leib- und Todesstrafen geahndet werden konnten. Eine Reihe zeitgenössischer Schrift- und Bildquellen verweisen auf das Spießgerichtsverfahren, bei dem der verurteilte Söldner von seinen Kameraden nicht nur abgeurteilt, sondern anschließend auch hingerichtet wurde. Die tatsächliche Verbreitung dieser Praxis ist nicht endgültig bewiesen – sie zeigt aber wie weit die Autonomie der Rechtspraxis und damit die Teilhabe in den Söldnerhaufen des 16. Jahrhunderts gehen konnte.

Die komplexe Rechts- und Verwaltungspraxis der Landsknechtshaufen schlug sich unter anderem in einer immer umfangreicheren Verschriftlichung nieder. Da man noch keine Kriegsschulen, geschweige denn eine staatlich gelenkte Ausbildung des Führungspersonals kannte, entstand zu Beginn des 16. Jahrhunderts mit dem Kriegslehrbuch eine völlig neue Literaturgattung. Zahlreiche erhaltene Exemplare, Kopien und Neuauflagen zeugen vom Marktinteresse. Neben den bereits erwähnten Büchsenmeisterbüchern dokumentieren die Kriegsbücher auch den Bildungswillen und die Bildungsfähigkeit der Militäreliten jener Zeit. Durch Rückgriffe auf antike Autoren wie Xenophon, Vegetius, Livius und Cäsar und »mit zahlreichen Kupfern und Stichen gezieret«, also reichhaltig illustriert, schlugen diese Bücher einen Bogen zwischen dem Bedürfnis

061 Spießgericht. Holzschnitt von Jost Amman.

nach Information, Belehrung und Unterhaltung. Am bekanntesten sind die ▶ »Kriegsordnungen« von Leonhard Fronsperger, Reinhard von Solms sowie von Markgraf Albrecht von Brandenburg. In enzyklopädischer Form lieferten diese Bände eine Fülle von Einzelheiten zum Kriegsrecht, zur Bestallung und Besoldung, zur Marsch- und Lagerordnung, zur Taktik und nicht zuletzt zur Artillerie und zum Befestigungswesen. Differenzierte Gliederungen und Schlagwortverzeichnisse unterstreichen die Gebrauchsabsicht der Schriften.

In den Kriegslehrbüchern schlägt sich auch eine erstaunliche Binnendifferenzierung der Truppenkörper nieder. Vom gemeinen Fußknecht bis zum Obersten Feldhauptmann wurde das Kriegsvolk in seinem hierarchischen Gefüge aufgeschlüsselt, nach Anforderung, Rechten und Pflichten beschrieben und häufig von Illustrationen und heiteren Paarreimen begleitet. Hier zeigt sich die immer stärkere Professionalisierung des Militärs und hier sind auch die sprachlichen Wurzeln der bis heute verwendeten Dienstgrade zu suchen. Die immer größeren, immer schwieriger zu führenden und zu finanzierenden Heere verlangten ein Funktionspersonal mit spezifischen Fähigkeiten. In den Kriegslehrbüchern und Musterlisten des 16. Jahrhunderts führen diese Männer keinen Dienstgrad, sondern bekleiden ein so genanntes Amt.

Dieser aus der zivilen Verwaltungspraxis entlehnte Begriff verdeutlicht den primär administrativen Aspekt, für den Schriftkenntnisse von Vorteil sein konnten. Da auch das Führungspersonal den saisonbedingten Regeln des Kriegsgeschäfts unterlag, darf es nicht wundern, wenn viele Männer zwischen zivilen und militärischen Anstellungen pendelten. Angesichts der wachsenden Bürokratisierung und Verschriftlichung in den Heeren ließen sich zivil erworbene Verwaltungskenntnisse bei den Kriegshaufen gewinnbringend nutzen: zum Beispiel als *Musterschreiber* (Sekretär für den gesamten Schriftverkehr), *Pfennigmeister* (Rechnungsführer), *Profos* (provost, niederl.; Chef der Lagerpolizei), Proviant- und Quartiermeister und natürlich auch als Hauptmann eines Fähnleins. Neben der Erfahrung konnte Bildung so den sozialen Aufstieg nachhaltig befördern.

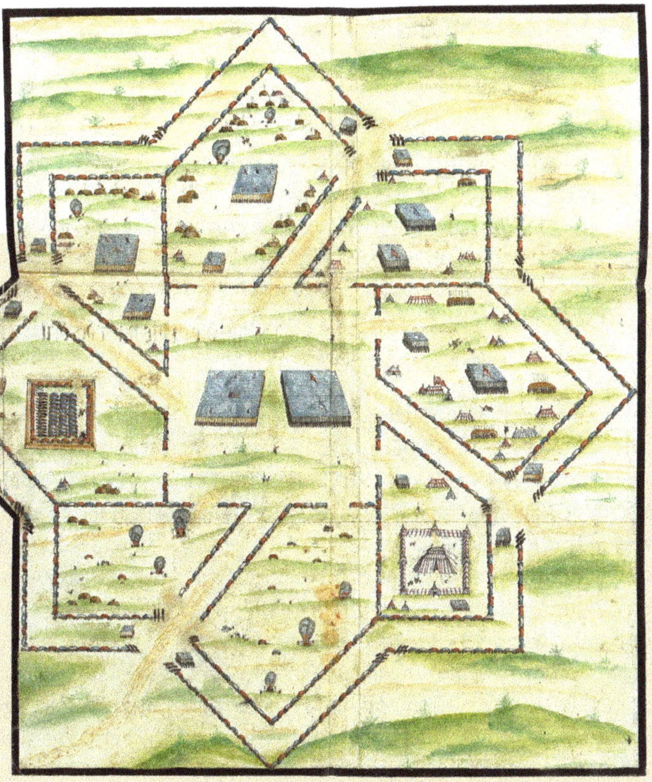

059 Feldlager aus der »Kriegsordnung« Albrechts von Preußen. Die Abbildung zeigt den idealtypischen Aufbau eines Lagers mit dem Lagermarkt und Gerichtsplatz im Zentrum.

Albrecht von Preußen,
1 **»Vorwort zur Kriegsordnung« (1555)**

Was ein jeder herr mit frid haben kan,

darumb soll er kein krieg nicht fangen an.

Den kriegen ist grosse müh und arbeit

und geburt dartzu grosse sorgfeltigkeit.

Mit lauffen, wachen, reiten, fru und spat,

und weis doch niemant, wie es zuletzt gerat.

Mancher meint zu gewinnen eine beut,

der zuletzt landt und leuth darüber verleurt.

Man sicht ser wol, was kriegen und reisen

machen arme leuth, witwen und weisen.

Es kost auch vil leuth, gut und gelt,

on das es Gott gröslich misfelt.

Zit. nach: Die Kriegsordnung des Markgrafen zu Brandenburg-Ansbach und Herzogs zu Preußen Albrecht des Älteren, Königsberg 1555. Im Auftrag des MGFA und in Zusammenarbeit mit dem Deutschen Historischen Institut Warschau hrsg. von Hans-Jürgen Bömelburg, Bernhard Chiari und Michael Thomae, Braunschweig 2006.

Die im Jahre 1555 vollendete Kriegsordnung des preußischen Herzogs Albrecht d.Ä. von Brandenburg-Ansbach, gilt als ein bedeutendes Zeugnis der Renaissance. Das reich bebilderte Kriegslehrbuch fasste die Kenntnisse antiker Autoren und das militärische Fachwissen der Zeit zusammen. Die zeitgleiche Entwicklung der Artillerie und des Festungsbaus revolutionierten das Militärwesen des 16. Jahrhunderts und machen die Kriegsordnungen zu einem wichtigen Zeugnis der Militärgeschichte.

060 Titelblatt der Kriegsordnung des Herzogs zu Preußen, Albrecht des Älteren, Königsberg 1555 und Vignette mit einer lateinischen Widmungsinschrift an den 1530 gekrönten polnischen König Sigismund August.

4. Landsknechte und Reisläufer

Die Schweizer hatten es in den Auseinandersetzungen mit den Habsburgern und Burgundern vorgemacht, dass gut geführte Fußtruppen keinen Gegner in der Schlacht zu fürchten brauchten. Wer mit dieser militärischen Neuerung Schritt halten wollte, der musste die teuren eidgenössischen Reisläufer unter Vertrag nehmen oder ihre Kampfweise nachahmen. Der Anwerbung schweizerischer Söldner standen nicht nur die hohen Kosten im Wege. Kommunale Eigenständigkeit, bäuerliches Standesbewusstsein und eine starke Militärmacht vermengten sich in der Eidgenossenschaft zu einer brisanten Mischung. Diese Kräfte bahnten sich ihren Weg in eine staatlich gelenkte, aggressive Territorialpolitik oder privat organisierten Raubzügen gegen die unmittelbaren Nachbarn. Vor allem im Bodenseeraum, dem Grenzgebiet zwischen den eidgenössischen Kommunen, den oberschwäbischen Reichsritterschaften und den Habsburger Territorien, prallten Interessen und Truppen immer wieder aufeinander. Wirtschaftliche, politische und mentale Gegensätze gerannen seit dem späten 15. Jahrhundert zu einer offenen Gegnerschaft zwischen »Kuhschweizern« und »Sauschwaben«.

Für den jungen Erzherzog und späteren König und Kaiser ▸ Maximilian I. hatte diese Konstellation eine mehrfache Bedeutung – mit nachhaltiger Wirkung auf das Kriegswesen seiner Zeit. Nach dem Ende der Burgunderdynastie fiel Maximilian I. durch glückliche Heirat ein gewaltiges Erbe zu, das sofort die Begehrlichkeiten der mächtigen Nachbarn, vor allem Frankreichs weckte. Obgleich Maximilian I. noch fest dem ritterlichen Standesideal nacheiferte, erkannte er sehr früh, dass die militärische Zukunft den Kriegsleuten zu Fuß gehörte. Aber woher diese Truppen nehmen? Während die Werber der französischen Krone mit den Eidgenossen langfristige Soldverträge abschlossen, konzentrierte sich Maximilian auf den seinerzeit dicht besiedelten oberdeutschen Raum, also den Südwesten des alten Reiches. In deutlicher Abgrenzung zu den voralpinen Rekrutierungsgebieten der Schweizer etablierte sich ab etwa 1486 ein neuer Name für die Kriegsleute aus den flachen, oberdeutschen Landen, der bald zu einem Markenzeichen werden sollte: die Landsknechte.

Die Nationalgeschichtsschreibung des 19. Jahrhunderts verklärte die Landsknechte zu den »ersten deutschen Truppen« und bis heute ist der Begriff vielschichtig besetzt. Tatsächlich firmierten die ersten Landskechtshaufen als Pendant der eidgenössischen Vorbilder, mit gleicher Organisation und Kampfweise, ähnlich ausgeprägtem Selbstwertgefühl und sogar einem identitätsstiftenden Abzeichen: während die Eidgenossen das weiße ▸ Schweizer Kreuz trugen, führten die Landsknechte ein rotes ▸ Andreaskreuz. Beide Seiten verfügten so über ein sinnstiftendes Etikett und konnten sich zudem im Getümmel der Schlacht besser unterscheiden. Dass Maximilian I. zugleich »letzter Ritter« und »Vater der Landsknechte« genannt wurde zeigt, wie sehr sich der Habsburger mit den neuen Strukturen des Kriegswesens identifizierte – oder besser gesagt, dies geschickt zuließ. Das strahlende Bild der Landsknechte, die das gleiche Parteiabzeichen wie der Kaiser trugen und ihn zeitlebens in den repräsentativen Propagandakunstwerken wie eine Leibgarde begleiten durften, offenbart bei näherer Betrachtung allerdings auch weniger glanzvolle Seiten.

Das Schweizer Kreuz wurde bereits von den Alten Eidgenossen als gemeinsames Feldzeichen verwendet. Der früheste Gebrauch läßt sich in der Schlacht von Laupen im Jahr 1339 nachweisen. Das Andreaskreuz geht auf die Legende des Märtyrertodes des Apostels Andreas 60 n.Chr. zurück. Dieser wurde wegen Verkündung der christlichen Lehre in Kleinasien und Griechenland auf einem X-förmigen Kreuz, dem »Crux Descussata«, hingerichtet. Sein Märtyrertod wird in der christlichen Kirche seit dem 4. Jahrhundert am 30. November gefeiert.

B Maximilian I. (1459–1519)
Deutscher Kaiser – Noch zu Lebzeiten Kaiser Friedrich III. wurde Maximilian 1486 von den deutschen Kurfürsten einstimmig zum König gewählt. Mit dem Tod des Vaters (1493) übernahm er eine Schlüsselrolle im politischen Spiel der christlich-europäischen Mächte um die Vorherrschaft im Abendland. Im Mittelpunkt dieser Kämpfe, bei denen Maximilian mehr die Interessen Habsburgs als die des Reiches verteidigte, standen Burgund, Oberitalien und Ungarn. Bereits 1477 hatte er Maria die Erbin des Burgundischen Reiches und Tochter Karls des Kühnen geheiratet und konnte das Herzogtum mit Erfolg gegen Ludwig XI. von Frankreich verteidigen. Auch im wirtschaftlich bedeutenden Oberitalien waren die französischen Könige Maximilians gefährlichste Gegner. Aus den langjährigen Kämpfen, in die mit wechselnden Fronten auch Venedig, Mailand, der Papst, die Schweizer und Spanien verwickelt waren, kehrte er ohne entscheidenden Sieg heim. 1490 konnte Maximilian die Ungarn aus Österreich vertreiben, nachdem deren König und überragender Heerführer Matthias Corvinus

062 Maximilian I., Deutscher Kaiser. Gemälde von Albrecht Dürer, nach 1504.

063 Maximilian I. auf seinem Schlachtross. Holzschnitt von Hans Burgkmair d.Ä., 1518.

gestorben war. 1492 schlug er die vordringenden Türken bei Villach. Der talentierte Landsknechtsführer und Artillerist vergrößerte den habsburgischen Besitz jedoch weniger auf dem Schlachtfeld als durch geschickte Heiratspolitik. So sicherte er dem Herrscherhaus durch die Ehen seines Sohnes Philipp und seines Enkels Ferdinand I. die spanische Erbschaft sowie die böhmische und die ungarische Krone. Im Frieden von Basel (22. September 1499) musste Maximilian jedoch die Schweiz faktisch aus der Gewalt des Reiches entlassen. 1508 nahm er ohne päpstliche Kaiserkrönung als erster deutscher König den Titel »Erwählter Römischer Kaiser« an und beendete damit die Jahrhunderte alte Abhängigkeit der Kaiserwürde vom Papsttum. Um nicht die Unterstützung der Reichsstände zu verlieren, stimmte Maximilian der vom Mainzer Kurfürsten Berthold von Henneberg betriebenen Reichsreform zu, die u.a. zur Einführung einer Landfriedensordnung und des Reichskammergerichts führte. Maximilian, Förderer der schönen Künste und der Wissenschaft und selbst literarisch tätig, blieb dem Ritterideal, dessen späte Formen er in Burgund aufgenommen hatte, verbunden und ging als »der letzte Ritter« in die Geschichte ein.

064 Stilisierte Schlacht aus dem »Weisskunig« mit Schweizern (links) und Landsknechten (rechts), 1514/1515.

5. »Hosenteufel, Metzen und Gartknechte« – Lager, Frauen und der Tross

Ohne Mühen erkennt man auch heute einen Landsknecht: farbenfrohe, prächtige Stoffe, die vielfach zerteilt üppige Futter preisgeben, und breitkrempige Barette mit einem wallenden Strauß aus exotischen Federn. In der zweiten Hälfte des 16. Jahrhunderts eroberte die wallende Pluderhose, für die kein Stoff zu wertvoll sein konnte, die Heere. Nackte Hautpartien oder profilierte *Schamkapseln* (aufgebauschte Stoffpartien im Schritt der Hose) rundeten das Bild einer bewusst Aufmerksamkeit erheischenden Erscheinung ab. Auch ohne Bewaffnung sah man also sofort, mit wem man es zu tun hatte. Diese aufwendige und vor allem teure Mode war im 15. und 16. Jahrhundert keine Selbstverständlichkeit. Die meisten Menschen kleideten sich mit zweckmäßigen, naturfarbenen oder einfach gebleichten Stoffen. Während der Landbevölkerung das Geld für üppige Kleidung fehlte, regelten in den Städten detaillierte Kleiderordnungen wie viel Luxus man den Bürgern und selbst den Patriziern zugestand.

Wenngleich die tatsächliche Beachtung dieser Normierung bis heute nicht bewiesen ist, so fällt doch auf, dass die Kriegsleute zu den wenigen Ständen gehörten, für die keine Bekleidungsvorschriften galten. 1530 erhielten sie auf dem Reichstag zu Augsburg gar das verbriefte Recht der freien Kleiderwahl. Dieses außergewöhnliche Zugeständnis wirft ein scharfes Licht auf die inneren Strukturen aber auch auf die Außenwahrnehmung der militärischen Gesellschaft. Der ungeheure Kostenaufwand zeugt von den finanziellen Möglichkeiten der Landsknechte und von ihrem Selbstbewusstsein. Ein zeitgenössisches Lied bringt die Prunksucht der Landsknechte auf den Punkt: »Zerhauen und zerschnitten, nach adelichen Sitten«. Das Recht der freien Kleidungswahl zeigt aber auch, dass obrigkeitliche Disziplinierung und Kontrolle am Rand der Militärlager an ihre Grenzen stießen. Zumindest im Auftreten konnte hier der Knecht den Herren spielen. Vor allem Lieder, Spruchgedichte und Schwänke aber auch die Massengrafik des 16. Jahrhunderts vermitteln das Bild eines weitgereisten Kriegerstandes, der trickreich und selbstbewusst durchs Leben schreitet.

Dieser unkontrollierte Freiraum wurde natürlich scharf beobachtet und musste in einer auf engem Regelwerk und Ordnung bedachten Gesellschaft Kritik hervorrufen. In zeitgenössischen Traktaten, Liedern, Sprichwörtern oder Schwänken blies den Landsknechten ein scharfer Wind entgegen. Als maßlos, gewalttätig und vor allem gottlos werden sie dort beschrieben. ▸ Martin Luther, der 1526 in seiner Rechtfertigungsschrift diskutierte »Ob Kriegsleute in seligem Stande sein Können«, kam schließlich zu dem Urteil, »derhalben ist ein groß tail des Kriegsvolcks des teuffels aigen«. Der Humanist Sebastian Franck geißelte die Landsknechte als »eytel brenner, reuber, moerder, unkeusch leut, spieler, sauffer, Gotslestrer.« Der Brandenburger Pfarrer Andreas Musculus stellte die Landsknechte aufgrund ihres Kleiderluxus als »Hosenteufel« bloß. Und der Nürnberger Dichter ▸ Hans Sachs bemerkte deprimiert, der Teufel würde einen Landsknecht nicht einmal in die Hölle fahren lassen. Da der kirchliche Arm die Kriegshaufen nicht erreichte und der Einfluss der Feldkapläne in den Regimentern und Kompanien nur begrenzt blieb, konnte der Vorwurf der Gottlosigkeit schnell erhoben werden. Und in der Tat: Außerhalb amtskirchlicher Kontrolle

40

Hans Sachs (1494–1576)
B Meistersänger – Der Nürnberger Meistersänger und Dichter sympathisierte früh mit der Reformation und trat offen für sie ein. In seinen über 4000 Liedern und Spruchgedichten behandelte er geistliche, historische, politische und schwankhafte Motive. Mit seinem Werk wollte Sachs der städtischen Bevölkerung religiöse und weltliche Bildung nahe bringen und gleichzeitig die Interessen des Handel treibenden Bürgertums durch die Propagierung von Frieden, Ordnung und Vernunft sichern.

065 Hans Sachs. Gemälde von Andreas Herneyssen, 1574.

B Martin Luther (1483–1546)

Theologe und Kirchenreformator – Luther gehört zu den bedeutendsten Persönlichkeiten der europäischen Frühmoderne. Nach einem Bekehrungserlebnis änderte Luther 1505 sein Leben radikal, trat dem Augustinerorden bei, studierte Theologie und begann 1512 eine akademische Karriere an der Universität Wittenberg. Von tiefer Frömmigkeit durchdrungen setzte sich Luther intensiv mit der Heiligen Schrift auseinander. Er entwickelt eine Theologie, in der das Seelenheil nicht mehr durch »gute Werke« sondern nur noch durch die Gnade Gottes erlangt werden konnte. Die fragwürdigen religiösen Praktiken seiner Zeit, zum Beispiel der profitable Ablaßhandel, ließen Luther immer stärker in Opposition zur römischen Amtskirche treten. Am 31. Oktober 1517 ging Luther mit seinen »95 Thesen« an die Öffentlichkeit und setzte damit eine Dynamik in Gang, die das Reich und weite Teile Europas erschüttern sollten. Der Buchdruck und Luthers kraftvolle Sprache beschleunigten die Verbreitung seiner Thesen. Luthers Forderung nach grundlegenden Veränderungen und seine immer stärkere Kritik an der römischen Amtskirche führten schließlich zur Bannung

066 Martin Luther. Gemälde aus der Cranach-Schule, um 1539.

durch den Papst (1520) und zum offenen Bruch mit Amtskirche und Kaiser auf dem Reichstag zu Worms (1521). Der Widerhall von Luthers Lehre im Reich war auch ein Reflex auf die territoriale Zersplitterung. Viele Reichsfürsten stellten sich auf die Seite des Wittenberger Reformators, weil sie sich durch das Loslösen von Rom vor allem einen Machtzuwachs erhofften. Luther selbst hat sich bis zu seinem Lebensende in die politischen Fragen seiner Zeit eingemischt – und bis heute bieten seine Schriften Raum für vielfältige Deutungen. Vor allem im Zuge der Unruhen von 1524/25, dem so genannten Bauernkrieg, machte Luther mit zahlreichen Flugschriften unmißverständlich deutlich, dass Jedermann der »weltlichen Obrigkeit« Gehorsam schulden müsse und erteilte allen sozialrevolutionären Deutungen seiner Theologie eine radikale Absage. In der Flugschrift »Ob Kriegsleute auch im seligen Stande sein können« (1526) berief sich Luther auf die Lehre vom gerechten Krieg und legitimierte damit den Stand der Kriegsleute in klar definierten moralischen Grenzen.

067 Titelblatt von Martin Luthers Schrift gegen die Bauern, 1525.

41

068 »Vom glückseligem Würffelspyl«. Holzschnitt aus dem »Petracameister«, um 1520. Die Illustration steht im krassen Widerspruch zu ihrem Titel. Nicht genug, dass die Spieler im Streit ihre Waffen benutzen, die enthemmten Kriegsknechte schrecken sogar vor der Entweihung des Kruzifixes nicht zurück.

gehörte nicht nur das gotteslästerliche Fluchen zum Alltag. In den Landsknechtsheeren blühten auch okkulte Praktiken, wie das Vertrauen auf die Kraft von Amuletten, der »Feuerzauber«, das Beschwören der Waffen oder das Gießen von »Freikugeln«.

Die »amtliche« Überlieferung beleuchtete ihre Sicht der Dinge und verrät uns heute eher wenig über die tatsächliche Lebenswirklichkeit in den Landsknechtshaufen. Hinter der kraftvollen Fassade verbarg sich in Wahrheit eine starke Verletzlichkeit. Allein die Mobilität forderte einen hohen Preis. Das Leben im Lager, oft unter freiem Himmel oder bestenfalls in primitiven Behelfsunterkünften war kein Zuckerschlecken. Parasiten und Infektionskrankheiten konnten sich in der Enge der Lager explosionsartig verbreiten. Die gesamte Versorgung musste privat organisiert werden, von der Verpflegung über das Reinigen der Wäsche bis zur Pflege bei Krankheit und Verwundung. Die Kosten für diese Leistungen waren in der Regel extrem hoch. Eine sanitätsdienstliche Versorgung im modernen Sinne kannte man noch nicht.

In diesem Zusammenhang spielten die Frauen eine entscheidende Rolle, denn nur sie konnten die Versorgungslücke schließen. Die Militärschriftsteller der Frühen Neuzeit sind nicht gerade pfleglich mit ihnen umgegangen. In den Quellen werden sie zuweilen Trosserinnen oder Weiber genannten, meistens aber Metzen oder einfach Huren. Der letztere Begriff darf nicht automatisch mit Prostituierten gleichgesetzt werden, sondern meint eine moralisch randständige Frau, der die Obrigkeit allerdings jede Sittenwidrigkeit zutraute. Es ist immer noch unklar, woher diese Frauen kamen und was sie dazu bewegte den Kriegsleuten zu folgen. Die schütteren Quellen berichten von Angehörigen der städtischen Unterschichten, einfachen Lohnarbeiterinnen ohne schützenden Familienverband, die schnell in die Armut rutschen konnten. Das hohe Armutspotenzial, fehlende Sozialsysteme und die immer größer werdenden Heere bildeten rasch ein Sammelbecken für eine frühneuzeitliche Nebengesellschaft, eine »Völkerwanderung im Kleinen«.

Die meisten ▸ Trosserinnen führten ein hartes Leben. Sie übernahmen fast die gesamte Versorgung und trugen obendrein auf den langen Fußmärschen den gemeinsamen Hausrat »einem Hispanischen Hausesel nicht ungleich beladen«, wie der Militärschriftsteller Hans Wilhelm von Kirchhof 1602 in seinem Werk »Militaris Disciplina« treffend feststellte. Zeitgenössische Bildzeugnisse zeigen, dass dem Tross auch zahlreiche Kinder aller Altersstufen angehörten: Der »Auswurf« des Krieges, der ihn auch wieder fütterte. Im Tross konnten die unversorgten, meist jungen Frauen ein Auskommen finden, vielleicht als »Sudlerin« eine Garküche betreiben oder mit einem Landsknecht eine Partnerschaft eingehen. Im günstigsten Fall schlossen sich Kriegsknecht und Trosserin zusammen und bildeten ein Lager- und Beutepaar. Während der Landsknecht Sold erhielt und sein Leben aufs Spiel setzte, kümmerte sich die Frau um die Habseligkeiten und veräußerte die Beute. Für viele Frauen blieb jedoch tatsächlich nur der Weg in die Prostitution. Die Grenzen zwischen Partnerschaft, Zweckgemeinschaft und Ausbeutung verliefen hierbei fließend. In einem von ständiger Gewaltbereitschaft bestimmten Klima, wo jeder, der es konnte eine Waffe führte, bildeten die Frauen das schwächste Glied der Kette. Fast mitleidvoll legte der Militärschriftsteller ▸ Leonhard Fronsperger in seinem »Kriegsbuch« (1596) den Huren und Buben in den Mund:

Leonhard Fronsperger (1520–1575)
Militärjurist und -schriftsteller – Im Jahre 1566 wurde Fronsperger zum *Feldgerichtsschultheißen* (Militärjurist) ernannt. In seinen Schriften fasste er das Militärwissen seiner Zeit zusammen, indem er ältere und zeitgenössische Darstellungen neu zusammenfügte.

069 Die »Huren und Buben«. Holzschnitt von Jost Amman aus »Von Kayserlichem Kriegsrechten« sowie Titelblatt der Erstausgabe, um 1566.

Bertolt Brecht, »Mutter Courage«
(1938/39)
Das Theaterstück von Bertolt Brecht über Mutter Courage – eine Trosserin im Dreißigjährigen Krieg – ist eine zeitlose Anklage gegen die Unmenschlichkeit des Krieges und seine Folgen.

»Die armen Leut brauchen Courage. Warum, sie sind verloren. Schon daß sie aufstehn in der Früh, dazu gehört was in ihrer Lag. Oder daß sie einen Acker umpflügen, und im Krieg! Schon daß sie Kinder in die Welt setzen, zeigt, daß sie Courage haben, denn sie haben keine Aussicht. Sie müssen einander den Henker machen und sich gegenseitig abschlachten, wenn sie einander da ins Gesicht schaun wolln, das braucht wohl Courage. Daß sie einen Kaiser und einen Papst dulden, das beweist eine unheimliche Courage, denn die kosten ihnen das Leben.«

Zit. nach: Bertolt Brecht, Mutter Courage und ihre Kinder. Eine Chronik aus dem dreißigjährigen Krieg, Frankfurt a.M. 1963

071 Landsknechtsschwert, so genannter Katzbalger, 1. Hälfte 16. Jahrhundert.

070 Stehender Landsknecht. Federzeichnung von Hans Schäufelein, undatiert.

43

»Ob wir schon werden vbel geschlagen/so thun wirs mit eim Landsknecht wagen.«

Nur der Krieg ernährte die Kriegsleute. Nach Ende des Feldzuges, in der Regel noch vor Einbruch des Winters, mussten die Landsknechte abmustern. Im günstigsten Fall gingen sie wieder ihrem alten Gewerbe nach – bis zum nächsten Feldzug. Manche suchten sich einen neuen Kriegsschauplatz der Sold versprach und nahmen dafür weite Reisen auf sich. Wenn »der Krieg ein Loch hatte« mussten viele ein Schicksal akzeptieren, das auch heute Millionen von Menschen kennen: die Arbeitslosigkeit. Wer Monate oder gar Jahre von zu Hause fort war, dem konnte es leicht passieren, dass ein Anderer auf seinem Arbeitsplatz saß. Viele hatten sich aber bereits an das relativ ungebundene Leben gewöhnt und eine Rückkehr kam für sie nicht mehr in Frage. Die auf neue Anstellung hoffenden, so genannten gartenden Knechte waren »wartende Knechte«. Sie rotteten sich häufig zusammen und konnten so in manchen Territorien zu einer wahren Landplage werden. Die nachweislich hohe Kriminalität der »Gartbrüder« zeigt, wie weit die frühneuzeitlichen Territorialherren noch von der Durchsetzung ihres Gewaltmonopols entfernt waren. Während äußere Kraftanstrengungen versagten, brachten innere Bewegungen eine Veränderung des Militärwesens.

6. »Militaris Disciplina« – Die Oranischen Heeresreformen

Wichtige Anstöße für die innere Entwicklung des Militärs im Reich und seinen Territorien kamen von außen. Ende des 15. Jahrhundert lieferte die Schweiz entscheidende Impulse für Taktik und Bewaffnung. Ende des 16. Jahrhunderts konnten die Niederlande wichtige Anregungen geben. In ihrem Freiheitskampf gegen die spanische Herrschaft um wirtschaftliche, politische und religiöse Unabhängigkeit (1567–1648) suchten die kleinen ▸ Generalstaaten nach Wegen, ihre personelle Unterlegenheit auszugleichen. Motivation und Disziplin schienen die Schlüssel zum Erfolg. Auf der Grundlage einer ausgedehnten Übernahme antiken Kulturgutes entwickelte der niederländische Philosoph und Staatsrechtler ▸ Justus Lipsius ein umfassendes Gedankengebäude, das dem Militärwesen einen breiten Raum widmete. Die Aussagen der spätantiken Militärschriftsteller mussten natürlich auf die Bedingungen der Neuzeit übertragen werden und zum Beispiel dem Einsatz von Pike und Schusswaffe Rechnung tragen.

In seinen Schriften forderte Lipsius tägliches Exerzieren, eine Führung nach einheitlichen taktischen Prinzipien, eine straffe, auf Gehorsam gründende Befehlsgebung und schließlich ein motivierendes Regelwerk von Belohnung und Strafe. Ordnung und Disziplin, *Vis et Virtus* (lat.; Gewalt und Tugend) bildeten das Gerüst unter dem die Effektivität des Militärs gesteigert werden sollte. Der relativ ungebundene und daher nur schwer zu kontrollierende Söldner sollte durch den lang dienenden Soldaten ersetzt werden. Militärschulen und neues Schriftgut sollten das Bildungsniveau der Offiziere heben. Diese »Verwissenschaftlichung«

B Justus Lipsius (1547–1606)
Staatstheoretiker – Lipsius lehrte in Jena, Löwen und Leiden klassische Philologie. In seiner wissenschaftlichen Laufbahn brachte er unter anderem Ausgaben der Werke von Tacitus, Valerius Maximus sowie Senecas Schriften zur Staatslehre und zum Heerwesen heraus. Gerade die antiken Werke wurden wichtige Beiträge zur Grundlegung des Absolutismus.

072 Justus Lipsius. Kupferstich von E. de Boulonois, um 1682.

073 »Blaset ab ewre Lonten und öffnet ewere pfannen.«

073 »Haltet empor ewere Musqett und legt an.«

073 »Marschiert mit der forcket [Gabel] in der handt.«
Sämtliche Abbildungen aus Jacques de Gheyns,
»De Wappenhandlinge«, 1608.

073 »Schiest oder druckt loß.«

45

S Als »Generalstaaten« werden seit 1814 die beiden Kammern des niederländischen Parlaments bezeichnet. Der Begriff selbst hat mittelalterliche Ursprünge. Schon im 14. Jahrhundert gab es allgemeine (»generale«) Versammlungen der Stände, die auf Niederländisch »de Staten« heißen. Im Jahre 1464 trat in Brügge erstmals eine gemeinschaftliche Versammlung aller niederländischen Regionen unter den Namen »Staten-Generaal« zusammen. Im 15. und 16. Jahrhundert wurde Brüssel zum Sitz der Generalstaaten. Mit der Abdankung des spanischen Königs (1581) übernahmen die Generalstaaten auf dem Gebiet der heutigen Niederlande selbst die Regierung des Landes. Brüssel und die südlichen Staaten blieben jedoch weiter unter der Kontrolle der Spanier, so dass die »Staten-Generaal« nach Den Haag übersiedelten. In der neu gegründeten Republik der »Sieben Vereinigten Niederlande« verfügte jeder Staat über eine Stimme. Die »Staten-Generaal« hatten Befugnisse in der Außenpolitik, im Finanz- und Münzwesen und in der Kriegspolitik. Die Niederländische Ost- und Westindien-Kompanie wurde ebenfalls von den Generalstaaten verwaltet.

des Kriegswesens führte langfristig zu einer klareren Hierarchie, einer einheitlichen Kommandosprache und teilte die unbeweglichen Haufen in kleinere Einheiten, die sich flexibler führen ließen.

Neben den Niederlanden schlugen sich die Oranischen Heeresreformen vor allem in den evangelischen Ländern und hier besonders in Schweden nieder. Aber auch in den katholischen Territorien des Reiches suchte man nach neuen Wegen. Der Kriegskommissar, Heerführer und Militärschriftsteller ▸ Lazarus von Schwendi ist hier vorrangig zu nennen. Um vom Druck der Werbung ausländischer Söldner unabhängig zu werden, forderte er die Aufstellung eines Volksaufgebots, die stärkere Verpflichtung des Adels und ein effektiveres System der Heeresfinanzierung und –versorgung. Auf Schwendi gingen auch die »Speyrer Kriegsartikeln« von 1570 zurück, die ein strenges Militärrecht begründeten. Nach und nach verschwanden die Artikelsbriefe der Landsknechtsära im Reich. Die »Militaris Disciplina« von Hans Wilhelm von Kirchhof (1602) zeigte den Weg einer zunehmenden Verrechtlichung auf. Aus dem relativ ungebunden Landsknecht wurde nun langsam der in ein festes Regelwerk eingebundene Soldat.

7. Defensionalordnung und Landesaufgebote

Neben dem Lehensaufgebot und der Söldnerwerbung bestand seit dem Frühmittelalter ein regional sehr unterschiedliches Aufgebotswesen. Vor allem die Militärgeschichtsforschung in der ▸ NS-Zeit glaubte hier auf die Wurzeln der Wehrpflicht in den Reichsgebieten gestoßen zu sein – eine Fehldeutung, wie neuere Forschungen unmissverständlich bezeugen. Durch Ausschuss oder Auslosung erreichte das Aufgebot nur zwischen drei und zehn Prozent aller Dienstpflichtigen und selbst diese konnten sich freikaufen oder durch Ersatzmänner vertreten lassen: »Im Allgemeinen lief die Kriegsdienstpflicht auf eine reine Zahlungspflicht hinaus« (Gerhard Papke). Da die Heeresaufbringung, ähnlich wie die Organisation und Finanzierung des Kriegswesens, in der Verantwortung der jeweiligen Territorien lag, mussten sich überschneidende wirtschaftliche, demografische und militärpolitische Faktoren auch in der Aufstellung von Truppen niederschlagen. Die Verlagerung der Militärlasten von Lehensmännern und Söldnern auf die lokale Bevölkerung barg natürlich ein erhebliches Konfliktpotenzial. Ohne massive Zugeständnisse durfte kein noch so mächtiger Landesherr auf die Mithilfe der nachgeordneten Landschaften hoffen. Die im 16. Jahrhundert immer wichtiger werdende konfessionelle Frage ließ sich hier als mächtiger Hebel einsetzen.

Vor allem an den ständig gefährdeten Peripherien des Reiches entstanden gefestigte Defensionsordnungen, deren Strukturen teilweise bis weit in das 18. Jahrhundert reichten: die »Landrettung« im Breisgau, die Landesdefensionalordnung in Holstein, Bayern und vor allem die österreichische Grenzverteidigung am »Hofzaun des Reiches« in Krain, Steiermark, Kärnten und Görtz. Die Vorteile einer »verstetigten Verteidigungsorganisation auf territorialer Grundlage« (Johannes Burkhardt) lagen auf der Hand. Eine schon in Friedenszeiten ausgebildete, ständig unterhaltene Miliz stand bei Bedarf rasch zur Verfügung und erforderte nicht die gewaltigen Geldmittel für Werbung und Unterhalt von Söldnertruppen. Regelmäßige Musterungen und Manöver dien-

46

B Lazarus von Schwendi (1522–1584)
Söldnerführer – Während des Schmalkaldischen Krieges (1546/47) diente er als Diplomat unter Kaiser Karl V. Seit 1554 kämpfte Schwendi gegen die Franzosen in den Niederlanden. Unter Kaiser Maximilian II. beteiligte er sich in Ungarn an den Kämpfen gegen das Osmanische Reich, in deren Folge ihm 1567 die Eroberung der Festung Muntacs gelang.

074 Bildnis des Freiherrn Lazarus von Schwendi. Radierung von Abel Stimmer, 1579.

S Schlachtschiffe und Heeresdivisionen trugen in der Vergangenheit häufig die Namen großer Persönlichkeiten. Namenspatrone waren bedeutende Feldherren oder germanische Sagengestalten. Im »Dritten Reich« spiegelte die Namensgebung das Geschichtsverständnis der Nationalsozialisten wider.

Die Wehrmacht griff bewusst auf Ereignisse und Personen der Vergangenheit zurück, um dadurch historische Bestätigung zu gewinnen. Besonders die SS-Verfügungstruppe, die in den dreißiger Jahren neu geschaffen worden war, und ab 1941 als Waffen-SS bezeichnet wurde, litt an ihrem Traditionsdefizit. Die historische Kontinuität, die man durch solche Namensgebungen zu schaffen suchte, sollte gesellschaftliche Anerkennung sichern.

Bei der Namensgebung zweier SS-Divisionen im Jahre 1943 griff man auf militärisch bedeutende Persönlichkeiten des 16. Jahrhunderts zurück: Götz von Berlichingen und Georg von Frundsberg. Für die SS-Ideologen waren das Mittelalter und die Frühe Neuzeit nur Steinbrüche, aus denen das zur ideologischen Dekoration zweckmäßige Material entnommen wurde. Die Neuere und Neueste Geschichte wurde als ein zwingend zum Nationalsozialismus führender Traditionsstrom begriffen und dargestellt.

Historische Figuren wurden so aus ihrem Zusammenhang gerissen und neu konstruiert. Die derartig verklärte Geschichte sollte zur ideologischen Klammer der SS werden. In diesem Zusammenhang ist auch Himmlers Verehrung für Heinrich I. zu sehen. Der Reichsführer SS sah sich in der Tradition des deutschen Königs, der im 10. Jahrhundert gelebt hatte.

075 Der Reichsführer SS, Heinrich Himmler, im Quedlinburger Dom anläßlich des 1000. Todestages des Königs Heinrich I. am 1. Juli 1936.

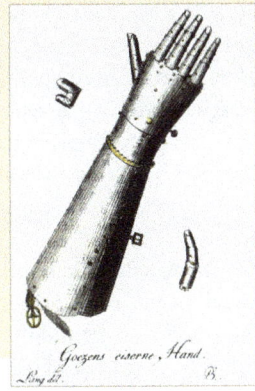

076 Götz von Berlichingen. Abbildung der Eisernen Hand. Kupferstich nach Zeichnung von Lang, um 1810.

Divisions-Feier
der 17. SS-Pz. Gren.Div.
„Götz von Berlichingen"
anläßlich der Verleihung des Ärmelstreifens
am 10.4.44. - 16°° Uhr
Thouars

077 Einladung zur Feier anläßlich der Neuaufstellung der 17. SS-Panzerdivision »Götz von Berlichingen« und der damit verbundenen Verleihung der Ärmelstreifen am 10. April 1944 in Thouars, Frankreich. Am Kopf deutlich zu erkennen, das Divisionswappen.

Götz von Berlichingen

078 Ärmelstreifen der 17. SS-Panzerdivision »Götz von Berlichingen«.

47

B Karl V. (1500–1558)
Spanischer König und Kaiser des Heiligen Römischen Reiches – Durch Erbfall regierte Karl V. außerdem über die Habsburger Erblande, große Teile Italiens und die gewaltigen Kolonien in Übersee: ein Reich, »in dem die Sonne nie unterging«. Karl sah es als seine Aufgabe, die Glaubenseinheit wiederherzustellen. In der Schlacht bei Mühlberg (1547) siegte er gegen den Schmalkaldischen Bund. Im Augsburger Religionsfrieden 1555 musste er den Lutheranern die freie Ausübung ihres Glaubens gestatten. Resigniert zog sich Karl im selben Jahr von der Regierung zurück.

079 Karl V. Öl auf Leinwand. Kopie nach Gemälde von Tizian, um 1548.

ten nicht nur zum militärischen Drill, sondern übten einen nicht zu unterschätzenden disziplinierenden Einfluss aus. Die Bevorratung von Waffen und Gerät geschah überwiegend in Magazinen und so genannten Zeughäusern. Die wichtigste dieser militär- und kulturhistorisch bedeutsamen Waffenkammern ist fast noch im Ursprungszustand in Graz zu bewundern. Die zentrale Lagerung der Waffen hatte vor allem administrative Gründe, aber auch die Erfahrungen des ▸ Bauernkrieges von 1525, ließen Bedenken aufkommen, dem »gemeinen Mann« unkontrolliert Waffen in die Hand zu geben.

8. Ausrüstung, Bewaffnung und Taktik zur Zeit der Landsknechte

Die Kriegshaufen des 16. Jahrhunderts gaben ein buntes Bild ab. Die Söldner trugen ihre Privatkleidung und nutzten, je nach finanziellen Möglichkeiten, die Freiheiten fehlender Kleidervorschriften. Landsmannschaftliche Besonderheiten und Abzeichen förderten den Gruppenzusammenhalt und halfen Freund und Feind im Gefecht zu unterscheiden. Gewöhnlich erhielten die Knechte ihre Waffen auf dem Musterplatz, nicht selten in Verrechnung mit ihrem Sold. Die Hauptbewaffnung bestand aus einem drei bis fünf Meter messenden Langspieß, sowie einem *Katzbalger* (breites Kurzschwert der Landsknechte) oder *Anderthalbhänder* (degenförmiges Schwert mit schmaler Klinge). Ein Knechtsharnisch oder Krebs konnte den Oberkörper sichern, während den Kopf ein Birnenhelm, eine Sturmhaube nach italienischem Vorbild oder der charakteristische spanische Helm, der Morion schützte. Die berüchtigten Bidenhänder, mannshohe Schlachtschwerter

mit gewaltigen Parierstangen, hatten keine zentrale Bedeutung im Kampf. Ähnlich wie die Streitkolben erfüllten sie vor allem eine symbolische Funktion als Standes- und Zeremonialwaffen.

Die teilweise erheblichen Bestände an Handfeuerwaffen in Museen und Zeughäusern verweisen auf Ansätze einer arbeitsteiligen, vorindustriellen Produktion. Die Waffenschmieden in Nürnberg, Augsburg, Tirol oder Suhl exportierten ihre begehrten Produkte in alle Regionen des Reiches und weit darüber hinaus. Vor allem die Handfeuerwaffen gewannen durch Verringerung des Gewichts, Vereinfachung des Ladevorgangs und größere Treffgenauigkeit nun immer mehr an Bedeutung. Bis weit in das 17. Jahrhundert hinein dominierte das Luntenschlossgewehr, ein einfacher Vorderlader mit einem Kaliber von ungefähr 15 Millimeter mit dem die 25–50 Gramm schwere Kugel auf 100 Meter immerhin noch 1 Millimeter dickes Stahlblech durchschlagen konnte. Durchschlagskräftiger, zielgenauer aber auch erheblich teurer und aufwendiger zu spannen waren die Radschlossgewehre. Die mechanischen Vorteile der Radschlosswaffen begünstigten die Entwicklung von Pistolen, die sich allerdings nur bei den berittenen Truppen durchsetzen konnten.

Die Taktik der Landsknechtshaufen beruhte auf dem geschlossenen Einsatz. Man versuchte mit Wucht vorzustoßen, beim Aufeinandertreffen den »Druck« zu gewinnen, und den Gegner in eine Rückwärtsbewegung zu zwingen. In dieser Phase des Kampfes trugen die Spießer in den vordersten Reihen das höchste Risiko. Wenn die geschlossene Formation verloren ging, gab es in der Regel kein Halten mehr und Leichtbewaffnete mit kurzen Hieb- und Stichwaffen nahmen die Verfolgung auf. Ab der

48

080 Sturmhaube,
1. Hälfte 16. Jahrhundert.

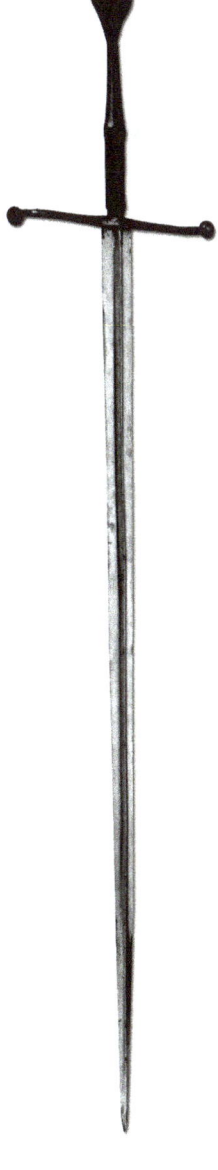

49

081 Der Holzschnitt des Schweizer Künstlers Urs Graf von 1524 »Tod mit Dirne, Landsknecht und Eidgenosse« fasst Glanz und Elend des Söldnerlebens der Frühmoderne wie in einem Brennglas zusammen. Waffen, Kleidung und Habitus weisen den rechten Kriegsknecht als Eidgenossen und seinen linken Nachbarn als Landsknecht aus. Die Konkurrenten auf dem Söldnermarkt und Erzfeinde auf dem Schlachtfeld sind prächtig herausgeputzt. Beide stehen unvermittelt friedlich nebeneinander. Im Baum lauert allerdings schon der Tod und zu ihren Füßen zeigt eine Lagerhure ihre Reize. Die Szenerie entlarvt den schönen Schein des Söldnerlebens mit seinen lauernden Gefahren, ständig am Rand gesellschaftlicher Normen.

082
Anderthalbhänder,
um 1501/1515.

Der Forschungsstand

Die ältere Forschung bezeichnet die Aufstände die 1524/25 weite Teile des Deutschen Reiches erschüttert hatten als Bauernkrieg. Dabei trifft die Bezeichnung nicht den Charakter der Erhebungen. Am Aufstand waren nicht nur Bauern beteiligt, sondern auch städtische Mittel- und Unterschichten, Bergknappen und vereinzelt auch Reichsritter. Alternative Bezeichnungen wie »Frühbürgerliche Revolution« oder »Aufstand des gemeinen Mannes« konnten sich jedoch nicht durchsetzen.

083 Titelholzschnitt zur Flugschrift »Memminger Bundesordnung«. Anonym, 1525.

Die Ursachen

Der Bauernkrieg war geprägt von vielen regionalen Einzelaktionen, denen unterschiedliche Ursachen zu Grunde lagen. Die Bauern in den zersplitterten Territorien Süd- und Mitteldeutschlands wehrten sich gegen den verstärkten Geld- und Frohndruck ihrer verarmten Grundherren. Diese waren durch Agrarkrisen und die Pest in wirtschaftliche, herrschaftliche und soziale Bedrängnis geraten. Um ihre Macht- und Einkommensverluste auszugleichen erhöhten sie die Abgaben der Bauern und schränkten deren persönliche Freiheit und Selbstverwaltung stark ein. Schon im 15. Jahrhundert reagierten die Untertanen darauf mit den so genannten Bundschuhaufständen, die verschiedene Erhebungen von Bauern sowie städtischer Mittel- und Unterschichten bezeichnen. Die Namensgebung geht dabei auf den gebundenen bäuerlichen Schuh oder Stiefel zurück, den die Aufständischen als Feldzeichen mit sich führten.

Der Verlauf

1524 begann der Bauernkrieg in Waldshut und Stühlingen. Bis zum folgenden Jahr breitete sich der Aufstand bis nach Thüringen und Österreich aus. Die »heiße Phase« des Bauernkrieges fand im Februar 1525 statt. Fehlte den Bauern

084 »Der Bundtschu«. Titelseite der gleichnamigen Schrift von Pamphilus Gengenbach, Basel 1514.

085 Thomas Müntzer. Kupferstich von Christoffel van Sichem, um 1608. Diese Darstellung ist kein authentisches Porträt, sondern die Stilisierung eines gefährlichen »Ketzers«.

B Thomas Müntzer (1468–1525)

Deutscher Theologe und Revolutionär – Die Jugend und frühe geistige Entwicklung von Thomas Müntzer ist weitgehend unbekannt. Seine erste Begegnung mit Luther datiert vermutlich auf 1519 im Rahmen der Leipziger Disputation. Im folgenden Jahr trat Müntzer mit dessen Hilfe eine Stelle als Prediger in Zwickau an. 1523 vom sächsischen Allstedt zum Prediger gewählt, wollte er von dort aus die Reformation im Sinne seines Verständnis des Gotteswortes radikal und notfalls auch mit Gewalt zu Ende führen. Mit dem Allstedter »Bund der Auserwählten«, der keine Sozial- und Bildungsschranken kannte, schuf sich Müntzer die revolutionäre Kerngruppe für seine Ambitionen. Versuche, die Fürsten im Juli 1524 auf seine Seite zu ziehen (»Fürstenpredigt«) scheiterten jedoch. Daraufhin proklamierte Müntzer das Widerstandsrecht des Volkes gegen die »unverschämte Tyrannei« der Obrigkeit. Nach einem Verhör in Weimar entwich er im August 1524 heimlich aus Allstedt ins von sozialen Unruhen erschütterte Mühlhausen. Von hier aus schürte der begnadete Rhetoriker durch Wort und Schrift die Erhebung der thüringischen Bauern. Bei Frankenhausen am Fuße des Kyffhäuser musste sich schließlich das auf über 7000 Mann gewachsene Bauernheer den Truppen einer Fürstenkoalition stellen. In einer blutigen Schlacht wurden die Rebellen am 15. Mai 1525 vernichtend geschlagen, Müntzer selbst entkam zunächst, wurde dann aber gefangen, grausam gefoltert und nach dem erzwungenen Widerruf seiner Lehre schließlich enthauptet.

anfangs noch ein einheitliches Ziel und Programm, so wurden die 1525 in Memmingen verfassten »Zwölf Artikel« zur programmatischen Schrift der Erhebung. Als Flugschrift fand sie im ganzen Reich Verbreitung und war Vorbild für Protestschreiben verschiedener Aufstandsgruppen. Die »Zwölf Artikel« beriefen sich auf das göttliche Recht der Heiligen Schrift. Damit hatte der regional und zeitlich zersplitterte Protest eine programmatische Klammer. Zudem wird der Einfluss der Reformation auf die Erhebung hier besonders deutlich. Sie war Auslöser der Erhebung und gab den regionalen Unruhen eine einheitliche Begründung. Luther jedoch wandte sich entschieden gegen die Vereinnahmung der Bibel durch die Aufständischen. In seiner Schrift »Wider die mörderischen und räuberischen Rotten der Bauern«, die im Mai 1525 erschien, rief er die Fürsten zur Vernichtung der Bauern auf.

086 »Hauptmann Luther« schwört das Kriegsvolk auf sich ein. Holzschnitt der satirischen Schrift »Von dem großen lutherischen Narren«, 1522.

087 Titelblatt der »Zwölf Artikel«, Zwickau, 1525.

Die Auswirkungen

Trotz anfänglicher Erfolge und einer schnellen Verbreitung im Reich scheiterte der Bauernkrieg. Das Heer des Schwäbischen Bundes – ein von den Habsburgern geführtes Landfriedensbündnis süddeutscher Fürsten, Ritter und Reichsstädte – war den unorganisierten Bauernhaufen militärisch überlegen. Wo die Aufständischen geschlagen wurden, mussten sie ein strenges Gericht in Kauf nehmen. Geldstrafen, Schadensersatz, die Hinrichtung der Anführer und die Entwaffnung der Bauern waren die Folge. In einigen Gebieten war es den Untertanen gelungen mit ihren Grundherren Schiedsverträge zu schließen. Sie blieben im Besitz ihrer Waffen und konnten ihre Lage stabilisieren oder verbessern.Ausgenommen dem Gebiet östlich der Elbe, wo sich die Gutsherrschaft weiter entwickelte, verschlechterte sich die Lage der Bauern nicht weiter.

089 Kurzschwert, »Bauernwehr«, um 1500.

088 Fähnrich und Trommler im Bauernkrieg. Erinnerungsblatt von 1544. Kupferstich von Hans-Sebald Beham.

090
Götz von Berlichingen. Kupferstich nach Zeichnung von Lang, um 1810.

B Gottfried (»Götz«) von Berlichingen (1480–1562)
Reichsritter – Im Jahre 1497 trat Gottfried in den Dienst des Markgrafen Friedrich IV. von Brandenburg-Ansbach und nahm an zahlreichen Feldzügen teil. Im Landshuter Erbfolgekrieg zwischen Bayern und der Pfalz 1504 verlor Berlichingen die rechte Hand. Im Krieg Herzog Ulrichs von Württemberg gegen den Schwäbischen Bund (1519) geriet er in schwäbische Gefangenschaft und kam nach Heilbronn in Haft. Durch die Fürsprache von Franz von Sickingen wurde die Einkerkerung jedoch in ritterliche Haft umgewandelt. Nach dem Schwur der Urfehde 1522 zog sich Götz auf seine Burg Hornberg zurück. Er wurde vom 24. April bis zum 29. Mai 1525 zur Teilnahme am Bauernkrieg gezwungen, weswegen er sich für sein Verhalten auf dem Reichstag von Speyer (1526) rechtfertigen musste. Trotz Freispruchs wurde er weiterhin vom Schwäbischen Bund in Augsburg gefangengesetzt. Für die Freiheit musste Götz 1530 erneut Urfehde schwören und verpflichtet sich, seine Gebiete rund um die Burg Hornberg nicht mehr zu verlassen. Dieser Hausarrest wurde zehn Jahre später aufgehoben. Mit seinem gleichnamigen Theaterstück setzte ihm Johann Wolfgang von Goethe ein literarisches Denkmal. Als »Ritter mit der eisernen Faust« wurde er weltberühmt

Spanischer Tercio

| | 50 A | | | | 50 A | |

```
                    1404 Musketiere als Umrandung

              100    100    100
               P      P      P
        M                            M

              100   Spiel-   100
               P    leute     P
        M                            M

              100    100    100
               P      P      P

                M            M
```

| 50 A | | | | 50 A |

M = Musketiere
A = Arkebusiere
P = Pikeniere

© MGFA
05242-05

Mitte des 16. Jahrhunderts bildeten die spanischen Truppen eine neue taktische Formation. Der ▸ Tercio (ursprünglich der dritte Teil der gesamten Infanterie) folgte einer klaren geometrischen Ordnung und versuchte die Vorzüge der Feuer- und Stangenwaffen miteinander zu vereinen. Trotz ständigen Drills brauchte ein geübter Schütze etwa zwei Minuten für die knapp 40 Standardgriffe, die zum Laden einer Handfeuerwaffe benötigt wurden. Nur eine ausreichende Anzahl von *Pikenieren* (Infanteristen mit bis zu fünf Meter langen Spießen) gewährte den notwendigen Schutz während des Ladevorgangs. Der taktische Grundkörper erinnert an die Anordnung der fünf Augen eines Würfels. Er bestand aus einem quadratischen Kern von Pikenieren, umrahmt von einer Hecke, bestehend aus Schützen mit schweren Musketen und schloss an den Ecken mit vier

kleineren Quadraten, den so genannten Bastionen, die sich aus Schützen mit leichten *Arkebusen* (haakbus, niederl.; Hakenbüchse, Feuerrohr mit Unterschloss) zusammensetzen. Die dem Festungsbau entlehnten Begriffe Hecke und Bastion verdeutlichen den defensiven und damit relativ starren Charakter des Tercios, der zudem ausgesprochen disziplinierte Soldaten und eine geschulte taktische Führung erforderte. Bis in die zweite Hälfte des Dreißigjährigen Krieges bildete der Tercio die taktische Grundformation in den katholischen Heeren also vor allem bei den spanischen und kaiserlichen Truppen.

Die zunehmende Bedeutung der Feuerwaffen und vor allem der Artillerie machte befestigte Anlagen nicht überflüssig – im Gegenteil. Der Bau von Festungen, ihre Verteidigung und Belagerung spielte mehr den je eine zentrale Rolle in den strategischen Überlegungen der Kriegsherren. Befestigte Plätze garantierten die Kontrolle über eine Region, dienten als Nachschubbasen und beeinträchtigten die Manövrierfähigkeit des Gegners entscheidend. Allerdings konnten herkömmliche, an der Vertikale orientierte Burg- und Stadtmauern der Gewalt der Explosionsgeschosse im 16. Jahrhundert kaum noch Stand halten. Die aus Italien kommende Bauphilosophie der »Trace Italienne« setzte dagegen auf horizontale Bauformen, die der Artillerie weniger Angriffsfläche boten und dafür die Mauerwerke dicker machte. Um dem Beschuss besser standzuhalten, wurden die Türme rund ummauert und als so genannte Kanonentürme selbst mit Artillerie bestückt.

Je mehr der erhöhte Beobachtungs- und Wirkungsbereich aufgegeben wurde, umso weiter griffen die Befestigungswerke nach außen. Ein immer raffinierteres System aus vorgeschobenen Bastionen, Gräben und Werken

52

Franz I. (1494–1547)
B König von Frankreich – Der durch den Humanismus und die italienische Renaissance geprägte Franz I. war in Frankreich Wegbereiter für den königlichen Absolutismus späterer Jahrhunderte. Unter seiner Regentschaft gelangte unter anderem die französische Kirche fast vollständig unter die Kontrolle der Krone. Außenpolitisch kämpfte der König fast sein gesamtes politisches Leben gegen die Umklammerung seiner Heimat durch den Habsburger Karl V. Zwar gelang ihm nach dem Sieg von Marignano (1515) der Einbruch in Oberitalien und die Besetzung Mailands. Nachdem er aber in der deutschen Kaiserwahl 1519 gegen Karl V. unterlag, blieben alle Versuche, den europäischen Hegemonialanspruch Habsburgs zu brechen und in Italien Fuß zu fassen, ohne Erfolg. Die Niederlage und die Gefangenschaft des Königs in der Schlacht bei Pavia (1525) bedeutete das endgültige Ende seiner Ambitionen in Italien.

hielt den Gegner auf Distanz, ermöglichte den Schutz der eigenen Flanken und erlaubte die Konzentration des Feuers. Wenn man heute vor den noch erhaltenen Wunderwerken dieser Ingenieurkunst steht, zum Beispiel im Norden der Nürnberger Burg, dann kann man den gewaltigen finanziellen Aufwand dieser Fortifikationen erahnen. Nur große Territorien oder wohlhabende Reichsstädte hielten in diesem Rüstungswettbewerb Schritt. Auf der anderen Seite verursachte die Belagerung einer so modernisierten Festung enorme Kosten und konnte Monate, wenn nicht Jahre in Anspruch nehmen.

Die Bedeutung von Belagerung und Entsatz wird auch darin deutlich, dass sie den Kristallisationspunkt für zahlreiche Schlachten des »langen 16. Jahrhunderts« (Heinz Schilling) bildeten. Exemplarisch zeigt das die Belagerung und Schlacht von Pavia (1525). Vergeblich hatte der französische König ▸ Franz I. mit etwa 30 000 Mann, darunter 8000 eidgenössische Reisläufer, versucht, die oberitalienische

Stadt zur Aufgabe zu zwingen. Als seine finanziellen Mittel für den Unterhalt der Söldner immer knapper wurden, musste er sich einem kaiserlichen Heer aus spanischen Kriegsleuten und oberdeutschen Landsknechten stellen. Eine geschickte Truppenführung, gute Koordinierung der Kräfte und vor allem das zeitlich abgestimmte Zusammengehen von Festungs- und Entsatztruppe gaben letztlich den Ausschlag für den Sieg der Kaiserlichen. Während Franz I. in kurzzeitige Gefangenschaft geriet blieb die Habsburger Herrschaft in Oberitalien gesichert.

Die Schlacht von Pavia verweist auf charakteristische Phänomene der Epoche: die Abhängigkeit von geworbenen Söldnern, die Bedeutung des Festungs- und Belagerungswesens, die immer wichtigere Lenkung der Feuerwaffen und schließlich die propagandistischen Chancen, die in der Ausnutzung des Sieges lagen. Auch in dieser Hinsicht präsentiert sich der Beginn der Frühen Neuzeit als richtungsweisend in der Militärgeschichte.

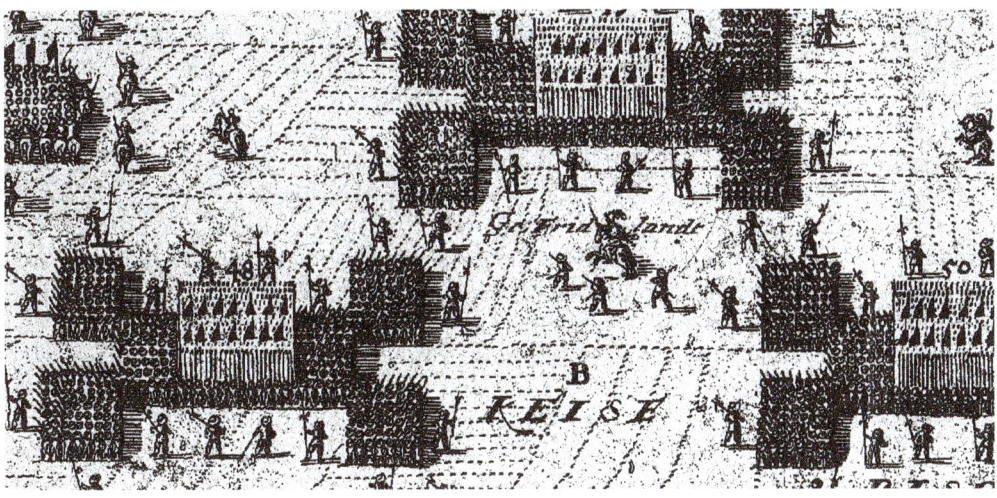

091 Die Schlacht bei Lützen (Ausschnitt). Zeitgenössischer Kupferstich von Mathaeus Merian d.Ä.

Im Frieden von Madrid (1526) musste Franz I. allen Ansprüchen auf die Apenninenhalbinsel entsagen. Alle späteren Anläufe, mit wechselnden Bundgenossen wie dem Osmanischen Reich, die habsburgische Herrschaft zu erschüttern, blieben erfolglos.

092 Franz I. von Frankreich.
Öl auf Holz von François Clouet.

Kapitel III:

Der Dreißigjährige Krieg – »Der Teutschen Jammertal«

Er ist zu einem Mythos geworden, zur größten Urkatastrophe Deutschlands vor den schrecklichen Weltkriegen des 20. Jahrhunderts. Der Krieg der dreißig Jahre hat eine Generation gedauert, einer Epoche seinen Namen verliehen und die nachfolgenden politischen, sozialen, kulturellen und natürlich auch militärischen Entwicklungen geprägt. Der Dreißigjährige Krieg ruft auch im 21. Jahrhundert lebendige Bilder hervor: von der Auflösung staatlicher Ordnung, einer zügellosen Soldateska, grenzenloser Gewalt, Hunger und Elend, dem Ende kulturellen Lebens und der Instrumentalisierung von Religion.

1. Krieg und Frieden ... und der Staat

Bei genauerer Betrachtung beginnen sich viele traditionelle Vorstellungen und Deutungen vom Dreißigjährigen Krieg rasch aufzulösen. Der »deutsche Krieg« entpuppt sich in Wahrheit als ein Ringen der damaligen Großmächte um die monarchische Spitzenstellung im christlichen Europa. In diesem Wettkampf spielen das Haus Habsburg mit dem deutschen Kaiser und der spanischen Krone, Frankreich und Schweden die Hauptrolle. Überzeugend hat der Historiker Johannes Burkhardt den Dreißigjährigen Krieg »nicht als Staatenkrieg, sondern als Staatsbildungskrieg« charakterisiert. Damit ist gemeint, dass zu viele Partikulargewalten um die Vormacht stritten, zu viele personenrechtliche Verknüpfungen und Legitimationen noch den Ton

093 Raubende Soldateska.
Kolorierter Holzstich nach einer Radierung
von Hans Ullrich Franck, um 1643.

angaben und wir deshalb eher von staatlichen Frühformen sprechen sollten. Die frühmodernen Staaten des 17. Jahrhunderts standen vor allem in einem Konstitutionskonflikt an dessen Ende erst entwickelte Verfassungs-, Verwaltungs- und Militärstrukturen standen. Mit anderen Worten: Der souveräne, absolutistisch regierte Staat war noch nicht der Vorkämpfer, sondern vielmehr das langfristige Ergebnis des Dreißigjährigen Krieges. Dass der langjährige Konflikt diesen Prozess beschleunigt hat, liegt indes auf der Hand.

Es ist kaum möglich zwischen dem spektakulären Auftakt, dem Prager Fenstersturz von 1618, und dem daraus folgenden Böhmischen Aufstand auf der einen und dem Westfälischen Friedensschluss von 1648 auf der anderen Seite eine überzeugende inhaltliche Klammer zu bilden. Der Dreißigjährige Krieg zerfiel genau genommen in mehrere aufeinanderfolgende oder sich überlappende Konflikte mit teilweise wechselnden Allianzen. Dem Böhmisch-Pfälzischen Krieg (1618–1623), der mit einer eindeutigen Niederlage der evangelischen Union endete, folgte der Niedersächsisch-Dänische Krieg

54

Friedrich V. (1596–1632)

B Kurfürst von der Pfalz – Als Friedrich V. im Jahre 1614 die Regierungsgeschäfte in der Kurpfalz übernahm, hatte sich die konfessionelle Spaltung des Reiches bereits gefährlich zugespitzt. Vergeblich versuchte der calvinistisch gesinnte Kurfürst, die Erhebung des Jesuitenzöglings Ferdinand II. von der Steiermark zum deutschen Kaiser durch eine Gegenkandidatur seines katholischen Verwandten Maximilians von Bayern zu verhindern. Im August 1619 wählten die gegen den Kaiser rebellierenden böhmischen Stände Friedrich V. zu ihrem König. Der unerfahrene und politisch nur mittelmäßig begabte Kurfürst ließ sich vom Glanz der Königskrone blenden und nahm die verhängnisvolle Wahl an. Ohne die Unterstützung der größeren protestantischen Fürsten waren jedoch die militärischen Mittel des so genannten Winterkönigs – diesen Spottnamen erhielt er, weil seine Regentschaft nur etwas mehr als einen

094 Fenstersturz zu Prag 1618. Zeitgenössischer Kupferstich von Mathaeus Merian d.Ä.

095 Das Prager Blutgericht vom 21. Juni 1621. Auf Befehl Kaiser Ferdinands II. wurden protestantische Adelige und Bürger öffentlich gefoltert und hingerichtet. Kupferstich, um 1621. Reich bebilderte Flugschriften wie diese prägten in einer Zeit, in der die Mehrheit der Bevölkerung weder lesen noch schreiben konnten, die öffentliche Meinung.

096 Der »Winterkönig«. Öl auf Leinwand von Gerrit van Honthorst.   55

Winter überdauerte – viel zu schwach, um dauerhaft gegen die katholische Liga bestehen zu können. Am 8. November 1620 wurden seine Truppen vom Heer Tillys und Maximilians von Bayern am Weißen Berg bei Prag vernichtend geschlagen. Der nach Holland geflüchtete Kurfürst wurde im Januar 1621 geächtet und sein Erbland bis 1622 von der Liga erobert. Seine pfälzische Kurwürde ging 1623 an Bayern. Erst das Eingreifen des schwedischen Königs Gustav Adolf 1631 führte zur Befreiung der Pfalz. Wenige Monate vor seinem Tode erlebte der gedemütigte Kurfürst einen letzten Triumph: An der Seite des siegreichen Schwedenkönigs konnte er in München, der Hauptstadt seines großen bayrischen Widersachers, einziehen.

(1624–1629). Gestärkt durch seine militärischen Erfolge verfügte der deutsche Kaiser ▶ Ferdinand II. im Jahre 1629 mit dem so genannten Restitutionsedikt die Rückführung ehemals enteigneten katholischen Kirchenguts. Diese kirchen- und staatspolitisch heikle Entscheidung vertiefte die Kluft zwischen den evangelischen Reichsständen und verschärfte den Konflikt nachhaltig. Im Schwedischen Krieg (1630–1634) trat die aufstrebende Ostseemacht auf den Plan. Über die Gründe des charismatischen Königs ▶ Gustav Adolf, ein Expeditionskorps so weit entfernt von den eigenen Versorgungslinien ins Feld zu führen, wird bis heute gerätselt. Neben konfessionellen Motiven, wirtschaftlichen Überlegungen und dem Ausbau der schwedischen Vorherrschaft im Ostseeraum lockte ihn vielleicht ein ganz anderes Ziel: als erster nichtkatholischer Herrscher die Würde des deutschen Kaisers zu erlangen.

Trotz beachtlicher militärischer Anfangserfolge zerbrachen die Träume mit dem Tod Gustav Adolfs in der Schlacht bei Lützen (1632), der katastrophalen Niederlage in der Schlacht bei Nördlingen (1634) und dem unvermeidlich Rückzug der schwedischen Truppen aus Süddeutschland. In dieser, für die protestantische Seite verzweifelten Situation griff Frankreich in die Kriegshandlungen ein, anfangs nur mit finanziellen Hilfsmitteln und ab 1635 mit Truppen an mehreren Kriegsfronten. Das scheinbar unmögliche Bündnis des katholischen Frankreich, an dessen Spitze ▶ Kardinal Richelieu die politischen Fäden zog, mit den evangelischen Mächten Schweden und den Niederlanden verdeutlicht, dass die gemeinsame Zielrichtung gegen Habsburg schwerer wog als konfessionelle Überlegungen. Die konfessionelle Karte war eher ein Trumpf, der nach Bedarf gespielt werden konnte oder nicht.

097 Die Schlacht bei Breitenfeld (Leipzig) 1631. Zeitgenössischer Kupferstich von Mathaeus Merian d.Ä.

B Ferdinand II. (1578–1637)

Deutscher Kaiser – Seit 1596 war der fromme Jesuitenzögling Ferdinand II. Regent in den habsburgischen Landen Steiermark, Kärnten und Krain. Nach dem Tode des Kaisers Matthias auch Erbe der übrigen habsburgischen Territorien, wurde er gegen den Widerstand Friedrichs V. von der Pfalz deutscher Kaiser. 1620 gelang es dem mit ihm verbündeten Herzog Maximilian von Bayern, die nach Oberösterreich eingedrungenen Truppen der böhmischen Rebellen zurückzudrängen und bei Prag vernichtend zu schlagen. In dem zurück eroberten Land hielt der Kaiser ein strenges Strafgericht über die Anführer des Aufstandes ab. Der aufsässige Adel wurde entmachtet und die katholische Lehre wieder eingeführt. Entgegen heftiger Widerstände ließ Ferdinand II. in den folgenden Jahren auch in Ober- und Niederösterreich die Gegenreformation durchführen. Nach den Siegen Tillys und Wallensteins über die protestantischen Reichsstände verfügte der Kaiser 1629 in dem so genannten Restitutionsedikt die Rückerstattung aller geistlichen Fürstentümer und Stifte, die im Passauer Vertrag (1552) und nach dem Augsburger Religionsfrieden (1555) in den Besitz der protestantischen Herrscherhäuser übergegangen waren. Die steigende Macht des Kaisers erregte zunehmend das Misstrauen der deutschen Fürsten. Der Sieg über die Schweden bei Nördlingen ermöglichte 1635 den Prager Friedensschluss des Kaisers mit Sachsen und anderen evangelischen Ständen. Der Krieg fand aber durch das Eingreifen Frankreichs noch lange kein Ende. Konnte Ferdinand II. auch dem Katholizismus im ganzen Reich nicht zum Siege verhelfen, so hatte er doch in den habsburgischen Landen den Protestantismus fast völlig verdrängt.

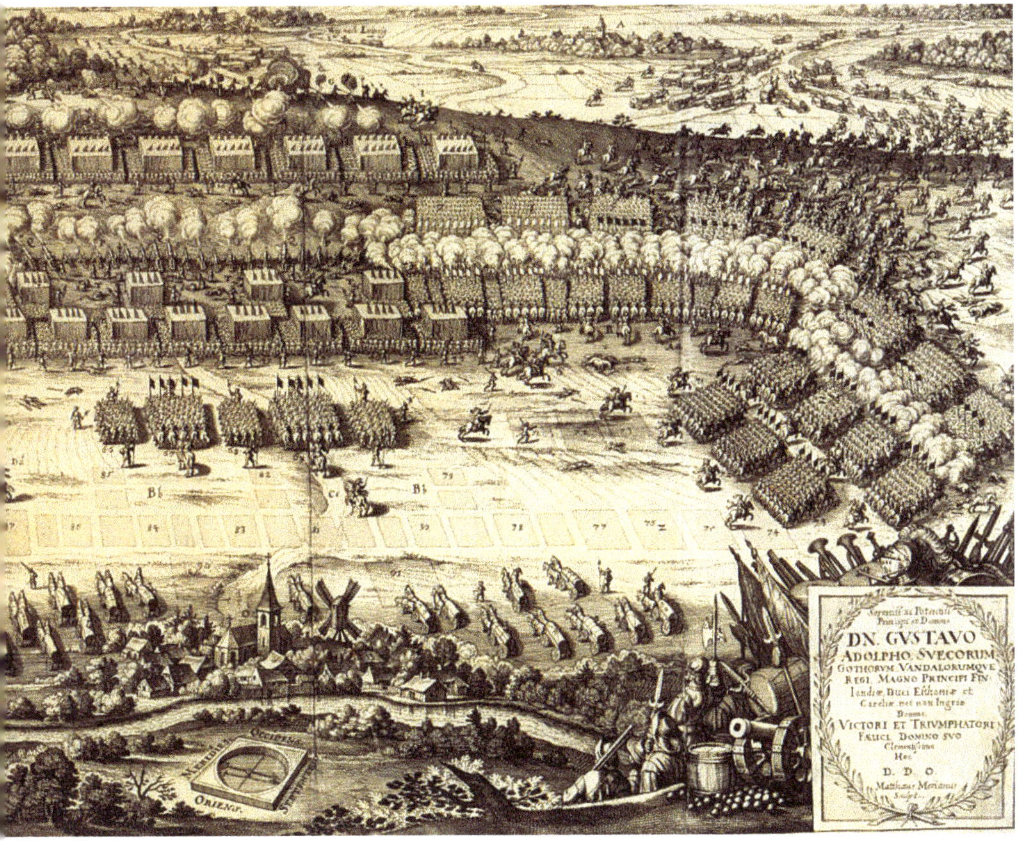

098 Ferdinand II.
Gemälde von
Justus Sustermans,
um 1624.

57

Vor allem in der zweiten Kriegshälfte begann die Kriegsfurie sich immer mehr von ihren Fesseln zu lösen und ein kaum noch zu steuerndes Eigenleben zu führen. Je länger sich der Krieg hinzog, je weniger sich die Truppen aus den kahlgefressenen Landstrichen noch versorgen konnten und je mehr sich die Kriegskassen der Landesherren leerten, umso stärker wuchsen Macht und Ansprüche der Truppenführer und Militärunternehmer. Die immer häufiger ausbleibenden Soldzahlungen konnten nur noch mit Versprechungen auf finanziellen oder territorialen Ausgleich erkauft werden. Diese faulen Wechsel in die Zukunft bildeten eine gewaltige Hypothek bei den Friedensverhandlungen, denn woher sollte das Geld genommen werden, um die Regimenter auszubezahlen?

Dem Krieg auf Raten folgte ein Frieden auf Raten. Weniger die Einsicht als vielmehr allgemeine Erschöpfung ließ die Kriegsparteien ab 1644 konkrete Verhandlungen aufnehmen. Um konfessionelle Irritationen zu vermeiden, einigte man sich auf gleich zwei Verhandlungsorte, das katholische Münster und das evangelische Osnabrück. Die zu entmilitarisierten Zonen erklärten Städte dienten vier Jahre als Bühne für den bis dahin längsten und bei weitem schwierigsten Friedenskongress in der europäischen Geschichte.

Der 1648 geschlossene Westfälische Frieden bestimmte die politischen Spielregeln, bis Napoleon das Feld betreten sollte. Das gleichberechtigte Auftreten der drei Großmächte Österreich, Frankreich und Schweden und die Einbindung der wichtigsten Territorien und Reichsstände markierte einen wichtigen Eckpunkte im zwischenstaatlichen Verkehr. Mit einigem Recht kann man hier den Beginn der modernen Diplomatie verorten. Die noch zu Beginn des Krieges leitende Idee einer christlichen Universalmacht, wurde durch die Verhandlungen endgültig vom Tisch gefegt.

Gemessen an den demografischen Verlusten und wirtschaftlichen Folgen mochten sich die Gebietsgewinne einiger Territorien eher bescheiden ausnehmen. Frankreich erhielt das Elsass und mehrere Stützpunkte am Rhein, Schweden mit Vorpommern, Bremen und Verden feste Brückenköpfe an Nord- und Ostsee und das Kurfürstentum Brandenburg bekam Hinterpommern, Halberstadt, Kammin, Minden und die Anwartschaft auf das Erzstift Magdeburg. Bayern durfte die im Krieg erstrittene Kurwürde behalten, während man für die Kurpfalz eine weitere, nunmehr achte Kurwürde schuf. Vor allem gelang es, den konfessionellen Konflikt nachhaltig zu entschärfen, indem die drei Hauptkonfessionen – Katholiken, Lutheraner und Reformierte – gleichberechtigt anerkannt und in ihren alten Besitzrechten bestätigt wurden. Diese Regelung setzte den verheerenden Religionskriegen des 16. und 17. Jahrhundert ein Ende und bestimmte die Konfessionsgrenzen in Mitteleuropa, bis die großen Migrationen des 20. Jahrhunderts auch hier die Landkarte veränderten.

Das Heilige Römische Reich Deutscher Nation durfte sich zugleich als Gewinner und als Verlierer fühlen. Die konstitutionelle Verfestigung reichsumfassender Institutionen – der Reichstag, das Reichskammergericht und die Reichsarmee – ließ ein Stück neuer Reichsidentität wachsen. Auf der anderen Seite erweiterte sich der politische Spielraum der Reichsstände durch das *Ius Belli ac Pacis* (lat.; Kriegs- und Friedensrecht). Die Territorialherren konnten nun Bündnisse mit ausländischen Mächten schließen, sofern sie sich nicht gegen Kaiser und Reich oder den allgemeinen Frieden richteten. Wenngleich dieser Freiraum noch keine völlige Souveränität bedeutete, wies sie doch den Weg in Richtung

Armand-Jean du Plessis de Richelieu (1585–1642)
B Französischer Staatsmann und Kardinal – Richelieu betrat 1616 die politische Bühne, machte schnell Karriere und erhielt 1624 als Erster Minister des Staatsrates das wichtigste politische Amt in Frankreich. In den folgenden Jahren verfolgte Richelieus Politik drei Hauptziele: Beseitigung der Sonderstellung der Hugenotten,

099 Kardinal Richelieu. Öl auf Leinwand von Philippe de Champaigne, 1635.

B Gustav II. Adolf (1594–1632)

König von Schweden – Gustav Adolf bestieg den schwedischen Thron mit 17 Jahren. Neben der Stärkung der äußeren Machtstellung Schwedens widmete sich Gustav Adolf der inneren Festigung des Landes. Seine Heeresreform wurde zur Grundlage einer im Kern rein schwedischen Nationalarmee, deren Disziplin seinerzeit einmalig war. Im Juni 1630 landete Gustav Adolf auf Usedom in Pommern, um in den Dreißigjährigen Krieg einzugreifen. Das Vordringen der kaiserlichen Macht bis an die Ostsee, die eigene Expansionspolitik und die Sorge um die Behauptung des Protestantismus ließen diesen Schritt unvermeidlich erscheinen. Ein Bündnis mit Christian IV. von Dänemark scheiterte, Unterstützung fand der schwedische König aber bei den Niederlanden und besonders bei Frankreich (Vertrag von Bärwalde 1631). Von der Bevölkerung als »Löwe aus Mitternacht« begrüßt, blieben die protestantischen Reichsstände dem Schweden gegenüber jedoch skeptisch. Nur unter Druck schloss sich der brandenburgische Kurfürst Gustav Adolf an, mit Kursachsen kam erst nach dem Verlust von Magdeburg ein Bündnis zustande. In der Schlacht von Breitenfeld (1631) besiegten die Schweden trotz der Flucht ihres sächsischen Bündnispartners aufgrund ihrer taktischen Überlegenheit die Kaiserlichen. Der Sieg führte

100 Gustav II. Adolf. Zeitgenössischer kolorierter Kupferstich.

unter anderem zum Ausbau der schwedischen Position in Pommern. Ein Zusammenschluss der evangelischen Fürsten unter schwedischer Führung und sogar ein schwedisches Kaisertum wurden erwogen. Im Frühjahr 1632 führte er seine Truppen nach Süddeutschland, musste aber wegen Wallensteins Erfolgen nach Norden zurückkehren. Nach einem unentschiedenen Belagerungskampf bei Nürnberg kam es am 6. November 1632 zur Feldschlacht bei Lützen, in deren Verlauf Gustav Adolf den Tod fand.

101 Gustav II. Adolf in der Schlacht bei Dirschau. Gemälde von Jan Maertszen de Jonghe, um 1634.

59

Entmachtung des Hochadels, Befreiung Frankreichs aus der spanisch-habsburgischen Umklammerung. Durch geschickte Bündnispolitik und das Eingreifen in den Dreißigjährigen Krieg konnte Richelieu Habsburgs Vormachtstellung in Europa schwächen. Zu seinem Lebensende hatte der Kardinal den Absolutismus durchgesetzt und auch die Grundlagen für die kulturelle Vorrangstellung Frankreichs unter Ludwig XIV. geschaffen.

selbstbestimmter, absolutistisch regierter Staaten und schränkte den universellen Herrschaftsanspruch des Kaisers nachhaltig ein. Das Recht der Kriegführung war damit ausschließlich an den legitimen Herrscher gebunden. Vor dem Hintergrund der Erfahrungen des Dreißigjährigen Krieges bedeutete dies einen wichtigen Schritt in Richtung Zähmung des Krieges.

Die unterzeichnenden Staaten verständigten sich auf eine Nichteinmischung bei inneren Angelegenheiten und erkannten so ihre Souveränität gegenseitig an. Damit schufen sie einen, dem Völkerrecht vergleichbaren, verfassungsmäßigen Rahmen, der ein gewisses Gleichgewicht und Stabilität garantierte. Krieg wurde indes weiterhin geführt und das nicht selten auf schütterer juristischer und moralischer Grundlage. Aber die Spielregeln militärischer Auseinandersetzungen bestimmte nunmehr der Staat, der die militärischen Machtmittel immer weiter monopolisierte und damit unkontrollierter Gewalttätigkeit enge Grenzen setzte.

2. »Der Krieg verheert das Land« – Militär und Gesellschaft

La guerre, la peste et la famine sont les trois fléaux de Dieu (franz.; »Krieg, Hunger und Pest sind die drei Geißeln Gottes«) klagt ein zeitgenössisches Sprichwort, aus der Zeit des Dreißigjährigen Kriegs. Viele Menschen begriffen den Krieg als göttliches Strafgericht. Zahlreiche Flugschriften dieser Zeit bezeugen, dass unerklärliche Naturbeobachtungen oder Himmelserscheinungen oft nur als Zeichen des bevorstehenden Weltuntergangs zu deuten waren. Viele suchten und fanden Kraft im Glauben, wie mannigfache Zei-

102 Überfall auf einen Hof. Radierung von Jacques Callot, um 1632/33. Wie ein Kaleidoskop präsentiert die Szenerie ein Theater des Schreckens an einen unbestimmten Ort. Dem Künstler ist damit eine zeitlose, bis heute aufrüttelnde Anklage gegen Krieg und Gewalt gelungen.

60

chen tief verwurzelter Volksfrömmigkeit bezeugen. Aber auch magische Praktiken, Zauber und astrologische Deutungen dienten zur Erklärung des Unerklärlichen. Auch ohne empirische Beweisführung blieb den Menschen der Zusammenhang von Krieg, Hunger und Epidemien nicht verborgen. Wenn die Felder aus Angst vor umherstreifenden Soldaten nicht abgeerntet werden konnten oder die karge Ernte der furagierenden Militärmaschinerie zum Opfer fiel, dann waren Hunger, Mangelerscheinungen und eine steigende Anfälligkeit für Epidemien unvermeidlich. Nur ein geringer Teil der Bevölkerungsverluste des Dreißigjährigen Krieges geht auf unmittelbare Kampfhandlungen zurück. Diese Feststellung gilt übrigens gleichermaßen für Soldaten wie für die Zivilbevölkerung. Insgesamt sank die Bevölkerung Mitteleuropas von geschätzten 16 auf 10 Millionen Menschen und

markiert damit den größten demografischen Verlust zwischen der großen Pestwelle 1348/49 und dem Ersten Weltkrieg.

Der Krieg konnte dabei sehr unterschiedlich erfahren werden, wie neuere landesgeschichtliche Studien belegen. Allein ob man auf dem ungeschützten Land oder hinter den relativ sicheren Mauern einer Stadt lebte, mochte entscheidend sein. Einige Regionen, wie Pommern, Mecklenburg, Hessen, Thüringen, Franken oder die oberrheinischen Landschaften mussten in rascher Folge so viele Heerzüge, Stationierungen und Kämpfe erdulden, dass am Ende in manchen Gegenden nur noch menschenleere Wüstungen zurückblieben. Besonders hart konnte es Orte treffen, in denen sich die Heerzüge kanalisierten: an wichtigen Verkehrswegen, Wasserstraßen, Brücken oder Furten. Andere Gebiete, wie zum Beispiel der Nordwesten des Reiches

konnten vom Krieg weitgehend verschont bleiben. Einige Städte, beispielhaft Hamburg und Bremen, verbuchten am Ende der Schreckenszeit sogar wirtschaftlichen Gewinn. Andererseits zeigen Bevölkerungsverluste von über 50 Prozent in Augsburg oder München und das schreckliche Schicksal des geplünderten und anschließend im Feuer untergehenden Magdeburgs (1631), dass im Einzelfall auch die Stadt zu einer tödlichen Falle werden konnte.

Der Durchmarsch eines Heeres glich dem Einfall eines Heuschreckenschwarmes. Die Truppenansammlungen von bis zu 40 000 Mann, der gewaltige Tross und nicht zu vergessen die Armada der Zug-, Reit- und Schlachttiere verlangte ständig nach Versorgung. Ohne ein modernes Nachschubwesen, ohne ein leistungsfähiges Magazinsystem konnte nur der Krieg den Krieg ernähren – das heißt, die Soldaten und ihr Tross mussten durch Beschlagnahme aus dem Land verpflegt werden. Bei einem durchschnittlichen Verhältnis von Aussaat zu Ernte von eins zu vier kann man sich die Konsequenzen leicht ausrechnen. Da es den Bauern selbst am Nötigsten fehlte, entstand ein erbitterter Kampf um Lebensmittel und Tierfutter, der dem Kriegsverlauf mit der Zeit seinen Stempel aufdrückte. Ein Heer von 40 000 Mann – das entsprach etwa der Größe der kaiserlichen Truppen oder der verbündeten schwedisch-sächsischen in der Schlacht bei Breitenfeld 1631 – benötigte täglich 40 Tonnen Brot, 20 Tonnen Fleisch und 150 000 Liter Bier. Die Versorgung entwickelte sich zur entscheidenden strategischen Größe, die Kriegsziele definierte und Heeresströme lenkte. Der Strukturwandel der zweiten Kriegshälfte zu immer mehr Kavallerieverbänden ist nicht zuletzt auf den Kampf um Ressourcen zurückzuführen, denn berittene Truppen verfügten über einen deutlich vergrößerten Raum zum Requirieren.

Zahlreiche zeitgenössische Quellen, Briefe, Selbstzeugnisse, Tagebücher und vieles mehr, berichten von unerbittlichen Auseinandersetzungen zwischen ländlicher Bevölkerung und Militärs. Künstler wie Hans Ulrich Franck, Christian Richter, Rudolf Meyer, Sebastian Vranx und nicht zuletzt der Lothringer ▸ Jacques Callot haben diese Schrecken eindrucksvoll ins Bild gesetzt. Nachhaltig wirken auch die literarischen Reflexionen, deren berühmtester Vertreter Hans ▸ Jacob Christoffel von Grimmelshausen mit dem »Simplicius Simplicissimus« nicht nur den ersten Roman in deutscher Sprache, sondern auch ein ergreifendes Zeugnis wider den Krieg hinterlassen hat. Mittlerweile wird, nicht nur bei Grimmelshausen, der autobiographische und damit authentische Bezug der Darstellungen jedoch relativiert. Wenngleich dem Grundtenor der beschriebenen Gräueltaten nicht zu widersprechen ist, so müssen die Einzelgeschehnisse doch einer genauen Betrachtung unterzogen werden. Hier gilt es zum Beispiel die strikte Trennung zwischen Bauern und Soldaten zu hinterfragen, da der ständige Wechsel von An- und Abmustern den Täter von heute anderntags schon zum Opfer machen konnte. Gleiches gilt für die Beschreibung rigoroser Raubzüge. Es bestand nämlich auch ein fein abgestuftes, auf Ausgleich gerichtetes System der kontrollierten Abgabe: Die Kuh sollte möglichst lange gemolken, aber nicht geschlachtet werden. Nicht selten stahlen Soldaten Vieh, um es kurz darauf den vorherigen Eigentümern zum Rückkauf anzubieten. Dieses Verfahren leerte zwar die bäuerliche Kasse, führte aber nicht zum Totalverlust und mochte das weitere Überleben garantieren. Vor allem Städte und wohlhabende Privatpersonen konnten sich mit hohen Geldzahlungen amtliche Schutzbriefe, so genannte Salvaguardien erkaufen und sich damit vor Raub und Zerstörung schützen.

62

B Jacques Callot (1592–1635)
Französischer Künstler – Er schuf in zahlreichen Radierungen lebensnahe Darstellungen aus dem Volksleben und der italienischen Komödie. Den Dreißigjährigen Krieg thematisierte er in den zwei Serien mit dem Titel die »Schrecken des Krieges« (1632/33).

103 Titelblatt der Folge »Les Grandes Miseres de la Guerre« von Jacques Callot, 1632/33.

B Johann Jakob Christoffel von Grimmelshausen (1621–1676)
Schriftsteller – Im hessischen Gelnhausen als Sohn eines protestantischen Gastwirts und Bäckers geboren, geriet er schon im Alter von 13 Jahren in die Wirren des Dreißigjährigen Krieges und arbeitete u.a. als Regimentsschreiber. Im Jahre 1635 wurde er von hessischen Soldaten gefangen genommen, nach Kassel verschleppt und dort zum Dienst in der kaiserlichen Armee gepresst. In den folgenden Jahre durchzog Grimmelshausen als Soldat unter wechselnden Fahnen das im Chaos des Krieges versinkende Deutschland: 1636–1638 diente er bei der schwedischen Armee in Westfalen, 1638 versah er am Oberrhein in der Armee des Grafen von Götz seinen Dienst, 1639 bis 1648 diente er in Offenburg (Baden) beim Regiment des Freiherrn von Schauenburg, wo er ab 1643 als Regimentsschreiber tätig war. Mit Kriegsende wurde Grimmelshausen, der mittlerweile das vom Vater

104 Grimmelshausen.
Porträt nach dem Titelkupfer
des »Simplicissimus«,
um 1669.

abgelegte Adelsprädikat angenommen hatte, Verwalter der Schauenburgschen Güter in Gaisbach (Renchtal), dann Burgvogt des Straßburger Arztes Küffer auf Schloss Ullenburg bei Gaisbach. Im Jahr 1658 begann unter verschiedenen Pseudonymen seine Tätigkeit als Schriftsteller. 1668–1672 erscheint sein Hauptwerk »Der Abenteuerliche Simplicissimus Teutsch«. Die letzten Lebensjahre des Autors sind von den Wirren des Pfälzischen Erbfolgekrieges geprägt.

1 Johann Jakob Christoffel von Grimmelshausen,
»Der Abenteuerliche Simplicissimus Teutsch« (1669)
Grimmelshausen, der selbst am Krieg teilgenommen hatte, vermischt in seinem Roman selbst Erlebtes und Fiktion. Über die Schlacht bei Wittstock (1632) schreibt er:

»Im Treffen selbst aber suchte ein jeder seinem Tod mit Niedermachung der Nächsten, der ihn aufstieß, vorzukommen. Das greuliche Schießen, das Gekläpper der Harnisch, das Krachen der Piken und das Geschrei, beides, der Verwundeten und Angreifenden, machten neben den Trompeten, Trommeln und Pfeifen ein erschröckliche Musik!
Da sahe man nichts als dicken Rauch und Staub, welcher schiene, als wollte er die Abscheulichkeit der Verwundeten und Toten bedecken. In demselbigen hörte man ein jämmerliches Wehklagen der Sterbenden und ein lustiges Geschrei derjenigen, die noch Mut staken [...]. Die Erde, deren Gewohnheit ist, die Toten zu bedecken, war damals an selbigen Ort selbst mit Toten überstreut, welche auf unterschiedliche Manier gezeichnet waren. Köpf lagen dorten, welche ihre natürlichen Herren verloren hatten, und hingegen Leiber, die ihrer Köpf mangelten; etliche hatten grausam- und jämmerlicherweis die Ingeweid heraus, andern war der Kopf zerschmettert und das Hirn zerspritzt [...]. Da sahe man zerstümmelte Soldaten um Beförderung ihres Tods, hingegen andere um Quartier und Verschonung des Lebens bitten. Summa Summarum, das war nichts anders als ein elender, jämmerlicher Anblick.«

105
»Der Abenteuerliche
Simplicissimus«.
Titelkupfer der
Erstausgabe,
um 1669.

Zit. nach: Hans Jakob Christoffel von Grimmelshausen, Der abenteuerliche
Simplicissimus Teutsch, Berlin 1978, S. 188 f.

106 Der Galgenbaum.
Radierung von Jacques
Callot, um 1632/33.
Zerlumpt und ohne
Stiefel und teilweise mit
Holzbein, sind es die
marodierenden Soldaten,
die das harte Urteil des
Kriegsrechts trifft.

Neben Selbstzeugnissen und autobiographischen Beschreibungen haben nicht zuletzt zahlreiche Flugschriften das Bild vom Dreißigjährigen Krieg bestimmt. Ohne Zweifel kann man diesen Krieg auch als Kampf um die öffentliche Meinung verstehen – wahrscheinlich war er sogar der erste Medienkrieg der Moderne. »Neue Zeitungen«, »Eigentliche Abbildungen« und »Wahrhafftige Berichte« überfluteten das Land mit möglichst aktuellen Informationen zum Kriegsgeschehen, die nicht selten Verunglimpfungen des Gegners oder Übertreibungen enthielten, um die Auflagen zu steigern. Dass die Wahrheit im Krieg zu den ersten Opfern zählt, kann man an der Mediengeschichte des Dreißigjährigen Krieges exemplarisch studieren. Dieser Krieg hatte eine immer größer werdende Medienlandschaft geformt. Umgekehrt beeinflussten die Medien aber auch das Kriegsgeschehen und stachelten die öffentliche Meinung an, wie die Berichte über den Brand der Stadt Magdeburg 1631 eindrücklich dokumentieren.

In bisher nicht bekanntem Ausmaß machte im 17. Jahrhundert »Mars mobil«. Gerade der Dreißigjährige Krieg zeigte erste Ansätze einer Globalisierung – von Golo Mann aus diesem Grund als der »irre europäische Weltkrieg« betitelt. Die Ausweitung auf die überseeischen Kolonien und die nachhaltigen Einflüsse auf die damalige Weltwirtschaft – man denke nur an die Handelswege Spaniens und der Niederlande – erweiterten auch den strategischen Horizont. Noch mehr als im 16. Jahrhundert tummelten sich auf dem mitteleuropäischen Söldnermarkt nun Kriegsleute aus aller Herren Länder. Weder die Nationalität noch die Konfession spielte bei der Frage, unter welcher Fahne man diente ein Rolle. Am Ende des Krieges bestand ein Großteil der schwedischen Truppen aus Deutschen, bei denen man nach dem Glaubensbekenntnis nicht mehr fragte. Abenteurer, vom Krieg vertriebene oder von der Not getriebene Männer, ganze Regimenter aus Schottland oder Italien, Kompanien von den Militärgrenzen des Balkan und natürlich die spanischen, schwedischen und französischen Truppen, zogen kreuz und quer durch Europa. Das Tagebuch des Söldners ▸ Peter Hagendorf dokumentiert eindrücklich, dass Marschleistungen von bis zu 2000 Kilometer pro Jahr zur Kriegsrealität gehörten. Bedenkt man die Schwerfälligkeit des Trosses, die unzureichenden Wegverhältnisse in oft unsicheren Gebieten dann befand sich die Truppe, mit Ausnahme der Wintermonate, ständig in Bewegung.

3. Krieg, Kapital, Karriere – Das »System Wallenstein«

Während die meisten Soldaten um die eigene Existenzsicherung kämpften, eröffneten sich für die Offiziere große Chancen für einen wirtschaftlichen und sozialen Aufstieg. Die zunehmende Binnendifferenzierung durch Aufteilung der Regimenter in kleinere Einheiten und deren mehr oder minder eigenverantwortliche Versorgung stärkte die Position der mittleren Führungsränge. Die im 16. Jahrhundert vorherrschende Verbindung von Amt und Kriegsknecht wandelte sich im 17. Jahrhundert zur Trennung von *Offizier* und *Nichtoffizier* (officium, lat.; Amt mit Befehlsgewalt). Diese neue Kluft schlug sich auch in der Besoldung nieder, denn der Abstand zwischen der Gruppe der Soldaten, *Korporale* (capo, ital.; Oberhaupt, gebräuchliche Bezeichnung für Unteroffizier) und Feldwebel zum Hauptmann und Führer einer Kompanie nahm im Verlauf des 17. Jahrhunderts immer mehr zu. Neben militärischen und administrativen Fähigkeiten spielten für den Erhalt einer der begehrten Of-

107 Truppe auf dem Marsch (Ausschnitt). Holzschnitt nach Zeichnung von Jost Amman.

108 Die kaiserlichen Truppen unter Tilly erstürmen am 20. Mai 1631 Magdeburg. Ein Feuer unbekannten Ursprungs bricht aus und legt die Stadt in Schutt und Asche. Kolorierter Kupferstich, 1631.

1 Peter Hagendorf, »Aus dem Tagebuch eines Söldners« (1648)
Der Söldner schildert in seinen Aufzeichnungen wie seine Frau bei der Erstürmung Magdeburgs 1631 das Geschäft des Plünderns für ihn unternimmt.

»Wie ich nun verbunden bin, ist mein Weib in die Stadt gegangen, obwohl sie überall gebrannt hat, und hat wollen Kissen holen und Tücher zum Verbinden und worauf ich liegen könnte. So habe ich auch das kranke Kind bei mir liegen gehabt. Ist das Geschrei ins Lager gekommen, die Häuser fallen alle übereinander, so dass viele Soldaten und Weiber, welche mausen wollen, darin müssen bleiben. So hat mich das Weib mehr bekümmert, wegen des kranken Kindes, als mein Schaden. Doch Gott hat sie behütet. Sie kommt nach anderthalb Stunden gezogen mit einer alten Frau aus der Stadt. Die hat sie mit sich hinausgeführt, ist eines Seglers Weib gewesen und hat ihr helfen tragen Bettgewand. So hat sie mir auch gebracht eine große Kanne von 4 Maß mit Wein und hat außerdem auch 2 silberne Gürtel gefunden und Kleider, so daß ich dafür 12 Taler eingelöst habe zu Halberstadt. Am Abend sind nun meine Gefährten gekommen, hat mir ein jeder etwas verehrt, einen Taler oder einen halben Taler.«

Zit. nach: Mit Gottes Segen in die Hölle. Der Dreißigjährige Krieg. Hrsg. von Hans-Christian Huf, München 2003, S. 110

fizierstellen nun die soziale Herkunft, Protektion und Kapitalbesitz eine immer größere Rolle. Familiäre Verbindungen konnten den entscheidenden Ausschlag geben, wenngleich Geld und guter Name stärker wogen als adelige Herkunft. Die Beispiele Jan de Werth, Peter Melander oder Johann von Sporck, die durch Geschick und Glück vom einfachen Bauernjungen zum General aufstiegen, stehen für glanzvolle Karrieren, die jedoch nicht verallgemeinert werden dürfen. Vielmehr nahm die soziale Durchlässigkeit bei den Regimentern immer mehr ab, ein Trend, der schon deutlich auf die inneren Verhältnisse der Armeen des 18. Jahrhunderts verweist.

Das frühe 17. Jahrhundert kennzeichnet sicherlich den Höhepunkt der Kommerzialisierung und Privatisierung der Kriegführung in der Frühen Neuzeit. Am Ende des Dreißigjährigen Krieges verdingten sich etwa 1500 mehr oder minder große Militärunternehmer in Mitteleuropa, die nach bewährter Methode im Auftrag des Landesherren Truppen anwarben. Wie stark Geschick, Skrupellosigkeit und nicht zuletzt Glück den Erfolg beeinflussten, zeigt die Karriere des berühmtesten Militärunternehmers, ▸ Albrecht Wenzel Eusebius von Wallenstein. Durch frühzeitigen Übertritt zum Katholizismus, reiche Heirat, geschickte Spekulationen und nicht zuletzt kaiserliche Protektion sammelte er ein gigantisches Vermögen, das ihn in die Lage versetzte, Truppen auf eigene Kosten aufzustellen und sogar zu unterhalten. Zum Ausgleich machte ihn der Kaiser mit der

Vergabe der Herzogtümer im ostböhmischen Friedland (1625) und Mecklenburg (1628) zu einem der mächtigsten Territorialherren des Reiches. Bis heute ist strittig, ob Wallenstein am Ende gar die böhmische Königskrone anstrebte, »von der Parteien Gunst und Hass verwirrt, schwankt sein Charakterbild in der Geschichte« (Friedrich von Schiller, Wallenstein, 1799).

Ohne Zweifel war Wallenstein fähig, vor allem aber willens, eigene politische Ziele zu verfolgen. In diesem Sinn kann man ihn auch als einen der letzten Condottieri bezeichnen. Seine Fähigkeiten zeigten sich weniger in seiner Rolle als geschickter Taktiker und Truppenführer; sie offenbarten sich vielmehr in der genialen Verknüpfung wirtschaftlicher, politischer und militärischer Elemente. Wallenstein perfektionierte das Kontributionssystem, ein gut organisiertes Regelwerk aus genau festgeschriebenen Abgaben, das den Unterhalt der riesigen Söldnerheere erst ermöglichte. Im Grunde handelte es sich um eine Militärsteuer, die allerdings nicht der Staat, sondern die Armee festlegte und eintrieb. Daneben gelang es Wallenstein durch planwirtschaftliche Lenkung einen erheblichen Teil der Wirtschaftskraft seines Herzogtums Friedland für den Unterhalt seiner Regimenter zu nutzen. Nach der Ermordung Wallensteins 1634 fiel sein Privatreich so rasch zusammen wie es entstanden war. Übrig blieb das von allen Kriegsparteien kopierte Kontributionssystem nach Wallensteinschem Muster, mit dem sich der Krieg praktisch selbst ernährte. Als »langsam schwelendes Feuer« (Herfried Münkler) verlängerte es den Krieg, bis die totale wirtschaftliche Erschöpfung alle Parteien an den Verhandlungstisch zwang.

109 Söldner plündern einen Bauernhof.
Öl auf Leinwand von Sebastian Vranx, um 1600.

110 Wallenstein.
Gemälde von
Anton van Dyck,
um 1630.

B Albrecht Wallenstein Herzog von Friedland (1583–1634)
Deutscher Heerführer – Zu Beginn des Dreißigjährigen Krieges stellte er erstmals aus eigenen Mitteln ein Truppenkontingent zusammen. Nach dem Sieg über den »Winterkönig« Friedrich V. konnte der erfolgreiche Feldherr in Böhmen zahlreiche Güter geflohener Rebellen erwerben und zu einem geschlossenen Territorium vereinen. Seine Herzogtümer sollten zur Machtgrundlage aller späteren Unternehmungen Wallensteins werden. In den folgenden Kriegsjahren stand Wallenstein als »Generaloberst-Feldhauptmann« an der Spitze eines 40 000 Mann starken Heeres. Der Kaiser ernannte ihn zum »General der ozeanischen und baltischen Meere«. Erst mit Hilfe Wallensteins gelang Ferdinand II. die fast völlige Durchsetzung eines kaiserlichen Absolutismus im Reich. Dennoch entließ er unter dem Druck der Kurfürsten 1630 den Feldherrn aus seinen Diensten. Der verbitterte Wallenstein zog sich auf seine Güter zurück, wurde aber mit dem Auftauchen der Schweden auf dem Kriegsschauplatz (1632) reaktiviert. Wallenstein nutzte seine neuen außerordentlichen Vollmachten zunehmend für eine selbstständige, kaiserfeindliche Politik. Enge Kontakte mit böhmischen Emigranten zeugen von Plänen, die ständischen Freiheiten in Böhmen wiederherzustellen. Seit der ergebnislosen Schlacht von Lützen (1632) stand Wallenstein in Verhandlungen mit Schweden, Brandenburg und Sachsen. Seinen Offizieren nötigte er 1634 in den so genannten Pilsner Reversen den Schwur bedingungsloser Treue ab. Als jedoch seine Absetzung und Verurteilung als Hochverräter bekannt wurde, verließen ihn die meisten seiner Generäle. Mit den letzten Getreuen zog sich Wallenstein daraufhin nach Eger zurück, um sich von hier aus mit den Schweden zu vereinen. Am 26. Februar 1634 ermordeten ihn dort kaisertreue Offiziere.

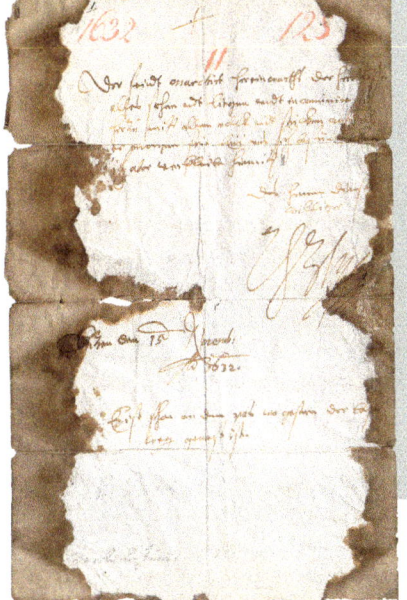

111 Blutgetränkter Marschbefehl Wallensteins, in dem er Graf Pappenheim zur Schlacht von Lützen beordert (1632), wo dieser fiel.

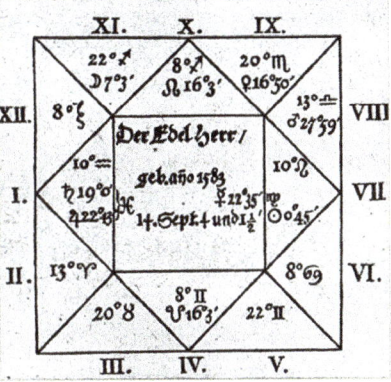

112 Horoskop für Albrecht von Wallenstein. Erstellt durch Johannes Keppler, 1608.

1 Inigo Velez de Guevara Conde de Onante
»Bericht an Philipp IV.« (2. November 1633)
Der spanische Botschafter berichtete seinem König über die Verträge Wallensteins mit dem Kaiser.

»Ich hatte bisher nicht die Zeit, den Vertrag auszuforschen, den er [Wallenstein] bei dieser Gelegenheit mit dem Kaiser abschloß, aber die Ereignisse beweisen, daß neben den Versprechungen, die er für seine Person erhielt und die ohne Zweifel außerordentlich weitreichend waren, ihm der Oberbefehl über das Heer mit absoluter Gewalt und vollkommener Unabhängigkeit übertragen und ihm das Recht erteilt wurde, Krieg oder Frieden zu schließen, die Zahl und Größe des anzuwerbenden Heeres zu bestimmen, sämtliche erledigte Befehlshaberstellen ohne jede Ausnahme selbständig zu besetzen, über die Güter der Rebellen im Reich und in den Generalstaaten nach Belieben zu verfügen und sie zu verschenken, an wen und wie er wolle. Dazu erteilte ihm der Kaiser das Recht, in allen seinen Königreichen und Provinzen Musterungsplätze zu errichten, Kontributionen auszuschreiben und zu erheben, den Soldaten Quartiere anzuweisen und überhaupt alles zu tun, was ihm zweckentsprechend erscheinen würde, und zwar in jener Weise, welche er für gut finden würde.«

Zit. nach: Gegenreformation und Dreißigjähriger Krieg 1555–1648, Hrsg. von Bernd Roeck, Stuttgart 1996

67

4. Ausrüstung, Bewaffnung und Taktik im Dreißigjährigen Krieg

Wie in allen großen Kriegen beschleunigte auch der Dreißigjährige Krieg taktische und technische Entwicklungen. Die Waffen an sich veränderten sich kaum, aber die Zielgenauigkeit, Reichweite und Schussfolge der Handfeuerwaffen steigerte sich enorm. In einem um die Schulter getragenen Bandelier trugen die Schützen die »12 Apostel«: hölzerne Fläschchen mit der genau abgemessenen Pulvermenge, die den Ladevorgang beschleunigten. Die Schweden führten Musketen ein, die mit knapp fünf Kilo nur noch die Hälfte ihrer gewichtigen Vorgänger wogen und darum ohne Stützgabel abgefeuert werden konnten. Gleichwohl vergrößerte sich die wirksame Schussentfernung deutlich.

Mit zunehmender Kriegsdauer setzte eine vorindustrielle Waffenproduktion ein, die Ware in nie gekannter Qualität für die Massenheere auf den Kriegsmarkt warf. In diesem Zusammenhang entstanden auch die ersten Uniformen – weniger um die Identität der Soldaten zu fördern oder damit man sich im Gefecht besser unterscheiden konnte, sondern aus Kostengründen. Die überlebenswichtige Identifizierung in der Schlacht stellten die Soldaten durch einheitliche Feldzeichen sicher: für die kaiserlichen Truppen der Liga rote und für die evangelischen der Union blaue Federn, Binden oder Schärpen.

Je nach Ausrüstung und Einsatz entwickelten sich die Waffenarten weiter. Bei der Infanterie kämpften nun die Musketiere mit den schweren, die Arkebusiere mit den leichteren Feuerwaffen, Rondarschiere mit Schild, Kurzschwert und Spieß und Pikeniere mit 4–5 Meter langen Piken zur Deckung der Schützen. Die Reiterei gliederte sich in *Kürassiere* (Schlachtenkavallerie), *Dragoner* (berittene Infanterie) und schließlich eine Vielzahl leichter Verbände, ungarische *Husaren*, *Kroaten* und *Panduren* (leichte Kavallerie). Wegen der immer wichtiger werdenden Aufgaben im »Kleinen Krieg« wie Erkunden, handstreichartige Überfälle und *Fouragieren* (franz.; Lebensmittelbeschaffung) stieg ihre Zahl im Verlauf des Krieges erheblich. Die *Lanzierer* (schwere Kavallerie mit langer Lanze) hingegen, deren Kampfweise noch sehr an mittelalterliche Panzerreiter erinnerte, verloren während des Dreißigjährigen Krieges an Bedeutung und verschwanden von den Schlachtfeldern.

Neben ihrer Aufgabe bei Belagerungen übernahm die Artillerie langsam auch auf dem Schlachtfeld eine nennenswerte Rolle, wie die Schweden eindrucksvoll in den Schlachten von Breitenfeld (1630) und Jankau (1645) unter Beweis stellten. Gleichwohl blieb das Kernproblem, die Artillerie durch schnellen Stellungswechsel den veränderten Situationen im Gefecht anzupassen. Schwedische Experimente mit lederummantelten leichten Feldkanonen zeitigten nur geringe Erfolge.

So wenig man dem alltäglichen Kriegsbild in den Selbstzeugnissen berühmter Feldherren nachspüren kann, so wenig lässt sich der gesamte Krieg aus der Perspektive spektakulärer Schlachten verstehen. In dreißig Jahren Krieg wurden nur etwa dreißig große Schlachten geschlagen. Trotz nachhaltiger politischer Folgen, wie bei den Schlachten am Weißen Berg (1620), bei Lützen (1632), Nördlingen (1535) oder Wittstock (1636) hatte keine den Charakter einer Entscheidungsschlacht. Wenn eine Partei unterlag, versuchte sie so rasch wie möglich mit neuem Geld neue Truppen auszuheben – und wenn gar nichts half, sprangen oft Verbündete in die Bresche. Die strategischen Planungen waren nachgerade auf eine Vermeidung der Schlacht angelegt. Sie zielten langfristig auf die

68

113 Taler aus dem Jahr 1633.

B Johann Graf von Tilly (1559–1632)

Deutscher Heerführer – Der aus Brabanter Uradel stammende Tilly war Zeit seines Lebens ein Anhänger der Habsburger. Im Türkenkrieg (1598) wurde er wegen seiner Verdienste zum Oberst befördert und schließlich zum Kommandeur eines spanischen Wallonenregiments ernannt. Im Jahre 1610 reorganisierte Tilly das Heer Maximilians I. von Bayern und wurde Oberkommandierender der von Bayern geführten Katholischen Liga. Zu Beginn des Dreißigjährigen Krieges konnte der Feldherr durch den Sieg in der Schlacht am Weißen Berg (1620) den böhmischen Aufstand niederwerfen. In den folgenden Jahren hatte Tilly entscheidenden Anteil an der Eroberung der Rheinpfalz und Hessen-Kassels, der Rekatholisierung der Bistümer Halberstadt, Hildesheim, Minden und Osnabrück sowie am Sieg über die protestantischen Truppen bei Wimpfen (1622), Höchst (1622), Stadtlohn (1623) und Lutter (1626). Nach der Absetzung Wallensteins (1630) erhielt Tilly auch den Oberbefehl über die kaiserlichen Truppen. In der Schlacht bei Breitenfeld (1631) wurde er jedoch von den vereinten schwedischen und sächsischen Truppen unter König Gustav II. Adolf besiegt. In der Schlacht bei Rain am Lech wurde der stets loyale Heerführer getötet.

114 Johann Graf von Tilly. Öl auf Holz, undatiert.

115 Sieg König Gustav Adolfs von Schweden über Tilly und den Herzog von Bayern in der Schlacht bei Rain am Lech (1632). Zeitgenössischer Kupferstich von Mathaeus Merian d.Ä.

Ermattung des Gegners, indem man ihn zwang, seine wirtschaftlichen Ressourcen aufzubrauchen. Wallenstein beherrschte dieses System meisterhaft, eine Strategie, die durchaus Parallelen zu den asymmetrischen Bedrohung der Gegenwart aufweist.

Die innovativsten taktischen Entwicklungen kamen aus Schweden, wo die Schriften der Oranischen Heeresreformer auf fruchtbaren Boden gefallen waren. Statt der schwerfälligen kaiserlichen Tercios gliederte Gustav Adolf seine Truppen in die kleineren »schwedischen Brigaden«, die wiederum aus zwei bis vier Regimentern, mit je zwei Bataillonen bestanden. Die schwedische Standardkompanie zählte 72 Musketiere und 54 Pikeniere und stand unter dem Befehl von drei Offizieren. Weil die Schweden bewusst auf Tiefe verzichteten und ihre Aufstellung in die Breite zogen, erhöhte sich automatisch die Feuerdichte. Zusammen mit dem Einsatz leichter Regimentsartillerie verschaffte ihnen das zumindest für kurze Zeit einen deutlichen Vorteil.

69

116 Gefecht zwischen Dragonern und Kürassieren. Radierung von Jacques Callot, um 1632/33.

Die Ursprünge

Mitteleuropa nach

Grenze des Heiligen Römischen Reiches
Reichsgebiet ist in Flächenfarben dargestellt

Habsburgische Lande:
- Österreichische Linie
- Spanische Linie

Hohenzollernsche Lande:
- Brandenburgische Linie
- Fränkische und schwäbische Linie

Wettinische Lande:
- Albertinische Linie
- Ernestinische Linie

Wittelsbachische Lande:
- Bayerische Linie
- Pfälzische Linie

Haus Oldenburg:
- Dänemark, kgl. Anteil von Schleswig und Holstein, Gft. Oldenburg
- Hzm. Schleswig-Holstein-Gottorp

- Geistliche Gebiete
- Reichsstädte

A.-Z. = zu Anhalt-Zerbst
Br. = zu Brixen
Fr. = zu Freising
Grub. = zu Grubenhagen
H.-K. = zu Hessen-Kassel
K. = zu Köln
M. = zu Magdeburg
Mz. = zu Mainz
N. = zu Nassau
S. = zu Salzburg
Schw. = zu Schwarzburg
T. = zu Trier

In dicht beschrifteten Gebieten ist bei Gleichnamigkeit von Territorium und Ort dem Namen des Territoriums der Vorzug gegeben.

1 : 5 000 000

0   25   50   75   100 125
km

Quelle: Putzger
Historischer
Weltatlas, 2000.

© Cornelsen
05158-08

O S T S E E

Rügen
Bergen
Greifs-wald
Wolgast
Wolin
Usedom
Anklam
Demmin

Vor Pommern
Hinter Pommern

Stolp
Leba 1657 brand.
Putzig
Lauenbg.
Oliva
Danzig
Pommerellen

Köslin
brand.
Cammin

Neu Stettin
Draheim 1648 brand.

Bütow 1657 brand.
Dirschau
Stuhmsdf.
Altmark
Marienbg.

Elbing auton. poln. Schutzhoheit
1657 poln.Oberhoh.
Fürstbm. Ermld.
Hzm.

Königsberg
Pillau
Heiligenbeil
Braunsbg.
Wehlau
Labiau
Tilsit

Preußen bis 1657/60 poln. Lehen

Grfsm.
Litauen

Flatow
Dt.-Krone
Brombg.

Schwetz
Graudenz

Kulm
Kulmerld.
Marienwerder 1618 brand.

seit 1569 durch Lubliner Union vereinigt (Realunion)

Bialystok

Landsberg
Driesen

Schwiebus 1686-95 brand.
Frankfurt
Lebus
Küstrin

Groß - Polen

Posen
Konin

Lissa

Gnesen

Kalisch

Glogau 1675 österr.
Steinau Fsm.
Wohlau
Wartenbg.
Breslau
Öls

Sagan
Liegnitz 1675 österr.
Goldberg
Schweidnitz

Friedland
Reichenberg
Hirschbg.
Braunau
Gft.
Glatz
Neisse
Cosel
Ratibor
Oppeln

Beuthen 1618 österr.

Tschenstochau

Zarnow
Radom
Lublin

P O L E N

Sandomir

Klissow
Pintschow

Krakau
Tarnow

Wieliczka Bochnia
Landskron
Neu-Sandez

Teschen
Jablunkau
Neumarkt

K G R.   B Ö H M E N

Prag
Lieben

Kolin
Sternberg
Jankau

Olmütz

Mgft. Mähren

Brünn
Kremsier

Trentschin
Kremnitz
Schemnitz

Iglau
Znaim
Nikols-burg
Lundenbg.

Leutschau
Neudorf (Igló)
Eperies
Kaschau

Netolitz
Budweis
Horn

Krumau

Erzhzm.   Österreich
Freistadt
Korneuburg
Krems
Tulln
Wien

Linz
Eferding
Enns
ob d. Enns
Steyr
Melk
St. Pölten

unter der Enns

Tyrnau
Pressburg
Gr.-Schütt-I.

Neutra
Neuhäusel
Komorn

Schemnitz
Fülek
Nógrád
Erlau
Keresztes

Zsitva-torok
Párkán
Gran
Waitzen
Debrecen

Neu-siedler
Raab
Ödenburg

K G R.   U N G A R N

Pápa
Stuhlweißenbg.
Bruchtal

Győns
Veszprém

Ofen
Pest

Großwardein

T Ü R K I S C H - U N G A R N

1687 / 99 an Österreich

Szegedin
Arad

Fünfkirchen
Szigetvár
Mohács
Zenta
Temesvár

Virovitica
Harsány
Esseg

Pożega
Karlowitz
Slankamen

Belgrad

Adriat. Meer

Kapitel IV:

Zeitalter des Absolutismus

1. »Gezähmte Bellona«? Staats- und Kriegführung im Ancien Régime

Ein Blick auf die Zeittafel legt die Vermutung nahe, als hätten die aufstrebenden Staatsgebilde aus den Schrecken des großen *Orlogs* (ndl.; Krieg) nichts gelernt: Auch nach dem dreißigjährigen Gemetzel wurde immer irgendwo Krieg geführt. Die Träger dieser Konflikte waren noch nicht voll entwickelte, konstitutionell verankerte Nationalstaaten, sondern vielmehr Staatssysteme, die noch nach ihrer Gestalt und rechtlichen Bindung suchten. Die Begründungen für den Spanischen Erbfolgekrieg (1701–1714), den Polnischen Thronfolgekrieg (1733–1735), den Österreichischen Erbfolgekrieg (1740–1748) oder den Bayerischen Erbfolgekrieg (1778/79) lassen sich heute nur schwerlich nachvollziehen. Der Eindruck der schütteren Kriegsargumente wird zudem noch verstärkt, wenn man Dauer und Intensität gegenüberstellt. Gleichwohl mochte keine der Kriegsparteien auf den erbrechtlichen Nachweis verzichten und glaubte diesen nötigenfalls mit Waffengewalt zu verteidigen.

Im Verkehr der Staaten war seit der Mitte des 17. Jahrhunderts eine Menge in Bewegung geraten. Mit dem westfälischen Friedenswerk hatte das konfessionelle Element zunehmend an Kraft verloren. »Heilige Allianzen« mochten noch auf dem Papier geschlossen werden, der eigentliche politische Verkehr war hingegen fortan »von

117 Bellona und der Tod.
Kupferstich, um 1750.

der Konfession abgekoppelt« (Heinz Schilling). Die emotionale Triebkraft, die sowohl den Religionskriegen des konfessionellen Zeitalters als auch den Nationalkriegen des 19. Jahrhunderts enormen Schwung verliehen hatte, blieb der Zwischenepoche fremd. An die Stelle von konfessionell-ideologisch aufgeladenen Macht- und Militärblöcken traten seit der Mitte des 17. Jahrhunderts Monarchen und ihre Stammhäuser, die sich in weltlichen Allianzen zusammenschlossen. Bündnisse dieser Art begründeten keine ewige Treue, sie wurden aus rationalpolitischen Gründen geschlossen und konnten ebenso rasch wieder gelöst werden. Berechnende und soweit möglich berechenbare Interessenpolitik gab den

Während der Réunionskriege (Réunion, franz.; Wiedervereinigung) besetzte Frankreich zwischen 1679 und 1681 etwa 600 Herrschaften und Orte jenseits seiner nordöstlichen Grenze, um seine Vormachtstellung in Europa weiter auszubauen. Unter anderem gingen das württembergische Mömpelgard, zahlreiche Städte des Elsass, Gebiete der linksrheinischen Pfalz mit Zweibrücken und Saarbrücken, Teile des Herzogtums Luxemburg und des Fürstentums Lüttich an Frankreich. Die Réunion fand im September 1681 durch die Einverleibung Straßburgs ihren Abschluss. Der Frieden von Ryswijk machte 1697 zwar einige dieser Annexionen rückgängig, nicht jedoch die des Elsass und der wichtigen Städte Straßburg und Landau.

Der Absolutismus war eine monarchische Regierungsform, in welcher der Souverän die unbeschränkte und ungeteilte Staatsgewalt ohne Mitwirkung des Adels ausübte. Im Absolutismus stand der König über den Gesetzen, fühlte sich jedoch den christlichen Geboten als »Diener Gottes« verpflichtet. Seine absolute Machtstellung sicherte der König durch Bindung regionaler adliger Machteliten an den Hof. In Frankreich wurde zu diesem Zweck das Schloss Versailles erbaut, das als Vorbild für viele Residenzen diente und an dem Adlige in Abhängigkeit und unter Kontrolle des Königs lebten.

Die Verwaltung wurde von Adligen in die Hände von professionellen Beamten gelegt, die dem König unmittelbar unterstellt waren. Das Heer wurde modernisiert und vergrößert. Das stehende Heer Frankreichs war die Macht, auf die sich die Stellung des absolutistischen Königs gründete.

Der aufgeklärte Absolutismus bezeichnet eine Spielart, die Ideen der Aufklärung aufgriff, an der verfassungsmäßigen Stellung des Königs jedoch grundsätzlich nichts ändern mochte. So wurde in Preußen durch eine Justiz- und Verwaltungsreform die rechtliche Stellung der einfachen Landbevölkerung verbessert. Unter Friedrich dem Großen wurde ein Gesetzbuch ausgearbeitet, welches eine Erklärung enthielt, dass die »Aufgabe des Staates die Glückseligkeit der Menschen« sei. Wesentliche theoretische Inhalte der Aufklärung wurden damit umgesetzt.

In Österreich vertrat Joseph II. Reformideen, die zwar – ebenso wie in Preußen – an der absoluten Stellung des Königs festhielten, jedoch alte Vorrechte des Adels und der Kirche beschnitten. Ziel von Joseph II. war es, »einer möglichst großen Zahl von Bürgern Wohlfahrt zu garantieren«. Hierzu reformierte er die Landwirtschaft und das Handwerk, um eine höhere Produktivität der Volkswirtschaft zu erlangen. Die Hebung des Bildungsniveaus der Bevölkerung durch Gründung von Volksschulen war für Joseph II. Grundvoraussetzung, um die Situation der Menschen zu verbessern.

Trotz des gehobenen Lebensstandards der Menschen durch diese Reformen traten bald neue Probleme auf. Die Bevormundung des Bürgers durch den Staat und das totale Verbot der politischen Mitbestimmung erregten in den gebildeten Schichten der Bevölkerung zunehmenden Unmut. Eine Teilhabe des Volkes an der staatlichen Macht lehnte der aufgeklärte Absolutismus nach wie vor kategorisch ab. Die Bevorzugung staatstragender Kräfte, beispielsweise der Beamten, und eine zu starke Reglementierung der Wirtschaft wirkten sich hemmend auf die wirtschaftliche Entwicklung des Landes aus.

118 Landschaftsgestaltung als Spiegelbild absolutistischen Denkens. Der Schlosspark Sanssouci. Kolorierter Kupferstich von Georg Balthasar Probst, 1750.

73

Ton an. Unter dem Wahlspruch des Gleichgewichts der Kräfte verfolgte keine Partei mehr eine alles umfassende Machtpolitik. An ihre Stelle traten territoriale Vormachtbestrebungen, sowie zunehmend wirtschaftliche Interessen. Selbst freche Eroberungsfeldzüge wie die ▸ Réunionskriege Ludwigs XIV. oder der Raub Schlesiens durch Friedrich II. verfolgten bei Lichte besehen nur begrenzte politische Ziele. In diesem Zusammenhang spielten die kleineren Staaten eine entscheidende Rolle, denn die Großmächte brauchten Bündnispartner. Gegen den Erhalt von Subsidien, dauerhafte Zahlungen in genau festgelegten Sätzen, verpflichteten sich die Vertragsnehmer zur Aufstellung von Truppen – ein Verfahren, das lange Kriege oft erst möglich machte.

Zu den Gewinnern des Dreißigjährigen Krieges gehörte die staatliche Zentralgewalt. Der Begriff des ▸ absolutistischen Staates, in dem der Landesherr alle Kräfte auf sich lenkte und alle Geschicke bestimmte, ist mit dem Zitat ▸ Ludwigs XIV. »L'etat c'est moi« (franz.; »Der Staat bin ich«) zum Sinnbild einer ganzen Epoche geworden. Die Geschichtsforschung relativiert diese Bezeichnung heute allerdings und erkennt darin eher Anspruch und Zielrichtung als wirksame und vor allem »absolute« Vollendung: »Es ist für Europa geradezu charakteristisch, dass der Absolutismus überall unfertig blieb« (Ilja Mieck). Die ständischen Repräsentationsorgane und vor allem der Adel bildeten weiterhin ein starkes Gegengewicht, nicht zuletzt wenn es um das zentrale Recht der Besteuerung ging. Gleichwohl hatte sich das Kraftfeld deutlich in Richtung des Fürsten und damit des Staates verschoben. Im Mittelpunkt seines politischen Handelns stand der Gedanke der Staatsräson, das heißt eine rational bestimmte Politik, die sich am Erhalt und an der Erweiterung der Macht orientierte.

Einmal mehr zeigt sich, wie viele unterschiedliche Triebe sich im geistesgeschichtlichen Klima der Aufklärung entwickeln konnten und dass neben Toleranz und Wohlfahrt eben auch rationale, kühl kalkulierte, pragmatische Politik dazu gehörte. Staatsdenker wie der Franzose ▸ Jean Bodin oder der Engländer ▸ Thomas Hobbes entwickelten theoretische Modelle für eine Gesellschaft, in der das absolute Handeln des Fürsten zwar legitimiert war, zugleich aber mit moralischen und naturrechtlichen Normen verknüpft wurde. Nach Hobbes musste der moderne Staat seine Macht im Inneren mit fast totalitären Mitteln festigen, um im dauerhaften Kriegszustand mit seinen Staatsnachbarn – *Bellum omnium contra omnes* (lat.; Krieg aller gegen alle) – bestehen zu können. Der Krieg war der vorausgesetzte Urzustand der Menschheit und hatte in einer genormten Ordnung, das heißt vor allem zwischen rechtmäßigen Fürsten stattzufinden.

Der absolute Machtanspruch hatte also eine konzentrische und eine exzentrische Zielrichtung. Nach innen galt das Interesse dem Ausbau eines einheitlichen Verwaltungs- und Steuerapparates und der Förderung der gesamtwirtschaftlichen Kräfte. Nach außen ging es vor allem um höfische Repräsentation und die Verfügbarkeit starker Machtmittel, mithin den Aufbau ständig verfügbarer Truppen. Diese Wirkungsfelder dürfen nicht isoliert, sondern müssen in ihrer wechselseitigen Durchdringung gesehen werden. So, wie die höfische Pracht nicht nur ein Zeichen der Selbstdarstellung, sondern auch gezieltes Mittel der Politik war, so dienten die adrett uniformierten und diszipliniert aufmarschierenden Soldaten nicht allein der Landesverteidigung sondern veranschaulichten auch den Willen und die Kraft des Monarchen zu gestalten.

74

Jean Bodin (1529/1530–1596)
Französischer Philosoph und Staatstheoretiker – Der Verfasser von »Les six livres de la république« (franz.; »Die sechs Bücher der Republik«) schuf in seiner 1576 veröffentlichen Schrift die theoretische Grundlage des auf unumschränkter Staatsgewalt basierenden absoluten Fürstenstaates. Diesen verstand er analog zu Ciceros Definition als Menge von Familien, alle gelenkt durch eine oberste Gewalt und die Vernunft. Damit fand der Begriff »Souveränität« erstmals Erwähnung in der politischen Philosophie.

119 Jean Bodin. Zeitgenössischer Kupferstich.

B Ludwig XIV. (1638–1715)

König von Frankreich – Bereits als Vierjähriger saß er auf dem Thron. Allerdings herrschte er erst ab 1661 allein. Mit Ludwig XIV. verbindet sich der absolutistische Herrschaftsstil im Europa des 17. und frühen 18. Jahrhunderts. Die Regentschaft des »Sonnenkönigs« war durch eine auf den Herrscher fixierte, prunkvolle und kostspielige Hofkultur gekennzeichnet. Dadurch versuchte Ludwig XIV., den Hochadel an den königlichen Hof zu binden und zu überwachen. In verschiedenen Kriegen wie dem Devolutionskrieg 1667/68, dem Holländischen Krieg 1672–1679 und dem Pfälzischen Erbfolgekrieg 1688–1697 vergrößerte Frankreich sein Territorium. Dieser mächtepolitische Aufstieg wurde erst im Spanischen Erbfolgekrieg 1701–1713/14 gestoppt, in dem sich die so genannte Große Allianz, bestehend aus fast allen Reichsständen, England, den Niederlanden, Portugal, Dänemark und Savoyen gegen Frankreich richtete. Durch Ludwigs Religionspolitik und die Verfolgung der französischen Protestanten (Hugenotten) seit 1669 sowie den Versuch ihrer Rekatholisierung verließen knapp 250 000 Menschen Frankreich. Wegen der jahrelangen Rüstungsanstrengungen und der teuren höfischen Kultur hinterließ Ludwig XIV. bei seinem Tod zwar hohe Staatsschulden, hatte Frankreich jedoch politisch, wirtschaftlich und kulturell zum europäischen Zentrum gemacht.

120 Ludwig XIV.
Öl auf Leinwand von
Hyacinthe Rigaud, 1701.

121 Außenansicht des zwischen
1697 und 1707 unter Markgraf Ludwig
Wilhelm von Baden nach dem Vorbild
von Versailles erbauten
Residenzschlosses Rastatt.

B Thomas Hobbes (1588–1679)

Englischer Philosoph – Verfasser von »Leviathan« (1651). Dort beschäftigt er sich mit der Überwindung des von Furcht, Ruhmsucht und Unsicherheit geprägten gesellschaftlichen Urzustand des Menschen, den er durch die Gründung des Staates unter Führung eines absoluten Souveräns zu überwinden sucht.

123 Thomas Hobbes.
Crayonstich von Jean Charles
Francois, undatiert

122 Leviathan, Titelblatt der
Erstausgabe. Kupferstich von
Andrew Crooke, 1651.

75

Die gezirkelten Formen barocker Schlossgärten und höfischer Tänze sowie die paradierenden Truppen im bunten Rock und die kunstvoll geplanten Festungsstädte speisen sich letztlich aus den gleichen kulturgeschichtlichen Wurzeln einer rational-autoritären Sozialgeometrie (Henning Eichberg). Alles, was sich als planbar und vernünftig erwies, war auch schön und gut. Der Idealisierung des rauhen Kriegshandwerks zur Kriegskunst war somit der Weg bereitet. Besonders deutlich wird das in der Personalunion von Hofarchitekt und Militäringenieur. ▶ Jean de Bodt, Balthasar Neumann oder Conrad Schlaun errichteten für ihre Fürsten nicht nur bis heute weltberühmte Schlösser und Kirchen, sondern auch Festungen. Wie selbstverständlich trugen sie als Offiziere die Uniformen ihrer Landesherren. Vermutlich standen sich Mars und Ars, der römische Gott des Krieges und die Kunst, in keiner Epoche der Weltgeschichte so nahe wie im Zeitalter des Absolutismus.

Die Politik und deren militärische Fortsetzung weckten auch im 18. Jahrhundert das Interesse einer breiten Öffentlichkeit und bestimmten den Inhalt ungezählter Relationen, Deduktionen, Journale und Gazetten. Die relevanten Entscheidungen fielen allerdings im Gefüge von Geheimdiplomatie und hinter verschlossenen Kabinettstüren. Der Begriff der Kabinettskriege veranschaulicht, dass es sich um eine Angelegenheit des Monarchen handelte, die er im Kreise seiner Minister entschied und mit der die Bevölkerung möglichst wenig konfrontiert werden sollte. Soweit die Theorie, denn dem hehren Anspruch stand die Wirklichkeit langjähriger Auseinandersetzungen gegenüber.

Gerade die längeren, sich verhärtenden Konflikte, zum Beispiel die französisch–britischen oder die französisch-österreichischen Gegensätze, ließen die Parteien nach rationalen Lösungen suchen. Die so genannte *Konvenienzpolitik* (convenance, franz.; Übereinkommen, Harmonie) suchte auf der Grundlage der Staatsräson durch Kongresse, kunstvolle Bündnissysteme, Gebietsteilungen oder Ländertausch nach Übereinkünften. Diese auf Ausgleich bedachte Politik verfolgte auf der einen Seite das fortschrittliche Ziel der Vermeidung oder zumindest Eindämmung des Krieges. Andererseits standen machtpolitische Staatsinteressen im Zentrum. Nationale oder ethnische Belange der Bevölkerung spielten im Kalkül der Konvenienzpolitik keine Rolle. Die beinahe stillschweigende Aufteilung Polens in drei Schritten durch Preußen, Österreich und Russland 1772, 1792, 1795 steht stellvertretend für die normative Kraft der Politik der Großmächte.

Der Historiker Gerhard A. Ritter hat die Kriegführung des 18. Jahrhundert mit der eindringlichen Formel der »gezähmten Bellona« umschrieben. Natürlich war die Kriegsfurie im Zeitalter des Absolutismus nicht an die Kette gelegt, aber sie bewegte sich nun auf planbareren Wegen. In seinem politischen Testament von 1768 schrieb Friedrich II., »dass der friedliche Bürger in seiner Behausung ruhig und ungestört bleibt und gar nicht merkt, dass sein Land im Krieg ist, würde er es nicht aus den Kriegsberichten erfahren«. Landwirtschaft, Handel und Gewerbe sollten unbehelligt bleiben. Natürlich handelte es sich hier um ein Idealbild. Ohne Mühe ließen sich zahlreiche Beispiele entgegenhalten, die von Kriegsverwüstung, Plünderung und »verbrannter Erde« in jener Epoche zeugen. Aber die drückende Kontributionslast des Dreißigjährigen Kriegs, der Kahlfraß ganzer Landstriche und vor allem die undisziplinierten, auf eigene Rechnung handelnden Kriegsunternehmer und *Marodeure* (plündernde Nachzügler einer Truppe) waren dem 18. Jahrhundert eher fremd.

B Jean de Bodt (1670–1745)
Französischer Baumeister, in Diensten Brandenburg-Preußens (1699–1728) und der Kurfürsten-Könige von Sachsen (1728–1745). Zu seinen Werken gehört der Anbau des Berliner Zeughauses, zahlreiche Schloss- und Privatbauten sowie die umfangreiche Befestigung der Stadt Wesel.

124 Jean de Bodt. Öl auf Leinwand von Louis Silvestre, um 1729.

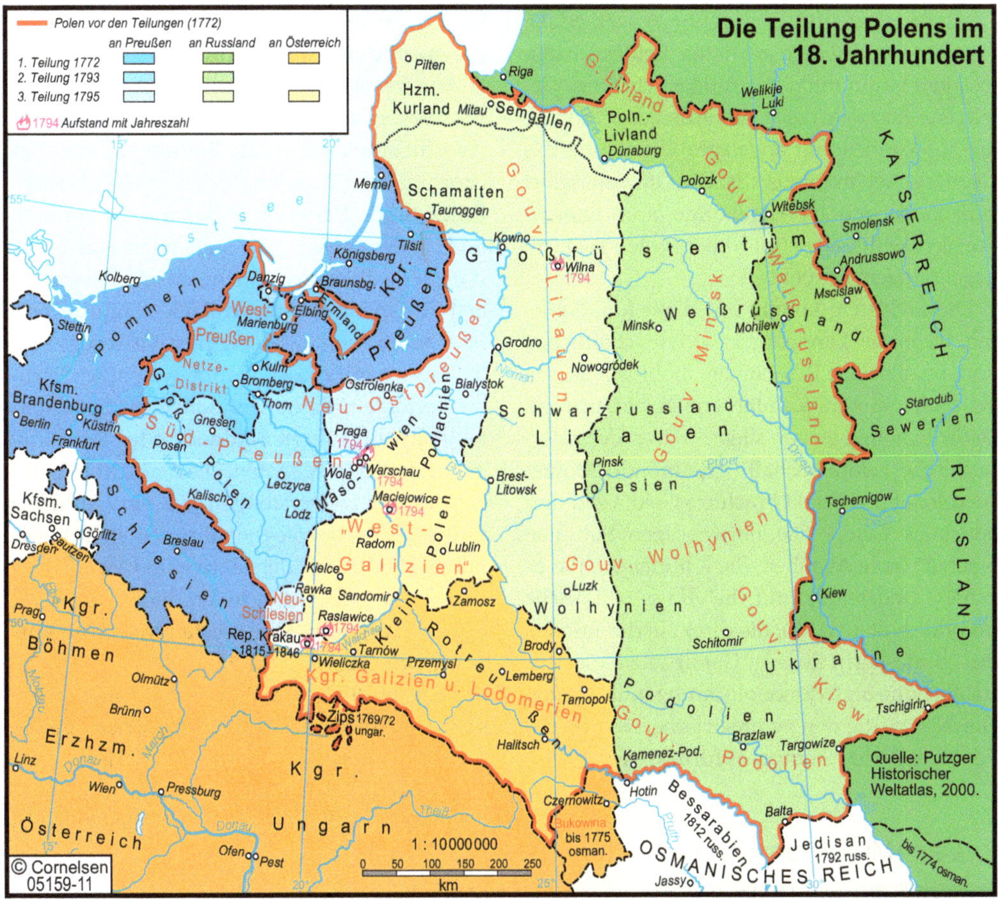

Die Teilung Polens im 18. Jahrhundert

Legende:
- Polen vor den Teilungen (1772)

	an Preußen	an Russland	an Österreich
1. Teilung 1772			
2. Teilung 1793			
3. Teilung 1795			

1794 Aufstand mit Jahreszahl

Kartenbeschriftungen:

Pilten, Riga, G. Livland, Welikije Luki, Hzm. Kurland, Mitau, Semgallen, Poln.-Livland, Dünaburg, Gouv. Weißrussland, Polozk, Witebsk, Smolensk, KAISERREICH, Memel, Schamaiten, Tauroggen, Kowno, Großfürstentum, Andrussowo, Mscislaw, Tilsit, Königsberg, Braunsbg., Wilna 1794, Minsk, Weißrussland, Mohilew, Kolberg, Danzig, Elbing, Ermland, Preußen, Kgr., Neu-Ostpr., Grodno, Gouv. Minsk, Starodub, Sewerien, Pommern, Marienburg, West-Preußen, Kulm, Bromberg, Ostrolenka, Bialystok, Nowogródek, Stettin, Netze-Distrikt, Thom, Podlachien/Preußen, Schwarzrussland, Litauen, Kfsm. Brandenburg, Gnesen, Posen, Süd-Polen, Praga 1794, Warschau 1794, Maso-wien, Pinsk, Polesien, Tschernigow, Berlin, Küstrin, Frankfurt, Leczyca, Wola 1794, Brest-Litowsk, Kalisch, Lodz, Maciejowice 1794, Gouv. Wolhynien, Kfsm. Sachsen, Schlesien, Görlitz, Breslau, Radom, Pole-, Lublin, Kiew, Dresden, Bautzen, "West-Galizien", Kielce, Sandomir, Luzk, Wolhynien, Gouv. Kiew, Ukraine, Prag, Kgr., Rawka 1794, Neu-Schlesien 1794, Raslawice 1794, Zamosz, Schitomir, Böhmen, Olmütz, Rep. Krakau 1815-1846, Wieliczka, Tarnów, Przemysl, Lemberg, Brody, Podolien, Kgr. Galizien u. Lodomerien, Kleine, Rote Reuß, Gouv. Podolien, Tarnopol, Brazlaw, Targowize, Tschigirin, Erzhzm., Brünn, Zips 1769/72 ungar., Halitsch, Kamenez-Pod., Quelle: Putzger Historischer Weltatlas, 2000., Linz, Wien, Pressburg, Kgr., Czernowitz, Hotin, Bessarabiens, Balta, Jedisan 1792 russ., Bukowina bis 1775 osman., Österreich, Ungarn, Ofen, Pest, OSMANISCHES REICH, Jassy, 1:10000000, 0 50 100 150 200 250 km

© Cornelsen 05159-11

125 Der Kuchen der Könige. Allegorie auf die erste Teilung Polens 1772. Von links: Katharina II., Joseph II., Stanislaus II. Poniatowski und Friedrich II. (der Große). Kupferstich nach einer Radierung von Jean Michel Moreau.

Disziplin, Ordnung und rationales Handeln, verbunden mit einer gewissen Leidenschaftslosigkeit bestimmten das militärische Tun. Gefangene konnten rasch auf Austausch hoffen, die auf Vernichtung angelegte Verfolgung des Gegners blieb meistens aus. Die Offiziere selbst verstanden sich als Angehörige eines internationalen Militäradels und begegneten sich mit gegenseitigem Respekt.

Dieses System konnte nur dann funktionieren, wenn der Landesherr die wirtschaftlichen und finanziellen Ressourcen mobilisierte, um als alleiniger Militärunternehmer aufzutreten. Dafür benötige er vor allem, wie es der österreichische Feldmarschall ▶ Raimundo Montecuccoli auf den Punkt brachte: »Geld, Geld und nochmals Geld.« Die notwendigen Summen brachten neue Abgaben, die *Kontribution* (ländliche Grundsteuer) und die *Akzise* (städtische Verbrauchssteuer) ein, die direkt in die Taschen des Landesherrn flossen. Damit setzte die Verstaatlichung und Monopolisierung militärischer Gewalt ein, die den symmetrischen Konflikten der Neuzeit den Stempel aufdrückten sollte.

2. Der »Miles Perpetuus« – Soldaten auf festem Fuß

Das Ende des Dreißigjährigen Krieges führte trotz allgemeiner Erschöpfung nicht zu einer allgemeinen Abrüstung – im Gegenteil. Aus Sorge vor neuerlich aufflammenden Konflikten hielten die Landesherren einen beachtlichen Teil der Truppen weiter unter Waffen. »Die stehenden Heere der Nachkriegszeit waren denn auch im Kern stehengebliebene Heere« (Johannes Burkhardt). Um die Kosten zu dämpfen, zog man aus den kriegserprobten Regimentern die Veteranen, die »beschossenen Knechte«

heraus und bildete aus ihnen die Kaderstämme für Ausbildung und Führung.

Anders als bei den milizionären Defensionswerken fehlte den stehenden Heeren des Absolutismus jedoch die Bindung an das Territorium. Damit ging natürlich auch ein erhebliches Stück Verteidigungscharakter verloren oder anders gesagt: die stehenden Heere waren ein flexibles Instrument, das den Regenten erst zu einer souveränen Außen- und Sicherheitspolitik befähigte. Aggressive Kriegsziele ließen sich mit dieser Truppe wesentlich leichter verfolgen als mit militärischen Subunternehmern und ihren Söldnern oder territorial gebundenen Aufgeboten. Die Zielrichtung, das Heerwesen zu verstetigen, zu verstaatlichen und weiter zu professionalisieren steht außer Frage. Die Vielfalt der Motive und Wege dorthin macht es jedoch schwer, dem Kind einen Namen zu geben. Die meisten der heute kursierenden Begriffe wie Berufssoldaten, *Miles Perpetuus* (lat.; immerwährender Soldat) oder stehende Söldnerheere sind unpräzise, sperrig oder schlicht missverständlich. Das Heerwesen des Absolutismus folgte einer neuen, eigenen Grammatik – allerdings mit unterschiedlichen Anwendungsformen und vielen Ausnahmeregelungen.

Nicht nur der Anspruch auf souveräne Außenpolitik, sondern auch die technisch-taktischen Veränderungen zwangen die Landesherren ab der Mitte des 17. Jahrhunderts ihre Soldaten auf festen Fuß zu stellen, das heißt, einen Großteil ständig unter Waffen zu halten. Für eine optimale Waffenwirkung waren nicht nur viele, sondern auch besonders geschulte Soldaten notwendig. Die choreographischen Bewegungen auf dem Gefechtsfeld und das koordinierte Feuer der Musketen erforderten harten Drill und ständige Ausbildung. Die An-

B Raimundo Montecuccoli (1609–1680)
Österreichischer Feldherr, Diplomat und Staatsmann – 1625 trat Montecuccoli in den kaiserlichen Kriegsdienst ein. Zusammen mit dem Großen Kurfürsten vertrieb er die Schweden im Ersten Nordischen Krieg (1655–1660) aus Jütland und Pommern. Ab 1661 verteidigte er mehrmals die ungarische Grenze gegen türkische Angriffe und siegte schließlich bei St. Gotthard an der Raab (1664). Im gleichen Jahr wurde Montecuccoli Präsident des Hofkriegsrates, der obersten Militärverwaltungsbehörde.

126 Raimundo Montecuccoli. Kupferstich von Peter Aubry, um 1650.

Exercitia von Feüergeben Gliedt vor Gliedt.
Hier wird von hinten vor gefeüert. die vorfern Glieder liegen aüff den Knien
bis die hintern Feüer geben. hernach stehen dieselben aüch. aüff. die hinterſten
laden derweil wider. darnach fangen die von neüen wider an.

127 Gliederweises Feuern.
Kupferstich, 1726.

128 »Fället die pique
auf die Reiterey.«
Kupferstich von Johann
Sebastian Gruber,
1697.

129
Luntenschlossmuskete,
um 1650.
Länge 149 Zentimeter,
Kaliber 11 Millimeter.

79

forderungen an Offiziere und Soldaten werden deutlich, wenn man sich klar macht, dass auch in modernen Armeen nur unter großem Zeitaufwand gute Ergebnisse in der Formalausbildung möglich sind. Ohne personelle Kontinuität drohte die Mechanik der absolutistischen Kriegsmaschine aus dem Takt zu kommen.

In den meisten absolutistischen Staaten Europas setzte sich für die Heeresverwaltung ein dreistufiges Kontroll- und Verwaltungssystem durch. Die unumschränkte Befehlsgewalt hatte der Souverän. Ihm zur Seite stand ein Kriegsrat, beziehungsweise ein Kriegskabinett, das alle wichtigen Entscheidungen der Heeresorganisation, Verwaltung, des Festungswesens und sogar der Kriegführung zentral fällte. Die Entscheidung zur Annahme einer Schlacht wurde oft hier und nicht beim Feldherrn getroffen. Wenn Zepter und Feldherrnstab in einer Hand lagen, wie zum Beispiel bei ▸ Karl XII. von Schweden oder Friedrich II. von Preußen, ermöglichte das natürlich eine erheblich flexiblere Kriegführung. Als Bindeglied zwischen Kriegsrat und Truppe fungierten auf der zweiten Ebene die Kriegskommissare. Sie kontrollierten ursprünglich die Regimenter und informierten den Fürsten über den Stand der Dinge. Im Lauf der Zeit entwickelten sie sich zu eigenen Verwaltungsbehörden. Die dritte Ebene bildeten schließlich die wirtschaftlich selbstständigen Regimenter und Kompanien.

Die Verstaatlichung des Kriegswesens erforderte auch ein völlig neues Versorgungssystem. Vom Landesherrn beauftragte, zivile Heereslieferanten übernahmen nun die vormals privat organisierte Versorgung der Soldaten. Das begann mit der Bereitstellung einheitlicher Uniformen, gleicher Waffen und Munition sowie Verpflegungsgüter aller Art. Das so genannte Magazinwesen bestand aus einem genau berechneten Netzwerk aus Versorgungspunkten, bei dem man, so weit es ging, leistungsfähige Straßen und Wasserwege ins Kalkül zog. Als sichere Stützpunkte spielten Festungen in diesem System eine wichtige Rolle. Die depotgebundene Versorgung machte den Feldzug planbarer, aber natürlich auch schwerfälliger. Die durchschnittliche Haltbarkeit des Kommissbrotes von neun Tagen bildete eine entscheidende Rechengröße. Bei Marschleistungen von ungefähr 20 Kilometer pro Tag ergab sich ein »Fünf-Märsche-System« (Siegfried Fiedler), welches die Operationstiefe auf etwa 100 Kilometer beschränkte. Raumgreifendere Kampagnen waren nur möglich, wenn Feldbäckereien und Magazine sich ebenfalls auf den Weg machten – ein schwieriges Unterfangen, das der Kriegführung immer wieder Fesseln anlegte.

Anders als die Söldnertruppen des 16. Jahrhunderts dienten viele Soldaten des 18. Jahrhunderts nicht freiwillig. Ein nicht genau in Zahlen feststellbarer, aber dennoch erheblicher Teil wurde zum Dienst gepresst oder nach einem festgelegten Quotienten ausgehoben. Gerade die Aushebung ließ aber so viele *Exemtionen* (Ausnahmeregelungen) zu, dass man keinesfalls von einer allgemeinen Wehrpflicht sprechen darf. Im Unterschied zum Wehrpflichtigen des 19. Jahrhunderts fehlte dem Soldaten des Ancien Régime die nationale Bindung. Die Landesherren setzten große Anstrengungen daran, ihre Truppen so weit wie möglich im Ausland zu werben. Hier spielten nicht selten unlautere Mittel wie falsche Versprechungen, Alkohol oder schlichte Gewalt eine gewichtige Rolle. Bedenkt man die rabiaten ▸ Verfahren der Werber, die teilweise sogar auf Strafgefangene zurückgriffen, dann muss man sich nicht wundern, dass der Soldat in der Öffentlichkeit nicht den besten Ruf genoss. In Hessen etwa

B Karl XII. (1682–1718)
König von Schweden – 1700 löste er mit dem Angriff auf Dänemark den Zweiten Nordischen Krieg aus, in dem Schweden gegen Dänemark, Polen und Russland kämpfte. 1706 setzte er den polnischen König August den Starken ab und begann ein Jahr später einen Feldzug gegen Russland. Die russische Armee brachte den schwedischen Truppen am 8. Juli 1709 in der Schlacht um Poltawa jedoch eine vernichtende Niederlage bei. Karl XII. setzte sich daraufhin auf türkisches Hoheitsgebiet ab. Beim Angriff auf Norwegen 1718 fiel er vor der Festung Frederikshald.

130 Karl XII. von Schweden. Zeitgenössisches Schabkunstblatt.

131 Werbungsplakat für das Infanterieregiment von Anhalt. Reproduktion des schablonenkolorierten Holzschnittes aus den Jahren 1762/63.

1 Dominicus Neubauer,
»Curriculum Vitae Militaris«
Ein Soldat des 18. Jahrhunderts berichtet über seine »Anwerbung«. Er wurde gegen seinen Willen von preußischen Werbern zum Militärdienst verpflichtet.

»Nun waren 2 Tage verfloßen, da muste ich wieder vortreten, und ging der Handel erst recht an. Jetzt suchte man mich theils mit guten Worten, theils mit scharffen Bedrohungen dahin zu vermögen, daß ich willigen solte ein Soldat zu seyn: Aber vergebens, ich blieb bey meiner einmahl gefasten Resolution. Derowegen wurde nach der Haupt-Wache geschickt, die mich abholen solte, da würde mir unter der Schwitzbanke der Wille wohl gemacht werden, ich möchte mich nur bald darein begeben, ehe ich noch dahin käme. Meine Antwort war: Sie könnten nach ihren Gefallen mit mir handeln, ihr Bemühen würde doch vergebl. seyn. Unterdeßen kamen 4 Mann mich in Arrest zu holen, wozu ich mich auch schon hatte gefast gemacht. [...] Weil aber alle diese Vorschläge nichts verfangen wollten, so wurde ich nach Verfließung einiger Zeit von 14 Tagen wieder durch einen Unter-Officier abgeholet und wieder den 5. Oct. auf mein voriges Theater gestellet. Da solte ich nun mit Gewalt ein Soldat werden, und deßwegen den gewöhnl. Eyd ablegen. Jedoch hatte ich mich zuvor deßen gewegert, so wegerte ich mich jetzt noch vielmehr, je mehr sie Anstalt machten ihr dessein an mir auszuführen. Ich muste manche harte Worte vorlieb nehmen, doch blieben die Schläge noch zurück, die bey dergl. Begebenheiten pflegen das beste Hand-Geld zu seyn.«

Zit. nach: Kriegs- und Friedensbilder 1725–1759. Hrsg. von Hans Bleckwenn, Osnabrück 1971 (= Altpreußischer Komiß, 2), S. 223–225

81

132 Werbung der Soldaten.
Kupferstich, 1726.

konnten zum Tode Verurteilte mit dem Dienst in einem preußischen Regiment begnadigt werden. Den Landesherren war es in der Regel gleich, wer den Uniformrock trug, wenn nur die wirtschaftlich wichtigen Bevölkerungsgruppen weitgehend verschont blieben.

Der unfreiwillige Dienst, die harte Disziplin des militärischen Alltags, aber auch die Willkür mancher Vorgesetzter erklären, warum viele Soldaten des 18. Jahrhunderts desertierten. Dabei muss man große regionale und noch größere zeitliche Unterschiede berücksichtigen. Im Krieg konnten die Desertionszahlen angesichts der Härte des soldatischen Alltags und nicht zuletzt aus Sorge um die eigene Haut dramatisch in die Höhe steigen und nicht selten die kampfbedingten Ausfälle übersteigen. In Preußen betrug der jährliche Schwund unter der Regierung des Soldatenkönigs Friedrich Wilhelms I. »lediglich« ein bis zwei Prozent. Aus neueren Forschungen lässt sich eine überregionale Desertionsquote von anderthalb bis drei Prozent pro Jahr ermitteln, die im Krieg auf zehn Prozent steigen konnte. Diese Zahlen scheinen gering, doch zieht man einen Summenstrich werden die Dimensionen deutlich. In der Regierungszeit des Soldatenkönigs verlor die preußische Armee durch Fahnenflucht 30 000 Mann. In Kriegszeiten konnte sich eine Armee allein durch den »natürlichen« Schwund der Desertion in nur wenigen Jahren halbieren. Für jeden Soldaten schlugen erhebliche Summen für Werbung, Montur und vor allem die langwierige Ausbildung zu Buche.

Da die Landesherren ein vitales Interesse an der Unversehrtheit ihrer Truppenkörper hatten, setzte man große Anstrengungen daran, desertierte Soldaten – auch mit Hilfe der Zivilbevölkerung – wieder »einzufangen«. Wenngleich die meisten Kriegsartikel für Fahnenflucht

die Todesstrafe vorsahen, fand die Höchststrafe in der Regel erst im Wiederholungsfall Anwendung. Der Soldat war zu wertvoll und oft begnügte man sich mit dem alternativen Spießrutenlauf. Diese auf den Schwedenkönig Gustav Adolf zurückgehende Bestrafung sollte eine abschreckende Wirkung ausüben ohne den Bestand der Truppe zu gefährden. Um das Leben des Delinquenten zu schonen, wurde der ▸ »Gang durch die Gasse« oft auf mehrere Tage verteilt – selbst bei der Durchsetzung der Kriegsartikel galt das Primat der Nützlichkeit.

Aber auch minder schwere Vergehen konnten scharf geahndet werden. Natürlich galten körperliche Züchtigungen in der Frühen Neuzeit als selbstverständliche Mittel in der Erziehung und Ausbildung. Beim Militär hatte man diesen Grundsatz allerdings besonders verinnerlicht. Ohne Rücksicht auf die Ehre des Soldaten stand der exemplarische Charakter im Vordergrund: zum Beispiel das Sitzen auf einem hölzernen Esel, das »Krummschließen« der Arme und Beine im Stock oder das Stehen auf dem »Spitzstock« mit entblößtem Fuß. Schon nichtige Fehltritte konnten die Vorgesetzten mit Schlägen oder dem »Fuchteln« mit der flachen Klinge beantworten. Der berüchtigte »Korporalsstock« ist nicht ohne Grund zum Synonym für überzogene Härte und Willkür im absolutistischen Heerwesen geworden. Ähnlich wie bei der Desertion gilt es aber auch hier, genau hinzuschauen und zu differenzieren. Bei einem Besuch kurhannoverscher Truppen äußerte sich der Preußenkönig Friedrich Wilhelm I. zum Beispiel überrascht, dass die Soldaten auch ohne Drohungen und Gewalt überzeugend manövrierten.

Eine ganze Reihe von Gründen konnten einen Mann dazu bewegen, bei den Werbeoffizieren zu unterschreiben. Wer sozial schwach oder un-

133 Sponton für Offiziere vom Regiment zu Fuß Prinz Leopold Maximilian von Anhalt-Dessau (No. 27).

134 Vorstellung einiger öffentlicher Strafen - Das »ehrliche« Waffenlaufen und die »unehrliche« Stäupung. Radierung von Daniel Chodowiecki, 1774.

Der Spießrutenlauf ist eine seit dem 16. Jahrhundert überlieferte Militärstrafe. Der Verurteilte lief durch eine von 100–300 Soldaten gebildete Gasse, in der die Kameraden mit Ruten auf ihn einschlugen. Vor dem Verurteilten ging ein Unteroffizier oder Offizier mit einem Spieß, um das Tempo der Tortur zu bestimmen. Im Zuge der preußischen Heeresreformen wurde diese unmenschliche Art der Bestrafung 1807 abgeschafft (»Freiheit der Rücken«).

135 Offizier vom Regiment zu Fuß Kronprinz (No. 6) mit Sponton. Farbzeichnung von Bodo Koch nach Vorlage von Adolph von Menzel.

83

verschuldet in wirtschaftliche Not geraten war, mochte sich vom Handgeld und der Aussicht auf geringen, aber relativ regelmäßigen Sold locken lassen. Hinzu kamen eine Reihe von »Sozialleistungen«, wie die Aussicht auf freie Unterkunft, Bekleidung in Form der Uniform und die Möglichkeit des Nebenerwerbs in den Freiwachen und Urlaubszeiten. Mit der Kapitulation, dem Unterschreiben des Dienstvertrages, änderte sich auch das Untertanenverhältnis. Fortan unterstand der Soldat nicht mehr dem gutsherrlichen Zugriff sondern der Militärgerichtsbarkeit. Der Schritt zum Regiment konnte also auch die Befreiung vor der Willkür eines Landjunkers bedeuten. Die Sicherung der Lebensgrundlage in einem strengen aber weithin berechenbaren System mochte für Menschen die nur wenig besaßen viel bedeuten.

Zu den Besonderheit des Militärwesens im Zeitalter des Absolutismus zählt der »Soldatenhandel«. Genaugenommen darf man darunter nicht den Verkauf, sondern die zeitlich befristete Vermietung ganzer Regimenter verstehen. Wer Geld hatte und schnell Truppen benötigte, der konnte überall in Europa Partner dafür finden. Umgekehrt ließen sich politische Forderungen durch die Bereitstellung von Truppen durchsetzen. Für die Rangerhöhung zum König in Preußen 1701 lieh zum Beispiel der frisch gekürte ▸ Friedrich I. dem Habsburger Kaiser Leopold I. ein Kontingent von 8000 Soldaten – Truppen, die jener dringend im Spanischen Erbfolgekrieg benötigte. 1717 tauschte ▸ August der Starke mit Friedrich Wilhelm I. ein ganzes Dragonerregiment gegen eine Sammlung kostbarer chinesischer Vasen. Die Herrscher demonstrierten damit nicht nur private Vorlieben, sondern dokumentierten auch, dass sie in ihren Soldaten eher »Humankapital« als Landeskinder sahen. Im Amerikanischen Un-

abhängigkeitskrieg (1776–1783) fochten auf beiden Seiten Leihregimenter: für Frankreich, das die amerikanischen Truppen unterstützte, zum Beispiel das Zweibrücker Regiment »Royal-Deux-Ponts« und für England unter anderem Kontingente aus Hessen-Kassel und Braunschweig. Es ist bemerkenswert, dass man seinerzeit gerade diesen »Soldatenhandel« erstmals öffentlich kritisierte. Der erwachende Geist des aufgeklärten Bürgertums und die offene Sympathie für die Freiheitsbewegung in der neuen Welt können bereits als Wetterleuchten am vorrevolutionären Himmel gedeutet werden.

3. »Offizier und Gentleman« – Die Entstehung des monarchisch gebundenen Offizierkorps

Das Zeitalter des Absolutismus ist auch die Geburtsstunde des modernen Offizierkorps. Während die Obristen im Dreißigjährigen Krieg die Offiziere ihrer Regimenter noch selbst ernannten, ging diese wichtige Entscheidung nun formell auf den Landesherren über. Damit war eine wesentliche Voraussetzung für die personenrechtliche Bindung des Offiziers an den Monarchen geschaffen. Je stärker der absolutistische Staat die Reservatrechte des Adels beschnitt und für sich beanspruchte, umso mehr musste er standesgemäße Alternativen anbieten: in der Verwaltung, im diplomatischen Dienst, bei Hofe und eben beim Militär. Die Gefügigmachung des Adels und die Aristokratisierung des Militärs verschränkten sich so miteinander. Je mehr die Offizierstellen dem Adel vorbehalten blieben, desto stärker wuchs die Akzeptanz den Rock des Königs anzuziehen. Regenten wie Friedrich Wilhelm I. und Friedrich II., die statt höfischer

136 Die preußische Königskrone.

137 Die Salbung des Kurfürsten Friedrichs III. zum ersten preußischen König Friedrich I. in Preußen am 18. Januar 1701 in Königsberg. Kupferstich von Johann Georg Wolffgang, 1712.

B Friedrich I. (1657–1713)

König in Preußen – Als Friedrich III., Kurfürst von Brandenburg, versuchte er, für das Herzogtum Preußen die Königswürde zu erlangen. Am 18. Januar 1701 krönte sich Friedrich in Königsberg selbst zum König in Preußen. Im Spanischen Erbfolgekrieg (1701–1713/14) leistete er Kaiser Leopold I. Waffenhilfe, der sich deshalb mit der Selbstkrönung einverstanden zeigte.

138 Friedrich I., König in Preußen.
Öl auf Leinwand von Samuel Theodor Gericke, nach 1701.

Garderobe den *Justaucorps* (franz.; Schoßrock) der Soldaten trugen, erleichterten dem Adel die Identifikation mit dem Dienst unter der Fahne. In Preußen zum Beispiel gehörten im 18. Jahrhundert 90 Prozent aller Offiziere zum Adel. Den Landesherrn und seine Offiziere verband ein unsichtbares, ideelles aber umso festeres Band, das erst mit dem Ende der Monarchien zerreißen sollte. Zeitgenössische illustrierte Ständebücher veranschaulichen dieses enge Verhältnis, indem sie den Offizier ganz in der Nähe des Monarchen platzierten und erst danach die weiteren Stände und Berufe mit gemessenem Abstand folgten. Dieses Bild scheint dem Mittelalter auf den ersten Blick sehr verwandt und doch gibt es einen wesentlichen Unterschied zwischen mittelalterlichem Ritter und frühneuzeitlichem Offizier. Während zum Beispiel der staufische Lehensmann des Hochmittelalters auf der Grundlage von persönlicher Treue und relativ freiwilliger Bindung seinem Herren folgte, verlangte der absolutistische Herrscher von seinen Offizieren unbedingte Ergebenheit und entsprechenden Gehorsam. Die teilweise streng praktizierte Bewilligung zum Heiraten verdeutlicht dies. Die im 19. Jahrhundert vielfach bemühte Verknüpfung von Ritter und Offizier ist historisch eine Fiktion, wie der Historiker Rainer Wohlfeil überzeugend nachweisen konnte: »Der Offizier der Neuzeit wurzelt also realgeschichtlich und in wesentlichen Merkmalen ideengeschichtlich nicht im Rittertum, sondern ist ein Produkt des neuzeitlichen Machtstaates.«

Für die Offiziere des Ancien Régimes spielte die nationale Identität allenfalls eine untergeordnete Rolle. Sie fühlten sich als Angehörige einer internationalen Kriegerkaste und wenn sich woanders bessere Karrierechancen boten, war der Wechsel der Fahne nicht ungewöhnlich. Diese Internationalisierung des Offizierkorps ließ die Gegner außerhalb der Kampfhandlungen, zum Beispiel in Gefangenschaft, relativ human miteinander umgehen. Als Angehörige einer exklusiven Schicht entwickelten die adeligen Offiziere untereinander einen *Esprit de Corps* (franz.; Korpsgeist), mit spezifischen Verhaltensweisen und festem Gruppenzusammenhalt. Zum sichtbaren Ausdruck dieser gemeinsamen Identität gehörte der Verzicht auf Dienstgradabzeichen. Vom Fähnrich oder Cornett bis zum Oberst trugen alle Offiziere eines Regiments die gleiche Uniform mit den selben Standesabzeichen: eine Schärpe, den Degen mit Portepee, den *Ringkragen* (halbmondförmiges Blechschild) und für die Untergeordneten den *Sponton* (lat.; speerartige Stangenwaffe). Zahlreiche Regimenter ließen sich gemeinschaftlich porträtieren, um mit ihren Offiziersgalerien den familienähnlichen Zusammenhalt zur Schau zu stellen. In diesem sozialen Klima konnte sich ein elitäres Selbstwertgefühl ideal entwickeln, in dem Ehre und Stand untrennbar zusammengehörten und das sich vor allem nach unten deutlich abzugrenzen versuchte.

Der Offizier übte keinen Beruf im modernen Sinn aus. Sein primäres Ziel bestand nicht im Broterwerb. Vielmehr leistete er einen Ehrendienst, der ihm besonderes gesellschaftliches Ansehen und eine vermeintliche Nähe zu seinem Monarchen versprach. Die hohe soziale Stellung schlug sich allerdings nicht im *Traktament* (lat.; Sold) nieder. Vor allem galt dies für junge Offiziere. Das ▸ Einkommen eines Leutnants umfasste zwar das Mehrfache eines gemeinen Soldaten, aber die Aufwendungen für gesellschaftliche Verpflichtungen, eine angemessene Unterkunft sowie den Unterhalt der Ausrüstung lagen deutlich darüber.

Der wirtschaftliche Zugewinn einer erwerbstätigen Ehefrau war völlig undenkbar. Fehlten zusätzliche Einkünfte, zum Beispiel Grundbe-

Friedrich Wilhelm I.,
1 »Kabinettsordre« (10. Februar 1738)

*Der geringe Sold der Offiziere führte häufig zu deren
Verschuldung. Ihr repräsentativer Lebensstil war
wiederholt Thema königlicher Ordren.*

»Hiernächst sehe Ich zwar gerne, wenn die Officiers
gut leben, aber es ist Mir sehr zuwider, wenn sie
dabei nicht mit ihrem Beutel Rechnung machen, und
durch den Luxum in essen und trinken mehr depen-
siren, als sie einzunehmen haben und bezahlen können, wodurch sie sich nicht allein in Schulden setzen
und ruiniren, sondern auch sonst viel übels daher
entstehet. Ich will demnach, daß hinführo, wenn die
Officiers beisammen kommen, sie nicht, wie bei einigen Regimentern der Gebrauch ist, viele Gerichte
und Wein praetendiren [beanspruchen], sondern mit
einander hauswirthlich vorlieb nehmen sollen, und
muss es vor keinen Schimpf gerechnet noch übel

161 Grenadier des
Leib-Bataillons,
Infanterie-Regiment No. 6,
Grenadier-Garde.
Farblithografie, 1730.

genommen werden, wenn ein Officier den andern ein Glas Bier vorsetzet, sondern dieses eben so gut angenommen werden soll, als wann Wein vorgesetzet
würde. Ihr habt also nebst dem Commandeur des Regiments darauf acht zu
haben, daß diesem Meinem Willen nachgelebet, und eine gute Oeconomie
unter denen Officiers geführet werde.«

*Zit. nach: Offiziere im Bild von Dokumenten aus drei Jahrhunderten. Hrsg.
von Hans Meier-Welcker, München 1964 (= Beiträge zur Militär- und Kriegsgeschichte, 6), S. 138*

140 Ringkragen
Friedrichs des Großen.

141 August II. der Starke.
Kopie nach Gemälde von
Louis de Silvestre,
nach 1718.

B August II., der Starke (1670–1733)
Friedrich August I. Kurfürst von Sachsen (seit
1694) wurde 1697 König von Polen, nachdem er zum
Katholizismus übergetreten war. Seine erste Regentschaft dauerte bis 1706, ehe er während des Zweiten
Nordischen Krieges (1700–1721) vom schwedischen
König Karl XII. zum Verzicht auf die polnische Krone gedrängt wurde. August konnte den Thron erneut
1709 besteigen, nachdem die Truppen seines russischen Verbündeten die Schweden bei Poltawa besiegt hatten.

87

sitz, anderes Privatvermögen oder eine entsprechende Mitgift der Braut, konnte ein Offizier erst mit der Beförderung zum Hauptmann, Kapitän oder Rittmeister, der Übernahme einer eigenen Kompanie und den damit verbundenen Nebeneinnahmen daran denken eine Familie zu gründen. Der entscheidende Karrieresprung zum Kompaniechef war für die meisten Offiziere allerdings erst nach knapp 20 Dienstjahren und damit im reifen Lebensalter möglich. Den wichtigsten Maßstab bei der Beförderung bildete das Dienstalter, die Anciennität. Offiziere, die bis dahin nicht zum Zuge gekommen waren und keine Aussicht auf ein Avancement, also eine Beförderung, mehr hatten, mussten notgedrungen ihren Abschied nehmen. Das Prinzip »Anciennität statt Leistung« (Gerhard Papke) verstärkte noch den egalitären Charakter der absolutistischen Armeen. Nicht individuelles Können, sondern Stand und im Dienst erworbenes Alter bildeten die entscheidenden Bezugsgrößen für Beförderungen.

Besonders blinde Triebe entwickelten jene Armeen, in denen der Hochadel ein »Abonnement« auf die höchsten Kommandostellen beanspruchte. In Frankreich zum Beispiel blühte, anders als in Preußen, der Kauf von Offizierstellen. Ambitionierte junge Aristrokraten konnten so, ohne jegliche militärische Vorbildung, Kommandeur eines Regiments werden. Höchste Herkunft und Kapital machten die Anciennität wett. Die geringen fachlichen Qualitäten dieser manchmal zwanzigjährigen Kommandeure wurden von den Zeitgenossen teilweise heftig kritisiert – zumal, wenn sich auf Feldzügen deren Führungsschwächen offen zeigten.

Die Möglichkeiten dem exklusiven Kreis des Offizierkorps beizutreten blieben begrenzt. Die besten Chancen eröffneten sich Nichtadligen in Armeen der kleineren Territorien. Kavallerie-

und Garderegimenter blieben den bürgerlichen Kreisen jedoch weitgehend verschlossen. Am größten war die soziale Durchlässigkeit in den Truppenteilen mit dem geringsten Ansehen: Zum Beispiel den Garnisonsbataillonen oder den leichten Husaren, die den »Kleinen Krieg« zu führen hatten. Gleiches galt für Waffengattungen, wo man auf technische Kenntnisse und Bildung nicht verzichten konnte. Vor allem bei den Artillerie- und Ingenieurtruppen konnte Bildung die soziale Herkunft ersetzen. Umgekehrt erwies sich der Bildungshintergrund zahlreicher junger Adliger als so schlecht, dass man in Kadettenanstalten nach Formen einer standesgemäßen und oft kostenlosen vormilitärischen Ausbildung suchte. Preußen rekrutierte ein Drittel seines Offiziernachwuchses aus den Kadettenhäusern. In der zweiten Hälfte des 18. Jahrhunderts gründeten einige Landesherren erste Militärakademien, die sich um eine umfassende Ausbildung des Offiziernachwuchses bemühten. Beispielhaft ist hier die fortschrittliche ▸ Militärschule des Grafen Wilhelm zu Schaumburg-Lippe auf einer Insel im Steinhuder Meer zu nennen. Diese Bemühungen dürfen allerdings nicht darüber hinweg täuschen, dass die meisten Offiziere das Geblüt und die beim Regiment gesammelte Erfahrung als hinreichende Qualifikation erachteten.

Die zunehmende Bedeutung des Offiziers hatte auch funktionale Gründe. Die Verwissenschaftlichung der Kriegskunst erforderte einen immer größeren Stamm zuverlässiger Führungskader. Die komplizierten Griffe zum Laden und Feuern und das komplexe Manövrieren der Truppenteile auf dem Gefechtsfeld konnte man mit einer professionellen Funktionselite umsetzen. Die in jeder Hinsicht herausragende Rolle des Offiziers zeigt die Aufstellung eines Infanteriebataillons im Gefecht, das

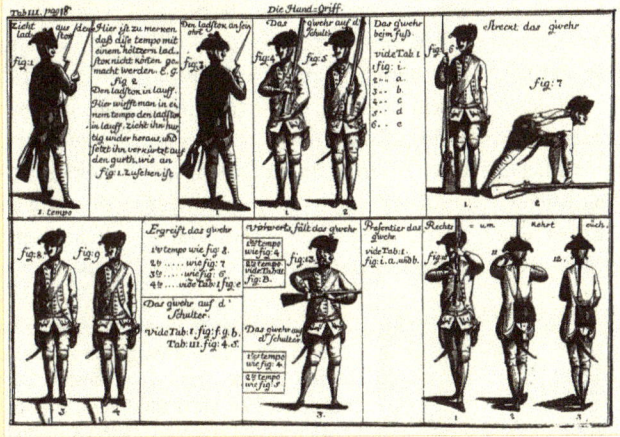

Im Jahre 1767 gründete Wilhelm Graf zu Schaumburg-Lippe eine Militärschule, an der eine spezielle Ausbildung für Artillerieoffiziere stattfand. Neben Französisch, Englisch und Portugiesisch wurden die Schüler unter anderem in den Fächern Arithmetik, Statik, Ballistik, Hydraulik, Hydrostatik, Anatomie und Chirurgie unterrichtet. Einen geregelten Schulbetrieb gab es erst ab 1770. Die Klassen hatten eine Größe von 20 bis 22 Mann. Nicht nur die Offizieranwärter, sondern auch Unteroffiziere und Mannschaften mussten an dem Unterricht teilnehmen. Zu den berühmtesten Schülern zählte der 1773 aufgenommene Gerhard von Scharnhorst (1755–1813). Der spätere Generalleutnant und Reformer der preußischen Armee war einer von 44 Anwärtern, die bis zum Tode des Grafen im Jahre 1777 an die im Steinhuder Meer gelegene Militärschule kamen. 35 von ihnen schafften den Abschluss. 1788 wurde die Artillerieschule aufgelöst.

142 Militärakademie. Kupferstich, 1726. Diese Abbildung stellt ein Bildungsideal vor, das sich tatsächlich erst in den Anfängen befand.

143 Die Darstellung einiger Handgriffe beim Exerzieren mit dem Gewehr. Zeitgenössischer Kupferstich.

89

von Offizieren und Unteroffizieren geradezu eingekreist war: Von vorne wurde geführt, an den Flügeln das Manövrieren koordiniert und von hinten massiv das Ausweichen und Desertieren verhindert.

Die Unteroffiziere bildeten als Ausbilder und »Drillmeister« eine Brückenfunktion. In rechtlicher und sozialer Beziehung standen sie allerdings deutlich näher bei den Mannschaften als bei den Offizieren. Den *Point d'Honneur* (franz.; Ehrenstandpunkt) durften die Unteroffiziere nicht erwarten, denn Orden und Ehrenzeichen blieben ein Privileg der Offiziere. Ein *Sergeant* (Unteroffizier) erhielt zwar das doppelte Traktament eines einfachen Musketiers, aber nur ein Drittel von dem eines *Premierleutnants* (Oberleutnant). Der Aufstieg vom Unteroffizier zum Offizier blieb die Ausnahme und beschränkte sich auf die weniger angesehen Truppen oder den Kriegsfall.

4. Militärwesen in Frankreich, Österreich und dem Reich

Nicht nur in der höfischen Kultur des Absolutismus, auch im Militärwesen gab Frankreich lange Zeit den Ton an. Mit dem Beginn der Regentschaft Ludwigs XIV. konnte Frankreich starke Gewichte in die Waagschale werfen. Es verfügte über die größte Bevölkerungszahl, zentralisierte Verwaltungsstrukturen, eine aufstrebende Wirtschaft und Ende des 17. Jahrhunderts die mit 400 000 Mann stärkste Armee in Europa. Frankreichs Streitkräfte waren nicht nur groß, sondern auch modern. Unter den Kriegssekretären Michelle le Tellier und seinem Sohn François Michel Marquis de Louvois begann der Aufbau einer zentral gelenkten Militärbürokratie, die das Unternehmerheer des Dreißig-

jährigen Krieges in ein Staatsheer verwandelte. Die Militärverwaltung steuerte nun die gesamte Versorgung, vom Brot über Pferdefutter bis zu Munition und Uniform. Der Verkauf von Kompanien oder Regimentern blieb weiterhin ein einträgliches Geschäft, an dem sich nur kapitalkräftige Angehörige des Hochadels beteiligen konnten. Dabei waren so gewaltige Summen im Spiel, dass selbst die Mittel der Krone nicht ausreichten, um den lukrativen Handel zu monopolisieren. Angehörige des niederen Adels sowie viele Bürgerliche bildeten den Stamm der »Officier de fortune«, die durch Leistung und langjährigen Dienst ihren Rang erwarben. Diese Offiziere standen für Kontinuität und einen hohen Ausbildungsstand, schafften aber nur selten den Sprung über die unteren Ränge.

Eine Vielzahl administrativer, technischer und taktischer Impulse ging in den folgenden Jahren von Frankreich aus: die normierte Einteilung in militärische Ränge und das Verfestigen des Anciennitätsprinzips, eine organisierte Versorgung der Kriegsinvaliden, der Bau von Kasernen, die Einführung des Bajonetts und schließlich die Ausrüstung mit dem leistungsfähigeren *Steinschlossgewehr* (franz.; fusil). Das Festungs- und Belagerungswesen wurde von ▸ Sébastien le Preste Marquis de Vauban mit einer genialen Kombination defensiver und offensiver Elemente entscheidend geprägt. Erst als Frankreich im Spanischen Erbfolgekrieg (1701–1713) einer übermächtigen Allianz gegenüberstand und schließlich den Kürzeren zog, verblasste die Gloriole der jahrzehntelang als unbesiegbar scheinenden französischen Armee. Europas Nachbarn hatten mittlerweile von der französischen Militärmacht gelernt und zudem die Überlegenheit einer klugen Allianzpolitik eindrucksvoll und nachhaltig unter Beweis gestellt.

90

B Sébastien le Preste Marquis de Vauban (1633–1707)
Französischer Marschall – Als Festungsbaumeister machte Vauban die nordöstliche Grenze Frankreichs nahezu unangreifbar. Von Dünkirchen über Lille, Maubeuge, Longwy nach Straßburg, Breisach und Freiburg im Breisgau ließ er einen Festungsgürtel errichten. In den Kriegen Ludwigs XIV. leitete er selbst zahlreiche Belagerungen, aus denen er Rückschlüsse für seine 1703 erschienene Denkschrift »De l'attaque des places« (franz.; »Vom Angriff auf Befestigungen«) zog. Diese Grundsätze bildeten zwei weitere Jahrhunderte lang das Maß aller Dinge für den Festungsbau.

144 Sébastien le Preste Marquis de Vauban. Lithografie von Pierre Sudre.

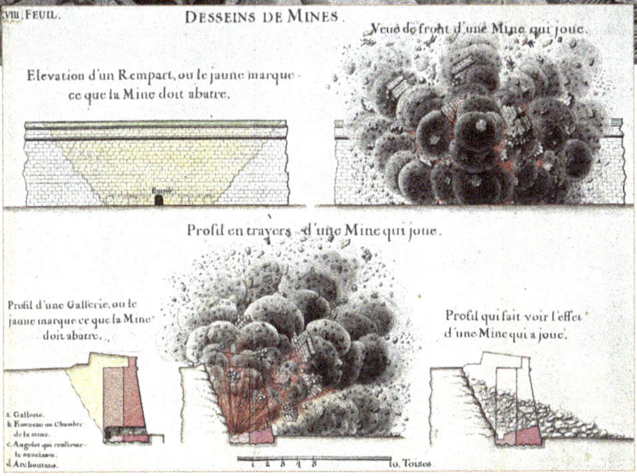

145 Vogelschauplan der Stadt Freiburg
im Breisgau mit den unter Ludwig XIV.
durch den Kriegsbaumeister Sébastien
de Vauban angelegten Schanzwerken.
Zeichnung, 1685.

146 Aufriss und Querschnitt einer
Befestigungsmauer mit Minenschacht,
Ansichten einer explodierenen Mine
und Mauer nach der Explosion.
Buchillustration, 1703.

Das populäre Sprichwort *Bella gerant alii, tu felix Austria nube* (lat.; »Laß andere die Kriege führen, du glückliches Österreich heirate«) könnte glauben machen, das habsburgische Königs- und Kaiserhaus hätte sich militärisch weniger stark engagiert als die Nachbarn. Aber geschickte Heirats- und pragmatische Machtpolitik widersprachen sich nicht – im Gegenteil. Österreich musste viele Jahrzehnte einen aufreibenden Zweifrontenkrieg gegen Frankreich und das Osmanische Reich führen, es trug erhebliche Lasten im Spanischen Erbfolgekrieg und stand schließlich in den drei Schlesischen Kriegen gegen Preußen im Mittelpunkt des Geschehens. Die besonderen Bedingungen des Vielvölkerstaates erschwerten eine Monopolisierung der Staatsgewalt und damit den Aufbau eines absolutistischen Militärapparates. Da sich die ständische Struktur in den österreichischen Erbländern bis zum Ende des 18. Jahrhunderts nur unwesentlich veränderte, spielten die Landstände bei der Steuerbewilligung und sogar bei der Werbung und Aushebung von Rekruten eine zentrale Rolle.

Mehr noch als in anderen Staaten fehlte es in Österreich permanent am Geld zum Krieg führen. Folglich blieb die Stellung der Regimentskommandeure sehr stark. Bis weit in das 19. Jahrhundert hinein sahen sich die »Obrist-Inhaber« als Eigentümer ihres Regiments und konnten ebenso lange das Recht der autonomen Vergabe von Offizierstellen verteidigen. Der merkantile Charakter dieser Regimentswirtschaft äußerte sich unter anderem in der Bestallung eines »Obrist-Regiments-Kommandanten«, der zwar nicht den wirtschaftlichen Nutzen, aber die Befehlsgewalt inne hatte. Zu den überkommen Regeln der Heeresorganisation gehörte auch die Möglichkeit Stellen zu kaufen, und sogar das Anrecht, Beförderungen

zu erwerben. Anders als in der preußischen Armee spielte in Österreich bei der Stellenvergabe neben der Anciennität auch die Leistung eine Rolle. Beide Prinzipien der Personalbewirtschaftung, das statische des Dienstalters und das flexible des Verdienstes, sollten sich nicht ausschließen, sondern gegenseitig ergänzen.

Während in Preußen unter Friedrich II. die politische und militärische Führung in einer Hand lagen und damit situationsabhängig und schnell geführt werden konnte, musste der österreichische Feldherr vor einer relevanten militärischen Entscheidung erst die zentrale Behörde, das Militärkabinett, konsultieren. Seit 1556 bestand in Österreich mit dem Hofkriegsrat eine Zentralinstitution, die alle Fragen der Heeresaufbringung, Ausrüstung und Verpflegung koordinierte – eine gewaltige Aufgabe angesichts der zentrifugalen Kräfte im Habsburgerreich. Trotz großer Reformwerke unter Kaiserin ▶ Maria Theresia in den Jahren 1748 und 1766 (Bündelung von Kompetenzen, Einführung einheitlicher Reglements, Festlegung von Deutsch als verbindlicher Kommandosprache, Beginn kantonaler Aushebungen) blieb der Hofkriegsrat insgesamt eine schwerfällige Behörde, die nur mühevoll mit den Entwicklungen in der modernen Heeresorganisation mithalten konnte.

Nicht minder kompliziert erwies sich die Einbindung der Reichsterritorien. De jure verfügte seit dem Westfälischen Frieden jedes souveräne Staatsgebiet im Heiligen Römischen Reich Deutscher Nation über die Möglichkeit eigenständig Truppen aufzustellen. De facto existierte eine große Zahl »nichtarmierter« Territorien, die aufgrund ihrer geringen Größe zu eigenständigem militärischen Handeln überhaupt nicht in der Lage waren. Selbst viele der »armierten« Herrschaften konnten nur Kleinstkontingente stellen. Die Führung solcher mul-

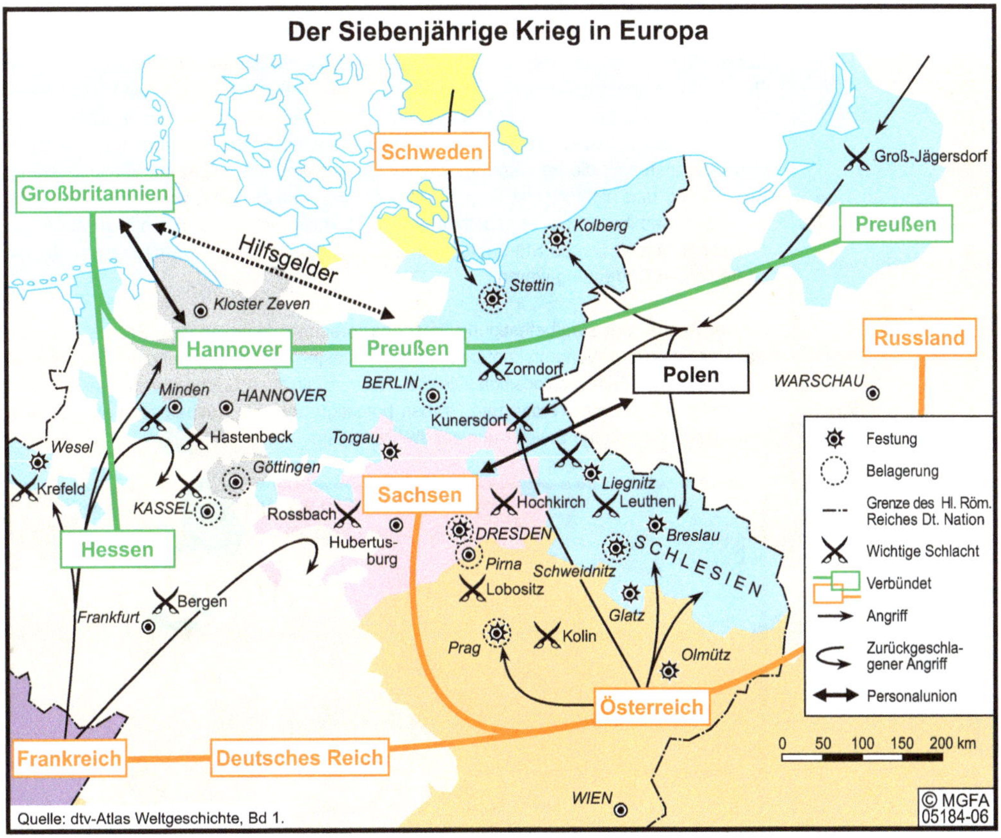

Der Siebenjährige Krieg in Europa

Schweden

Groß-Jägersdorf

Großbritannien

Hilfsgelder

Preußen

Kolberg

Kloster Zeven

Stettin

Russland

Hannover Preußen

Zorndorf

Polen

WARSCHAU

BERLIN

Minden HANNOVER

Kunersdorf

Wesel

Hastenbeck

Torgau

Krefeld

Göttingen

Liegnitz
Leuthen

KASSEL

Sachsen

Hochkirch

Breslau

Rossbach

DRESDEN

S C H L E S I E N

Hessen

Hubertus-
burg

Pirna Schweidnitz

Bergen

Lobositz

Glatz

Frankfurt

Prag

Kolin

Olmütz

Österreich

Frankreich Deutsches Reich

WIEN

Quelle: dtv-Atlas Weltgeschichte, Bd 1.

Festung
Belagerung
Grenze des Hl. Röm.
Reiches Dt. Nation
Wichtige Schlacht
Verbündet
Angriff
Zurückgeschla-
gener Angriff
Personalunion

0 50 100 150 200 km

© MGFA
05184-06

147 Maria Theresia.
Öl auf Leinwand von
Martin van Meytens
d.J., um 1743.

B Maria Theresia (1717–1780)
Österreichische Erzherzogin und Königin
von Böhmen und Mähren (seit 1740) – Die Zeit
bis zu ihrem Tod 1780 war außenpolitisch von
dem sich verfestigenden Gegensatz zwischen
Österreich und Preußen geprägt. Im Zentrum
stand das Ringen mit Preußen um Schlesien in
drei Erbfolgekriegen. Trotz mächtiger Verbün-
deter wie Frankreich und Russland konnte die
reiche Provinz nicht zurückerobert werden. Innenpolitisch trieb Maria Theresia ab 1748 eine
Staatsreform voran, die sich an der preußischen
Verwaltung orientierte und die finanzielle Souveränität gegenüber den Ständen sicherte.

148 Friedrich II., Porträt mit Kommandostab und Landkarte.
Öl auf Leinwand von Johann Georg Ziesenis, 1763.

93

Das Befestigungswesen am Beispiel Dresdens

In den Kriegen des 17. und 18. Jahrhunderts spielten Festungen eine oft entscheidende Rolle. Die Feldherren vermieden nach Möglichkeit das Risiko einer offenen Feldschlacht. Vielmehr versuchten sie, durch Märsche den Gegner auszumanövrieren. In dieser Taktik der Überlegenheit durch Truppenkonzentration spielten Festungen eine zentrale Rolle. Hier befanden sich die Versorgungszentren der Armeen, mit Magazinen für Ausrüstung, Bewaffnung und nicht zuletzt Lebensmittel für die Truppe. Somit waren Festungen die Fixpunkte des barocken »Kriegstheaters« und steinerner Anspruch militärischer und politischer Macht. Ganze Städte konnten zur Festung ausgebaut werden, wenn sie von strategischer Bedeutung waren.

Für den Ausbau der Stadtbefestigung Dresdens sprachen gleich mehrere Gründe: Dresden war Residenzstadt, Verkehrsknotenpunkt, ein wichtiger Handelsplatz und die Stadt besaß eine militärische Schlüsselposition. Die meisten europäischen Städte waren zwar seit dem Mittelalter mit Mauern, Wällen und Gräben befestigt, aber der Ausbau zur Festungsstadt bedeutete eine enorme Erweiterung der Wehranlagen.

149 Die Festung Dresden am Ende des 16. Jahrhunderts. Lavierte Zeichnung.

Folgen der technischen Entwicklung

Die technische Entwicklung der Artillerie seit dem späten 15. Jahrhundert spielte hierbei eine sehr wichtige Rolle, denn die hohen Mauern und Wälle des Mittelalters konnten modernen Geschossen nicht mehr standhalten. Der Wettlauf zwischen »Feuer und Stein« stellte an die Befestigungen ganz neue Anforderungen: Schräge Fronten, massive Wälle und niedrige Silhouetten sollten verhindern, Breschen in die Mauern zu schlagen. Kunstvoll geplante, geometrisch angelegte Bastionen ermöglichten ein konzentriertes Feuer. Eine Vielzahl von Vorwerken und Grabensystemen sollten den Angreifer schon weit vor der eigentlichen Festung auf Distanz halten.

150 Vom Bestürmen und der Ersteigung des Walls. Kupferstich, 1726.

Diese aufwendigen Befestigungsanlagen mussten fortwährend gepflegt, regelmäßig modernisiert und erweitert werden, um im Wettlauf mit der Waffentechnik weiter bestehen zu können. Auch die Festung Dresden ist seit dem Dreißigjährigen Krieg kontinuierlich erweitert und ausgebaut worden. Die sächsischen Oberlandbaumeister, unter deren Leitung der Bau an der Festung Dresden stand, beklagten sich oft über den Zustand der Anlagen und forderten beim Kurfürsten mehr Mittel für den Festungsbau. Ob die Maßnahmen zum Ausbau der Festungswerke dennoch ausreichend gewesen waren, zeigte sich aber erst in Kriegszeiten.

Dresden während der Kriege Friedrichs des Großen

Im Zweiten Schlesischen Krieg (1744/45) musste Dresden nach der Schlacht bei Kesselsdorf am 15. Dezember 1745 den siegreichen preußischen Truppen übergeben werden. Im Siebenjährigen Krieg (1756–1763) war die Festung Dresden erneut Mittel und Objekt der Kriegführung. Zu Beginn des Krieges besetzten die Soldaten Friedrichs II. Dresden, das völlig von Truppen entblößt war. Österreichische Truppen belagerten die Festung 1758 und 1759. Im Zuge der zweiten Belagerung gelang es den Österreichern, nach tagelangen Schießereien und Verhandlungen, die Preußen zur Kapitulation zu zwingen.

151 Der brennende Altmarkt mit dem einstürzenden Turm der Kreuzkirche nach dem Beschuss durch preußische Truppen. Gemälde von J.Ch. Jünger.

Im Juli 1760 rückten preußische Truppen wieder auf Dresden vor und begannen sogleich mit einer Belagerung. Durch die Beschießung mit Artillerie wurden große Teile der Innenstadt und die Kreuzkirche zerstört, die Vorstädte waren bereits in den Jahren zuvor niedergebrannt worden. Wegen des Mangels an Versorgungsgütern und Munition mussten die Preußen die Belagerung aufgeben.

152 Die Übergabe Dresdens durch den französischen Marschall St. Cyr an die Verbündeten am 12. November 1813. Zeitgenössischer, kolorierter Kupferstich.

Wie das Beispiel der Festungsstadt Dresden zeigt, wurden auch die Bewohner beim Festungskrieg in Mitleidenschaft gezogen. Die Zivilbevölkerung absichtlich zum Ziel strategischer Bombardierung zu machen, blieb aber der Moderne vorbehalten. Dresden konnte wieder aufgebaut werden, aber die Zeit der Festungsstädte ging ihrem Ende entgegen. Im 19. Jahrhundert wurden die meisten Festungsbauten Dresdens geschleift und die Gräben zugeschüttet. Einen kleinen Eindruck vom früheren Aussehen der Festung geben heute noch die *Kasematten* (franz.; beschusssicherer Raum in Festungen) unter der Brühlschen Terrasse.

153 Friedrich Johann Christian Reinhold, Offizier der Leibgrenadiergarde (rechts), sowie Korporal (Mitte) und Grenadiere (links), in Exerzieruniform, vor dem Hintergrund der Festungsanlagen der Brühlschen Terasse in Dresden. Kolorierter Kupferstich, 1791.

tinationalen Aufgebote gestaltete sich entsprechend schwierig. Die eigentliche Kriegführung und Wahrung der Reichsinteressen übernahm das Haus Habsburg, das auch die obersten militärischen Ränge besetzte. Das Reichsheer entwickelte sich somit zu einem »krypto-habsburgischen Kriegsinstrument« (Johannes Kunisch). Umso erstaunlicher ist die Leistungsfähigkeit der Reichskontingente zum Beispiel in den Türkenkriegen oder beim Oberrheinfeldzug gegen Frankreich 1702. Die wirklich potenten Mittelstaaten wie Sachsen, Bayern oder Kurhannover verfolgten in der Regel ihre eigene Politik als begehrte Allianzpartner der Großmächte.

5. Der preußische »Sonderweg«

Die Zeitgenossen waren sich darüber einig: In Preußen spielt die Armee eine spezielle Rolle. Der französische Gesandte am preußischen Hof, Honoré-Gabriel Riquetti Comte de Mirabeau, stellte sarkastisch fest, andere Staaten würden eine Armee besitzen, Preußen aber wäre eine Armee, die einen Staat besitzt. Der französische Philosoph Voltaire (mit bürgerlichem Namen François-Marie Arouet), der die Verhältnisse in Preußen ebenfalls gut kannte, mokierte sich es gäbe in »Sparta« zu viele Bajonette und zu wenig Bücher. Betrachtet man das Verhältnis von Militär, Staat und Gesellschaft nüchtern, dann stellt man fest, dass Preußen vieles, aber nicht alles anders als die Nachbarn machte. In manchem erwies sich Preußen sogar als ausgesprochen modernes, absolutistisches Musterland.

Nach dem Dreißigjährigen Krieg hatte sich das Kurfürstentum Brandenburg unter ▸ Friedrich Wilhelm, dem Großen Kurfürsten, als territoriale Mittelmacht etabliert und seinen hinzu gewonnenen Besitz in zahlreichen Kriegen mit und gegen Frankreich, Schweden, die Niederlande und Polen erfolgreich verteidigt. Das Kurfürstentum war bevölkerungsarm und litt an seiner starken territorialen Zerstückelung, die vom Rhein bis zur Memel reichte. Eine straffe Verwaltung und die Einführung fester Steuersätze schufen die Grundlagen, um ein stehendes Heer von 30 000 Mann aufzustellen. Brandenburg stellte damit einen beachtlichen, aber noch keinen überragenden militärpolitischen Faktor dar. An dieser Machtstellung änderte sich auch unter dem Nachfolger Kurfürst Friedrich III., der nach seiner Erhebung in den Königsstand 1701 den Namen Friedrich I. führte, wenig. Er verfolgte andere, durchaus politische Ambitionen, indem er alles daran setzte, die Königskrone zu erwerben. Die Standeserhöhung vom 18. Januar 1701 kostete den neuen König in Preußen ein Vermögen – nicht zuletzt die langjährige Abstellung von 8000 Soldaten für den Kaiser im Spanischen Erbfolgekrieg.

In der Nationalgeschichtsschreibung des 19. Jahrhunderts wurde Friedrich I. sehr negativ beurteilt und dabei die eminent wichtige identitätsstiftende Funktion der Königskrone übersehen. Sie bildete eine starke Klammer für den territorial und damit auch kulturell zergliederten Hohenzollernstaat. Ohne diese Voraussetzungen hätte der Thronfolger ▸ Friedrich Wilhelm I. vermutlich nicht jenes einzigartige Verwaltungs- und Militärreformwerk in Gang setzen können, das Preußen im 18. Jahrhundert zu einer militärischen Großmacht werden ließ. Mit umfassenden Finanz- und Verwaltungsreformen gelang es dem so genannten Soldatenkönig die Staatsgewalt zu monopolisieren, Gewerbe und Landwirtschaft zu fördern und die finanziellen Mittel für eine gewaltige Heeresvermehrung in Gang zu setzen. Unterstützt

B Friedrich Wilhelm (1620–1688)
Kurfürst von Brandenburg – Den Beinamen Großer Kurfürst erhielt er,
nachdem er am 28. Juni 1675 bei Fehrbellin die in Brandenburg eingefalle-
nen Schweden besiegt hatte. Dies ist umso bemerkenswerter, als Friedrich
Wilhelm zuvor im Elsass gegen die mit Schweden verbündeten Franzosen
einen Feldzug geführt hatte. Seine 6500 Soldaten mussten zunächst nach
Brandenburg marschieren, ehe sie gegen eine 10 000 Mann starke schwedische Übermacht antraten. Durch diesen militärischen Erfolg, die Aufstockung
des stehenden Heeres auf 23 000 Mann, die bereits 1660 erreichte Souveränität des Herzogtums Preußen und die Stärkung seiner Zentralgewalt schuf
der Große Kurfürst den Grundstein für den späteren Aufstieg Preußens.
Sie zeigte sich vor allem in der Steuerhoheit, die in Brandenburg-Preußen nun nicht
mehr bei den Ständen, sondern bei der fürstlichen Finanzverwaltung lag. Die Abkehr
vom ehemaligen Partner und Vorbild Frankreich zum neuen Verbündeten Österreich

154 Friedrich Wilhelm,
der Große Kurfürst.

zeigte sich auch 1685 im
Edikt von Potsdam, als im
protestantischen Preußen
20 000 aus Frankreich vertriebene Hugenotten auf-
genommen wurden.

155 Schlacht bei Fehrbellin
am 18. Juni 1675. Der
Große Kurfürst siegte über
die Schweden und eroberte
Schwedisch-Pommern.
Kupferstich, um 1675.

B Friedrich Wilhelm I. (1688–1740)
König in Preußen – Friedrich Wilhelm I. galt als sehr sparsam und
setzte nicht zuletzt durch die Besteuerung des preußischen Landadels
den Aufbau eines modernen Verwaltungsstaates in Gang, an dessen
Ende ein moderner Einheitsstaat stand. Das von ihm 1723 gegründete
Generaldirektorium war Ausdruck der Zentralgewalt des Königs. Der
Umstand, dass Friedrich Wilhelm I. die preußischen Territorien durch
die europäischen Großmächte gefährdet sah, veranlasste ihn zum Aufbau eines großen Militärapparates. So verdoppelte sich die Anzahl
der preußischen Soldaten in seiner Regierungszeit (1713–1740) auf
80 000. Seine ungehemmte Vorliebe für alles Militärische brachte ihm
den Beinamen »Soldatenkönig« ein. Am Ende des Zweiten Nordischen
Krieges (1700–1721) sicherte Friedrich Wilhelm I. Preußen das zuvor
von den Schweden besetzte Vorpommern südlich der Peene.

156 Friedrich Wilhelm I, König in Preußen.
Öl auf Leinwand von Antoine Pesne, um 1733.

97

von einer scharf kalkulierten Haushaltung konzentrierte Friedrich Wilhelm I. alle Kräfte auf »sein« Militär. Während Mitte des 18. Jahrhunderts die meisten europäischen Staaten ungefähr die Hälfte ihrer Staatseinnahmen für das Militär aufwandten, waren es in Preußen 80 Prozent, in Kriegszeiten sogar 90 Prozent!

Viel stärker als in anderen Armeen regelte ein differenziertes System von *Reglements* (franz.; Vorschriften) bis ins kleinste Detail alle Fragen der Heeresverwaltung, Ausbildung, Ausrüstung und Uniformierung. Neben dem persönlichen Engagement des Monarchen bildeten diese organisatorischen Maßnahmen eine wesentliche Grundlage für den bald legendären Ruf der preußischen Armee. Das Leibregiment der »Langen Kerls« ist ebenso untrennbar mit dem Namen des Soldatenkönigs verbunden. Bis heute ist strittig, ob sich Friedrich Wilhelm I. von den größeren Soldaten einen praktischen Vorteil erhoffte, weil sie überlange Musketen laden konnten. Der finanzielle Aufwand, den die Anwerbung von Riesen in ganz Europa erforderte, steht jedenfalls in einem deutlichen Widerspruch zur Knauserigkeit des »sparsamen Wirts«. Während andere Herrscher Kunst horteten oder neue Schlösser bauten, erfreute sich Friedrich Wilhelm I. an seinem eigenwilligen Hobby: er »sammelte« Soldaten.

Mit der Einführung des Kantonsreglements (1733) stellte Preußen die Personalbeschaffung auf eine neue Grundlage. Jedem Regiment war nun ein *Kanton* (Bezirk) zugewiesen, für die Infanterie rechnete man 5000 und für die Kavallerie 1800 Feuerstellen (Familien). Mit der Konfirmation galten die jungen Männer als eidfähig und wurden nun als so genannte *Enrollierte* (enrouler, franz.; umwickeln) in die Stammrollen der Regimenter aufgenommen. Sie waren nun ein Leben lang Soldaten, die bei Bedarf zum Dienst herangezogen wurden. Damit verfügten die Regimenter über eine erhebliches Personalreservoir, das sie von der mühevollen Anwerbung auswärtiger Soldaten unabhängig machte. Die organisierte Erfassung und Aushebung jedoch blieb intentional und funktional noch weit hinter den Ansprüchen der allgemeinen Wehrpflicht des 19. Jahrhunderts zurück. Das preußische Kantonsreglement sah zahlreiche *Exemtionen* (lat.; Ausnahmen) vor. Außer den Adeligen, die ja als Offiziere Dienst leisten sollten, blieben Stadtbürger, Handwerker in Mangelberufen, Manufakturarbeiter oder bäuerliche Grundbesitzer von der Enrollierung verschont. Ihre Wirtschaftskraft schien dem preußischen Staat wichtiger als der Waffendienst. Das System erwies sich als so erfolgreich, dass es später auch in anderen Staaten Nachahmer fand. Für die wirtschaftliche Entwicklung Preußens wirkte das Militär wie ein Katalysator. Um von ausländischen Importen unabhängig zu werden, entstanden Gewehrfabriken in Potsdam, später in Spandau sowie ein leistungsfähiges Textilgewerbe. Die gezielte Unterbringung der Regimenter in den Städten beförderte dort den Häuserbau und lieferte dringend benötigte Arbeitskräfte.

Am Ende der Regierungszeit Friedrich Wilhelm I. verfügte Preußen mit 83 000 Mann nach Frankreich (160 000 Mann), Russland (130 000 Mann) und Österreich (100 000 Mann) über die viertgrößte Armee Europas. In der Landfläche nahm der Hohenzollernstaat nur die zehnte, in der Bevölkerungszahl gerade einmal die dreizehnte Stelle ein. Noch deutlicher wird dieses Ungleichgewicht, wenn man die relativen Zahlen betrachtet: In Bayern kamen auf einen Soldaten 160 Bewohner, in Österreich 60, in Preußen hingegen 27! Natürlich muss man einrechnen, dass nicht jeder Soldat ständig unter Waffen

98

157 Die Revue der kurhannoverschen Armee bei Bemerode 1735 (Ausschnitt). Öl auf Leinwand von Johann Franz Lüders.

158 Exercitium mit dem Ladestock. Kupferstich von M. Engelbrecht, um 1735.

99

159 Grenadier Heinrich Wilhelm Wagenführer, der nach seiner Entlassung aus dem Militärdienst in Potsdam eine florierende Weinhandlung betrieb. Öl auf Leinwand, Johann Christof Merk zugeschrieben, um 1720.

Dienst leistete, sondern in der umfangreichen dienstfreien Zeit einer zivilen Tätigkeit nachgehen konnte. Allenthalben begegnete man in Preußen der Uniform. Da jeder Soldat pro Jahr einen neuen Uniformrock erhielt und die haltbaren blauen Wollstoffe ein langes Auftragen erlaubten, avancierte das zweckmäßige Kleidungsstück mit der Zeit zur Volkstracht. Alle Männer, die enrolliert, aber vom Dienst freigestellt waren, mussten sich durch spezifische Uniformteile wie Gamaschen, Halsbinde oder Hutpuschel als Soldaten zu erkennen geben.

▶ Friedrich II. übernahm eine hervorragend ausgebildete Armee, einen vollen Staatsschatz, vor allem aber einen herrschaftlich gefestigten, zentral gelenkten Staat. Ohne diese Voraussetzungen wäre das langjährige Ringen mit den Großmächten Europas nicht möglich gewesen. Der glänzende Intellekt und das Kriegsglück des *Roi Connétable* (franz.; die Personalunion aus König und Feldherr), der seine Truppen, entgegen den Gepflogenheiten der Zeit, selbst ins Feld führte, haben Friedrich in ein strahlendes Licht gestellt und ihm schon zu Lebzeiten den Beinamen »der Große« verliehen. Bei sachlicher Betrachtung bleibt der Eroberungszug gegen Schlesien ein kühl kalkulierter Raubzug. Friedrichs II. Feldherrngeschick und Wagemut bei Hohenfriedberg (1745), Leuthen (1757) und Torgau (1760) stehen persönlich verantwortete Niederlagen bei Kolin (1757) und Kunersdorf (1759) gegenüber. Dass Preußen trotz ungünstigster Voraussetzungen am Ende selbst in den Kreis der Großmächte aufstieg, ist das eigentliche ▶ »Mirakel des Hauses Brandenburg«. Die glücklich-siegreiche Kriegführung, vor allem der Nimbus des »Großen Königs«, machten den Staat und seine Armee immun für Veränderungen und bildeten den Nährboden für mythische Verklärung und historische In-

strumentalisierung bis in die jüngste Vergangenheit.

Nirgendwo in Europa galt der Primat des Militärischen stärker als in Preußen. Die Verstaatlichung des Militärs und die Überformung ziviler durch militärische Strukturen schlug fast in eine Militarisierung des Staates um. Preußen ist nicht das einzige, aber das signifikanteste Beispiel für einen Staat, der durch einen gewaltigen Militärapparat die Entwicklung eines absolutistisch-autoritären Gefüges beförderte. In weniger militarisierten und dafür mehr wohlhabenden Staaten hingegen, wo die Grundlagen der ständischen Mitbestimmung erhalten blieben, war der Nährboden für demokratische Entwicklungen bedeutend günstiger.

6. »Soldaten in der Bürgerstube« – Militär und Gesellschaft

Die Kompanie war das Maß aller Dinge. Wer das begehrte Kommando über 50 bis 100 Soldaten zu Pferde oder 100 bis 150 Mann zu Fuß durch Kauf, Protektion oder persönliche Leistung erhielt, der hatte den entscheidenden Schritt zu Wohlstand und sozialem Aufstieg getan. Das Traktament eines Kapitains, Hauptmanns oder Rittermeisters war im Durchschnitt drei- bis viermal so hoch wie das eines Leutnants. Durch wirtschaftliche Ausbeutung der Kompanie konnte der Chef seine Einkünfte leicht verdreifachen. Wie war das möglich?

Die Kompaniewirtschaft gehört genau genommen zu den Relikten der militärischen Privatwirtschaft des 16. und 17. Jahrhunderts. Vom Landesherrn erhielt der Chef einen monatlichen Pauschalbetrag für den Unterhalt seiner Kompanie. Das Geld war ausreichend bemessen, um für Sold, Ausrüstung, *Montur* (franz.; Uniform),

 **B** Friedrich II., der Große (1712–1786)

König von Preußen – Von seinem Vater Friedrich Wilhelm I., dem Soldatenkönig, wurde Friedrich mit militärischer Strenge erzogen. Der daraus erwachsene Gegensatz zwischen Vater und Sohn ging so weit, dass der Soldatenkönig um den Bestand der Monarchie fürchtete und statt Friedrich dessen zehn Jahre jüngeren Bruder August Wilhelm zum Thronfolger machen wollte. Erst nach einem missglückten Fluchtversuch im Jahre 1730 unterwarf sich Friedrich seinem Vater. Friedrichs Freund und Mitwisser Hans Hermann von Katte wurde vor den Augen des Thronfolgers hingerichtet. Auf der Festung Küstrin verbüßte Friedrich eine eineinhalbjährige Haft, die erst durch die Verlobung mit Elisabeth Christine von Braunschweig-Bevern endete. Seine politischen »Lehrjahre« verbrachte Friedrich zwischen 1736 und 1740 auf Schloss Rheinsberg, wo er auf seine künftige Regierungszeit vorbereitet wurde. Hier verfasste er seinen »Antimachiavell«, der die visionären Grundzüge seiner zukünftigen Staatsführung enthielt. Friedrich verstand sich als aufgeklärter Monarch und damit als »Erster Diener des Staates«. Er verpflichtete sich damit, für das Wohl des Volkes zu sorgen. Außenpolitisch festigte Friedrich II. nach seinem Regierungsantritt am 31. Mai 1740 die Rolle Preußens in Europa. Durch die Einverleibung des wirtschaftlich bedeutsamen Schlesiens in den Schlesischen Kriegen und die Abwendung der Niederlage gegen eine aus Österreich, Frankreich und Russland bestehende Allianz im Siebenjährigen Krieg etablierte Friedrich II. Preußen als eine der führenden Mächte auf dem Kontinent. Friedrich, der nach dem Sieg über ein französisches Heer bei Rossbach am 5. November 1757 den Beinamen »der Große« trug, festigte den preußischen Staat durch eine Erhöhung der Staatseinnahmen sowohl innen- als auch wirtschaftspolitisch.

160 Friedrich II., der Große. Büste von Johannes Eckstein, 1786. Das Bildnis wurde nach der Totenmaske des Königs geschaffen.

S Vom »Mirakel des Hauses Brandenburg« sprach der preußische König Friedrich II. nach der vernichtenden Niederlage seiner Armee bei Kunersdorf (1759), weil die im Siebenjährigen Krieg gegen Preußen gerichtete Allianz zwischen Russland, Österreich und Frankreich nicht umgehend zu einer weiteren Offensive überging. Friedrich II. führte dieses »Wunder« auf den plötzlichen Tod der russischen Zarin Elisabeth I. zurück. Aus heutiger Sicht erklärt sich die zögerliche Haltung der preußischen Gegner durch deren unterschiedlichen Interessen und der mangelhaften Koordinierung ihrer Kriegführung.

139
»Bürschte, wer kauft Bürschte?«
Zeitgenössischer Kupferstich.
Der geringe Sold zwang alle
Soldaten, insbesondere die verheirateten, sich als Handwerkergehilfe, Lohndiener oder Hausierer
zusätzliche Einkünfte zu verschaffen.

Neben Fürst Leopold I. von Anhalt-Dessau (1676–1747), genannt der »Alte Dessauer«, dienten dem preußischen König Friedrich II. zahlreiche bedeutende Militärs, wie zum Beispiel Hans Joachim von Ziethen (1699–1786), Kurt Christoph Graf von Schwerin (1684–1757) und Friedrich Wilhelm von Seydlitz (1721–1773).

Der »Alte Dessauer« machte sich vor allem beim Aufbau der brandenburgisch-preußischen Armee verdient. Er führte unter anderem den eisernen Ladestock, den Gleichschritt und den Drill ein. 1712 wurde er Feldmarschall und eroberte im Zweiten Nordischen Krieg Stralsund und Rügen. Der »Alte Dessauer« galt als Freund des preußischen Königs Friedrich Wilhelm I. Für dessen Sohn Friedrich den Großen zog er in die Schlachten des Schlesischen Krieges. Im Zweiten Schlesischen Krieg (1744–1745) erlangte er Berühmtheit, als er am 15. Dezember 1745 bei Kesselsdorf eine sächsische Batterie eroberte und damit entscheidend zum Sieg über die Österreicher und Sachsen beitrug. Wegen der günstiger gelegenen Position des Gegners betete der »Alte Dessauer« vor dem Gefecht: »Lieber Gott, stehe mir heute gnädig bei! Oder willst du nicht, so hilf wenigstens die Schurken, die Feinde nicht, sondern siehe zu wie es kommt!«

162 Leopold I., Fürst von Anhalt-Dessau,
auch genannt der »Alte Dessauer«.
Öl auf Leinwand von Georg Lisiewski.

Ein legendärer Ruf eilte auch Hans Joachim von Ziethen voraus, der 1744 von Friedrich II. zum Generalmajor ernannt wurde. Berühmt wurde er im Zweiten Schlesischen Krieg, als er mit dem Leibhusarenregiment Friedrichs II. unerkannt durch die österreichischen Linien ritt, um dem Markgrafen Karl von Brandenburg-Schwedt einen Befehl des Königs zu übermitteln. Im Siebenjährigen Krieg (1756–1763) zeichnete sich »Ziethen aus dem Busch« immer wieder durch seinen mit der leichten Reiterei geführten »Kleinen Krieg« aus. Damit trug er entscheidend zu den Siegen bei Leuthen, Liegnitz und Torgau bei.

163
Hans-Joachim
von Ziethen.
Farbzeichnung
von Bodo Koch.

164 Ziethen sitzend vor seinem König im Schlosse
zu Berlin den 25. Dezember 1785.
Heinrich von Hoff, 1835.

Über seinen am 6. Mai 1757 bei Prag gefallenen General Kurt Christoph Graf von Schwerin urteilte Friedrich II.: »Er war allein über 10 000 Mann wert. Sein Tod machte den Lorbeer des Siegs welken.« Schwerin diente bereits unter Friedrich Wilhelm I. Nach dem Regierungsantritt Friedrichs des Großen wurde er zum Generalfeldmarschall befördert und 1741 in den Grafenstand erhoben. Im Ersten Schlesischen Krieg war er Friedrichs wichtigster militärischer Berater. Im Zweiten Schlesischen Krieg eroberte er Prag (1744), zog sich aber nach Ende des Krieges auf seine Güter zurück. Im Siebenjährigen Krieg stand Schwerin seinem König jedoch erneut zur Seite. Im Gegensatz zu Friedrich wollte er seinen ermüdeten Truppen 1757 vor dem Angriff auf Prag eine Ruhepause gönnen. »Soll und muss denn gerade heute eine Schlacht geliefert werden, so will ich die Österreicher gleich hier angreifen, wo ich sie sehe.« Schwerin fiel beim Angriff auf Prag.

165 Curt Christoph Graf von Schwerin.
Holzstich nach Zeichnung von Adolph Menzel,
um 1853.

166
Seydlitz in der
Schlacht bei Rossbach.
Öl auf Pappe von
Johann Christoph
Frisch.

Friedrich Wilhelm von Seydlitz, im Siebenjährigen Krieg Oberbefehlshaber der gesamten preußischen Kavallerie, erntete von König Friedrich II. viel Lob, als er 1757 bei Gotha ein waghalsiges Unternehmen riskierte. Mit nur wenigen Kavallerie-Regimentern hielt Seydlitz die Stadt Gotha besetzt, während der preußische König das Gros der Truppen nach Erfurt verlegte. Als die Franzosen sich entschlossen, Seydlitz anzugreifen, verließ dieser die Stadt und formierte seine Einheiten so, dass der Eindruck entstand, die gesamte preußische Armee sei aufmarschiert. Er täuschte den Gegner, indem er Teile der Reiter absitzen ließ und so den Eindruck vermittelte, die Preußen verfügten auch über Infanterie. Ein preußischer Husar, der sich als Deserteur ausgab, bestärkte die Franzosen in der Annahme, sie stünden der gesamten preußischen Armee gegenüber. Seydlitz griff die Franzosen an und verfolgte sie bis Eisenach, wobei zahlreiche französische Generale nur knapp der Gefangenschaft entgingen.

Werbung und Verpflegung aufzukommen. Bei der Kavallerie kam noch das Tierfutter dazu. Die Kompanie wurde als persönlicher Besitz betrachtet, in den der Inhaber auch materiell investierte. So darf es nicht verwundern, dass der Nachfolger beim Kommandowechsel erhebliche Ablösegelder für Gewehre, Säbel und Bajonette, den »eisernen Bestand«, bezahlen mußte. Viele Offiziere verschuldeten sich schon zu Beginn ihres Kommandos erheblich, wenn sie die durchschnittlich 2000 Taler Ablösesumme nicht aufbringen konnten.

Der wirtschaftliche Gewinn ergab sich aus dem Missverhältnis der Soll- und Ist-Stärken. Die Gemeinen standen nur für wenige Wochen im Jahr unter Waffen, vor allem für Wachdienste und die alljährlichen *Revuen* (franz.; Heerschau), in denen der Ausbildungsstand überprüft wurde. Außerhalb dieser Zeiten konnten die Chefs ihre Soldaten nach Hause schicken. Damit standen die »Beurlaubten« ihrem Hof oder der städtischen Wirtschaft als »Freiwächter« zur Verfügung. Rechtlich blieben sie weiterhin Soldaten. In Preußen leistete der Soldat damit nur zwei bis drei Monate im Jahr aktiven Dienst. Nur für diese Zeit musste der Kompaniechef Sold bezahlen, der Rest des Traktaments wanderte in seine Taschen. Die zentrale Bedeutung der wirtschaftlichen Nutzung zeigt sich auch daran, dass selbst Bataillons- und Regimentskommandeure ihre »Leibkompanie« formal behielten, den Überschuss einstrichen und das Kommando an einen Stabskapitän oder Capitainleutnant als Stellvertreter abgaben. Im Krieg kehrten sich die Verhältnisse um. Jetzt mussten alle Soldaten dauerhaft versorgt und bezahlt werden und vor allem galt es, Ersatz für Mensch und Material zu schaffen. Viele Kompaniechefs verschuldeten sich deshalb in den langjährigen Kriegen des 18. Jahrhunderts.

Anders als im 19. Jahrhundert wohnten die meisten Soldaten nicht in Kasernen. Das hatte wirtschaftliche und soziale Gründe. Umfangreiche Kasernenbauten hätten den finanziellen Bogen der absolutistischen Staaten überspannt und waren in größerem Rahmen nur in Frankreich verbreitet. Die meisten Soldaten wohnten bei Privatleuten in den Städten. Bauliche Erweiterungen wie zum Beispiel in Potsdam unter Friedrich Wilhelm I. standen nicht selten in unmittelbarem Zusammenhang mit der dauerhaften Verlegung von Truppen: Ohne Bürgerhäuser keine Grenadiere. Die Vorteile lagen auf der Hand. Im Bürgerquartier befanden sich die Soldaten unter sozialer Kontrolle. Da die meisten Soldaten nicht aus der näheren Umgebung stammten, sondern in den ländlichen Rekrutierungsgebieten eingezogen wurden oder als gepresste Ausländer sogar unfreiwillig ihren Dienst versahen, erklärt sich das Bedürfnis nach Beobachtung und Integration. Außerdem standen sie hier dem städtischen Arbeitsmarkt zur Verfügung.

Kompaniewirtschaft und ▸ Einquartierungssystem ergänzten sich somit ideal. Die Bürger mussten per *Ordonnanz* (ordo, lat.; Weisung) für das *Servis* (service, franz.; Dienstleistung) aufkommen, welches in Form einer steuerlichen Abgabe oder als Sachleistung erbracht wurde. Die dingliche Leistung bestand in der Regel aus einer Schlafstatt – meistens in einer Vier-Mann-Stube –, Feuerholz und Kerzen sowie »Süß und Sauer« (Gewürze), einer warmen Mahlzeit pro Tag oder der Mitbenutzung der Küche. Das System der Dienstleistung und Verrechnung war außerordentlich komplex und selbst finanzielle Entschädigungen oder Steuernachlässe für die Quartierwirte konnten gewährt werden.

Soldaten bildeten in den Garnisonstädten einen wesentlichen ▸ demografischen Faktor,

1 Friedrich II., »Einquartierung von Soldatenfrauen« (1745)

Die Einquartierung der Soldaten, die mitunter auch Frau und Kinder mit in das Bürgerquartier brachten, war bei den Stadtbewohnern sehr unbeliebt. Während des Krieges blieben die meisten Frauen der Soldaten in den Bürgerhäusern. Für die kleine brandenburgische Stadt Treuenbrietzen wurde die Einquartierung dieser Frauen wie folgt geregelt.

»Es bleibt bey der Ordre, daß die Grenadierweiber bey den Bürgern das Quartier in natura bekommen sollen, und damit die Bürgerschaft diese Last mit gleichen Schultern trägt, müssen die Grenadier-Weiber unter selbige monathlich umquartiert, und dahin gesehen werden, daß zwar niemand von der Bürgerschaft von diesem onere [Pflicht] ausgeschlossen, die Grenadier-Weiber aber auch angehalten werden, mit ihren Wirthen zu frieden zu seyn, und solche nicht zur Ungebühr melertiren [belästigen].«

Zit. nach: Beate Engelen, Soldatenfrauen in Preußen. Eine Strukturananlyse der Garnisonsgesellschaft im späten 17. und im 18. Jahrhundert, Münster 2005 (= Herrschaft und soziale Systeme in der Frühen Neuzeit, 7), S. 242

167
Das Jägertor
in Potsdam.
Öl auf Leinwand von
Diesmar Degen,
um 1735.

1 Kavalleriereglement, »Heirat von Soldaten«

Der Eheschließung von Soldaten waren Beschränkungen auferlegt. Friedrich Wilhelm I. hatte angeordnet, dass nicht mehr als ein Drittel der Soldaten einer Kompanie verheiratet sein sollten. Bei der Kavallerie hieß es im Reglement von 1743:

»Einen einheimischen Burschen soll, es wäre denn, dass einer eine Braut mit hübschen Mitteln haben könnte, nicht erlaubet werden zu heyrathen: wiewohl eine jeder Rittmeister hierin Reflexion machen muß, ob er viel Weiber bey der Compagnie hat oder nicht. Im ersten Fall der Rittmeister mit accordierung der Trau-Scheine, nicht allzu faul seyn muß, denn je weniger Beweibte eine Compagnie hat, je lieber es Seine Königliche Majestät sehen werden, und zwar muß ein jedweder Rittmeister sorgen, dass er höchstens nicht über ein Drittel beweibter Burschen bey der Compagnie hat.«

Zit. nach: Carmen Winkel, Militär und Gesellschaft im 18. Jahrhundert – Die Garnisonsstadt Rathenow 1733–1806. In: Jahrbuch für brandenburgische Landesgeschichte, 57 (2006), S. 96

105

den die zivile Gesellschaft sehr differenziert betrachtete. Einerseits belebten sie als Konsumenten Handel und Gewerbe und beseitigten den ständigen Arbeitskräftemangel der Manufakturen. Die Pfälzer Schuhindustrie hat zum Beispiel durch die Verlegung der hessischen Leib-Grenadier-Garde nach Pirmasens ihren Anfang genommen. Andererseits klagten die ortsansässigen Zünfte, weil die Soldaten ihre Produkte außerhalb der strengen Handwerksordnungen erstellen durften. Schließlich konnte das enge Nebeneinander von Quartierleuten und Soldaten zu Spannungen führen. Vorurteile, Konflikte oder gar Gewalttätigkeiten waren zweifelsohne vorhanden, sollten aber nicht überbewertet werden, wie jüngste Forschungen beweisen: »Soziale Beziehungen zwischen Einwohnern und Soldaten, ökonomische Kooperationen und gemeinsame Freizeitgestaltungen prägten den Alltag wesentlich stärker« (Ralf Pröve).

Wenngleich die Obrigkeit die Verheiratung von Soldaten nicht gerne sah und die Kompaniechefs den begehrten Heiratskonsens nur widerstrebend erteilten, lebten bis zur Hälfte der Soldaten in partnerschaftlichen Verhältnissen. Da die meisten Frauen, wie ihre Männer, zu den sozial schwach gestellten Gesellschaftsgruppen gehörten, konnte das Zusammenleben durchaus attraktiv sein. Die Aussicht auf wirtschaftlichen Zugewinn und die Chance das beengte Quartier mit einer bescheidenen, aber privaten Unterkunft zu tauschen verlockten. Die wenigen bereits im 18. Jahrhundert errichteten Kasernements dienten vor allem als Unterkünfte für die »beweibten Soldaten« mit ihren Familien. Diese offenen Militärwohnheime übernahmen in gewisser Hinsicht Funktionen des modernen gemeinnützigen Wohnungsbaus. In ähnlichem Licht müssen die ersten Häuser für Invaliden oder Militärwaisen gesehen werden. Diese Ansätze dürfen allerdings nicht darüber hinweg täuschen, dass es sich hier nicht nur um soziale Maßnahmen handelte, denn Armut, Siechtum und Bettelei konnten somit aus dem öffentlichen Stadtbild verbannt werden. Während im 1724 eröffneten Potsdamer ▶ Militärwaisenhaus anfangs noch die Versorgung, Ausbildung und Erziehung der Kinder im Vordergrund standen, überwog unter Friedrich II. die wirtschaftliche Ausbeutung durch manufakturielle Arbeit. Humanität und Rationalität bildeten das Janusgesicht der Aufklärung nicht zuletzt im preußischen Militärstaat.

7. Blickwechsel Südost – die Türkenkriege

Als »Erzfeind der Christenheit« charakterisieren die Flugschriften des 16. und 17. Jahrhunderts die Türken. Nackte Angst befiel die Menschen, wenn sie von neuen militärischen Vorstößen türkischer Truppen hörten. Ende des 15. Jahrhunderts begann ihr beispielloser Siegeszug, der bald zur Kontrolle weiter Teile des Mittelmeeres führte und sich im 16. Jahrhundert immer weiter auf dem Balkan vorfraß. Das ganz auf Expansion ausgerichtete Herrschaftssystem des Osmanischen Reiches entwickelte eine perfekte Militärmaschinerie, die nur unter äußerster Anstrengung aufgehalten werden konnte. Die wirtschaftliche Macht erlaubte es den Türken, eine gewaltige Streitmacht von bis zu 300 000 Mann ins Feld zu führen. Während die zeitgenössische Propaganda nicht müde wurde, über Gräueltaten »blutrünstiger Türken« zu berichten, zeigte sich eine Reihe glaubwürdiger Beobachter beeindruckt von der Disziplin der Osmani-

106

169 Großes Militärwaisenhaus zu Potsdam.

Als das Militärwaisenhaus 1724 seine Pforten öffnete, bot es rund 800 Kindern ein neues Heim. Das Haus nahm nicht nur Waisen auf, sondern auch Kinder, deren Eltern nicht für sie aufkommen konnten oder wollten.

Das Militärwaisenhaus und das Berliner Invalidenheim, das 1746 für invalide Soldaten eröffnet wurde, stehen beispielhaft für die zeitgenössische Überzeugung, dass verarmten Untertanen nur durch Zucht und Arbeit geholfen werden kann. Neben der Arbeit stand die religiöse Unterweisung der »Bewohner« im Vordergrund. In der Stiftungsurkunde des Waisenhauses formulierte der preußische König Friedrich Wilhelm I. den Sinn dieser Einrichtung, die Kinder sollten »wohl versorget, und in ihrem Christenthum, Schreiben und Rechnen gehörig informiert [sowie] zu einer annehmlichen Profession gebracht werden.«

170 Das Königliche Invalidenhaus zu Berlin. Kupferstich von Johann David Schleuen, 1740.

107

171
Kriegsinvalidenfamilie
bettelt um Almosen.
Im Hintergrund ein Duell.
Zeitgenössischer Kupferstich.

schen Truppen. Deren Kern bildeten zum Einen die Sipahis, ein Aufgebot aus berittenen Lehensmännern. Das Rückgrat der Infanterie bestand aus den legendären Janitscharen, eigentlich *Yeni Çeri* (türk.; Neue Truppen). Sie rekrutierten sich aus christlichen Familien, deren Jungen im Alter von 10–15 Jahren den Eltern geraubt (türk.; devçirme), zwangsbekehrt, türkisch erzogen und in Kasernen einer strengen Ausbildung unterworfen wurden. Ihr Korpsgeist und ihre Professionalität machte sie allen Soldaten ihrer Zeit überlegen. Den fähigsten Knaben eröffneten sich glänzende Perspektiven im Verwaltungs- und Militärapparat; manche stiegen sogar bis zum Großwesir, dem nach dem Sultan mächtigsten Mann empor. Besondere Privilegien und nicht zuletzt ihre charakteristische Uniform mit der Keçe, einer hohen Filzhaube, hoben die Janitscharen unter den anderen Truppen hervor. Daneben ergänzten Hilfstruppen der tributpflichtigen Provinzen und nicht zuletzt die wegen ihres hohen technischen Standards berühmte türkische Artillerie das Feldheer. Die Bewaffnung der Osmanen war sehr differenziert und reichte von modernen Feuerwaffen, über Hieb- und Stichwaffen, bis zu Wurfspießen, Pfeilen und Reflexbogen. An Treffgenauigkeit standen sich Bogen und Luntenschlossgewehr kaum nach, aber die dreimal so hohe Schussfolge mit dem Pfeil bedeutete einen großen Vorteil. Die so genannten Türkenbeuten in Karlsruhe, Wien und München lassen erahnen, wie sehr die Kunstfertigkeit der türkischen Waffenschmiede die Zeitgenossen beeindruckte.

Die im Vergleich zu den abendländischen Truppen eher leichte Rüstung und Bewaffnung sowie eine glänzende Ordnung machte das Osmanische Heer lange Zeit im Feld überlegen. Viele zeitgenössische Beobachter verblüffte die unerschütterliche Disziplin der türkischen Truppen. Diese Tatsache und die schon mehrfach beschriebenen Schwierigkeiten der frühmodernen Staaten umfangreiche Mittel für die Kriegsführung freizusetzen erklärt, warum das Abendland bis weit ins 17. Jahrhundert nur aus der Defensive operieren konnte. Die verheerende Niederlage der Ungarn in der Schlacht bei Mohács (1525) und die erste Belagerung Wiens (1529) offenbarten, wie weit der osmanische Arm mittlerweile reichte. Es muss offen bleiben, ob der überraschende Abzug vor Wien eher glücklichen Umständen oder mehr der Überdehnung eines Imperiums geschuldet war, dessen logistische Möglichkeiten kein weiteres Vordringen erlaubte.

Die Hauptlast bei der Verteidigung des christlichen Abendlandes trug in dieser Zeit ohne Zweifel das Haus Habsburg, das an seiner Südostgrenze den »Hofzaun des Reiches« mit einer Art Militärgrenze sicherte. Mit dem 1575 erlassenen Landesdefensionswerk sollten die Kräfte von Landesherrschaft, Ständen, städtischer und ländlicher Bevölkerung in Form einer territorialen Verteidigungsgemeinschaft gebündelt werden. Größere türkische Vorstöße offenbarten immer wieder die Schwächen dieser milizionären Verteidigung gegen geschulte Berufskrieger. Zudem beäugte die Obrigkeit die bewaffneten Wehren aus Bürgern und Bauern kritisch: Die Furcht vor Volksaufständen saß fast so tief wie die Angst vor dem grenznahen Feind. Die Ernsthaftigkeit der Verteidigungsanstrengungen verdeutlicht vor allem der systematische Ausbau der militärischen Infrastruktur, mit der Errichtung großer Festungsanlagen wie Neuhäusel (Novy Zámky), Kanizsa und Raab. Gewaltige Zeughäuser, wie im steirischen Graz, bargen Waffen und Ausrüstung für 8000 Mann.

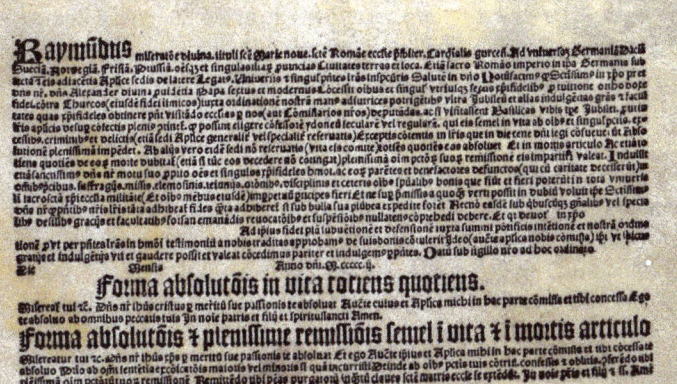

172 Ablassbrief von Kardinal Raimund Peraudis zum Kampf gegen die Türken, Lübeck, 1502.

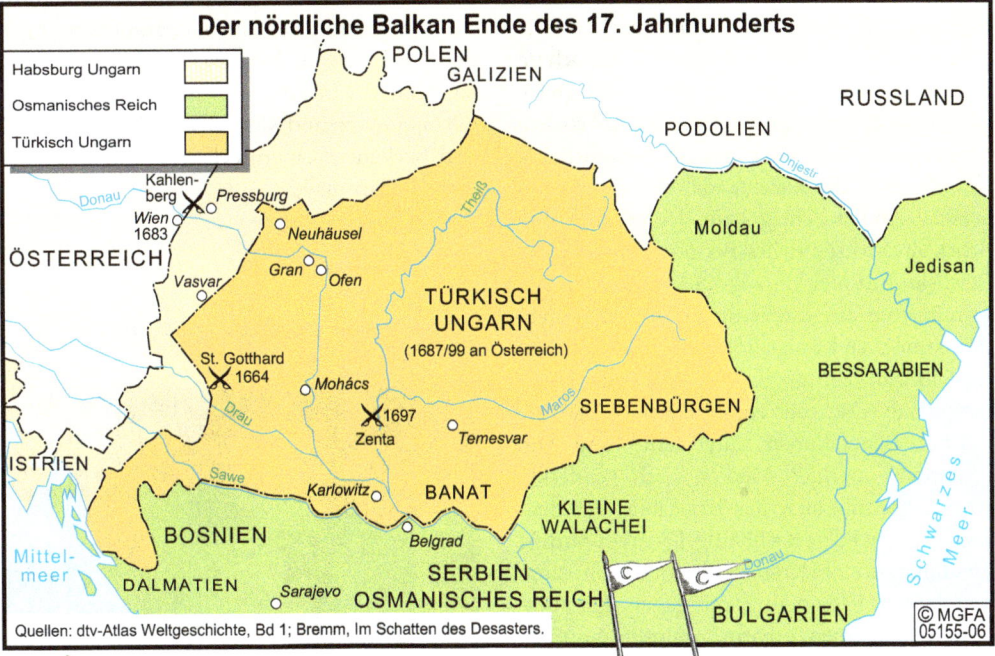

Der nördliche Balkan Ende des 17. Jahrhunderts

Habsburg Ungarn

Osmanisches Reich

Türkisch Ungarn

POLEN
GALIZIEN
PODOLIEN
RUSSLAND

Donau
Kahlenberg
Pressburg
Wien 1683
Neuhäusel
Gran Ofen
Vasvar
ÖSTERREICH

Moldau
Jedisan

TÜRKISCH UNGARN
(1687/99 an Österreich)

BESSARABIEN

St. Gotthard 1664
Mohács
1697
Zenta
Temesvar
SIEBENBÜRGEN

ISTRIEN

Karlowitz
BANAT
KLEINE WALACHEI

BOSNIEN
Belgrad
Mittelmeer
DALMATIEN
Sarajevo
SERBIEN
OSMANISCHES REICH
BULGARIEN
Schwarzes Meer

Quellen: dtv-Atlas Weltgeschichte, Bd 1; Bremm, Im Schatten des Desasters.

© MGFA
05155-06

173 Zwei Türken mit einer gefangenen christlichen Familie. Holzschnitt von Niklas Stör, 1530.

109

1606 gelang es mit dem Frieden von Zsitva-Torok zum ersten Mal, dem in die Defensive gedrängten Sultan Zugeständnisse abzuringen. Ein nur labiles Gleichgewicht der Kräfte in Siebenbürgen und Ungarn provozierte das unter den Köprülü Großwesiren erstarkte Osmanische Reich nach fünfzig Jahren relativer Waffenruhe einen neuen Vorstoß zu wagen. Der Erste große Türkenkrieg (1663–1664) endete mit einem überzeugenden Abwehrsieg der kaiserlichen Truppen in der Schlacht bei St. Gotthard-Mogersdorf an der Raab (1664) unter dem kaiserlichen Feldherrn und berühmten Militärschriftsteller Raimundo Montecuccoli. Als der auf 20 Jahre festgelegte Waffenstillstand zur Nachverhandlung anstand, setzte Sultan Mechmed IV. alles auf eine Karte und erklärte Österreich den Krieg. Tatsächlich schien sich im Zweiten großen Türkenkrieg (1683–1699) gleich zu Beginn das Blatt zu wenden. Neun Wochen belagerte der Großwesir und Oberbefehlshaber Kara Mustafa die Kaiserstadt Wien als es zum entscheidenden Schlag kam. Unter dem Eindruck einer existentiellen Bedrohung hatten die Reichskreise unter Herzog Karl von Lothringen Kontingente aufgestellt und dem Oberbefehl des polnischen Königs Johann III. Sobieski unterstellt. Mit dem geglückten ▸ Entsatz Wiens verloren die Osmanen endgültig die Initiative.

Über Generationen aufgestaute und von sensationshungrigen Medien noch verstärkte Ängste beeinflussten das Kriegsbild auf dem Balkan in der Folge nachhaltig. Die fragwürdige Legitimation eines Kreuzzuges für die Christenheit schien vielen genug, um gegen den »Erzfeind« nun einen erbarmungslosen Vernichtungskrieg zu führen, in dem Gefangennahmen die Ausnahme blieben. Mit der Eroberung von Ofen (1686), dem blutigen Sieg des Markgrafen ▸ Ludwig Wilhelm I. von Baden, dem so ge-

nannten Türkenlouis, bei Zlankamen (1691) und dem Sieg des ▸ Prinzen Eugen bei Zenta (1697) erzwang Habsburg schließlich 1699 den Vertrag von Karlowitz. Die Türken mussten Ungarn, Siebenbürgen, Kroatien und Teile Sloweniens an Österreich abtreten, das damit endgültig zur europäischen Großmacht aufstieg.

Wenngleich noch weitere Türkenkriege folgten (1716–1718, 1735–1739) hatten die Osmanen für Europa ihren Schrecken verloren. Der kulturgeschichtlich bemerkenswerte Wandel von der *Turkophobie* (Türkenangst) des 16. und 17. zur *Turkophilie* (Türkenliebe) des 18. Jahrhunderts wäre ohne den militärischen Niedergang der Osmanen auf dem Balkan kaum möglich gewesen. Das »Dschingderassabum« der Janitscharen, das über Generationen Angst und Schrecken auf den Schlachtfeldern verbreitete, mutierte beispielsweise im Schellenbaum, mit Glöckchen und Rossschweif, Kesselpauken und Becken zu einem echten Element westlicher Militärmusik.

174 Markgraf Ludwig Wilhelm von Baden.
Öl auf Leinwand.

Ludwig Wilhelm I.
B Markgraf von Baden (1655–1707)
Badischer Heerführer – Zeichnete sich als Reichsfeldmarschall im Großen Türkenkrieg (1683–1699), wo er den Beinamen »Türkenlouis« erhielt, sowie 1693 gegen die Franzosen aus.

175 Die Schlacht bei St.Gotthard. Kolorierter Holzstich nach Zeichnung von Adolf Ehrhardt, um 1860.

111

176 Vormals Teil der »psychologischen« Kriegführung – die Janitscharenmusik. Von links: »Ein Musikát, der mit zwei Mössingen Tellern einen Klang macht« sowie »Ein türkischer Tambour«. Abbildungen aus dem »Berliner Kostümbuch«, 1764.

Der Entsatzangriff der alliierten Armee am 12. September 1683

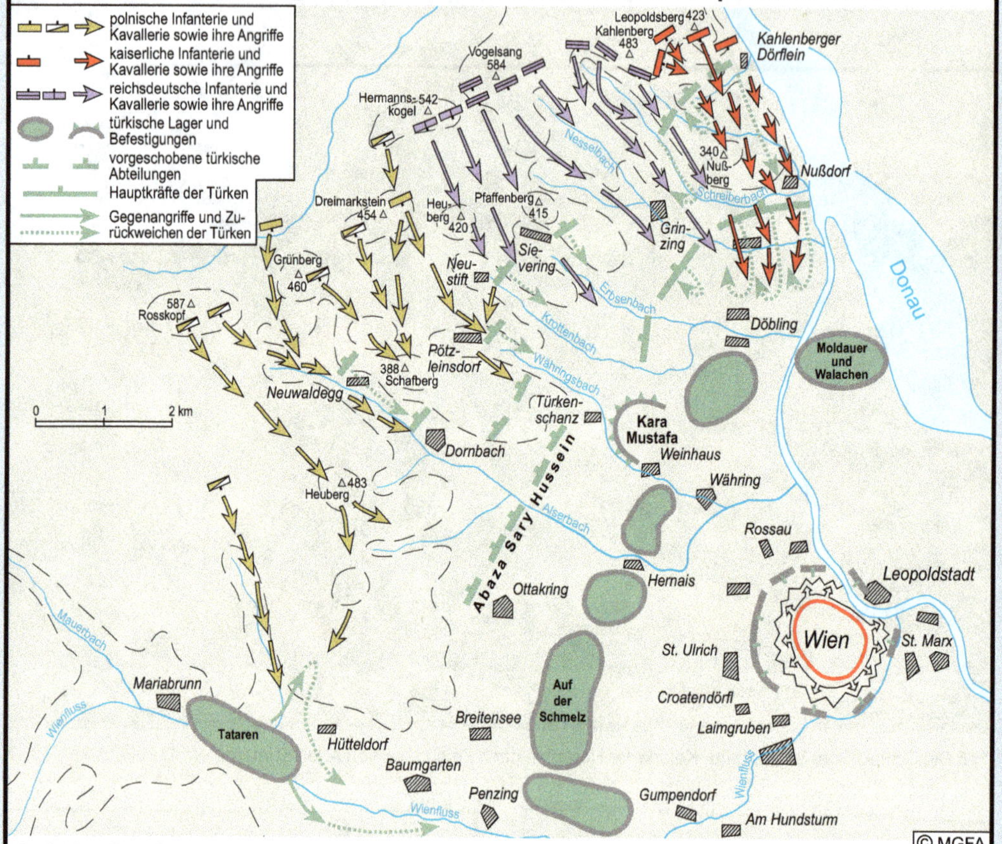

Legende:
- polnische Infanterie und Kavallerie sowie ihre Angriffe
- kaiserliche Infanterie und Kavallerie sowie ihre Angriffe
- reichsdeutsche Infanterie und Kavallerie sowie ihre Angriffe
- türkische Lager und Befestigungen
- vorgeschobene türkische Abteilungen
- Hauptkräfte der Türken
- Gegenangriffe und Zurückweichen der Türken

Kartenbeschriftungen: Leopoldsberg 423, Kahlenberg 483, Kahlenberger Dörflein, Vogelsang 584, Hermannskogel 542, Nesselbach, 340 Nußberg, Nußdorf, Schreiberbach, Dreimarkstein 454, Heuberg 420, Pfaffenberg 415, Grinzing, Grünberg 460, Neustift, Sievering, Erbsenbach, 587 Rosskopf, Pötzleinsdorf, 388 Schafberg, Krottenbach, Döbling, Donau, Neuwaldegg, Türkenschanz, Währingsbach, Moldauer und Walachen, Dornbach, Kara Mustafa, Weinhaus, 483 Heuberg, Abaza Sary Hussein, Alserbach, Währing, Ottakring, Hernais, Rossau, Leopoldstadt, St. Ulrich, Wien, St. Marx, Mariabrunn, Tataren, Hütteldorf, Breitensee, Auf der Schmelz, Croatendörfl, Laimgruben, Baumgarten, Penzing, Gumpendorf, Am Hundsturm, Wienfluss, Mauerbach

0 1 2 km

Quelle: Klaus-Jürgen Bremm, Im Schatten des Desasters. Zwölf Entscheidungsschlachten in der Geschichte Europas, Osnabrück 2003.

© MGFA 05173-07

177
Johann III. Sobieski, Reiterbildnis als Türkensieger. Zeitgenössischer Kupferstich von François Jollain.

Die Belagerung Wiens durch die Osmanen gehört zu den wichtigsten militärischen Ereignisse des 17. Jahrhunderts. Am 15. Juli 1683 stand das osmanische Heer vor den Toren Wiens. Die rund 200 000 Soldaten der türkischen Streitmacht hatten auf ihrem 1700 Kilometer langen Weg von Istanbul nach Wien mehrere ungarische Städte erobert. Die Türkenangst, die seit der osmanischen Eroberung Konstantinopels 1453 die europäische Öffentlichkeit beschäftigte, steuerte auf einen neuen Höhepunkt zu. Im belagerten Wien standen 11 000 Soldaten und 5000 Bürger bereit, um die Stadt zu verteidigen. Ein polnisches Entsatzheer, das durch sächsische, bayerische und venezianische Truppen verstärkt wurde, sollte erst im September eintreffen.

Der Oberbefehlshaber der türkischen Truppen, Kara Mustafa, begann einen zermürbenden Kampf gegen die gut ausgebauten Befestigungen der Stadt. Wien war für die Osmanen aus vielerlei Gründen ein lohnendes Ziel. Die Reichshaupt- und Residenzstadt galt als das Tor zum Westen und als Symbol der Christenheit. Schließlich versprach die Stadt eine reiche Beute. Dieser Punkt war für das türkische Heer besonders wichtig, da die einfachen Soldaten und Hilfstruppen der Osmanen keinen Sold erhielten, sondern aus der erwarteten Beute für ihre Kriegsdienste entlohnt wurden. Nach fast zweimonatiger Belagerung erreichte das von den Wienern lang ersehnte Entsatzheer unter der Führung des polnischen Königs Johann Sobieski die Stadt. In der

Schlacht am Kahlenberg wurden die Türken entscheidend geschlagen. Das von Ruhr und Hunger geplagte Heer floh und hinterließ dem siegreichen Entsatzheer reiche Beute. Das prächtige, angeblich 25 000 Zelte umfassende Lager der Türken blieb vor den Toren der Stadt zurück.

Den erfolglosen Feldherrn Kara Mustafa erwartete, wie dreizehn andere hohe Militärführer, die Todesstrafe. Eine vom Sultan übersandte Seidenschnur forderte ihn zum Selbstmord auf. Als Beweis für seinen Tod wurde der tote Großwesir gehäutet. Sein abgeschlagener Kopf hingegen wurde angeblich von österreichischen Soldaten gestohlen und nach Wien gebracht. Noch im vergangenen Jahrhundert wurde der präparierte Kopf im Museum der Stadt Wien ausgestellt.

179 Triumphaufzug der Janitscharen, um 1588.

178 Kara Mustafa. Öl auf Leinwand, anonym.

180 »Türckische Trompeter so Vorauß geritten.« Abbildung aus dem »Berliner Kostümbuch«, 1764.

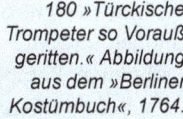 Prinz Eugen von Savoyen-Carignan (1663–1736) Österreichischer Heerführer – Nachdem er als junger Mann von Ludwig XIV. brüsk zurückgewiesen wurde, trat er 1683 in das Kaiserliche Heer ein und sammelte erste Erfahrungen beim Entsatz des belagerten Wiens. Zehn Jahre später war er zum Feldmarschall aufgestiegen und übernahm 1697 den Oberbefehl im Türkenkrieg. Der Sieg bei Zenta brachte die Entscheidung und sicherte den Österreichern Ungarn, Siebenbürgen, große Teile Slawoniens und Kroatien. Im Spanischen Erbfolgekrieg, in dem Österreich gemeinsam mit Großbritannien, Portugal und einer Mehrzahl der Territorien des Heiligen Römischen Reiches (Große Haager Allianz) gegen Frankreich kämpfte, führten Eugen und der Herzog von Marlborough mehrmals die siegreichen Armeen. 1703 wurde er Präsident des Hofkriegsrates. In einem weiteren Feldzug gegen die Türken (1714–1718) nahm er Belgrad ein und dehnte das österreichische Einflussgebiet auf dem Balkan noch einmal erheblich aus.

181 Prinz Eugen von Savoyen. Gemälde von Johann Gottfried Auerbach, um 1730.

8. Ausrüstung, Bewaffnung und Taktik zur Zeit des Absolutismus

Die Waffentypen der Kabinettskriege unterschieden sich nicht wesentlich von denen der vorangegangen Epoche – allein die Qualität hatte sich entscheidend verbessert. Die Gewehrmanufaktur in Potsdam-Spandau konnte zum Beispiel 10 000 Waffen gleichen Typs pro Jahr herstellen und dennoch gleichbleibende Qualität garantieren. In Waffenzentren wie Suhl oder im französischen St. Etienne lag die Quote noch höher. Die Standardwaffe des Infanteristen bildete das *Steinschlossgewehr* (fusil, franz.; Flinte) wie zum Beispiel das preußische M 1740. Die Verbindung aus Schnappschloss und Feuerstein ermöglichte ein exakteres und vor allem schnelleres Abfeuern als mit den schwerfälligen Radschlössern. Glatte Läufe mit großem Spiel und primitive Visiereinrichtungen ließen ein genaues Zielen jedoch nicht zu. Auf 75 Meter Entfernung betrug die Trefferquote gerade einmal 60 Prozent. Die wirksame Schussentfernung lag bei höchstens 200 Metern, verkürzte sich aber im Gefecht auf 80 bis 50 Meter. Wegen des großen Kalibers von 19 Millimeter und der flatternden Flugbahn führten Treffer dennoch zu schrecklichen Wunden.

Ein wesentlich genaueres Zielen erlaubten die Büchsen mit gezogenem Lauf und Klappvisier. Mit diesen Präzisionswaffen verdoppelte sich die Trefferaussicht. Der hohe Zeitaufwand beim Laden und die bedeutend höheren Anschaffungskosten beschränkten allerdings die Ausrüstung auf leichte Truppen und Soldaten mit Spezialaufträgen. Der gleichmäßige und schnelle Ladevorgang stand überhaupt im Mittelpunkt des Interesses. Die Einführung des unzerbrechlichen eisernen Ladestocks sowie die Herstellung von Papierpatronen, die Kugel, Zündpulver, Treibladung und Abdichtung miteinander vereinigten, brachten wesentliche Verbesserungen. Die durchschnittliche Schussfolge mit dem Steinschlossgewehr betrug in der preußischen Armee vier Schuss, in den übrigen Armeen zwei bis drei Schuss pro Minute. Hier machte sich der harte Drill am deutlichsten bemerkbar.

Der Erfindung des Bajonetts, ursprünglich als Spundbajonett nur in den Lauf gesteckt und seit Ende des 17. Jahrhunderts als Tüllenbajonett über die Mündung geschoben, machte die Pikeniere überflüssig und erlaubte eine flexiblere Truppenführung. Ähnliches galt für die technischen Verbesserungen bei der Artillerie, die nun als bewegliche Regiments- und Feldartillerie eine entscheidende Rolle im Gefecht übernahm. Ein Vergleich zum Dreißigjährigen Krieg macht dies deutlich. Bei allen wesentlichen Eckdaten vervierfachten sich die Leistungswerte. Dies betraf die Geschützdichte (auf 1000 Mann kamen nun statt einer Kanone drei bis fünf), die Kernschussweite (von 400 Meter auf 1300 Meter) und die Kadenz (von einem auf vier Schuss in der Minute). Kartätschen unterstützten mit Schrapnellgeschossen das Infanteriefeuer, schwere Kanonen und Mörser mit bis zu 50 Kilogramm schweren Bomben übernahmen den Beschuss von Befestigungen.

Im 18. Jahrhundert setzte sich mit der Verstaatlichung in allen europäischen Armeen die Uniformierung durch. Die zentrale Beschaffung und Herstellung von militärischer Kleidung bildete für viele Staaten einen wesentlichen volkswirtschaftlichen Faktor. Bei zehntausenden von Uniformröcken spielte schon die Farbe eine große Rolle. Die kostspielige rote Grundfarbe konnten sich nur Staaten mit entsprechender Wirtschaftskraft (England)

182 Spundbajonett

183 Tüllenbajonett, um 1700.

1 »Schilderung der Schlacht von Lobositz« (1756)
Die Kampfhandlungen des Regiments des Herzogs von Bevern gegen die Österreicher werden von seinem Sekretär wie folgt beschrieben.

»Bei diesen betrübten Umständen galoppierte eben des Herzogs von Bevern Durchlaucht, welcher überall als unerschrockener Held im stärksten Feuer war, bei dero Regiment vorbei und sah, wie die Burschen, welche bishero wegen des impraktikablen Terrains nicht geschossen, sondern nur truppweise fechten müssen, sich auf einer Anhöhe zusammengezogen hatten, und ohne wiederzuschießen die stärksten Salven unerschroken aushielten. ›Kinder‹, rief ihnen der Herzog zu, ›schießet doch um Gotteswillen, schießet, avanciret!‹ ›Ach lieber Vater‹, schrieen die Burschen wieder, ›was sollen wir nun machen? Wir haben kein Pulver mehr, und müssen uns hier ohne Gegenwehr todtschießen lassen‹ ›Was‹, rief der Herzog ihnen zu, ›habt ihr denn keine Bajonetts, stecht die Hunde todt.‹ Sogleich den Augenblick fallen die Burschen mit den Bajonetts stürmend und ganz blindlings auf den Feind los, jagten ihnen das Eisen in die Rippen, sogar Einige nahmen das Gewehr verkehrt und schlugen die Feinde mit den Kolben auf die Köpfe.«

*Zit. nach: Preußische Soldatenbriefe. Hrsg. von Hans Bleckwenn, Osnabrück 1982
(= Altpreußischer Kommiß. Offiziell, offiziös und privat, 19), S. 10*

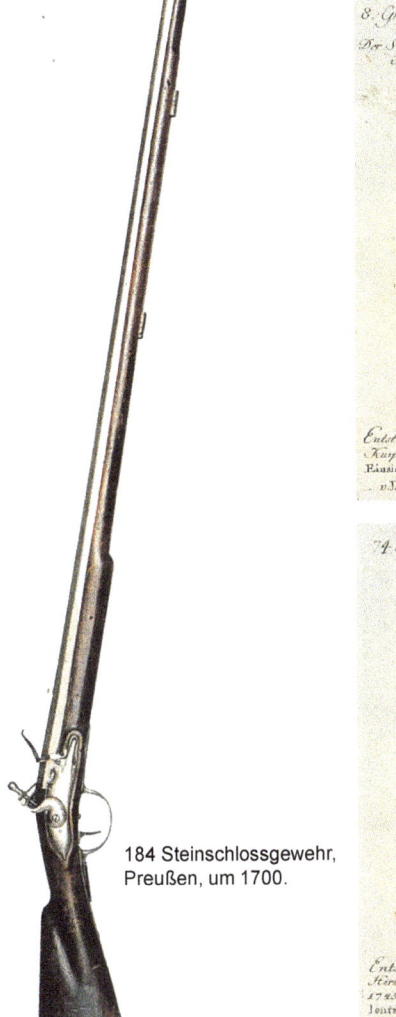

185 Uniform eines Dragoners aus dem Regiment Generalmajor von Thun (No. 3).

184 Steinschlossgewehr, Preußen, um 1700.

186 Preußische Infanterieuniformen von 1796, Zeitgenössischer, kolorierter Kupferstich.

Die Infanterie

Der größte Teil des Heeres bestand aus dem Fußvolk. Im 17. Jahrhundert etablierte sich hierfür die international gebräuchliche Bezeichnung Infanterie. Aus dem Schwert des Mittelalters hatte sich der schmalere Degen entwickelt, der zur Hauptbewaffnung der Offiziere wurde. Die Mannschaften und Unteroffiziere trugen hingegen den kurzen Infanteriesäbel. Als Hauptwaffe der Infanterie hatte sich zum Ende des Dreißigjährigen Krieges das Luntenschlossgewehr mit glattem Lauf herausgebildet. Der Wirkungsgrad dieser Gewehre lag bei höchstens 200 Metern, aber nur auf kürzere Entfernungen waren die Schussergebnisse zufriedenstellend. Zunächst wurde das Gewehr des Infanteristen noch allgemein als Muskete, nach der Einführung des Steinschlosses als Flinte bezeichnet. Das Infanteriegewehr wurde für den Nahkampf mit einem Bajonett versehen. Preußen führte Steinschlossflinten um 1700 ein. Die Truppengattung der Jäger war schon sehr früh mit Waffen ausgerüstet, die bereits über einen gezogenen Lauf verfügten. Alle Feuerwaffen dieser Epoche waren Vorderlader. Die Ladung für die zu verschießende Kugel wurde von der Laufmündung her eingebracht. Die Kugel musste kleiner sein als der Innendurchmesser des Laufes. Dieses war notwendig, weil sich

die Rückstände der Schwarzpulververbrennung an der Laufinnenseite absetzten. Der sich so verkleinernde Laufinnendurchmesser forderte einen entsprechenden Spielraum, um während des Gefechts noch die zehnte oder zwanzigste Kugel nachladen zu können. Deshalb war eine genaue Führung der Kugel nicht möglich. Um die Waffenwirkung besser ausnutzen zu können etablierte sich die Lineartaktik und das gliederweise Feuern.

187 Überfall auf eine Transportkolonne. Brüsseler Gobelin, um 1700.

Die Kavallerie

Der zweite, wesentlich kleinere Teil des Heeres bestand aus der Reiterei. Im Verlauf des 16. Jahrhunderts hatte sich bereits der grundlegende Wandel der Reiterei vom Ritterheer zur Kavallerie vollzogen. Die Reiterei kämpfte überwiegend in geschlossener Formation und unter einheitlichem Kommando. Bei der schweren Reiterei (Kürassiere) hatte sich der Reiterdegen, auch Pallasch genannt, als Primärbewaffnung durchgesetzt. Die leichte Reiterei (Husaren) führte als Hauptwaffe den Säbel. Neben diesen Hieb- und Stichwaffen verfügten die Reiter meist über ein Gewehr mit kurzem Lauf (Karabiner) und ein Paar Pistolen. Der Karabiner war leichter als das Infanteriegewehr und besaß auch ein kleineres Kaliber. Die Reiterpistolen waren recht schwer und zunächst etwa 60 Zentimeter lang. Diese Reiterwaffen waren zuerst mit Radschlössern ausgestattet, im letzten Viertel des 17. Jahrhunderts erfolgte allmählich die Umrüstung der Waffen mit dem Steinschloss.

188 Steinschlosspistole, Preußen, um 1701.

Die Artillerie

Mitte des 17. Jahrhunderts haftete der Artillerie immer noch etwas zünftiges, handwerksmäßiges an. Der Übergang zu einer anerkannten Waffengattung, die gleichberechtigt neben die Infanterie und die Kavallerie trat, vollzog sich im Laufe des darauf folgenden Jahrhunderts. Außerdem vergrößerte sich der Anteil der Artillerie im Verhältnis zum gesamten

Heer: folgten einer Armee im späten 17. Jahrhundert nur zwei bis drei Geschütze je 1000 Mann ins Feld, so entwickelte sich die Artillerie im Verlauf des Siebenjährigen Krieges (1756–1763) zur schlachtentscheidenden Waffe. Eine weitere Entwicklung der Zeit war die Normierung der Geschütze. Nach dem Dreißigjährigen Krieg hatte sich allmählich aus der Vielfalt der Geschütze eine zweckmäßige Kaliberfolge herausgebildet. In Deutschland kam man schließlich zu einer Abstufung von 24-, 12-, 6-, und 3-Pfündern. Für direkt gerichtete Geschütze setzte sich die Bezeichnung Kanonen durch. Die durchschnittliche Schussweite lag bei 1000–1500 Meter. Die zweite Hauptgattung der Geschütze bildeten Mörser und Haubitzen, die sowohl schießen als auch werfen konnten. Je nach Größe des Kalibers benötigte man eine Geschützbedienung von 8–20 Mann. Als Geschosse dienten den Kanonen in erster Linie Vollkugeln aus Gusseisen. Das Hauptgeschoss der Wurfgeschütze war die Bombe, ein kugelförmiger, gusseiserner Hohlkörper, mit Pulver gefüllt, das von einem Zünder zur Explosion gebracht wurde. Die Länge des Zünders bestimmte die Brenndauer und damit auch den Zeitpunkt der Detonation.

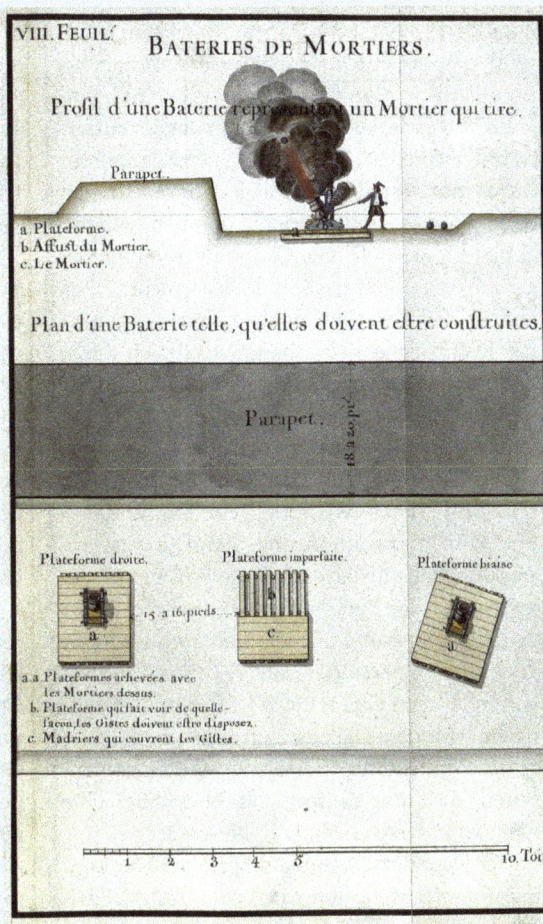

189
Profil einer Mörserbatterie mit feuerndem Mörser sowie Brüstung und Konstruktion der Plattform. Buchmalerei, 1703.

190 *»Ein geladenes Stük wiederum auszuladen, und eine verstekte Kugel herauszubringen«. Kupferstich, 1768.*

191 *Sechspfünder-Kanonenrohr. Deutlich zu erkennen: die Prägung »FR« für Fridericus Rex (lat.; König Friedrich) sowie »Ultima Ratio Regis« (lat.; der letzte Ausweg des Königs).*

oder kleinen Armeen (Dänemark) leisten, während das bedeutend preiswertere Indigo als preußisch-blau unter Friedrich Wilhelm I. eingeführt wurde. Unabhängig von der Grundfarbe unterschieden sich die einzelnen Regimenter durch individuelle Aufschläge, Borten, Tressen oder andere Applikationen deutlich voneinander. Landesherrliche Ordonnanzen regelten genau was erlaubt war und was nicht. Nach außen zeigte sich so das Regiment als eigener Rechts- und Wirtschaftsraum; nach innen konnte die Uniform Sicherheit und Heimat geben und den Korpsgeist des Verbandes heben. Die uniforme Ausrüstung fungierte aber auch als Herrschaftsmittel, als Werkzeug der Disziplinierung und Nivellierung, die dem Soldaten und Offizier Funktion und Stand unmissverständlich signalisierte. In Zeiten, in denen gerade unter der Landbevölkerung ein sauberer Rock mit Messingknöpfen, Lederschuhe oder gar Stiefel alles andere als selbstverständlich waren, konnte eine schicke Uniform auch Eindruck schinden. Die wenigen erhaltenen Plakate der Werbekommandos jener Zeit dokumentieren, dass die Uniform als Lockmittel eine nicht zu unterschätzende Rolle spielte.

Der Kern der absolutistischen Heere bestand aus Infanteristen, den Musketieren und Füsilieren. Die Grenadiere gehörten zur Elite, die neben dem Gewehr auch über »Grenaden«, Handgranaten aus Glas oder Metallkörpern, verfügten. Das Zünden und Werfen dieser Waffen erforderte Geschicklichkeit und Mut und blieb daher besonders großen und starken Soldaten vorbehalten. In der ersten Hälfte des 18. Jahrhunderts verschwanden die Granaten, aber der Name Grenadier und die charakteristische spitze Mützenform blieben. Sonderaufgaben wie Aufklären oder Schleusen von Truppen übernahmen die erst in geringer Zahl

vorhandenen Jägertruppen. Aufgrund der gesteigerten Feuerkraft spielte die Kavallerie im 18. Jahrhundert eher eine nachgeordnete Rolle. Ihre Hauptaufgabe lag im Schutz der Flanken und im Bekämpfen der gegnerischen Reitertruppen. Im Durchschnitt kamen auf einen Kavalleristen daher zwei bis drei Infanteristen.

Neben den Dragonern und Kürassieren gewannen die beweglichen und sehr selbstständig operierenden Husaren eine immer größere Bedeutung. Ungeachtet der zentralen Rolle der militärischen Infrastruktur erreichte das Ingenieurkorps mit Festungs- und Straßenbaumeistern, *Mineuren* (Erdarbeitern bei der Belagerung) und *Pontonieren* (Brückenbauern) nie den Leumund der anderen Truppenteile. Der bürgerliche Geist dieser technischen Spezialisten blieb dem adligen Offizierkorps fremd.

Was die Pyramiden für die Pharaonen, waren die Festungen für die absolutistischen Fürsten: steinerne Monumente ihrer Macht. An der Festung Neu-Breisach bauten zwischen 1698 und 1705 etwa 1200 bis 1500 französische Arbeiter und Soldaten täglich. Die Versorgung der gigantischen Baustelle geschah über einen eigens errichteten 40 Kilometer langen Kanal. Allein Frankreichs Grenzen schützten 40 dieser gigantischen Anlagen. Die revolutionär neue Idee, die Verteidigungsanlagen konsequent von der Vertikalen in die Horizontale zu verlegen, durch eine Vielzahl von Bastionen, Gräben und Vorwerken zu verstärken und damit dem direkten Beschuss der Belagerungsartillerie zu entziehen, machte die Festungen fast uneinnehmbar. Viele Belagerungen mussten trotz größter Anstrengungen ohne Erfolg abgebrochen werden. Die strategische Bedeutung war immens, denn Festungen mit starker Besatzung konnten angesichts der fragilen Nachschublinien nicht ohne weiteres umgangen

118

192 Preußische Grenadiermütze des 1. Garderegiments zu Fuß, nach 1740.

193 Belagerung einer Festung. Kupferstich, 1726.

1 Adam Becker, »Brief an seine Frau« (1756)
Der preußische Soldat des Grenadierba-
taillons Lengefeld schildert seiner Frau den Über-
fall durch feindliche Panduren und Husaren.

»Es hatte leider Gottes unser Bataillon nicht gut
betroffen, wir müssen anjetzo an der Grenze kanto-
niren und sind den 29. Oktober von 8000 Panduren
und Husaren überfallen worden, und alle Büsche,
Berge und Thäler vollgelegen, und waren unser
drei Bataillone Grenadiere allein, und mußten uns
durchschlagen. Sie schossen unerhört auf uns,
aber Gott sei Dank kein einziger todtgeschossen,
sondern von unserer Kompagnie ein Einziger blessirt, aber es bedeutet nichts. Von Lahrbusch aber
drei blessirt, von den anderen Bataillonen sind etliche todt geblieben, aber von den Panduren haben
häufig Todte aufeinander gelegen, denn unsere
Kanonen haben sie recht erleget und unser Jäger-
korps hat das Ihrige auch rechtschaffen gethan.«

Zit. nach: Preußische Soldatenbriefe. Hrsg. von
Hans Bleckwenn, Osnabrück 1982 (= Altpreußi-
scher Kommiß. Offiziell, offiziös und privat, 19),
S. 38

119

194 Französischer Grenadier. Kupferstich, 1697.

werden. Diese Meisterwerke frühmoderner Baukunst hatten aber auch ihren Preis und nur die reichsten Landesherren konnten in diesem Rüstungswettlauf mithalten. Selbst behelfsmäßig ausgebaute und durch Artillerie verstärkte Stellungen ließen sich nur unter erheblichen Verlusten einnehmen.

Die Taktik des 18. Jahrhunderts formte aus den massigen Heerhaufen die filigrane Linie. Durch Auseinanderziehen konnte die Feuerdichte erhöht, die Gefahr der Überflügelung verringert und die eigene Truppe vor Artilleriebeschuss besser geschützt werden. Die anfangs vier, später drei Glieder tiefe Linie erreichte so im Gefecht leicht eine Breite von mehreren Kilometern. Knapp 200 Meter dahinter staffelte sich ein zweites Treffen um Lücken aufzufüllen. In der Schlacht wurden aus den Regimentern und Kompanien neue taktische Grundeinheiten gebildet. Die Feuereinheit bildete das etwa 800 Mann starke *Bataillon* (franz.; Halbregiment), das wiederum aus jeweils 8 *Pelotons* (Zügen) bestand. Die Feuersalven erfolgten möglichst kontrolliert und gleichmäßig von außen nach innen. Koordiniertes *rangieren* (franz.; zum Gefecht aufstellen) zur *Ordre de Bataille* (franz.; Gefechtsordnung) und das anschließende *chargieren* (Feuern und Laden bei Vorgehen und Ausweichen) macht die Notwendigkeit des drillmäßigen Übens deutlich. Die maschinengleichen Bewegungen zum Takt der Trommel drängten jeden individuellen Spielraum für Entscheidungen zurück und erforderten »Automatensoldaten«.

Nicht die Schlacht, sondern strategische und logistische Überlegungen bestimmten das Kriegstheater der Kabinettskriege. Feldherren wie Friedrich II., der wegen der drückenden Überlegenheit seiner Gegner das Heil in Offensivoperationen suchte, blieben die Ausnahme. Anders als im Dreißigjährigen Krieg verursachten nicht Hieb- und Stichverletzungen sondern Schusswaffen die meisten Verluste. Bei Höchstädt/Blindheim (1704) und Kunersdorf (1759) blieben von über 100 000 Soldaten etwa ein Drittel auf dem Schlachtfeld. ▸ Verwundung bedeutete meistens auch den Tod.

Die Ästhetik der in farbenprächtigen Uniformen wohlgeordnet aufmarschierenden Soldaten darf nicht den Blick darauf verstellen, dass die Kriegskunst auch in jener Epoche ein grausames Handwerk blieb.

B Georg Heinrich von Berenhorst (1733–1814)
Militärtheoretiker – Als unehelicher, aber anerkannter Sohn des »Alten Dessauers« war Berenhorst bis 1762 im Dienste Friedrichs II., danach am Hofe des Fürstentums Anhalt tätig. Als Militärtheoretiker, der den menschenverachtenden preußischen Drill ablehnte, erlangte einen hohen Grad an Bekanntheit.

1 Georg Heinrich von Berenhorst, »Über die Kriegskunst« (1797)
Der Militärtheoretiker galt als einer der schärfsten Kritiker der preußischen Armee seiner Zeit und äußerte sich über das Soldatenbild Friedrich II. wie folgt:

»Es gehörte aber durchaus nicht in seine Ideenverknüpfung, sich die Soldaten als Wesen mit Willen und Verstand zu denken, um noch andere Mittel sie zu bestimmen, als Zwang und Furcht, in Bewegung zu setzen. Sein ganzes Bestreben ging demnach abermals dahin, starre Automaten mit rechts oder links gedrehtem Kopfe zu bilden, die abgemessen Schritt hielten. In der Waffenauswahl mochte er sich nicht von dem, was man hatte von dem, was er einmal kannte, loswinden; er war nie Enthusiast, nie zu außerordentlichen Versuchen befeuert genug gewesen. [...] Das Bajonett schien ihm [...] alles, was zum Kampfe in der Nähe gehört, zu gewähren. In das Geschwindfeuern, woraus er vordem nicht besonders viel gemacht hatte, setzte er nunmehr großes Vertrauen; er wollte ein noch schnelleres und präciseres Bewegen hinzufügen, beides aber den zahlreichsten Waffen, so wie den ausgedehntesten Linien, mittheilen.«

Zit. nach: Georg Heinrich von Berenhorst, Betrachtungen über die Kriegskunst, Neudruck der 3. Aufl., Leipzig 1827, Osnabrück 1978, S. 216 f.

1 Frantz Reiß, »Die Schlacht bei Lobositz« (1756)
Der sächsische Soldat gehörte zu den wenigen Standesgenossen seiner Zeit, die ihre Erlebnisse niedergeschrieben haben. Von der Schlacht gezeichnet schrieb er seiner Frau:
»Preußen und Panduren lagen überall durcheinander; und wo sich einer von diesen letzteren noch regte, wurde er mit der Kolbe vor den Kopf geschlagen, oder ihm ein Bajonett durch den Leib gestoßen. Und nun gieng in der Ebene das Gefecht von neuem an. Aber wer wird das beschreiben wollen [...] wo es krachte und donnerte, als ob Himmel und Erde hätten zergehen wollen [...] das Zetter- und Mordiogeheul so vieler tausend elenden, zerquetschten, halbtodten Opfer dieses Tages alle Sinnen betäubte.«

Zit. nach: Preußische Soldatenbriefe. Hrsg. von Hans Bleckwenn, Osnabrück 1982 (= Altpreußischer Kommiß, 19), S. 30 f.

195
Die Schlacht bei Lobositz in Böhmen am 1. Oktober 1756 zwischen der preußischen und der österreichischen Armee.
Zeitgenössischer Kupferstich.

Die Wahlstatt nach gehaltenem Treffen.

196
»Die Wahlstatt nach gehaltenem Treffen.«
Zeitgenössischer Kupferstich.

1 Jakob Friedrich Lemcke »Tagebuch« (1759)
Der junge Offizier der preußischen Armee wurde in der Schlacht von Züllichau 1759 schwer durch eine Kanonenkugel verletzt.
»Sie hoben mich auf, allein da der Fuß ganz ab war, so hatte ich die entsetzlichsten Schmerzen und konnte nicht von der Stelle gebracht werden. Das Blut lief auch noch immer weg. Sie legten mich daher wieder nieder und gingen weiter davon. Hier wünschte ich nun alle Augenblicke, daß eine Kanonenkugel, welche so häufig bei mir vorbeirollten, mich doch treffen möchte, damit ich von der Qual bald erlöst würde; denn das ich sterben müßte, glaubte ich ganz gewiß und hielt es für eine Unmöglichkeit länger zu leben.«

Zit. nach: Kriegs- und Friedensbilder 1725–1759. Hrsg. von Hans Bleckwenn, Osnabrück 1971 (= Altpreußischer Kommiß. Offiziell, offiziös und privat, 2), S. 37

121

Sieg der preußischen Armee an der Katzbach. Kolorierter Kupferstich, um 1830.

Vom Berufsmilitär zur allgemeinen Wehrpflicht – Militärgeschichte zwischen Französischer Revolution und Freiheitskriegen 1789 bis 1815

von Stephan Huck

1789		Beginn der Französischen Revolution
	14. Juli	Sturm auf die Bastille
	26. August	Erklärung der Menschen- und Bürgerrechte
1792–1797		1. Koalitionskrieg
1792	20. September	Kanonade bei Valmy
	15. Dezember	»Krieg den Schlössern!«
1793	23. August	Levée en Masse
1793–1794		Terreur – Schreckens- herrschaft der Jakobiner
1795		Italienischer Feldzug unter General Napoleon
1799–1802		2. Koalitionskrieg
1799	9. November	Napoleon wird Erster Konsul
1802	27. März	Friede von Amiens
1803	25. Februar	Reichsdeputations- hauptschluss
1804	2. Dezember	Kaiserkrönung Napoleons
1805		3. Koalitionskrieg
	21. Oktober	Schlacht bei Trafalgar
	2. Dezember	»Dreikaiserschlacht« bei Austerlitz
1806	12. Juli	Gründung des Rheinbundes
	14. Oktober	Niederlage Preußens bei Jena und Auerstedt
	1. Dezember	»Ortelsburger Publicandum«

002 Sturm auf die Bastille am 14. Juli 1789. Zeitgenössischer, kolorierter Kupferstich von H. Godin.

003 Die Krönung Napoleons am 2. Dezember 1804 in der Kathedrale Notre-Dame. Öl auf Leinwand von Jaques Louis David, 1804.

004 Napoleon lässt nach seinem Sieg bei Jena die Säule von Rossbach um- stürzen. Öl auf Leinwand von Pierre-Antoine-A.Vafflard, vor 1810.

005 Auszug der Landwehr 1813.
Farbdruck nach Aquarell
von Carl Röchling, um 1900.

006 Die Monarchen und Feldherren
auf dem Marktplatz zu Leipzig.
Farbdruck nach Aquarell von Richard
Knötel, um 1890.

007 Wiener Kongress.
Neukolorierter Holzstich nach der
Kreidezeichnung, von Jean-Baptiste
Isabey, um 1880.

1807		Einsetzung der Militär-Reorganisationskommission
	7. Juli	Friede von Tilsit
1808		Napoleons Einmarsch in Spanien
1809		Tiroler Aufstand unter Führung Andreas Hofers
1812		Russlandfeldzug der Grande Armée
	14. September	»Niederlage« der Franzosen in Moskau
	28. November	Verlustreicher Übergang über die Beresina
	30. Dezember	Konvention von Tauroggen
1813	2. März	Bildung Freiwilliger Preußischer Jägerdetaschements
	17. März	Aufruf »An mein Volk« Frühjahrsfeldzug
	2. Mai	Schlacht bei Großgörschen
	4. Juni	Frieden von Pressburg
	21. Juni	Schlacht von Vittoria Herbstfeldzug
	23. August	Schlacht bei Großbeeren
	26. August	Schlacht bei Dresden
	16.–18. Oktober	»Völkerschlacht« bei Leipzig
1814	4. Juni	Abdankung Napoleons
1814–1815		Wiener Kongress
1815	1. März	Rückkehr Napoleons
	18. Juni	Schlacht bei Belle-Alliance (Waterloo)

1. Literaturauswahl

Überblick

Fehrenbach, Elisabeth, Vom Ancien Régime zum Wiener Kongreß, 4. Aufl., München 2001
(= Oldenbourg Grundriß der Geschichte, 12)

Görtemaker, Manfred, Deutschland im 19. Jahrhundert. Entwicklungslinien, 5. Aufl., Opladen 1996
(= Schriftenreihe zur politischen Bildung, 274)

Kunisch, Johannes, Absolutismus. Europäische Geschichte vom Westfälischen Frieden bis zur Krise des
Ancien Régime, Göttingen 1986

Nipperdey, Thomas, Deutsche Geschichte 1800–1866. Bürgerwelt und starker Staat, München 1998

Wehler, Hans-Ulrich, Deutsche Gesellschaftsgeschichte, Bd 1: Vom Feudalismus des Alten Reichs bis zur
defensiven Modernisierung der Reformära 1700–1815, Frankfurt a.M. 1987

Umfeld

Anderson, Benedict, Die Erfindung der Nation. Zur Karriere eines folgenreichen Konzepts, 2. Aufl.,
Frankfurt a.M. 1993

Hagemann, Karen, »Mannlicher Muth und teutsche Ehre«. Nation, Militär und Geschlecht zur Zeit der
antinapoleonischen Kriege Preußens, Paderborn 2002 (= Krieg in der Geschichte, 8)

Huck, Stephan, Geschichte der Freiheitskriege, CD-ROM mit Begleitband. Hrsg. vom Militärgeschichtlichen
Forschungsamt, Sankt Augustin 2004 (= Hilfen für die historische Bildung, 1)

Langewiesche, Dieter, Europa zwischen Restauration und Revolution 1815–1849, München 1989
(= Oldenbourg Grundriß der Geschichte, 13)

Walter, Dierk, Preußische Heeresreform 1807–1870. Militärische Innovation und der Mythos der
»Roonschen Reform«, Paderborn 2003 (= Krieg in der Geschichte, 16)

Strukturen

Fiedler, Siegfried, Grundriß der Militär- und Kriegsgeschichte, Bde 2 und 3, München 1976, 1978

Rink, Martin, Vom »Partheygänger« zum Partisanen. Die Konzeption des kleinen Krieges in Preußen
1740–1813, Frankfurt a.M.

Stübig, Heinz, Die Wehrverfassung Preußens in der Reformzeit. Wehrpflicht im Spannungsfeld von
Restauration und Revolution 1815–1860. In: Die Wehrpflicht, S. 39–53

Konflikte

Friederich, Rudolf, Die Befreiungskriege 1813–1815, 4 Bde, Berlin 1911–1913

Jany, Curt, Geschichte der Preußischen Armee vom 15. Jahrhundert bis 1914, Bd 3: 1763–1807;
Bd 4: Die Königlich Preußische Armee und das Deutsche Reichsheer 1807 bis 1914, Osnabrück 1967

Ottmer, Hans-Martin, Militärgeschichte zwischen Französischer Revolution und Freiheitskriegen
1789 bis 1815. Vom Berufskriegerheer zur allgemeinen Wehrpflicht. In: Grundzüge der deutschen
Militärgeschichte, Bd 1: Historischer Überblick. Im Auftrag des Militärgeschichtlichen Forschungsamtes
hrsg. von Karl-Volker Neugebauer, Freiburg i.Br. 1993, S. 77–127.

Ritter, Gerhard A., Staatskunst und Kriegshandwerk. Das Problem des Militarismus in Deutschland,
Bd 1: Die altpreußische Tradition (1740–1890), München 1954

Epochenquerschnitt

Die Zeit zwischen der Französischen Revolution und dem Wiener Kongress war eine Epoche tief greifender und unterschiedlicher gesellschaftlicher Veränderungen. Eingeleitet wurde sie durch den Versuch der Beseitigung überkommener feudaler Herrschaftsstrukturen, die mit dem Begriff ▸ *Ancien Régime* (franz.; alte Regierungsform) bezeichnet werden. Die hierauf folgende Epoche wird zumeist als Restauration bezeichnet. Gesellschaftlich sah das Zeitalter der Französischen Revolution die Ablösung des Adels als Führungsschicht durch das Vordringen des Bürgertums als staatstragenden Personenkreis und die beginnende Beseitigung der ständisch gegliederten Gesellschaft vor. Zudem wurde sie vom Vordringen der »Idee der Nation« geprägt. Mithin war der Wandel so tief greifend, dass zahlreiche Historiker eine Epochenwende diagnostizierten und für sie das Jahr 1789 die Grenze zwischen Früher Neuzeit und Moderne markiert. Mit einer Ausweitung der historischen Forschungsinteressen auf die Wechselwirkungen zwischen der Französischen Revolution und weiteren Modernisierungserscheinungen in dieser Epoche – der von England ausgehenden industriellen Revolution und der amerikanischen Revolution – sowie der Aufdeckung innerfranzösischer Kontinuitäten über das Jahr 1789 hinaus wurde dessen Symbolkraft allerdings in Frage gestellt. Geeigneter als die Festlegung auf ein Datum als Epochengrenze scheint daher der von Reinhard Koselleck vorgeschlagene Begriff der »Sattelzeit«, welcher den Verlaufscharakter der Modernisierung stärker betont.

Zu Beginn stand die Französische Revolution, die unter den Schlagworten Freiheit, Gleichheit, Brüderlichkeit (*Liberté, Egalité, Fra-*

008 Das Volk bewaffnet sich im Zeughaus im Hotel des Invalides.
Öl auf Leinwand von Jean-Baptiste Lallemand, zeitgenössisch.

ternité) die Gesellschaftsstrukturen des Ancien Régime in Frankreich überwand. Einheitliche Ursachen können für die Revolution nur schwer ausgemacht werden: Es handelte sich um eine explosive Mischung von in den vorangegangenen hundert Jahren gewachsener Herrschafts- und Gesellschaftskritik, die durch eine seit etwa 1770 andauernde ökonomische Krise verschärft wurde. Eine einheitliche Zielsetzung der Revolution lässt sich ebenfalls schwer ausmachen. In der heutigen Forschung dominiert die Ansicht, dass sie analytisch in drei Stränge teils unterschiedlicher Interessen zu trennen ist: die Revolution der Bauern, die der städtischen Volksbewegung und die der Abgeordneten in den Generalständen, wobei letztere am Beginn der Bewegung stand. Der revolutionäre Akt bestand zum einen im Anspruch der aus den Generalständen hervorgegangenen Nationalversammlung, alleinig den Willen des Volkes zu vertreten, zum anderen in der Erklärung der Menschen- und Bürgerrechte im Rahmen der Verfassung von 1789. Ihre Entstehung in den Strukturen des Ancien Régimes erforderte eine

127

Ancien Régime bezeichnet das Staats- und Gesellschaftssystem des absolutistischen Frankreichs und ist mit der Französischen Revolution eng verbunden, entstand der Begriff doch als abwertender Ausdruck für jene Zeit, die der Revolution vorausgegangen war. Als Bezeichnung für eine historische Epoche wird Ancien Régime teilweise für die Regierungszeit Ludwig XVI. in Frankreich, teilweise für die europäische Staats- und Gesellschaftsordnung von der Mitte des 17. Jahrhunderts bis 1789 genutzt.

theoretische Begründung zur Abgrenzung von der bestehenden Gesellschaftsordnung, anders als die 13 Jahre zuvor verfasste ▸ Amerikanische Unabhängigkeitserklärung. Da diese in einer weitgehend traditionslosen Gesellschaft entstanden war, hatte sie darauf weitgehend verzichten können. Ansonsten war die Wechselwirkung zwischen beiden Revolutionen so stark, dass Historiker wie Robert R. Palmer von der »atlantischen Revolution« sprechen. Die französische Nationalversammlung leitete ihre Souveränität aus der Nation ab – damit verneinte sie die bisherige Legitimation der staatlichen Gewalt von Gottes Gnaden – und erklärte vor diesem Hintergrund die bestehende Ständeungleichheit für Unrecht. Die hier artikulierte »Idee der Nation« sollte zu den wirkungsmächtigsten Ideen der kommenden zweihundert Jahre werden.

Verbreitung fanden die Ideen der Revolution in Europa zum Einen durch die in dieser Zeit stark an Bedeutung gewinnende Presse. Als wesentlicher Teil der Bewegung der Aufklärung, welche die gesamte zweite Hälfte des 18. Jahrhunderts prägte, wurde sie vom Bürgertum und Adel, in Klubs und Lesegesellschaften zur Kenntnis genommen und dort diskutiert. Zum Anderen trug die französische Armee diese Ideen im Rahmen der Revolutionskriege mit dem Sendungsbewusstsein des Siegers ins europäische Ausland. Somit besaßen diese Kriege vielfältige Funktionen und entfalteten eine unmittelbare Wechselwirkung mit der Revolution: sie dienten als Katalysator für innenpolitische Krisen, schufen der Vorstellung des Patriotismus ein konkretes Anwendungsfeld und trugen so zur Manifestierung des Gleichheitsgrundsatzes bei. Später, als die europäischen Monarchen sich nach der Enthauptung des französischen Königs ▸ Ludwig XVI. zur

009 Kapitulation von Mainz.
Kolorierte Lithografie nach Gemälde von Victor Adam, um 1900.

militärischen Intervention entschlossen hatten, dienten sie der Verteidigung des Erreichten und besaßen schließlich im Zeichen wachsender innenpolitischer Probleme in Frankreich aufgrund der in den besetzten Gebieten erwirtschafteten *Kontributionen* (Abgaben) wesentliche ökonomische Bedeutung. Die Existenz der verschiedenen in der Revolution etablierten Herrschaftssysteme hing somit unmittelbar von den Kriegserfolgen und -misserfolgen des französischen Militärs ab.

Diesem Handlungsmuster folgend wurde die Hinrichtung des Königs mit dessen Verrat am Vaterland begründet. Die sich anschließende republikanische Herrschaft der Girondisten wurde von Maximilien de Robespierre mit der Rechtfertigung durch den Krieg diktierter

Die Amerikanische Unabhängigkeitserklärung gilt als die Gründungsurkunde der Vereinigten Staaten. Mit ihr erklärten die dreizehn Kolonien ihre Loslösung von Großbritannien und ihr Recht einen souveränen Staatenbund zu bilden. Am 4. Juli 1776 wurde die Erklärung von dem Kontinentalkongress, dem Vertreter aller dreizehn Kolonien angehörten, angenommen und verabschiedet. Der 4. Juli wird seitdem als das Gründungsdatum der Vereinigten Staaten angesehen und bis heute als Nationalfeiertag begangen.

010 Hinrichtung Ludwigs XVI. am 21. Januar 1793.
Zeitgenössischer Bilderbogen.

B Ludwig XVI. (1754–1793)

König von Frankreich – Ludwig XVI. war zu einem Zeitpunkt König von Frankreich geworden, als sich sein Land in einer desolaten Finanzsituation befand. Aufwendige absolutistische Hofhaltung und kostspieliges Engagement in den Kolonien sowie eine ineffiziente, zudem teils korrupte Verwaltung hatten dazu geführt. Der Staatshaushalt musste dringend saniert werden. Ludwig erkannte dies zu einem gewissen Grad auch und bemühte sich, durch die Wahl der richtigen Finanzminister Abhilfe zu schaffen. In den 15 Jahren bis zur Revolution gelang dies jedoch keinem.

011 Ludwig XVI.,
König von Frankreich.
Öl auf Leinwand von
Antoine François Callet,
1776.

In dieser verzweifelten Lage berief Ludwig auf Druck der Bevölkerung, in der sich die Unmutsäußerungen mehrten, für den 1. Mai 1789 die Generalstände, die seit 1614 nicht mehr getagt hatten. Den revolutionären Vorstellungen und Forderungen des Dritten Standes, der sich am 23. Juni 1789 zur Nationalversammlung erklärte, leistete der König massiven Widerstand und weigerte sich, die Dekrete der konstituierenden Versammlung zu unterschreiben.

Die Situation spitzte sich zu. Anfang Oktober zogen tausende von Pariser Frauen nach Versailles, verlangten Brot und bewirkten, dass der Hof und die Nationalversammlung nach Paris verlegt wurden. Der König saß nun also in Mitten seines erwartungsvollen Volkes »gefangen«. Im Juni 1791 setzte die königliche Familie daher länger gehegte Fluchtpläne in die Tat um. Schnell wurde der Plan jedoch aufgedeckt, der König mit seiner Familie in Varennes verhaftet und mit Schmach und unter Beschimpfungen zurückgebracht. Ludwigs bis dato noch vorhandene Popularität schwand fast vollständig.

Der König wurde bis zur Annahme der Verfassung seines Amtes enthoben. Dennoch setzte sich die Mehrheit der verfassunggebenden Versammlung entgegen den immer lauter werdenden Rufen nach einer Republik für Ludwig ein, so dass er am 14. September 1791 mit Annahme der Verfassung zum »König der Franzosen« ernannt wurde. Schon bald kam es jedoch zum erneuten Konflikt, da Ludwig so hartnäckig von seinem in der neuen Verfassung verankerten Vetorecht Gebrauch machte, dass er praktisch jede Initiative der Versammlung abblockte. Das Ergebnis war, dass am 10. August 1792 mehrere tausend Menschen zum »Sturm auf die Tuilerien« zogen. Es gab 100 Tote und mehrere hundert Verletzte. Der König, als »Monsieur Veto« beschimpft, wurde für abgesetzt erklärt und eingekerkert. Im Dezember 1792 begann der Hochverratsprozess gegen den abgesetzten König. Ludwig XVI. wurde mit knapper Mehrheit (387 gegen 334 Stimmen) zum Tode verurteilt und am 21. Januar 1793 öffentlich guillotiniert.

129

Zwänge gewaltsam beendet. Als diese später durch den Erfolg des Militärs entfielen, landete auch er, wie schon zuvor der König und die Girondisten, unter der Guillotine. Die folgenden Regierungen – Thermidorianer und Direktorium – konnten sich ebenfalls nur durch die Fortführung des Krieges an der Macht behaupten. Dadurch hatte das Militär eine Stellung erreicht, die es schließlich dem erfolgreichen General Napoleon Bonaparte ermöglichte, den Hilferuf des regierenden Direktoriums auszunutzen und sich am ▸ 18. Brumaire VIII (9. November 1799) – mit einem Staatsstreich zum Ersten Konsul erklären zu können.

S Der französische Revolutionskalender wurde am 5. Oktober 1793 von der Revolutionsregierung beschlossen. Mit dem 22. September 1792 des gregorianischen Kalenders begann das »Jahr 1«. Folgende Monate wurden festgelegt:

Herbst

1.	Vendémiaire	(= Weinlesemonat)	22.09.–21.10.
2.	Brumaire	(= Nebelmonat)	22.10.–20.11.
3.	Frimaire	(= Reifmonat)	21.11.–20.12.

Winter

4.	Nivôse	(= Schneemonat)	21.12.–19.01.
5.	Pluviôse	(= Regenmonat)	20.01.–18.02.
6.	Ventôse	(= Windmonat)	19.02.–19.03.

Frühling

7.	Germinal	(= Keimmonat)	20.03.–18.04.
8.	Floréal	(= Blütenmonat)	19.04.–18.05.
9.	Prairial	(= Wiesenmonat)	19.05.–17.06.

Sommer

10.	Messidor	(= Erntemonat)	18.06.–17.07.
11.	Thermidor	(= Hitzemonat)	18.07.–16.08.
12.	Fructidor	(= Fruchtmonat)	17.08.–16.09.

Mit Napoleons »Machtübernahme« endete die revolutionäre Ära in Frankreich. Er etablierte ein Herrschaftssystem, das auf die geschickte Kombination von Revolutionärem und Tradiertem baute: Einerseits akzeptierte er in seinen Gesetzen und Verordnungen die neue Eigentumsordnung, die Abschaffung der Privilegien sowie die Laizität des Staates, also die strikte Trennung kirchlicher und staatlicher Angelegenheiten. Volksabstimmungen zur Sanktionierung wesentlicher Verfassungsänderungen bis hin zur Errichtung des erblichen Kaisertums im Jahre 1804 erweckten somit den Anschein der Beachtung der in der Revolution erkämpften Volkssouveränität. Andererseits verweist gerade die Errichtung dieses Kaisertums auf vorrevolutionäre Elemente, die Napoleons Herrschaft in gleichem Maße prägten. Sie waren der Versuch, die Akzeptanz der etablierten europäischen Mächte zu erreichen, der in der Vermählung mit der österreichischen Kaisertochter Marie Louise gipfelte. Die Bildung eines weit verzweigten Systems von Satellitenstaaten, denen er seine oftmals mit Angehörigen der etablierten Herrscherhäuser vermählten Familienmitglieder als Regenten vorstellte sowie die Schaffung einer ▸ Notablengesellschaft, die dem höfischen Adel im Absolutismus nicht unähnlich war, zählt ebenfalls zu den traditionellen Elementen seiner Herrschaft. Deren wesentlichste Stütze aber blieb auch hier der militärische Erfolg: bis 1812 war fast ganz Mitteleuropa dynastisch an das »Empire« gebunden und französisch besetzt. Als mit den Volksaufständen in Spanien 1808 und in Tirol 1809 Napoleons Vorherrschaft ins Wanken geriet, verringerte sich auch sein innenpolitischer Rückhalt. Der verlustreiche Russlandfeldzug 1812/13, in dem er 90 Prozent seines 600 000 Mann starken Vielvölkerheeres einbüßte, schuf die Bereitschaft zur Erhebung

---

S Notablengesellschaft bezeichnet die seit dem 15. Jahrhundert existierende erweiterte Ratsversammlung des Königs. In ihr waren Vertreter des Adels, der Geistlichkeit sowie der Bürger und Bauern vertreten. Ihre Mitglieder wurden vom König berufen. Deshalb war die Notablenversammlung dem absolutistischen König auch beim Regieren wenig hinderlich.

Deutschland 1803 nach dem Reichsdeputationshauptschluss

Legende:
- Reichsgrenze
- Reichsgebiet in Flächenfarben
- Gebiet des Kaisers
- Habsburgische Sekundogenituren
- Gebiet des Deutschen Ordens
- Reichsstädte

K.-E. = Gebiet des Kurerzkanzlers
N.-O. = Nassau-Oranien
Pr. = zu Preußen
S. = zu Salzburg

1 : 9 000 000
0 100 200 300
km

Quelle: Putzger Historischer Weltatlas, 2000.

© Cornelsen 05160-06

Der Reichsdeputationshauptschluss wurde 1801 vom Reichstag eingesetzt. Nachdem im Frieden von Lunéville die Abtretung der linksrheinischen Gebiete festgelegt worden war, sollte der *Ausschuss* (Deputation) die Entschädigung der betroffenen Fürsten regeln. Diese erhielten auf Beschluss der Deputation, dem Reichsdeputationshauptschluss vom 25. Februar 1803, rechtsrheinische Gebiete, die durch die Enteignung eines Großteils der kirchlichen Besitztümer gewonnen wurden. Diese territoriale Neuordnung hatte eine Gebietsvergrößerung Preußens und der süd- und westdeutschen Mittelstaaten sowie die teilweise politische Entmachtung der katholischen Kirche zur Folge.

131

im besetzten Preußen und in Österreich. Dass diese Erhebung erfolgreich sein konnte, war mehreren Faktoren geschuldet: dem Widerstandswillen, den die Besatzungsherrschaft hervorgerufen hatte, der Bewusstwerdung eines Gemeinschaftsgefühls in Form des Patriotismus und Nationalismus und den in der napoleonischen Ära durchgeführten Reformen.

Im Gegensatz zu Frankreich schlug die Mehrzahl der deutschen Territorien – wobei der Begriff »deutsche« Länder sich erst entwickelte – den Weg der Reform, nicht der Revolution ein. Begleitet wurde dieser gesellschaftliche Wandel durch wesentliche territoriale und politische Wandlungen im Zuge der Expansion von Napoleons Herrschaft. Der ▶ Reichsdeputationshauptschluss von 1803 als Folge der Abtretung linksrheinischer Gebiete an Frankreich gliederte die Territorien des Reiches neu und führte zur ▶ Säkularisation des Kircheneigentums und der ▶ Mediatisierung des Reichsadels. Die Niederlegung der römischen Kaiserkrone durch Franz II. beendete 1806 schließlich die tausendjährige Geschichte des Heiligen Römischen Reiches Deutscher Nation. Dass sich gegen beide Akte – die Abdankung und den Reichsdeputationshauptschluss – trotz ihrer Verfassungswidrigkeit kaum Widerstand regte, zeigt den Neuerungsbedarf, der auch in den deutschen Territorien herrschte. Es war wohl mehreren Faktoren zu verdanken, dass hier der Reformweg beschritten wurde: Zum Einen der territorialen Zersplitterung, die einen höheren Adelsanteil als in Frankreich zur Folge hatte und eine Zentralisierung, wie sie die französische Revolution in Paris erfahren hatte, verhinderte. Auch war in seiner Folge das Bürgertum weit heterogener zusammengesetzt als das französische Pendant und stand zudem in hohem Maße im Dienst der Fürstenhöfe. Schließ-

lich hatte sich in den deutschen Territorien die gemeinsam von Adel und Bürgertum getragene Geisteshaltung eines aufgeklärten Absolutismus durchsetzen können, die in begrenztem Maße Reformen zuließ; in Frankreich hingegen hatte Stillstand geherrscht.

Dennoch bedurfte es des Drucks von außen, um weiter reichende Reformen zu ermöglichen, welche die deutschen Territorien in die Lage versetzten, sich letztlich gegen die napoleonische Übermacht zu behaupten. Hier sind unterschiedliche Tendenzen auszumachen, die vom jeweiligen Verhältnis zu Frankreich abhingen: Zunächst sind die linksrheinischen Gebiete zu nennen, die bereits 1801 im Frieden von Lunéville mit Billigung des Kaisers an Frankreich abgetreten worden waren – ein Vorgang, der die Gründung des Rheinbundes (1806) und damit das Ende des Reiches vorbereitete. Während die linksrheinischen Gebiete formal als Departements Teil des französischen Staates wurden und so dort französisches Recht Geltung erhielt, verpflichteten sich die zum Rheinbund zusammengeschlossenen Staaten zur Durchführung von Reformen, die dem Ziel folgten einer französischen Intervention zuvorzukommen. Ein dritter Weg wurde in den Ländern beschritten, die sich nach 1806 gegen Frankreich wandten und besetzt wurden – allen voran Preußen. Die Niederlage bei Jena und Auerstedt am 14. Oktober 1806 hatte ihnen schmerzhaft vor Augen geführt, dass die notwendige Voraussetzung einer Erhebung gegen die Fremdherrschaft entsprechende Reformen waren. All diesen Bewegungen war gemein, dass sie nicht umhin kamen, die Errungenschaften der Französischen Revolution insofern anzunehmen, dass sie den Wandel von der ständischen Untertanengesellschaft zur nationalen Bürgergesellschaft nachvollzogen.

S Säkularisation ist die zumeist durch Enteignung vollzogene Umwandlung von Kirchengut in weltliche Besitztümer. Mediatisierung beschreibt eine mittelbare Unterstellung kleinerer Besitztümer oder freier Städte unter die Herrschaft eines sie umgebenden Landesherren, welcher wiederum unmittelbar dem obersten Lehnsherren verpflichtet war.

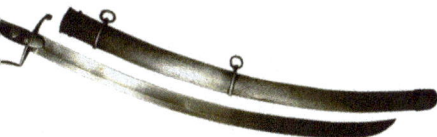

013 Preußischer Kavalleriesäbel M 1811, der legendäre »Blüchersäbel«. Genutzt von den Husaren, den Ulanen, ab 1811 den Dragonern, dem Train, der Landwehrkavallerie sowie der reitenden Artillerie. Länge 95 Zentimeter.

012 General Blücher vor einer Schlacht. Öl auf Leinwand von Wilhelm Camphausen.

1 Gerhard Leberecht von Blücher, »Bericht über die Schlacht bei Auerstedt« (1806)

Der an der Schlacht beteiligte preußische General schildert die chaotischen Zustände, die bei der Flucht der preußischen Armee herrschten.

»Obgleich ich sah, daß Niemand mir zur Hülfe kam, und nicht mehr wußte, von wem ich mich eine Unterstützung fordern sollte, entschloß ich mich, doch die Vortheile, die sich mir zeigten, nicht unbenutzt zu lassen. Ich gab den Escadrons, die mit Intervallen formirt waren, das Signal zur Attaque, um die feindliche Infanterie in der Flanke zu durchbrechen; die Attaque ging anfangs sehr gut, obgleich wir von der links liegenden Höhe ein starkes Kartätschenfeuer erhielten, aber mit dem Signal zum Choq stockte der Angriff und die Cavallerie wich zurück. Ich stellte die Ordnung wieder her, animirte die Leute und wiederholte den Angriff drei mahl, hierbey aber vereinigte sich alles mögliche Unglück wider mich, ich wurde ganz unerwartet von der Batterie von Merkatz im Rücken mit Kartätschen beschossen und nun war es nicht mehr möglich, die Ordnung zu erhalten.«

Zit. nach: 1806. Das Preußische Offizierkorps und die Untersuchung der Kriegsereignisse. Hrsg. vom Großen Generalstab, Kriegsgeschichtliche Abteilung II, 2., unveränd. Aufl., Berlin 1906, S. 117–131

133

014 Schlacht bei Jena und Auerstedt am 14. Oktober 1806. Soldat des 4. französischen Dragonerregiments mit der erbeuteten preußischen Fahne. Öl auf Leinwand von Edouard Detaille, 1898.

Kapitel I – Umfeld:

»Alle Bewohner des Staates sind geborene Verteidiger desselben«

1. Levée en Masse – der Erfolg einer Notlösung

015 Auszug der ostpreußischen Landwehr ins Feld im Mai 1813 nach ihrer Einsegnung in der Kirche zu Königsberg. Gemälde von Gustav Graef, 1860/61.

Da der Adel das französische Offizierkorps im Ancien Régime dominierte, beraubte seine Entmachtung in der Französischen Revolution das stehende Heer seiner Führungsschicht. Hinzu kam, dass bereits vor der Revolution zwischen den adeligen Offizieren und den Truppen eine tiefe Kluft bestanden hatte. Mit Beginn der Unruhen 1789 weigerten sich Teile der Armee gegen die Bevölkerung mit Waffengewalt vorzugehen. So auch am 14. Juli 1789, als Revolutionäre auf der Suche nach Waffen das zum Symbol der Willkürherrschaft stilisierte Pariser Stadtgefängnis, die Bastille, stürmten. Am Abend des selben Tages willigte König Ludwig XVI. in die Bildung einer Bürgerwehr ein. Damit gab er nicht nur das wesentlichste Instrument eines absoluten Herrschers, die kampfbereite Streitmacht, aus der Hand, sondern billigte zudem den Beginn der Volksbewaffnung. Dieser Nationalgarde oblag die Sicherung der inneren Stabilität, während dem stehenden Heer die Sicherung der äußeren Grenzen verblieb. Mit dieser organisatorischen Neuerung ging auch eine gesellschaftliche Aufwertung des Militärdienstes einher. Der Dienst im stehenden Heer sollte ausschließlich Freiwilligen vorbehalten sein – eine Forderung, die allerdings auch die meisten anderen absolutistischen Wehrverfassungen erhoben und ebenso wenig

durchzusetzen vermochten wie das revolutionäre Frankreich, das schon bald nach Beginn der Revolutionskriege 1791 die Aushebung durch das Los einführte. Die Aufnahme in die Nationalgarde aber blieb den Bürgern mit dem an Besitz gekoppelten vollen Wahlrecht vorbehalten. Der Militärdienst blieb so nicht länger eine Zwangsleistung der unteren Schichten, sondern sollte auf diese Weise zum Ehrendienst werden. Als das stehende Heer durch Führungslosigkeit und Disziplinverlust immer stärker geschwächt wurde, beschloss der Nationalkonvent die Formierung von Freiwilligen-Bataillonen aus der Nationalgarde im stehenden Heer.

Die so aufgestellten Truppen reichten jedoch weder qualitativ noch quantitativ zum Bestehen in den 1791 beginnenden Revolutionskriegen. Dass sie 1791 den preußisch-österreichischen Truppen nach dem Verlust des kurzfristig französisch besetzten Belgiens bei ▶ Valmy standhielten, war weniger ihrem Können, als der Fehleinschätzung des preußischen Feldmarschalls Herzog Karl Wilhelm Ferdinand von Braunschweig geschuldet, entfaltete aber eine beachtliche Signalwirkung. Gegen den äußeren Feind

016 Hoher Orden vom Schwarzen Adler des Königreichs Preußen. Bruststern, 1815.

017 König Friedrich Wilhelm II. und der Herzog von Braunschweig bei der Kanonade von Valmy am 20. September 1792. Holzschnitt von Beck, um 1860.

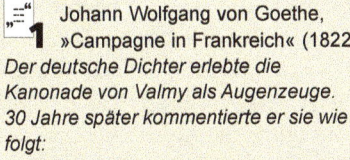 Johann Wolfgang von Goethe, »Campagne in Frankreich« (1822)
Der deutsche Dichter erlebte die Kanonade von Valmy als Augenzeuge. 30 Jahre später kommentierte er sie wie folgt:

»So war der Tag hingegangen; unbeweglich standen die Franzosen, Kellermann hatte auch einen bequemern Platz genommen; unsere Leute zog man aus dem Feuer zurück, und es war eben, als wenn nichts gewesen wäre. Die größte Bestürzung verbreitete sich über die Armee. Noch am Morgen hatte man nicht anders gedacht, als die sämtlichen Franzosen anzuspießen und aufzuspeisen, ja mich selbst hatte das unbedingte Vertrauen auf ein solches Heer, auf den Herzog von Braunschweig zur Teilnahme an dieser gefährlichen Expedition gelockt; nun aber ging jeder vor sich hin, man sah sich nicht an, oder wenn es geschah, so war es, um zu fluchen oder zu verwünschen. Wir hatten, eben als es Nacht werden wollte, zufällig einen Kreis geschlossen, in dessen Mitte nicht einmal wie gewöhnlich ein Feuer konnte angezündet werden, die meisten schwiegen, einige sprachen, und es fehlte doch eigentlich einem jeden Besinnung und Urteil. Endlich rief man mich auf, was ich dazu denke, denn ich hatte die Schar gewöhnlich mit kurzen Sprüchen erheitert und erquickt; diesmal sagte ich: ›Von hier und heute geht eine neue Epoche der Weltgeschichte aus, und ihr könnt sagen, ihr seid dabeigewesen.‹«

Zit. nach: Die französische Revolution in Augenzeugenberichten. Hrsg. von George Demoud und Sabine Flaissier, Düsseldorf 1962, S. 184–187

018 Johann Wolfgang von Goethe. Öl auf Leinwand von Gerhard von Kügelgen 1808/09.

019 Freiheitsbaum mit Jakobinermütze. Aquarellierte Federzeichnung von Johann Wolfgang von Goethe, 1792.

135

wurde die ▸ *Levée en Masse* (franz.; Aushebung in Massen) beschlossen, welche die Einberufung sämtlicher 18- bis 25-Jährigen zum Militärdienst bedeutete und die früher mögliche Stellvertretung künftig ausschloss. Die nicht wehrfähige Bevölkerung wurde darin zur Unterstützung der Kriegführung verpflichtet. Tatsächlich gelang es, bis zu eine Million Soldaten zu mobilisieren und Frankreich bis Ende Juni 1794 militärisch zu sichern. Gegen den Bürgerkrieg, mit dem vor allem vom zentralen Revolutionsort Paris entfernte Regionen auf die Einberufung und die verschlechterten Lebensbedingungen gleichermaßen reagierten, begann die als Terreur bezeichnete Schreckensherrschaft des Revolutionstribunals unter Robespierres Führung. Diese diente ebenso dem Machterhalt wie der Sicherstellung der Kriegführung. Innenpolitische Feinde fielen den unter vereinfachten Prozessbedingungen rasch gefällten und vollstreckten Todesurteilen ebenso zum Opfer wie »Hamsterer«, welche die Kriegführung durch das Zurückhalten von Lebensmitteln behinderten. Der Niederschlagung der Aufstände in Lyon, Marseille und der Vendée folgten grausame Massenhinrichtungen.

Dass die Levée en Masse dennoch richtungsweisend für die Militärgeschichte der Moderne wurde, verdankt sie nicht zuletzt dem organisatorischen Geschick ▸ Lazare Carnots, des Leiters des Verteidigungsressorts im »Wohlfahrtsausschuss«, dem für die Dauer des Krieges eingerichteten zentralen Regierungsorgan der Revolutionsregierung. Indem er die Bildung gemischter Regimenter aus den vorrevolutionären Linientruppen und den durch die Levée en Masse und die Freiwilligenmeldungen von 1792/93 gebildeten Verbände veranlasste, schuf er homogene Truppenkörper, welche die Erfahrung der Einen mit dem Enthusiasmus der Anderen kombinierten. Zudem ließ er die

Offizierausbildung und das Militärstrafrecht vereinheitlichen. Besonderes Augenmerk richtete er auf die Einbindung der Offiziere in die Ausbildung: Die Ersatzgestellung vor Ort, wie sie im Ancien Régime möglich gewesen war, wurde abgeschafft. Der Offizier musste mit seinen Soldaten die Entbehrungen des Einsatzes teilen und bis zur Ebene des Kompaniechefs auch sein Gepäck selbst tragen.

Neben die veränderte Struktur der Streitkräfte trat die Mobilisierung der Zivilbevölkerung: Goldschmiede wurden so zur Herstellung von Waffen verpflichtet, Bauern zur Lieferung der notwendigen Verpflegung.

In dieser Bereitstellung unvorstellbarer Ressourcen, gemessen an den Möglichkeiten der bisherigen Heeresaufbringung, liegt ein Großteil des Erfolges der französischen Heere in jener Zeit begründet. Von dem mit der Levée en Masse begründeten Prinzip der allgemeinen Wehrpflicht wurde auch unter Napoleon nicht mehr abgewichen, allerdings wurde die Wehrverfassung 1798 und 1802 mit Konskriptionsgesetzen modifiziert. Die daraus resultierenden taktischen und strategischen Wandlungen waren weniger Ergebnisse eines eigenständigen Prozesses als vielmehr Folgerungen aus dem hier Dargestellten.

Den überraschenden Erfolg des französischen Revolutionsheeres in den Revolutionskriegen zwischen 1792 bis 1795 führten zeitgenössische Beobachter in Deutschland bereits auf die in der Levée en Masse verfügte Totalisierung des Krieges zurück. Gerhard von Scharnhorst etwa bilanzierte 1797, »daß die Franzosen mit den Hülfsquellen der ganzen Nation Krieg führten, daß bei den verbundenen Mächten aber, ihn die Fürsten nur mit den wenigen in Händen habenden Mitteln bestritten, und daß ihnen die weit ergiebigern Hülfsquellen der Unterthanen, fast gänzlich versagt wurden.«

Lazare Carnot (1753–1823)
B Französischer Staatsmann – 1792 als Abgeordneter in den Konvent gewählt, stimmte er als überzeugter Republikaner für den Tod Ludwigs XVI. Carnot wurde am 14. August 1793 in den Wohlfahrtsausschuss berufen, wo er als Leiter des Verteidigungsressorts den Aufruf zur Levée en Masse erließ. In der Folgezeit war er damit beschäftigt, die einzelnen Teile des Revolutionsheers in ein republikanisch nationales Volksheer umzuwandeln. Durch seine Innovationen entstand der neue Soldatentypus des »Staatsbürgers in Waffen«.

020 Lazare Carnot. Zeitgenössischer Stich von Charles Aime Forestier.

1 »Dekret des Nationalkonvents über die Levée en Masse« (23. August 1793)

Die Levée en Masse war eine Art allgemeine Wehr-pflicht. Darüber hinaus wurde auch die nicht wehrfähige Bevölkerung zur Unterstützung des Krieges mobilisiert.

»Vom heutigen Tage an bis zu dem Tage, an dem die Feinde vom Boden der Französischen Republik ver-trieben sein werden, sind alle Franzosen dauernd zum Wehrdienst verpflichtet. Die jungen Männer ziehen in den Kampf; die Verheirateten schmieden Waffen und tragen Lebensmittel herbei; die Frauen fertigen Zelte und Kleider und dienen in den Lazaretten; die Kinder zupfen altes Lei-nes zu *charpie* [franz.: Fäden, Watte]; die Greise lassen sich auf die öffentlichen Plätze tragen, um den Mut der Krieger anzuspornen, sie mit Haß gegen die Könige und Liebe zur Einheit der Republik zu erfüllen. Niemand kann sich in dem Dienst, zu dem er eingezogen wird, vertreten lassen; die Staatsbeamten bleiben auf ihren Posten. Die Aushebung wird allgemein sein; die Bürger, die nicht ver-heiratet sind, sowie kinderlose Witwer im Alter von 18 bis 25 Jahren werden zuerst marschieren; sie werden sich unverzüglich in den Hauptort ihres Distrikts begeben, wo sie bis zum Marschbefehl täglich in der Handhabung der Waffen ausgebildet werden.«

Zit. nach: Bernd Sösemann, Revolution und Reform. Modernisierung von Staat und Gesellschaft in Frank-reich und Deutschland um 1800, Stuttgart 1997, S. 43 f.

021 Rekrutierung durch Losverfahren. Farbkupferstich nach Hippolyte Lecomte.

022 Französische Karikatur auf die Niederlage der verbündeten Preußen und Österreicher gegen Frankreich, 1792.

137

Seit 1795 Mitglied des Direktoriums musste er 1797, belastet mit dem Vorwurf Royalist zu sein, nach Deutschland fliehen. 1800 zurückberufen und mit der Leitung des Kriegsministeriums betraut, konnte sich Carnot allerdings mit den Plänen Napoleons nicht anfreunden – hierzu war er ein zu strenger Republikaner – und trat bald von seinem Amt zurück. Nachdem ihm allerdings Napoleons Herrschaft etabliert schien, fand sich Carnot mit ihr ab, so dass dieser ihm 1814 die Verteidigung von Antwerpen übertrug und ihn sogar während seiner 100-Tage-Herrschaft als Innenminister einsetzte. Dadurch war seine Karriere nach der Restauration freilich beendet. Carnot hatte nicht nur große Bedeu-tung für und innerhalb des Wohlfahrtsausschusses sondern er war auch als Mathematiker tätig und gilt als einer der Begründer der modernen Geometrie.

2. Reformüberlegungen in Preußen vor 1806

Die Niederlage in der Doppelschlacht bei Jena und Auerstedt am 14. Oktober 1806 lieferte den konkreten Anlass für eine grundlegende Reform des preußischen Heeres. Diese aus der Notwendigkeit geborenen Reformbestrebungen konnten jedoch auf verschiedene ältere Überlegungen aufbauen, die im Wesentlichen durch zwei Faktoren angestoßen worden waren – das Gedankengut der Aufklärung und die offenkundige Überlegenheit des französischen Revolutionsheeres. Im Kern kreiste die Debatte um zwei Themenbereiche: Zum einen um das Selbstverständnis und Ansehen des Soldatenstandes in der Gesellschaft. Im Fokus stand das Verhältnis der Offiziere zur Gesellschaft. Diese Konzentration auf die Führungsschicht ist im Zusammenhang mit der Volksaufklärungsdebatte zu sehen. Sie ging davon aus, dass der Großteil der Bevölkerung unaufgeklärt sei und der Fürsprache der aufgeklärten Oberschicht bedürfe. Somit definierte sich die Stellung des Soldatenstandes insgesamt über das Ansehen des Offizierkorps. Dies bedeutete auch, dass das Fehlverhalten der gemeinen Soldaten, das etwa im Grundübel der Fahnenflucht zum Ausdruck kam, im Wesentlichen als das Produkt von begangenen Ausbildungsfehlern wahrgenommen wurde. Es schien daher möglich, dies über eine Verbesserung der Bildung des Offizierkorps zu beheben.

Zum anderen suchten die Reformer nach praktischen Möglichkeiten zur Überwindung der französischen Überlegenheit, die nach den Erfolgen des Revolutionsheeres nach 1795 zunehmend in den Vordergrund trat und die offensichtlich nicht im höheren Ausbildungsstand, sondern in anderen Faktoren wurzelte.

Ausgetragen wurde die Debatte in militärischen Fachzeitschriften und Gesellschaften – Diskussionsforen, die ihre zivilen Vorbilder in den zahlreichen Klubs und ▸ Lesegesellschaften der Aufklärung hatten. Zu den namhaftesten Zeitschriften zählte die »Militärische Monatsschrift« oder die »Militärische Gesellschaft«, die Scharnhorst entscheidend mitprägte. Unter den Autoren traten unter anderem Georg Heinrich von Berenhorst, Adam Dietrich, Heinrich von Bülow, Karl von dem Knesebeck, Ferdinand Friedrich von Nicolai, Johann Anton von Scholten und ▸ Gerhard von Scharnhorst hervor. Die Kritik am absolutistischen Militärwesen in der aufgeklärten schöngeistigen Literatur, etwa in Schillers »Kabale und Liebe«, Lenz' »Soldaten« oder ▸ Lessings »Minna von Barnhelm« weist daraufhin, dass der Diskurs auch außerhalb des Militärs geführt wurde. Über die bestehenden Wechselbeziehungen, etwa die Aufnahme militärischer Schriften durch ihre bürgerlichen Leser oder die Reflexion bürgerlichen Gedankenguts durch Lesezirkeln angehörige Offiziere ist allerdings bisher wenig bekannt.

Der Katalog der seit der Mitte des 18. Jahrhunderts vorgebrachten Reformvorschläge enthält verstreut nahezu alle Maßnahmen, die nach 1807 in Preußen durchgesetzt wurden. So machte Johann Michael von Loen schon 1744 den Vorschlag, verdiente Gemeine durch Lob als Vorbilder herauszustellen und so zur Nachahmung anzuregen. Dieser Vorschlag, heute eine Selbstverständlichkeit, beinhaltete nicht weniger, als auch den Mannschaften den bis dato lediglich dem Offizierkorps zugestandenen Ehrbegriff zuzuerkennen. Vor dem Hintergrund der zeitgenössischen Patriotismusdiskussion, die als frühe Form des Nationalismus begriffen werden kann, verfasste Thomas Abbt 1761 seine programmatische Schrift »Vom Tode für das Vaterland«. Darin

In den Lesegesellschaften der zweiten Hälfte des 18. Jahrhunderts versammelten sich die gebildeten Bürger der gehobenen Mittelschicht. Da Bücher und Zeitschriften noch relativ teuer waren, traf man sich hier um mit Gleichgesinnten die neuesten Druckerzeugnisse zu lesen. Der gesteigerte Wissensdrang den die Aufklärung mit sich brachte führte zu bunt gemischten Lesegesellschaften in denen Bürger, Adlige und Offiziere vereint waren.

Gerhard von Scharnhorst (1755–1813)

B Preußischer General – 1773 trat Scharnhorst in das Kadettenkorps des Grafen Wilhelm von Schaumburg-Lippe ein. Nach dessen Tod wechselte Scharnhorst 1777 in hannoversche Dienste und wurde dort als Lehrer an der Regimentsschule in Northeim, später an der Artillerieschule in Hannover eingesetzt. Erste praktische Erfahrungen im Offizierberuf gewann er während der französischen Revolutionskriege. 1797 legte er seine Erkenntnisse über den Charakter dieses Krieges in einer Schrift nieder. 1801 wechselte er aufgrund besserer Karrierechancen in preußische Dienste. Dort wurde er Direktor der Lehranstalt für junge Infanterie- und Kavallerieoffiziere und war maßgeblich an der Militärischen Gesellschaft beteiligt – einer Offiziergesellschaft, in der aufgeklärtes Gedankengut diskutiert wurde. Die Niederlage Preußens im Jahr 1806, die er unmittelbar in der Schlacht von Auerstedt miterlebte, brachte ihm die Chance, seine im Lauf der Jahre gereiften Reformideen gemeinsam mit einem Kreis weiterer engagierter Offiziere umzusetzen. Friedrich Wilhelm III. ernannte ihn zum Vorsitzenden der Militär-Reorganisationskommission, welche die Missstände der

023
Gerhard von Scharnhorst.
Öl auf Leinwand von
Friedrich Bury, vor 1813.

Armee aufzuklären hatte. Auf ihre Tätigkeit geht die Abschaffung des Adelsprinzips zu Gunsten der Einführung einer Leistungsprüfung in der Offizierlaufbahn ebenso zurück wie das Ideal des Staatsbürgers in Waffen, der der »natürliche Verteidiger seines Staates« sei. Dies ließ sich angesichts der Preußen nach der Niederlage auferlegten Beschränkungen nicht durchsetzen – sie suchte der inzwischen geadelte Scharnhorst durch die Einführung des Krümpersystems zu umgehen. Nach Beginn der Erhebung gegen Napoleon erlebte Scharnhorst die Realisierung seiner Volksbewaffnungspläne. Ihren vorläufigen Höhepunkt, Boyens Wehrgesetz von 1814 aber erlebte er ebenso wenig wie den Erfolg gegen die Besatzer. Scharnhorst starb auf einer Dienstreise nach Prag am 28. Juni 1813 infolge einer während der Schlacht bei Großgörschen erlittenen Verwundung.

024 Gotthold Ephraim Lessing.
Öl auf Leinwand von Anton Graff,
1771.

1 Gotthold Ephraim Lessing, »Minna von Barnhelm« (1767)

Der Auszug aus dem Lustspiel offenbart die prekäre finanzielle Situation, in der sich viele abgedankte Offiziere nach dem Siebenjährigen Krieg befanden.

»*Das Fräulein*: Ich höre, daß der Offizier, welcher durch uns verdrängt worden –
Der Wirt: Ja nur ein abgedankter Offizier ist, gnädiges Fräulein. –
Das Fräulein: Wenn schon! –
Der Wirt: Mit dem zu Ende geht. –
Das Fräulein: Desto schlimmer! Es soll ein sehr verdienter Mann sein.
Der Wirt: Ich sage Ihnen ja, daß er abgedankt ist.
Das Fräulein: Der König kann nicht alle verdiente Männer kennen.
Der Wirt: O, gewiß, er kennt sie, er kennt sie alle. –
Das Fräulein: So kann er sie nicht alle belohnen.
Der Wirt: Sie wären alle belohnt, wenn sie darnach gelebt hätten. Aber so lebten die Herren währendes Krieges, als ob ewig Krieg bleiben würde; als ob das Dein oder Mein ewig aufgehoben sein würde. Jetzt liegen alle Wirtshäuser und Gasthöfe von ihnen voll; und ein Wirt hat sich wohl mit ihnen in Acht zu nehmen. Ich bin mit diesem noch so ziemlich weggekommen. Hatte er gleich kein Geld mehr, so hatte er doch noch Geldeswert; und zwei, drei Monate hätte ich ihn freilich noch ruhig können sitzen lassen. Doch besser ist besser.«

Zit. nach: Gotthold Ephraim Lessing, Minna von Barnhelm oder das Soldatenglück. Ein Lustspiel in fünf Aufzügen, 2. Akt, 2. Szene.

139

025 Sitzung der Reorganisationskommission in Königsberg. Von links: von Boyen, Friedrich Wilhelm III., von Gneisenau, von Scharnhorst, von Grolmann, vom Stein. Chromotypie von Carl Röchling, 1896.

3. Die Preußische Heeresreform

Mit aller Deutlichkeit aber trat die Überlegenheit des französischen Militärs in dessen Siegen bei Jena und Auerstedt über die preußische Armee im Herbst 1806 zu Tage. Die während der Schlacht offenkundig gewordene preußische Führungsschwäche und das heillose Durcheinander, in dem sich die Truppen auflösten, hatten auch der politischen Führung drastisch vor Augen geführt, dass es sich um mehr als nur eine militärische Niederlage handelte. Die im Wesentlichen noch nach friderizianischen Grundsätzen aufgebaute Armee war dem französischen Heer unterlegen, weil sowohl die ihr zu Grunde liegenden gesellschaftlichen Vorstellungen als auch die in ihr angewandten Führungsgrundsätze unzeitgemäß waren.

Preußens König ▸ Friedrich Wilhelm III. befahl daraufhin mit dem ▸ »Ortelsburger Publikandum« zunächst die Feststellung und mit der Einberufung der Militär-Reorganisationskommission die Beseitigung der im erfolglosen Feldzug zu Tage getretenen Missstände. Unter dem Vorsitz des Generals von Scharnhorst, der als Generalquartiermeister des Herzogs von Braunschweig selbst bei Auerstedt gekämpft hatte, erarbeitete die Kommission ein umfassendes Reformpaket – die Preußische Heeresreform.

Eingebettet in die Gesamtreform des preußischen Staates sollte die Armee modernisiert und leistungsfähiger gemacht werden. Dass die Reformer nun weite Teile ihrer Überlegungen durchsetzen konnten, war vor allem den Sachzwängen geschuldet, die der Frieden von Tilsit von 1807 und die Pariser Konvention von 1808 diktierten. Dies erklärt auch, dass einige der Reformen nach dem Fortfall der äußeren Bedrohung wieder zurückgenommen wurden:

forderte er, dass »jeder Bürger ein Soldat, jeder Soldat ein Bürger, und jeder Edelmann Soldat und Bürger, wie man will [sei]«. Neben dieser Aufhebung der Trennung von bürgerlicher und militärischer Gesellschaft komme es darauf an, die Vaterlandsliebe und Einsatzbereitschaft zu stärken. Wiederholt wurde erfolglos vorgeschlagen, ein Milizsystem einzuführen, zuletzt von Scharnhorst selbst – ein halbes Jahr vor der vernichtenden Niederlage des altpreußischen Militärsystems bei Jena und Auerstedt.

Aber obwohl seit 1795 mit der Immediat-Militär-Organisationskommission ein Gremium existierte, dessen Auftrag in der Prüfung der Dringlichkeit organisatorischer Veränderungen lag, die sich aus dem territorialen Zugewinn der Teilung Polens ergeben könnten, fanden die Reformvorschläge kein Gehör. Fehlende Einsicht in die Notwendigkeit – schließlich konnte das preußische Militärsystem in der Summe auf langjährige Erfolge zurückblicken und war oft kopiert worden – aber auch mangelnde Bereitschaft auf Privilegien zu verzichten, können als Gründe für eine solche Unbelehrbarkeit ausgemacht werden.

026 Preußische Infanterieuniform von 1796, Zeitgenössischer, kolorierter Kupferstich.

027 Friedrich Wilhelm III. mit seiner Gemahlin Luise und den Kindern Friedrich Wilhelm, Wilhelm, Charlotte, Karl und Alexandrine. Chromotypie nach Woldemar Friedrich, 1896.

Friedrich Wilhelm III. (1770–1840) König von Preußen – Seit 1793 mit der Prinzessin Luise von Mecklenburg-Strelitz (1776–1810) verheiratet, neigte er zu bürgerlicher Einfachheit und war volkstümlich. Noch unter der Regentschaft seines Vaters Friedrich Wilhelms II. war Preußen 1795 aus der Koalition gegen das revolutionäre Frankreich ausgetreten. Friedrich Wilhelm III. beließ es dabei, was ihm das Wohlwollen Napoleons und Preußen Gebietsgewinne in den Jahren 1803 und 1805/06 einbrachte. 1806 trat er jedoch in den Krieg gegen Napoleon ein, der ihm eine Niederlage in der Schlacht von Jena und Auerstedt beibrachte. Seine Frau Luise floh daraufhin mit ihren Kindern nach Königsberg und Memel. Während der Friedensverhandlungen in Tilsit versuchte sie 1807 vergeblich, von Napoleon mildere Friedensbedingungen für Preußen zu erreichen. Die preußische Monarchie verlor die Hälfte des Landes und war an einem Tiefpunkt angelangt. Friedrich Wilhelm ermöglichte nun Reformen in Verwaltung und Militär, die auch von seiner Frau begrüßt wurden, die jedoch gesundheitlich geschwächt, 1810 unerwartet starb. Durch ihr patriotisches Engagement und anmutiges Wesen war sie sehr populär und wurde bereits zu Lebzeiten zur Symbolfigur der Freiheitskriege idealisiert. Nach ihrem Tod wurde Luise als Verkörperung weiblicher Tugend und Vaterlandsliebe mystifiziert. Friedrich Wilhelm schloss sich nur zögernd dem Bündnis Russlands und Österreichs gegen Frankreich an. Nach dem Wiederaufstieg Preußens verzichtete er auf die Fortführung der Reformen zu Gunsten der Restauration.

---

1 Friedrich Wilhelm III., »Ortelsburger Publicandum« (1. Dezember 1806)

Der preußische König erließ knapp zwei Monate nach der Niederlage bei Jena und Auerstedt verschiedene Beschlüsse, die Missbräuche in der Armee abstellen sollten.

»Um aber ähnlichen Pflicht-Vergessenheiten für die Zukunft vorzubeugen, haben Seine Königl. Majestät folgende Beschlüsse gefaßt: [...]
9. So lange der Krieg dauert, wird der Unteroffizier und Gemeine, wenn er sich durch Gewandheit und Geistes-Gegenwart besonders auszeichnet, so gut Officier, wie der Fürst. Nur der, welcher Verbrechen begangen, ist dem Officier-Range ausgeschlossen.
10. Wer sich ausgezeichnet hat und vor dem Feinde bleibt, dessen Wittwe erhält eine Pension, die mit dem Grade, den ihr Mann bekleidete, im Verhältniß steht.
11. Daß alle subordinationswidrige Vergehungen regelmäßig und auf daß allerstrengste bestraft werden müssen, sollte eigentlich bereits einem jeden hinlänglich bekannt seyn. Da aber die Erfahrung in dieser letzten Zeit mehrmals das Gegentheil bewiesen, so wird es hiermit auf das Bestimmteste in Erinnerung gebracht, damit sich ein jeder vor Schaden hüte.
12. Geld-Erpressungen, Plünderungen, Mißhandlungen des Bürgers oder Landmannes und dergleichen grobe Excesse werden mit dem Tode bestraft.
Dieses Publikandum, welches zur Wissenschaft eines jeden Officiers bestimmt ist, muß bei einem jeden Korps vorgelesen werden, und hat jeder einzeln hiervon Abschrift zu nehmen, um sich darnach zu richten. Aus diesem Publikando ist ein Auszug zu machen, der diejenigen Punkte enthält, die zur Wissenschaft der Unterofficiere und Gemeine, wie auch der sämmtlichen Armee-Knechte bestimmt sind, und der ihnen in ihrer Landessprache deutlich vorgelesen werden muß. Letzteres ist alle 8 oder 14 Tage zu wiederholen, und muß ein Gleiches mit der früheren Verordnung wegen der Verdienst-Medaillen geschehen.
Ortelsburg, den 1. December 1806.
Friedrich Wilhelm«

Zit. nach: 1806. Das preußische Offizierkorps und die Untersuchung der Kriegsereignisse. Im Auftrag des Großen Generalstabs hrsg. von der Kriegsgeschichtlichen Abteilung, Berlin 1906, S. 7–10

141

In erster Linie ist hier das nicht eingelöste Verfassungsversprechen von 1813 zu nennen, mit dem das nach mehr Teilhabe strebende Bürgertum zum Wehrbeitrag motiviert wurde. Zu den Defiziten zählte aber auch, dass es nur unvollständig gelang, den Wehrbeitrag des Bürgertums in das professionelle Militär zu integrieren. Vielmehr wurde mit der Einführung der dem Bürgertum vorbehaltenen Jägertruppen und Landwehr sowie der Absicht, einen Landsturm ins Leben zu rufen, der Weg beschritten, ein »Parallelsystem« (Dierk Walter) zum professionellen Militär zu etablieren.

Noch 1806 wurde das adlige Standesprivileg abgeschafft und das Offizierkorps für Bürgerliche geöffnet. Zudem erhielten bewährte Unteroffiziere für Kriegszeiten die Möglichkeit zum Laufbahnwechsel.

Für Mannschaften und Unteroffiziere sollte durch die Erhebung vom Zwangs- zum Ehrendienst die Attraktivität einer militärischen Laufbahn erhöht werden. Dies bedurfte zunächst einer Modernisierung und Humanisierung der entehrenden Militärjustiz. Programmatisch forderte ▶ Wilhelm Anton Neidhard von Gneisenau in einer Denkschrift die »Freiheit der Rücken«. Das zur Disziplinierung bis dahin weit verbreitete Prügeln wurde damit weitgehend abgeschafft. Zugelassen war es nur noch, wenn zuvor ein Soldat, der sich besonders schwerer Vergehen schuldig gemacht hatte, durch ein Standgericht zum Soldaten zweiter Klasse degradiert worden war.

Zusätzlich sollten die Soldaten sich dem Gemeinwesen, für das sie kämpften, verbunden fühlen. Wie in Frankreich wurde nun die »Idee der Nation« betont und als Ausdruck dessen ein National-Militärabzeichen eingeführt. Dieser Wandel vom Untertanen zum Staatsbürger ließ sich freilich nicht in einem Zuge und lediglich auf das Militär beschränkt durchführen. Er konnte nur gelingen, wenn die Beziehung von Untertan und Obrigkeit auch in anderen Bereichen modernisiert wurde. Die Reform des Bildungswesen gehört ebenso in diesen Kontext wie die Reform der Gesellschaft, vor allem die Aufhebung der ▶ Erbuntertänigkeit der Landbevölkerung. Mit der Formulierung des »dreifachen Primats der Waffen, der Konstitution und der Wissenschaft« (Elisabeth Fehrenbach) brachte Gneisenau in einem Brief an den Publizisten Ernst Moritz Arndt 1814 diese Notwendigkeit auf eine griffige Formel.

Waren die Bedingungen des Friedens von Tilsit und die Auflagen der Pariser Konvention auf der einen Seite der Motor der Militärreformen, weil sie zum Beschreiten neuer Wege zwangen, so waren sie auf der anderen Seite deren Bremse, weil sie durch die Festlegung der Höchststärke von 42 000 Mann und das Verbot einer Miliz die Möglichkeiten erheblich einschränkten. Mit dem Krümpersystem ersann Scharnhorst einen Weg, die Zahl der ausgebildeten Mannschaften zu erhöhen und damit die Aufwuchsfähigkeit zu verbessern, ohne vertragsbrüchig zu werden. Es sah vor, jährlich einen gewissen Anteil der Mannschaften nach kurzer Ausbildungszeit zu beurlauben und durch ungedientes Personal zu ersetzen. Da die Ausbildungszeit der Krümper, die in der ersten Kabinettsordre vom 6. August 1808 auf einen Monat festgelegt worden war, bis 1812 mehrfach wechselte, und auch ihre Anzahl, die sich ursprünglich auf drei bis fünf Mann je Kompanie belaufen sollte, uneinheitlich war, lässt sich heute nicht mehr sagen, wie viel Personal durch dieses System zusätzlich erschlossen wurde: die Angaben schwanken zwischen 30 000 und 150 000. Von Bedeutung ist, dass seine Einführung den aus der Not geborenen

---

Erbuntertänigkeit bezeichnet das Abhängigkeitsverhältnis der Bauern von ihren adligen oder geistlichen Grundherren, welches der Leibeigenschaft ähnelt und insbesondere in West- und Ostpreußen weit verbreitet war. Die Bauern hatten Abgaben und Frondienste zu leisten. Selbst zu einer Heirat mussten sie die Zustimmung ihrer Herren einholen. Die Bauernstellen wurden nicht geteilt, im Todesfall wählte der Grundherr aus dem Kreis der Erben einen Nachfolger. De jure wurde die Erbuntertänigkeit 1807 im Zuge der Bauernbefreiung aufgehoben.

Wilhelm Anton (1814) Graf Neidhardt von Gneisenau (1760–1831)
Preußischer Generalfeldmarschall und Heeresreformer – Neidhardt von Gneisenau trat 1786 in preußische Dienste. 1807 machte er sich als Verteidiger von Kolberg einen Namen. Im gleichen Jahr wurde er in die Militär-Reorganisationskommission berufen und nahm mit Gerhard Johann David Scharnhorst und anderen die Arbeit an der großen Heeresreform auf. Als Generalmajor und Zweiter Generalquartiermeister unter General Blücher war er dann 1813 maßgeblich an der Planung der siegreichen Operationen an der Katzbach und bei Leipzig sowie an der Verfolgung Napoleons bis zum Rhein beteiligt. Er trug entscheidend zur Niederlage Frankreichs in der Schlacht von Waterloo am 18. Juni 1815 bei. Von den Verhandlungen auf dem Wiener Kongress hatte sich Gneisenau einen Vergeltungsfrieden erhofft, mit dem Frankreich auf lange Zeit niedergehalten werden sollte. 1816 reichte er seinen Abschied ein und zog sich vorerst ins Privatleben zurück. Den Höhepunkt seiner militärischen Laufbahn stellte die Ernennung zum Generalfeldmarschall (1825) dar, mit der er zum zehnten Jahrestag der Schlacht von Waterloo geehrt wurde. Ein letztes Mal wurde Gneisenau 1831 zur Abwehr des polnischen Aufstandes militärisch aktiv. Mit dem Oberbefehl des I., II., V. und VI. Armeekorps betraut, teilte er jedoch das Schicksal vieler Soldaten beider Seiten und starb im August 1831 an der Cholera.

028 August Wilhelm Anton Graf Neidhardt von Gneisenau, Öl auf Leinwand von Marie von Clausewitz.

029 Erste Militärstrafe – Wie ein ehrlicher Mann Prügel empfängt. Radierung von Daniel Chodowiecki, 1776.

1 Wilhelm Anton Graf Neidhard von Gneisenau, »Freiheit der Rücken« (9. Juli 1808)
Die Ablehnung entehrender Strafen war eines der Hauptanliegen der preußischen Heeresreformer.

»Vor zwanzig Jahren begann das Wort Freiheit durch Europa zu tönen. Wir fühlen seine Erschütterungen noch, obgleich dem Wort nun ein ganz anderer Sinn untergelegt ist. Laßt uns unsern Blick abwenden von dieser Freiheit so mancherlei Gestalt und Art, und uns mit der Freiheit der Rücken beschäftigen, die wahrlich einer aufgeklärten Nation nicht unwürdig ist.
Man hält es hie und da immer noch für unmöglich, bei dem Deutschen Kriegswesen die Stock- und Spitzruthenstrafen abzuschaffen. Während die Milde unserer Gesetzgebung den Händen der Frohnvögte den Stock entwindet, während unser Strafkodex nur noch den Diebstahl mit Schlägen bei gemeinen Verbrechen belegt; während ein Stockschlag in allen Ständen für eine empörende Beschimpfung gilt, will man im ehrenvollsten aller Vereine eine Bestrafung noch beibehalten wissen, welche so sehr den Begriffen des Zeitalters widerstrebt.«

Zit. nach: Georg Eckert, Von Valmy bis Leipzig. Quellen und Dokumente zur Geschichte der preußischen Heeresreform, Hannover 1955, S. 135 f.

143

030 Zweite Militärstrafe – Wie ein Schurke Prügel empfängt. Radierung von Daniel Chodowiecki, 1776.

Bruch des preußischen Königs nebst maßgeblicher Militärs mit dem Dogma darstellte, dass nur langgediente professionelle Soldaten für den Militärdienst geeignet seien.

Erst als der preußische General Ludwig (Graf 1814) von Yorck , der auf Napoleons desaströsem Russlandfeldzug das preußische Hilfskorps befehligt hatte, dieses nach Verhandlungen mit dem in russischen Diensten stehenden General Johann (Graf 1825) von Diebitsch, eigenmächtig für zwei Monate neutralisierte wurde durch den damit vollzogenen offenen Bruch mit Frankreich der Weg zur faktischen Einführung der allgemeinen Wehrpflicht in Preußen frei. Gemeinsam mit dem außenpolitischen Berater des russischen Zaren Alexander I., dem ehemaligen preußischen Staatsminister Reichsfreiherr ▸ Karl vom und zum Stein, rief Yorck in Königsberg die allgemeine Landwehr aus und forderte damit zur Bildung von Milizen auf. Yorck tat dies aus tiefstem Pflichtgefühl dem preußischen Staat und König gegenüber, aber wohl wissend, dass ihn dies seinen Kopf kosten könnte. Gedrängt von seinen der fünfjährigen französischen Fremdherrschaft überdrüssigen Beratern aber folgte Friedrich Wilhelm III. dem Beispiel Yorcks und rief am 3. Februar 1813 zur Bildung »Freiwilliger Jäger-Detaschements« auf. Der Aufruf räumte wehrfähigen Bürgern, die sich selber ausrüsten konnten, die Möglichkeit ein, für mindestens ein Jahr in einem solchen Jägertruppenteil dienen zu können. Die Freiwilligkeit sollte allerdings nicht überbewertet werden, da die am 9. Februar 1813 erlassene Aufhebung bisher bestehender Exemtionen für die Dauer des Krieges ohnehin zum Wehrdienst verpflichtete. Hiermit wurden alle Männer zwischen dem vollendeten 17. und noch nicht vollendeten 24. Lebensjahr zu den Waffen gerufen, was die faktische Einführung der allgemeinen Wehrpflicht in Preußen bedeutete.

Im Aufruf ▸ »An mein Volk«, den Friedrich Wilhelm III. auf Initiative der Reformer am 17. März 1813 erließ, betonte er die Bedeutung, die der Bevölkerung im bevorstehenden Kampf zugemessen wurde. Dies unterstrich er mit der Stiftung des »Eisernen Kreuzes«, der ersten Auszeichnung in Preußen, die auch gemeinen Soldaten verliehen werden konnte. Zugleich verwies das bewusst auf den Geburtstag der verstorbenen Königin Luise rückdatierte Stiftungsdatum auf den eigentlichen Zweck der Auszeichnung: die Motivation zum Kampf gegen die französische Unterdrückung. Denn schon zu Lebzeiten galt Luise als Führerin der antifranzösischen Partei am preußischen Hof, ihr früher Tod im Jahr 1810 hatte die Legendenbildung um ihre Person und ihre Popularität noch befördert und wurde nun entsprechend instrumentalisiert.

Weitere Schritte zur Bewaffnung der Gesamtbevölkerung folgten: Am 18. März wurde die Einrichtung von Landwehrregimentern befohlen, im Folgemonat die Aufstellung eines alle bisher nicht erfassten Wehrfähigen im Alter zwischen dem 15. und 60. Lebensjahr umfassenden »Landsturmes«. Sie setzten am konsequentesten die Ideen der Wehrhaftmachung der Nation um. Im Stile herkömmlicher Milizen und Bürgerwehren sollten sie vorrangig zur Heimatverteidigung eingesetzt werden. Genossenschaftliche Elemente, wie die Wahlmöglichkeit der Offiziere bis zur Ebene der Kompaniechefs und Vorschlagsrecht für die höheren Stellen trugen dem neuen Selbstverständnis des Bürgertums Rechnung. Die Schaffung einer vor allem den bisher ausgenommenen Ständen vorbehaltenen Parallelarmee, die gleichsam ein Bündnis mit dem von diesen bislang so argwöh-

144

Friedrich Karl Reichsfreiherr vom und zum Stein (1757–1831)
B Preußischer Staatsminister – Als Finanzminister suchte er ab 1804 den preußischen Staat für die sich abzeichnende Auseinandersetzung mit Frankreich zu rüsten. Aus Abneigung gegen den Regierungsstil Friedrich Wilhelms III. lehnte er nach der Niederlage von 1806 die Übernahme des Ressorts der äußeren Angelegenheiten ab. Nach dem Frieden von Tilsit berief der König ihn auf Drängen Napoleons zum Staatsminister. Zu seinen ersten Reformmaßnahmen gehörte die Bauernbefreiung

031 Karl Reichsfreiherr vom und zum Stein.
Öl auf Leinwand von Johann Christoph Rincklake, 1804.

032 Der König Friedrich Wilhelm III., begleitet von Zar Alexander von Russland, wird von den Freiwilligen bejubelt. Holzstich nach dem Gemälde von Georg Bleibtreu.

1 Friedrich Wilhelm III., »An mein Volk« (17. März 1813)
Mit dem Aufruf wandte sich erstmals ein preußischer König direkt an seine Untertanen. Der Einzelne wurde aufgefordert, sich am Kampf gegen Napoleon zu beteiligen.

»Jetzt ist der Augenblick gekommen, wo alle Täuschung über unsern Zustand aufhört. Brandenburger, Preußen, Schlesier, Pommern, Litthauer! Ihr wißt was Ihr seit fast sieben Jahren erduldet habt, Ihr wißt was euer trauriges Loos ist, wenn wir den beginnenden Kampf nicht ehrenvoll enden. Erinnert auch an die Vorzeit, an den großen Kurfürsten, den großen Friedrich. Bleibt eingedenk der Güter, die unter ihnen unsere Vorfahren blutig erkämpften: Gewissensfreiheit, Ehre, Unabhängigkeit, Handel, Kunstfleiß und Wissenschaft. [...] Große Opfer werden von allen Ständen gefordert werden: denn, unser Beginnen ist groß, und nicht geringe die Zahl und die Mittel unserer Feinde. Ihr werdet jene lieber bringen, für das Vaterland, für Euren angebornen König, als für einen fremden Herrscher, der wie so viele Beispiele lehren, Eure Söhne und Eure letzten Kräfte

033 »An mein Volk.«
Abdruck in der Schlesischen Privilegierten Zeitung, Nr. 34 (20.März).

Zwecken widmen würde, die Euch ganz fremd sind. Vertrauen auf Gott, Ausdauer, Muth, und der mächtige Beistand unserer Bundesgenossen, werden unseren redlichen Anstrengungen siegreichen Lohn gewähren. Aber, welche Opfer auch von Einzelnen gefordert werden mögen, sie wiegen die heiligen Güter nicht auf, für die wir sie hingeben, für die wir streiten und siegen müssen, wenn wir nicht aufhören wollen, Preußen und Deutsche zu seyn. Friedrich Wilhelm. Breslau, den 17. März 1813«

Zit. nach: Die Erhebung gegen Napoleon: 1806–1814/15. Hrsg. von Hans-Bernd Spies, Darmstadt 1981, S. 254 f.   145

durch die Abschaffung der Erbuntertänigkeit. Wenig später folgte die Schaffung eines Staatsministeriums mit Fachressorts an Stelle der Kabinettsregierung. Weitere Reformen konnte Stein nicht mehr umsetzen. Nach einem guten Jahr Regierungszeit fiel den Franzosen ein Brief Steins in die Hände, in denen er Aufstandspläne diskutierte. Geächtet floh er nach Russland, wo er außenpolitischer Berater Alexanders I. wurde. Als solcher konnte er gemeinsam mit Clausewitz diesen nach seinem Erfolg gegen Napoleon 1812/13 dazu veranlassen, den Kampf über die russischen Landesgrenzen hinaus fortzuführen. Gemeinsam mit Yorck rief er 1813 nach der Konvention von Tauroggen die ostpreußischen Stände zur Aufstellung einer Landwehr auf, anschließend konnte er als Gesandter Alexanders I. den preußischen König veranlassen, Yorcks eigenmächtigen Bündniswechsel gutzuheißen und sich mit Russland gegen Napoleon zu verbünden. Später trat er kaum noch politisch in Erscheinung.

Der Luisenkult

Die Instrumentalisierung der Freiheitskriege seitens des Staates begann im Kaiserreich. Seit der Reichsgründung 1871 stand Königin Luise von Preußen im Zentrum der Erinnerung an die Zeit der Freiheitskriege. Die 1810 jung verstorbene Königin war für die Hohenzollern wie auch für die reichsdeutsche Nation eine herausragende Symbolgestalt. Luise verkörperte den ungebrochenen Durchhaltewillen Preußens während der napoleonischen Fremdherrschaft. Der preußische König Friedrich Wilhelm III. stiftete das Eiserne Kreuz 1813 am Geburtstag seiner drei Jahre zuvor verstorbenen

035 Kasten aus Holz und Glas einen Kamm sowie eine Haarlocke der Königin Luise enthaltend. Ausstellungsstück des Hohenzollern-Museums.

034 Luise, Königin von Preußen. Pastellgemälde von Henriette Felicite Robert, 1797.

Gattin. Die Stiftung des Ordens verband die stets aufrechte Haltung von Königin Luise mit dem bevorstehenden Befreiungskampf Preußens gegen das napoleonische Frankreich. Die Tradition der Verbindung von Eisernem Kreuz und dem Gedenken an Luise führte Wilhelm I. fort, als er 1870 am Vorabend des Feldzuges gegen Frankreich, demonstrativ das Mausoleum der Mutter besuchte und an ihrem marmornem Sarkophag in stiller Einkehr verweilte, und die Erneuerung des Eisernen Kreuzes auf ihren Geburtstag legte.

Bei Ausbruch des Deutsch-Französischen Krieges schlug die patriotische Begeisterung in Deutschland ähnlich hohe Wellen wie während der Freiheitskriege. Zum hundertjährigen Jubiläum der Erhebung gegen die Herrschaft Napoleons wurde 1913 auch einer der ersten deutschen Kinofilme über das Leben von Königin Luise gedreht. Der Kult um Königin Luise wurde nach 1918 in bürgerlich-konservativen Kreisen weiter gepflegt. Die Deutschnationale Volkspartei machte 1920 sogar mit dem Porträt von Königin Luise Wahlwerbung. Das Andenken an die preußische Monarchin wurde vom 1923 gegründeten Königin-Luise-Bund bewahrt. Aber die Nationalsozialisten lösten den monarchistischen Bund bereits 1934 wieder auf. In der Folgezeit verblasste die Erinnerung an Königin Luise von Preußen und selbst ihre in den 50er Jahren erneut verfilmte Biografie vermochte nicht an den Kult der Kaiserzeit anzuknüpfen. Nach dem Zweiten Weltkrieg wurde weder in Ost- noch in Westdeutschland der Versuch unternommen, den Luisen-Kult des Kaiserreichs weiter zu führen. Luise war zu einer Gestalt der Geschichte unter vielen anderen geworden.

036 Eisernes Kreuz 2. Klasse am Kämpferband (Avers). Silber und lackiertes Eisen, Königreich Preußen, 1813.

037 Königin Luise empfängt bei Berlin am 18. September 1806 ihr Dragonerregiment. Chromotypie nach Richard Knötel, 1896.

038 Der Königin Luise gewidmete Raum 14 des Hohenzollern-Museums. Foto, 1905.

Das Völkerschlachtdenkmal

Die »Völkerschlacht« bei Leipzig vom 16. bis 18. Oktober 1813 war der Höhepunkt des Kampfes gegen Napoleon auf deutschem Boden. Die historischen Ereignisse der Freiheitskriege und die »Völkerschlacht« spielten im Bewusstsein des patriotisch gesinnten Bürgertums des Kaiserreichs eine wichtige Rolle. Davon zeugte eine Vielzahl unterschiedlichster Denkmäler und natürlich besonders das 1913 eingeweihte Völkerschlachtdenkmal. Das Monument sollte an die Befreiungskriege gegen Napoleon erinnern und die Botschaft vom Kampf um die Einheit der Nation, der nach jahrzehntelangen innen- und außenpolitischen Auseinandersetzungen im Deutschen Reich sein Ende und Ziel gefunden haben sollte, transportieren. Das Völkerschlachtdenkmal erfuhr gegen Ende des Ersten Weltkrieges eine deutlich Wandlung seiner Symbolik. Es diente nun als symbolisches Grabmal der Gefallenen des Krieges. Das Völkerschlachtdenkmal wurde in der Zeit der Weimarer Republik, vormals Monument der Einheit und Größe der deutschen Nation, zum Sinnbild des verlorenen Ruhmes, zur Allegorie für die Opfer des Weltkrieges. Nach 1933 nutzten die Nationalsozialisten das Völkerschlachtdenkmal für verschiedene Veranstaltungen und Aufmärsche. So wurde das Denkmal als Erinnerungsort der Freiheitskriege gegen Ende der dreißiger Jahre verstärkt zum Sinnbild einer kämpferischen Grundhaltung gemacht. Nach dem Beginn des Zweiten Weltkrieges wandelte es sich zum Symbol für Wehrhaftigkeit und Siegeszuversicht.

039 Das 1913 eingeweihte Völkerschlachtdenkmal. Bildpostkarte um die Jahrhundertwende.

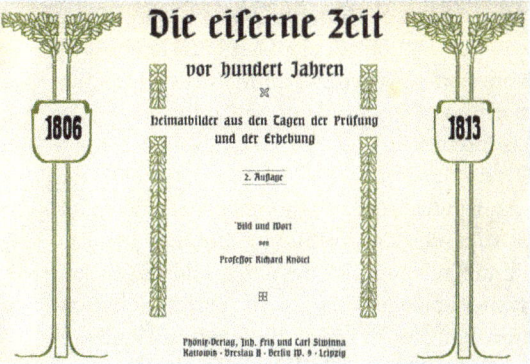

040 Titelblatt einer Publikation anläßlich des Jubiläums der »Völkerschlacht«, 1913.

041 Die Stiftung des Scharnhorstordens am zehnten Jahrestag der NVA unterstreicht die Bedeutung, die den Freiheitskriegen in der DDR zuerkannt wurde.

Erinnerungskultur der DDR

In der DDR begann die SED das historische Ereignis der »Völkerschlacht« und die Symbolik des Denkmals zur Popularisierung ihrer politischen Ziele einzusetzen. Die Erinnerung an die Freiheitskriege und die »Völkerschlacht« standen in der DDR einerseits für die deutsch-russische Waffenbrüderschaft, weil Russland sowohl 1813 als auch 1945 als Befreier des deutschen Volkes und damit als natürlicher Bündnispartner dargestellt wurde, andererseits für das politische Ziel der DDR-Führung eines sozialistischen Gesamtdeutschlands, weil nur die DDR als legitime Nachfolgerin der nationalen Befreiungsbewegung von 1813 gesehen wurde. Außerdem diente das Völkerschlachtdenkmal bis 1989/90 als Ort der Traditionspflege der NVA. Seit der Wiedervereinigung 1990 ist das Völkerschlachtdenkmal nur noch ein imposantes Bauwerk und dient als Aussichtsturm und Touristenmagnet.

042 Gedenkveranstaltung mit Soldaten der NVA am Grabe Theodor Körners in Wöbbellin am 26. August 1984. Foto von Frank Zetzsche.

nisch begutachteten stehenden Heer eingehen sollte, ohne in ihm aufzugehen, weist noch einmal auf die Vorbehalte des Bürgertums hin. Im laufenden Krieg blieben die neuen Einrichtungen allerdings in ihrem Wert beschränkt. Zum Einen, weil der Krieg beendet war, bevor die Maßnahmen voll umgesetzt werden konnten, zum Anderen, weil gerade das Offizierkorps, auf dessen Mitarbeit trotz aller Reformen nicht verzichtet werden konnte, starke Bedenken gegenüber diesen Maßnahmen hatte. Insbesondere die von Gneisenau maßgeblich bestimmten Landsturmgedanken, die vor dem Hintergrund der ▸ Volksaufstände in Österreich und Polen eine Art von oben gelenkten Partisanenkampf vorsahen, schienen viel zu radikal und wurden noch vor der Umsetzung im Juli 1813 wieder eingeschränkt und im Kern auf eine Reserve für die Landwehr reduziert. Die Radikalität der ursprünglichen Bestimmungen, die eine Totalisierung der Kriegführung anordnete, verweist darauf, wie weit sich das Kriegsbild inzwischen vom Kabinettskrieg des 18. Jahrhunderts entfernt hatte. Auch kamen die Landwehrregimenter nicht wie ursprünglich vorgesehen getrennt von den Linienregimentern zum Einsatz. Vielmehr wurden ihre Soldaten mit Zunahme der Verluste in den beiden Feldzügen des Jahres 1813 der Linie unterstellt. Im Herbstfeldzug wurden sogar gemischte Brigaden aus je einem Linien- und einem Landwehrregiment aufgestellt. Aus dem Parallel- wurde somit ein Kombinationssystem (Dierk Walter), allerdings weniger aus Überzeugung statt aus Sachzwängen.

Der in den Freiheitskriegen begonnene Neuentwurf der Heeresaufbringung wurde trotz seines ursprünglich provisorischen Charakters richtungsweisend für die folgenden 50 Jahre. 1814 wurde von Hermann von Boyen, vormals Mitglied der Militär-Reorganisationskommissi-

on und nun Kriegsminister, ein Gesetz entworfen, mit dem in Preußen tatsächlich die allgemeine Wehrpflicht eingeführt wurde. Es schien der günstigste Weg, auf dem gerade begonnenen Wiener Kongress trotz knapper Gelder Preußens Großmachtanspruch zu unterstreichen, indem es militärische Stärke demonstrierte. 1815 folgte eine neue Landwehrordnung. Die Gesetze sahen neben der Linie den Beibehalt der Landwehr vor und schufen damit Institutionen, die im Folgenden zwei sich ergänzende Prinzipien zur Einbindung der gesamten Nation in die Verteidigung des Landes bildeten. Über die Variation der Dauer, die der Einzelne in den verschiedenen Wehrorganisationen – Linie, Landwehr 1. und 2. Aufgebot sowie Landsturm – über den Zeitraum von 19 Jahren zu dienen hatte, war ein flexibles Wehrsystem geschaffen worden, das den Bedrohungsszenarien und Finanzverhältnissen angepasst werden konnte. Nach wie vor standen die einzelnen Organisationen trotz dieser wechselseitigen Ergänzung in einem Spannungsverhältnis zueinander. Auf der einen Seite konservative Militärs, die auf der Sonderrolle der bewaffneten Macht im Staat beharrten. Auf der anderen Seite das Bürgertum, das sich zwar zum Waffendienst bereit fand, diesen aber im Zuge seines neu erwachten Selbstverständnisses ausgestaltet wissen wollte. Langfristig behielt das alte Militär – entgegen Boyens mit dem Erhalt der Landwehr verfolgten Absichten – die Oberhand. Aus Protest gegen diese restaurativen Strömungen trat er 1819 zurück. Die Wehrpflicht hatte also nicht dazu geführt, dass das Militär verbürgerlicht wurde. Vielmehr entwickelte sich die preußische Gesellschaft dahin, dass militärische Ideen und adelige Verhaltensweisen in die bürgerliche Welt getragen und der preußische Staat insgesamt militarisiert wurde.

Andreas Hofer, »Aufruf« (18. August 1809)
Als Oberkommandant von Tirol rief Hofer die Bevölkerung zum organisierten Widerstand gegen Napoleon auf.

»Da wir nun mit Gottes Hilfe den Feind geschlagen und von unsern lieben Vaterlande vertrieben haben, so ist es also sehr nothwenig, darauf bedacht zu seyn und auf Mittel zu denken, daß das liebe Vaterland künftig hin geschützt, uns vor allen feindlichen Einfällen bewahret werde.

Dieses zu erzwecken ist also das Nothwendigste, daß alle waffenfähige Mannschaft von 18 bis 60 Jahren ordentlich beschrieben, in Compagnien eingetheilt, zu jeder Compagnie taugliche und rechtschaffene Offiziere gewählt, und die Standeslisten an den Unterzeichneten eiligst eingeschickt werden.

Diejenigen aber, welche zu alt oder zum Dienste untauglich sind und Vermögen besitzen, sollen gehalten seyn, den ausrückenden Compagnien eine billige Zulage (welche nach Verhältniß von der Orts-Obrigkeit bestimmt werden solle) zu geben.

043 Andreas Hofer.
Zeitgenössische
Lithografie von
Johann Georg Schedler.

Es ist hier auch zu bemerken, daß jeder Compagnie-Mannschaft frey stehe, ihre Offiziere selbst zu wählen. – Dagegen wird der Mannschaft schärfstens aufgetragen, dieselben gehörig zu respektiren, und ihre Befehle genau zu vollziehen: denn Widerspenstige und Ungehorsame werden in Zukunft gehörig bestraft werden.

Jeder vernünftige Mensch wird und kann sich wider diese Verordnung nicht auflehnen - denn ohne Ordnung, ohne Respect und Unterwerfung gegen seine Obern, kann nichts Gutes ausgeführt werden.

Ordnung ist die Seele der Geschäfte.

Lieben Brüder, überlegt es selbst! wenn unter uns Uneinigkeit und Zwietracht herrscht: was würde in der Folge daraus werden? innerlicher Krieg, Zerstörung, Mord und Todtschlag würden die unausbleiblichen Folgen seyn – wie es dem vorher glücklichen Frankreich ergangen ist.

Ueberdenkt und überlegt es also wohl, und laßt uns daher mit vereinten Kräften arbeiten, den Segen des Himmels anflehen – und dann werden wir unsere gute Sache glücklich ausführen.«

Zit. nach: Die Erhebung gegen Napoleon: 1806–1814/15. Hrsg. von Hans-Bernd Spies, Darmstadt 1981, S. 154 f.

044 Andreas Hofer und
die Tiroler. Kolorierte
Kreidelithografie
von R. Weibezahl, 1832.

S Zur Tiroler Erhebung kam es nach der Kriegserklärung Österreichs an Frankreich 1809. Der Volksaufstand richtete sich gegen die französisch-bayerischen Machthaber, die Tirol von Österreich getrennt hatten. Unter der Führung Andreas Hofers, eines Tiroler Gastwirts, wurden die mit Frankreich verbündeten bayerischen Besatzer vertrieben und die französische Armee bei ihrem Wiedereroberungsversuch am Berg Isel geschlagen. Hofer stieg durch den militärischen Erfolg zum Volkshelden und Regenten von Tirol auf. Nach der Niederlage Österreichs wurde Tirol im Frieden von Schönbrunn wiederum den Bayern zugesprochen und von französischen Truppen besetzt. Die Tiroler setzten ihren Widerstand fort, wurden aber besiegt. Hofer floh, konnte jedoch 1810 von den Franzosen gefangen genommen und vor ein Kriegsgericht gestellt werden. Im November 1810 wurde er in Mantua (Italien) hingerichtet.

149

045 Andreas Hofers Tod.
Bildpostkarte.
Farbdruck, um 1910.

4. Das Heerwesen in den Rheinbundstaaten am Beispiel Bayerns

Die Personalaufbringung des bayerischen Heeres war in den neunziger Jahren des 18. Jahrhunderts von denselben Missständen betroffen, wie wir sie auch in den meisten anderen Territorien antreffen: Der Truppenkörper bestand zumeist aus angeworbenen Söldnern ohne innere Bindung an den Dienstherren, Untertanen des Landes, die »Landeskinder«, wurden nur dann zum Dienst verpflichtet, wenn sie aus Sicht der Herrschenden nichts zu dessen Wohlfahrt beizutragen vermochten.

Mit seinem Regierungsantritt unternahm der bayerische Kurfürst Maximilian IV. Josef, seit 1806 als ▸ Maximilian I. Joseph König von Bayern, der ursprünglich keine Aussichten auf die Thronfolge gehabt und zunächst in französischen Diensten als Offizier Karriere gemacht hatte, den Versuch, das bayerische Militärwesen grundlegend zu reformieren. Neben einer Umstrukturierung der Truppen wählte auch er den in Preußen verfolgten Ansatz einer Reform des Offizierkorps, das sich vom preußischen allerdings durch den wesentlich geringeren Adelsanteil unterschied. Der Kauf von Offizierstellen wurde untersagt, die Ausbildung umgestaltet und die Qualifikationskriterien neu definiert. Für die Unteroffizierausbildung wurde eigens eine Schule eingerichtet. Eine 1802 einberufene Reorganisationskommission erhielt den Auftrag, das Heer so zu formieren, dass es bei einer Stärke von 16 000 Mann mit 4,5 Millionen Gulden finanziert werden könnte. Vor allem das bestehende System der Personalaufbringung stand dem jedoch entgegen. Schon im ersten Jahr der Reform wurde der Haushalt um fast 30 Prozent überschritten. Dies stellte den wesentlichen Anstoß zur Übernahme des preußischen Kantonsystems dar und 1804/5 wurde unter der Federführung des verantwortlichen Staatsministers ▸ Maximilian von Montgelas das von Friedrich von Zentner konzipierte »Militär-Kantons-Reglement« eingeführt. Wie das preußische Vorbild gewährte es zahlreiche Exemtionen und war daher von einer allgemeinen Wehrpflicht weit entfernt. Anders als Preußen verzichtete Bayern aber vollständig auf die Anwerbung von Ausländern. Das bayerische Heer erhielt so relativ früh eine starke national-bajuwarische Prägung. Dies trug erheblich zur Integration seiner nach dem Beitritt zum Rheinbund und der Erhebung zum Königreich im Jahre 1806 hinzugewonnenen Neubürger bei. Als sichtbares Zeichen des Bündnisses zwischen Nation und Militär wurde die weiß-blaue Kokarde an den Kopfbedeckungen eingeführt. Zeitgleich markiert es aber auch das Ende der Selbstständigkeit des bayerischen Heeres – nur im Frieden führte der König noch den Oberbefehl, im Krieg aber ging dieser auf Napoleon über.

1808 erhielt das Königreich Bayern eine Verfassung, die einer französischen Einmischung zuvorkommen sollte, aber nie über den Charakter einer Scheinkonstitution hinauskam. Gleichwohl aber ging ihre Einführung doch einen bedeutenden Schritt weiter als die preußische Entwicklung. Für das Militärwesen waren die in der Verfassung festgeschriebenen Einschränkungen hinsichtlich des Einsatzes im Innern und die Möglichkeit der Einflussnahme des Landtages durch die Ausübung des Budgetbewilligungsrechts von Bedeutung. Die Konstitution schrieb auch die Einführung der allgemeinen Wehrpflicht fest, die mit dem Konskriptionsgesetz von 1812 umgesetzt wurde. Dieses beinhaltete jedoch die Möglichkeit der Gestellung eines Stellvertreters, des so genannten

Maximilian I. Joseph (1756–1825)
König von Bayern – Der Wittelsbacher war als Bündnispartner Napoleons seit 1806 König von Bayern, wechselte 1813 jedoch die Seite. Unter seiner Regierung wurde Bayern nach dem Vorbild Frankreichs modernisiert und zentralisiert.

046 Maximilian I. Joseph. Öl auf Leinwand.

Deutschland 1806

Nordsee

KGR. DÄNEMARK

Schwedisch-Pommern

Helgoland 1807 brit.
Stralsund
Danzig
Kolberg

Ostsee

Holstein bis 1927 hambg.
old. Lübeck Wismar
Graudenz

Ost-fries-ld. Jever russ.
Mecklenburg
Stettin
Bromberg Thorn

Hamburg
Netze
Weichsel

Bremen
Olden-burg
Hannover
P R E U S S E N

KGR. HOLLAND 1806
Arem-berg
Hannover 1805 preuß.
Spandau Berlin
Küstrin
Posen

zu Berg
Braunschweig
Magdeburg

Salm N.O.
Osnabrück
Kalisch

Wesel Ar. N.O.
Münster
Corvey N.O.
Dessau
Leipzig
Cottbus
Glogau
Breslau

Düsseld.
Dortmund
Göttingen
S a c h s e n

Köln Grhzm. Berg 1806
Kassel Kur-Hessen
Weimar
Dresden
Glatz
Cosel

Bonn
Hzm Nassau 1806
Wetzlar
Erfurt Thüring. Staaten
Prago
Elbe

Trier
Frankfurt A.
Fulda N.O.
Is.
Schweinft.
Olmütz

Mainz Darmstadt
Kurfsm.
Würzbg.
Bayreuth
Brünn Austerlitz

F R A N K R E I C H

Mergent-heim D.O.
Nürnberg
K A I S E R T U M

Karlsruhe
Baden
Ansbach 1806 bayr.
Regensbg. A.
Budweis

Straßburg
Stuttgart
Eichstätt
Passau
Wien
Pressbg.

Kehl 1804/08 franz.
Württemberg Kgr.
Elchingen
K g r.
Linz
1804

Fsm. v. d. Leyen
Ulm Augsburg
Braunau

Ettenheim
Hohen-zollern 1806
München
B a y e r n 1806
Salzburg 1805 österr.
Ö S T E R R E I C H
Pest Ofen

Breisgau 1805 bad.
Konstanz
Vor-arl-berg
Salzburg 1805 österr. 1810 bayr.
Graz
Donau

Basel
Zürich
Liechten-stein
Innsbruck
Tirol 1805 bayr.
Brixen
1 : 9 000 000

FSM. NEUCHATEL 1805
Bern
HELVETISCHE REP.
1805–10 bayr.
Trient
100 200 300
km

Genf
REP. WALLIS
V e n e t i e n 1805 an Ital.
Laibach
Triest

© Cornelsen 05161-11

Quelle: Putzger Historischer Weltatlas, 2000.

Kaiserreich Frankreich 1806
Von Frankreich abhängige Gebiete in Flächenfarben
Grenze des Rheinbundes zur Zeit der Gründung 1806

A. = Fsm. Aschaffenburg
      (Gebiet des Fürstprimas)
Ar. = zu Aremberg
Is. = Fürstentum Isenburg
D.O. = Deutscher Orden

047 Bayerische Kavallerie 1803. Kolorierter Stich nach einem Aquarell von Wilhelm von Kobell.

151

Einstehers. Dafür aber wurden die zahlreichen Exemtionen des Kantonreglements von 1805 erheblich reduziert. Daneben wurde die Bildung einer Nationalgarde, also einer Milizorganisation, beschlossen. Deren Dienstverpflichteten wurden drei Klassen zugeteilt: die erste Klasse stellte Bataillone zur Unterstützung des stehenden Heeres, die zweite zur Landesverteidigung, die dritte wurde für Polizeiaufgaben im Inneren herangezogen. Zur Führung des Militärs wurde das seit 1804 bestehende Kriegsbureau in ein Kriegsministerium umgewandelt, dem zwar mit dem General Johann Graf von Triva nun ein Kriegsminister vorstand, dem aber die eigenverantwortliche Leitung des Ministeriums erst 1814 übertragen wurde. Bis dahin behielt sich der König die Führung selbst vor. Triva gelang es nie, sich gegen seinen Rivalen, den Staatsminister Montgelas durchzusetzen, welcher der eigentliche Motor des Reformwerkes in Bayern war und der nach der Unterzeichnung des Vertrages von Ried am 8. Oktober 1813 wenige Tage vor der Leipziger »Völkerschlacht« den bayerischen Seitenwechsel besiegelte und die Landesbewaffnung organisierte.

Weil es die Militärs in Bayern anders als in Preußen nicht vermochten, in der Reform der bewaffneten Macht eine führende Rolle zu spielen, gelang es auch nie, in dieser wegweisenden Umbruchzeit den Grad an Eigenständigkeit und Akzeptanz zu erlangen, den sich das preußische Militär erarbeiten konnte. Gleichwohl erfuhren die militärischen Belange in der Zeit der Freiheitskriege relativ hohen Zuspruch: Der vollzogene Frontwechsel wurde weithin begrüßt, hatte die von Napoleon erzwungene Heerfolge das Land doch erheblich belastet. An vier Feldzügen hatte Bayern zwischen 1805 und 1813 auf Seiten Napoleons teilnehmen müssen, darunter an der Niederschlagung der Tiroler Erhebung

1809, welche die Soldaten mit dem unbekannten Kriegsbild des Partisanen bekanntmachte, sowie am verlustreichen Russlandfeldzug. Hatte die Teilnahme auf französischer Seite den Bayern zunächst ihren ersten siegreichen Feldzug seit mehr als 100 Jahren beschert und so erheblich zur Stärkung des militärischen Selbstbewusstseins beigetragen, so verblasste dies alles vor dem Hintergrund des napoleonischen Systems und dem Desaster des Russlandfeldzuges: Die Verluste unter den 30 249 bayerischen Soldaten sind zwar nicht mehr exakt zu rekonstruieren, aber die amtliche Zahl von 2297 unversehrten Heimkehrern, 1000 gesichert geretteten Verwundeten und 900 Überlebenden aus russischer Gefangenschaft gibt doch ein hinreichendes Bild von den Belastungen, die diese Feldzüge der Bevölkerung auferlegt hatten.

Wie in Preußen hatte die Idee eines geeinten deutschen Nationalstaates auch in Bayern seine Anhänger. Stärker aber noch war das Eintreten für die bayerische Nation. Das noch junge bayerische Königreich über das Ende seines ungeliebten Hegemons Napoleon hinauszuretten, schien Vielen eine lohnende Aufgabe. Das besitzende Bürgertum unterstützte sie neben dem Waffendienst zudem durch die Übernahme karitativer Aufgaben und die Bereitstellung von Geld- und Sachspenden.

048
Bayerische Uniformen:
Ulanen-Offizier (1813),
Garde du Corps-Offizier (1814–1823),
Kürassier, Gemeiner (1815–1825),
Trompeter (Garde du Corps, Gala).
Unbezeichneter Farbholzstich.

049 Übergang Napoleons mit vier bayerischen Kavallerieregimentern über die Dwina am 24. Juli 1812.
Druck nach Lithografie von Albrecht Adam, 1827.

050 Glorreiche zweitägige Schlacht der Königlich Bayerischen Armee bei
Polozk, 17./18. August 1812. Zeitgenössischer, kolorierter Kupferstich.

153

Maximilian Joseph Ganerin Graf von Montgelas (1759–1838)
B Bayerischer Staatsmann – Auf Betreiben Napoleons reformierte Mont-
gelas als Staatskanzler das bayerische Königreich und war maßgeblich an der
Ausarbeitung einer Verfassung beteiligt.

051 Maximilian Joseph Graf von Montgelas.
Stich von C. Hess, 1816.

5. Das Heerwesen in Österreich

Die Strukturen des österreichischen Militärs am Ende des 18. Jahrhunderts entstammten der Zeit des Siebenjährigen Krieges und waren stark vom Vorbild des damaligen Gegners Preußen geprägt. Die Versorgung basierte auf dem Magazinsystem. Die Heeresaufbringung fußte auf ausländischer Werbung und kantonaler Aushebung. Die Exemtionen waren jedoch noch zahlreicher als in Preußen und die Dienstverpflichtung währte lebenslang. Es waren daher nur gesellschaftliche Randgruppen, die zum Militärdienst herangezogen wurden. Das alle spätabsolutistischen Heere belastende Problem mangelnder gesellschaftlicher Integration und fehlenden Ansehens war daher hier besonders ausgeprägt. Entsprechend hoch war die Zahl derjenigen, die sich dem Militärdienst auf jede nur erdenkliche Weise zu entziehen suchten.

Dem gegenüber stand das Offizierkorps, das sich vorranging aus dem Reichsadel rekrutierte. Eine Ausnahme stellte die Artillerie dar, die wie in anderen europäischen Staaten auch wegen überdurchschnittlicher Bildungsanforderungen einen hohen Anteil Bürgerlicher aufwies. Herkunft und Anciennität waren zu jener Zeit noch die wesentlichen Prinzipien einer erfolgreichen Militärkarriere.

Aus ähnlichen Gründen und ebenso unerwartet wie etwa die Preußen unterlagen die Österreicher zunächst den französischen Revolutionsheeren und später Napoleons Eroberungsarmeen. Zwar erzielten österreichische Truppen gegenüber den französischen nach deren überraschenden Anfangserfolgen im Feldzug 1792 fast das gesamte restliche Jahrzehnt über namhafte taktische Erfolge. Vor allem der jüngere Bruder des Kaisers, ▸ Erzherzog Karl, machte sich 1796 als erfolgreicher Truppenführer bei Amberg und Würzburg einen Namen. Aber das Unvermögen aller etablierten Mächte eine dauerhafte Koalition gegen das ausgreifende Frankreich zu schmieden, verhinderte jedoch wirklichen substanziellen Widerstand. So musste auch Österreich im Vorfrieden von Leoben die linksrheinischen französischen Gebietsgewinne akzeptieren und dieses im Frieden von Campo Formio bestätigen. Dafür wurde es allerdings mit Venedig entschädigt, dessen tausendjährige republikanische Ära damit endete. Nachdem es aber Napoleon gelungen war, die auf den 1802 geschlossenen Frieden von Amiens folgende kurze Epoche des Friedens für die Stärkung seiner innerstaatlichen Macht zu nutzen, unterlag das österreichische Militär im Dezember 1805 den französischen Truppen in der »Dreikaiserschlacht« bei Austerlitz. Im darauf folgenden Frieden von Pressburg musste Österreich erheblichen Gebietsabtretungen und auch der von Napoleon initiierten Rangerhöhung süddeutscher Fürsten zustimmen. Mit ihrer Zusammenfassung im Militärbündnis des Rheinbundes schuf er ein Gegengewicht zu den deutschen Großmächten Österreich und Preußen.

Schon zu Beginn der Epoche war Österreich ein mit 338 Millionen Gulden hoffnungslos überschuldeter Staat. Nun zwangen die wirtschaftlichen Folgen dieser Niederlage zum Umdenken im Militärwesen und schufen in breiten Kreisen des Hofes die Einsicht in die Notwendigkeit der Fortführung von Reformen, mit denen Erzherzog Karl bereits 1801 in Form der Umgestaltung des zuvor bürokratisch überfrachteten Hofkriegsrates begonnen hatte. 1806 wurde er zum Generalissimus ernannt, was die Bündelung des Präsidiums des Hofkriegsrates und des Oberbefehls in seiner Person bedeutete. Auch hatte er seinen kaiserlichen Bruder bereits 1802 von der Notwendigkeit der Aufhebung der lebenslangen

052
Erste Zusammenkunft des Kaisers von Östereich mit dem Zar von Russland und dem König von Preußen vor Prag, den 18. August 1813. Zeitgenössischer kolorierter Kupferstich.

053 Schlacht bei Austerlitz. Öl auf Leinwand von François Gerard, 1810.

B Erzherzog Karl von Österreich (1771–1847)
General und Militärschriftsteller – Ab 1801 bekleidete er das Amt des Präsidenten des Hofkriegsrates und war bedeutender Reformer des kaiserlichen Heeres. In den napoleonischen Kriegen war er Generalissimus und besiegte Napoleon in der Schlacht von Aspern, verlor jedoch bei Wagram und schloss den Waffenstillstand von Znaim. Karl gilt auch als einer der bedeutendsten Militärschriftsteller des 19. Jahrhunderts.

1 Erzherzog Karl von Österreich, »Aufruf«
(8. April 1809)
Die spanische Erhebung war für Österreich das Signal zum nationalen Widerstand. Der Aufruf des österreichischen Generals und Bruder des Kaisers blieb aber ohne Erfolg. Preußen wurde durch die französische Besatzung am Eingreifen gehindert.

»An die deutsche Nazion.
Seine Majestät der Kaiser von Oesterreich ergreifen gezwungen die Waffen; weil der französische Kaiser nicht will, daß ein Staat bestehe, der nicht seine Oberherrschaft erkenne, seinen Eroberungs-Absichten diene; weil er verlangt, daß Oesterreich seiner Selbständigkeit entsage, seine Streitkräfte entwaffne, und sich der Willkühr des Eroberers anheim gebe; weil die Heere des Kaisers von Frankreich und seiner abhängigen Bundesgenossen feindlich gegen Oesterreich vorrücken. Oesterreichs Streitkräfte sind auf den Wink Ihres Monarchen zur Selbstvertheidigung aufgestanden; ich führe sie dem Feinde entgegen, um dem gewissen nahen Angriff zuvorzukommen.
Wir überschreiten die Gränze nicht als Eroberer, nicht als Feinde Deutschlands; Nicht, um deutsche Verfassungen, Rechte, Sitten und Gebräuche zu vernichten, und fremde aufzudringen: Nicht, um Throne zu stürzen, und damit nach Willkühr zu schalten: Nicht, um Deutschlands Habe uns zuzueignen, und deutsche Männer in entfernten Unterjochungs-Kriegen aufzuopfern. Wir kämpfen, um die Selbstständigkeit der österreichischen Monarchie zu behaupten – um Deutschland die Unabhängigkeit und die National-Ehre wieder zu verschaffen, die ihm gebühren. [...] Deutsche! würdigt Eure Lage! Nehmt die Hilfe an, die wir Euch bieten; Wirkt mit zu Eurer Rettung! Wir verlangen nur die Anstrengungen, die der Krieg für die gemeinsame Sache erfordert. [...] Seyd unserer Achtung werth! nur der Deutsche, der sich selbst vergißt, ist unser Feind. Baut auf mein Wort, daß ich schon mehrmahl zu Euerer Rettung gelößt habe! Baut auf das Wort meines Kaisers und Bruders, das nie gebrochen worden ist!«

Zit. nach: Die Erhebung gegen Napoleon: 1806–1814/15. Hrsg. von Hans-Bernd Spies, Darmstadt 1981, S. 117 f.

054
Erzherzog Karl
von Österreich.
Öl auf Leinwand.

155

Dienstzeit zu überzeugen gewusst. Die Begrenzung der Dienstzeit auf 10 bis 14 Jahre sollte die Bereitschaft zum Militärdienst stärken und so dem Rekrutenmangel entgegenwirken. In der Umsetzung der neuen Gesetze zeigt sich die Besonderheit des österreichischen Militärwesens: Der Nationenreichtum des Vielvölkerreiches erschwerte tief greifende Reformen. So konnte das neue Aushebungssystem nur in den deutschen Erbländern und in Galizien etabliert werden, die Landstände in Ungarn wehrten sich weiterhin erfolgreich gegen die Einführung der Konskription. Die 1808 ins Leben gerufene Landwehr auf das im übrigen Europa aufkommende »Ideal der Nation« einzuschwören wurde dadurch ebenso verhindert. Der 1804 in empörter Reaktion auf Napoleons Selbsterhebung zum Kaiser der Franzosen von Franz II. angenommene Titel des Kaisers von Österreich, der ihn zu ▶ Franz I. machte, war vielmehr absichtlich frei jeglicher nationaler Bezüge gewählt. Franz und Karl waren sich durchaus bewusst, dass die Stärkung nationaler Elemente ihr Vielvölkerreich in seinen Grundfesten erschüttern würde. So blieb die Landwehr ein aus der Not geborenes Instrument zur Verstärkung der mangels verfügbarer Finanzen nur unzureichend vorhandenen Linie. Zudem wurden die Landwehrsoldaten auf die Monarchie, nicht auf die Nation eingeschworen. Dieser stärker personenbezogene Ansatz spiegelte sich auch in der Führerauswahl wieder: Die Offiziere sollten aus ehemaligen Offizieren, Gutsbesitzern, Beamten und anderen Personen mit hohem Sozialprestige rekrutiert werden. Die österreichische Landwehr besaß daher den höchsten Adelsanteil aller vergleichbaren europäischen Verbände.

Vor allem durch die Herausgabe geeigneter Fachbücher suchte Karl ab 1806 den Bildungsschwächen des zumeist adeligen Offizierkorps entgegenzuwirken und bürgerliche Leistungsprinzipien einzuführen. Auch erkannte er die Notwendigkeit, den militärischen Führungsvorgang hinsichtlich des stetig komplexer werdenden Militärwesen zu rationalisieren. Die durch die beiden ersten Koalitionskriege ständig verstärkten Generalquartiermeisterstäbe erhielten 1805 eine neue »Dienst-Vorschrift für den General-Quartiermeisterstab«, welche eben dies hervorhob.

Dem Offiziernachwuchs wurde trotz angespanntem Staatshaushalt die Finanzierung von Regimentserziehungshäusern gewährt. Im Anschluss daran wechselten die Anwärter in die Kadettenschulen. Gleichzeitig wurde die Militärakademie umstrukturiert. Insgesamt aber blieb die Bildungsreform des Offizierkorps unvollständig. Bevor Karl die Zustimmung für die Errichtung einer Kriegsakademie erreichen konnte, zog das nur unvollständig restrukturierte Heer 1809 erneut in den Kampf gegen Napoleon. Die Niederlage dieses Feldzuges, in dem Österreich auf Drängen Erzherzog Johanns und ▶ Johann von Stadions vergeblich versuchte, sich an die Spitze einer gesamtdeutschen Nationalerhebung zu stellen – mit Ausnahme des Zuges der Schwarzen Schar des Herzogs von Braunschweig-Oels und des »Freikorps« Schill gab es kein preußisches Aufbegehren – besiegelte vorerst das Ende der militärischen Reformpartei.

Österreich verfolgte nun eine weitaus vorsichtigere Politik des Taktierens und Abwägens, die durch den neuen Staatskanzler, Klemens Fürst von Metternich, geprägt wurde. Zeichen dieser Politik war etwa die Hochzeit Napoleons mit der Tochter Kaiser Franz I., für die der französische Kaiser sogar die Ehe mit Josephine Beauharnais scheiden ließ sowie der relativ späte Frontwechsel des österreichischen Heeres im Jahr 1813. Bezeichnenderweise wurde die Landwehr für diesen Feldzug nicht wieder aufgestellt.

156

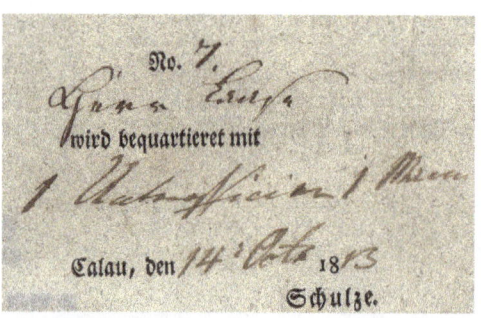

055 Beleg über die Einquartierung preußischer Truppen in Calau, 14. Oktober 1813.

Franz I. (1768–1835)
B Kaiser von Österreich – Schon kurz nach der Thronbesteigung musste Franz während der Koalitionskriege gegen Frankreich große Gebietsverluste hinnehmen. 1804 proklamierte er die verbliebenen Erblande zum Kaiserreich Österreich, um Rang- und Würdegleichheit mit Napoleon zu wahren. Als Franz I. von Österreich legte er angesichts der inneren Auflösung des Reiches (v.a. Rheinbund) die seit 1792 innehabende römische Kaiserkrone nieder und erklärte das Ende des Heiligen Römischen Reiches. Nach den militärischen Niederlagen näherte er sich 1809 Napoleon und stimmte 1810 der Heirat seiner Tochter Marie Louise mit diesem zu. In den Freiheitskriegen schloss er sich zunächst verdeckt dem preußisch-russischen Bündnis an. Schließlich berief er 1814/15 den Wiener Kongress ein. Nach 1815 richtete sich seine von Metternich geleitete konservative Politik gegen alle nationalen und liberalen Bestrebungen.

056 Kaiser Franz I. von Österreich. Öl auf Leinwand von Joseph Kreutzinger, vor 1806.

057 Österreichische Truppen in der Schlacht bei Dresden, 26. August 1813. Zeitgenössischer, kolorierter Kupferstich.

Johann Philipp Karl Joseph Stadion, Graf von Warthausen
B (1763–1824) – Österreichischer Staatsmann. Stadion war Gesandter in Stockholm (1787–1790) und in London (1790–1793), wo er maßgeblich zum Eintritt Englands in die Koalitionskriege gegen das revolutionäre Frankreich beitrug. 1793 schied Stadion unter Protest aus dem diplomatischen Dienst aus, als Franz II. Polen an Preußen abtreten und die österreichischen Niederlande gegen Bayern tauschen wollte. 1800 nahm er seinen Dienst als Botschafter in Berlin und ab 1803 in St. Petersburg wieder auf. In letzterer Position bewegte er den Zaren zum Eintritt in den Dritten Koalitionskrieg. 1805 wurde Stadion zum österreichischen Außenminister ernannt. Er befasste sich aber vor allem mit inneren Reformen des Schulwesens und der Verwaltung sowie mit der Wirtschaftsförderung und dem Aufbau eines Systems zur Volksbewaffnung, das gegen das napoleonische Frankreich eingesetzt werden sollte. Stadion riet Franz II. 1803 das Alte Reich aufzulösen, in der später enttäuschten Hoffnung, so den Rheinbund verhindern zu können. Er war ein Befürworter des österreichischen Aufstands von 1809, der allerdings zusammenbrach, als sich Preußen nicht, wie Stadion gehofft hatte, daran beteiligte. In der Folge der österreichischen Niederlage wurde er als Außenminister durch Metternich abgelöst. Ab 1815 war Stadion Finanzminister. Im Zuge seiner Neuordnung des Steuerwesens gründete er 1816 die Österreichische Nationalbank.

058 Johann Philipp Graf von Stadion. Öl auf Leinwand von Maria Schöffmann, 1896.

157

6. Nationalstolz und Männlichkeitsideale

Die der Maxime »Freiheit, Gleichheit, Brüderlichkeit« innewohnenden Ideale der Französischen Revolution übten anfangs auch eine starke Anziehungskraft auf aufgeklärte Kreise in den deutschen Territorien aus. Sie wurden als das Ergebnis der philosophischen Bemühungen wahrgenommen, mit denen die Aufklärer die Gesellschaft durch Erziehung zu verbessern suchten. Als sich jedoch die Revolution zum ausgreifenden Eroberungskrieg über Frankreichs Grenzen hinaus wandelte, verunglimpfte sie damit auch das mit ihr verknüpfte kosmopolitische Gedankengut. »Revolution« und »Jakobinismus« wurden in Deutschland zu Schimpfwörtern und in der Gedankenwelt des Bürgertums verfestigte sich die Meinung, dass Reformen der Vorzug vor dem alles umwälzenden Weg der Revolution zu geben sei.

In gleichem Maße, in dem die Bewunderung allenthalben bröckelte, gewann ein neues Schlagwort an Einfluss und Kontur – die »Idee der Nation«.

Die Entstehung dieses in der Wissenschaft als Nationalismus bezeichneten Ideensystems – das anders als dies im umgangssprachlichen Gebrauch oftmals der Fall ist, nicht zwingend aggressive, fremdenfeindliche Züge tragen muss – reicht in Deutschland bis an die Grenze zwischen Mittelalter und Früher Neuzeit zurück. In der zweiten Hälfte des 18. Jahrhunderts aber gewann es ein neues Gesicht. Zuvor waren Nationalismus und Patriotismus nicht zuletzt wegen der weit gefassten Grenzen des Heiligen Römischen Reiches Deutscher Nation, die weit über den deutschen Sprachraum hinausreichten, und der konfessionellen Zersplitterung des Reiches uneinheitlich und relativ deutungsoffen. Erst in Antwort und zur Abgrenzung auf die französische Herrschaft entstand zwischen 1806 und 1815 erstmals ein einheitlicheres Identifikationsmuster, das vor allem in der zeitgenössischen Publizistik, aber auch im Brauchtum erkennbar wird.

Die Sehnsucht nach einer geeinten deutschen Nation spiegelte sich in Texten unterschiedlichsten Genres wieder, die sich an vielfältige Zielgruppen richteten. ▸ Johann Gottlieb Fichte etwa hielt im Winter 1807/08 unter dem Titel »Reden an die Deutsche Nation« insgesamt 14 Vorlesungen im französisch besetzten Berlin. In ausgefeilter dialektischer Argumentation legte er die Notwendigkeit dar, einen Nationalcharakter auszubilden und einen deutschen Staat zu gründen. Andere, unter denen der Greifswalder ▸ Ernst Moritz Arndt den größten Einfluss gewann, wählten die populärere Form des Liedes und Gedichtes, um den Nationalgedanken zu propagieren. Diese konnten in Flugblättern und anderen Einblattdrucken in hoher Auflage publiziert und auch von einfachen Menschen erworben und verstanden werden. In einem seiner bekanntesten Gedichte, »Was ist des Deutschen Vaterland?«, nennt er die Eigenschaften, die er als typisch deutsch zu erkennen glaubte: Zuverlässigkeit, Treue und Tapferkeit. Allesamt Eigenschaften, die vor allem einem männlichen Rollenverständnis zugeordnet werden. Mit dieser Gleichsetzung nationaler und männlicher Tugenden wurde das Agieren im öffentlichen Raum zur Domäne der Männer, während die Frauen auf das Private beschränkt blieben.

Die »patriotische Wehrhaftigkeit« (Hagemann) und die Umformung des Militärdienstes zum Ehrendienst und zur Bürgerpflicht leitete das gänzliche Verschwinden der Frauen nicht nur aus dem Erscheinungsbild europäischer Armeen ein. Damit wurde ihnen auch das Recht

Ernst Moritz Arndt (1769–1860)
Historiker, Schriftsteller und Publizist – Ernst Moritz Arndt erhielt 1805 eine Professur für Geschichte und Philosophie an der Universität in Greifswald. Seiner Lehrtätigkeit wurde jedoch auf Grund seiner antinapoleonischen Äußerungen bald ein Ende gesetzt, worauf er für einige Jahre Zuflucht in Schweden suchte. 1810 nahm er kurzzeitig sein Lehramt wieder an, musste aber schon 1811 aus den gleichen

059 Ernst Moritz Arndt. Gemälde, um 1790.

060
Johann Gottlieb Fichte.
Kreidezeichnung von
Friedrich Bury, um 1800.

 B Johann Gottlieb Fichte (1762–1814)

Philosoph – Fichte erlangte schnell den Ruf, ein mutiger Verteidiger der Menschenrechte zu sein, was auch zu seiner Berufung an die Universität Jena beitrug. Er entwickelte seine Sozialutopie vom »geschlossenen Handelsstaat«, mit dem jegliche Gründe für einen Krieg ausgeräumt und ewiger Frieden garantiert würde und hielt erste Vorlesungen zum Thema »Grundzüge des gegenwärtigen Zeitalters«. Im Winter 1807/08 hielt er im Gebäude der preußischen Akademie der Wissenschaften an 14 Sonntagen seine bekannten »Reden an die deutsche Nation«, deren Ziel in der von ihm stark betonten Nationalerziehung, der Erziehung zu Nationalbewusstsein, lag. Mit der Eröffnung der neuen Universität in Berlin (1810) erhielt Fichte den Lehrstuhl für Philosophie, den er bis zu seinem Tod Anfang 1814 innehatte.

1 Johann Gottlieb Fichte,
»Reden an die deutsche Nation« (1808)

In einer Zeit, in der die Unabhängigkeit der deutschen Staaten von napoleonischen Expansionsbestrebungen bedroht war, wurde Fichte zum Verfechter eines deutschen Nationalbewusstseins.

»Lasset vor euch vorübergehen die verschiedenen Zustände, zwischen denen ihr eine Wahl zu treffen habt. Geht ihr ferner so hin in eurer Dumpfheit und Achtlosigkeit, so erwarten euch zunächst alle Uebel der Knechtschaft: Entbehrungen, Demüthigungen, der Hohn und Uebermuth des Ueberwinders; ihr werdet herumgestoßen werden in allen Winkeln, weil ihr allenthalben nicht recht und im Wege seid, so lange bis ihr durch Aufopferung eurer Nationalität und Sprache euch irgendein untergeordnetes Plätzchen erkauft und bis auf diese Weise allmählich euer Volk auslischt. Wenn ihr euch dagegen ermannt zum Aufmerken, so findet ihr zuvörderst eine erträgliche und ehrenvolle Fortdauer und seht noch unter euch und um euch herum ein Geschlecht aufblühen, das euch und den Deutschen das rühmlichste Andenken verspricht. Ihr seht im Geiste durch dieses Geschlecht den deutschen Samen zum glorreichsten unter allen Völkern erheben, ihr seht diese Nation als Wiedergebärerin und Wiederherstellerin der Welt.«

Zit. nach: Johann Gottlieb Fichte, Reden an die deutsche Nation. Hrsg. von Immanuel Hermann Fichte, Leipzig 1871, S. 176–180.

061 Fichte in Reih und Glied des Berliner Landsturms.
Aquarellierte Zeichnung von Carl Friedrich Zimmermann, 1813.

159

Gründen wie zuvor seinen Abschied einreichen. In den folgenden Jahren betätigte sich Arndt als Mitarbeiter des Freiherrn vom Stein. In diesem Amt setzte er weiter seinen publizistischen Kampf (»Vaterlandslied«) gegen Napoleon fort. Nach dem Ende der Freiheitskriege wurde ihm 1818 von der Universität Bonn eine Professur angeboten. Auch diesmal konnte Arndt seiner akademischen Tätigkeit nicht lange nachgehen, da er als erklärter Gegner der staatlichen Restaurationspolitik auf Druck der restaurativen Kräfte 1820 suspendiert wurde. An dieser Sachlage sollte sich nun für längere Zeit nichts mehr ändern. Erst unter Friedrich Wilhelm IV. wurde Arndt rehabilitiert und mit siebzig Jahren wieder berufen. Mittlerweile war er allerdings hinter den aktuellen Stand der Wissenschaft zurückgefallen. Als er schließlich 1856 von seiner Tätigkeit entbunden wurde, war diese ihm längst zur lästigen Pflicht geworden.

auf politische Artikulation verwehrt, an welche die Bedingung der Vaterlandsverteidigung geknüpft war. Fortan sah das herrschende Rollenverständnis vor, dass sie die Männer lediglich vom »heimischen Herd« aus durch ihre Fürsorge ideell und materiell unterstützten. Die gesamte Nation wurde seither als »Volksfamilie« dargestellt und damit Privatsphäre mit Öffentlichkeit gleich gesetzt. In diesem Sinne wurde die früh verstorbene preußische Königin Luise, die als Leitfigur der antifranzösischen Partei am Hofe galt, als »Mutter der Nation« interpretiert. Ihr früher Tod vor dem Beginn der Freiheitskriege schuf dabei vielfältige Ansatzpunkte zur Mythologisierung.

Schon die Gründung so genannter patriotischer Frauenvereine zur Versorgung der Frontkämpfer, wurde äußerst kritisch betrachtet. An Kampfhandlungen konnten Frauen nur als Männer verkleidet teilnehmen, wie es Friederike Krüger oder Eleonore Prochaska und 21 weitere namentlich Bekannte taten. Dass sie wenig später zu Legenden wurden, hatte jedoch andere Gründe als die Überwindung des bestehenden Rollenverständnisses. Sie wurden vielmehr als Ausnahmecharaktere dargestellt, die ihr Geschlecht und damit ihre natürliche Bestimmung verleugneten, um das Höchste zu geben und den Opfertod fürs Vaterland zu sterben. Erst durch ihren Tod wurde ihre Leistung ohne Gefahr für das herrschende Geschlechterverständnis als Vorbild für die männlichen Zeitgenossen instrumentalisierbar. Der Ursprung des Bildes vom erstrebenswerten Heldentod als Opfer für das Vaterland, die dem Nationalismus gleichsam eine sakrale Komponente verlieh, fällt ebenfalls als Neuerung in diese Zeit. Es kommt nicht von ungefähr, dass zu den populärsten Dichtern der Freiheitskriege ▶ Karl Theodor Körner zählte, der 1813 als Angehöriger des ▶ Freikorps

Lützow fiel. Nicht nur sein Werk patriotischer Gedichte, das posthum unter dem Titel »Leyer und Schwert« veröffentlicht wurde, war äußerst populär, er selbst wurde in den kommenden hundert Jahren als Heldenjüngling, der mit seinem Leben das Höchste gab, verehrt.

In Körners wie Arndts Werk wird auch deutlich, dass die Nationsbildung nicht nur über die Betonung positiver Nationaleigenschaften bis hin zum Einsatz des Lebens erfolgte, sondern zugleich auch durch die Abgrenzung von anderen, gegen die es sich zu behaupten galt. Das Bild Frankreichs als »Erbfeind«, das 1870/71 und auch 1914 wieder beschworen werden sollte, entstand in jener Zeit.

Die Haltung der Obrigkeiten, namentlich der preußischen, zu den neuen Idealen war zwiespältig. Da sie ihre eigene Legitimation aus der alten Ordnung bezogen, waren sie weder Willens noch in der Lage, sie vorbehaltlos anzuerkennen. Dennoch wurde der Nationalgedanke vor allem zu Beginn des Krieges in vielfältigen Formen zum Erhalt des preußischen Staates und zur Wiederherstellung seiner alter Größe beschworen. So wurde noch vor dem Beginn des Krieges ein Stände übergreifendes Nationalabzeichen, eine Kokarde, eingeführt, deren Trageerlaubnis an den Besitz der Bürgerrechte geknüpft war, die wiederum von der Bereitschaft zum Wehrdienst abhing. Das Abzeichen bestand aus über Kreuz gelegten schwarzweiß gestreiften Bändern. Diese Form griff ▶ Karl Friedrich Schinkels Entwurf des ▶ Eisernen Kreuzes später auf. Nationalabzeichen und Eisernes Kreuz fanden breite Zustimmung. In den Kontext der breiten Mobilisierung fällt auch der 1813 veröffentlichte Aufruf »An mein Volk«, in dem sich Friedrich Wilhelm III. als erster preußischer König unmittelbar an seine Untertanen wandte. Vor der Folie der glorrei-

062 Das Lützowsche
Freikorps. Lithografie
nach Aquarell von Ernst
Zimmer, um 1890.

Das Lützowsche Freikorps wurde durch den Freiherrn Ludwig Adolph Wilhelm von Lützow (1782–1834) im
Februar 1813 mit offizieller Billigung unter dem Namen »Königlich Preußisches Frei-Corps von Lützow« als
reguläre Truppe des preußischen Heeres aufgestellt. Die »Lützower Jäger« waren somit weder Partisanen noch
Irreguläre. Im Freikorps dienten ausschließlich Freiwillige. In das Korps konnten neben Preußen auch Bürger
anderer deutscher Staaten, wie der Rheinbundstaaten oder Einwohner des Herzogtums Oldenburg, das seit
1811 Teil des französischen Empire war, eintreten. Mit Eleonore Prochaska hatte sich auch eine Frau heimlich in
das Korps eingeschlichen. Die schwarzen Uniformen der Lützower mit den roten Aufschlägen und goldfarbenen
Knöpfen wurden das Vorbild für die Farben der späteren deutschen Nationalflagge, Schwarz-Rot-Gold. Die Farbe
der Uniformen rührte daher, dass Schwarz die einzige Farbe war, mit der sich durch einfache Einfärbung der All-
tagskleidung eine einheitliche Uniformfarbe herstellen ließ. Das Lützowsche Freikorps nahm zwar an zahlreichen
Gefechten und Schlachten teil, aber seine Bekanntheit verdankte es vor allem seinen berühmten Mitgliedern sowie dem überproportional hohen Anteil von Studenten, die sein Andenken in den Burschenschaften pflegten. Zu
den Lützowern gehörten der 1813 gefallene Theodor Körner, der dem Freikorps das Lied »Lützows wilde Jagd«
widmete, der Dichter Friedrich Friesen, der »Turnvater« Friedrich Ludwig Jahn und Joseph von Eichendorff, der
bedeutende Dichter der deutschen Romantik.

Theodor Körner (1791–1813)
Schriftsteller – Im März 1813 trat er in Breslau
in das Freikorps des Majors von Lützow ein. Körner
fiel 22-jährig im August desselben Jahres nördlich von
Schwerin. Nach seinem Tod wurde er für seine patriotischen Gedichte gefeiert. In dem posthum veröffentlichten Gedichtband »Leyer und Schwert« (1814) bot sich
dem Bürgertum durch den Topos des »vaterländischen
Helden« eine allzu willkommene Orientierungsgröße.

063 Körners Tod. Teilkolorierter
Holzstich nach Zeichnung von
Wilhelm Camphausen, 1859.

161

064 Das Heldenmädchen Eleonore
Prochaska fällt, zu Tode getroffen,
im Gefecht an der Göhrde
(16. September 1813).
Farbdruck nach Gouache von
Carl Röchling.

Vorgeschichte und Stiftung

Das Eiserne Kreuz wurde erstmals vom preußischen König Friedrich Wilhelm III. am 10. März 1813 in zwei Klassen sowie einem Großkreuz gestiftet. Der Entwurf der Auszeichnung stammte vom König selbst, die endgültige Ausführung vom Architekten Karl Friedrich Schinkel (1781–1841). Einfaches, geschwärztes Eisen umfasst von einer silbernen Zarge stand symbolisch für die ritterliche Pflichterfüllung und Zurückhaltung eines Soldaten. In Form und Aussehen der Dekoration wurde bewusst die Anlehnung an das Kreuz des Deutschen Ordens gesucht: Ein schwarzes Kreuz mit den typischen, sich verbreiternden Kreuzarmen (»Tatzenkreuz«) wie es die Deutschritter seit dem 14. Jahrhundert auf ihren Mänteln trugen. Das Eiserne Kreuz, insbesondere das Großkreuz, gehörte seit 1813 zu den höchsten militärischen Auszeichnungen in Deutschland. Als militärische Auszeichnung für Tapferkeit in den Befreiungskriegen wurde es ohne Unterschied des Standes oder Dienstgrades verliehen. Vorbild war der von Napoleon 1802 gestiftete Orden der französischen Ehrenlegion. Dieser Orden war der erste nicht an Stand und Herkunft gebundene Verdienstorden.

065 Hofmeister des Deutschen Ordens. Schwertbruder. Farbholzstich.

066
Karl Friedrich Schinkel. Öl auf Leinwand von E. Hader, um 1880.

Die zweite Klasse des Eisernen Kreuzes wurde am schwarzen Band mit zwei weißen Streifen für den Erwerb vor dem Feind und für Nichtkombattanten am weißen Band mit zwei schwarzen Streifen verliehen. Die erste Klasse wurde als Steckkreuz auf der linken Brust getragen. Das Großkreuz wurde nur für eine entscheidende Schlacht, für die Wegnahme einer feindlichen Festung oder erfolgreiche Verteidigung einer eigenen Festung verliehen.

067 Friedrich Wilhelm III., König von Preußen. Öl auf Leinwand von Ernst Gebauer, 1814.

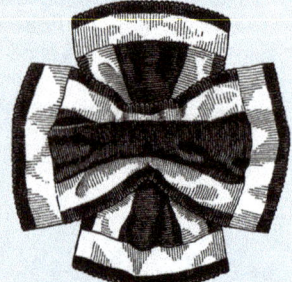

069
Vorform des Eisernen Kreuzes.

068 Spitze zur Fahne des I. Bataillons des Königlich Sächsischen 1. (Leib-)Grenadier-Regiments Nr. 100.

Träger des Eisernen Kreuzes

070
Theodor Körner (1791–1813)
Als einfacher Soldat schloss Körner sich 1813 den Lützower Jägern an und wurde als einer der Ersten mit dem E.K. II ausgezeichnet. Am 26. August 1813 fiel er im Gefecht bei Gadebusch.

071
Albert Friedrich August von Sachsen (1828–1902)
1870/71 nahm er als Kommandeur der Maas-Armee an der Schlacht von Sedan am 1. September 1870 teil, wofür er mit dem Großkreuz des Eisernen Kreuzes ausgezeichnet wurde.

072 Das Eiserne Kreuz.
Lithografie von Heinrich Zille, 1916.

Stiftungserneuerungen

Der spätere Kaiser Wilhelm I. erneuerte die Stiftung des Eisernen Kreuzes bei Beginn des Deutsch-Französischen Krieges am 19. Juli 1870.

Im Ersten Weltkrieg erneuerte Kaiser Wilhelm II. am 5. August 1914 die Stiftung des Eisernen Kreuzes. In den folgenden Kriegsjahren wurde das E.K. – insbesondere das E.K. II – so oft verliehen, dass es sein hohes Ansehen einbüßte. Schätzungsweise 5 Millionen Auszeichnungen der zweiten Klasse sowie 218 000 der ersten wurden insgesamt vergeben. Ab 1933 wurden die Namen der jüdischen Gefallenen totgeschwiegen. Jüdische Träger des Eisernen Kreuzes, die Leben und Gesundheit für das Deutsche Reich eingesetzt hatten, wurden systematisch ausgegrenzt. Eine Polizeiverordnung vom September 1941 zwang sie schließlich zur Rückgabe ihrer Kriegsauszeichnungen.

Auch im Zweiten Weltkrieg wurde das Eiserne Kreuz verliehen. Am 1. September 1939 erneuerte Adolf Hitler die Stiftung. Etwas dicker gefertigt, erhielt es die Jahreszahl 1939 und das aufgelegte Hakenkreuz auf der Vorderseite. Die Zahl der Verleihungen im Zweiten Weltkrieg werden auf etwa 2,3 Millionen E.K. II, und 300 000 E.K. I im Heer geschätzt. Mit dem Ritterkreuz wurde eine weitere Verleihungsstufe geschaffen, die im Verlauf des Krieges erweitert wurde.

073
Der Kaufmann und ehemalige Frontsoldat Richard Stern am 1. April 1933, dem Tag des Boykotts jüdischer Geschäfte, vor seinem Laden in Köln.

Das Eiserne Kreuz in der Bundeswehr – Rückbesinnung auf freiheitliche Ideale

Das Eiserne Kreuz, als typisches Symbol des deutschen Heeres, wird seit 1945 nicht mehr als Ehrenzeichen oder Verdienstorden verliehen. Laut Ordensgesetz vom 26. Juli 1957 ist das Tragen des im Krieg erworbenen Eisernen Kreuzes jedoch ohne Hakenkreuz weiterhin erlaubt. Hierzu wurden neue Anfertigungen entworfen, auf denen das Hakenkreuz durch Eichenlaub ersetzt wurde. Gleichwohl ist das Eiserne Kreuz aus Gründen der Tradition 1956 von der Bundeswehr übernommen worden und stellt in allen drei Teilstreitkräften das Hoheitszeichen dar. Die Truppenfahnen der Bundeswehr tragen in ihrer Spitze ein durch goldenes Eichenlaub eingefasstes Eisernes Kreuz als Symbol für Freiheitsliebe, Ritterlichkeit und Tapferkeit.

074 Fahnenübergabe am 7. Januar 1965 an das Wachbataillon durch Bundespräsident Heinrich Lübke.

075
Wilhelm Frankl (1893–1917)
Der aus einer jüdischen Kaufmannsfamilie stammende Frankl meldete sich im August 1914 als Kriegsfreiwilliger. Am 8. April fiel er, inzwischen Führer der Jagdstaffel 4, im Luftkampf bei Vitry-Sailly nach insgesamt 19 Luftsiegen.

076
Werner von Haeften (1908–1944)
Der Träger des E.K. war an der Planung und Ausführung des Attentats auf Hitler maßgeblich beteiligt und wurde nach dem Scheitern des Attentats im Hof des Bendler-Blocks standrechtlich erschossen.

chen Vergangenheit des Großen Kurfürsten und Friedrichs des Großen beschwor er die Einheit von Deutschen und Preußen in der zum End- und Überlebenskampf stilisierten Erhebung:

»Es ist der letzte entscheidende Kampf den wir bestehen für unsere Existenz, unsere Unabhängigkeit unsern Wohlstand; keinen andern Ausweg giebt es, als einen ehrenvollen Frieden oder einen ruhmvollen Untergang. Auch diesem würdet ihr getrost entgegen gehen um der Ehre willen, weil ehrlos der Preuße und der Deutsche nicht zu leben vermag.«

Nur solange der Ausgang des Krieges ungewiss war, wurde das Prinzip des Nationalstolzes über die bestehende Ordnung gestellt. So rief Blücher etwa beim Einmarsch in das an der Seite Frankreichs kämpfende Sachsen die Bevölkerung auf, gemeinsam mit Preußen »die Fahne des Aufstandes gegen die fremden Unterdrücker zu erheben«. Dies war nicht weniger als der Aufruf zur Erhebung gegen die eigene Landesregierung. Gneisenau hatte dies in seinen weit reichenden Überlegungen zum Volkskrieg grundsätzlich als legitimes Mittel der Bevölkerung gegen Obrigkeiten vorgesehen, die ihre Herrschaftspflichten verletzten. Die Rücknahme der ersten Fassung der Landsturmverordnung in Preußen zeigt aber, wie sehr dieses Mittel als Gefahr für die bestehende Ordnung gefürchtet wurde. Dass diese Maßnahmen zur Instrumentalisierung des Nationalgefühls seitens des Staates mehr notwendiges Übel denn verinnerlichtes Wertesystem waren, wird noch an zweierlei deutlich werden: Mit dem Erfolg im Jahr 1813/14 begann sich der Charakter des Kampfes gegen die napoleonische Besatzungs-

herrschaft zu wandeln. Hatte es sich bei den erfolglosen Erhebungen Österreichs und einiger preußischer ▸ Freikorps 1808/09 noch um von unten motivierte Erhebungen gehandelt, kann man im Frühjahrsfeldzug 1813 am ehesten von einem Zusammengehen von Obrigkeit und Bevölkerung sprechen. Bereits im Herbstfeldzug ebbte einerseits die Bereitschaft zum Waffendienst deutlich ab, wie an steigenden Desertionszahlen belegt werden kann, andererseits begann der Feldzug auch stärker den Charakter früherer Kabinettskriege zu erhalten. Noch während der Kriegshandlungen suchten alle Territorien, auch jene, die erst durch Napoleon entstanden waren, ihr späteres Überleben durch Verhandlungen zu sichern.

Deutlich wird die unterschiedliche Betonung des Nationalgedankens in der Vorstellungswelt von Obrigkeit und Bürgertum auch in der Benennung der Erhebung: Nicht von ungefähr nutzten Zeitgenossen den auch hier verwandten Begriff der »Freiheitskriege«, um deutlich zu machen, dass es nicht nur um die Befreiung von einer Fremdherrschaft, sondern auch um die Erringung bürgerlicher Freiheiten ging, wie Friedrich Wilhelm III. es in seinem Verfassungsversprechen vom 22. Mai 1815 zugesichert hatte.

In diesem hatte er sich verpflichtet, den Zustand bürgerlicher Freiheit fester zu begründen und die Eintracht zwischen Regent und preußischer Nation zu befestigen. Diese Tendenzen verneint der später geprägte Begriff der »Befreiungskriege«, der lediglich den Aspekt der Befreiung von der Fremdherrschaft betont und die letztlich enttäuschten emanzipatorischen Absichten vollständig ausblendet.

Karl Friedrich Schinkel (1781–1841)
B Preußischer Architekt und Maler – Schinkel war der herausragendste deutsche Baumeister der ersten Hälfte des 19. Jahrhunderts. Mit seinen klassizistischen (Neue Wache, Unter den Linden) und neogotischen (Nationaldenkmal auf dem Kreuzberg) Bauten prägte er maßgeblich das Bild der preußischen Residenzstadt Berlin. Schinkel studierte von 1799–1800 an der Berliner Bauakademie. Seit 1810 war Schinkel ordentliches Mitglied der Berliner Akademie der Künste.

077 Karl Friedrich Schinkel. Öl auf Leinwand von Johann Carl Rösler, 1803.

B Ferdinand von Schill (1776–1809)

Preußischer Offizier – Bei Auerstedt verletzt, gelang es Schill, sich bis zur Festung Kolberg durchzuschlagen, wo er an der erfolgreichen Verteidigung der Stadt teilnahm. Schill wurde daraufhin als »Held von Kolberg« gefeiert und schon als Lebender zur Legende. Nach dem Tilsiter Frieden unzufrieden mit der zögernden Haltung Friedrich Wilhelms III., verließ Schill mit seinem Regiment, dem 2. Brandenburgischen Husaren-Regiment, 1809 eigenmächtig Berlin, um gegen den Feind vorzugehen. Nach einigen unbedeutenden Anfangserfolgen zeichnete sich jedoch schnell der Misserfolg ab. Die Erstürmung der Festung Stralsund, in die er sich mit seinen Truppen zurückgezogen hatte und die er zu einem Widerstandsnest des Patriotismus machen wollte, besiegelte seine Niederlage. Schill selbst fand im Straßenkampf den Tod, elf seiner Offiziere wurden von den Franzosen in Wesel standrechtlich erschossen.

080 Dolman für Mannschaften des 2. Brandenburgischen Husarenregiments. Königreich Preußen, 1808/09.

078 Ferdinand von Schill. Zeitgenössischer, kolorierter Punktierstich von Ludwig Buchhorn.

079 Der Tod des Schwarzen Herzogs in der Schlacht bei Quatre-Bas am 16. Juni 1815. Zeitgenössisches Gemälde.

B Friedrich-Wilhelm von Braunschweig-Lüneburg(-Oels) (1771–1815)

Herzog von Braunschweig – Im Zuge der französischen Expansion auf dem europäischen Kontinent unter Napoleon I. wurde das Herzogtum Braunschweig in das neu gegründete Königreich Westphalen eingegliedert. Im Krieg von 1809 verbündete sich Friedrich Wilhelm mit Österreich und stellte ein Freikorps von 2000 Mann auf. Wegen ihrer schwarzen Uniformen wurde die Truppe »Schwarze Schar« genannt. Nach dem Waffenstillstand kämpfte Friedrich-Wilhelm auf eigene Faust weiter, doch unterlag er in der Schlacht von Ölper am 1. August 1809. Er konnte seine Truppen jedoch nach England einschiffen und den Kampf von dort aus fortsetzen. Die »Schwarze Schar« wurde in den folgenden Jahren unter englischem Befehl in Spanien eingesetzt. 1813 eroberte Friedrich-Wilhelm sein Herzogtum zurück und begann sofort, seine Truppen zu verstärken. Im Rahmen der verbündeten Streitkräfte stellte er sich am 16. Juni 1815 bei Quatre-Bras dem aus der Verbannung zurück gekehrten Napoleon entgegen und wurde tödlich verwundet.

165

Kapitel II – Strukturen:

»Mit allen Hülfsquellen der Nation«

081 Der Wind der Verbündeten bläst Napoleon ins Gesicht. Radierung, 1813.

1. Strategie und Taktik

»Wenn man sich in die Notwendigkeit versetzt sieht, eine Schlacht zu liefern, müssen strategische Fehler vorhergegangen sein«, hatte Friedrich Graf Bülow, einer der Theoretiker der Kabinettskriege im 18. Jahrhundert, noch als Maxime für die Strategen seiner Zeit formuliert ▸ Carl von Clausewitz hingegen formulierte in seinem Standardwerk »Vom Kriege« für das 19. Jahrhundert: »Die Vernichtung der feindlichen Streitkräfte ist das Hauptprinzip des Krieges.« Dieser fundamentale Wandel ging in erster Linie von den französischen Truppen aus und lag in verschiedenen Faktoren begründet. Er war weniger das Produkt eines rational geleiteten Reformprozesses, sondern zumeist das Zugeständnis an die Erfordernisse des gewandelten Militärwesens. Erst im Verlauf dieser langen kriegerischen Epoche stellten maßgebliche Militärs mit Erstaunen die Überlegenheit neuer taktischer Elemente fest, die sich gleichsam »von unten eingebürgert« hatten. Ein ausschlaggebender Faktor hierfür war die von Frankreich ausgehende Ideologisierung des Krieges. Auch hatte dieser im Denken des »Emporkömmlings« Napoleon einen anderen Stellenwert, als ihm seine Gegner beimaßen. Waren sie noch den Kabinettskriegen verhaftet, die im militärischen Handeln lediglich die Vorbereitung für

den diplomatischen Erfolg sahen, zielte seine Diplomatie nie auf dauerhafte Beendigung des Krieges. Seine gesamte Regentschaft benötigte vielmehr das Militär, bedurfte gerade in den ersten Jahren der Festigung durch dessen Erfolg. »Meine Herrschaft überdauert den Tag nicht, an dem ich aufgehört habe, stark und folglich gefürchtet zu sein«, formulierte er einmal in treffender Analyse. Nicht von ungefähr gab es daher während seiner gesamten Regierungszeit nur eine kurze Epoche des Friedens, nach dem Friedensschluss von Amiens 1802. Bezeichnenderweise nutzte er sie zur intensiven Ausbildung seines Heeres.

Ein anderer Grund für den Wandel des Kriegswesens ist, dass erst der Wechsel von den Söldnerheeren, die auf die Versorgung aus Magazinen angewiesen waren, zu den Massenheeren der Bürgersoldaten, die sich aus dem Lande selbst versorgten, ein hinreichendes Maß an Beweglichkeit schuf. Die Bewegung bildete insofern die Voraussetzung für eine Entscheidungsschlacht, in der die Vernichtung

Carl von Clausewitz (1780–1831)

B Preußischer General und Militärtheoretiker – Clausewitz trat 1792 als Gefreitenkorporal in die preußische Armee ein und nahm 1793/94 am Rheinfeldzug mit der Belagerung von Mainz teil. 1795 zum Leutnant ernannt, besuchte er in den Jahren 1801 bis 1803 die Militärakademie in Berlin, deren Leiter Scharnhorst sein Lehrer und Freund wurde.

Im Feldzug gegen Napoleon 1806 geriet er nach der preußischen Niederlage in französische Kriegsgefangenschaft und kam erst nach mehreren Monaten im Rahmen eines Gefangenenaustausches wieder frei. Nach seiner Rückkehr begann Clausewitz, den Kronprinzen in der Kriegskunst zu unterrichten und wirkte in den Jahren 1809 und 1810 als Vertrauter Scharnhorsts im Kriegsministerium. Clausewitz hatte sich mittlerweile dem Kreis der preußischen Reformer um Scharnhorst, Stein und Gneisenau angeschlossen. 1810 in das Generalquartier versetzt und zum Major befördert, lehrte er an der Berliner Militärakademie in den Bereichen »Generalstabs-

082 Carl von Clausewitz. Porträt von Wilhelm Wach, um 1820.

dienst« und »Kleiner Krieg«. Um als »freier Preuße« auf russischer Seite gegen Napoleon kämpfen zu können, trat Clausewitz 1812 aus der preußischen in die russische Armee über und war im Dezember 1812 maßgeblich am Zustandekommen der Konvention von Tauroggen beteiligt.

In der Entscheidungsschlacht gegen Napoleon bei Waterloo befand sich Clausewitz wieder in Diensten der preußischen Armee. Von 1815 bis 1818 als Oberst und Chef des Stabes des VIII. A.K. unter Gneisenau in Koblenz tätig, fand sich Clausewitz von 1818 bis 1830 auf dem unspektakulären Posten des Verwaltungsdirektors der Allgemeinen Kriegsschule in Berlin wieder. Als Vorteil dieser Position sollte sich erweisen, dass Clausewitz ausreichend Zeit fand, sich neben seinen anderen Verpflichtungen der Arbeit an seinem Werk »Vom Kriege« zu widmen. Im März 1831 wurde er zur Beobachtung der polnischen Unruhen zum Generalstabschef der preußischen Armee unter Gneisenau ernannt. Kurz nach dem Ende der Unruhen starb Clausewitz im November 1831 an der Cholera.

083 Werbeurkunde für Freiwillige. Königreich Preußen, 1813.

Wachtparade der Berliner Bürger-Garde.

084 Wachtparade der Berliner Bürger-Garde. Kolorierter Kupferstich, um 1806.

167

des Gegners angestrebt wurde. Die schnelle Zusammenfassung aller Kräfte zur Herstellung materieller Überlegenheit ermöglichte dies und stellte auch die Vorbedingung für eine eventuell notwendige Verfolgung dar. Erst die ▸ Rekrutierung der gesamten Nation gestattete es, eine große personelle Ressourcen kostende Vernichtungsschlacht zu riskieren. Und durch die gesunkenen Anforderungen an die Ausbildung konnten hohe Verluste auch hinreichend schnell wieder ersetzt werden.

Wesentlichen Anteil an der flexibleren Gefechtsführung hatte zudem die Schaffung selbstständiger Großverbände, in denen alle Truppengattungen vertreten waren. Bereits 1778 war in Frankreich die Bildung von Armee-Divisionen verfügt worden, die über vier Infanterie- und eine Kavalleriebrigade nebst Geschützen verfügten. Auf Scharnhorsts Betreiben hin wurde diese Divisionsgliederung in den Freiheitskriegen auch von Preußen übernommen. Unter Napoleon marschierten die Armeen aus Versorgungsgründen getrennt in Korps, die sich vor der Schlacht wieder vereinigten. Jedes Korps bestand aus zwei bis sieben Infanteriedivisionen nebst zusätzlicher Artillerie und Kavallerie als Reserve. Ergänzt wurden sie um Pioniere und Train, welche die Beweglichkeit sicherstellten. Dieses Gliederungsprinzip wurde von anderen Nationen übernommen, so 1807 von Russland und 1809 von Österreich.

Da Napoleon den Wert der flexiblen Gefechtsführung erkannt hatte, baute er anders als die Strategen des Ancien Régime nicht auf fest gefasste Operationspläne. Nach Eröffnung der Schlacht suchte er vielmehr entsprechend der Lage zu reagieren. Die Form der Eröffnung auf breiter Front, die darauf folgende Umfassung, die den Gegner zur Aufsplitterung sei-

ner Kräfte zwingen und ihn in die Enge treiben sollte, und die Entscheidung durch den massiven Kräfteansatz lassen sich allerdings als wiederkehrende Elemente napoleonischer Operationskunst erkennen.

Das wesentliche herkömmliche taktische Element bildete die Linie, in deren Zentrum weiterhin die drei Glieder tief gestaffelte Infanterie stand. Sie setzte sich aus der schweren und leichten *Infanterie* (Jäger, in Preußen Füsiliere) zusammen und bildete auch den Kern der Reserve. Erst wenn sie geschlagen war, musste eine Schlacht verloren gegeben werden.

Im Zuge der Anwendung der so genannten Tirailleurtaktik, die Scharnhorst 1797 wohl etwas übertrieben für das ausschlaggebende Moment des französischen Erfolges hielt, erfuhr die leichte Infanterie einen erheblichen Bedeutungsgewinn. Der Begriff ▸ *Tirailleure* (tirailler, franz.; umherziehen) bezeichnet vor der Linie eingesetzte Einzelschützen, die durch gezieltes Feuer wirkten und selbstständig die Stellung wechselten. Die Rohre ihrer Gewehre waren, entgegen denen der Linie, gezogen, was diese wesentlich treffsicherer machte. Hervorgegangen war diese Kampfweise aus dem »Kleinen Krieg«, dem abgesetzten Kampf leichter Truppen zur Störung der Verbindungen und Versorgung der großen Armeen. Sie eignete sich deshalb besonders für die Revolutionsarmeen, weil sie leichter zu erlernen war als die komplizierten Abläufe und Kommandos der Linie. Zudem entsprach sie dem freiheitlich-revolutionären Gedankengut der französischen Soldaten. Der Nutzen dieser Kampfweise war schon während des Amerikanischen Unabhängigkeitskrieges erkannt worden. In Preußen war bereits vor den Koalitionskriegen mit der Einführung von leichter Infanterie begonnen worden, jedoch aus Mangel an geeigneten Waf-

1 Ludwig von York, »Tirailleurs. Instruction für sämtliche leichte Brigaden, zu den Uebungen« (1810)
*Der Einführung der Tirailleurtaktik in die preußische Armee war ihre vollständige Niederlage bei Jena
und Auerstedt vorangegangen. Seit der französischen Revolution kämpfte die Armee Frankreichs höchst erfolgreich mit dieser Taktik.*

»§ 9 [...] Das Tiraillement ist eine aufgelöste d.h. nicht Mann an Mann hangende Schlacht-Linie, die im Ganzen
zwar nach einer Richtung geleitet werden muß, die aber dem einzelnen *Individuo* den Vorzug giebt, sich
nach seiner Bestimmung in jedem Terrain frei zu bewegen, einen sichern auf den Mann gezielten Schuß
anzubringen und nach den Umständen von allen Vortheilen des *Terrains* zu seiner persönlichen Deckung
und zur sichern Schaden Zufügung des Feindes Nutzen zu ziehen. [...]

§ 11 Die Benutzung der Terrain Gegenstände zur eigenen Deckung und zur Bevortheilung des Feindes ist aber
für den Menschen so natürlich, daß er diesen Zweig der Tirailler Tactik äußerst leicht erlernt. Es kömmt

daher bloß darauf an, daß der Tirailleur sein Benehmen bei Stellung und Bewegung, dem Zwecke
des Ganzen anzupassen lerne und diesen Takt
erwirbt er nur durch vieles und dem Geiste der
Streit Art völlig entsprechendes Ueben. [...]

§ 12 [...] Treffen soll der Tirailleur und nicht knallen! [...]

§ 28 [...] Man könnte deshalb den jungen Officiers hier
auch die Lesung der vorzüglichsten Schriften über
diesen Gegenstand empfehlen. [...]«

*Zit. nach: Werner Hahlweg, Preußische Reformzeit
und revolutionärer Krieg, Frankfurt a.M. 1962
(= Wehrwissenschaftliche Rundschau, Beiheft 18),
S. 73–87*

085
Die Tiraillleure. Gemälde von
T.T. Heine, 1913.

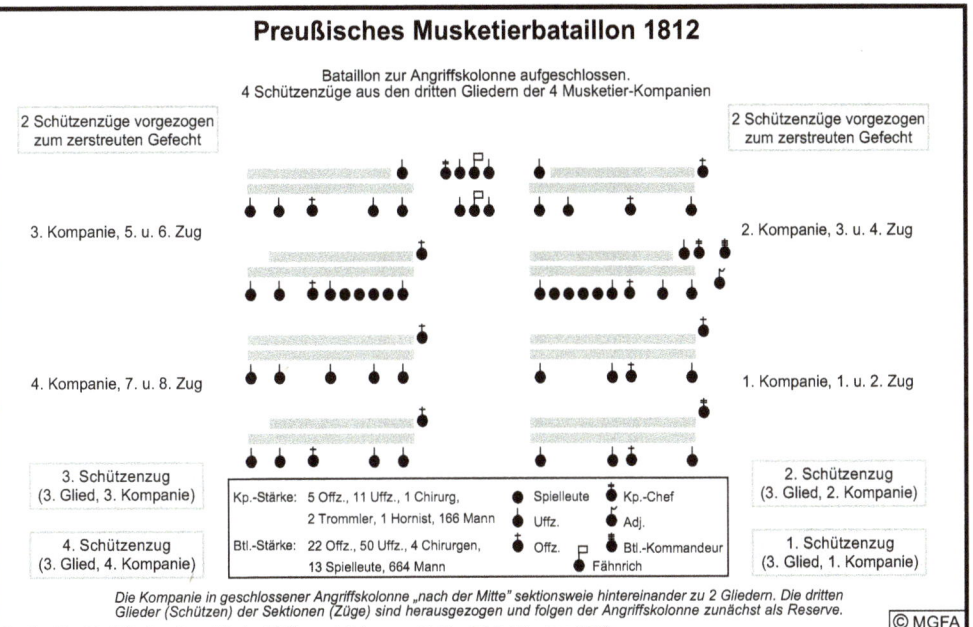

Preußisches Musketierbataillon 1812

Bataillon zur Angriffskolonne aufgeschlossen.
4 Schützenzüge aus den dritten Gliedern der 4 Musketier-Kompanien

2 Schützenzüge vorgezogen
zum zerstreuten Gefecht

2 Schützenzüge vorgezogen
zum zerstreuten Gefecht

3. Kompanie, 5. u. 6. Zug

2. Kompanie, 3. u. 4. Zug

4. Kompanie, 7. u. 8. Zug

1. Kompanie, 1. u. 2. Zug

3. Schützenzug
(3. Glied, 3. Kompanie)

4. Schützenzug
(3. Glied, 4. Kompanie)

2. Schützenzug
(3. Glied, 2. Kompanie)

1. Schützenzug
(3. Glied, 1. Kompanie)

Kp.-Stärke:	5 Offz., 11 Uffz., 1 Chirurg,	● Spielleute	● Kp.-Chef
	2 Trommler, 1 Hornist, 166 Mann	● Uffz.	● Adj.
Btl.-Stärke:	22 Offz., 50 Uffz., 4 Chirurgen,	● Offz.	⌐ Btl.-Kommandeur
	13 Spielleute, 664 Mann	● Fähnrich

*Die Kompanie in geschlossener Angriffskolonne „nach der Mitte" sektionsweise hintereinander zu 2 Gliedern. Die dritten
Glieder (Schützen) der Sektionen (Züge) sind herausgezogen und folgen der Angriffskolonne zunächst als Reserve.*

Quelle: Siegfried Fiedler, Grundriß der Militär- und Kriegsgeschichte, Bd 2, München 1976.

© MGFA
05175-06

169

In Deutschland beginnt die Geschichte der allgemeinen Wehrpflicht mit dem preußischen Wehrgesetz vom 3. September 1814. Mit der Einführung dieser neuen Wehrverfassung wurde eine Entwicklung vollzogen, die Frankreich bereits umgesetzt und zur Grundlage seiner militärischen Erfolge gemacht hatte. Die preußischen Heeresreformer Gneisenau, Scharnhorst und Boyen erklärten die Verteidigung des Vaterlands zur Pflicht eines jeden Bürgers und erhoben damit den Soldatenberuf zu einem für das Bürgertum geachteten Stand. Die Umbildung des preußischen Heeres verlangte gleichzeitig die Umgestaltung des Staates, ja des gesamten bürgerlichen Lebens.

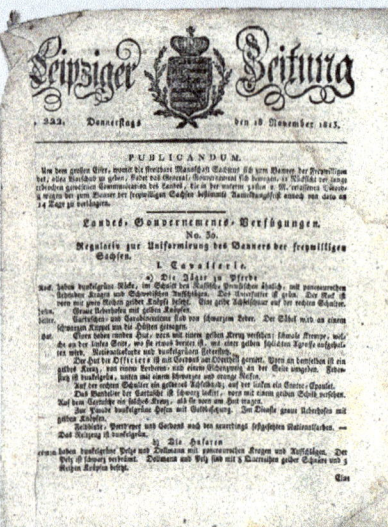

086 Verlautbarung über die Uniformierung des Banners der Freiwilligen Sachsen, 18. November 1813.

087
Auszug der ostpreußischen Landwehr ins Feld im Mai 1813 nach ihrer Einsegnung in der Kirche zu Königsberg. Gemälde von Gustav Graef, 1860/61.

Die Geschichte der allgemeinen Wehrpflicht im 19. Jahrhundert war somit eng mit der Forderung des Bürgertums auf Teilhabe am politischen Prozess verbunden. Deshalb waren die politisch konservativen Kräfte der Auffassung die Wehrpflicht sei mit dem monarchische Prinzip unvereinbar, weil sie in ihr das Heraufziehen demokratischer Gefahren wahrnahmen. Während die Heeresreformer die Landwehr als die Umsetzung der Vorstellung vom »Volk in Waffen« ansahen, haftete den Linientruppen trotz der allgemeinen Wehrpflicht weiterhin die alte absolutistische Prägung an.

088 Zeitgenössische Postkarte.

Die allgemeine Wehrpflicht hatte das Fürstenheer nicht ersetzt, sondern wurde lediglich benutzt, um dieses Instrument durch billige und kontinuierliche Rekrutierung zu stärken. Die bürgerliche Revolution von 1848 und der Traum von der deutschen Republik wurden von einer Armee hinweggefegt in der eben auch Wehrpflichtige dienten. Die Restauration in Deutschland nach 1848 sowie die Einigungskriege führten dazu, dass im weiteren Verlaufe des 19. Jahrhunderts die Wehrpflicht immer mehr dazu diente, breite Schichten der Bevölkerung zu militarisieren. Dies äußerte sich augenfällig in der großen Anzahl von Reservisten- und Kriegervereinen im deutschen Kaiserreich.

Nach dem Ersten Weltkrieg wurde Deutschland im Versailler Vertrag die Beibehaltung der allgemeinen Wehrpflicht untersagt. Daraus ergab sich unter anderem eine weitgehende Isolierung des Militärs von der Gesellschaft und eine zwiespältige Haltung der Streitkräfte gegenüber dem demokratischen System der Weimarer Republik (»Staat im

Staate«). Nach der »Machtergreifung« der Nationalsozialisten 1933 wurden rasch die Weichen für die Wiederaufrüstung Deutschlands gestellt. Die Wiedereinführung der allgemeinen Wehrpflicht 1935 stellte einen offenen Bruch des Versailler Vertrages dar. Hiermit wurde die Grundlage für das Massenheer geschaffen, das wenig später für expansive und verbrecherische Ziele eingesetzt wurde.

Bei Gründung der Nationalen Volksarmee der DDR im Jahr 1956 existierte zunächst keine Wehrpflicht. In der Deutschen Demokratischen Republik wurde die Wehrpflicht erst 1962 nach dem Bau der Berliner Mauer eingeführt. Vor dem 1. Mai 1962 war der Wehrdienst in der DDR freiwillig. Nach Einführung der Wehrpflicht betrug die Dauer des Wehrdienstes 18 Monate. Ein Recht auf Kriegsdienstverweigerung bestand in der DDR nicht.

089 Rheinlandbesetzung bei Koblenz mit der Festung Ehrenbreitstein im Hintergrund. Foto, 1936.

090 Angehörige der Teilstreitkräfte der Kasernierten Volkspolizei, dem Vorläufer der NVA.

091 Der dreistufige Blücherorden war für herausragende Leistungen im Krieg vorgesehen. Seine Existenz wurde der Öffentlichkeit erst nach der Auflösung der NVA bekannt.

092 Die ersten Soldaten der Bundeswehr erhalten ihre Ernennungsurkunde. Foto, 12. November 1955.

In der Bundesrepublik wurde bereits bei der Diskussion um einen westdeutschen Verteidigungsbeitrag 1950, in der so genannten Himmeroder Denkschrift, ein Wehrpflichtheer gefordert, weil nur so die beabsichtigte Truppenstärke erreicht werden konnte, zudem sollte durch die Wehrpflicht eine engere Verbindung der neuen deutschen Streitkräfte mit dem parlamentarisch-demokratischen System erreicht werden. Ab April 1957 rückten die ersten Wehrpflichtigen der Bundeswehr in die Kasernen ein. Seit damals leisteten rund 7 850 000 junge Männer Grundwehrdienst. In der Bundesrepublik besteht für jeden, der aus Gewissensgründen den Dienst an der Waffe verweigert, das Recht auf Kriegsdienstverweigerung. Ein Verzicht auf die Wehrpflicht hätte weit reichende Konsequenzen für die Bundeswehr, ihre Einbettung in die Gesellschaft und das Selbstverständnis der Soldaten. Nachdem nahezu alle westeuropäischen Staaten die Wehrpflicht abgeschafft haben, flammt auch in der Bundesrepublik Deutschland die Diskussion über deren Beibehalt immer wieder auf. Gleichwohl wird sie bislang mehrheitlich als die auch in Zukunft angemessene Wehrform angesehen.

fen nur in geringer Zahl. Zudem stellten die Tirailleure keinesfalls eine Alternative zur Linie dar, weil ihre Waffenwirkung zu gering war, um gegen eine geordnet aufgestellte Truppe durchsetzungsfähig zu sein.

In der Schlacht stand beiderseits der Infanterie die Kavallerie. Die Kavallerie stellte den einzigen schnell beweglichen Faktor im Gefecht dar. Der leichten Kavallerie kamen vor allem Sicherungs-, Aufklärungs- und Verfolgungsaufgaben zu. Im Gegensatz zur Infanterie, deren Wirkung auf dem massierten Einsatz von Feuerwaffen beruhte, lag der Erfolg der Kavallerie in der Kombination der Wucht des anrennenden Verbandes mit dem Einsatz der Seitenwaffen. Gleichwohl waren sämtliche Einheiten zudem mit Feuerwaffen ausgerüstet.

In der napoleonischen Epoche nahm die Bedeutung der Artillerie erheblich zu. Möglich wurde dies durch die Entwicklung leichterer und damit mobilerer Geschütze. Die sechspfündige Kanone wurde zum Standardgeschütz der Feldartillerie jener Zeit. Grundsätzlich unterschied man zwischen Feld- und Festungsartillerie, die erheblich schwerer war, da sie keinerlei Mobilitätskriterien erfüllen musste. Die Geschütze der Feldartillerie wurden mit Gespannen bewegt. Bei der reitenden Artillerie, die seit den 1780er Jahren an Verbreitung gewann, war auch das Bedienpersonal beritten. Es umfasste zumeist fünf Artilleristen und bis zu 15 weitere Hilfspersonen. Durch diese Mobilisierung konnte auf die bis dahin den Regimentern und Bataillonen zugeteilten Kanonen verzichtet und die Artillerie schnell auf Entscheidung der Truppenführer vor Ort zur Schwerpunktbildung eingesetzt werden. Die Vorbereitung des Angriffes blieb eine weitere ihrer wesentlichen Aufgaben. Das besondere Augenmerk Napoleons für diese Truppengat-

tung resultierte aus seiner eigenen Ausbildung zum Artillerieoffizier und trug ein übriges zu ihrer Bedeutungssteigerung bei. Grundsätzlich hielt er ausreichend Geschütze zur flexiblen Gefechtsführung in der Reserve zurück.

In Folge der Flexibilisierung und Spezialisierung der Gefechtsführung wurden die technischen Truppen – Mineure, Pontoniere und Sappeure – zu Pioniertruppen zusammengefasst. Sie hatten vor allem Feldbefestigungen zu erstellen, die Voraussetzungen für die Bewegung der Artillerie zu schaffen und Flussübergänge zu ermöglichen. Mit diesem Bedeutungsgewinn stieg auch das Ansehen des Ingenieuroffizierkorps. In Preußen wird dieses daran deutlich, dass die Ingenieuroffiziere, denen seit 1808 Gneisenau vorstand, die gleichen Stickereien wie die Generalstabsoffiziere auf ihren Uniformen trugen und ebenso hohe finanzielle Zulagen wie diese erhielten.

In der napoleonischen Zeit wurde die Linear- zur Kolonnentaktik weiterentwickelt. An die Stelle der breiten Linie trat auch im Angriff die schmalere, dafür tiefer gestaffelte Kolonne. Aufgrund ihrer geringen Breite konnte sie schneller als die Linie umdirigiert werden und ermöglichte damit eine flexiblere Gefechtsführung. Die Kolonne war als Gefechtsform außerdem auch von ungeübten Soldaten leichter beizubehalten, kam also den aus schlecht ausgebildeten Wehrpflichtigen bestehenden Heeren entgegen. Denn der von der Lineartaktik geforderte Formationswechsel von der Marschkolonne zur Linie erforderte mustergültige Disziplin und langwierigen ▶ Drill. Ein weiterer Vorteil der Kolonnentaktik lag darin, dass sie sich besser zur Schwerpunktbildung eignete. Gegen die schmale Verteidigungslinie konnte sich eine angreifende Kolonne im Nahkampf mit dem Bajonett effektiver durchsetzen.

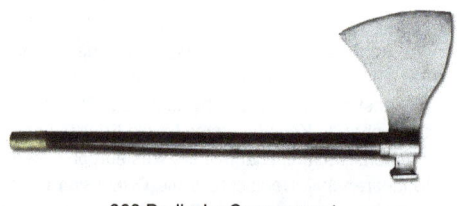

093 Badische Sappeursaxt.

096 Preußisches Faschinenmesser für Pioniere mit Sägerücken.

094 Attacke des 1. Kurmärkischen Landwehr-Kavallerieregiments gegen ein feindliches Karree in der Schlacht von Dennewitz am 6. September 1813. Farbdruck nach Richard Knötel, um 1900.

095 Friedrich Freiherr von Bülow. Punktierstich von Gottlieb Wilhelm Hüllmann, um 1815.

B Friedrich Wilhelm Freiherr von Bülow (1814) Graf von Dennewitz (1755–1816) Preußischer General – Aufgrund seiner Erfolge bei den Schlachten von Luckau, Großbeeren und Dennewitz, in denen er Berlin dreimal vor der französischen Armee gerettet haben soll, im Volksmund auch der »allezeit glückliche Bülow« genannt. Für diese Verdienste wurde er u.a. zum Großritter des Eisernen Kreuzes ernannt. Sein Glück blieb ihm hold, als er am 18. Juni 1815 als Befehlshaber des IV. Armee-Korps in die Schlacht von Belle-Alliance (Waterloo) eingriff und die entscheidende Wende zu Gunsten der Allianz herbeiführte.

S Drillen, früher auch »Trillen« geschrieben, bedeutet im Allgemeinen soviel wie »schnell herumdrehen«.

In der Militärsprache des 16. und 17. Jahrhunderts bedeutet das Wort soviel wie Einexerzieren. In der Bedeutung eines sich systematisch steigernden Übungslaufes zur sicheren Handhabung von Waffen und Gerät unter allen Feind-, Gefechts- und Witterungseinflüssen und bei Dunkelheit hat der Drill auch heute noch, dem ursprünglichen Sinne nach, seine volle Berechtigung. Allerdings wird der jetzt verpönte Ausdruck für ein seelenloses und maschinenmäßiges Abrichten der Soldaten gebraucht.

173

097 Württemberger Sechspfünder-Kanonenrohr, 1803.

Die Infanterie

Das Vorderladergewehr war die Hauptbewaffnung der Armeen. Das Gewehr mit glattem Lauf wurde nach dem zur Zündung benutzten *Steinschloss* (franz.; fusil) meist Flinte genannt. Die Qualität dieser Flinten wurde durch die Güte des Laufes bestimmt. Der Gewehrlauf musste beim Abfeuern der Waffe dem Verbrennungsdruck standhalten und die Kugel führen können. Die Länge des Laufes bestimmte die Entfernung, welche die Kugel bis ins Ziel zurücklegen konnte. Die Lauflängen lagen zwischen 100 und 115 Zentimeter. Die Ladung für die zu verschießende Kugel wurde von der Laufmündung her eingebracht. Die Kugel musste kleiner sein als der Innendurchmesser des Laufes, weil sich die Rückstände der Schwarzpulververbrennung an der Innenseite des Laufes absetzten.

098 Neupreußisches Infanteriegewehr, Mod. 1809.

099 Französischer Regimentsadler, 1804–1815.

100 Bajonett zum neupreußischen Gewehr Mod. 1809, Länge 56 Zentimeter.

101 »Völkerschlacht« bei Leipzig vom 16. bis zum 19. Oktober 1813. Kampf vor dem Grimmaischen Tor. Öl auf Leinwand von Ernst Wilhelm Straßberger.

Die starke Verkrustung forderte einen entsprechenden Spielraum, um während des Gefechts noch die zehnte oder zwanzigste Kugel nachladen zu können. Deshalb war eine genaue Führung der Kugel nicht möglich. Das Kaliber der Waffen betrug 18,6 bis 20 Millimeter, aber produktionsbedingte Kaliberschwankungen von bis zu 0,5 Millimeter waren keine Seltenheit. Man verzichtete weitgehend auf Zieleinrichtungen und suchte dafür möglichst schnell und gemeinsam zu schießen. Die Masse sollte so die fehlende Präzision des Einzelschusses ersetzen. Die wirksame Schussweite des Infanteriegewehrs ging kaum über 300 Meter hinaus, nur auf kurze Entfernung war das Trefferbild zufriedenstellend. Die Vorderladergewehre waren sehr störanfällig. Bei normalen Gefechtssituationen rechnete man mit jedem siebten Schuss als Versager. Durch Verschleiß konnte das Steinschloss in seiner Funktion beeinträchtigt sein. Auch die Witterung wirkte sich negativ auf die Waffenwirkung aus. Bei starkem Wind oder Regen war eine Zündung ausgeschlossen. Neben dem Vorderladergewehr verfügte der Infanterist meist noch über einen Säbel, der aber im Gefecht nur sehr selten eingesetzt wurde. Die Infanterieoffiziere waren lediglich mit ihrer Seitenwaffe, dem Degen, bewaffnet.

Die Kavallerie

Der zweite, wesentlich kleinere Teil eines Heeres bestand aus Reitern. Über den erfolgreichen Einsatz der Kavallerie im Gefecht entschied in erster Linie die Verfassung der Pferde. Das Pferd kann im Schritt einen Menschen umlaufen, stößt ihn im Trab gewaltsam zur Erde und im Galopp ist es sogar in der Lage ganze Reihen von Menschen zu durchbrechen. Diese Wirkung wurde noch erheblich gesteigert durch den geschlossenen Anritt von großen und starken Tieren, wie sie bei der schweren Kavallerie zum Einsatz kamen. Die berittenen Truppenteile waren neben ihren Hieb- und Stichwaffen auch mit Feuerwaffen ausgerüstet. Das Vorderladergewehr der Reiterei mit

102 Säbel für Stabsoffiziere. Frankreich, um 1800.

glattem Lauf nannte man Karabiner. Der Reiterkara-
biner war leichter und kürzer als das Infanteriegewehr,
außerdem verfügte er über ein kleineres Kaliber. Das
Kaliber der Karabiner betrug ungefähr 17,5 Millimeter.
Die Bewaffnung der Reiterei mit Feuerwaffen wurde
noch um zwei Pistolen ergänzt. Mit der Pistole war
es für den Reiter nur möglich den Gegner auf sehr
kurzer Distanz zu bekämpfen. Die Bewaffnung der
Kavallerie wurde durch den schweren Reiterdegen
oder Pallasch komplettiert. Die Länge der Klingen des
Pallaschs lag zwischen 90 und 100 Zentimetern.

103
Das Gefecht an der Unstrut, 22. Oktober 1813.
Zeitgenössischer, kolorierter
Kupferstich.

Die Artillerie

Der dritte wichtige Bestandteil des Heeres war die Artillerie. Die Entwicklung der Artillerie zur Zeit Napoleons lag nicht
so sehr im technischen Bereich, sondern in ihrer Organisation und dem taktischen Einsatz mit der Forderung nach
großer Beweglichkeit.
Bei den Geschützen wurde zwischen Kanonen für den direkten Schuss und Mörsern für den indirekten »Wurf« unterschieden. Die Haubitzen konnten sowohl werfen als auch schießen, sie wurden aber zu den Wurfgeschützen gezählt.
Die Kaliber der Kanonen wurden nach dem Gewicht der eisernen Vollkugeln bezeichnet, die sie verschießen konnten,
die Wurfgeschütze nach dem Gewicht einer Steinkugel, die aus ihnen zu werfen wäre. Die Feldartillerie erreichte
Schussweiten von bis zu 1200 Meter. Die Rohrlängen der Wurfgeschütze waren kürzer.

104 Französische 24-Pfünder-Kanone.

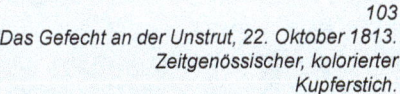

105
Die Schlacht bei Nollendorf,
17. September 1813. Zeitgenössischer,
kolorierter Kupferstich.

Die Geschütze waren auf Lafetten montiert. Für die Feldartillerie mussten die Lafetten im Gelände gut beweglich, dazu
noch möglichst leicht und doch genügend fest sein und große stabile Räder besitzen. Die Lafetten waren aus Holz und
mit Eisenbeschlägen verstärkt. Für den Transport über weitere Strecken wurde die Lafette an eine zweirädrige Protze
angehängt, auf der ein kleinerer Munitionsvorrat mitgeführt wurde.
Zur Bedienung der Geschütze benötigte man, entsprechend ihrer Größe, verschieden viel Personal. Dessen Zahl
schwankte zwischen 8 und 20 Personen. Zum Schießen genügten aber, unabhängig vom Kaliber, vier Mann, bei der
Feldartillerie kamen zwei weitere für das Auf- und Abprotzen hinzu. Die Arbeitsvorgänge um die Kanone schussbereit
zu machen, bestanden aus dem Wischen des Rohres und Ansetzen der Ladung, dem Einsetzen des Geschosses,
dem Richten und dem Einsetzen eines Zünders und schließlich dem Abfeuern. Dieser Ladevorgang war bei allen
Kanonen gleich.

Im Bedarfsfall wurde die Kolonne nach wie vor zur Linie entfaltet, die dann allerdings durch Tirailleure aufgelockert wurde. Die Massenheere ermöglichten es zudem, mehr Linien als die in der klassischen Lineartaktik üblichen zwei Treffen aufzustellen.

In der Linie selbst veränderten sich die Abläufe kaum. Die Hauptwaffe der Infanterie blieb das Vorderladergewehr mit glattem Lauf, Steinschloss und Bajonett. Es schoss zu ungenau, als das gezieltes Einzelfeuer möglich gewesen wäre. Der Ladevorgang war so kompliziert, dass nur die Staffelung in mehrere Glieder, die wechselweise mit Laden, Zielen und Feuern beschäftigt waren, eine hinreichend hohe Schussfolge gewährleistete.

2. Ausrüstung, Uniformierung und Versorgung

Verglichen mit Strategie, Taktik und Versorgungswesen blieb die Ausrüstung der Heere im Wesentlichen auf dem Stand des späten 18. Jahrhunderts. Selbstverständlich gab es Weiterentwicklungen, aber revolutionäre Militärtechnik brachte dieser Zeitraum nicht hervor. Erwähnenswert ist allerdings der Fortschritt der Fertigungsmethoden, der den Beginn des Industriezeitalters markiert und aus der Notwendigkeit erwuchs, den enormen Bedarf der erstehenden Massenheere decken zu können.

Die Hauptbewaffnung der wichtigsten Truppengattung, der Infanterie, war das Vorderladergewehr mit Steinschloss. Das in Europa am meisten verbreitete Gewehr war das französische Infanteriegewehr Modell 1777, von dem bis 1839 allein sieben Millionen Exemplare gefertigt wurden. Es diente nahezu allen Geweh-

176

ren als Vorbild, so auch dem 1809 in Preußen eingeführten Modell. Es war das Bestreben aller Heeresverwaltungen, eine einheitliche Bewaffnung ihrer Armeen sicherzustellen, doch gelang dies nirgends: Etwa die Hälfte der Gewehre, mit denen die preußische Infanterie 1813 in den Kampf zog, waren von England gelieferte französische Beutewaffen. Ergänzt wurde die Bewaffnung des Infanteristen durch ein aufpflanzbares Bajonett für den Nahkampf und zum Teil durch eine Seitenwaffe. Insgesamt ließen die Infanteriegewehre schon aufgrund der starken Rauchentwicklung, aber auch wegen der Fertigungsungenauigkeiten nur ungezieltes Feuer zu, das erst durch Massierung wirksam wurde. Dies gilt nicht für die Jäger, deren Bewaffnung oft selbstbeschaffte Büchsen mit gezogenem Lauf waren.

Die Kavallerie war mit Hiebwaffen ausgerüstet. Neben dem Reitersäbel kam hier der Degen, der Pallasch, zum Einsatz. *Faustfeuerwaffen* (Pistolen und Karabiner) gehörten ebenfalls zum Standard, spielten aber im Gefecht eine untergeordnete Rolle. Die schwere Kavallerie erhielt, ausgehend von Frankreich 1802, zum Schutz der Soldaten wieder Brustpanzer. Diese – in Preußen als Kürasse bezeichnet – führte die preußische Kavallerie erst 1813/14 ein.

In Bezug auf die Artillerie verdient vor allem die Entwicklung hin zu leichteren und damit mobileren Geschützen Erwähnung. Neben der sechspfündigen Kanone gehörten steilfeuernde Waffen – Mörser und Haubitzen – zur Standardausrüstung und gewannen insofern an Bedeutung, als dass sich der Gegner aufgrund zunehmender Ausnutzung des Geländes immer häufiger in der Deckung dem direkt abgefeuerten Schuss entzog. Auch im Ortskampf besaßen diese Geschütze Vorteile gegenüber der Kanone.

106 Neupreußisches Infanteriegewehr Mod. 1809.

107 Batterieschloss des preußischen Infanteriegewehres Mod. 1809.

108 Schlacht bei Wagram am 5./6. Juli 1809. Napoleon I.
siegt über die Österreicher unter Erzherzog Karl.
Kolorierter Holzstich von François Georgin, Nachdruck 1913.

109 Bombe,
hier eine 32-Pfünder.

177

110 Das Treffen von Ostrowna vor Witebsk am 23. Juli 1812.
Zeitgenössischer, kolorierter Kupferstich.

Die Vergrößerung der Heere und die Reduzierung der für die Verbände mitgeführten Ausrüstung, aber auch das gewandelte Soldatenbild wirkten sich auch auf die Uniformierung aus. An die Stelle jener der höfischen Bekleidung des Adels ähnlichen, eng geschnittenen Uniformen mit knielanger, eng anliegender Hose, Weste, Rock und gepuderter Zopfperücke traten die bürgerlichen langen Hosen und ein geschlossener Rock. Die »alten Zöpfe« wurden abgeschnitten, später auch das Pudern der Haare abgeschafft. Als neue Form der Kopfbedeckung setzte sich vor allem für die Landwehren der Tschako durch, aus dem sich später die Schirmmütze entwickelte. Als Witterungsschutz wurden Mäntel eingeführt; sie mussten aufgrund der weggefallenen Zeltausrüstung im Bedarfsfall auch als Decken während des Biwakierens genutzt werden.

Zur Versorgung der stehenden Heere des 18. Jahrhunderts hatte sich das Magazinsystem herausgebildet. An festen Plätzen waren Versorgungslager für Verpflegung, Ausrüstung und Munition angelegt worden, aus denen heraus die kriegführenden Armeen versorgt wurden. Der Kampf um diese in Festungen angelegten Magazine besaß daher zentralen Stellenwert in den Kabinettskriegen.

Für die rasch expandierenden französischen Heere erwies sich dieses System als ungenügend, zumal das Chaos im Zuge der Revolution selbst bei hinreichenden Vorräten die Versorgung erschwert hätte. Es wurde daher auf ein System zurückgegriffen, mit dem sich schon die Landsknechtheere versorgt hatten: Die Requisition, die Entnahme der benötigten Versorgungsgüter aus den besetzten Gebieten. Napoleon behielt dieses System bei, da es außerdem die Schnelligkeit seiner Truppenbewegungen unterstützte. Zusätzlich dienten in den besetzten Gebieten eingetriebene Gelder, so genannte Kontributionen, der Finanzierung der Besatzungstruppen.

Der Nachteil dieser Praxis lag darin, dass die Versorgung auf diesem Wege nur so lange sicher gestellt werden konnte, bis die Ressourcen des besetzten Gebietes erschöpft waren. Zudem eignete sich das System vorrangig für Verpflegung, jedoch weniger für spezielle Ausrüstungen wie Waffen und Uniformen. In beiden Fällen musste weiterhin auf die herkömmlichen Magazine zurückgegriffen werden. Napoleon räumte diesem Aspekt in der Vorbereitung seiner Operationsführung breiten Raum ein.

Die Logistik wurde dadurch beschleunigt, dass sie nicht mehr wie im Absolutismus privaten Unternehmern überlassen, sondern neu gebildeten Truppenteilen übertragen wurde. Diese Trains, wie die zur Versorgung notwendigen militärischen Fuhrparks bezeichnet wurden, führten den Heeren die notwendige Verpflegung, aber auch das Sanitäts-, Brückenbau- und Belagerungsmaterial sowie die Artillerie zu. Nach wie vor handelte es sich um erhebliche Fuhrparks, die allerdings durch die Reduzierung von Ausrüstung, wie den Wegfall von Feldbäckereien, Decken und Zelten gegenüber den früher üblichen Trossgrößen deutlich verringert worden waren. Nach diesem Vorbild wurden auch in Preußen eigene Versorgungstruppenteile gebildet.

Langfristig hat die weitgehende Abstützung auf die Requisition als Hauptmittel der Versorgung maßgeblich zum Niedergang Napoleons beigetragen. Denn in vielen besetzten Gebieten führte die intensive Ausbeutung zu Widerständen gegen die Besatzer, so etwa in Spanien, wo die Volksaufstände Napoleon zwar nicht niederringen, aber doch nachhaltig Kräfte binden konnten. In Russland wurde diese Praxis schon

112 Rheinübergang russischer Truppen bei Mannheim
am 1. Januar 1814. Zeitgenössisches Ölgemälde.

im Vorfeld vereitelt. Die zum »nationalen und
heiligen Krieg des Vaterlandes« aufgerufene
Bevölkerung zündete im Partisanenkampf vor
dem Ausweichen die Versorgungsgüter lieber
an, als sie der Grande Armée in die Hände fallen zu lassen. Da die französischen Truppen
immer tiefer in das Landesinnere vorstoßen
mussten, um auf den russischen Gegner zu
treffen, überdehnten sich die Nachschublinien
in der Weite des russischen Raumes. Daran änderte auch nichts, dass Napoleon seine Versorgung für diesen Feldzug fast ausschließlich auf
das benachbarte Preußen abgestützt hatte.

113 Helm des Regiments
Garde du Corps des
Königreichs Preußen
für Mannschaften,
1808–1813.

179

Kapitel III – Konflikte:

»Das Volk steht auf, der Sturm bricht los!«

115 Der Teufel, welcher die Dame Gallia [Frankreich] lange besessen, wird durch die verbündete Kraft endlich ausgetrieben.
Radierung nach einer Zeichnung von E.T.A. Hoffmann, 1814.

1. Die Revolutionskriege

Die Revolutionskriege begannen 1791/92 zu einem Zeitpunkt, als die französische Nationalversammlung durch die Auseinandersetzung zwischen der Partei der *Girondisten* (gemäßigte Republikaner, so benannt nach dem Departement, aus dem die meisten Deputierten stammten) und der ▸ *Jakobiner* (Klub radikaler Republikaner, so benannt nach seinem Tagungsort, dem St. Jakobskloster) bereits stark zerstritten war und sich die Monarchie durch den erfolglosen Fluchtversuch des Königs endgültig diskreditiert hatte. Mit der von Frankreich ausgehenden Kriegserklärung waren verschiedene Interessen der einzelnen Gruppierungen verbunden. Die gemäßigten Kräfte hofften von den drängender werdenden innenpolitischen Problemen abzulenken, die Radikalen sahen darin eine Möglichkeit, die Idee der Revolution zu verbreiten und Ludwig XVI. schließlich hoffte auf eine Wiederherstellung alter Zustände durch die europäischen Monarchen. Die in diesem Zusammenhang entstandene ▸ Marseillaise spiegelt die weit verbreitete Kriegsbegeisterung jener Tage wieder. Mit drei Armeen rückten die Revolutionstruppen an die französische Grenze zur Schweiz, nach Metz und zur Grenze der österreichischen Niederlande vor. Dort wurden sie durch einen österreichischen Gegenangriff bei Lille zurückgeworfen. Durch den Krieg und die

mit ihm verbundene Bedrohung wurden neben Paris auch die übrigen französischen Departements noch stärker als bisher politisiert. Die Niederlage gegen die österreichischen Truppen nährte den allgemeinen Verdacht, der König – immerhin war seine Gemahlin Marie Antoinette Österreicherin – verteidige das Vaterland nur halbherzig und mache gemeinsame Sache mit den emigrierten Aristokraten. Zusätzlich wurde dieses Gerücht unbeabsichtigt durch das »Koblenzer Manifest« des ▸ Herzogs von Braunschweig befördert, das die bedingungslose Unterwerfung Frankreichs verlangte. Im August wurde die königliche Familie gefangen gesetzt, der König selbst im Januar 1793 aufgrund eines knappen Mehrheitsbeschlusses des Konvents hingerichtet. Die Radikalen um Robespierre errichteten daraufhin ihre als Terreur bezeichnete Schreckensherrschaft.

Führende Köpfe des Jakobinerclubs

116 Jean Paul Marat.
Öl auf Leinwand
von Joseph Boze,
1793.

117
Der Oberfeldherr der preußischen Hauptarmee, Herzog Ferdinand von Braunschweig, wird verwundet aus der Schlacht geführt. Chromotypie nach Richard Knötel, 1896.

1 Hermann von Boyen, »Denkwürdigkeiten« (1806)

In seinen Memoiren berichtet der spätere preußische Kriegsminister über die Führungsschwäche des Herzogs von Braunschweig.

»Man hatte mehrere Generale zu einer Konferenz gerufen, welche sich über die vorhin erwähnte Parolezeit ausdehnte, und dies ward die Veranlassung, daß nach und nach die vor dem Palais des Königs versammelten Offiziere vor das Quartier des Herzogs [von Braunschweig] gingen. Der König, der dies aus dem Fenster bemerkte, gab dem Herzog sogleich die Parole, der zu diesem Zwecke auf die Straße kam; mit großem Schrecken aber erblickte er sogleich, daß der Unteroffizier und vier Mann fehlten, die gewöhnlich um den die Parole empfangenden Kreis als Sicherheitswache [...] ausgestellt werden; dies setzte den Herzog in eine kaum glaubliche Verlegenheit. Nach der nächsten Wache zu schicken, um die fehlende Mannschaft zu holen, dies wollte er nicht, da der König oben am Fenster stand, und dagegen die Parole, wie es sonst bei ungewöhnlichen Verhältnissen wohl geschieht, auch ohne jene Bedeckung auszugeben, dazu konnte sich sein an kleinliche Kriegsordnung gewöhnter Sinn auch nicht entschließen [...]. Endlich schien sich die Göttin der Kriegsordnung ihres alten Verehrers annehmen zu wollen, denn die Brotwagen eines Grenadierbataillons kamen eben mit einer kleinen Bedeckung vorbeigefahren; alle dienstbaren Geister fuhren nun auf diese Mannschaft los und holten die fehlende Zahl. Aber neue Verlegenheit, denn der Unteroffizier war nicht nach der damaligen Vorschrift mit dem Kurzgewehr bewaffnet, sondern hatte dies an den Wagen gebunden. Dies mußte also auf speziellen Befehl des an alledem tätig teilnehmenden Feldherren abgelöst werden, und erst nachdem alle diese Hindernisse mühsam beseitigt waren, trat der Herzog mit befriedigtem Gesicht in den Kreis und teilte die lang ersehnte Parole aus [...] das war der Mann, der uns gegen Napoleon führen sollte.«

Zit. nach: Hermann von Boyen, Denkwürdigkeiten und Erinnerungen 1771–1813, Bd 1, Stuttgart 1913, S. 118 f.

B Karl Wilhelm Ferdinand, Herzog von Braunschweig (1735–1806)

Preußischer Heerführer – Karl Wilhelm Ferdinand kämpfte im Siebenjährigen Krieg und zeichnete sich dort durch kühnes Draufgängertum, vor allem in den Schlachten bei Hastenbeck und Minden, aus. Im Jahre 1792 führte er als preußischer Feldherr die Truppen der antifranzösischen Koalition nach Frankreich. Sein »Koblenzer Manifest«, das die französische Bevölkerung zur Unterstützung der Monarchie aufrief, erreichte jedoch das Gegenteil. In der Schlacht von Valmy unterlagen die Truppen der Koalition unter Karl Wilhelm Ferdinand am 20. September 1792 den französischen Revolutionstruppen und mussten sich wieder zurückziehen. 1806 kämpfte er gegen die französische Expansion unter Napoleon und wurde am 14. Oktober bei Auerstedt tödlich verwundet.

118 Karl Wilhelm Ferdinand von Braunschweig. Öl auf Leinwand von Johann Georg Ziesenis, nach 1773.

181

119 Maximilien de Robespierre. Öl auf Leinwand von Louis-Leopold Boilly.

120 Georges Danton. Öl auf Leinwand.

Außenpolitisch gelang den Revolutionsheeren in der Kanonade von Valmy ein überraschender Erfolg gegen die preußischen Truppen. Wichtiger als der militärische Ausgang war jedoch die von diesem Sieg ausgehende Signalwirkung. Der als Beobachter anwesende Johann Wolfgang von Goethe kommentierte in seiner 1822 verfassten »Campagne in Frankreich«: »Von hier und heute aus geht eine neue Epoche der Weltgeschichte aus, und ihr könnt sagen, ihr seid dabeigewesen.« In rascher Folge marschierten die Revolutionstruppen über die Landesgrenze und besetzten Teile von Belgien, Speyer, Worms und Mainz. Zwar hatte die Nationalversammlung beschlossen, dass »die französische Nation auf jeden Eroberungskrieg verzichte und dass sie nie ihre Macht gegen die Freiheit irgendeines Volkes gebrauchen werde«. Da die besetzten Gebiete jedoch zu absolutistisch regierten Fürstentümern gehörten, wurde nun argumentiert, dass diese nicht als frei anzusehen seien und gerade durch die Okkupation ihre Freiheit zurück erhielten. Finanzminister Joseph Cambon brachte es vor dem Konvent auf die griffige Formel: ▶ »Krieg den Schlössern, Friede den Hütten!« Gemäß dieser Logik erhielten die »befreiten« Gebiete zunächst den Auftrag, sich selbst Verfassungen zu geben. Der innenpolitische Gedanke der Volkssouveränität wurde so in die Außenpolitik übertragen. Mit Fortdauer des Krieges allerdings dominierten zunehmend machtpolitische Erwägungen. Mit der Notwendigkeit, die Revolutionsheere zu unterhalten, begründeten immer stärker finanzielle Erwägungen die Politik der Besatzungstruppen gegenüber der Bevölkerung der eroberten Gebiete. Vielerorts – wenn auch keinesfalls überall – wurden die in den Systemwechsel gesetzten Hoffnungen enttäuscht.

Die Hinrichtung Ludwigs XVI. war der Anlass für den Abbruch der diplomatischen Beziehungen Englands mit Frankreich, dem die Kriegserklärung Frankreichs gegen England, Spanien und die Niederlande folgte. Aus dem bereits bestehenden österreichisch-preußischen Bündnis wurde unter Englands Führung eine antifranzösische Koalition, der auch Russland, Neapel, Sardinien und Portugal beitraten. Die englische Seeblockade französischer Häfen schwächte dessen angespannte Ökonomie weiter und radikalisierte die Innenpolitik.

Das Überlaufen des den Girondisten zuzurechnenden Generals Charles Dumouriez zu den Österreichern infolge militärischer Fehlschläge in Belgien lieferte den Jakobinern das nötige Argument zum Kampf gegen ihre innenpolitischen Feinde. Frankreich wurde von einem Bürgerkrieg heimgesucht, der durch die äußeren Kampfhandlungen nachhaltig beeinflusst wurde. Insbesondere im Juli 1793 verschärfte eine Reihe von Krisen die bereits bestehenden Probleme: Die Ermordung Jean Paul Marats durch eine fanatische Anhängerin der Girondisten, der österreichische Vormarsch in Belgien, der Verlust von Mainz sowie militärische Erfolge der Koalition in Savoyen und den Pyrenäen. Gegen den äußeren Feind wurde die Levée en Masse beschlossen. Royalistische Aufstände in Lyon, Marseille und der Vendée wurden niedergeschlagen. Grausame Massenhinrichtungen folgten. Als sich im Zuge der militärischen Erfolge innenpolitische Meinungsunterschiede unter den das Revolutionstribunal beherrschenden Jakobinern wieder deutlicher abzeichneten, richtete sich die Terreur auch gegen Andersdenkende in den eigenen Reihen. Nachdem mit der Hinrichtung Georges Dantons sämtliche von der Meinung Robespierres abweichende Gruppierungen beseitigt worden waren, ohne dass man gleichzeitig den Terror eingeschränkt hatte, fiel ihm schließlich Robespierre selbst zum Opfer.

182

Die **Marseillaise** geht auf den Aufruf des Straßburger Bürgermeisters (»An die Waffen Brüder!«) nach der französischen Kriegserklärung an Österreich 1792 zurück. Dieser animierte den Offizier Claude Rouget de Lisle zu seinem »Kriegslied der Rheinarmee«, welches schnell im ganzen Land bekannt wurde. Nach einem Freiwilligenbataillon aus Marseille, welches das Lied im Juli 1792 beim Einzug in Paris gesungen hatte, erhielt es seinen heutigen Namen.

121 Marche des Marseillois. Notendruck, 1792.

Der Jakobinerclub wurde im Mai 1789 als Club breton gegründet und später in *Société des amis de la constitution* (franz.; Gesellschaft der Verfassungsfreunde) umbenannt. Die Bezeichnung Jakobinerclub leitet sich von seinem Tagungsort in Paris, dem Dominikanerkloster Saint-Jacques, her. In Paris nur etwa 3000 Mitglieder zählend, zu deren bekanntesten Mirabeau und Robespierre gehörten, konnte er sich bald auf über 1200 Tochtergesellschaften in ganz Frankreich stützen. Die Flucht des Königs 1791 führte zur Radikalisierung des Clubs, der in der Folge jede Form der Monarchie ablehnte und den Höhepunkt seiner politischen Macht erreichte. Die Jakobiner forderten den Tod des Königs, kontrollierten unter der Führung von Robespierre den Nationalkonvent sowie den Wohlfahrtsausschuss und ließen jede Opposition mit Gewalt ausschalten. Robespierres Schreckensherrschaft führte zu seinem Sturz durch den Konvent im Juli 1794 und seiner Hinrichtung durch die Guillotine am 27. Juli. Der Jakobinerclub wurde am 11. November 1794 durch den Nationalkonvent aufgelöst.

122 Der Jakobinerclub. Holzstich, 1889.

123
Satirisches Flugblatt auf Robespierres Blutrausch. Dieser richtet eigenhändig als letztes Opfer den Henker hin. Zeitgenössische, kolorierte Radierung.

Joseph Cambon,
»Krieg den Schlössern, Friede den Hütten!«
(15. Dezember 1792)
Der französische Finanzminister spricht im Konvent über die Vorgehensweise in den von Frankreich besetzten Gebieten.

»Was ist das Ziel dieses Krieges? Ohne Zweifel die Vernichtung aller Vorrechte. Krieg den Schlössern, Friede den Hütten! Von diesen Grundsätzen seid Ihr ausgegangen, als Ihr den Krieg erklärtet: Alles, was bevorrechtigt, alles, was Tyrann ist, muß in den Ländern, in die wir einmarschieren, als Feind behandelt werden [...] Da die Völker, denen die Armeen der Republik die Freiheit gebracht haben, nicht genug Erfahrung haben, um ihre Rechte zu verankern, müssen wir uns zur revolutionären Macht erklären und das alte Gesellschaftssystem zerstören, das sie knechtet. [...] Wo wir in Feindesland eindringen, müssen wir die Sturmglocke läuten. Läuteten wir sie nicht, sprächen wir nicht feierlich die Absetzung der Tyrannen und Privilegierten aus, so wäre das durch den Despotismus gebeugte Volk nicht stark genug, seine Ketten zu sprengen; es würde sich nicht zu erheben wagen, und wir gäben ihm nur Hoffnungen, aber keinen wirklichen Beistand.«

Zit. nach: Irmgard und Paul Hortig, Die französische Revolution, Stuttgart 1999, S. 82 f.

183

Infolge von Bürgerkrieg und Terreur verbreitete sich eine zunehmende Desillusionierung und Revolutionsmüdigkeit in der französischen Bevölkerung. Gepaart mit Versorgungsproblemen flammten neuerliche Aufstände auf, die jedoch vom Militär wiederum niedergeschlagen wurden.

In dem Maße, in dem sich die schwache Staatsspitze, das Direktorium, in Verruf brachte und nur noch mit Unterstützung der Truppen an der Regierung bleiben konnte, wuchs die Bedeutung der Militärs. Denn in der Erfüllung ihres vom Nationalkonvent erhaltenen Auftrags, die »natürlichen« Grenzen Frankreichs herzustellen, waren sie äußerst erfolgreich. Die Steuereinnahmen aus den besetzten Gebieten machten inzwischen ein Viertel der Jahreseinkünfte aus, eine Seite der Besatzungspolitik, die mehr und mehr an Bedeutung gegenüber den ursprünglichen ideologischen Motiven gewonnen hatte.

Von der Ersten Koalition, die 1793 gebildet worden war, blieben 1796 nur noch England, Russland und Österreich als Kriegsgegner übrig. Preußen hatte vor dem Hintergrund, seine Ansprüche in der Dritten Teilung Polens eventuell gegen Russland oder Österreich durchsetzen zu müssen, im Jahr zuvor in Basel einen Separatfrieden mit Frankreich geschlossen. In diesem erklärte es sich selbst und Teile Norddeutschlands für neutral. Um Österreichs Kräfte zu binden und von einem Vorstoß an den Rhein abzuhalten, begann General Napoleon Bonaparte weitgehend eigenmächtig gegen die in Italien stehenden österreichischen und sardischen Truppen zu marschieren. Es gelang ihm, die Verbündeten zu trennen und mit Sardinien einen separaten Waffenstillstand auszuhandeln. Erfolge gegen die nun isolierten österreichischen Truppen in Süddeutschland und Italien,

welche die Franzosen bis kurz vor Wien führten, zwangen Kaiser Franz II. den Friedensvertrag von Campo Formio im April 1797 abzuschließen, mit dem er die französischen Eroberungen in Belgien und den linksrheinischen Gebieten anerkannte. Zum Ausgleich erhielt er Venedig, dessen über tausendjährige Geschichte als Republik damit endete. Zeitgleich wurden in Italien, den Niederlanden und der Schweiz französische Tochterrepubliken gegründet.

Als einziger, aber aufgrund der inzwischen wechselseitigen Seeblockade äußerst ernst zu nehmender Gegner war zunächst Großbritannien übriggeblieben. Die geografische Lage, der wirtschaftliche Vorsprung gegenüber dem Kontinent durch die beginnende Industrialisierung und die ökonomischen Möglichkeiten aufgrund des Weltreich-Charakters bildeten die Grundpfeiler der Stabilität des britischen Empires. Indem Verbündete durch Zahlung von *Subsidien* (Hilfsgelder) gewonnen wurden, nutzte es seine Wirtschaftskraft zur Etablierung einer wirkungsvollen und die eigenen Kräfte schonenden Militärpolitik auf dem Festland. Den ursprünglichen Plan, Großbritannien durch eine Invasion zu erobern, gab Napoleon zu Gunsten der Absicht auf, es indirekt im Mittelmeer zu schwächen. Die Umsetzung dieses Planes, der Ägyptenfeldzug, war zwar zunächst mit der Einnahme Maltas und Kairos zu Lande erfolgreich, misslang jedoch als Ganzes. Den englischen Seestreitkräften unter dem Befehl von Admiral ▸ Horatio Nelson gelang es, die vor Abukir liegende französische Flotte vernichtend zu schlagen. Die Bedrohung russischer Interessen an den Dardanellen, dem Zugang zum Schwarzen Meer, führte zum Beitritt Russlands zur unter englischer Führung neu gebildeten – somit Zweiten – Koalition, der auch Österreich, Neapel, das Osmanische

124 Die Schlacht bei Trafalgar (Nelson wird auf die Brücke der VICTORY gebracht). Öl auf Leinwand von William Turner, 1806.

B Horatio Nelson (1758–1805)

Britischer Admiral – Nach erfolgreichen Expeditionen in Nicaragua und Westindien wurde Nelson 1793 mit dem Kommando betraut, die französischen Revolutionäre zur See zu schlagen und die Alliierten der Briten im Mittelmeerraum zu unterstützen. Nach der Besetzung Toulons (1793) war Nelson an der Besetzung Korsikas (1794) beteiligt. 1797 spielte er dann eine entscheidende Rolle beim Sieg über die mit Frankreich verbündeten Spanier am Kap St. Vincent. Er heftete sich an die Fersen der Franzosen und es gelang ihm im August 1798, die französische Flotte bei Abukir fast vollständig zu vernichten. Die nächste große Schlacht gegen die Franzosen, mit der Nelson für immer in die Geschichtsbücher eingehen sollte, fand vor Kap Trafalgar (Spanien) statt. Von seinem Schiff VICTORY führte Nelson selbst den Angriff, der mit dem viel gerühmten Sieg über die vereinigte französisch-spanische Flotte endete. Nelson wurde bei der Schlacht tödlich verwundet und damit zum Mythos.

125 Horatio Nelson. Öl auf Leinwand von Leonardo Guzzardi, 1799.

185

Reich und Portugal angehörten. Deren Erfolge in den Niederlanden und Norditalien schwächten nicht nur das französische Militär, sondern vor allem die innenpolitische Position der französischen Regierung, des Direktoriums.

Napoleon nutzte dessen Schwäche und vereinbarte mit ▸ Abbé Sieyès auf Vermittlung ▸ Charles de Talleyrands die Bildung einer provisorischen, aus drei Konsuln bestehenden Regierung. Gestützt auf seine Truppen löste er am 18. Brumaire VIII (9. November 1799) die bestehenden Verfassungsorgane auf und erklärte sich selbst zum Ersten Konsul. Der weitere Kriegsverlauf war von den Auseinandersetzungen zwischen österreichischen und französischen Truppen auf dem süddeutschen und italienischen Kriegsschauplatz geprägt. Vor allem die einheitliche Führung der französischen Truppen, im Gegensatz zum mehrfach wechselnden Oberbefehl auf österreichischer Seite, führte dazu, dass die Franzosen den Österreichern auf Dauer überlegen waren. Beiderseits jedoch waren deutliche Abnutzungserscheinungen zu verzeichnen, welche die Beteiligten zum Abschluss des Friedens von Lunéville veranlassten, nachdem die Franzosen bereits vor Wien standen. Er bestätigte im Wesentlichen die Ergebnisse des Friedens von Campo Formio.

1802 schuf ein Regierungswechsel in Großbritannien die Voraussetzungen für den Frieden von Amiens, der vorübergehend auch den Seekrieg mit Großbritannien beendete.

2. Die Napoleonischen Kriege

Die Vormachtbestrebungen Napoleons setzten der nun folgenden kurzen Friedensphase bald ein Ende. Im Jahre 1805 erklärte Großbritannien in einer Allianz mit Russland und Österreich Frankreich den Krieg. Formaler Auslöser war die Weigerung Frankreichs, die im Frieden von Amiens zugesagte Räumung Maltas zu erfüllen. Weitere Gründe lagen in der französischen Erwerbung der vormals spanischen Kolonie Louisiana in Nordamerika, die britischen überseeischen Interessen zuwiderlief. Eine weitere Ursache lag in der Gefährdung der *Balance of Power* (engl.; Gleichgewicht der Kräfte) auf dem Kontinent, die einen Grundpfeiler britischer Außenpolitik darstellte und durch den zunehmenden Einfluss Napoleons in Deutschland massiv verletzt wurde. Trotz des Drängens der Koalition konnte sich Preußens König Friedrich Wilhelm III. nicht zu einem Beitritt zur Allianz verständigen, sicherte dem russischen Zaren Alexander I. aber die »bewaffnete Neutralität« seines Landes zu.

Seit dem Baseler Frieden 1795 hatte Preußen versucht, den französischen Expansionsbestrebungen abwechselnd durch Nichteinmischung oder verhaltene Annäherung zu entgehen. Auf Dauer hatte sich diese undefinierte Politik jedoch nicht durchhalten lassen. Nach der russisch-österreichischen Niederlage bei Austerlitz am 12. Dezember 1805 fand es sich wegen seiner Zusage der »bewaffneten Neutralität« Frankreich gegenüber weitgehend isoliert. Angesichts dieser Situation akzeptierte Friedrich Wilhelm III. im Vertrag von Schönbrunn notgedrungen den Ausgleich mit Napoleon. Der preußische König stimmte der Abgabe seiner rechtsrheinischen Besitzungen im Fürstentum Kleve sowie der Fürstentümer Ansbach-Bayreuth zu und erhielt dafür das Kurfürstentum Hannover. Eine nicht unpro-

126 Der Staatsstreich vom 18. Brumaire VIII (9. November 1799). Öl auf Leinwand.

B Emmanuel Joseph (1809) Graf von Sieyès (1748–1836)
Politiker und Revolutionär – Verfasser des Pamphlets »Qu'est-ce que le tiers état?«, der auflagenstärksten Flugschrift der Französischen Revolution, Mitglied des Nationalkonvents, zwischen 1795 und 1799 Mitglied des Rates der 500, nach dem Staatsstreich durch Napoleon (1799) Konsul. Nach dessen endgültiger Verbannung (1815) musste er, da er für die Hinrichtung Ludwigs XVI. gestimmt hatte, als »Königsmörder« in das spätere Belgien emigrieren.

127 Emmanuel Joseph Sieyès. Lithografie von François Seraphin Delpech, 1825.

1 Emmanuel Joseph Sieyès,
»Qu'est-ce que le Tiers-Etat?« (1789)
*In seiner Schrift »Was ist der Dritte Stand?«
fordert Sieyès die politische Beteiligung der
Bürger und Bauern.*

»Wer wagte es also zu sagen, daß der Dritte Stand nicht alles in sich besitzt, was nötig ist, um eine vollständige Nation zu bilden? Er ist der starke und kraftvolle Mann, der an einem Arm noch angekettet ist. Wenn man den privilegierten Stand wegnähme, wäre die Nation nicht etwas weniger, sondern etwas mehr. Also, was ist der Dritte Stand? Alles, aber ein gefesseltes und unterdrücktes Alles. Was wäre er ohne den privilegierten Stand? Alles, aber ein freies und blühendes Alles. Nichts kann ohne ihn gehen; alles ginge unendlich besser ohne die anderen. [...] Der Dritte Stand umfaßt also alles, was zur Nation gehört; und alles, was nicht der Dritte Stand ist, kann sich nicht als Bestandteil der Nation ansehen. Was also ist der Dritte Stand? ALLES.«

*Zit. nach: Emmanuel Josep Sieyès, Politische
Schriften 1788–1790. Hrsg. von Eberhart Schmidt
und Rolf Reichardt, Darmstadt 1975, S. 121–125*

128 Der französische Bauer trägt alle Lasten, die ihm Adel und Geistlichkeit aufgebürdet haben. Zeitgenössische, kolorierte Radierung.

B Charles Maurice de Talleyrand-Perigord
(1754–1838)
Französischer Staatsmann – Als Vertreter des Klerus gehörte er den Generalständen an, später der Nationalversammlung, wobei er sich durch großen Reformwillen hervortat. So beantragte Talleyrand die Einziehung der Kirchengüter zur Tilgung der Staatsschulden. 1792 musste er aus Frankreich fliehen, da er sich durch Königstreue verdächtig gemacht hatte. 1797 kehrte er nach Frankreich zurück und wurde mit dem Amt des Außenministers betraut. Mit dem Expansionsstreben Napoleons war Talleyrand allerdings nicht einverstanden. Er hatte darauf gehofft, dass Napoleon mit dem Frieden von Amiens (1802) seine Ziele erreicht hätte. Ein stabiles europäisches Gleichgewicht vor Augen, hatte Talleyrand deshalb bereits vor 1802 Kontakte mit England und Österreich gepflegt,

187

129 Charles Maurice de Talleyrand. Kolorierter Kupferstich von Tony Goutiere und Leopold Massard nach dem Gemälde von François Gerard, 1808.

weswegen er 1807 entlassen wurde. 1814/15 übte Talleyrand erneut für kurze Zeit das Amt des Außenministers aus, um auf dem Wiener Kongress die Interessen Frankreichs zu vertreten. Es ist nicht zuletzt sein Verdienst, dass Frankreich – obgleich Verlierer der Kriege – weiterhin im »Konzert der großen Mächte« mitspielen durfte.

130 Tod des Prinzen Louis Ferdinand.
Holzstich nach Johann Jakob Kirchhoff, 1872.

blematische Entschädigung, da Hannover seit 1714 in Personalunion mit Großbritannien verbunden war. Diesen Konflikt schürte Napoleon durch die Verpflichtung Preußens zur Sperrung seiner Nordseehäfen für britische Schiffe zusätzlich, die Großbritannien mit der Beschlagnahme aller erreichbaren preußischen Schiffe quittierte.

Die Gefahr, durch das Bündnis mit Frankreich in Konflikt mit Russland zu geraten, strapazierte die erzwungene preußische Bündnistreue zu Frankreich ebenso wie die Verletzung der preußischen Territorialhoheit durch französische Truppen: Diese waren ohne die vorher übliche Anfrage durch preußisches Gebiet marschiert. Am Berliner Hof mehrten sich frankreichfeindliche Stimmen, die durch die Unterstützung der populären Königin Luise zusätzliches Gewicht gewannen. Vom Prinzen ▶ Louis Ferdinand angeführt, gehörten zu den Wortführern Mili-

188

tärs wie Scharnhorst und Blücher ebenso wie führende Politiker, darunter Stein und ▶ Hardenberg. Sie bewogen Friedrich Wilhelm III. zu weiter gehenden Sondierungen beim Zaren. Napoleons Reaktionen auf diese Bündnisbedrohung, der Aufmarsch französischer Truppen südlich von Thüringen und das Gerücht, Napoleon beabsichtige Preußen Hannover wieder wegzunehmen, veranlassten den preußischen König schließlich, seine Armee im August 1806 zu mobilisieren. Das Bündnis gegen Napoleon, die Vierte Koalition, umfasste nun Preußen und Russland sowie Sachsen und Großbritannien.

Es wurde ein kurzer Abwehrkampf gegen die französischen Heere. Die Kampfkraft der schlecht ausgerüsteten, mangelhaft versorgten und unzureichend ausgebildeten preußischen Truppen wurde durch die uneinige Führung zusätzlich gemindert. Zwar war der Oberbefehl wie schon 1792 dem Herzog von Braunschweig übertragen worden, jedoch griff der König wiederholt in die Führung ein. An Stelle der vom Herzog empfohlenen geschlossenen Dislozierung befahl er den getrennten Aufmarsch an der thüringischen Grenze, gegliedert in drei Armeen und eine Reserve. Aufgrund widersprüchlicher Absichten des Herzogs von Braunschweig und des Fürsten Hohenlohe traf dessen isoliert stehende Vorhut unter dem Befehl des Prinzen Louis Ferdinand bei Saalfeld ohne Verbindung zur Hauptmacht auf die Franzosen. Es wurde die erste Niederlage des Feldzuges, der Prinz fiel, was die Truppen zudem demoralisierte.

Knapp zwei Monate nach der preußischen Mobilmachung kam es am 14. Oktober 1806 bei Jena und Auerstedt zu den Entscheidungsschlachten. Es handelte sich um zwei unabhängig von einander stattfindende Schlachten, die jedoch aufgrund des zeitlichen Zusammentreffens und der räumlichen Nähe zumeist in einem

131 Zusammentreffen von Napoleon und
Zar Alexander I. in Tilsit, Juli 1807.
Öl auf Leinwand von Pierre-Nolasque Bergeret.

132 Louis Ferdinand, Prinz von Preussen. Öl auf Leinwand von Anton Zeller.

B Louis Ferdinand (1772–1806)
Prinz von Preußen – Als Sohn des Prinzen August Ferdinand von Preußen (1730–1813) und Neffe Friedrichs II. schlug er – für seine Herkunft üblich – die militärische Laufbahn ein. 1792 nahm er am Feldzug gegen das revolutionäre Frankreich teil, 1793 zeichnete er sich bei der Belagerung von Mainz aus. Nachdem er in einem Gefecht mit den Franzosen vor Mainz einen verwundeten österreichischen Soldaten unter spektakulärem Einsatz des eigenen Lebens vor dem sicheren Tod rettete, wurde Louis Ferdinand von der Armee begeistert gefeiert. Als Gegner der Revolution und leidenschaftlicher Feind der Franzosen sprach er sich 1795 heftig gegen einen Separatfrieden mit Frankreich aus und wurde daraufhin 1796–1798 mit seinem Regiment zur Bewachung der französisch-preußischen Demarkationslinie nach Lemgo und Hoya »abgeschoben«. Nach jahrelanger nervöser Beobachtung der preußischen Neutralitätspolitik gegenüber Frankreich plädierte Louis Ferdinand

Prinz Louis Ferdinand.
Von Th. Fontane

Sechs Fuß hoch aufgeschossen,
Ein Kriegsgott anzuschau'n,
Der Liebling der Genossen,
Der Abgott schöner Frau'n;
Blauäugig, blond, verwegen
Und in der jungen Hand
Den alten Preussendegen:
Prinz Louis Ferdinand.

133 Louis Ferdinand, gefallen bei Saalfeld am 10. Oktober 1806. Farblithografie von Oskar Wisniewski zu einem Gedicht von Theodor Fontane, 1860.

1806, als sich eine militärische Auseinandersetzung mit Frankreich anbahnte, unbedingt für den Krieg. Zwar erkannte er, dass die preußischen Truppen den napoleonischen mit großer Wahrscheinlichkeit unterlegen sein würden, doch hielt er es für eine Frage der Ehre, dem gehassten Feind endlich entgegenzutreten. Er fiel zu Beginn des Krieges – noch vor der Doppelschlacht von Jena und Auerstedt – am 10. Oktober 1806 in einem Gefecht bei Saalfeld.

134 Karl August Freiherr von Hardenberg. Punktierstich von Johann Friedrich Bolt, 1815.

B Karl August Fürst von Hardenberg (1750–1822)
Preußischer Staatskanzler und Reformer – 1791 wurde Hardenberg zum preußischen Staatsminister für Ansbach-Bayreuth ernannt. 1798 nach Berlin berufen, band ihn Friedrich Wilhelm III. zunehmend in seine Außenpolitik ein. 1804 übernahm Hardenberg dann die Leitung des Außenministeriums, die er 1806 nach Differenzen mit dem preußischen König niederlegte. Schon ein Jahr später, nach der preußischen Niederlage bei Jena und Auerstedt, wurde er mit dem Amt des Leitenden Ministers, dem innere und auswärtige Angelegenheiten oblagen, in die Regierung zurückgeholt. Im Friedensschluss von Tilsit (1807) fiel er aber dem Druck Napoleons zum Opfer und wurde entlassen. Er konnte erst wieder im Juli 1810 in die Regierung zurückgeholt werden, da die Zustimmung Napoleons Voraussetzung war. Hardenbergs Ministerium erließ Edikte zur Gewerbefreiheit (1810/11), zur Judenemanzipation (1812), zur Bauernbefreiung sowie zur Einführung der allgemeinen Wehrpflicht (1813), der zufolge im Heer eine Verlagerung von der Gewichtung der Abstammung hin zur Leistung stattfand. Das Erreichen seines Hauptziels, eine Verfassung, sollte Hardenberg nicht mehr erleben, denn er starb im November 1822. Preußen erhielt seine Verfassung erst 1848.

189

Atemzug genannt werden. Im Ausgang waren sie beide gleich desaströs: Die preußischen Truppen wurden vernichtend geschlagen. Die tödliche Verwundung des Herzogs von Braunschweig zu Beginn der Schlacht von Auerstedt, nach der kein neuer militärischer Führer ernannt wurde, komplettierte das Chaos. Unkoordinierte Fluchtbewegungen waren die Folge. Nur Reste des Heeres konnten unter Führung des Fürsten Hohenlohe und des Generals ▸ Gebhard von Blücher ausweichen. Das Zusammenspiel des als Haudegen charakterisierten Blücher mit dem akademisch geschulten Generalquartiermeister des Herzogs von Braunschweig, Gerhard von Scharnhorst, stellt aus der Rückschau einen der wenigen Glanzpunkte dieses erfolglosen Feldzugs dar. Blücher und Scharnhorst teilten sich effektiv die Aufgaben der Führung und der Planung, während der Herzog seinen Generalquartiermeister zuvor mit diesen Aufgaben weitgehend unbehelligt gelassen hatte. Mit diesen Erfahrungen formte Scharnhorst später aus dem Generalquartiermeisterstab den preußischen Generalstab. Trotz allem musste auch Blücher schließlich aus Nachschubmangel die Waffen niederlegen. Die meisten preußischen Festungen folgten diesem Beispiel, lediglich Danzig, Glatz, Graudenz und Kolberg wurden bis zum Kriegsende gehalten.

Bis Ende November hatte Napoleon nahezu ganz Preußen besetzt und zog als Sieger in Berlin ein. War Preußen auch noch nicht vollends erobert, so konzentrierte der französische Kaiser sich von da ab auf die beiden verbliebenen Hauptgegner: Russland und Großbritannien. Gegen letzteres verfügte er von Berlin aus die Kontinentalsperre. Die königliche Familie hatte Berlin verlassen und war nach Tilsit geflohen. Die Bevölkerung wurde angesichts der »verlohrenen Bataille« vom Gouverneur zur Ruhe

aufgerufen. Erst in Ostpreußen wurde der französische Vormarsch durch die inzwischen zugeführten russischen Truppen gestoppt. Bei Preußisch-Eylau trennten sich die französischen und russisch-preußischen Truppen im Februar 1807 nach unentschiedener Schlacht. Am Ausgang des Krieges änderte dies nichts.

Im Juli 1807 unterschrieb Friedrich Wilhelm III. den als Diktatfrieden empfundenen Vertrag von Tilsit. Darin musste Preußen erhebliche Gebietsverluste hinnehmen und wurde auf Ost- und Westpreußen ohne Danzig sowie die östlich der Elbe gelegenen Teile Brandenburgs, Schlesien und Pommern beschränkt. Nur der russischen Intervention verdankte Preußen seinen Fortbestand als Staat. Denn der Zar war an der Existenz eines Pufferstaates zwischen sich und den Franzosen interessiert, obwohl er sich mit diesen gerade »ewige Freundschaft« erklärt hatte. Um ihretwillen trat er in Tilsit der Kontinentalsperre bei. Bereits im Folgejahr, als Napoleon in Spanien und dann auch in Österreich durch Volksaufstände unter Druck geriet und sein Augenmerk zunehmend von Preußen und Russland abwenden musste, kühlte diese »Freundschaft« ungeachtet einer persönlichen Begegnung auf dem Erfurter Fürstentag (1808), bei dem eine Aufteilung Europas in russische und französische Interessensphären vereinbart wurde, allerdings merklich ab.

135 Napoleon I. vor dem Sarge Friedrichs des Großen. Holzstich nach Zeichnung von Heinrich Merte, 1889.

136 Einzug Napoleons an der Spitze seiner Garden durch das Brandenburger Tor nach der siegreichen Schlacht bei Jena und Auerstedt. Öl auf Leinwand von Charles Meynier, 1810.

137 Gebhard Leberecht von Blücher. Öl auf Leinwand von Johann Heinrich Wilhelm Tischbein.

B Gebhard Leberecht von Blücher (1814) Fürst von Wahlstadt (1742–1819) Preußischer Generalfeldmarschall – Nach der preußischen Niederlage von Jena und Auerstedt schloss Blücher sich dem Kreis der Heeresreformer um Gneisenau, Clausewitz und Scharnhorst an. Zum Kommandierenden General von Pommern ernannt (1809), kümmerte er sich u.a. um den Ausbau der Festung Kolberg und beteiligte sich an den Vorbereitungen des Kampfes gegen Napoleon. Höhepunkte seiner Erfolge stellten die Siege über die französischen Truppen bei Katzbach und in der »Völkerschlacht« bei Leipzig dar. Zum Jahreswechsel 1813/14 überquerte der inzwischen zum Generalfeldmarschall ernannte Blücher mit seinen Truppen den Rhein und besiegte Napoleon Anfang Februar bei La Rothière; der entscheidende Sieg gelang ihm im März bei Laon. Blücher zog in Paris ein. Nach der Rückkehr Napoleons konnte Blücher seine Fähigkeiten ein letztes Mal unter Beweis stellen, da er mit seinen Truppen am Rhein dem Ort des Geschehens am nächsten stand. Als Oberbefehlshaber der preußischen Truppen kam ihm neben Arthur Wellington die entscheidende Rolle beim Sieg über die napoleonischen Truppen bei Belle Alliance (Waterloo) zu, mit dem Napoleon endgültig besiegt wurde.

191

138
Der 3. Mai 1808: Hinrichtung der Aufständischen auf der Montana del Principe Pio. Öl auf Leinwand von Francisco de Goya, 1814.

3. Napoleons Russlandfeldzug und die Konvention von Tauroggen

Maßgebliche Kreise in Russland hatten das Bündnis mit Frankreich von Anfang an wegen der ausgehandelten Aufgabe des russischen Einflusses im Mittelmeer und der von Napoleon unterstützten Gründung des Großherzogtums Warschau kritisiert, denn es untergrub die Ergebnisse der 1795 im Baseler Frieden vereinbarten Dritten Teilung Polens. Daran änderten auch territoriale Zugeständnisse in Finnland und Bessarabien nichts, die Russland zudem in kostspielige Kriege mit Schweden und dem Osmanischen Reich verwickelten. Sie verschärften vielmehr die mit der Teilnahme an der Kontinentalsperre entstandenen Wirtschaftsprobleme: In den ersten beiden Boykottjahren war das russische Exportvolumen um 53 Prozent gesunken. 1810 erließ der Zar zur Minderung dieser Belastungen ein »Statut über den neutralen Handel« und nahm den Handel mit Großbritannien wieder auf. Napoleon wertete diesen Schritt zu Recht als Kündigung der Kontinentalsperre. Angesichts der Auswirkungen auf seine Großbritannienpolitik, die für ihn immer noch Priorität hatte, war er nicht gewillt, diesen Verstoß gegen den Frieden von Tilsit hinzunehmen. In nur 18 Monaten stellte er die Grande Armée, ein Vielvölkerheer von etwa 612 000 Mann, auf, darunter auch preußische (60 000), österreichische (30 000) sowie rheinbündische Truppen, von denen Bayern mit 30 000 Mann das größte Kontingent stellte. Russland seinerseits machte ebenfalls militärisch und diplomatisch mobil. Um die Flanken zu sichern, schloss es sowohl mit Schweden als auch dem Osmanischen Reich Frieden und marschierte mit etwa 150 000 Mann ostwärts des Njemen auf.

Angesichts der in drei Operationsverbänden heranmarschierenden Grande Armée entschloss sich die russische Führung zum Ausweichen. Die französischen Truppen stießen ins Leere und überdehnten somit ihre Nachschublinien. Weder auf dem Land- noch auf dem Wasserweg über die Wilja konnten ausreichend Versorgungsgüter herangeführt werden. Napoleon war gezwungen, bis zum 16. Juli einen 18 Tage dauernden Halt seiner Armee zu befehlen, um den Nachschub herankommen zu lassen. Während des etwas über einen Monat dauernden Marsches nach Witebsk, wo Napoleon mit seiner Hauptmacht neuerlich vergeblich auf eine Entscheidungsschlacht hoffte, verlor er über 100 000 Mann. Die Masse der Verluste machten Desertion, Plünderung und Krankheit aus, nur ein geringer Teil ging auf Kampfhandlungen zurück. Überwiegend waren sie in Verzögerungsgefechten mit den das russische Ausweichen deckenden Kosaken zu verzeichnen. Erst bei Smolensk stellten sich die inzwischen vereinigten russischen Truppen den Franzosen zum Kampf. Die erhoffte Entscheidungsschlacht wurde es jedoch nicht, vielmehr banden starke Verteidigungskräfte die Grande Armée, während die russischen Hauptkräfte Richtung Moskau auswichen. Trotz weiterer Verluste in Höhe von 18 000 Mann entschied sich Napoleon, den Russen nachzusetzen. Über die zermürbende Verfolgung der gegnerischen Streitkräfte entfernte sich zunehmend das Kriegsziel von der ursprünglichen Absicht, Russland wieder in das Bündnis zu zwingen und so Großbritannien zu treffen: Mit Fortschreiten des Feldzuges drohte vielmehr das gesamte napoleonische Herrschaftssystem durch den Misserfolg ins Wanken zu geraten. Er brauchte den militärischen Erfolg, um weiter als charismatischer Führer akzeptiert zu werden.

139
Michail Kutusow.
Öl auf Leinwand von
George Dawe, 1829.

Michail Illarionowitsch Kutusow (1812)
B Fürst Smolenskij (1745–1813)
Russischer Feldmarschall – Nach der Teilnahme an den Kriegen in Polen und gegen die Türken wurde Kutusow 1784 zum Generalmajor befördert, in der »Dreikaiserschlacht« von Austerlitz (1805) unterlag er nach anfänglichen Erfolgen Napoleon. Als Napoleon in Russland einmarschierte, wurde ihm der Oberbefehl über die russi-

140 Schlacht bei Borodino, 7. September 1812. Öl auf Leinwand von Louis-François Lejeune, 1822.

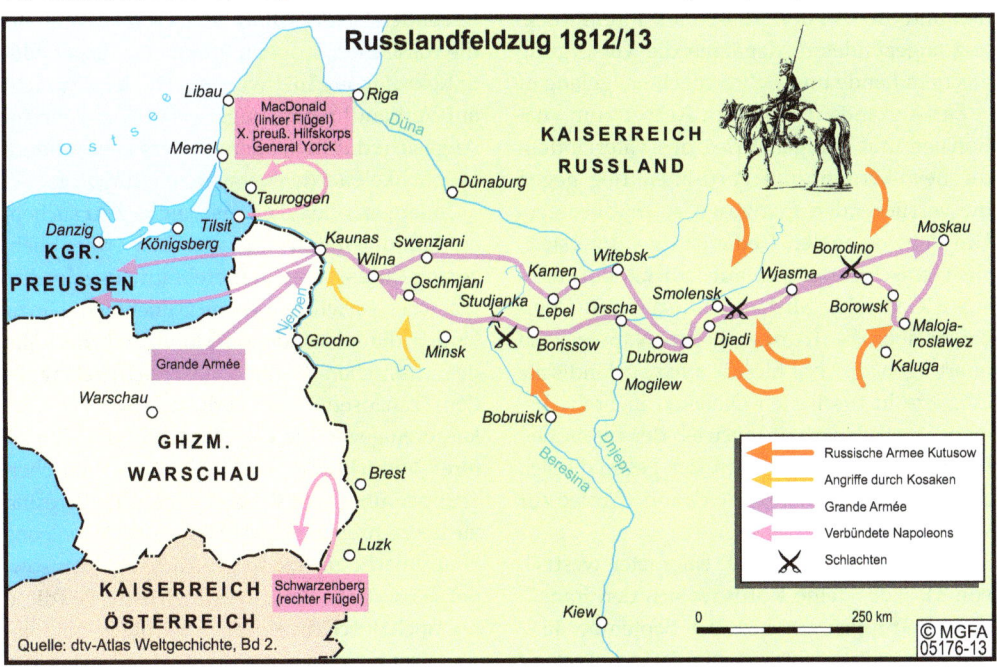

Russlandfeldzug 1812/13

Libau · Riga

MacDonald
(linker Flügel)
X. preuß. Hilfskorps
General Yorck

**KAISERREICH
RUSSLAND**

Ostsee

Memel

Düna

Dünaburg

Tauroggen

Danzig · Tilsit
KGR. Königsberg
PREUSSEN

Kaunas · Swenzjani
Wilna

Witebsk · Borodino · Moskau
Wjasma

Kamen

Oschmjani
Studjanka · Lepel · Orscha · Smolensk · Djadi · Borowsk
Grodno · Borissow · Dubrowa · Maloja-
Minsk · roslawez

Grande Armée

Mogilew · Kaluga

Warschau

GHZM.

WARSCHAU

Bobruisk

Njemen

Dnjepr

Brest

Beresina

Russische Armee Kutusow

Angriffe durch Kosaken

Grande Armée

Verbündete Napoleons

Schlachten

Luzk

KAISERREICH Schwarzenberg
(rechter Flügel)
ÖSTERREICH
Quelle: dtv-Atlas Weltgeschichte, Bd 2.

Kiew

0   250 km

© MGFA
05176-13

193

schen Truppen übertragen. Bei Borodino erlitt Kutusow eine Niederlage gegen Napoleon, die dieser jedoch nicht auszunutzen vermochte. Bei Smolensk schlug Kutusow die Franzosen auf ihrem Rückzug am 9. November 1812. Hierfür wurde er geadelt. Auf Geheiß des Zaren verfolgte er die ausweichende und zerschlagene Grande Armée bis nach Preußen. Am 28. April 1813 starb Kutusow im schlesischen Bunzlau.

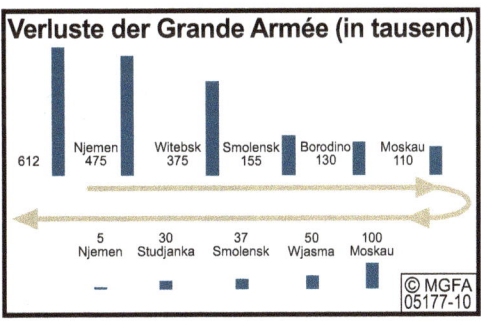

Verluste der Grande Armée (in tausend)

612 · Njemen 475 · Witebsk 375 · Smolensk 155 · Borodino 130 · Moskau 110

5 Njemen · 30 Studjanka · 37 Smolensk · 50 Wjasma · 100 Moskau

© MGFA
05177-10

141 Napoleon im brennenden Moskau. Kolorierte Lithografie von R. Werbezahl, um 1850.

Während Napoleons Truppen durch Krankheiten und Fahnenflucht weiter dezimiert wurden und die von den Russen auf ihrem Rückzug angezündeten Magazine die Versorgung aus dem Lande unmöglich machten, gelang es ▸ Zar Alexander I. mit dem Aufruf zum »nationalen und heiligen Krieg des Vaterlandes« die Bevölkerung zum Partisanenkrieg gegen die vorrückenden Franzosen zu mobilisieren. Um den nationalen Gedanken zu unterstreichen, entschloss er sich auf Druck, dem russischen General ▸ Michail Kutusow den Oberbefehl über die Truppen gegen Napoleon zu übertragen, obwohl hierfür auch ausländische Offiziere in russischen Diensten in Frage kamen. Der Selbsterhaltungstrieb der russischen Bevölkerung tat ein übriges, sich gegen die sich aus dem Lande ernährende Grande Armée zur Wehr zu setzen.

Bei Borodino, etwa 100 Kilometer westlich von Moskau, stellte Kutusow sich den französischen Truppen am 5. und 6. September 1812 entgegen. Mit massivem Artillerieeinsatz gelang es Napoleon, den Kampf der in etwa gleich starken Heere für sich zu entscheiden. Jedoch waren seine Verluste mit 28 000 Mann, etwa ein Viertel der noch verbliebenen Gesamtstärke, enorm, weil er sich, um die russischen Kräfte zu binden und eine neuerliche Absetzbewegung zu verhindern, für einen frontalen Angriff entschieden hatte. Zwar lagen die russischen Verluste noch höher, doch gelang es den Truppen des Zaren sich abzusetzen, da Napoleon die eigenen stark verminderten Reste nicht noch weiter gefährden wollte und so seinen Erfolg nicht ausnutzte.

Als er Mitte September in Moskau eintraf, fand er eine geräumte Stadt vor. Von den russischen Truppen angezündet, bot sie kaum Möglichkeit zur Regeneration der stark angeschlagenen und dezimierten Grande Armée. Statt dessen mussten sich die Franzosen Partisanen erwehren und waren Krankheiten und fehlendem Nachschub ausgesetzt, während die russischen Truppen durch neu ausgebildete Rekruten ergänzt wurden. Da der Zar nicht auf Verhandlungen einging, sah Napoleon im Angesicht des nahenden Winters keine andere Möglichkeit als den verspäteten Rückzug.

Indem er, ohne die Entscheidung zu suchen, auf Fühlung mit der französischen Armee blieb, zwang Kutusow sie, die bereits im Zuge des Anmarsches verwüstete Route zu nehmen. Hinzu kamen die schwindende Moral und die Kälte des russischen Winters. Dennoch gelang es den Franzosen, unter verlustreichen Abwehrkämpfen gegen die von Norden und Süden zu ihrer Vernichtung heranrückenden russischen Truppen über eine Behelfsbrücke die Beresina zu überschreiten. 40 000 Mann von Napoleons Hauptmacht glückte so der Rückzug. Kutusow, der selbst starke Verluste erlitten hatte, ließ diese nur noch durch die Kosaken verfolgen. Napoleon selbst begab sich zur Neuaufstellung seiner Armee umgehend nach Paris zurück.

142
Alexander I.
Pawlowitsch.
Öl auf Leinwand
von François Gerard,
1814.

B Alexander I. Pawlowitsch (1777–1825) Zar von Russland – 1801 trat er die Nachfolge seines ermordeten Vaters Zar Paul I. (1754–1801) an. Außenpolitisch war Alexanders Regierungszeit vor allem durch die Napoleonischen Kriege sowie die polnische und arabische Frage bestimmt. Nach der russisch-österreichischen Niederlage 1805 und der preußischen 1806/07 schloss Alexander mit Napoleon 1807 den Frie-

143 Übergang über die Beresina. Öl auf Leinwand von January Suchodolski, um 1859.

195

den von Tilsit. Dieser ermöglichte Russland den Erwerb von Finnland durch den Schwedenkrieg (1808/09) sowie eine russische Expansion in Bessarabien (1812). Nach dem Bruch mit Napoleon schlug er dessen Grande Armée 1812 vor Moskau. Im Bündnis mit Preußen und Österreich war er an der militärischen Niederlage Napoleons in den Freiheitskriegen beteiligt. Auf dem Wiener Kongress erreichte Alexander die Anerkennung eines mit Russland verbundenen Königreiches Polen. 1815 schloss er mit König Friedrich Wilhelm III. von Preußen und Kaiser Franz I. von Österreich die Heilige Allianz.

144 Rückzug der französischen Truppen. Napoleon lässt die Fahnen der Grande Armée verbrennen. Farblithografie nach Illustration von Jacques Onfroy de Breville, um 1900.

Angesichts der erheblichen Verluste Russlands im »Vaterländischen Krieg« war es keineswegs sicher, ob das Heer die Reste der Grande Armée über die eigenen Grenzen hinaus verfolgen würde. Der Einfluss des außenpolitischen Beraters des Zaren, des exilierten Friedrich Karl Reichsfreiherrn vom und zum Stein, sowie das in Alexanders Biografie begründete Sendungsbewusstsein bewogen ihn, Kutusow diese Anweisung zu geben.

Im Zuge des Vorrückens, das, um wenigstens ein wenig Regeneration zu erlauben, betont langsam erfolgte, trennten unter dem Befehl des in Schlesien geborenen Generals ▸ Johann von Diebitsch stehende Truppen die französische Hauptmacht von dem an ihrer nördlichen Flanke eingesetzten preußischen Hilfskorps. Dieses stand unter dem Kommando des Generals ▸ Hans David Ludwig von Yorck und war dem französischen Marschall ▸ Joseph MacDonald unterstellt. Diebitsch hatte Befehl des Zaren, die preußischen Truppen ausdrücklich nicht als Feinde zu behandeln, blieb zwar auf Fühlung mit diesen, nutzte aber die mehrfach vorhandene Möglichkeit zum Angriff nicht aus. Stattdessen suchte er am 25. Dezember 1812 das Gespräch. An diesem Verfahren war zunächst nichts Ungewöhnliches. Gerade die Kabinettskriege des Absolutismus wurden oftmals in ausweglosen Situationen durch Verhandlungen beendet, da keine der Kriegsparteien an einer unnötigen Gefährdung der kostspieligen Truppen des stehenden Heeres gelegen sein konnte. Indem der erzkonservative, als Gegner der Heeresreformer bekannte General Yorck auf das Angebot Diebitschs einging, handelte er also vollkommen nach dem von ihm verinnerlichten Tugend- und Pflichtenkanon. Sein Ziel bestand darin, die ihm unterstellten Truppen ohne Schaden aus einer ausweglosen Lage zu manövrieren. Das Angebot von Diebitsch ging jedoch deutlich darüber hinaus. Er schilderte dem preußischen General das Ausmaß des französischen Desasters und forderte ihn dazu auf, sich mit seinem Korps neutral zu verhalten, Stellung in Ostpreußen zu beziehen und die russischen Truppen diese Gebiete ungehindert passieren zu lassen. In russischen Diensten stehende preußische Offiziere, – der Dienst an fremden Höfen stellte im 18. Jahrhundert keine Ungewöhnlichkeit dar – unter ihnen Carl von Clausewitz, bestätigten Yorck die Wahrheit der Schilderung Diebitschs. Anhand eines ihm über den Gouverneur von Riga zugestellten Schreibens des Zaren konnte Yorck erkennen, dass das Ansinnen Diebitschs die Billigung des russischen Hofes besaß. In diesem Brief bekundete der Zar die Absicht, die alte preußische Großmachtrolle wiederherstellen zu wollen. Der General ließ das Angebot Friedrich Wilhelm III. übermitteln, erhielt jedoch nur die orakelhafte Antwort, er solle »den Umständen entsprechend handeln«.

Yorck handelte und unterschrieb am 30. Dezember mit Johann von Diebitsch auf dem russischen Vorposten in der Mühle von Poscherun die nach dem nahegelegenen Tauroggen benannte ▸ Konvention. In dieser verpflichtete er sich, die russischen Truppen für zwei Monate neutral zu halten und diese zwischen Memel und Tilsit einzuquartieren. Das Gebiet sollte ebenfalls als neutral betrachtet werden. Zwar blieb dem preußischen König die Entscheidung über das weitere Verfahren überlassen, doch auch falls er sich entschließen sollte, das Bündnis mit Frankreich aufrecht zu erhalten, sollte die zweimonatige Neutralität gewahrt bleiben.

Es ist unwahrscheinlich, dass Yorck davon ausging, dieser Abschluss liege im Sinn der Antwort seines Königs, er solle »den Umständen entsprechend handeln«. Denn als er ihn am 3. Januar 1813 von seinem Schritt infor-

196

Joseph Alexandre MacDonald (1809) Herzog von Tarent (1765–1840) Französischer Marschall – Im Feldzug von 1813 befehligte MacDonald das XI. Korps, focht bei Lützen und Bautzen, wurde aber an der Katzbach vernichtend von Blücher geschlagen.

145 Joseph Alexandre Macdonald. Kreidelithografie von Henri Grevedon, 1824.

146
Ludwig Graf Yorck
von Wartenburg.
Punktierstich von
Johann Friedrich Bolt,
um 1813.

Hans David Ludwig (1814) Graf Yorck von Wartenburg (1759–1830)
Preußischer Feldmarschall – Yorck trat kurz nach seinem dreizehnten Geburtstag als Gefreitenkorporal in die preußische Armee ein. Im Krieg von 1806 verwundet und gefangengenommen, konnte Yorck ausgetauscht werden. Er gelangte im Juni 1807 ins königliche Hauptquartier nach Königsberg, wo er zum Generalmajor befördert wurde. Im Juni 1808 formierte sich unter Yorcks Vorsitz ein Komitee zur Verfassung von Truppenausbildungs-Reglements. Yorck übernahm hierin die Verantwortung für die Jägerausbildung und wurde auf Vorschlag Scharnhorsts zum Inspekteur für die Jäger- und Schützeneinheiten der Armee ernannt. Sein Aufgabenfeld wurde im Februar 1810 ausgeweitet, so dass er von nun an als Generalinspekteur der leichten Truppen tätig wurde. 1811 zum Generalgouverneur von Ost-, Westpreußen und Litauen ernannt, nahm Yorck 1812 als Befehlshaber des preußischen Hilfskorps am Russlandfeldzug Napoleons teil und unterzeichnete, ohne vom König dazu ermächtigt zu sein, am 30. Dezember 1812 die Konvention von Tauroggen. Das eigenmächtige militärische Vorgehen wurde in diesem Fall durch den Erfolg gekrönt. Spätestens nach seinem glänzenden Erfolg bei Wartenburg (Landkreis Wittenberg), wo er am 3. Oktober 1813 den Elbübergang erkämpfte, war jede Kritik vergessen.

Johann (1825) Graf von Diebitsch (1785–1831)
Russischer Generalfeldmarschall – Als Generalquartiermeister des Wittgensteinschen Korps schloss er 1812 mit dem preußischen General Yorck die Konvention von Tauroggen ab. Nach dem Wiener Kongress zum Generaladjutanten des Zaren ernannt, wurde er 1822 Chef des Großen Generalstabes.

147 Johann Diebitsch. Stahlstich nach Bildnis um 1815.

Die Konvention von Tauroggen (30. Dezember 1812)
*Mit dem eigenmächtigen Neutralitätsvertrag leitete der General
Hans David Ludwig von Yorck die preußisch-russische Allianz ein.*

»Es ist dato zwischen den beiden Unterzeichneten, dem Kaiserlich-Russischen General-Major und General-Quartiermeister der Gräflich Wittgensteinischen Armee von Diebitsch, und dem Königlich-Preußischen Generallieutenant und Kommandirenden General des Preußischen Hülfs-Korps zur französischen Armee von Yorck nachstehende Konvention verabredet, und beschlossen worden: [...]

Artikel 2: In diesem im vorstehenden Artikel bezeichneten Landesstrich bleibt das Preußische Korps frei bis zu den eingehenden Befehlen Sr. Majestät des Königs von Preußen neutral stehen, verpflichtet sich aber, wenn höchstgedacht Se. Majestät den Zurückmarsch des Korps zur französischen Armee befehlen sollten, während eines Zeitraumes von zwei Monaten, vom heutigen Tage an gerechnet, nicht gegen die Russischen Kaiserlichen Armeen zu dienen.

Artikel 3: Sollten Se. Majestät der Kaiser von Russland, oder Se. Majestät der König von Preußen die allerhöchste Bestimmung versagen, so soll dem Korps ein freier ungehinderter Marsch auf dem kürzesten Wege, dahin wo Se. Majestät der König bestimmt, freigestellt bleiben.«

*Zit. nach: Friedrich Stieve, Wendepunkte Europäischer Geschichte
vom Dreißigjährigen Krieg bis zur Gegenwart, Leipzig 1941,
S. 103–105*

148
Die Konvention von
Tauroggen. Holzstich,
um 1870.

197

mierte, schloss er die Möglichkeit nicht aus, als Hochverräter verurteilt und hingerichtet zu werden. An Stelle seiner Pflicht, eine starke französische Herrschaft zu akzeptieren und dieser zu dienen, sah er aber in der Möglichkeit zur Wiederherstellung der Großmachtstellung Preußens eine höhere Verpflichtung und nutzte die Gunst der Stunde. Die Insubordination, der Ungehorsam, wird in Yorcks Argumentation zur Pflichterfüllung, weil sie im Sinne des übergeordneten Interesses liegt. Ein Denken, das sich auf verschiedene Beispiele in der preußischen Geschichte stützen konnte und sich daher durchaus mit dem Tugendkanon des altpreußischen Generals vereinbaren ließ.

Yorcks Offiziere begrüßten die Konvention ebenso freudig wie die Bevölkerung in Tilsit, wo seine Truppen einquartiert wurden. Friedrich Wilhelm III. ließ zwar in der Presse verlautbaren, Yorck sei seines Kommandos enthoben, ein entsprechender Befehl ging dem General jedoch nicht zu. Es ist daher nicht mit letzter Gewissheit zu klären, ob die Verlautbarung des Königs ernst gemeint war oder lediglich der Beruhigung der Franzosen dienen sollte. Yorck jedenfalls weigerte sich mit dem Hinweis, bislang habe noch kein preußischer General seine Befehle aus den Gazetten empfangen, sein Kommando niederzulegen. Bis Friedrich Wilhelm III. sich selbst zum offenen Widerstand durchrang, vergingen allerdings noch zwei Monate. Dennoch wird die Konvention von Tauroggen ihrer Signalwirkung wegen zu Recht als Wendepunkt in der preußischen Politik und Beginn der Freiheitskriege bewertet. Den russischen Truppen öffnete sie den ▸ Weg durch Ostpreußen. Die ▸ Reste der Grande Armée konnten daher nicht, wie geplant, an der Weichsel einquartiert und aufgefrischt werden.

198

4. Freiheitskriege – der Frühjahrsfeldzug 1813

Während Friedrich Wilhelm III. in Preußen mobil machte, rüstete Napoleon in Paris ebenfalls auf. In aller Eile hob er knapp 100 000 neue Rekruten aus. Zur gründlichen Ausbildung blieb allerdings keine Zeit. Unterdessen ging der Vormarsch der Russen aus Ostpreußen weiter. Nachdem sie den französischen Truppen schon den Halt an der Weichsel unmöglich gemacht hatten, verfolgten sie diese nun über die Oder weiter nach Westen. Allerdings gelang es den Franzosen, mehrere Festungen an Weichsel und Oder, darunter Danzig, Thorn, Modlin, Stettin, Küstrin und Glogau, zu halten. Anfang März vertrieben Kosaken die französischen Besatzer aus Berlin. Gegen Ende des Monates fielen Lüneburg, Leipzig und Merseburg. Eugen Beauharnais, Adoptivsohn Napoleons und ▸ Vizekönig Italiens, hatte Anweisung, die Reste der Russlandarmee bei Magdeburg zu sammeln. Er sollte die Konzentration der von Napoleon herangeführten Truppen am Main gewährleisten, indem er den verbündeten Armeen Österreichs, Russlands und Preußens entgegentrat. Die vorrückende russische Nordarmee unter dem Befehl von ▸ Ludwig Graf zu Sayn-Wittgenstein konnte jedoch bis Magdeburg und Wittenberg vorstoßen und die Armee des Vizekönigs bis zum Harz zurückdrängen. Von Süden stieß Blücher über Bautzen nach Dresden vor. Die französischen und mit ihnen verbündeten sächsischen Truppen wurden vertrieben, der König floh.

Da die russische Hauptarmee unter Kutusow jedoch nicht schnell genug herangeführt werden konnte, bestand keine realistische Chance, die Franzosen an der Elbe endgültig zu schlagen. In der Zwischenzeit war es Napoleon ge-

Das »System Napoleon«

149
Napoleon I. Bonaparte.
Öl auf Leinwand
von Andrea Appiani, 1805.

1804 Kaiser der Franzosen
1805 König von Italien

 Ludwig Adolph Peter (1834) Graf von Wittgenstein (1769–1843)
B Russischer Generalfeldmarschall – 1813 ging Wittgenstein mit dem preußischen Armeekorps unter Yorck zusammen und zog am 7. März in Berlin ein. Dem Posten des russischen Oberbefehlshabers, den er nach dem Tod Kutusows inne hatte, war er jedoch nicht gewachsen, verlor sein Kommando und befehligte nach dem Waffenstillstand die bei der böhmischen Armee befindlichen russischen Truppen.

150 Ludwig Adolph Peter Graf von Wittgenstein.
Pastell von Carl August Senff, zeitgenössisch.

1 Philippine von Griesheim,
»Brief aus Köthen an eine Freundin«
(2. Januar 1813)

Gezeichnet vom Rückmarsch durch den russischen Winter, erregten die Überreste der napoleonischen Armee das Mitleid der deutschen Bevölkerung.

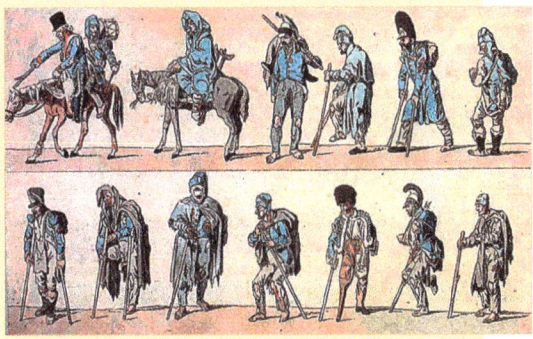

»Täglich erneuern sich die Unglücksszenen vor unseren Augen und zerreißen die Herzen der Mitfühlenden. Krüppel ohne Arme und Beine, Kranke, die sterbend vom Wagen getragen werden, Wahnsinnige erfüllen die Luft von Wehklagen und Fluchen. Soldaten in den verschiedensten Uniformen, aus allen Ländern, verwünschen ihre traurige Existenz. Der große Heldengeist durchglüht nicht mehr die Gemüter. Die rauhe bittere Kälte hat Ruhm und Übermut das Grab bereitet! Wir sind nicht allein Augenzeugen dieser Jammergestalten, die feindliche Kugeln und der Frost verkrüppelt, sondern hören noch die schauderhaftesten Erzählungen von der gräßlichen Zerrüttung, die unter dem Heer herrschte. Um ein Stück verrecktes Pferdefleisch haben sich oft sechs Menschen totgeschlagen, und der Sieger, zu kraftlos, das Erbeutete zu zermalmen, ist dann selbst ein Raub des Hungers geworden.«

Zit. nach: Die Befreiungskriege in Augenzeugenberichten. Hrsg. von Eckhart Kleßmann, München 1973, S. 18

151 Die Trümmer der französischen Armee bei ihrer Rückkehr ins Vaterland im Jahr 1813. Zeitgenössischer kolorierter Kupferstich von Gottfried Geißler.

152 »Die Cosaken arretiren französische Marodeurs«.
Zeitgenössischer, kolorierter Kupferstich.

153
Joseph Bonaparte.
Öl auf Leinwand
von Jose Flaugier,
um 1809.

1806 König von Neapel
1808 König von Spanien

154
Elisa Bonaparte,
Öl auf Leinwand.

1805 Fürstin von
Piombino und
Lucca

155 Die Schlacht bei Bautzen am 20. Mai 1813. Zeitgenössische, kolorierte Radierung.

lungen, eine circa 100 000 Mann starke Armee bei Würzburg aufzustellen und mit ihr über Thüringen nach Sachsen zu ziehen. In der Absicht, die von Dresden aufgebrochenen verbündeten russischen und preußischen Truppen am Einzug in Leipzig zu hindern, marschierte Napoleon ihnen entgegen. Bei Großgörschen traf er am 2. Mai 1813 auf die alliierten Truppen. Unter ständiger Heranführung frischer Verbände – insgesamt besaß er die vierfache Überlegenheit – gelang es ihm zwar, Preußen und Russen bis zum Abend zurückzudrängen, jedoch fielen 22 000 Mann seiner Streitmacht. Die alliierten Verluste waren nur halb so hoch. In dieser Schlacht wurde Scharnhorst schwer verwundet und erlag zwei Monate später seinen Verletzungen. Die hereinbrechende Nacht beendete das Gefecht, der russische Befehlshaber entschied sich zum Ausweichen. Anders als 1806 verlief dieses nun geordnet, so dass Napoleon, der die Verfolgung aufgrund der eigenen Verluste nur schwer in Gang bringen konnte, den erfolgreichen Ausgang der Schlacht trotz Allem nicht nutzen konnte. Friedrich Wilhelm III. hingegen bewertete die Schlacht als erste Bewährungsprobe seiner neu aufgestellten Truppen und äußerte noch am selben Abend: »Nun mag es in Gottes Namen werden, wie es will, ein Auerstedt wird es nicht.«

Geschlossen wichen die alliierten Truppen über Dresden in Richtung Schlesien aus. Napoleon, der die feindliche Spur verloren hatte, ging jedoch zunächst davon aus, dass Preußen und Russen getrennt marschieren würden. Er glaubte, Preußen würde seine Hauptstadt nicht schutzlos lassen, teilte daher seine Truppen und ließ seine Hauptmacht die russischen Kräfte verfolgen. Eine kleinere, 60 000 Mann starke Streitmacht unter Kommando Marschall ▶ Michel Neys sollte nach Berlin vorrücken.

Am 14. Mai 1813 erhielt Napoleon jedoch Kenntnis davon, dass die alliierten Kräfte geschlossen bei Bautzen stünden. Der russische Oberbefehlshaber hatte sich entschlossen, nach

200

156
Louis Bonaparte.
Öl auf Leinwand von Anne-Louis Girodet-Trioson.

1806 König von Holland

157
Jerome Bonaparte.
Öl auf Leinwand von François Kinson.

1806 König von Westfalen

158 Michel Ney.
Punktierstich von
Ino Kennerley, 1816.

B Michel Ney (1767–1815)

Französischer Marschall – Seit 1808 Regimentskommandeur in Spanien, kehrte der im Saarland geborene Ney als General 1811 nach Frankreich zurück. Im russischen Feldzug führte er das III. Armeekorps, an dessen Spitze er erfolgreich in der Schlacht von Smolensk, besonders aber an der Moskwa kämpfte. Auf dem Rückzug führte er erfolgreich die Nachhut und rettete durch geschickt geführte Nachhutgefechte am Übergang der Beresina die Trümmer des napoleonischen Heeres. 1813 übernahm er nach Oudinots Niederlage bei Großbeeren den Oberbefehl über die französische Berlin-Armee und verlor am 6. September 1813 die Schlacht bei Dennewitz. Mit dem 1. Pariser Frieden trat Ney in die Dienste Ludwigs XVIII., schloss sich aber in Südfrankreich Napoleon nach dessen Flucht von Elba erneut an. Ney führte bei Waterloo die berühmte, aber vergebliche französische Kavallerieattacke und wurde mehrfach verwundet. Nach Napoleons Sturz wurde Ney des Hochverrats angeklagt und Anfang Dezember 1815 standrechtlich erschossen.

159 Prinz Wilhelm bei Großgörschen am 2. Mai 1813. Farbdruck nach Aquarell von Richard Knötel, um 1890.

160
Caroline Murat (geb. Bonaparte).
Lithografie von
Zephirin Belliard, 1832.

1806 Großherzogin von
Berg
1808 Königin von Neapel

161
Joachim Murat.
Öl auf Leinwand
von Antoine-Jean Gros,
1805.

1806 Großherzog von
Berg
1808 König von Neapel

162 Schlacht bei Kulm: General von Kleist von dem Durchbruch der französischen Reiterei überrascht (30. August 1813). Farbdruck nach Aquarell von Richard Knötel, um 1890.

Heranführung von Verstärkung dort erneut die Schlacht zu suchen. Napoleon dirigierte daher Neys Truppen in der Absicht um, mit diesen die Flanke der Alliierten zu treffen, während er selbst mit der Hauptmacht frontal angreifen wollte. Neys Umfassung misslang jedoch und er erlitt im Versuch, die vom Feind besetzten Höhen zu nehmen, herbe Verluste. Blüchers und die russischen Truppen konnten sich daher zwar nicht gegen den Feind behaupten, entgegen Napoleons Absicht stand ihnen aber eine Rückzugsmöglichkeit offen. Am Ende des Tages hatte Napoleon das Schlachtfeld genommen, wie schon bei Großgörschen jedoch keinen entscheidenden Sieg errungen und abermals erhebliche Verluste (22 000 Mann) erlitten.

Die Verfolgung der weiter nach Schlesien ausweichenden alliierten Verbände kostete Napoleons Truppen erhebliche Kraft und dehnte zudem seine Operationslinie aus. Dies erschwerte auch die Heranführung der Versorgung und seine Truppen waren ständig der Bedrohung durch feindliche Streifkorps ausgesetzt. Dem in der Eile aufgestellten Heer fehlte neben der Ausbildung und Erfahrung des Weiteren die zur effektiven Verfolgung notwendige Kavallerie. Eine weitere Schlacht wie Großgörschen und Bautzen glaubte Napoleon sich daher nicht leisten zu können.

202

163
Pauline Bonaparte.
Lithografie von F. S. Delpech, um 1840.

1806 Fürstin von
Guastalla

164
Eugene de Beauharnais.
Öl auf Leinwand von Andrea Appiani, 1810.

1805 Vizekönig von
Italien

Österreich, das sich bislang weitgehend aus den Kämpfen herausgehalten hatte und eine als bewaffnete Friedensvermittlung bezeichnete Politik verfolgte, stellte einen weiteren Risikofaktor für den französischen Kaiser dar. Würde es in den Konflikt eingreifen, so verschöbe sich das Kräftegleichgewicht eindeutig zu seinen Ungunsten. Napoleon bot daher von sich aus einen Waffenstillstand an, der am 4. Juni bei Poischwitz unterzeichnet wurde. Er beabsichtigte, die bis zum 10. August gewonnene Zeit zur Aufrüstung und zu Bündnisverhandlungen mit Österreich zu nutzen. Ebenso wie die Franzosen nutzten Preußen und Russen die Zeit zu Rüstungen und Verhandlungen mit Österreich. In seinen Memoiren bezeichnet Napoleon, dessen Verhandlungen mit Österreich ergebnislos verliefen, den Waffenstillstand als den größten Fehler seiner Laufbahn. Dieser hatte den Alliierten die Möglichkeit zur Neuordnung gegeben, an deren Ende, anders als im Frühjahrsfeldzug, ein deutliches Kräfteübergewicht Napoleon gegenüber stand, das schließlich den Krieg zu dessen Ungunsten entscheiden sollte.

Schweden war unter Führung des Kronprinzen ▸ Jean-Baptiste Bernadotte, einem ehemaligen Marschall Napoleons, der Allianz beigetreten, nachdem Russland sich widerstrebend zur Unterstützung seiner Skandinavienpolitik bereit erklärt hatte. Großbritannien leistete nun neben dem spanischen Kriegsschauplatz auch auf dem mitteleuropäischen mit Subsidien und Truppen Beihilfe, nachdem Preußen, obschon keineswegs aus freien Stücken, der Rückgabe Hannovers an das britische Königshaus zugestimmt hatte. Auch Österreich hatte sich unter der Führung Metternichs endgültig zur Beteiligung an der Allianz durchgerungen. Eine grundlegende Änderung seiner Politik bedeutete dies freilich nicht: Metternichs Absicht bestand stets darin, den seit den Niederlagen gegen Frankreich deutlich gewordenen Machtverlust Österreichs aufzuhalten und das Erstarken einer anderen Großmacht auf dem Kontinent zu verhindern. Auch wenn er für eine Teilnahme an der Allianz plädierte, war ihm an einer vollständigen Niederringung Frankreichs nicht gelegen. Es schien ihm für die Eindämmung der Großmachtbestrebungen des russischen Zaren unentbehrlich.

War der militärische Erfolg des Frühjahrsfeldzugs auch beschränkt, so hat er doch entscheidenden Anteil an der Beseitigung des napoleonischen Systems in Europa. Das erfolgreiche Standhalten gegenüber der französischen Übermacht, der es anders als in den bisherigen Feldzügen nicht gelungen war, entscheidende Siege zu erringen, hatte zwei Dinge aufgezeigt: Einerseits die prinzipiell bestehende Möglichkeit zum Erfolg. Andererseits die Abhängigkeit dieses Erfolges von einer einheitlichen Allianz. Keine der beteiligten Mächte – Großbritannien, Österreich, Preußen, Russland und Schweden – konnte sich stark genug fühlen, Napoleon allein entgegenzutreten.

B Jean-Baptiste Bernadotte, (1806) Fürst von Pontecorvo (1763–1844) Französischer Revolutionsgeneral, später schwedisch-norwegischer König Karl XIV. Johann (1818–1844) – Nach einem Intermezzo als Kriegsminister war er von April 1800 bis November 1801 Kommandierender General der Westarmee in der Bretagne. Im Mai 1804 erhielt er das Oberkommando über die Hannoverarmee und wurde zum Gouverneur des Kurfürstentums Hannover (bis August 1805) ernannt. Sowohl hier als auch bei folgenden Gouverneursstellen (1805/1806 Ansbach, ab Juli 1807 Gouverneur der hanseatischen Städte Lübeck, Hamburg, Bremen) zeichnete Bernadotte sich durch große Popularität aus. Am 21. August 1810 wurde Bernadotte Kronprinz von Schweden. Beim Vorstoß von Napoleons Grande Armée gegen Russland (1812) bot Bernadotte dem Zaren die Unterstützung schwedischer Truppen zunächst nur unter der Bedingung an, dass dieser ihm Finnland überließ – eine Bedingung, die der Zar nicht einzugehen bereit war. Erst nach dem diplomatischen Bruch mit Frankreich im Jahre 1813 beteiligte sich Bernadotte maßgeblich am Kriegsplan der Alliierten und stellte 30 000 Mann schwedischer Truppen für den Einsatz gegen Frankreich zur Verfügung.

165
Jean Baptiste Jules Bernadotte. Zeitgenössischer, kolorierter Kupferstich von François Joseph Kinson.

203

5. Die Freiheitskriege – der Feldzug 1813/14

Nach Ablauf der Waffenruhe hatten die Alliierten einen aus drei – modern ausgedrückt multinationalen – Armeen bestehenden Verband aufgestellt. Den Befehl erhielten der Österreicher ▶ Philipp Fürst zu Schwarzenberg (Haupt- bzw. böhmische Armee), der Preuße Blücher (schlesische Armee) und der schwedische Kronprinz Bernadotte (Nord- bzw. schwedische Armee). Insgesamt waren 510 000 Mann aufgeboten worden, darunter in Preußen, das die umfassendsten Aufrüstungsanstrengungen unter den Alliierten unternehmen musste, erstmals in größerem Umfang Landwehreinheiten. Noch nach einem Plan von Scharnhorst wurden Landwehrregimenter mit der Linie in gemeinsamen Brigaden eingesetzt. Hierdurch sollten nach wie vor bestehende Ausrüstungs- und Ausbildungsmängel ausgeglichen werden. Drei Armeekorps konnte Preußen auf diese Art aufstellen. Sie wurden den Generalen Ludwig von Yorck, ▶ Friedrich von Kleist und Friedrich von Bülow unterstellt. Ein Viertes bestand mangels regulärer Truppen nahezu vollständig aus Landwehreinheiten. Anders als die zuvor Genannten sollte es daher vornehmlich

Deckungsaufgaben im Bereich der noch feindlich besetzten Elbfestungen wahrnehmen. Diese Einsatzform kam der ursprünglich mit der Aufstellung der Landwehr angestrebten Einsatzabsicht am nächsten. Den alliierten Truppen standen etwa 418 000 Mann der regulären französischen Armee gegenüber, so dass sich das Kräfteverhältnis erstmals zu Gunsten der Allianz verschoben hatte.

Deren Hauptquartier befand sich bei der böhmischen Armee. Grundlage für den bevorstehenden Feldzug bildete ein von Russen und Preußen in Trachenberg gemeinsam entworfener Operationsplan. In der vom österreichischen Generalstabschef ▶ Joseph Graf Radetzky von Radetz modifizierten Fassung sah er vor, zunächst die auf der Linie Dresden–Görlitz–Liegnitz stehenden französischen Truppen zu ermüden, dann ihre Schwäche auszunutzen und sie in einer Entscheidungsschlacht zu vernichten. Bis zur deutlichen Ermattung und Vernichtung der von Napoleons Marschällen geführten Nebenarmeen sollte jede Schlacht mit der Hauptmacht unter dem persönlichen Befehl Napoleons vermieden werden.

Am 14. August 1813 begann der Feldzug mit dem Vorrücken der schlesischen Armee Blüchers gegen den rechten Flügel der französischen Ar-

Frühjahrs- und Herbstfeldzug 1813

Legende:
- Hauptarmee der Alliierten
- Armee der restlichen Alliierten
- Armee Napoleons
- Waffenstillstandslinie Juni bis Aug. 1813
- französische Festungen
- Schlachten

0 50 100 150 200 250 km

Quelle: dtv-Atlas Weltgeschichte, Bd 2.

© MGFA
05178-11

166 Karl Fürst zu Schwarzenberg. Kupferstich, um 1814.

B Karl Fürst zu Schwarzenberg (1771–1820)

Österreichischer Feldmarschall – Schwarzenberg wurde im März 1805 zum Vizepräsidenten des Hofkriegsrates ernannt, einem Posten, den er bis März 1806 ausfüllte. Die folgenden Jahre war Schwarzenberg als Botschafter in Russland (1808/09) und Frankreich (1809–1812) tätig. Im Russlandfeldzug (1812) führte er als Feldmarschall das österreichische Hilfskorps der Grande Armée Napoleons. Nachdem sich Österreich 1813 für die Seite Russlands und der Alliierten entschieden hatte, wurde Schwarzenberg mit dem Oberbefehl über die Böhmische Armee betraut und zum Oberbefehlshaber der drei verbündeten Streitkräfte gewählt. In der »Völkerschlacht« bei Leipzig erzielte die Koalition den entscheidenden Sieg über Napoleon, der die Kriegswende bedeutete. 1815 zum Hofkriegsratspräsidenten ernannt und nach Wien berufen, legte Metternich auf seine Mitarbeit auf dem Wiener Kongress wert, wo Schwarzenberg zum Verbündeten Talleyrands wurde. Von einem Schlaganfall, den er 1817 erlitt, erholte er sich nicht mehr und starb schließlich am 15. Oktober 1820 in Leipzig.

167 Die österreichische Armee unter General Schwarzenberg, um 1812. Zeitgenössischer, kolorierter Kupferstich.

DIE OESTERREICHSCHE ARMEE UNTER FÜRST SCHWARTZENBERG.

168 Friedrich von Kleist. Holzstich nach Zeichnung von Wilhelm Camphausen, 1860.

B Friedrich Emil Ferdinand Heinrich (1814) Graf Kleist von Nollendorf (1762–1823)

Preußischer Generalfeldmarschall – In der Schlacht bei Dresden führte er die zweite Angriffskolonne. Auf dem Rückzug marschierte er nach Nollendorf in den Rücken Vandammes und entschied am 30. August durch seinen Angriff die Schlacht bei Kulm. In der »Völkerschlacht« bei Leipzig kämpfte er erfolgreich auf dem linken Flügel bei Markkleeberg, anschließend blockierte Kleist mit dem II. preußischen Armeekorps die Stadt Erfurt mit ihrer Zitadelle Petersberg und folgte später dem Heer nach Frankreich, wo er bei Etoges am 14. Februar 1814 unter Blücher kämpfte.

169 Sächsische Soldaten leisten nach der Schlacht Napoleon den Treueeid.
Lithografie von Luigi Sonnininach, um 1835.

170 Einzug Napoleons in Dresden.
Holzstich nach Zeichnung
von Felix Philippoteaux, 1875.

mee, der bei Bunzlau stand. Napoleon stieß mit der Hauptmacht überlegen gegen Blücher vor, gemäß dem gemeinsamen Operationsplan nahm dieser das Gefecht jedoch nicht an, sondern wich vor der Übermacht aus. Unterdessen marschierte Schwarzenberg von Böhmen über das Erzgebirge in das noch mit Frankreich verbündete Sachsen ein. Napoleon sah Dresden bedroht und wendete seine Truppen dorthin. Drei Korps aber ließ er gegen Blücher stehen. Zwar gelang Napoleon am 26. und 27. August bei Dresden ein Sieg über Schwarzenberg, von der Verfolgung und endgültigen Vernichtung hielt ihn jedoch der Erfolg der schlesischen Armee Blüchers über die gegen ihn zurückgelassenen Teile an der Katzbach ab. Kurz zuvor war es General von Bülow mit seinem zur schwedischen Armee gehörenden Korps bei Großbeeren südlich von Berlin gelungen, die französische Nebenarmee unter Marschall ▸ Nicolas Oudinot zu schlagen und ihr damit den Zugang zur Hauptstadt zu verwehren.

Am 30. August war schließlich auch die Hauptarmee unter Schwarzenberg gegen die napoleonischen Truppen erfolgreich und rieb ein französisches Korps bei Kulm fast voll-

ständig auf. Dem Generalstabschef des bei der Hauptarmee stehenden II. preußischen Korps gelang es, die Truppen über Nollendorf in den Rücken der Franzosen zu führen und diese fast vollständig zu zerschlagen.

Napoleon disponierte erneut um, konzentrierte sich gegen die Nord-Armee Bernadottes, die Marschall Ney angreifen sollte, und gegen die durch Sachsen vorrückende schlesische Armee Blüchers. Diese vermied jedoch gemäß dem Operationsplan die Konfrontation mit der Hauptmacht Napoleons und konnte stattdessen Marschall Ney bei Dennewitz empfindlich schlagen. Dessen Truppen wichen unter schweren Verlusten bei Wittenberg über die Elbe aus.

Die ständig erfolglosen Märsche zu den Brennpunkten der durch die drei alliierten Armeen angegriffenen Nebenarmeen dezimierten die französischen Kräfte zusätzlich zu den Gefechtsverlusten, die Misserfolge trugen ihr Übriges zum Verfall der Kampfmoral bei. Napoleon gelang es nicht, die Initiative zurückzugewinnen.

▸ Blücher setzte sich mit seiner Bewertung, dass nun die Gelegenheit für die im Operations-

206

Josef Wenzel Graf Radetzky von Radetz (1766–1858)
B Österreichischer Feldmarschall – 1813 übernahm er auf Wunsch des österreichischen Oberkommandierenden Schwarzenberg als Chef des Generalstabes die strategischen Planungen der antinapoleonischen Koalition. Seine Pläne trugen maßgeblich zum erfolgreichen Verlauf der »Völkerschlacht« bei Leipzig bei. Als Oberkommandeur der österreichischen Truppen in Norditalien (1831–1857) wurde er vor allem durch seine Siege während der Revolution 1848/49 berühmt.

171 Joseph Graf Radetzky von Radetz. Öl auf Leinwand.

172 Charles Nicolas Oudinot. Öl auf Leinwand von Raymond-Quinsac Monvoisin, 1835.

B Nicolas Charles Oudinot (1809) Herzog von Reggio (1767–1847)

Französischer Marschall – Unter Napoleon zeichnete Oudinot sich in diversen Schlachten durch glänzende Tapferkeit aus und stieg zum Marschall auf.

Im Russlandfeldzug stand er an der Spitze des II. Französischen Korps und wurde am 17. August 1812 in der Schlacht bei Polozk durch eine Kanonenkugel zum 21. Mal verwundet. In den Rückzugsschlachten bei Borissow und an der Beresina konnte er durch Tatkraft und Energie große Teile seines Korps retten.

Im August 1813 übernahm er den Oberbefehl über die Berlin-Armee. Am 23. August 1813 vor den Toren Berlins bei Großbeeren geschlagen, musste er den Oberbefehl über sein Korps an Marschall Ney übergeben. Am 4. April 1814 überbrachte Oudinot Napoleon die Forderung abzudanken. Anschließend stellte er seine Dienste Ludwig XVIII. (1755–1824) zur Verfügung. Auch während der »Herrschaft der Hundert Tage« hielt er zu diesem. Dies sicherte ihm ein militärisches Kommando auch über das endgültige politische Ende Napoleons hinaus.

1 Friedrich von Schubert, »Über den Marschall Vorwärts« (1812)

Der in russischen Diensten stehende deutschstämmige Offizier und Angehörige des russischen Generalstabes charakterisiert den Befehlshaber der schlesischen Armee.

»Der alte Blücher war der einzige, der uns gern hatte; er war ein alter Husar, der vom Kriege weiter nichts als das Einhauen verstand, dessen ganze Kriegskunst nur darin bestand, immer vorwärts zu gehen (woher er auch den Beinamen ›Feldmarschall Vorwärts‹ bekam), der Frankreich, die Franzosen und alles Französische haßte, der die Demütigung Preußens an ihnen rächen wollte und in Napoleon die Quelle alles möglichen Übels sah. Von früheren Ansichten, von den gelehrten kriegerischen Bewegungen hatte seine Seele keine Ahnung; alle Dispositionen, Befehle, Anordnungen überließ er blindlings seinem Chef des Generalstabs, Gneisenau, in den er ein unumschränktes Vertrauen hatte.

173 Blücher an der Katzbach. Holzstich nach Johann Jakob Kirchhoff, 1866.

Er wollte nur eins: immer angreifen und vorwärts gehen, und mit diesem einfachen, fast einfältigen System, welches er mit dem größten Starrsinn, mit eisernem Willen verfolgte, hat er Napoleon mehr Schaden getan, als die gelehrtesten und künstlichsten Kombinationen es hätten tun können.«

Zit. nach: Die Befreiungskriege in Augenzeugenberichten. Hrsg. von Eckart Kleßmann, München 1973, S. 112

207

plan vorgesehene Entscheidungsschlacht gekommen sei, durch. Seine Armee ging, nachdem Yorcks Truppen am 3. Oktober bei Wartenburg den Übergang erkämpft hatten, über die Elbe auf Leipzig vor. Schwarzenbergs Hauptmacht stieß über das Erzgebirge nach Norden vor.

Bereits am 16. Oktober begann der Angriff der alliierten Truppen auf die bei Leipzig stehenden 210 000 Franzosen. Im Ausgang zunächst ungewiss, trugen vor allem die unter starken Verlusten erfolgreichen Gefechte Yorcks bei Möckern im Norden Leipzigs zum Sieg der Alliierten in der bis zum 19. Oktober dauernden Schlacht bei. Sie banden Napoleons strategische Reserve und beraubten ihn damit seiner Handlungsfreiheit. Zu Recht ist diese wohl bis dahin größte Schlacht der Weltgeschichte als »Völkerschlacht« in die Geschichte eingegangen. Russen, Österreicher, Preußen und Schweden kämpften gegen Franzosen, Polen, Italiener, Sachsen und andere rheinbündische Truppen, von denen Teile während der Schlacht die Seite wechselten. Nahezu alle europäischen Völker waren also auf dem Schlachtfeld vertreten. Auseinanderklaffende Interessen, Führungsstile und Abstimmungsschwierigkeiten hatten allerdings auch ihren Preis.

Napoleon stand der Rückzugsweg nach Westen nach wie vor offen. Es ist umstritten, ob Schwarzenberg diesen Weg möglicherweise bewusst gelassen hatte, um die Entscheidungsschlacht zu vermeiden und Napoleon allein durch aufreibende Märsche zum Rhein abzunutzen. 150 000 Mann wichen weitgehend geordnet über Weißenfels, Erfurt, Eisenach, Fulda und Frankfurt nach Mainz aus, wo sie am 2. November den Rhein überquerten. Trotz nachlässiger Verfolgung durch die ebenfalls abgekämpften alliierten Truppen schrumpfte ihre Stärke allerdings bis auf 60 000 Mann zu-

sammen. Von den Folgen der »Völkerschlacht« erholte Napoleon sich nicht mehr. Die militärischen Verluste konnten nicht mehr ausgeglichen werden, die politische Folge der Niederlage war die endgültige Auflösung des Rheinbundes. Die meisten seiner Fürsten handelten jedoch zuvor nach dem Vorbild des bereits am 8. Oktober der Allianz beigetretenen Bayern Garantien ihrer Besitzstände aus. Das Echo, das der Sieg über Napoleon in der Bevölkerung hervorrief, wird in der phänomenalen Uraufführung von ▸ Beethovens Komposition »Wellingtons Sieg« im Dezember 1813 in Wien deutlich. Zur rechten Zeit hatte Beethoven ein programmatisches Musikstück vorgestellt, das den britischen Sieg über die französischen Truppen im spanischen Vittoria im Sommer 1813 verherrlichte. In der Euphorie über die Erfolge der Allianz bescherte es ihm eine weit über seine bisherigen Kreise hinausgehende Popularität.

Mit dem Erfolg der Koalition war allerdings auch deren Einigkeit dahin. Österreichern und Briten schien es ausreichend, Napoleon über den Rhein zurückzutreiben, um anschließend den französischen Staat in den Grenzen von 1795 wiederherzustellen. Russlands Zar Alexander hingegen, beseelt von geradezu missionarischem Eifer wie auch von Revanchegedanken für den Einzug Napoleons in Moskau 1812, wollte nach Paris, um von dort aus seinen Frieden zu diktieren. Napoleon indes gewann wertvolle Zeit, um unter Zurücklassung eines mit 50 000 Mann vergleichsweise schwachen Verteidigungsgürtels am Rhein seine Kräfte von Paris aus neu zu ordnen.

Erst zum Jahresende traten die Alliierten erneut an. Am 21. Dezember überschritt die Hauptarmee zwischen Kehl und Schaffhausen den Rhein und ging von Südosten Richtung Paris vor. Blüchers Truppen überschritten den

208

Ludwig van Beethoven (1770–1827)
B Komponist – Der in Bonn geborene Beethoven gilt als Komponist und Vollender der so genannten Wiener Klassik. Zu seinen Lehrern zählte unter anderem Joseph Haydn. Beethoven war von den Ideen der Französischen Revolution begeistert, später gehörte er wie viele Andere zu den Bewunderern Napoleons. Im Jahre 1804 widmete er seine Dritte Sinfonie dem Korsen, nach dessen Kaiserkrönung soll er diese Widmung zerrissen haben.

175 Ludwig van Beethoven. Öl auf Leinwand von Joseph Karl Stieler, 1819.

Winterfeldzug 1813/14

Legende:
- Hauptarmee der Alliierten
- Armee der restlichen Alliierten
- Angriffe der Armee Napoleons
- Letzter Marsch Napoleons
- Grenze gemäß 1. Pariser Frieden 1814
- französische Festungen
- Schlachten

Quelle: dtv-Atlas zur Weltgeschichte, Bd 2.

176
Blüchers
Rheinübergang
bei Kaub.
Öl auf Leinwand
von Wilhelm
Camphausen,
1860.

209

Dass Beethoven immer ein gutes Gespür für den Zeitgeschmack hatte, zeigt der phänomenale Erfolg seiner Komposition »Wellingtons Sieg«, die 1813 ur-aufgeführt wurde und den Sieg der englischen Truppen über die französische Armee bei Vittoria verherrlicht. Beethoven wurde, trotz seiner 1819 eintreten-den Taubheit einer der bekanntesten und beliebtesten Musiker Europas.

177 Wellingtons Sieg oder die Schlacht bei Vittoria.
Titelseite des Notendrucks, 1816.

Fluss bei Kaub in der ersten Woche des Jahres 1814, Bülow stieß von Holland und Belgien aus vor. Die in Spanien stehenden britischen Truppen unter dem Befehl Wellingtons drangen über die Pyrenäen nach Südfrankreich ein.

Mitte Januar brach Napoleon mit den Truppen, die er in der Kürze der Zeit hatte versammeln können, in der Absicht, sich zunächst gegen Blücher zu wenden, auf. Bei La Rothière trafen die mittlerweile vereinigten Truppen Schwarzenbergs und Blüchers auf Napoleons Armee. Vor allem Metternichs Weisung an Schwarzenberg, den Kaiser nicht vollständig zu vernichten, verhinderte hier dessen wahrscheinliche Niederlage. Auf Betreiben des Zaren traten die beiden Armeen, aus Versorgungsgründen wieder getrennt, weiter in Richtung Paris an und verfolgten die ausweichenden Franzosen. Die Politiker der Koalition berieten derweil in Châtillon über die Bedingungen für bald einzuleitende Friedensverhandlungen.

Unkoordiniert und aufgrund der bisherigen Erfolge unvorsichtig geworden, verlief der Vormarsch der Alliierten jedoch weit auseinander gezogen und ohne ausreichende Sicherung der Flanken. Napoleon erkannte seine Chance und konnte der schneller als Schwarzenberg vorrückenden Armee Blüchers bei Châlons erhebliche Verluste (15 000 Mann) zufügen. Im Eifer, die Gunst der Stunde und auch die ihm nicht verborgenen Differenzen zwischen den Alliierten auszunutzen, sah er jedoch von weiteren Angriffen auf Blüchers Truppen ab und wandte sich nach Norden gegen die über Belgien und Holland vorrückenden Truppen Bülows. Trotz beachtlicher Erfolge gelang es ihm aber auf Dauer nicht, der Übermacht der Allianz standzuhalten.

Bordeaux ergab sich den Engländern, Lyon wurde von der Hauptarmee eingenommen.

Nachrichten darüber, dass Napoleon zunehmend an Rückhalt in der Hauptstadt verlor, bewogen die Alliierten unverzüglich Richtung Paris anzutreten. Der Kaiser hingegen hatte sich entschlossen, den Entscheidungskampf außerhalb der Hauptstadt zu suchen, die alliierten Truppen nahmen das Gefecht jedoch nicht an. Am 29. März standen Blücher und Schwarzenberg vor Paris, am 31. März kapitulierte die Stadt. Unter den Klängen des eigens komponierten »Pariser Einzugsmarsches« zogen die verbündeten Monarchen in die Hauptstadt ein.

Am 6. April musste Napoleon auf innerfranzösischen Druck abdanken. Am 30. Mai wurde der Pariser Frieden geschlossen. Er beendete die französische Vorherrschaft in Europa, fiel jedoch ansonsten für das besiegte Frankreich erstaunlich milde aus. Es blieb in den Grenzen von 1792 bestehen und die Kontributionen hielten sich im Rahmen. Napoleon erhielt die vor der toskanischen Küste gelegene Insel Elba als Fürstentum und Ort des Exils. Auf Vorschlag des britischen Außenministers Lord ▸ Robert Castlereagh wurde die in der Französischen Revolution entthronte Dynastie der Bourbonen wieder eingesetzt. Das neugeschaffene Königreich erhielt mit der 1814 erlassenen »Charte« eine für das 19. Jahrhundert in weiten Teilen richtungsweisende Verfassung. Der anstehenden Aufgabe der Neuordnung Europas widmete sich der Wiener Kongress.

178 Napoleon zu Fontainebleau am 31. März 1814 nach Empfang der Nachricht vom Einzug der Verbündeten in Paris. Öl auf Leinwand von Paul Delaroche, 1848.

179 Der Einzug der Verbündeten in Paris. Friedrich Wilhelm III. von Preußen und Alexander I. von Russland an der Spitze ihrer Truppen. Aquarell von Alexej Danilowitsch Kiwschenko, 1880.

B Robert Stewart Castlereagh Marquess of Londonderry (1769–1822)
Britischer Politiker – Castlereagh gilt bis heute als einer der bedeutendsten Außenminister Großbritanniens. Maßgeblich am Zustandekommen der Allianz gegen Napoleon und am Wiener Kongress beteiligt, engagierte er sich anschließend für das so genannte Kongresssystem (1818–1822), welches der Erhaltung des Friedens in Europa dienen sollte. Als Kriegsminister war Castlereagh mit kurzer Unterbrechung von 1805 bis 1809 tätig. Er kümmerte sich in dieser Position um die Reorganisation und Expansion der britischen Armee und bemühte sich um eine effektive Koordination der Land- und Seestreitkräfte. Nach einem Duell mit seinem Rivalen George Canning (1770–1827; Außenminister 1807–1809 und erneut seit 1822) im September 1809 trat er jedoch zurück. 1812 wurde er mit der Leitung des Außenministeriums betraut. Diesen Posten hatte er bis zu seinem Tod 1822 inne.

180
Robert Stewart
Castlereagh.
Punktierstich von
C. Böhme, um 1815.

211

181
Der Wiener Kongress. Zeitgenössische Karikatur auf
die von den Monarchen vertretenen Gebietsansprüche.

6. Die Herrschaft der 100 Tage

Mitten in die Verhandlungen in Wien platzte im März 1815 die Nachricht hinein, dass Napoleon wieder in Frankreich gelandet sei. In seinem Exil auf Elba hatten ihn zunehmend Nachrichten über wachsende Differenzen auf dem Kongress erreicht und die Hoffnung genährt, die Uneinigkeit ausnutzen und seine Herrschaft erneut errichten zu können. Binnen weniger Tage war es ihm gelungen, die bourbonische Herrschaft zu stürzen und wiederum die Mehrheit der Bevölkerung hinter sich zu bringen. Das provokante Verhalten der mit den Bourbonen zurückgekehrten Emigranten und die einsetzende Misswirtschaft hatten schnell zur Unzufriedenheit des Bürgertums geführt. Dies hatte die anfängliche Genugtuung über die »Charte«, welche die in der Revolution erkämpften Hauptergebnisse wie die Abschaffung der Privilegien und des Feudalismus sowie die Führungsrolle des Bürgertums festschrieb, verdrängt.

Napoleons unverzügliche Ächtung wie auch die Erneuerung der Allianz am 25. März 1815 führten ihm allerdings deutlich vor Augen, dass sich die Hoffnungen auf ein Auseinanderbrechen der Koalition und auf etwaige Akzeptanz seiner Person nicht bewahrheiten würden. In Wien wurde ein Kriegsrat gebildet, erneut Schwarzenberg mit dem Oberbefehl betraut und mit der Aufstellung einer auf 700 000 Mann ausgelegten Armee begonnen.

Neuerlich war Napoleon darauf angewiesen, seine Herrschaft mit militärischen Mitteln durchzusetzen und so begann er umgehend mit der Aufrüstung. Während der alliierte Operationsplan vorsah, ihn mit mehreren Armeen einzukreisen und zu vernichten, kam er diesen Planungen durch eine rasche Feldzugseröffnung Anfang Juni zuvor. Zunächst beabsichtigte er, das Frankreich am nächsten liegende Korps, die in den Niederlanden kantonierten Truppen ▸ Wellingtons, anzugreifen. Zu ihnen gehörten neben Niederländern und Briten auch kleinere deutsche Kontingente. Zu deren Verstärkung stand den Alliierten aufgrund der Kürze der Zeit nur die am Rhein stehende schlesische Armee Blüchers zur Verfügung, die bis Mitte Mai mobilisiert werden konnte. Russische und österreichische Kräfte hingegen konnten noch nicht herangeführt werden. Napoleon war es also zunächst gelungen, die Initiative an sich zu reißen und ein für ihn günstiges Kräfteverhältnis zu schaffen.

Marschall Ney bekam den Auftrag, sich gegen die Truppen Wellingtons zu wenden, während die andere Kolonne sich gegen Blücher richten und so dessen Vereinigung mit den Briten verhindern sollte. Bei Ligny gelang den Franzosen am 16. Juni ein überraschender Teilerfolg gegen die noch nicht vollständig versammelten preußischen Truppen. Ihrem Stabschef Gneisenau gelang es jedoch, den Rückzug so zu ordnen, dass die ausweichenden Verbände ohne weitere nennenswerte Verluste an Wellington herangeführt werden konnten, wo sich der nächste Schwerpunkt abzuzeichnen begann.

Marschall Ney hatte die Briten bei Quatre-Bras angegriffen, war jedoch auf erheblichen Widerstand gestoßen und hatte daher das nachfolgende, ursprünglich zur Umfassung der Preußen bei Ligny vorgesehene Korps ebenfalls nach Quatre-Bras umdirigiert. Dieses traf jedoch erst nach beendigtem Kampf ein und konnte den Ausgang der Schlacht nicht mehr beeinflussen. Wellington bot dies die Möglichkeit, seine Truppen vom Feind Richtung Brüssel zu lösen.

Bei Mont St. Jean und Belle-Alliance südlich von ▸ Waterloo fand er ein günstiges Gelände für eine starke Stellung. Napoleon nahm die am

212

182 Feldzugskreuz
des Herzogtums
Anhalt-Dessau, 1813.

183 Kriegsgedenkmünze
in Silber der Stadt
Frankfurt am Main, 1815.

Napoleons Zusammenbruch bei Belle-Alliance (Waterloo) am 18. Juni 1815

Legende:
- Napoleons Truppen
- Wellingtons Truppen
- Preußische Armee
- Orte/Siedlungen
- Waldgebiet

WELLINGTON xxxx
Mont St. Jean
Bylandt
Somerset und Ponsonby
Merlen
Mont-St. Jean Farm
Lutzch
Treskow
Lützow
xxx I ZIETHEN
Arentschild
Tripp
Pack
BLÜCHER xxxx
Vivian
Ghigny
Kielmansegg und Ompteda
Kempt
Ditmers
Lambert
Best
Ohain-Weg
Sachsen-Weimar
La Haye
nach Ohain
Braunschweig
Braunschweig
Kruse
Papelotte
Steinmetz
Vandeleur
Donzelot
Frischermont
Dornberg
Maitland
d'Aubreme
Quiot
La Haye Sainte
Marcognet
xxx II
H. Halkett (Teil)
Adam
Bachalu
xx
D'Erlon
Durutte
Hecke
Grant
Losthin
Schwerin
H. Halkett (Teil)
xx
Mittlere Garde
nach Braine L'Alleud
Du Platt
Alte Garde
xx
Watties
De Lort
Jeannin
nach Chapelle St.
Lambert und Wavre
Foy
Hougoumont
La Belle Alliance
LOBAU xxx
Subervie
Piré
Jerôme
xxx REILLE
Garde Kavallerie
Simmer
nach Nivelles
Hiller
Ryssel
Tippelskirchen
Plancenoit
L'Heritier
NAPOLEON xxxx
xx JUNGE GARDE
xxx IV BÜLOW
Rossomme
Lasne

0   500   1000   1500   2000 m

Quelle: Klaus-Jürgen Bremm, Im Schatten des Desasters. Zwölf Entscheidungsschlachten in der Geschichte Europas, Osnabrück 2003.

© MGFA
05174-09

184 Blüchers Begegnung mit Wellington nach der Schlacht bei Belle-Alliance (Waterloo).
Öl auf Leinwand von Adolph von Menzel, 1858.

213

18. Juni angebotene Schlacht an und entschied sich für einen frontalen Angriff. Mit 73 000 Mann ging er auf die in Stellung stehenden 69 000 Mann vor. Von einer die Kräfte schonenden Umfassung sah er ab, um Wellington keine Gelegenheit zum Ausweichen zu geben. Dieses hätte einerseits weitere strapaziöse Märsche zur Folge gehabt und andererseits das Risiko der Vereinigung mit Blüchers Truppen in sich geborgen. Der Angriff Napoleons erfolgte mit massiver Artillerievorbereitung und enormer Wucht. Zunächst schien es, als könnten Wellingtons Truppen nicht widerstehen. Erst das für die Franzosen unerwartete preußische Eingreifen der von Ligny an der rechten französischen Flanke herangeführten Truppen gab der Schlacht am Nachmittag die entscheidende Wende. Dieses zwang Napoleon seine Kräfte zu teilen und verhinderte die Vereinigung der französischen Reserve mit der Hauptmacht.

Als auch noch die Rückzugslinie Gefahr lief erobert zu werden, brach die französische Schlachtordnung auseinander. Die geschlagenen Truppen setzten sich Richtung Paris ab, verfolgt von Blücher und Gneisenau.

Die katastrophale Niederlage beendete den letzten Versuch Napoleons, seine Herrschaft zurückzugewinnen. Am 22. Juni 1815 kapitulierte der Herrscher und ergab sich den Briten, am 29. Juni standen die preußischen Truppen erneut vor Paris. Der zweite Pariser Frieden verschärfte zwar gegenüber dem im Jahr zuvor geschlossenen Frieden die Bedingungen, akzeptierte aber nach wie vor Frankreichs Rolle im Konzert der europäischen Großmächte. Napoleon allerdings sollte die Möglichkeit zur Wiederkehr endgültig verwehrt werden. An Bord eines britischen Linienschiffs wurde er auf die unwirtliche Insel St. Helena im Südatlantik verbracht, wo er 1821 verstarb.

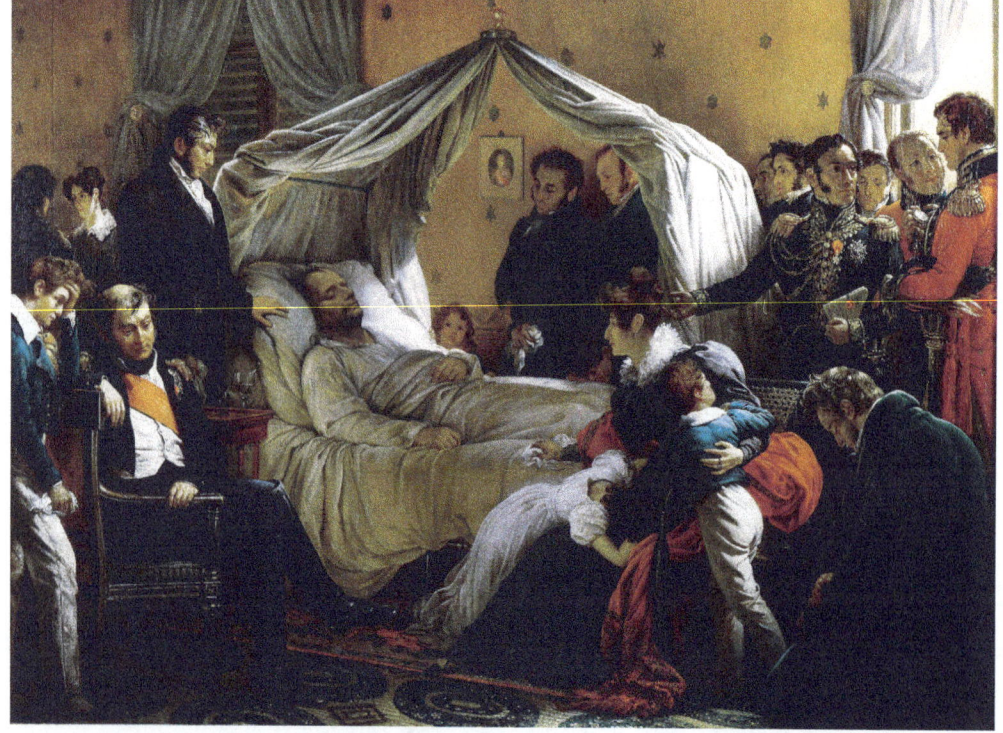

185 Der Tod Napoleons.
Öl auf Leinwand von Carl von Steuben, um 1828.

186 Arthur Wellesley
Wellington.
Öl auf Leinwand
von Francisco Goya,
1814.

B Arthur Wellesley Herzog von Wellington (1769–1852)

Britischer Feldmarschall und Politiker – Er durchlief eine elitäre Ausbildung am Eton-College und an der französischen Militärakademie in Angers. Im Jahre 1787 trat er als Fähnrich in die Armee ein. Wenig später, mit 21 Jahren, wurde er Mitglied im irischen Parlament. Nach seiner Teilnahme am glücklosen britischen Feldzug des Ersten Koalitionskrieges wurde er als Oberst ab 1796 in Indien eingesetzt. Seit Sommer 1808 führte er den Oberbefehl über das britische Expeditionskorps auf der iberischen Halbinsel, wo er entscheidende Siege gegen die napoleonischen Truppen errang. Wenig später, im Jahre 1813, stieg Wellington zum Oberbefehlshaber der antinapoleonischen Allianz in Spanien auf und drängte die französischen Truppen unter Marschall Soult über die Pyrenäen bis nach Toulouse zurück. Während des Wiener Kongresses trat Wellington die Nachfolge von Viscount Castlereagh als Bevollmächtigter Großbritanniens an. Als er dort die Nachricht von Napoleons Rückkehr erhielt, übernahm er nochmals den Oberbefehl über eine britische Armee in den Niederlanden und siegte zusammen mit preußischen Truppen unter Generalfeldmarschall Blücher über Napoleon bei Belle-Alliance (Waterloo).

1 Sergeant Robertson,
»Bericht über die Schlacht bei Waterloo«
(18. Juni 1815)

Der britische Unteroffizier beschreibt den Jubel der englischen Truppen angesichts der Ankunft der preußischen Armee.

»Es war jetzt 7 Uhr. Zu dieser Zeit gab es keinen Offizier mehr im Regiment außer dem kommandierenden, dessen Pferd getötet worden war, dem Adjutanten und einigen wenigen Sergeanten.

Ich kommandierte zwei Kompanien und erhielt Befehl, besondere Aufmerksamkeit jedem Signal und der Bewegung zu schenken, die ich vor uns wahrnehmen sollte, wozu man mir ein Fernglas gab. Nach kurzer Zeit kam einer unserer Plänkler gelaufen und rief, ich sollte einen Blick auf die französischen Linien werfen, dort gehe etwas Ungewöhnliches vor. Ich sah, daß auf der Rechten des Feindes ein Kreuzfeuer begann und daß Truppen in gleicher Uniform den äußersten Flügel ihrer Linie umgangen hatten und rasch vorrückten. Sofort informierte ich den Adjutanten, der meinte, es könne sich vielleicht um eine Meuterei in der französischen Armee handeln und wir täten besser daran, unsere Kompanien so zu formieren, daß wir imstande wären, an jeden Punkt zu marschieren. In diesem Augenblick kam ein Adjutant heran galoppiert und rief: »Der Tag ist unser – die Preußen sind da!« Jetzt wandten sich alle Augen nach rechts in Erwartung des Angriffssignals, das der Herzog von Wellington geben sollte. Nichts konnte unsere Männer halten, und nur mit Gewalt gelang es den Unteroffizieren, sie davon abzuhalten, sich auf die französischen Linien zu stürzen. Keine Sprache vermag auszudrücken, was die britische Armee jetzt empfand; ihre Freude war wahrlich ekstatisch. Inzwischen war der Adjutant zum Herzog zurückgekehrt, der jetzt in den Steigbügeln stand, den Hut hoch über den Kopf gehoben. Jedes Auge war auf ihn gerichtet, und alle warteten voll Ungeduld, dieses harte Tagewerk zu beenden: Endlich schwenkte er dreimal den Hut, und die lauten drei Hurras, die diesem Zeichen folgten, waren die herzlichsten des Tages. Als wir das sahen, sprangen wir über die Hecken, die uns während des Kampfes ein solcher Schutz gewesen war, und in wenigen Minuten waren wir mitten in den französischen Linien. Jetzt wurde nur noch das Bajonett benutzt: denn nachdem wir eine Salve auf sie abgefeuert hatten, rannten wir los und nahmen uns nicht mehr die Zeit zum Laden.

Alles war jetzt Zusammenbruch und Durcheinander. Überall flohen die Franzosen, warfen Tornister und Gewehre und alles, was lästig war oder ihre Flucht behinderte.«

Zit. nach: Die Befreiungskriege in Augenzeugenberichten. Hrsg. von Eckhart Kleßmann, München 1973, S. 315 f.

187
Grenadier der Alten
Garde Napoleons.
Farbdruck nach
Illustration von
Georges Ripart.

215

Europa nach dem Wiener Kongress 1815

Quelle:
Putzger
Historischer
Weltatlas, 2000.

© Cornelsen
05162-08

Labels visible on map: Shetland In., Hebriden, Orkney In., Bergen, Hemar, KGR. NORWEGEN, Eidsvoll, Kristiana, Stavanger, Kristiansand, Göte, Aalborg, KGR. DÄNEMARK, Kopenhagen, Schottland, Aberdeen, Glasgow, Edinburgh, New Lanark, Newcastle, Belfast, KGR. GROSSBRITANNIEN, York, Schleswig, Lübeck, Hamburg, Grhzm. Mecklenbg., Bremen, KGR. DER VEREINIGTEN NIEDERLANDE, Rochdale, Leeds, Hull, bis 1837 Pers.-Un. mit Hannover, Dublin, Liverpool, Manchester, Hannover, Leipzig, Tipperary, Birmingham, Cambridge, Cork, England, Oxford, London, Amsterdam, Den Haag, Köln, Nassau, Erfurt, Thüring. Staaten, KGr., Sachse, Bristol, Southampton, Antwerpen, Aachen, Frankfurt, Karlsb, Plymouth, Osborne, Boulogne, Lille, Brüssel, Mainz, Nürnberg, KGr., Cherbourg, Eu, Amiens, Ham, Pfalz bayr., Kanal-In. brit., Le Havre, Rouen, Reims, Straßburg, KGr. Stuttgart, KGr., Brest, Rennes, St. Cloud, Paris, Württem-berg, Bayern, München, Orléans, Fontainebleau, Chaumont, Nantes, Dijon, Fsm. Neuen-burg, Zürich, Innsbruck, KGR. FRANKREICH 1815–48 Kgr., 1848–52 Rep. 1852–70 Kaiserreich, Tours, Lyon, Bern, SCHWEIZ, Tirol, Limoges, Clermont, Genf, Savoyen, Trient, Lombardo-Venetian. Kgr., Lait, Bordeaux, Grenoble, Turin, Mailand, Verona, Venedig, Triest, San Sebastian, Biarritz, Toulouse, Marseille, Nizza, Genua, HZM. PARMA, Bologna, REP. SAN MARINO, Bilbao, Durango, Vergara, Pamplona, Lourdes, REP. ANDORRA, Toulon, FSM. MONACO, HZM. LUCCA, Florenz, GRHZM. TOSKANA, Santiago, Burgos, Valladolid, Zaragoza, Elba, Rieti, Rom, Porto, Salamanca, Madrid, Barcelona, KGR. PORTUGAL, KGR. SPANIEN, Toledo, Korsika, Ajaccio, Lissabon, Badajoz, Valencia, Menorca, Balearen, Mallorca, Neap, Alcolea, Murcia, Ibiza, KGR. SARDINIEN, Sevilla, Granada, Cagliari, Palermo, Cádiz, Málaga, Almería, Cartagena, SIZ., Tanger, Gibraltar brit., Ceuta span., Peñón de Vélez span., Melilla span., Algier, Sidi Ferruch, Bugia, Bona, Biserta, Pantelleria, Arzeu, Oran, Mascara, Tunis, Fes, Brahim, Tlemcen, Constantine, Kairuan, MAROKKO, ALGERIEN, Tebessa, Nordsee, Golf von Biskaya, MITTEL, Tyrrhenisches Meer, osman. Vasall, Meridian 0° v. Greenwich

PARMA Nach dem Wiener Kongress restaurierte und
neu geschaffene Staaten in roter Schrift

Neu- oder wiedererworbene Gebiete in intensiver Farbstufe

     Grenze des Deutschen Bundes 1815

     Nebenlinien des Hauses Habsburg in Italien

     Gebiet der Militärgrenze gegen die Türken (bis 1867)

     Reich Mehemed Alis von Ägypten um 1840

1 : 15 000 000

0   100   200   300   400   500
km

Grfsm. Finnland
1809 russ. Wiborg
Helsingfors   Schlüsselburg
and-In.
St. Petersburg
Narwa
Estland   Nowgorod
Dagö   Reval   Peipus-
Ösel   Dorpat   see Ilmen-
see
Pleskau
Jaroslawl
Samara
Livland
Kurland   Riga
Dünaburg   Moskau
Litauen   Witebsk   Kaluga   Rjasan
Kowno   Smolensk   Tula   Saratow
olm
Wilna   Minsk   Orel
zig   Königsberg   K A I S E R R E I C H
Grodno   Kursk   Woronesch
Grochow   Tschernigow
Warschau   Brest-   Zarizyn
Lodz   Kgr. Polen   Litowsk
(»Kongress-Polen«)   Kiew
1815 russ., bis 1831 autonom   W o l h y n i e n   R U S S L A N D
Lublin
Tschenstochau   Schitomir   Jekaterinoslaw
REP.
KRAKAU   Lemberg   P o d o l i e n   Rostow
1846 österr.   Kgr. Galizien   Tarnopol   Taganrog
JM   B e s s a r a b i e n   Cherson   Asowsches   Jekaterinodar
Kaschau   1812 russ.   Meer   u n a b h.
omorn   Jassy   Odessa   Tscherkessen
Debrecen   Krim   1864 russ.
Pest   Moldau   Akkerman   Eupatoria   Schwanetien
TERREICH   Sewastopol   Inkerman   1858 russ.
Kgr. Ungarn   Siebenbürgen   Kronstadt   Galatz   Livadia
Maria-   Temesvár   Braila   Poti   1829
siopel   B a n a t   Batum   russ.
en   W a l a c h e i   Bukarest   S c h w a r z e s   M e e r   Kars
Belgrad   Silistria   Sinope   Trapezunt
Serbien   Kulewtscha   Warna   Kastamuni   Erzurum
arajewo   1817   Amasia
tributpflicht. Fsm.   Nisch   Sofia   O S M A N I S C H E S   R E I C H
MONTENEGRO   Adrianopel   Balta   Sives
taro   Rumelien   Liman   Bosporus
Durazzo   Hunkiar Skelessi   Angora   Kaisarie
Bitola   Konstantinopel   Ismid   Nasib
Albanien   Saloniki   Marmara-M.
Brussa   Adana   Aleppo
Janina   Larissa   Kaisarie   Alexandrette
Thessalien   Euböa   Smyrna   Konia   S   Adalia   Aleppo
IONISCHE   Livadien   Chios   Adana   y
Missolunghi   Athen   Adalia   r
1815–64 Rep. unter brit. Schutz   Patras   Morea   Nauplia   i   W
INSELN   Navarino   e   a
sches   Rhodos   Tripolis   h
eer   Zypern   Beirut   Damaskus   a
Kreta   Akkon   b
I S C H E S   M E E R   i
t
e
n

Angora   Kaisarie
A n a t o l i e n

Erinnerung an den Befreiungskampf in der verhängnisvollen Nacht vom 18. zum 19. März 1848.
Zeitgenössische kolorierte Kreidelithografie.

»Gegen Demokraten helfen nur Soldaten!« – Militärgeschichte des Deutschen Bundes 1815 bis 1860

von Michael Busch

1815	8. Juni	Deutsche Bundesakte
1817	18. Oktober	Wartburgfest
1819	20. September	Karlsbader Beschlüsse
1820	15. Mai	Wiener Schlussakte
1821	9. April	Bundeskriegsverfassung

002 Le Congrès. Französische Karikatur auf den Wiener Kongress. Zeitgenössische, kolorierte Radierung.

1828		Konkurrierende Zollverträge deutscher Staaten
1830	Juli	Revolution in Paris
	2. August	Abdankung des französischen Königs Karl X.
	September	Unruhen in deutschen Staaten
	4. Oktober	Proklamation der Unabhängigkeit Belgiens

003 Studenten und Handwerker stürmen die Frankfurter Hauptwache am 3. April 1833. Zeitgenössischer, kolorierter Holzstich.

1832	27. Mai	Hambacher Fest
1834	1. Januar	Deutscher Zollverein
1837	18. November	Protest der »Göttinger Sieben«
1840	7. Juni	Thronbesteigung Friedrich Wilhelms IV.
1844	Juni	Weberaufstände in Schlesien

004 Die Herrschaft der Reaktion in Berlin unter General Wrangel. Karikatur, 1849.

1848	Februar	Revolution in Frankreich

005 Szene im Prater in Wien am
23. August 1848.
Zeitgenössische Kreidelithografie.

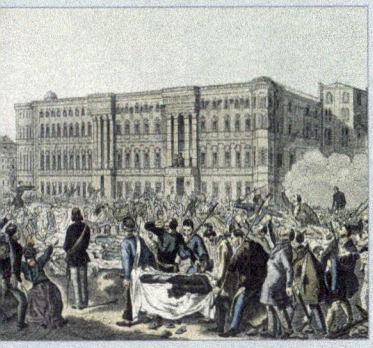

006 Die Aufbahrung der Märzgefallenen
Kolorierte Radierung, um 1848.

007 Das Seegefecht bei Helgoland
am 4. Juni 1849.
Zeitgenössische Lithografie.

1848	März	Revolution in Wien – Rücktritt Metternichs
	18. März	Straßenkämpfe in Berlin
	12. April	Erster republikanischer Aufstand in Baden
	29. Juni	Einsetzung des Reichsverwesers durch die Frankfurter Nationalversammlung
	26. August	Waffenstillstand von Malmö
	5. Dezember	Auflösung der preußischen Nationalversammlung
1849	28. März	Verkündung der deutschen Reichsverfassung
	28. April	Ablehnung der Kaiserwürde des preußischen Königs
	23. Juli	Kapitulation badischer Revolutionäre
1850	31. Dezember	Revidierte Verfassung für den preußischen Staat
1853–1856		Krimkrieg
1858	Oktober	Regentschaft des Prinzen Wilhelm – Beginn der »Neuen Ära«
1859/60		Roon'sche Heeresreformen
1860		Preußischer Heeres- und Verfassungskonflikt

1. Literaturauswahl

Überblick

Botzenhardt, Manfred, 1848/49: Europa im Umbruch, Paderborn 1998

Eckert, Heinrich Ambros, und Dietrich Monten, Das deutsche Bundesheer, 6 Bde.
Nach dem Uniformwerk aus den Jahren 1838 bis 1843 bearb. von Georg Ortenburg, Dortmund 1981

Lutz, Heinrich, Zwischen Habsburg und Preußen. Deutschland 1815–1866, Berlin 1985

Nipperdey, Thomas, Deutsche Geschichte 1800–1866. Bürgerwelt und starker Staat, München 1983

Pröve, Ralf, Militär, Staat und Gesellschaft im 19. Jahrhundert, München 2006 (= Enzyklopädie deutscher Geschichte, 77)

Wehler, Hans-Ulrich, Deutsche Gesellschaftsgeschichte,
Bd 2: Von der Reformära bis zur industriellen und politischen »Deutschen Doppelrevolution«: 1815–1848/49 ;
Bd 3: Von der »Deutschen Doppelrevolution« bis zum Beginn des Ersten Weltkriegs: 1849–1914, München 1995/96

Umfeld

Angelow, Jürgen, Von Wien nach Königgrätz. Die Sicherheitspolitik des deutschen Bundes im europäischen Gleichgewicht 1815–1866, München 1996 (= Beiträge zur Militärgeschichte, 52)

Bentfeldt, Ludwig, Der Deutsche Bund als nationales Band 1815 bis 1866, Göttingen 1985

Fahl, Andreas, Das Hamburger Bürgermilitär 1814–1868, Berlin 1987

Pröve, Ralf, Stadtgemeinschaftlichr Republikanismus und die »Macht des Volkes«. Civile Ordnungsformationen und kommunale Leitbilder politischer Partizipation in den deutschen Staaten vom Ende des 18. bis zur Mitte des 19. Jahrhunderts, Göttingen 1998

Strukturen

Deutsche Marinen im Wandel. Vom Symbol nationaler Einheit zum Instrument nationaler Sicherheit. Im Auftrag des Militärgeschichtlichen Forschungsamtes hrsg. von Werner Rahn, München 2005

Duppler, Jörg, Germania auf dem Meere. Bilder und Dokumente zur Deutschen Marinegeschichte 1848–1998, Hamburg 1998

Schnabel, Walter, Die Kriegs- und Finanzverfassung des Deutschen Bundes, Marburg 1966

Wienhöfer, Elmar, Das Militärwesen des Deutschen Bundes und das Ringen zwischen Österreich und Preußen um die Vorherrschaft in Deutschland 1815–1866, Osnabrück 1973

Konflikte

Calliess, Jörg, Militär in der Krise. Die bayerische Armee in der Revolution 1848/49, Boppard a.Rh. 1976 (= Wehrwissenschaftliche Studien, 22)

Müller, Sabrina, Soldaten in der deutschen Revolution von 1848/49, Paderborn 1999

Revolution in Deutschland und Europa 1848/49. Hrsg. von Wolfgang Hartwig, Göttingen 1998

Schlürmann, Jan, Die Schleswig-Holsteinische Armee 1848–1851, Tönning 2004

Epochenquerschnitt

Das 19. Jahrhundert war das Zeitalter der großen politischen Bewegungen: ▶ Liberalismus, Nationalismus, Konservatismus und Sozialismus, aus denen sich dann die moderne Form der politischen Parteien entwickelte. Politik hörte auf eine Sache nur von Hof und Regierung, von ständischen und kirchlichen Institutionen zu sein, von der die Bürger ausgeschlossen waren. Die Gesellschaft selbst wurde politisch, artikulierte sich in unterschiedlichen Richtungen und suchte die politischen Entscheidungen zu beeinflussen. Der politische Kampf war zunächst eine Auseinandersetzung der Ideen darüber, welches Gesicht ein künftiger Staat und die Gesellschaft haben sollten.

Die erste große Bewegung des Fortschritts war der Liberalismus. Die liberale Bewegung hatte ihre Traditionen in angelsächsischen Ideen, doch der Durchbruch kam durch die Französische Revolution, deren Vorstellungen bestimmend wurden. Die Staatstätigkeit sollte begrenzt und die Freiheit des Einzelnen vor der Übermacht des Staates gesichert werden, darum die Forderungen nach Menschen- und Bürgerrechten, nach Gewaltenteilung und Rechtsstaat. Weiterhin ging es um den Besitz der Staatsmacht an sich, das Volk wollte Souverän werden, sich selbst regieren oder zumindest an der Macht teilhaben. Regieren sollte nur noch mit der Zustimmung der Regierten legitim sein. Neben das eigentlich liberale Prinzip, Schutz des Einzelnen vor zu viel Staat, trat das demokratische Prinzip, zugespitzt zur Forderung der Mehrheitsherrschaft. Der Liberalismus als Bewegung des aufsteigenden Bürgertums war niemals ein geschlossenes System. Liberales und demokratisches Prinzip sind nicht identisch, aber zunächst galt gerade auch in Deutschland,

008 Große Barrikade vor dem Köllnischen Rathaus zu Berlin in der Nacht vom 18. auf den 19. März. Zeitgenössischer kolorierter Holzstich.

dass beide Verfassungsprinzipien in einem inneren untrennbaren Zusammenhang standen.

Wie der Liberalismus der Repräsentant der Ideen von 1789 war, so war der Konservatismus ihr eigentlicher Gegner. Der Gegensatz zwischen liberaler und konservativer Politik, zwischen der Idee der Volkssouveränität und dem monarchischen Prinzip, wurde das eigentliche Thema der ersten Hälfte des 19. Jahrhunderts. Die Revolution war auch auslösend für das konservative Denken. Nach 25 Jahren unaufhörlicher Veränderungen, Umstürze und Kriege gab es eine breite Stimmung, die nach Ruhe verlangte. Auf die Tatkraft und die Tapferkeit der Untertanen, die in den Freiheitskriegen so wichtig gewesen waren, verzichtete man dabei

223

S Der Liberalismus ist eine Gesellschaftsauffassung, in der die Freiheit des Individuums sowie der Fortschrittsgedanke in Kultur, Recht und Wirtschaft im Mittelpunkt stehen. Durch den Ausbau des Rechtsstaates und die Formulierung einer Verfassung soll staatliche Willkür ausgeschlossen und Rechtssicherheit für den Bürger geschaffen werden. Allgemeine Menschenrechte werden ebenso garantiert wie das Recht auf Privateigentum. Der private Unternehmer soll in der freien Marktwirtschaft im freien Wettbewerb Handel treiben können, ohne dass eine Steuerung durch den Staat erfolgt.

gern. Die Revolution wurde als Prinzip angesehen, das fortwirkte und die Welt bedrohte, Terror und Diktatur galten als ihre zwingende Konsequenz. Zwischen Revolution und den konservativen Leitbegriffen der Ordnung, der Stabilität und des Bewahrens gab es nur ein Entweder-Oder, keinen Mittelweg. Aus dieser Sicht resultierte die Stoßrichtung gegen die Liberalen. Die Kernfrage war, ob und inwieweit die Reformen der napoleonischen Zeit erhalten und weitergeführt oder ob sie im Gegenteil gestoppt und zurückgenommen würden. Diese Frage gipfelte in dem Problem, ob es in den Staaten zu einer Verfassung kommen würde. Dies geschah nur in den süddeutschen Staaten, für ganz Deutschland aber wurde die Restauration – die Wiederherstellung alter Zustände – beherrschend und löste die Reformzeit ab.

Auf dem Wiener Kongress legte die spätere Quadrupelallianz der vier Siegermächte England, Russland, Österreich und Preußen die Grundlagen für jenes nachnapoleonische Mächtesystem Europas, das die Ära der französischen Vorherrschaft abschloss. Obwohl wichtige Entscheidungen wie der Frieden mit Frankreich bereits im Vorfeld geschlossen worden waren (1. Pariser Friede vom 30. Mai 1814), wurde die Wiener Kongressakte vom 9. Juni 1815 zur Charta Europas, mit der es neu geordnet wurde. Der Versöhnungsfrieden mit Frankreich gehörte hierbei zu den größten Leistungen. Selbst nach den erneuten Kämpfen gegen Napoleon nach dessen Rückkehr aus der Verbannung gelang im 2. Pariser Frieden vom 20. November 1815 nochmals eine milde Regelung, durch die Frankreich keines seiner alten Territorien verlor. Die anschließende europäische Konferenz im Herbst 1818 in Aachen brachte Frankreich bereits wieder als vollberechtigtes Mitglied in jenes diplomatische »Konzert« zurück, welches die

009 Abschlussakte des Wiener Kongresses vom 9. Juni 1815. Seite mit den Ratifikationsbestimmungen und den Unterschriften und Siegeln von Talleyrand, Metternich und anderen.

europäische Politik bestimmte. Ging die Neuaufteilung der meisten Territorien recht friedlich vonstatten, so wurde durch die erneute Teilung Polens in der Mitte Europas ein ständiger revolutionärer Unruheherd geschaffen. Der Zar sicherte sich den großen östlichen Teil, der Rest wurde Preußen und Österreich zugeschlagen. Während das preußische Staatsgebiet durch den Erhalt der Rheinprovinzen nach Westen ausgeweitet wurde, wuchs Österreich in Richtung Süden und Osten aus Deutschland hinaus.

224

S Der Sozialismus ist eine Gesellschaftstheorie, welche die Grundsätze der Gleichheit, Solidarität und Gerechtigkeit für alle Bürger verwirklichen möchte. Diese sieht der Sozialismus durch die kapitalistische Gesellschaftsordnung bedroht, die auf Privateigentum an den Produktionsmitteln beruht.
Der gemäßigte Sozialismus lässt das Prinzip des Privateigentums bestehen und fordert nur die Mitbestimmung und das Miteigentum der Arbeiter durch staatliche Reformen.
Der radikale Sozialismus fordert die teilweise oder vollständige Verstaatlichung der Produktionsmittel. Dieses Ziel soll durch einen gewaltsamen Umsturz erreicht werden.

Der Begriff Burschenschaften, erstmals 1791 verwendet, bezeichnete zunächst die Gesamtheit der Studenten einer Universität. Nach den Freiheitskriegen übertrug sich die Bezeichnung ab 1815 auf eine studentische Bewegung, die eine nationale Einigung Deutschlands und politische Reformen mit dem Ziel der bürgerlichen Freiheit anstrebte. Diese Bewegung manifestierte sich in den einzelnen Burschenschaften, die an den verschiedenen deutschen Hochschulen entstanden. Vor allem nach der Reichsgründung 1871 entwickelten sich die Burschenschaften zu einer speziellen Gruppe unter den übrigen studentischen Verbindungen, etwa den Corps, die gegenüber studentischen Reformbestrebungen des 19. Jahrhunderts traditionelles studentisches Brauchtum aufrechterhielten und, basierend auf dem Prinzip der »unbedingten Satisfaktion« mit der Waffe sowie dem Ritus der »Bestimmungsmensur«, zum »Vorbild« besonders der schlagenden Verbindungen wurden.

010 Wandernde Studenten.
Kreidelithografie von Ludwig Erdmann, 1853.

011 Auszug der Jenenser Studenten in den Freiheitskampf 1813. Öl auf Leinwand von F. Hodler, 1909.

012 Studenten einer schlagenden Verbindung auf dem Paukboden, um 1900.

225

Der Nationalismus ist eine Ideologie, die den Gedanken der Nation übersteigert betont, um Gesellschaftsgruppen zu einer Einheit zu verbinden und um sich gegen eine anders empfundene Außenwelt abzugrenzen. Nation ist hier eine soziale Gruppe, die eine gemeinsame Geschichte, Kultur und Sprache verbindet.
Der Nationalismus ist an keine bestimmte Staatsform gebunden und entwickelte sich zur politischen Bewegung, die es sowohl in Republiken als auch in Monarchien gibt. Dabei wird das nationale Interesse zum alleinigen Maßstab allen politischen Handelns. Im 19. Jahrhundert führte dies zum Imperialismus und erschwerte diplomatische Konfliktlösungen.

S Das Wartburgfest wurde am 18. Oktober 1817 von Studenten auf der gleichnamigen Burg gefeiert. Sie wollten an die Reformation und die »Völkerschlacht« bei Leipzig erinnern und für Freiheit und Einheit demonstrieren. Die Bücherverbrennung »undeutscher« – also gegen die nationale Einheit – gerichteter Werke schreckte die Kräfte der Restauration auf.

013 Zug der Turner auf die Wartburg am 4. Jahrestag der Völkerschlacht bei Leipzig am 18. Oktober 1817. Zeitgenössischer, kolorierter Holzstich.

Mit der europäischen Neuordnung ist ein Staatensystem ohne Vormachtstellungen beabsichtigt worden, dem auch die politische Gliederung Deutschlands unterworfen wurde. Mitteleuropa sollte sich gegen alle Hegemonialbestrebungen Russlands und Frankreichs behaupten können, ohne selbst zur Hegemonialmacht werden zu können. Aus diesem Grund wurde der Deutsche Bund in seiner spezifischen Form geschaffen, dessen Satzung in die Schlussakte des Wiener Kongresses aufgenommen und damit gesamteuropäisch anerkannt wurde. Aus ehemals knapp 300 Territorien des alten Reichs wurden 41 Flächen- und Stadtstaaten. Als einziges gemeinsames Organ wurde die Bundesversammlung in Frankfurt am Main geschaffen, in der alle Mitgliedstaaten durch Gesandte vertreten waren, den Vorsitz hatte Österreich. Am 5. November 1816 wurde die Bundesversammlung, später Bundestag genannt, eröffnet, am 15. Mai 1820 wurde mit der Wiener Schlussakte eine Art Grundgesetz des Bundes verabschiedet.

Bereits 1817 hatten Jenenser Studenten zum Fest auf die ▶ Wartburg gerufen. Unter den schwarz-rot-goldenen Fahnen der Burschenschaft, die von den Uniformfarben des Freikorps

Lützow übernommen worden waren, sollten das 300-jährige Jubiläum der Reformation und die Wiederkehr des Tages der »Völkerschlacht« bei Leipzig gefeiert werden. Die Studentenschaft forderte die Einführung der versprochenen Verfassungen und die Einheit Deutschlands. Sie wurde zum Träger liberaler und nationaler Ideen, verband diese allerdings mit romantischen und antirationalen Vorstellungen. Diese prägten das Bewusstsein jener Akademiker, die im Vormärz und in der Revolution von 1848 die politische Führung des Bürgertums übernehmen sollten. Im August 1819 kam es zur Ermordung des russischen Staatsrats und Dichters ▶ August von Kotzebue durch einen Studenten und zu Studentenunruhen. Die Folge waren die ▶ Karlsbader Beschlüsse vom 20. September 1819, die mit Gewalt und Schrecken Ruhe brachten: ▶ Burschenschaften wurden verboten und die Universitäten überwacht, die Presse zensiert und Liberale als so genannte Demagogen verfolgt. Bis in die 1840er-Jahre wurden Tausende von Burschenschaftern verhaftet. Die Karlsbader Beschlüsse führten zu einem gesellschaftlichen Rückzug in die Innerlichkeit, die Zeit des Biedermeier brach an. Während Südeu-

S Der Konservatismus ist eine soziale und politische Haltung, die überlieferte Werte für die Gesellschaft und die staatliche Ordnung erhalten möchte. Dabei lehnt der Konservatismus den Fortschritt nicht grundsätzlich ab, steht jedoch Änderungen skeptisch gegenüber und akzeptiert diese nur, wenn sie zur Verbesserung der Lebensbedingungen der Menschen notwendig sind. Alle Einrichtungen, die gesellschaftliche Stabilität bringen – Familie, Privateigentum, Kirche –, sind für den Konservatismus von großer Bedeutung.

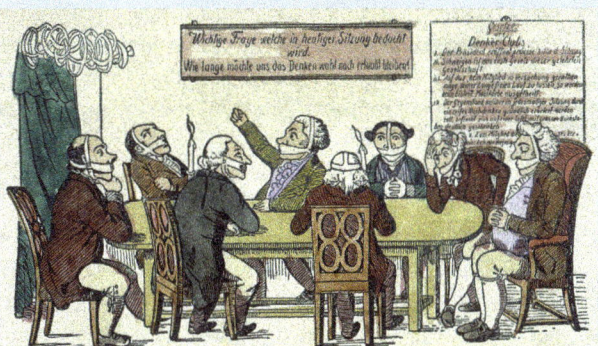

015 Ermordung des Dichters August von Kotzebue durch Karl Ludwig Sand. Kolorierte Lithografie, 1820.

016 Der Denker-Club. Kolorierte Radierung, um 1820. Das anonyme Spottblatt gehört zu den einprägsamsten Karikaturen auf die geistige Bevormundung.

S Die Ermordung des Schriftstellers August von Kotzebue durch einen Jenaer Theologiestudenten bot Metternich die Gelegenheit, repressive Maßnahmen gegen die »revolutionären Umtriebe« der Studenten zu ergreifen. Mit der »Teplitzer Punktation«, den Karlsbader Beschlüssen und den sich anschließenden »Demagogenverfolgungen« erreichte die Restaurationspolitik ihren ersten Höhepunkt. Innerhalb der Grenzen des Deutschen Bundes begann eine Zeit der Zensur, Überwachung und Unterdrückung liberaler und nationaler Strömungen, so dass die Bewegungskräfte schließlich für zwei Jahrzehnte gelähmt wurden. Der Rückzug ins Private trat an die Stelle des politischen Lebens – das Wunschbild des bürgerlichen Daseins in Ruhe und Geborgenheit fand im Begriff des »Biedermeier« seinen Ausdruck.

B August von Kotzebue (1761–1819)
Dramatiker, russischer Kulturattaché – Kotzebue verspottete in Publikationen die liberalen und patriotischen Ideale der Burschenschaften. Im Jahre 1819 wurde er von dem Studenten Karl Ludwig Sand ermordet. Dies diente als Vorwand für die mit den Karlsbader Beschlüssen und den »Demagogenverfolgungen« ergangenen Maßnahmen.

017 August von Kotzebue.
Stahlstich nach dem Gemälde von Johann Heinrich Wilhelm Tischbein, um 1850.

014 Klemens Wenzel Fürst von Metternich. Öl auf Leinwand von Thomas Lawrence, 1815.

B Klemens Wenzel Fürst von Metternich (1773–1859)
Österreichischer Staatsmann und Diplomat – 1809 von Kaiser Franz I. zum Außenminister ernannt, verpflichtete sich Metternich im Juni 1813 zum Krieg gegen Frankreich. Der Wiener Kongress bildete den Höhepunkt des Wirkens Metternichs. Hier bemühte er sich, immer das Ziel des europäischen Gleichgewichts vor Augen, um eine territoriale Aufteilung, die Frankreich nicht allzu hart treffen und russische und preußische Annexionspläne in einem dem europäischen Mächtegleichgewicht verträglichen Rahmen halten sollte. Als Puffer in der Mitte Europas initiierte Metternich den Deutschen Bund, in den unter österreichischer Vorherrschaft insgesamt 41 »souveräne Fürsten und freie Städte Deutschlands« eingebunden wurden. Die Kongressmächte zerfielen jedoch sehr schnell in zwei Gruppen: Die liberalen Westmächte England und Frankreich standen dem konservativen Block Österreich, Preußen, Russland gegenüber. Nachdem seine ambitionierten außenpolitischen Ziele in weite Ferne gerückt waren, sah Metternich nun auch in Österreich seinen Einfluss schwinden. In der Märzrevolution 1848 wurde Metternich, Symbolfigur der Unterdrückung und der Reaktion, schließlich gestürzt und floh nach London.

227

ropa von Spanien bis Griechenland von einer ersten Revolutionswelle erfasst wurde, blieb es in Deutschland für die nächsten zwanzig Jahre ruhig. Nur die Auswirkungen der ▸ Julirevolution in Frankreich führten 1830 zu einer Unterbrechung. Der vom Bürgertum erzwungene Sturz des reaktionären Königs Karl X. wirkte auf Europa wie ein Signal. Die Auswirkungen waren verschiedenartig. Durch Unruhen entstand 1830 ein unabhängiges Königreich Belgien, ein Aufstand in Polen wurde durch Russland blutig niedergeschlagen. In Deutschland gab es zunächst bescheidene Fortentwicklungen des geltenden Verfassungsrechts, vor allem in Süddeutschland. Nach dem ▸ Hambacher Fest im Mai 1832 wurde jedoch wieder scharf durchgegriffen und eine Welle von Verboten überzog das Land. Die Feier auf dem Hambacher Schloss, an der mehrere zehntausend Menschen teilnahmen, bildete den Höhepunkt der Versammlungen, auf denen liberale und demokratische Forderungen laut wurden. 1837 löste Hannover die Personalunion mit England. Der neue König, Ernst August, begann seine Regierung damit, das Staatsgrundgesetz von 1833 aufzuheben. Als sieben Göttinger Professoren, unter ihnen die Brüder Jacob und Wilhelm Grimm, dagegen protestierten, wurden sie ihres Amtes enthoben und einige mussten außer Landes fliehen. Für die liberale Bewegung wurde der Schlag gegen die ▸ »Göttinger Sieben« zu einem Fanal, das wichtige Voraussetzungen für die Revolution von 1848 schuf.

Die Zeit nach 1840 brachte Deutschland wirtschaftliche Krisen und Hungerjahre; die soziale Not trieb Zehntausende zur Auswanderung. Innenpolitisch führte sie zu einer Radikalisierung vor allem der unterprivilegierten Handwerksgesellen und Lohnarbeiter. In diesen Jahren arbeitete ▸ Karl Marx seine Lehre von der Selbstentfremdung des Menschen im Kapitalismus aus.

1847/48 erschien im Londoner Exil das gemeinsam mit ▸ Friedrich Engels verfasste »Kommunistische Manifest«. 1848 kam es in ganz Europa zu revolutionären Unruhen. Unmittelbar nach den Ereignissen in Paris, die zur Abdankung des Königs Louis Philippe geführt hatten, folgte der Ausbruch der Märzrevolution in Deutschland. Sie begann als eine Bewegung der Versammlungen, Petitionen und Demonstrationen, nicht als eine der Straßenkämpfe. Die »Märzforderungen« waren u.a. Pressefreiheit, Schwurgerichte, konstitutionelle Verfassungen in den Einzelstaaten und die Berufung eines deutschen Parlaments, einer Nationalrepräsentation. Unter anderem in Wien und Berlin kam es im März dennoch zu Unruhen und Straßenkämpfen, in deren Verlauf es viele Tote, die »Märzgefallenen«, gab. Nach den Ereignissen im März wird die Zeit von 1815 bis 1848 auch als »Vormärz« bezeichnet.

Die deutschen Fürsten ließen sich zu Zugeständnissen bewegen. Am 18. Mai 1848 wurde in Frankfurt die Ende April gewählte Nationalversammlung in der Paulskirche eröffnet. Sie hatte zwei Aufgaben, eine Verfassung und eine zentrale Regierungsgewalt zu schaffen. Als Zentralgewalt wurde der österreichische Erzherzog Johann als Reichsverweser gewählt. Ohne Macht und Autorität war seine Akzeptanz bei den Fürsten des Reiches gering. Kostbare Zeit verging, bis am 27. Dezember 1848 die ▸ »Grundrechte des deutschen Volkes« verabschiedet wurden. Im Spätsommer 1848 war es zum Krieg mit Dänemark gekommen, in dem preußische und Bundestruppen kämpften. Der Waffenstillstand wurde auf deutscher Seite gegen den Willen der Nationalversammlung von Preußen allein geschlossen, für eine eigene Außenpolitik fehlte dem Frankfurter Parlament 1848 die Durchsetzungskraft. Auch der Plan, dem preußischen König Friedrich Wilhelm IV.

228

Karl Marx (1818–1883)
B Philosoph und Publizist – Nach dem Studium der Rechtswissenschaft und Philosophie arbeitete Marx als Chefredakteur der linksliberalen »Rheinischen Zeitung«. Ab 1843 beschäftigte er sich in Paris mit der politischen Ökonomie. Zusammen mit Friedrich Engels verfasste er 1847/48 das »Kommunistische Manifest«, später sein Hauptwerk »Das Kapital«. Seit 1849 lebte er in London. Dort wurde unter seiner Mitwirkung 1864 die Erste Internationale (Internationale Arbeiter Association) gegründet.

018 Karl Marx. Porträtaufnahme, um 1880.

019 Die »Göttinger Sieben«. Holzstich.

S Die »Göttinger Sieben« waren eine Gruppe von Professoren der Universität Göttingen, die 1837 gegen die Aufhebung des Staatsgrundgesetzes im Königreich Hannover protestierten und deshalb von König Ernst August I. entlassen und teilweise des Landes verwiesen wurden. Beteiligt waren die Germanisten Jacob und Wilhelm Grimm, der Historiker Friedrich Christoph Dahlmann, der Staatsrechtler Wilhelm Eduard Albrecht, der Orientalist Heinrich Ewald, der Literaturhistoriker Georg Gottfried Gervinus und der Physiker Wilhelm Eduard Weber. Der Protestbrief der Professoren fand in ganz Deutschland Verbreitung und im liberal gesinnten Bürgertum große Anerkennung.

1 Jakob Siebenpfeiffer, »Einheit?« (1832)

Der Student Jakob Siebenpfeiffer spricht auf dem Hambacher Fest über die Einheit der Deutschen.

»[...] und es wird kommen der Tag, der Tag des edelsten Siegstolzes, wo der Deutsche vom Alpengebirge und der Nordsee, vom Rhein, der Donau und Elbe den Bruder im Bruder umarmt, wo die Zollstöcke und die Schlagbäume, wo alle Hoheitszeichen der Trennung und Hemmung und Bedrückung verschwinden samt den Konstitutiönchen, die man etlichen mürrischen Kindern der großen Familie als Spielzeug verlieh; wo freie Straßen und freie Ströme den freien Umschwung aller Nationalkräfte und Säfte bezeugen; wo die Fürsten die bunten Hermeline feudalistischer Gottstatthalterschaft mit der männlichen Toga deutscher Nationalwürde vertauschen und der Beamte, der Krieger, statt mit der Bedientenjacke des Herrn und Meisters, mit der Volksbinde sich schmückt.«

Zit. nach: Anton Egner, Herbert Kraume, Bernhard Müller und Martin Vöhringer, Revolution und Reformen. Freiheit, Nationale Einheit, Soziale Gerechtigkeit, Hannover 1984, S. 50 f.

020 Das Hambacher Fest am 27. Mai 1832. Aquarell von Böhn nach zeitgenössischem Holzstich.

S Das Hambacher Fest fand vom 27. bis 30. Mai 1832 in der Ruine des Hambacher Schlosses in der Pfalz statt und gilt als Höhepunkt frühliberaler Opposition. Hierzu versammelten sich rund 30 000 Menschen. Den Hauptteil bildeten Handwerker, Bauern und Studenten. Neben den Deutschen waren auch polnische und französische Demokraten anwesend. Forderungen waren nationale Einheit, Pressefreiheit und Demokratie. Es stellte den Höhepunkt im Ringen um die Einheit Deutschlands dar. Der Deutsche Bund interpretierte die Versammlung als Bedrohung seiner Existenz und reagierte mit Vereinsverboten und verschärfter Zensur.

B Friedrich Engels (1820–1895) Kaufmann und Philosoph – Engels war ein enger Freund von Karl Marx. Mit ihm gründete er 1847 den Bund der Kommunisten und schrieb das »Kommunistische Manifest«. Nach dem Tod von Marx wurde Engels zum Herausgeber von dessen Hauptwerk »Das Kapital«.

021 Friedrich Engels. Gemälde von G. Tscherbakow, um 1880.

die Kaiserwürde eines deutschen Nationalstaates anzutragen, scheiterte. Der König lehnte dieses Ansinnen im April 1849 ab.

Im Mai 1849 kam es zu erneuten Aufständen, vor allem in Dresden, in der Pfalz und in Baden. Sie wurden blutig niedergeschlagen. Rastatt, die letzte Festung der badischen Aufständischen, fiel im Juli 1849. Bis November 1849 arbeiteten in Baden unermüdlich die Militärtribunale. Das nationale Werk der Paulskirche, der Versuch einer demokratischen Reichsgründung, war gescheitert. Die Errungenschaften des März 1848 wurden in allen deutschen Staaten rückgängig gemacht, die Grundrechte 1851 durch den Deutschen Bund aufgehoben.

Die wichtigsten Entscheidungen des Deutschen Bundes nach 1850 fielen im Zusammenhang mit der großen europäischen Politik. Das Jahrzehnt nach der Revolution, das Zeitalter der Reaktion, wurde ein Jahrzehnt der Außenpolitik und der Versuche, territoriale Veränderungen herbeizuführen. Mit dem Einmarsch russischer Truppen in das Osmanische Reich und der englisch-französischen Unterstützung für die Türken, begann im Juli 1853 der Krimkrieg – jener erste Stellungskrieg in der Geschichte –, dessen militärische Ereignisse sich überwiegend auf die Belagerung der Festung Sewastopol begrenzten. Nachdem Österreich dem Bündnis gegen Russland beigetreten war, beschloss der Deutsche Bund am 8. Februar 1855 »Kriegsbereitschaft zur Abwehr drohender Gefahr«, eine Art bewaffnete Neutralität. Russlands Niederlage wurde auf der Pariser Friedenskonferenz vom 30. März 1856 besiegelt, auf der auch die italienische Frage vor die Weltöffentlichkeit gebracht wurde. Die Bewegungen in Oberitalien forderten Italiens Unabhängigkeit von Österreich. Im April 1859 kam es zum Krieg Österreichs mit Piemont-Sardini-

en und dessen Verbündeten Frankreich. In der Schlacht bei Solferino am 23. Juni 1859 wurden die Österreicher geschlagen, Österreich musste die Lombardei abtreten. Die katastrophale Versorgung der Verwundeten in dieser Schlacht veranlasste den Schweizer Henri Dunant zur Gründung des Roten Kreuzes.

Bestehende preußische Pläne eines Präventivkriegs deutscher Staaten gegen Frankreich wurden nicht verwirklicht. Allerdings wurde die Mobilmachung der Bundeskontingente am 23. April 1859 beschlossen. Beide Kriege lösten bei allen großen europäischen Armeen eine Modernisierungsphase ihrer Streitkräfte aus, und in Preußen wurde ein Reorganisationsplan des Heeres Anfang 1860 vom Kriegsminister Albrecht von Roon vorgelegt.

022 Die Grundrechte des deutschen Volkes.
Text in allegorischer Rahmung mit Germania zwischen Freiheit und Gleichheit.
Kolorierte Lithografie von Adolf Schroedter, 1849.

Die Beratung über die Grundrechte gehörte zu den Aufgaben der Frankfurter Nationalversammlung. Der Grundrechtekatalog wurde am 20. Dezember 1848 verabschiedet. Dieser sollte den Rechtsstaat und die bürgerliche Gesellschaft sowohl konstituieren als auch garantieren und war gerade für den Liberalismus als gesellschafts- und rechtspolitische Forderungen von zentraler Bedeutung: Die Sicherung der Freiheit des Individuums gegen die Staatsgewalt stand im Mittelpunkt des Grundrechtekatalogs, während Forderungen nach sozialer Absicherung des Einzelnen keine Berücksichtigung fanden. Freiheit der Person, des Eigentums, des Gewerbes sowie das Ende des Feudalsystems, Gleichberechtigung der religiösen Bekenntnisse und Trennung von Kirche und Staat waren Errungenschaften des Grundrechtsgesetzes, die den Rechtsstaat, den Staat der freien Politik und freien Initiative begründen sollten.

023 Die Freiheit führt das Volk.
Öl auf Leinwand von Eugene Delacroix, 1830.

024 Straßenkämpfe in der Rue de Rohan.
Öl auf Leinwand von Hippolyte Lecomte, um 1830.

Die Julirevolution war der Höhepunkt des Konflikts zwischen der bourbonischen Restauration und liberalen Kräften in Frankreich. Die Ursache ihres Ausbruchs war die Unterzeichnung der »Juliordonnanzen« durch Karl X. Diese verfassungswidrigen Verordnungen sahen die Aufhebung der Pressefreiheit, eine Wahlrechtsänderung und die Auflösung der gerade erst gewählten zweiten Kammer des Parlaments vor. Die Erhebung der Pariser Bevölkerung gegen diese Maßnahmen dauerte vom 27. bis 29. Juli 1830. Die dreitägigen Straßenkämpfe führten schließlich zur Abdankung Karls X. und zur Thronbesteigung des »Bürgerkönigs« Louis Philippe.

025 Verlesung der Deklaration der Deputierten und Proklamation des Regenten.
Gemäldeausschnitt von François Gerard, 1836.

Louis Philippe (1773–1850)
König der Franzosen – Trotz seiner Herkunft aus dem französischen Hochadel – er war ein direkter Nachfahre des »Sonnenkönigs« (Ludwig XIV.) – sympatisierte Louis Philippe beim Ausbruch der Französischen Revolution mit deren Idealen. Als Generalleutnant war er an der Kanonade von Valmy beteiligt, musste jedoch das Land nach Beteiligung an Umsturzplänen verlassen. Nach 20 Jahren im Exil wurde er im Zuge der Restauration in seinen alten Privilegien bestätigt. Nach der Julirevolution von 1830 bestieg er als »Bürgerkönig« den französischen Thron, von dem er 1848 gestürzt wurde.

026 Louis Philippe, der »Bürgerkönig«.
Öl auf Leinwand von Franz Xaver Winterhalter, 1839.

231

Kapitel I – Umfeld:

Zwischen Reaktion und Revolution

027 Germania auf der Wacht am Rhein.
Öl auf Leinwand von Lorenz Clasen, 1860.

1. Die allgemeine Wehrpflicht oder die Nation in Waffen?

Am 3. September 1814 war in Preußen unter Federführung des neuen Kriegsministers ▸ Hermann Leopold von Boyen ein neues Wehrgesetz erlassen worden. Die Grundgedanken der Reform waren bereits vor den Freiheitskriegen von einigen fortschrittlichen Mitgliedern der Militär-Reorganisationskommission formuliert worden. Hier knüpfte das neue Wehrgesetz an, dessen wesentlichster Teil, die allgemeine Wehrpflicht, endgültig erst am 18. September 1816 durch König Friedrich Wilhelm III. erlassen wurde. Die theoretischen Grundlagen hatten die Reformer um Scharnhorst und Gneisenau gelegt, praktisch wich das Wehrgesetz jedoch davon ab. Vorgesehen war eine stehende Armee, die so genannte Linie, die aus 20- bis 25-jährigen Männern gebildet wurde. Die ersten drei Jahrgänge gehörten der aktiven Armee an, die beiden nächsten bildeten die Reserve für das Kriegsheer. Die folgenden Jahrgänge hatten die Pflicht zum Dienst in der neu konzipierten Landwehr. Zentraler Begriff des neuen Wehrgesetzes war die Nation. Boyen bezweckte eine Verbindung der neuen schlagkräftigen Armee mit der Nation durch eine gleiche Ausrichtung der Interessen von Bürgertum und Militär. Nation, das bedeutete für ihn vor allem die bürgerliche Schicht der Bildung und des Besitzes. Je fester diese Verbindung geknüpft werden konnte, umso nachhaltiger, meinte Boyen, müsse sich das Eigeninteresse der gebildeten und besitzenden Schichten mit dem Staat verbinden, was letztlich ein Gewinn für die Monarchie sein werde.

Mit der ▸ allgemeinen Wehrpflicht verfügte die preußische Armee über ein Ergänzungswesen, das alle in Frage kommenden Jahrgänge zunächst ohne Ausnahme als wehrpflichtig ansah. An der napoleonischen Armee hatten der Elan und die scheinbar unerschöpflichen Reserven an Soldaten für Bewunderung gesorgt; die gleiche Begeisterung, Vaterlandsliebe und militärische Effizienz sollten durch die Reformen in Preußen erzeugt werden. Die gesellschaftliche Entfremdung von Bürgertum und Armee

232

028 Sitzung der Reorganisationskommission in Königsberg. Von links: von Boyen, Friedrich Wilhelm III., von Gneisenau, von Scharnhorst, von Grolmann, vom Stein.
Chromotypie von Carl Röchling, 1896.

Friedrich Wilhelm III.,
1 »Gesetz über die Verpflichtung zum Kriegsdienste« (3. September 1814)
Nach dem erfolgreichen Kampf gegen Frankreich und der Abdankung Napoleons erließ der preußische König ein Gesetz, das den Kriegsdienst regelte.

»Die allgemeine Anstrengung Unsers treuen Volkes ohne Ausnahme und Unterschied, hat in dem so eben glücklich beendeten Kriege, die Befreiung des Vaterlandes bewirkt; und nur auf solchem Wege ist die Behauptung dieser Freiheit und der ehrenvolle Standpunkt, den sich Preußen erwarb, fortwährend zu sichern.
Die Einrichtungen also, die diesen glücklichen Erfolg hervorgebracht, und deren Beibehaltung von der ganzen Nation gewünscht wird, sollen die Grundgesetze der Kriegsverfassung des Staats bilden und als Grundlage für alle Kriegseinrichtungen dienen, denn in einer gesetzmäßig geordneten Bewaffnung der Nation, liegt die sicherste Bürgschaft für einen dauernden Frieden. Die bisher, über die Ergänzung der Armee bestandenen, älteren Gesetze werden daher hiemit aufgehoben und dagegen festgesetzt:

§ 1. Jeder Eingeborene, sobald er das 20. Jahr vollendet hat, ist zur Vertheidigung des Vaterlandes verpflichtet. Um diese allgemeine Verpflichtung indeß, besonders im Frieden, auf eine solche Art auszuführen, daß dadurch die Fortschritte der Wissenschaften und Gewerbe nicht gestört werden, so sollen in Hinsicht der Dienstleistung und Dienstzeit folgende Abstufungen statt finden.

§ 2. Die bewaffnete Macht soll bestehen:
    a) aus dem stehenden Heere,
    b) der Landwehr des ersten Aufgebots,
    c) der Landwehr des zweiten Aufgebots,
    d) aus dem Landsturm.

Zit. nach: Dokumente zur deutschen Verfassungsgeschichte. Hrsg. von Ernst Rudolf Huber, 3., neubearb. und vermehrte Aufl., Bd 1, Stuttgart 1978, Nr. 18

029 König Friedrich Wilhelm III. von Preußen in österreichischer Husarenuniform. Öl auf Leinwand, um 1816.

B Hermann von Boyen (1771–1848)
Preußischer Generalfeldmarschall und Kriegsminister – Vor der Schlacht von Jena in den Generalstab berufen, wurde Boyen bei Auerstedt schwer verwundet und geriet in französische Gefangenschaft. Im März 1807 konnte er jedoch fliehen, trat – im preußisch-russischen Hauptquartier angelangt – sofort als Stabskapitän in den Generalstab ein und wurde zum russischen Narewkorps kommandiert. Nach dem Frieden im Januar 1808 zog Boyen, zum Major befördert, mit Hof und Behörden nach Königsberg um und wurde in die Militär-Reorganisationskommission berufen, in der er an der Heeresreform mitarbeitete. Während der Freiheitskriege war Boyen hauptsächlich im Generalstab Bülows tätig und wurde nach Kriegsende im Juni 1814 auf Wirken Hardenbergs hin zum Staats- und Kriegminister ernannt. In dieser Funktion arbeitete er im September 1814 das Wehrgesetz aus, das zwei große Neuerungen in der Geschichte des Militärs etablierte: die Einführung der allgemeinen Wehrpflicht und des Instituts der Landwehr. Im Zusammenhang mit verschiedenen Widerständen, auf die Boyen u.a. mit seiner Forderung nach einer Verfassung im Staatsministerium stieß, ist sein Abschiedsgesuch vom Dezember 1819 zu sehen, dem Friedrich Wilhelm III. entsprach. Im Oktober 1840 zum General der Infanterie befördert, bot ihm der König im Dezember erneut das Amt des Kriegsministers an. Im Sommer 1847 reichte Boyen sechsundsiebzigjährig seinen Abschied ein. Er starb im Februar des Folgejahres.

233

030 Hermann von Boyen. Öl auf Leinwand von François Gerard, 1818.

Bevölkerung der Staaten des Deutschen Bundes in Tausend				
	1816	1865	Zuwachs in %	jährliche Zuwachsrate in %
Königreich Preußen				
(Bundesgebiete)	8093	17 785	83	1,2
davon Berlin	198	646	226	2,4
Brandenburg	1086	1992	83	1,2
Pommern	683	1442	111	1,5
Schlesien	1942	3532	82	1,2
Provinz Sachsen	1197	2053	72	1,1
Westfalen	1066	1676	57	0,9
Rheinprovinz	1871	3379	81	1,2
Schleswig-Holstein*	681	1017	49	0,8
Hamburg	146	269	84	1,2
Mecklenburg-Schwerin	308	555	80	1,2
Hannover	1328	1926	45	0,7
Oldenburg	220	302	37	0,6
Braunschweig	225	295	31	0,5
Kurfürstentum Hessen-Kassel	568	754	33	0,6
Großherzogtum Hessen-Darmstadt	622	854	37	0,6
Nassau	229	466	56	0,9
Thüringsche Staaten	700	1037	48	0,8
Sachsen	1193	2354	97	1,4
Baden	1006	1429	42	0,7
Württemberg	1410	1752	24	0,4
Bayern (mit bayerischer Pfalz)	3560	4815	35	0,6
Luxemburg/Limburg (Bundesgebiet)	254	395	56	0,9
Sonstige (außer Österreich)	543	817	51	0,8
Deutscher Bund (ohne Österreich)	21 156	33 824	60	0,9
Kaisertum Österreich (Bundesgebiet)	9290	13 865	49	0,8
davon Alpenländer	4291	~5870	37	0,6
Niederösterreich (mit Wien)	1045	~1900	82	1,2
Oberösterreich (mit Salzburg)	760	~880	15	0,3
Tirol und Vorarlberg	726	~875	21	0,4
Steiermark	765	~1115	46	0,8
Triest und Kreis Görtz	158	~290	84	1,2
Kärnten und Krain	642	~810	26	0,5
Sudetenländer		~7485	54	0,9
davon Böhmen	3163	~5015	59	0,9
Mähren	1690	~2470	46	0,8
Herzogtum Auschwitz (geschätzt)	335	510		
Deutscher Bund insgesamt	30 446	47 687	57	0,9

*(Schleswig nicht im Deutschen Bund)

Zit. nach: Thomas Nipperdey, Deutsche Geschichte 1800–1866. Bürgerwelt und starker Staat, München 1983, S. 103 f.

schien durch die allgemeine Wehrpflicht beseitigt – schließlich sollten die Söhne aller Schichten in dieser Armee dienen. Die Wirklichkeit sah allerdings anders aus: Materielle Hindernisse in der Ausschöpfung der gesamten Wehrkraft lagen in den eingeschränkten finanziellen Möglichkeiten der Staaten nach 1815, auch Preußens. Politisch war Zurückhaltung geboten, um sich das Wohlwollen der Nachbarn nicht durch eine zu starke Armee zu verscherzen. Nach Boyens Berechnungen hätte die Armee eine Friedensstärke von 144 000 Mann erreichen sollen, der tatsächliche Präsenzbestand stieg allerdings nie lange über etwa 130 000 Mann und behielt diese Stärke ungeachtet des ▶ Bevölkerungszuwachses bis 1859/60 bei. Die Folge war, dass von jährlich 80 000 Wehrpflichtigen nur etwa die Hälfte eingestellt wurde, der Rest blieb unausgebildet.

Die Kritik an der Wehrpflicht in Preußen richtete sich allerdings nicht gegen diesen Zustand der fehlenden Wehrgerechtigkeit, sondern die bis dahin freigestellten Bevölkerungsgruppen lehnten es ab, die Wehrpflicht mitzutragen. Gutsbesitzer und Städter zogen gegen die Wehrpflicht ins Feld und Kaufmannskreise befürchteten durch den Militärdienst ihrer Söhne gar den »Stillstand der Zivilisation«. Die altständisch feudalen Kräfte in der Armee übten ebenfalls Kritik. Ihr Ideal war ein gesellschaftlich isoliertes Militärinstitut mit lang dienenden Berufssoldaten; für sie war die allgemeine Wehrpflicht auf Dauer nicht mit dem monarchischen Prinzip vereinbar. Die Vorstellung, die Armee müsse über einen Kern voll ausgebildeter, länger dienender Soldaten verfügen, führte in Preußen zur Einrichtung der »Kapitulanten«. Dies waren freiwillig länger dienende Soldaten, die mehrmals ihre Verpflichtung, ihre »Kapitulation«, verlängern konnten. An ausreichenden Bewerberzahlen mangelte es

Das Institut des Einjährig-Freiwilligen wurde mit dem Wehrgesetz von 1814 eingeführt. Ersonnen als Bindeglied zwischen Armee und Bürgertum, zwischen dem Stehenden Heer der Linie und der bürgerlichen Landwehr, diente es zur Auffüllung des Offizierkorps der Landwehr, später der Kriegsreserve mit Offizieren, die kurzfristig im Stehenden Heer gedient hatten. Das wesentlich vom preußischen Kriegsminister Hermann von Boyen auf den Weg gebrachte Wehrgesetz von 1814 führte aus: »Junge Leute aus den gebildeten Ständen, die sich selbst kleiden und bewaffnen können, sollen die Erlaubnis bekommen, sich in die Jäger- und Schützenkorps aufnehmen zu lassen.« Nach Boyens Zielsetzung sollte dadurch das Bürgertum mit der neu eingeführten allgemeinen Wehrpflicht ausgesöhnt werden, indem ihm zweckgebundene Vergünstigungen angeboten wurden, gleichzeitig aber der Grundsatz staatsbürgerlicher Pflichtengleichheit (das Wehrgesetz bestimmte ansonsten eine Dienstzeit von drei Jahren) scheinbar gewahrt blieb.

nicht, nahezu ein Viertel der Mannschaften setzte sich aus ihnen zusammen. Die Anzahl der eingezogenen Wehrpflichtigen verringerte sich dementsprechend weiter. Als Sollstärke für den Kriegsfall wurde 1831 ein Gesamtaufgebot von etwa 466 000 Soldaten errechnet, rein zahlenmäßig wurde das Boyensche System hierdurch gerechtfertigt, die neue Wehrverfassung machte eine schnelle, effiziente Verstärkung der Friedensstärke erst möglich.

Eine Versöhnung mit dem Bürgertum wollte man mit der Einrichtung der ▸ Einjährig-Freiwilligen erreichen, die eine weitere Aushöhlung des Prinzips der allgemeinen Wehrpflicht bedeutete. Junge Leute mit einer gewissen ▸ Bildung, die sich freiwillig meldeten und ihre Uniformierung und Bewaffnung selbst bezahlten, konnten bereits nach einjähriger Dienstzeit beurlaubt werden, um ihrem Beruf oder Studium nachzugehen. Voraussetzung dafür war der erfolgreiche Abschluss der zehnten Klasse eines Gymnasiums oder einer höheren Bürger- oder Realschule. Den Truppenteil konnten sich die Bewerber aussuchen, die Zulassung lag in der Hand des Regimentskommandeurs. Nach dem Ablauf der weiteren zwei (beurlaubten) Dienstjahre traten diese Männer in die Landwehr ein, wo sie bevorzugten Anspruch auf die Offizierstellen hatten.

Der gewöhnliche Liniensoldat musste folglich mitansehen, wie die eigentliche Ausbildungszeit des »Einjährigen« auf sechs Wochen verkürzt wurde. Der Respekt des einfachen Soldaten vor den Fähigkeiten der späteren Landwehroffiziere wurde so untergraben. Auch die Tatsache, dass seit 1844 abgelehnte Offizierbewerber unter Umständen noch als »Einjährige« akzeptiert wurden und dann Landwehroffizier werden konnten, verschlechterte deren Ruf noch zusätzlich.

 Friedrich Paulsen, »Eine Dorfschule in den 1850er Jahren« (1909)

Der Autor war Philosophie- und Pädagogikprofessor in Berlin. In seinen Jugenderinnerungen beschreibt er die Verhältnisse in seiner Dorfschule in Schleswig-Holstein.

»Ein Schultag verlief nun etwa so: Er begann morgens und endete abends mit gemeinsamem Gesang und Gebet der ganzen Schule. Gesungen wurde stehend, oft bis zur Erschöpfung, und nicht bloß im figürlichen Sinn: ich bin wiederholt eigentlich zusammengebrochen, Hitze, Anstrengung und vor allem die unbequeme Stellung (man stand mit gebeugten Knien eingeklemmt zwischen Tisch und Bank) brachten mir ein paarmal einen Ohnmachtsanfall. Dann folgte der Religionsunterricht, an dem wieder die ganze Schule teilnahm, die Unterklasse mehr passiv, womit übrigens der Oberklasse nicht eben eine bedeutsame Aktivität zugeschrieben werden soll. Die Aufgabe bestand darin, die gegebenen Formeln des Katechismus herzusagen und die aufweisenden Erklärungen des Lehrers zu wiederholen.«

Zit. nach: Das 19. Jahrhundert. Ein Lesebuch zur deutschen Geschichte 1815–1918. Hrsg. von Wolfgang Piereth, München 1997, S. 195 f.

031 Die Schule. Kolorierter Kupferstich vermutlich von Johann Michael Voltz, um 1830.

S Die Schulerziehung im 19. Jahrhundert wurde im Zuge der Aufklärung und des wirtschaftlichen Wandels vom Staat geregelt. Die Anhebung des Bildungsstandes sollte die »Wohlfahrt« des Landes erhöhen. Allerdings stand der Schulpflicht (in Preußen seit 1717) die Kinderarbeit entgegen.
Die Volksschulen waren aus kirchlichen Schulen hervorgegangen. Anfang des 19. Jahrhunderts wurde das Gymnasium durch die Bildungsreformen Wilhelm von Humboldts zunächst in Preußen als die höhere Schulform mit einheitlichen Lehrplänen und staatlich examinierten Lehrern eingeführt. Seit 1835 war das Abitur zugleich Aufnahmeprüfung für die Universität. Es entstanden das neuhumanistische Gymnasium, neusprachliche Realgymnasien und mathematisch-naturwissenschaftliche Oberrealschulen. Im Zuge des industriellen Zeitalters bildeten sich die Bürger-, Real- und Mittelschulen heraus.

Ähnliche Privilegien gab es in den meisten anderen Bundesstaaten, in denen vorwiegend das alte Konskriptionssystem mit Auslosung und Stellvertretung vorherrschte. Aus dem Kreis der Wehrpflichtigen eines Landes wurden die Dienstpflichtigen durch Los ermittelt, das bedeutete allerdings noch nicht, den Waffenrock auch tragen zu müssen. Nach französischem Vorbild war es möglich, einen freiwilligen Stellvertreter zu benennen. Diese »Einsteher« wurden entweder von staatlichen Behörden oder von spezialisierten Firmen vermittelt, in Hessen-Darmstadt übernahm dies z.B. eine »Militär-Vertretungsgesellschaft«. Dem Stellvertreter wurde ein Handgeld bezahlt, außerdem wurde durch den eigentlich Militärpflichtigen eine Bürgschaftssumme hinterlegt, die der Vertreter nach seiner Dienstzeit erhielt. Die Stellvertretung galt nahezu als Höhepunkt zivilisatorischer Errungenschaften, denn sie ermöglichten es wohlhabenden Menschen, den ungeliebten Militärdienst zu umgehen.

Die Konskriptionsarmee war ein Garant der bestehenden Ordnung. Die Last wurde auf den unvermögenden Mann abgewälzt, der sich, um seine blanke Existenz zu sichern, die Uniform anzog. Die mehrfach dienenden »Einsteher« schufen ein Berufssoldatentum, aus dem sich auch das Unteroffizierkorps problemlos rekrutieren ließ. Infolge des ▶ Wirtschaftsaufschwunges zur Mitte des 19. Jahrhunderts wurde es jedoch immer schwieriger, Stellvertreter zu bekommen und auch ein Mangel an Unterführern trat ein. Das System der allgemeinen Wehrpflicht wurde generell attraktiver. Ausnahmen gab es in den einzelnen Bundesstaaten aber durchaus.

So blieb die allgemeine Wehrpflicht im Deutschen Bund bis zu seiner Auflösung 1866 ein zumeist preußisches Phänomen. Die

zweite Großmacht, Österreich, ließ die Frage der allgemeinen Wehrpflicht, die quantitativ und qualitativ besseren Heeresersatz schuf, scheinbar zu einem rein theoretischen Problem verkümmern. Mit ihren verschiedenen Ausnahmeregelungen führte die Wehrpflicht jedoch, ähnlich wie das Konskriptionssystem, auch nicht zum Volksheer oder, wie es den Reformern vorgeschwebt hatte, zur Nation in Waffen. Und das war sowohl von der »Nation« der Gebildeten und Besitzenden als auch vom »einfachen Volk« durchaus so gewollt.

2. Die Landwehr in Preußen – Armee des Bürgers?

Was im Krieg gegen Napoleon vorerst als Notlösung konzipiert worden war, wurde auf Boyens Initiative nach dem 3. September 1814 in den Rang einer Wehrverfassung erhoben, die, so Boyen, ein Spiegel der Verfassung des Staates selbst sein sollte. Bis dahin war die Armee stets das zuverlässige Instrument der Monarchie gewesen; das Offizierkorps hatte selbstverständlich die abgehobene, führende Position innerhalb des ständisch gegliederten Staates. Boyen versuchte nun durch das Wehrgesetz, die Armee im Volke zu verankern. Der Zeitpunkt nach den Freiheitskriegen, in denen sich auch in Preußen patriotische Gesinnung und Begeisterung für das Vaterland entfacht hatten, schien günstig zu sein.

Die neu konzipierte ▶ Landwehr, das zweite Kernstück der Reform, sollte mit der Landwehr der Freiheitskriege zwar den patriotischen Geist gemein haben, nicht aber den Charakter einer Bürgermiliz. Sie sollte eine aus militärisch geübten Soldaten bestehende kriegstüchtige Truppe neben der Linienarmee werden. Die Landwehr-

236

032 Das Kürassier-Regiment Schleinitz im Lager bei Berlin. Aquatinta von Ferdinand Frick, 1820.

 Der Zollverein bezeichnet die vor allem auf Betreiben Preußens zustande gekommene handelspolitische Einigung der Staaten des Deutschen Bundes mit dem Ziel, eine deutsche Wirtschaftseinheit zu erreichen. Am Anfang des Zollvereins stand binnenpreußische Interessenpolitik: Das zersplitterte Staatsgebiet sollte einem einheitlichen Zollsystem unterworfen und der Gesamtstaat statt des Protektionismus mehr Handelsfreiheit erhalten. Am 26. Mai 1818 wurde das preußische Zollgesetz verabschiedet. Dadurch wurden die den innerpreußischen Warenaustausch hemmenden Schranken beseitigt. Das Gesetz stieß sowohl bei den meisten deutschen Regierungen, die sich unter Druck gesetzt sahen, wie auch in der öffentlichen Meinung auf Kritik. Das preußische Zollsystem wurde anfangs nur von den kleinen mitteldeutschen Staaten übernommen, deren Territorien Enklaven im preußischen Staatsgebiet bildeten. Bis 1834 schlossen sich 18 deutsche Staaten dem Zollverein an, darunter Länder wie Bayern, Württemberg und Sachsen. In den folgenden Jahrzehnten traten weitere deutsche Staaten bei. Der große Binnenmarkt kurbelte den Handel an und schuf Anreize für unternehmerische Aktivität.

033 »Kein freier Verkehr für Menschen und Waren«. Karikatur auf den Zollverein, 1852.

1 Ludwig Bechstein, »Wanderungen durch Thüringen« (1838)

Die einsetzende Industrialisierung und die fortschreitende Modernisierung der Landwirtschaft führten, verbunden mit einem starken Bevölkerungswachstum, zu einer zunehmenden Verarmung breiter Bevölkerungsschichten.

»Alles Wohl und alles Weh, das im Gefolge zahlreicher Fabriken geht, findet sich auch hier; ein armes Volk, auf die Kartoffel als Nahrungsmittel fast einzig hingewiesen, in Mißjahren und harten Wintern oft bitterm Mangel preisgegeben, neben reichen und glücklichen Brotherren. Hier arbeitet alles, Kinder von zartester Jugend an und Greise und Mütterchen sind noch mannigfach tätig. [...] Der mindere Wohlstand läßt uns Scharen von kleinen Kindern selbst bei rauher Temperatur in völliger Nacktheit wie junge Wilde erblicken, in der sie sich jedoch besser ausnehmen als in Lumpen; dabei ist bei aller Armut des Volkes ein reicher Kindersegen bemerkbar: eine Ausgleichung des Himmels für manches andere entbehrte Glück, denn je mehr Hände zur Arbeit, um so besser, es kommen doch in der Regel erst zwei Hände auf einen Mund. Aus diesem Hochlande, sowohl aus dem Meiningischen als noch mehr aus dem Coburgischen Anteile, sind in der neuesten Zeit viele Leute nach Amerika ausgewandert, begüterte und unbegüterte, und es ist zu hoffen, daß es diesem einfachen, tätigen Volke, das gewohnt ist, der Natur ihre Gaben durch Fleiß und Ausdauer abzutrotzen, in der neuen Heimat wohlergehen werde.«

Zit. nach: Das 19. Jahrhundert. Ein Lesebuch zur deutschen Geschichte 1815–1918. Hrsg. von Wolfgang Piereth, München 1997, S. 30

034 Schlesische Hungermedaille, 1847. »Grose Theuerung Wenig Nahrung« und »Unser Täglich Brodt Gib Uns Heut«.

ordnung, die wegen des erneuten Krieges gegen Napoleon erst am 21. November 1815 in Kraft trat, sah eine Zweiteilung vor: Das 1. Aufgebot sollte im Kriegsfall die stehende Armee in den Kampfhandlungen unterstützen, das 2. Aufgebot hingegen sollte im Krieg Besatzungsdienst leisten und bei Bedarf ebenfalls das Heer verstärken. Das 1. Aufgebot bestand aus Soldaten, die nach ihrer Dienstzeit in der stehenden Armee mit dem 26. Geburtstag in die Landwehr wechselten, um hier auf sieben Jahre ihrer Landwehrpflicht zu genügen, ehe sie auf weitere sieben Jahre in das 2. Aufgebot übertraten. Außerdem wurden die nicht Einberufenen mit in das 1. Aufgebot einbezogen. Zu ihm gehörten demnach die Ungedienten vom 20. bis zum 33. und die Gedienten vom 26. bis zum 33. Lebensjahr. Den Hauptteil sollten dabei, natürlich auch wegen der militärischen Brauchbarkeit, die Gedienten bilden. Die stehende Armee sollte zur Hauptausbildungsstätte der Landwehrangehörigen werden, sie sollte »Schule der Nation« sein. Da aber nur die Hälfte der Wehrpflichtigen eingezogen wurde und ein Teil von ihnen »Kapitulanten« in der Linienarmee blieben, konnte diese Grundvoraussetzung für die militärische Effektivität der Landwehr niemals verwirklicht werden. Boyen sah dennoch in der Landwehr seine geforderte Verbindung von Nation und Armee verwirklicht. Die Schwierigkeit bestand von Anfang an darin, die Fachmilitärs von der Landwehr zu überzeugen.

Die Landwehr sollte von Beginn an selbstständig neben der Linie stehen und kein bloßes Reservoir für die Ergänzung der Linienregimenter sein. Im Kriegsfalle sollten Linie und Landwehr zu einem Heer zusammengefasst werden. Hierbei war die stehende Armee lediglich mit der Mobilmachung ihrer zwei Reservejahrgänge beauftragt und nicht mit dem Landwehrergänzungsgeschäft belastet, durchaus ein Vorteil zu dem alten Beurlaubungssystem. Zu den wesentlichen Neuerungen gehörten auch die Bestimmungen zur Bildung des Landwehroffizierkorps. Während die höheren Befehlshaber der Landwehr vom Bataillonskommandeur aufwärts der Linie entstammten, wurden die Offiziere vom Kompaniechef abwärts nach einem kombinierten Vorschlags- und Wahlverfahren bestimmt, das dem Prinzip der lokalen Verbundenheit Rechnung trug. Die Behörde eines Kreises schlug bei anstehender Besetzung drei Kandidaten vor, von denen die Offiziere des Regimentes einen erwählten. Die Wahl musste dann durch den König bestätigt werden. Landwehroffiziere konnten u. a. werden: Linienoffiziere, die ihren Abschied aus der Truppe genommen und sich tadellos verhalten hatten, Unteroffiziere, die freie Grundeigentümer waren und weitere Kreiseingesessene mit einem Vermögen von 10 000 Talern.

Die Landwehr kam lediglich bei Manövern zusammen, ansonsten war sie eine Armee für den Kriegsfall. Im Kleinen gab es lokale Übungen auf Kompanieebene, eine gemeinsame Übung von Linie und Landwehr wurde nur einmal im Jahr durchgeführt. Die Landwehrordnung wollte hier bewusst soziale Rücksichten auf die Bevölkerung nehmen. Im Kriegsfalle, in dem drei Landwehr- mit drei Linienbataillonen gemeinsam kämpfen sollten, hörte das Sonderleben der Landwehr auf, nun unterstand sie der Linienhierarchie. Die fehlenden Übungsmöglichkeiten und die Tatsache, dass das Offizierkorps der Landwehr zu Beginn zumeist aus militärisch nicht vorgebildeten Männern bestand und dann recht schnell zur Domäne der »Einjährig-Freiwilligen« wurde, brachte ihr bald Kritik ein. Wenn bürgerliche Offiziere darauf hinwiesen, dass die Landwehr das entscheidende Mit-

1 Deutsche Wehr-Zeitung, »Einiges über die Reorganisation der Landwehr« (1850)

Die Landwehr, die eine Verbindung zwischen Nation und Militär darstellen sollte, wurde von der Militärführung stark kritisiert.

»Nachdem wir nun alle wichtigen Stellungen in der Landwehr kurz beleuchtet haben, und mit unsern Reorganisations-Ansichten in Bezug hierauf hervorgetreten sind, nehmen wir die Geduld und Nachsicht der Leser noch ferner eine kurze Zeit in Anspruch, um die größte Schwäche der jetzigen Landwehr-Organisation, nämlich das Landwehr-Unteroffizier-Corps näher zu besprechen. Die Unteroffiziere der Landwehr bestehen aus zwei Cathegorien, nämlich solche, welche als Unteroffiziere von der Linie überwiesen werden, und aus solchen, welche bei den Uebungen und Zusammenziehungen erst ernannt werden. – Die Ersteren, deren Zahl überhaupt gering ist, sind meist nicht in der Linie geblieben, weil man sie entweder nicht behalten wollte, oder ihnen mit Ausnahme der wenigen Freiwilligen, die Verhältnisse nicht zusagten, oder aber wegen ihrer häuslichen Verhältnisse reclamirten, woraus hervorgeht, daß auf ihre Dienstleistungen im Allgemeinen nicht sehr gerechnet werden kann;

035 Landwehrbiwak um 1818. Öl auf Leinwand, anonym.

die Letzteren werden aus der Zahl der von der Linie als Unteroffizier-Subjecte entlassenen Leute oder sich sonst noch besonders vortheilhaft auszeichnenden Wehrmännern ausgewählt, und es liegt auf der Hand, daß eine specielle persönliche Kenntniß, wie es dieser Stand erfordert, selten genau vorhanden sein wird, da selbst die Qualifications-Zeugnisse nach ganz verschiedenen Ansichten und Urtheilen abgefaßt werden, es läßt sich daher begreifen, daß oft eine unglückliche Wahl getroffen werden muß. Wenn gleich wir die sonst so ehrenwerthe gute Gesinnung auch im Allgemeinen nur vertreten können, so fehlt doch fast allen die tüchtige dienstliche Durchbildung, welche sie zum Lehrer und Vorgesetzten befähigt, wobei das früher Erlernte noch zum Theil vergessen ist, und sich außerdem der Landwehr-Unteroffizier oft verleiten läßt, mit Rücksicht auf seine Civilstellung nicht die gehörige Energie zu entwickeln, wodurch schon in den untersten Wirkungskreisen die Disziplin gelockert wird. Da man weiß, welche Zeit, Mühe, und selbst ein gewisses Talent dazu gehört um in den Linien-Compagnieen ein tüchtiges Unteroffizier-Corps zu bilden und zu erhalten, so wird man begreifen, daß in der Uebungszeit dafür wenig mit Erfolg geschehen kann, überhaupt ein längeres Beisammensein nöthig ist, um die einzelnen Charactere und Eigenschaften gehörig beurtheilen zu können.

Es scheint uns daher dringend nothwendig, um die Disziplin und den Dienst zu sichern, tüchtige Elemente den Landwehr-Unteroffizieren beizugesellen, die moralisch, gesinnungstüchtig und dienstlich vollkommen ausgebildet sind.«

Zit. nach: Deutsche Wehr-Zeitung, 2 (1849/50), Nr. 180 vom 9. Mai 1850, S. 1149 f.

239

036 Von links: preußische Infanterie, Artillerie und Husaren. Zeitgenössische, altkolorierte Kreidelithografie.

tel zur Gleichberechtigung des Mittelstands sei, so fand genau dies den energischen Widerstand aristokratisch-ständischer Kreise. Die Landwehr wurde als bürgerliches Konkurrenzunternehmen zum Linienheer empfunden, deren Soldaten mehr Bürger als Soldaten seien, über keinen ▸ *Esprit de Corps* (franz.; Korpsgeist) verfügten und denen bei eventuellen Unruhen im Staat nicht über den Weg getraut werden könne. König Friedrich Wilhelm III. konnte von diesen Stimmen überzeugt werden, und so erging am 22. Dezember 1819 die Kabinettsorder, die Einteilung der Landwehr der Linie anzupassen, sie in den Divisionsverband einzureihen und damit ihre lokale Verankerung aufzuheben. Die Landwehr wurde zu einem abhängigen Instrument der Linie. Boyen sah sein Werk bedroht, und nahm daraufhin seinen Abschied.

Doch der Widerstand gegen das »bürgerliche Heeresinstrument« blieb auch nach 1819 bestehen. Selbst als die Landwehr wegen vermehrter kombinierter Übungen militärisch nicht mehr so umstritten war wie in den Anfangsjahren, etwa zwischen 1830 und 1840, verstummte die Kritik am Landwehroffizier nicht. Boyen, der 1841 erneut zum Kriegsminister ernannt worden war, ging zwei Jahre später daran, die Ausbildung der »Einjährigen« zu verbessern. Dadurch hoben sich die Leistungen des Offiziernachwuchses beträchtlich. Die Kritik aber blieb. Nun wurde entweder bemängelt, die Landwehroffiziere könnten ihren Männern keine Disziplin beibringen oder der »militärische Geist« würde in der Landwehr fehlen, der doch wichtig sei, um den einzelnen Soldaten vor politischen Strömungen zu bewahren und zu einem Instrument der Monarchie zu machen. Zu einem dringlichen Problem entwickelte sich zudem, dass immer weniger Gutsbesitzer, Industrielle oder Kaufleute bereit waren, sich zum Landwehroffizier wählen zu lassen. Im allgemeinen wirtschaftlichen Aufschwung zur Mitte des 19. Jahrhunderts waren sie nicht mehr bereit, ihre berufliche Entwicklung durch Landwehrübungen stören zu lassen. Die Folge war, dass vermehrt kleine Beamte und pensionierte Linienoffiziere die Offizierstellen besetzten; wohl nicht aus Liebe zur Sache oder

aus »vaterländischer Gesinnung«, sondern um ihr spärliches Einkommen aufzubessern.

Während der Mobilmachung in der Revolution 1848/49 wurden zweischneidige Erfahrungen mit der Landwehr gemacht. In Schlesien und Thüringen standen teilweise 32 Bataillone der Landwehr im Einsatz, die ihre Befehle ausführten und, im militärischen Sinn, ihre Funktion als Sicherungstruppen erfüllten. Ähnlich verhielt es sich mit der Landwehr bei der Unterdrückung der Unruhen im preußischen Posen. Im Westen der preußischen Monarchie allerdings identifizierte sich eine große Zahl Landwehrmänner mit den politischen Forderungen des Bürgertums, dem sie ja auch angehörten. Der Widerspruch, dass sie als Militär zur Verteidigung der feudal-ständischen Ordnung antreten mussten, die sie als Bürger verabscheuten, führte an einigen Orten zu turbulenten Szenen. In Düsseldorf, Elberfeld, Iserlohn, Prüm und andernorts kam es zu Aufständen, einige Landwehrbataillone mussten von der Linienarmee entwaffnet werden und einige Landwehrmänner wurden kriegsrechtlich erschossen. In Westfalen und den Rheinlanden wurden 1849 die Landwehrbataillone ganz entlassen oder zahlenmäßig stark reduziert.

In den folgenden Jahren wurde die Landwehr bewusst vernachlässigt. Nur das Bürgertum hing noch an ihr, da hier die Meinung vorherrschte, die Landwehr repräsentiere die Balance der aristokratischen und der bürgerlichen Interessen. Doch das Ende der Landwehr war nicht aufzuhalten. Politische Gefahren sah der neue Kriegsminister Albrecht Graf von Roon vor allem darin, dass der Landwehrmann durch die konstitutionelle Regierungsform Wähler geworden war, während dem Linienmilitär die Ausübung des Wahlrechts untersagt blieb. Der Grundsatz, die bewaffnete Macht *deliberire* (franz.; diskutiere) nicht, sie führe bloß aus, sei damit wesentlich verletzt, so der Kriegsminister. Im Zuge der preußischen Heeresreorganisation schlug er das 1. Landwehraufgebot der Linie zu. Damit hörte die bisherige Landwehr im Jahre 1860 auf zu existieren und das Landwehroffizierkorps verschwand.

S Die Standesehre war im 19. Jahrhundert der Zentralbegriff zum Verständnis des Selbstbewusstseins des Offizierkorps. Sie war daher nicht nur persönliche Ehre, sondern zugleich Standesehre: Angehörige des Offizierkorps waren nicht nur berechtigt, sondern sozial verpflichtet, Angriffe auf ihre Ehre abzuwehren, entweder, indem sie Zurücknahme oder Entschuldigung erlangten, oder – wenn das verweigert wurde oder die Beleidigung zu schwer war – indem sie den Beleidiger zum Duell forderten. Entzogen sie sich dieser Verpflichtung, wurden sie von ihren Standesgenossen gesellschaftlich geächtet und als ehrlos betrachtet. Die Standesehre diente als Bindeglied des Korps. Sie und die Ehre des Individuums deckungsgleich werden zu lassen und Konflikte in geregelte Bahnen zu leiten, war das Ziel der obersten Führung.

038 Duellpistolen-Besteck
mit einem Paar Perkussionspistolen, um 1840.

1 Friedrich Wilhelm III.,
»Kabinettsordre an den Prinzen August von Preußen« (29. März 1829)

Der Ehrbegriff des preußischen Offiziers galt als unantastbar. Aus diesem Grunde konnte das Duellwesen in der preußischen Armee – obwohl es durch verschiedene Regelungen stark beschränkt wurde – nicht abgeschafft werden.

»Das Officier-Corps der 8ten Brigade hat in seinem Ausspruch den richtigen Gesichtspunkt für die Behandlung einer solchen Angelegenheit gänzlich verfehlt und dargethan, daß es Meine in der Cabinets-Ordre vom 13ten Juni vorigen Jahres klar ausgesprochene Willensmeinung nicht gehörig aufgefaßt hat; denn wenn Ich in dieser Verfügung von den Offizier-Corps gefordert habe, daß sie durch wechselseitige Aufsicht, Ausbrüche ungesitteten Betragens verhindern und Streitigkeiten durch Zurechtweisungen p.p. schlichten sollen, so habe Ich doch nicht weniger bestimmt erklärt, daß diejenigen schonungslos behandelt werden sollen, die durch vorsätzliche Verletzung des Anstandes und freche Beleidigung den Anreiz zum Zweikampf geben. Ich will in Meiner Armee die persönliche Ehre der Offiziere heilig geachtet, aber eben darum auch gegen jeden frechen, unwürdigen Anfall geschützt wissen. Wenn es Beschimpfungen giebt, die nach den noch herrschenden Ansichten diese persönliche Ehre in dem Maße verletzen, daß sie vermeintlich nur durch Blut, wieder gereinigt werden kann, so macht sich derjenige, der fähig ist, eine solche niedrige Beschimpfung leichtfertig auszusprechen, ebendadurch unwürdig, dem Stande ferner anzugehören, für deßen Heiligtum ihm der Sinn gebricht und seine Entfernung aus diesem Stande ist zugleich für den ungebührlich Gekränkten die vollgültigste Genugthuung, die Ich als eine solche überall auch anerkannt wissen will.«

Zit. nach: Offiziere im Bild von Dokumenten aus drei Jahrhunderten. Hrsg. von Hans Meier-Welcker, Stuttgart 1964 (= Beiträge zur Militär- und Kriegsgeschichte, 6), Nr. 48

241

037 Das Duell. Lithografie
nach einer Zeichnung von
Victor Adam, um 1840.

3. Ansätze zum bürgerlichen Militär

In den anderen Staaten des Deutschen Bundes hatten Liberale wesentlich umfassendere Forderungen nach Abschaffung der stehenden Heere gestellt. Eine Armee, die das Instrument der Monarchie war und sich der Kontrolle der Volksvertretungen – wie immer diese auch beschaffen sein mochten – entzog, musste die scharfe Kritik der Frühliberalen hervorrufen. Kaum einer hatte die Entwicklung des Militärwesens schärfer kritisiert als der Freiburger Professor und Publizist ▸ Karl von Rotteck. In seiner berühmten Schrift aus dem Jahr 1816 »Über stehende Heere und Nationalmiliz« lehnte er das stehende Heer als ein Institut, in dem »Mietlingsgeist«, soldatischer Übermut gegen das Volk und Kulturblindheit vorherrsche, strikt ab. Der Angriffskrieg war nach Rotteck die notwendige Konsequenz des Geistes des Berufsmilitärs. Nur durch Nationalmilizen könnten die liberalen Ideale von Bildung, Eigentum, Recht und Freiheit verwirklicht werden. Berufsmilitär und konstitutionelles System waren somit nach liberaler Vorstellung nicht vereinbar.

In Preußen hatte die Schaffung der Landwehr immerhin dazu geführt, dass radikalere Forderungen ausblieben, in Baden und Bayern wurde der Kampf publizistisch weitergeführt und gipfelte 1819 und 1831 in den vergeblichen Forderungen der Parlamentskammern nach Einrichtung einer Nationalmiliz. Die Landwehr bestand u.a. auch in Bayern, wies allerdings hier große Lücken auf. In den Städten und Marktflecken war sie aber aufgestellt. Reformversuche durch eine Landwehrordnung im Jahre 1826 führten zu neuen taktischen Aufteilungen, allerdings litt dieses Instrument mehr noch als in Preußen unter einem Schattendasein; Sparzwänge und fehlender Reformwille der Regierung führten zu schlechter Ausbildung und mangelhafter Ausrüstung. In Württemberg bestand die Landwehr nur auf dem Papier, erstmals bei der Mobilmachung im Jahre 1859 wurde sie einberufen und zeigte eine entsprechend miserable Verfassung.

»Bürgerliche Elemente« im Militärsystem fanden sich insbesondere in den Stadtstaaten des Deutschen Bundes. In den Hansestädten herrschte eine starke Abneigung gegen das Berufsmilitär, das beispielsweise in Hamburg in Konkurrenz mit den so genannten Bürgergarden stand. 1814 wurde dort durch Rat- und Bürgerschluss das Reglement »das Hamburgische Bürger-Militair betreffend« erlassen, das 1854 reformiert wurde und bis 1866 gesetzliche Grundlage blieb. Aufgabe des Bürgermilitärs war es, in der Stadt für Ruhe und Ordnung zu sorgen, Stadt und Landgebiet vor feindlichen Überfällen zu schützen und zusammen mit den 1298 Mann des Bundeskontingents, das Hamburg zu stellen hatte, Wachdienst zu verrichten. Militärpflichtig waren alle Bürger und Einwohner der Stadt vom 20. bis zum 45. Lebensjahr, allerdings bestand eine umfangreiche Liste von Ausnahmen und die Stellvertretung war zulässig. Die vorgesehene Stärke betrug etwa 10 000 Mann Infanterie, sowie ein Kavallerie- und ein Artilleriekorps. An der Spitze des Bürgermilitärs stand ein Oberst, die acht Bataillone wurden von Majoren befehligt. Sie alle wurden vom Senat und der so genannten Bürgermilitärkommission gewählt.

Unteroffizier konnte werden, wer mindestens zwei Jahre im Bürgermilitär gedient hatte, für Offiziere waren drei Jahre vorgesehen, wobei der Dienstgrad an die gesellschaftliche Position gekoppelt war. Wer in Konkurs geriet oder seine gesellschaftliche Stellung verlor,

242

039 Flugblatt des Comités für die Bürgerbewaffnung vom 21. März 1848.

040 Trommel der Altenburger Bürgergarde, um 1848.

041 Karl von Rotteck. Zeitgenössischer Stahlstich von Carl Ludwig Frommel.

042 Eine Parade des Hamburger Bürgermilitärs im Jahr 1840. Öl auf Leinwand von Valentin Wassner.

Karl von Rotteck (1775–1840)

Historiker, Staatswissenschaftler und Politiker – In den Jahren 1819 bis 1823 gehörte Rotteck als ein Führer der liberalen Opposition der badischen Ersten Kammer, 1831 bis 1840 der badischen Zweiten Kammer an. Seine »Allgemeine Geschichte« sowie sein wegweisendes »Lehrbuch des Vernunftrechts und der Staatswissenschaften« fanden Mitte des 19. Jahrhunderts ein großes Interesse. Ebenso das von ihm mit Karl Theodor Welcker herausgegebene fünfzehnbändige »Staats-Lexikon«, welches das liberale Gedankengut der Zeit widerspiegelte.

 1 Karl von Rotteck, »Über Stehende Heere und Nationalmiliz« (1816)

In seiner Schrift forderte er die Abschaffung der stehenden Heere zu Gunsten einer Nationalmiliz.

»Der Soldat ist gewohnt, nicht dem Gesetz, oder der unsichtbaren, moralischen Macht, sondern dem persönlichen Befehl und der Zwangsgewalt zu gehorchen, ja der letzteren als vorzügliches Werkzeug dienstbar zu seyn. Hiernach wird er ungeneigt, in welche Verhältnisse er auch eintrete, Recht zu ertheilen oder zu nehmen. Die Gewalt allein ist es, welche er ehrt; und er wird, je nach den Umständen, entweder knechtisch ergeben, oder übermüthig und trotzend seyn. In einem militärischen Staat, demnach vor allen wo die Conscription besteht, muß die Liebe und die Achtung des Rechtes schwinden. Denn hier sieht man allenthalben die Gewalt statt des Rechtes herrschen, und die Appellation an das letztere für Feigheit oder für Verbrechen gelten.«

Zit. nach: Karl von Rotteck, Über stehende Heere und Nationalmiliz, Freiburg 1816, S. 94 f.

243

043 Fahne der Bürgerwehr von Dippoldiswalde, 1848.

ging auch seines Ranges beim Militär verlustig und wurde wieder einfacher Gardist. Die Dienstzeit wurde in der Arbeits- oder Freizeit geleistet und war ein unbezahlter Ehrendienst. Die Dienstpflichten der Soldaten bestanden pro Jahr im Regelfall aus vier Wachtagen, zwei Schießtagen, den jährlichen Kompanie- oder Bataillonsübungen (sechs bis zehn Tage) und dem *Schlussmanöver* (Revue), das mit Zeltwirtschaften und Karussells bald Volksfestcharakter hatte und zu dem zahlreiche Einwohner der Stadt erschienen. Dies und die ebenfalls vorgesehene Aufgabe der Hilfeleistung bei Feuer führten zu einer starken Verankerung des Bürgermilitärs in der Bevölkerung.

Seit Einführung der ▸ Bundeskriegsverfassung im Jahre 1821 bestand in Hamburg die Möglichkeit für die Kontingenttruppe, die ausschließlich aus Freiwilligen bestand, Wehrpflichtige einzuziehen. Dagegen hatte sich das Hamburger Bürgertum vehement gewehrt, wollte man die eigenen Söhne doch nicht auf der gleichen Stufe wie die verachteten Berufsmilitärs sehen. Daher war die Konskription als letzte Möglichkeit vorgesehen, wenn die Werbung von Soldaten erfolglos blieb. Ein Höhepunkt der Rivalität waren die Unruhen im September 1830, in denen das Bürgermilitär demonstrierende Mitbürger vor den Kontingenttruppen schützte und ein blutiger Zusammenstoß beider Militärteile nur knapp vermieden werden konnte. Erst ab 1835 begann sich das Verhältnis etwas zu entspannen, als nach Einführung der Konskriptionswehrpflicht immer mehr Hamburger in das Kontingent kamen.

Die Soldaten der Kontingenttruppen besaßen weiterhin geringes Ansehen. Sie rekrutierten sich aus den ärmsten Bevölkerungsschichten, für die Mangel, Not und fehlende Perspektive die einzige Motivation zum Kriegsdienst darstellten. Sie blieben ein Stand, der nicht in die bürgerliche Gesellschaft integriert war, im Gegensatz zum Bürgermilitär, auch wenn seine militärische Qualifikation, und das muss angemerkt werden, aufgrund geringer Übung zu wünschen übrig ließ. Mit der Gründung des Norddeutschen Bundes trat Hamburg seine Wehrhoheit an Preußen ab, sowohl das Bundeskontingent als auch die Bürgergarde wurden aufgelöst.

In Dresden entwickelte sich die erneuerte Bürgergarde zu einer sächsischen Eigenheit. Sie bestand aus einem ausgewählten Personenkreis, der besonders verpflichtet, bewaffnet und uniformiert wurde. Der Oberkommandierende, ein Stabsoffizier der Armee, wurde vom König berufen, der auch die anderen Offiziere ernannte. Die Dresdner Bürgerwache hatte in der Stadt für Ruhe und Ordnung zu sorgen und den Wachdienst zu übernehmen, wenn die regulären Truppen ausgezogen waren. In den ▸ Aufständen im September 1830 wurde auch sie, ähnlich wie in Hamburg, zur Sicherung eingesetzt. Erst bei einem Versagen der Bürgergarde sollte die Armee massiv eingreifen. Allerdings wurde ihr »Lässigkeit« vorgeworfen und sie wurde verdächtigt, sich insgeheim mit den Aufständischen zu identifizieren. Das landtagsfähige Bürgertum sah sich militärisch in der Bürgergarde vertreten, demgegenüber stand das stehende Heer, das Monarchie, adliges Offizierkorps und Soldaten aus den niederen Schichten repräsentierte. Der Widerspruch wurde durch die Ereignisse von 1830 noch vergrößert und gärte weiter fort. Bei den Unruhen 1848, dem Dresdner Maiaufstand, kämpfte die Bürgergarde auf der Seite der Revolutionäre. Nach diesen Ereignissen wurden die Dresdner Bürgergarde und ähnliche Kommunalgarden in Sachsen entwaffnet und aufgelöst.

044 Barrikadenbau 1848 in Mannheim.
Zeitgenössische Farblithografie.

»Kriegsverfassung des Deutschen Bundes« **1** (1822)

Die 37 souveränen Fürsten und vier Freien Städte, die unter Österreichs Leitung dem Deutschen Bund angehörten, waren verpflichtet Kontingente für das gemeinsame Bundesheer zu stellen.

»1. Abschnitt. Stärke des Bundesheeres.

§ 1. Die Kriegsmacht des Bundes ist aus den Contingenten aller Bundesstaaten zusammengesetzt.

Das gewöhnliche Contingent eines jeden Bundesstaates beträgt den hundertsten Theil seiner Bevölkerung, nach der unter Ziffer 1. beigefügten, durch den Beschluß vom 20. August 1818 vorläufig auf fünf Jahre angenommenen, und am 4. Februar 1819 berichtigten Bundesmatrikel.

§ 2. Unter dieser Zahl ist nur die streitbare Mannschaft aller Waffengattungen begriffen. Zur streitbaren Mannschaft werden gerechnet die Officiere, Unterofficiere, Gemeine, Spiel- und Zimmer-Leute, dann die Artillerie-Fuhrwesens-Soldaten, soweit sie nach § 15. zur Bedienung des Geschützes gerechnet werden können.

Jene Mannschaft, welche für das übrige Armeefuhrwesen, für die Bäckerei und die Sanitätsanstalten dem Heere zugetheilt wird, muß über den hundertsten Theil gestellt werden.

§ 3. Das Bundesheer muß, sobald es vorn Bundes aufgeboten wird, in allen seinen Theilen vollständig gestellt werden.

§ 4. Um die Vollständigkeit des Heeres fortwährend zu sichern, muß, sogleich nach dem Ausrücken desselben, der sechshundertste Theil der ganzen Bevölkerung als Ersatzmannschaft aufgestellt und unausgesetzt vollzählig erhalten werden.

Sechs Wochen nach dem Ausrücken des Bundesheeres wird von dieser Ersatzmannschaft die Hälfte,

045 Parade auf dem Großneumarkt. Zeitgenössische Lithografie.

046 Große Parade der Bürgergarde und Schützengilde in Berlin vor König Friedrich Wilhelm IV. am 23. Mai 1848. Zeitgenössische Lithografie.

nämlich der zwölfhundertste Theil der ganzen Bevölkerung, als Ergänzung dem Heere nachgesendet, mit den übrigen Nachsendungen aber, an Mannschaft sowohl, als an Pferden und Material, nach Maasgabe des Bedarfs, von zwei zu zwei Monaten fortgefahren.

§ 5. Damit bei größeren Verlusten einzelner Contingente unverhältnismäsige Leistungen vermieden werden, soll der Ersatz für das Heer in einern Kriegsjahre den zweihundertsten Theil der Bevölkerung nicht übersteigen.

Zit. nach: Jürgen Angelow, Von Wien nach Königgrätz. Die Sicherheitspolitik des Deutschen Bundes im europäischen Gleichgewicht 1815 bis 1866, München 1996 (= Beiträge zur Militärgeschichte, 52), S. 290 f.

S Am 9. September 1830 kam es zu Unruhen in Dresden. Unter dem Eindruck der französischen Julirevolution revoltierten nun die Einwohner der königlichen Residenzstadt, wie viele andere Bürger in Europa zeitgleich, gegen die bestehende politische Ordnung. In Folge des Aufstandes wurde das städtische Polizeiwesen umgestaltet und eine Städteordnung eingeführt.

047 Die Zerstörung des Dresdner Polizeigebäudes 1830. Zeitgenössische Farblithografie.

4. Die Rekrutierung der Offiziere – die exklusive Rolle der Kadettenanstalten

In den Kadettenanstalten sah das liberale Deutschland eine rückwärts gewandte Einrichtung. Nach 1815, als die Armee durch die allgemeine Wehrpflicht für die »Nation« doch offen sein sollte, wurde immer noch das Prinzip durchbrochen, dass nur Bildung und Kenntnisse Anspruch auf Offizierstellen gewähren sollten. Als Hort exklusiven Standesdenkens standen die Kadettenanstalten dem gegenüber. In Preußen versuchte Boyen 1816 alte Privilegien abzuschaffen und das Leistungsprinzip in die ▸ Kadettenausbildung einzuführen, indem er gewisse Kenntnisse für die Zulassung verlangte, die auch den Söhnen der Staatsbediensteten offen stehen sollten. Die Kabinettsorder König Friedrich Wilhelms III. von 1816 sprach davon allerdings nicht: Sie leitete den Wiederaufbau des Kadettenkorps in altem ständisch-feudalen Geist ein. Das Hauptziel der Einrichtung war die Erhaltung eines exklusiven Standesbewusstseins.

Die Einteilung des Kadettenkorps geschah in zwei Stufen: In Kulm und Potsdam sollten je 120 Zöglinge vom zehnten bis zum 14. Lebensjahr in Voranstalten unterrichtet werden. Jedes Jahr wechselten 80 Geeignete unter ihnen anschließend für drei Jahre an die Hauptanstalt nach Berlin. Neben den Freistellen gab es wenige »Pensionäre«, Zöglinge, deren Eltern für die Ausbildung zahlten, doch es fanden insgesamt nur wenig Bürgerliche Aufnahme. Der Kommandeur des Kadettenkorps unterstand in wesentlichen Fragen nur dem König, er stellte nicht nur die Lehrkräfte ein, sondern machte allein die Vorschläge für die Einstellung neuer Kadetten. Mit den Kadettenanstalten entstand nach 1815 rasch eine militärische Anstalt, die einen erheblichen Einfluss auf das langsam im Aufbau begriffene Offizierkorps nahm und einen in politischer Einstellung einheitlichen, unbedingt königstreuen Stand schuf. Der Anteil adliger Offiziere, der nach 1815 in Preußen um etwa 50 Prozent lag, konnte so wieder zielstrebig angehoben werden. Oberstes Erziehungsziel war dabei, den Zögling dahin zu bringen, »seinen Willen dem im Gebote seiner Vorgesetzten ausgedrückten göttlichen Willen überzeugungsvoll unterzuordnen«.

1838 kam es zu einer Neuorganisation: Nun kamen Anstalten in Wahlstatt (Schlesien) und Bensberg bei Köln hinzu, außerdem wurde den vier Voranstalten, jetzt Provinzialanstalten, größere Bedeutung zugemessen. Zöglinge, die nicht für die Hauptanstalt in Berlin geeignet waren, wurden nun nicht mehr entlassen, sondern man beließ sie in den Provinzialanstalten, von wo sie als Portepeefähnriche, Unteroffiziere oder Gemeine in die Armee eintraten. Die Anzahl der Kadetten in der Armee – und ihre geistige Haltung – nahm so stetig zu, zumal da 1838 die Zahl der Zöglinge insgesamt auf 892 heraufgesetzt wurde.

Allerdings wurde von hohen Militärs der unreife wissenschaftliche Bildungsstand der Abgänger bemängelt, so dass 1844 die Kadettenausbildung reformiert wurde, um sie in Übereinstimmung mit der Ausbildung der übrigen Offizieranwärter zu bringen. Diese waren nach der Primareife im Alter von mindestens 16,5 Jahren in die Armee eingetreten, hatten Dienst als Gemeiner und Unteroffizier geleistet und waren nach mehreren Beurteilungen ihrer Kenntnisse und Einstellung nach Maßgabe freier Stellen zum Rang eines Portepeefähnrichs gelangt. Die nun auch für die Kadettenanstalt geforderte Primareife sah eine

Karl August Prinz Krafft zu Hohenlohe-Ingelfingen,
1 »Aus meinem Leben« (1897)

In seinen Erinnerungen werden die Lehrmethoden in den preußischen Kriegsschulen deutlich geschildert.

»Die Unterrichtsmethode war noch die alte, in den meisten Disziplinen die verzopfte. Die neueste Methode war noch nicht bekannt. Wenn daher auch manche Gegenstände mit der langweilendsten Schulfuchserei behandelt wurden, so konnte man doch immer hier und da etwas daraus lernen, denn die Studiendirektion gab sich grundsätzlich wenigstens die größte Mühe, für die Militärvorträge aus der Armee, für die Zivilvorträge aus den Professoren Berlins die besten Kräfte auszuwählen. Daß da manche Fehlgriffe vorkamen, wird folgende Charakteristik zeigen. Es ist eben menschlich.

Taktik trug General Gerwien so langweilig, unfruchtbar und trocken wie möglich vor. Er hatte eine Leidenschaft für mathematische konkrete Behandlung der Wissenschaft, die einzig und allein mit lebenden Wesen, hauptsächlich mit menschlichen Herzen, zu thun hat. Er theilte seinen Vortrag ein in eine unabsehbare Anzahl von Kapiteln und Unterabtheilungen, bei denen alle denkbaren Zahlen und Alphabete nicht ausreichten, als I, 1, A, a, a', aa', a'', A''', α, α', αα. – Nur mit dem hebräischen Alphabet und dem Sanskrit verschonte er uns aus guten Gründen. Seine Neigung zur Mathematik war so groß, daß er die beste Zahl der Züge, in die ein Bataillon getheilt werden müsse, darauf begründete, daß beim Karree Front und Flanke gleich groß sein müßten, und daß er dazu eine quadratische Gleichung ansetzte, x^2 fand, die Wurzel zog und eine Zahl 13,2415987 fand, mit sieben Dezimalstellen! Man muß es für einen Scherz halten, wenn man es nicht erlebt hat.«

Zit. nach: Karl August Prinz Krafft zu Hohenlohe-Ingelfingen, Aus meinem Leben. Aufzeichnungen, Bd 1, Berlin 1897, S. 160 f.

048 Hindenburg als Kadett in Wahlstatt. Foto, 1860.

049 Offizier und Kadett aus dem Kadettenkorps in Berlin. Lithografie, um 1830.

050 Das Berliner Kadettenhaus um 1828.
Öl auf Leinwand von W. Brücke.

Anpassung des Lehrplans an die Realgymnasien vor. 1854 lag die zugelassene Höchstzahl bei 1440 Zöglingen, deren militärische Prägung seit dem zehnten Lebensjahr charakteristisch für Ausformung des preußischen Offizierkorps im 19. Jahrhundert wurde.

In Mecklenburg-Schwerin, um ein Beispiel eines kleineren Bundesstaates zu nennen, wurde 1824 ein Reglement für das Offizierexamen erlassen, durch das die teilweise katastrophale Ausbildung der Offiziere verbessert werden sollte. 1827 wurde in Schwerin eine Brigade-Schule angelegt, die am 1. Juli 1842 durch die Militär-Bildungs-Anstalt ersetzt wurde. Zielsetzung der kleinen Schule war, die Kadetten nicht allein wissenschaftlich und praktisch auszubilden, sondern sie vor allem im wahren militärischen Geist zu Soldaten zu erziehen und mit Gehorsam, Ehrgefühl und Zuverlässigkeit auszurüsten. Das Institut nahm 18 Kadetten im Alter von 15 bis 17 Jahren auf, es existierten sechs Freistellen, sechs Halbpensions- und sechs Vollpensionsstellen. Die Freistellen waren für die Söhne unbemittelter Staatsdiener bestimmt. Auch im mecklenburgischen Militär dominierte der Adel.

Anders lagen die Verhältnisse beispielsweise in Baden, wo die Forderung nach einer Bürgermiliz nie verstummte. Großherzog ▸ Leopold hatte ein offenes Ohr für die Ideale des gemäßigten Liberalismus, gleich nach seinem Amtsantritt ließ er den Militäretat mit Zustimmung des Landtages herabsetzen und die Garde auflösen. Außerdem wurden Ausbildungszeit und Präsenzbestand des Heeres an den untersten Rand der Bundesforderungen gebracht. Im Zuge dieser Sparmaßnahmen kam es 1831 auch zur Auflösung des bei den Bürgerlichen so verhassten Kadetteninstituts.

248

5. Der »unpolitische Soldat« des Königs – der adlige Offizier als Garant königlicher Macht

Trafen die liberalen Forderungen nach Bildung einer Nationalmiliz auch ins Leere, so verfochten liberale Kreise doch verstärkt das begrenzte Ziel, das bestehende Offizierkorps auf die Verfassung zu vereidigen. Der Fahneneid nur auf den Herrscher erschien dem konstitutionell gesinnten Bürgertum als ein Garant der uneingeschränkten Kontrolle des Monarchen über die Armee, die jeder Einflussnahme seitens des Volkes entzogen war. Der Eid des Beamten diente für den Verfassungseid des Militärs als Vorbild. Vor allem in den Parlamenten Bayerns, Badens und Sachsens wurde diese Frage diskutiert, doch lediglich in Kurhessen gelang deren Verwirklichung. In den anderen Ländern des Deutschen Bundes setzten sich die restaurativen Elemente durch, die eine absolute Gehorsamspflicht gegenüber dem Monarchen vorsahen und eine wie auch immer geartete Verpflichtung auf eine Verfassung abwehrten, sofern es – anders als in Preußen – überhaupt eine solche gab.

In Kurhessen wurde eine Verpflichtung auf die Verfassung in den ▸ Fahneneid auf den Kurfürsten aufgenommen. Möglich wurde dies durch den Umstand, dass die Verfassung Kurhessens von 1831 keinen Unterschied zwischen den Staatsdienern machte, ob zivil oder militärisch. Nach den Ereignissen von 1848/49 versuchte Kurfürst ▸ Friedrich Wilhelm das Rad zurückzudrehen. Er erklärte im September 1850 den Kriegszustand, um verweigerte Steuern einziehen zu können, hob die ordentliche Gerichtsbarkeit auf und bildete verfassungswidrige Kriegsgerichte. Damit schuf er für die Soldaten den Konflikt zwischen fürstlichem Gehorsamsgebot und Verfassungstreue. Dar-

Leopold (1790–1852)
B Großherzog von Baden – Zu Beginn seiner Regierungszeit (1830) weckte er beim Volk hohe Erwartungen an eine politische Wende, da er ein neues Regierungskabinett mit fortschrittlich denkenden Mitgliedern berufen hatte. In den Folgejahren hatte er sich jedoch mit dem wachsenden Unmut in der Bevölkerung auseinander zu setzen, der in der Revolution von 1848 mündete. Im Mai 1849 floh die großherzogliche Familie ins Exil, von wo sie an der Seite des preußischen Prinzen Wilhelm schon im August zurückkehrte. Drei Jahre später dankte er zu Gunsten seines Sohnes ab.

054 Leopold von Baden. Stahlstich von Wilhelm Hesslöhl, um 1850.

052
Friedrich Wilhelm I.,
Kurfürst von Hessen,
Holzstich, 1851.

B Friedrich Wilhelm I. (1802–1875)
Hessischer Kurfürst – Friedrich Wilhelm regierte zunächst von 1831–1847 als Prinzregent und erst nach dem Tod seines Vaters 1847 bis zur preußischen Okkupation Kurhessens 1866 als Kurfürst.

Seit Antritt seiner Regentschaft versuchte er die nach damaligen Maßstäben sehr liberale Verfassung des Kurfürstentums von 1831 wieder zu beseitigen. Die österreichorientierte Politik des Kurfürsten und die extreme Unbeliebtheit bei den Untertanen führten dazu, dass die Annexion des Kurfürstentums durch Preußen nach dem »Bruderkrieg« von 1866 in Hessen allgemein begrüßt und der ins böhmisch-österreichische Exil entschwundene ehemalige Landesherr kaum vermisst wurde.

 1 »Kurhessischer Offiziereid« (1831–1850)

Nach dieser Eidesformel wurden die Offiziere der kurhessischen Artillerie-Brigade beim Diensteintritt vereidigt. Die Eidesformeln der anderen Truppenteile zeigen geringfügige Abweichungen.

»Ich gelobe und schwöre zu Gott dem Allmächtigen einen leiblichen Eid, daß ich dem allerdurchlauchtigsten Landesfürsten Wilhelm II., Kurfüsten von Heßen und Friedrich Wilhelm, Kurprinzen und Mitregenten, in allen und jeden Vorfällen, zu Kriegs- und Friedenszeiten getreu und redlich dienen, die Verfaßung beobachten, die Befehle meiner Vorgesetzten genau befolgen und den Offiziers-Kriegsartikeln überall nachkommen wolle. So wahr mir Gott helfe und sein heiliges Wort. Amen.«

Zit. nach: Dokumente zur deutschen Verfassungsgeschichte. Hrsg. von Ernst Rudolf Huber, Bd 1, Stuttgart 1978, Nr. 262

053
Die Unruhen in Baden im April 1848.
Kolorierte Lithografie von Nürnberg,
um 1848.

249

aufhin beantragten 241 von 277 Offizieren aus Gewissensgründen ihren Abschied, ein in der deutschen Geschichte einzigartiges Verhalten. Eine Bundesintervention musste die Autorität des Kurfürsten wiederherstellen, der Verfassungseid wurde aufgehoben und eine Amnestie schloss den Konflikt ab. Der fortdauernde Streit zwischen dem Kurfürsten auf der einen und Bürgertum und Armee auf der anderen Seite jedoch wurde erst 1866 zwangsweise mit der Annexion Kurhessens durch Preußen gelöst.

Zwar wurde im Gefolge der Revolution von 1848/49 in einigen deutschen Staaten das Heer auf die Verfassung vereidigt, doch hielt dieser Zustand nicht lang an. Die revidierte preußische Verfassung von 1850 beispielsweise verwarf jede Forderung eines Verfassungseides. Es galt die persönliche ▸ Treue- und Gehorsamsformel auf den König, die für die preußische Armee bis 1918 Gültigkeit behielt. Der Monarch blieb persönlicher Herr des Offiziers, der ihm in einem besonderen Treueverhältnis verbunden war. Der Souverän war Oberbefehlshaber der Armee, er konnte sie nach seinem Gutdünken, das hieß auch gegen sein Volk einsetzen. In Preußen und anderen deutschen Staaten wurden in Armeeangelegenheiten die Traditionen des Absolutismus weitergeführt. Das musste bei einer Weiterentwicklung bürgerlicher Rechte und Freiheiten im Verfassungsstaat zwangsläufig zu einer juristischen und gesellschaftlichen Schieflage führen.

Die Stellung des Offiziers sowohl innerhalb der Armee als auch der Gesellschaft war herausragend und exklusiv. Um preußischer Offizier zu werden, bedurfte es zunächst einmal einer Zulassung zum Offizierexamen, die durch die Kompaniechefs und Bataillonskommandeure vergeben wurde. Bestimmend hierfür waren vor allem »Geist« und »Charakter« des Anwärters, die im Dienst-Applikations-Zeugnis festgehalten wurden. Da die Entscheidung der Chefs und Kommandeure nicht nachprüf- oder gar anfechtbar war, lag es allein in deren Hand, über die Zusammensetzung des Korps zu entscheiden. Diesen »Geist« verortete die (adlige) militärische Führung wie selbstverständlich bei den aristokratischen Familien, so dass durch diese Art der Selbstergänzung die Chancen bürgerlicher Bewerber stets gering gehalten wurden. Dies änderte sich erst mit der Vergrößerung der Armee nach 1860: Der Adel war nun zahlenmäßig nicht mehr in der Lage, den Großteil der Stellen zu besetzen.

In Bayern und anderen süddeutschen Staaten hatte dieser Prozess bereits nach 1815 eingesetzt, so dass dort kein klares Übergewicht adliger Offiziere zu verzeichnen war. In Württemberg war die Armee wegen beständiger Kostenersparnis für einen adligen Offizier wenig attraktiv, so dass der Adel seine Dienste in der österreichischen Armee suchte und der Bürgerstand vermehrt die Offizierstellen besetzte. Dies führte zu einem überwiegend aus Bürgerlichen bestehenden Offizierkorps, das mehr als in anderen Staaten des Deutschen Bundes in die Gesellschaft integriert war. So verwundert es nicht, dass in der zweiten Hälfte des 19. Jahrhunderts ein Pressefeldzug gegen die Pläne König ▸ Karls geführt wurde, durch die Einrichtung von Kasinos den in anderen Armeen üblichen »Kastengeist« nach Württemberg zurückzuholen.

In Österreich war der Offizierberuf der angesehenste aller Berufe. Das Offizierkorps hatte auch hier Träger des »Armeegeistes« zu sein, der einen aristokratischen Charakter hatte. Angesichts eines im zunehmend technischen und wissenschaftlichen Zeitalter aufstrebenden Bürgertums, konnte dieses Ansinnen nur zur Groteske werden, zumal wenn man die man-

250

B Karl (1823–1891)
König von Württemberg – Zwei Jahre nach seinem Regierungsantritt beteiligte sich Karl 1866 an der Bundesexekution gegen Preußen. Im Gefecht bei Tauberbischofsheim erlitten die württembergischen Truppen im Rahmen des VIII. Bundesarmeekorps eine Niederlage. Mit der Teilnahme seines Landes am Deutsch-Französischen Krieg und der anschließenden Reichsgründung 1871 wurde das Königreich Württemberg ein Bundesstaat des Deutschen Reiches.

055 Karl, König von Württemberg. Porträtaufnahme, um 1875.

056 Parade auf dem Opernplatz in Berlin. Öl auf Leinwand von Franz Krüger, 1830.

---

1 »Königliche Kabinettsordre« (5. Juni 1831)

Die Eidesformel für die preußische Armee blieb bis zum Zusammenbruch des Kaiserreiches 1918 gültig.

»Ich schwöre zu Gott dem Allwissenden und Allmächtigen einen leiblichen Eid, dass ich Seiner Majestät dem König von Preußen, meinem allergnädigsten Landesherrn, in allen Vorfällen, zu Lande, zu Wasser, Kriegs- und Friedensdienste und an welchen Orten es immer sei, treu und redlich dienen, Allerhöchstdero Nutzen und Bestes befördern, Schaden und Nachtheil aber abwenden, die mir vorgelesenen Kriegsartikel und die mir ertheilten Vorschriften und Befehle genau befolgen und mich so betragen will, wie es einem rechtschaffenen, unverzagten, pflicht- und ehrliebenden Soldaten eignet und gebühret.«

Zit. nach: Sven Lange, Der Fahneneid. Die Geschichte der Schwurverpflichtung im deutschen Militär, Bremen 2002, (= Schriftenreihe des Wissenschaftlichen Forums für Internationale Sicherheit e.V., 19), S. 51

251

B Friedrich Wilhelm IV. (1795–1861)
König von Preußen – Geprägt von der Romantik, zudem künstlerisch und wissenschaftlich begabt, wurde Friedrich Wilhelm auch als »Romantiker auf dem Thron« bezeichnet. Als König (seit 1840) verließ er die Restaurationspolitik seines Vaters. Politisch war er jedoch wechselhaft und verweigerte 1847 eine Gesamtverfassung für Preußen. Aus Prinzip lehnte er 1849 die deutsche Kaiserkrone, die ihm die Frankfurter Nationalversammlung antrug, ab. Ab 1858 durch eine schwere Krankheit regierungsunfähig geworden, vertrat ihn sein Bruder Wilhelm (I.) als Regent.

057 Friedrich Wilhelm IV. Öl auf Leinwand vermutlich von Franz Krüger, um 1845.

gelhafte Bildung, Sprach- und Schreibfähigkeit einiger Offiziere in Betracht zieht. In Österreich geschah die Abgrenzung im Offizierkorps genau genommen nicht zwischen Adel und Bürgertum, sondern zwischen einfachem Adel und Hochadel. Nirgendwo ist so viel geadelt worden wie im Österreich des 19. Jahrhunderts. Offiziere, die eine dreißigjährige Dienstzeit hinter sich hatten, durften eine Erhebung in den Adelsstand erbitten und wer einen der vielen Orden verliehen bekam, erwarb damit gleichfalls Anspruch auf *Nobilitierung* (Erhebung in den Adelsstand), eine Praxis, die erst in den 1880er Jahren eingeschränkt wurde. Das österreichische Offizierkorps bot insgesamt ein buntes Bild, einmal durch die Angehörigen des ▸ Vielvölkerstaates selbst, zum anderen durch einen großen Teil ausländischer adliger Offiziere, vor allem aus dem süddeutschen Raum. In der österreichischen Armee standen sie abseits der Politik und gesellschaftlicher Strömungen im unmittelbaren Dienst des Kaisers und Königs.

252

060 Das Dritte Kürassier-Regiment, Offizier und Trompeter, Kaiserreich Österreich. Kolorierte Lithografie von Heinrich Ambros Eckert und Dietrich Monten, 1835–1843.

Die herausgehobene, gesellschaftliche Stellung, das »insulare Bewusstsein« vieler Armeen und ihrer Offiziere fanden ihren Ausdruck auch in Lebensstil und geistiger Haltung. Hierzu gehörten neben dem »Standesgeist« ein eigener Ehrbegriff mit eigener Ehrengerichtsbarkeit, die außerdienstliches Auftreten normierten und die Lebensweise, das Benehmen und die Wahrung der Standespflichten überwachten. Einen fühlbaren Eingriff in die individuelle Rechtsstellung stellten Bestimmungen über den Heiratskonsens dar, wie sie in den meisten Bundesstaaten galten. Jungen Offizieren sollte, allein schon wegen ihres kärglichen Gehalts, nach Möglichkeit keine Erlaubnis zur Heirat gegeben werden. Nur in Ausnahmefällen, wenn die Braut ausreichendes Vermögen mitbrachte, konnte eine Erlaubnis erteilt werden. Vorher hatte der Kommandeur zu überprüfen, ob die Heirat in Hinsicht der Herkunft, der Erziehung und des Rufes der Braut als unbedenklich beurteilt werden könne. Unteroffiziere und Soldaten bedurften der Genehmigung des Kommandeurs, dem ein ökonomisches und moralisches Prüfungsrecht zustand, das im Einzelfall eine erhebliche Abhängigkeit erzeugen konnte. Ehen oder Verlöbnisse ohne Erlaubnis waren nichtig. Die Aufnahme eines Darlehens bedurfte der Genehmigung durch den Kompaniechef.

Der Militärstand blieb in vielen deutschen Staaten – vor allem in Preußen – eine Welt für sich. In Preußen wurde 1860 durch die Roonschen Reformen das letzte Symbol der Reformer von 1813/15, die Landwehr, faktisch aufgelöst. An ihre Stelle trat die neue Einrichtung des Reserveoffiziers. Er war ein Produkt der Linienarmee und trug den »militärischen Geist« in die bürgerliche Gesellschaft. Umgeben vom alten Privilegienschimmer gewann das Offizierkorps, nach wie vor führende Schicht in der zweiten Hälfte des 19. Jahrhunderts, jenes gesellschaftliche Übergewicht, das die Denkweise und Vorstellungswelt des Bürgertums gefangen nahm und zusammen mit den soziologischen Auswirkungen der allgemeinen Wehrpflicht zu jenem Phänomen führte, das als Militarisierung der Gesellschaft in die Geschichtsbücher Eingang gefunden hat.

1 Wilhelm von Ploennies, »Leberecht vom Knopf« (1865)

In seinem 1869 erstmals erschienen Roman fällt der Autor, ein ehemaliger hessischer Offizier, ein hartes Urteil
über die Bundeskriegsverfassung. Sie war 1821 als Ergänzung zur Deutschen Bundesakte verabschiedet
worden und enthielt Bestimmungen über das Bundesheer, das von allen Mitgliedsstaaten durch unterschiedlich
starke Kontingente gebildet wurde.

»O Michel! Wärst du dennoch erwacht, dich selber zum Krieg wider den Franzosen reizend – die Bundeskriegsverfassung hätte dich zur Besinnung gebracht! [...]
Denn – o Artikel 8! – ›nach der grundgesetzlichen Gleichheit der Rechte und Pflichten sollte selbst der Schein der
Suprematie von Preußen über Frankfurt a.M. vermieden werden‹ und – o Artikel 7! – ›auf die aus besonderen
Verhältnissen der einzelnen Staaten hervorgehenden Interessen derselben war insoweit Rücksicht zu nehmen,
als es mit den allgemeinen Zwecken vereinbar anerkannt ward‹. Und es ward mit den allgemeinen Zwecken
vereinbar anerkannt, dass die souveränen Kontingente der gemischten Armeekorps einander so selbständig
gegenüberstanden, wie Russen, Türken und Holländer. [...]
Si vis pacem, para bellum! [lat.; Wenn du Frieden willst, sei bereit zum Krieg!] Man erkenne den tieferen Sinn:
Wer der Welt die Segnungen des Friedens erhalten will, der zerlege weislich seine Kriegskraft in viele Kontingente [...].
Wäre es dem Wiener Kongress nur möglich gewesen, auch dem unruhigen Gallien eine solche Organisation des
bewaffneten Friedens zu schenken! Könnte man nur jetzt noch einen Bourbon für zehn Millionen Nordfranzosen
nach Paris, einen Bonaparte für zehn Millionen Südfranzosen nach Lyon setzen und für die übrigen sechzehn
oder siebzehn Millionen Mittelfranzosen zweiunddreißig der schönsten Grandseigneurs reaktivieren und die
deutsche Bundesverfassung korrekt ins Französische übertragen.«

Zit. nach: Wilhelm von Ploennies, Leben, Wirken und Ende weiland Seiner Exzellenz
des Oberfürstlich Winkelkramschen Generals der Infanterie Freiherrn Leberecht
vom Knopf. Aus dem Nachlaß eines Offiziers hrsg. durch Ludwig Siegrist. Mit 11
Zeichnungen von Jürgen Wölbing und einem Nachw. von Herbert Heckmann,
Darmstadt 1985 (= Hessische Beiträge zur deutschen Literatur), S. 68 f.

059 Kokarde, 1848/49. Bemaltes Blech.

S Österreich-Ungarn (auch als Donaumonarchie oder k.u.k. Doppelmonarchie bezeichnet) war ein Vielvölkerstaat in Mittel- und Südosteuropa, der nach dem Umbau des Kaisertums Österreich zu einer
Doppelmonarchie auf der Grundlage des österreichisch-ungarischen
Ausgleiches vom 8. Juni 1867 bis zum 31. Oktober 1918 (Austritt
Ungarns aus der Realunion) bestand. Dieser setze sich wie folgt
zusammen: aus den »im Reichsrat vertretenen Königreichen und
Ländern«, inoffiziell Cisleithanien (erst ab 1915 amtlich Österreich
genannt), und den »Ländern der heiligen ungarischen Stephans-
krone«, inoffiziell Transleithanien. Hinzu kam 1878 das gemeinsam
verwaltete Bosnien und Herzegowina. Die verfassungsrechtlichen
Ausgleichsvereinbarungen sicherten im Sinne einer Realunion die
Gleichberechtigung der beiden (Teil-)Staaten im Verhältnis zueinander. Gemeinsames Staatsoberhaupt war der Kaiser von Österreich und
Apostolische König von Ungarn aus dem Haus Habsburg-Lothringen.

253

Der Deutsche Bund

Mitteleuropa 1815 bis 1866

1 : 7 000 000

0   50   100   150
km

Legend:
- H.-H. = Lgft. Hessen-Homburg
- K.-H. = Kurfsm. Hessen
- L. = Fsm. Lippe
- M.-Str. = Mecklenburg-Strelitz
- S.-L. = Fsm. Schaumburg-Lippe

Quelle: Putzger
Historischer
Weltatlas, 2000.

Legend:

▬▬▬	Grenze des Deutschen Bundes 1815
▬ ▬ ▬	Spätere Änderungen
··········	Demarkationslinie der bis Dezember 1848 in den Deutschen Bund aufgenommenen Gebiete
▬▬▬	Kgr. der Vereinigten Niederlande (1815 bis 1831) und des Grhzm. Luxemburg (1815 bis 1839)
Berlin	Deutsche Universitäten sind rot unterstrichen
⊡	Städte über 100000 Einwohner um 1850
○	Städte mit 20000-100000 Einwohner um 1850

© Cornelsen
05218-08

Kapitel II – Strukturen:

Der Deutsche Bund als überstaatliches Militärsystem

1. Die Bundeskriegsverfassung und der Oberbefehl

061 Soldaten der preußischen Artillerie und Infanterie. Zeitgenössische kolorierte Lithografie.

Das erträumte Ziel des Bildungsbürgers, die Schaffung eines deutschen ▸ Nationalstaates, erfüllte sich nach dem Zusammenbruch napoleonischer Herrschaft 1815 nicht. Der neu gegründete ▸ Deutsche Bund, ein Bündnis aus zunächst 41 Einzelstaaten, war ein wesentlicher Faktor des vieldeutigen Gleichgewichts, das die aus den napoleonischen Kriegen erwachsene Ordnung stabilisierte. Entsprechend schwer ist seine geschichtliche Rolle zu bestimmen. Das Urteil hängt davon ab, wie viel Beachtung seine konzeptionellen und »progressiven« Elemente verdienen. Laut Artikel 1 der Wiener Schlussakte war der Deutsche Bund ein völkerrechtlicher Verein der deutschen souveränen Fürsten und freien Städte und hatte somit laut Artikel 35 das Recht, Krieg, Frieden, Bündnisse und andere Verträge zu schließen, wobei eingeschränkt wurde, dass ein Bundeskrieg nur zur Verteidigung des Bundes oder einzelner Staaten geführt werden durfte. Ein rechtloser Angriffskrieg war also für Bund und Mitgliedstaaten verboten. Eine Kriegserklärung des Bundes konnte nur mit einer Stimmenmehrheit von zwei Dritteln der Vollversammlung beschlossen werden. Ausnahmen bildeten die vier »nicht rein deutschen Mächte« des Bundes, deren Territorien entweder über die Bundesgrenzen hinausreichten (Preußen, Öster-

reich) oder sich umgekehrt in das Bundesgebiet erstreckten (Niederlande, Dänemark), und die daher ohne Rücksichtnahme auf das Bundesverhältnis in ihrer »Eigenschaft als Europäische Macht« Kriege führen konnten. Hilfe vom Bund wurde ihnen nur zuteil, wenn es sich um einen Verteidigungskrieg handelte. Von Aggressionskriegen distanzierte sich der Bund also auch auf europäischer Ebene grundsätzlich! Da der Bund keine eigenen Streitkräfte besaß, musste er einen Krieg mit Kontingenten seiner Mitgliedstaaten führen. Bereits in der Bundesakte vom 8. Juni 1815 wurde in Artikel 2 ausgeführt, Ziel sei die Erhaltung der äußeren und inneren Sicherheit Deutschlands und der Unabhängigkeit und Unverletzlichkeit der einzelnen deutschen Staaten. Der Bundeskriegsverfassung ist nicht gerecht

Johann von Österreich (1782–1859)
Erzherzog – Johann war der Bruder des österreichischen Kaisers Franz I. Unter dessen Vormundschaft erhielt er eine militärische Ausbildung und war während des 2. Koalitionskrieges (1798–1801) im Alter von 18 Jahren Oberbefehlshaber der österreichischen Truppen in Bayern. Im 3. Koalitionskrieg (1805) kommandierte Johann die in Tirol stehenden österreichischen Korps und unterstütze den Aufstand

064 Erzherzog Johann. Lithografie, um 1848.

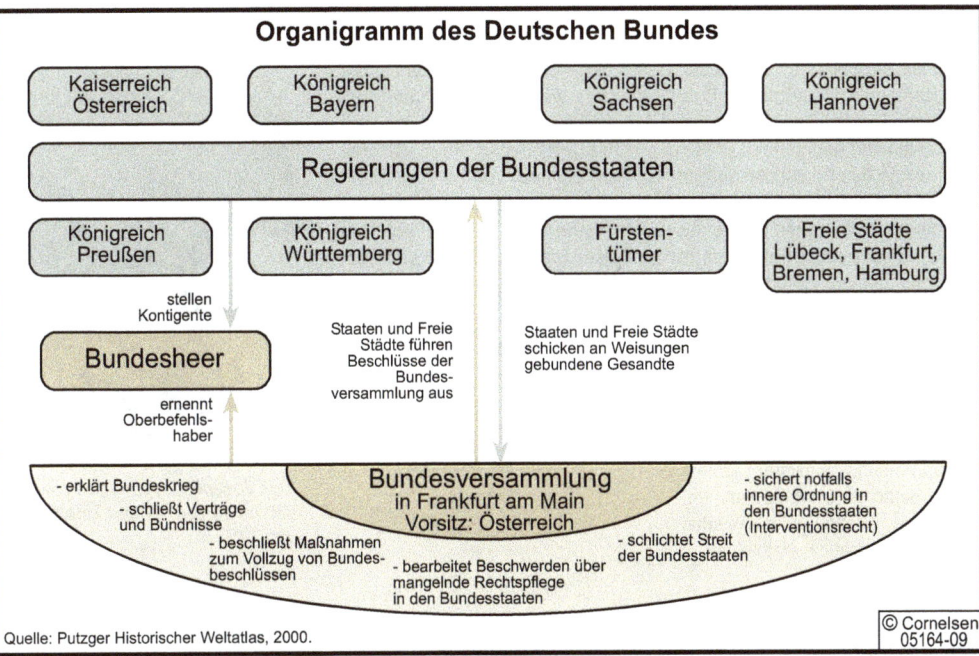

Organigramm des Deutschen Bundes

| Kaiserreich Österreich | Königreich Bayern | | Königreich Sachsen | Königreich Hannover |

Regierungen der Bundesstaaten

| Königreich Preußen | Königreich Württemberg | | Fürsten- tümer | Freie Städte Lübeck, Frankfurt, Bremen, Hamburg |

stellen Kontigente

Staaten und Freie Städte führen Beschlüsse der Bundes- versammlung aus

Staaten und Freie Städte schicken an Weisungen gebundene Gesandte

Bundesheer

ernennt Oberbefehls- haber

- erklärt Bundeskrieg

- schließt Verträge und Bündnisse

- beschließt Maßnahmen zum Vollzug von Bundes- beschlüssen

Bundesversammlung
in Frankfurt am Main
Vorsitz: Österreich

- bearbeitet Beschwerden über mangelnde Rechtspflege in den Bundesstaaten

- schlichtet Streit der Bundesstaaten

- sichert notfalls innere Ordnung in den Bundesstaaten (Interventionsrecht)

Quelle: Putzger Historischer Weltatlas, 2000.

© Cornelsen
05164-09

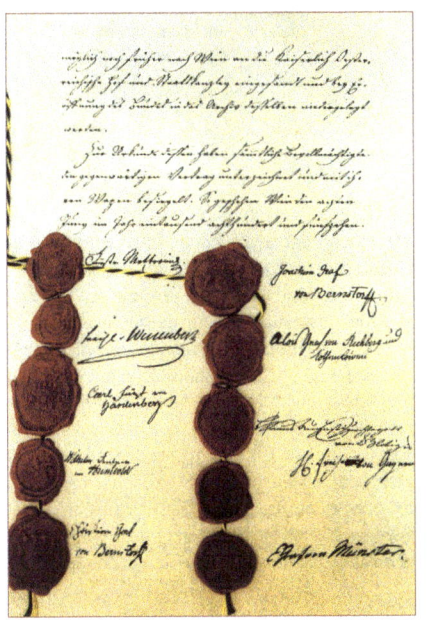

063 Einzug des Reichsverwesers Erzherzog Johann in Frankfurt am Main am 11. Juli 1848. Anonymes Aquarell.

062 Die Deutsche Bundesakte vom 8. Juni 1815.

257

der Tiroler 1809. Der mit einer Postmeistertochter verheiratete Erzherzog gewann große Volkstümlichkeit. Deutsch-landpolitische Bedeutung erlangte Erzherzog Johann im Zuge der Revolution von 1848. Die Abgeordneten der Frank-furter Nationalversammlung wählten den Erzherzog am 29. Juni in das Amt des Reichsverwesers, das er jedoch bereits im Dezember 1849 niederlegte.

Entstehung

Die dritte Strophe des »Liedes der Deutschen« ist die Nationalhymne der Bundesrepublik Deutschland. Das Lied wurde von August Heinrich Hoffmann von Fallersleben im Sommer 1841 auf der, damals zum Königreich Großbritannien gehörenden, Insel Helgoland geschrieben. Am 5. Oktober 1841 wurde das Deutschlandlied in Hamburg erstmals von Turnern öffentlich gesungen. Die Melodie stammte von Joseph Haydn, der sie 1797, zur Zeit der napoleonischen Kriege, als Kaiserhymne »Gott erhalte Franz, den Kaiser, unsern guten Kaiser Franz« für Kaiser Franz II. komponiert hatte. Als Hoffmann von Fallersleben den Text des Deutschlandliedes verfasste, bestand Deutschland aus 39 Bundesstaaten, deren Herrscher sich 1815 auf dem Wiener Kongress, neun Jahre nach Auflösung des Heiligen Römischen Reiches deutscher Nation, wieder zu einem lockeren Verbund deutscher Staaten, dem Deutschen Bund zusammengeschlossen hatten, aber weiterhin an ihrer Souveränität festhielten.

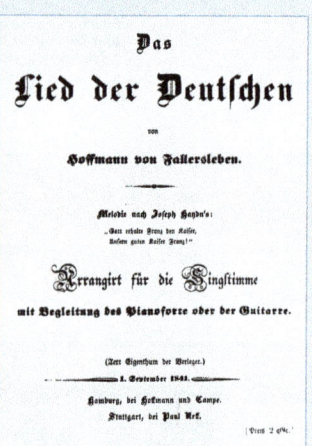

065 Joseph Haydn am Klavier. Gouache von Johann Zitterer, um 1795.

066 Hoffmann von Fallersleben. Das Lied der Deutschen. Titelblatt des Notendrucks, 1841.

Die Sprach- und Landesgrenzen

Das im Deutschlandlied besungene »Deutschland« wird durch den Vers »Von der Maas bis an die Memel, von der Etsch bis an den Belt« geographisch umrissen. Zwei dieser Gewässer bildeten die Grenzen des Deutschen Bundes: die Maas die Westgrenze zu den Niederlanden, die Etsch fließt durch Südtirol und markierte die südlichste Ausdehnung des Deutschen Bundes. Die beiden anderen Gewässer begrenzten Territorien, die nicht zum Deutschen Bund gehörten, die aber von der deutschen Nationalbewegung für ein zukünftiges Deutschland beansprucht wurden: der Belt markierte die Grenze des Herzogtums Schleswig zu Dänemark, die Memel war die Nordostgrenze Preußens zu Litauen. Die deutschen Sprachgrenzen waren damit aber nicht wiedergegeben – am ehesten war dies in Südtirol der Fall. Zum niederländischen Sprachraum gab es an der Maas fließende Übergänge, im Norden war das Dänische weiter südlich verbreitet als heute, entlang der Memel wurde noch überwiegend litauisch gesprochen.

067 Hoffmann von Fallersleben. Radierung von C. Hoffmeister, undatiert.

B August Heinrich Hoffmann, genannt Hoffmann von Fallersleben (1798–1874) Dichter und Germanist – 1835 wurde er zum ordentlichen Professor für deutsche Sprache und Literatur an die Universität Breslau berufen. In dieser Zeit widmete er sich stark dem Kampf gegen den restaurativen Geist in Deutschland, der nach den Karlsbader Beschlüssen 1819 eine Welle von Zensur und Unterdrückung über Deutschland brachte. In diesem Kontext sind auch seine »Unpolitischen Lieder« zu sehen. Auf Grund dieser Lieder wurde er 1842 ohne Pensionsansprüche aus seinem Amt entlassen. Im Zuge der liberalen Gesinnung der Märzrevolution 1848 wurde Hoffmann von Fallersleben jedoch rehabilitiert. Sein bekanntestes Lied ist das »Lied der Deutschen«, das er 1841 auf der damals noch zu Großbritannien gehörenden Insel Helgoland dichtete.

»Die nationale Einheit«

Den Wunsch nach nationaler Einheit drückte Fallersleben mit dem Eingangsvers »Deutschland, Deutschland über alles« aus. Der Dichter meinte damit, dass das Ziel der Einheit Deutschlands, also aller deutschsprachigen Gebiete, gegenüber allen anderen politischen Zielen Vorrang haben sollte. Die Überwindung der staatlichen Zersplitterung und die Erreichung der nationalen Einigung waren im Vormärz die herausragenden Ziele des liberalen Bürgertums. Die Forderung des Bürgertums nach nationaler Einheit verband sich mit den Wünschen nach Überwindung der absoluten Fürstenherrschaft, nach Volkssouveränität, politischer Freiheit und Selbstbestimmung. In anderen Strophen des Deutschlandliedes werden die Freiheit und Brüderlichkeit der Deutschen und das Recht besungen.

 1 Hoffmann von Fallersleben, »Das Lied der Deutschen« (1841)

Hoffmann verfasste das Lied 1841 auf der damals britischen Insel Helgoland. Seine nationalliberale Haltung, die er in vielen Liedern und Gedichten zum Ausdruck brachte, kostete ihn die Karriere.

»Deutschland, Deutschland über alles,
über alles in der Welt,
wenn es stets zum Schutz und Trutze
brüderlich zusammenhält,
von der Maas bis an die Memel,
von der Etsch bis an den Belt –
Deutschland, Deutschland über alles,
über alles in der Welt!

Deutsche Frauen, Deutsche Treue,
deutscher Wein und deutscher Sang
sollen in der Welt behalten
ihren alten schönen Klang,
uns zu edler Tat begeistern
unser ganzes Leben lang –
deutsche Frauen, deutsche Treue,
deutscher Wein und deutscher Sang!

Einigkeit und Recht und Freiheit
für das deutsche Vaterland!
Danach laßt uns alle streben
brüderlich mit Herz und Hand!
Einigkeit und Recht und Freiheit
sind des Glückes Unterpfand –
blüh im Glanze dieses Glückes,
blühe, deutsches Vaterland!«

Zit. nach: Ernst und Heinz Lafontaine, Die liberale und nationale Bewegung in Deutschland im 19. Jahrhundert, Stuttgart 1992, S. 58–61

068 Joseph Haydn bei einem Konzert. Gott erhalte Franz, den Kaiser! Zeitgenössische Farblithografie von Remigius Geyling.

069 Verkündung des Grundgesetzes in der Schlusssitzung des Parlamentarischen Rates am 23. Mai 1949. Blick in den Sitzungssaal während der Feierstunde.

Die Wirkungsgeschichte

Das Deutschlandlied wurde 1922 Nationalhymne des Deutschen Reiches. Die erste Strophe des »Liedes der Deutschen« wurde in der Zeit des Nationalsozialismus, als Ausdruck eines nationalistischen Überlegenheitsgefühls umgedeutet und für die NS-Ideologie in Anspruch genommen. Nach Gründung der Bundesrepublik Deutschland 1949 wurde zu offiziellen Anlässen nur noch die dritte Strophe gesungen. Nach dem Beitritt der Deutschen Demokratischen Republik zur Bundesrepublik 1990 wurde die dritte Strophe des Deutschlandliedes zur offiziellen Nationalhymne erklärt.

zu werden, ohne zu erwägen, worin ihr Sinn bestand und wie, an ihm gemessen, Mängel und mögliche Vorzüge zu Buche schlugen. Immerhin kam ihr ein bedeutender Platz in der Geschichte überstaatlicher Wehrorganisationen zu, war sie doch einer der wenigen Beiträge des 19. Jahrhunderts zur kollektiven Friedenssicherung und zur Organisation von Koalitionskriegen. Für die Defensive gedacht und nur für einen begrenzten Krieg einsetzbar, band sie die beiden deutschen Großmächte Österreich und Preußen an das gemeinsam garantierte, europäisch verankerte Sicherheitssystem. Sie konstruierte ein Heer, das darauf angelegt war, Deutschland in einem möglichen Krieg als Einheit darzustellen. Die Arbeiten an der Verfassung begannen 1818. Verhandelt wurde im so genannten Militärausschuss, einem Gremium der Bundesversammlung, dem sieben der einflussreichsten Bundesgesandten angehörten. Den Vorsitz hatte Österreich. Im Militärausschuss waren keine Militärs vertreten, sondern ausschließlich Diplomaten. Sie waren an die Anweisungen ihrer Regierungen gebunden, hatten allerdings einen gewissen Verhandlungsspielraum, der sich nach dem Einfluss des Diplomaten und seiner jeweiligen Sachkenntnis richtete.

Wichtige Vorentscheidungen waren allerdings bereits getroffen, bevor der Ausschuss seine Arbeit aufnahm: Zentrale Richtlinie war, dass der Deutsche Bund über ein einheitliches Heer verfügen solle, das im Kriegsfall von einem Oberfeldherrn zentral geführt werden sollte. Die drängendsten Fragen wurden von den süddeutschen Vertretern gestellt: Wann und mit welchem Ziel durften Bundeskriege geführt werden, wie sollten sie beendet werden, wie könne ein Missbrauch der Bundestruppen vermieden werden und welche Gestalt solle der Oberbefehl bekommen, wie sollte er gewählt und wie kontrolliert werden? Der süddeutsche Vertreter

Karl August von Wangenheim verwies dabei auf den Umstand, dass der Willen der Nationen nach den langen Kriegen offenbar auf Beschränkung der stehenden Heere, also Beschränkung der Angriffsmittel, gerichtet sei, von daher sei es kaum ratsam, die Nachbarstaaten des Bundes durch auffallend hohen Militärstand herauszufordern und zu Aufrüstungen zu provozieren.

Dem Militärausschuss beratend zur Seite stand die Militärkommission, die sich 1819 aus dem »Militärcomité« entwickelt hatte. Ihr gehörten ausschließlich Militärs, vor allem Generale, an. Die Kommission hatte zwar nur beratende Kompetenz in zumeist technischen Fragen, verstand es aber durchaus über die jeweiligen Gesandten der Höfe ihren Einfluss geltend zu machen. Sie wurde in der Kriegsverfassung nicht genannt und hätte durch einfachen Mehrheitsbeschluss der Bundesversammlung aufgelöst werden können, doch daran war nicht zu denken. Ihre Stellung wurde vielmehr umso stärker, je mehr Aufgaben man ihr nach und nach übertrug. Zu ihren Pflichten gehörten nach 1821 die Dienstaufsicht über die Bundesfestungen, die Leitung des Festungsbaues und die Kontrolle der Kriegsbereitschaft aller Bundeskontingente. Hierbei handelte es sich um bedeutende Dauerfunktionen, die auch im Frieden ausgeübt wurden, und die Kommission konnte so als eine Art Ersatz für die fehlende Führung im Frieden gelten. Das nunmehr sechsköpfige Gremium bestand aus je einem der Vertreter der Staaten, die im Bundesheer eigene Armeekorps hatten, also Österreich, Preußen und Bayern und je weiterer drei der gemischten Korps, womit eine gleichberechtigte Besetzung im Hinblick auf die geografische Lage und die militärische Kraft gegeben war.

Im April 1821 kam es zur Verkündung der Grundzüge der Bundeskriegsverfassung. Die wichtigsten ihrer Artikel betrafen die Beteili-

070 Tschako für Mannschaften des Gendarmerie-Korps der Königlichen Bayerischen Armee, 1826–1856.

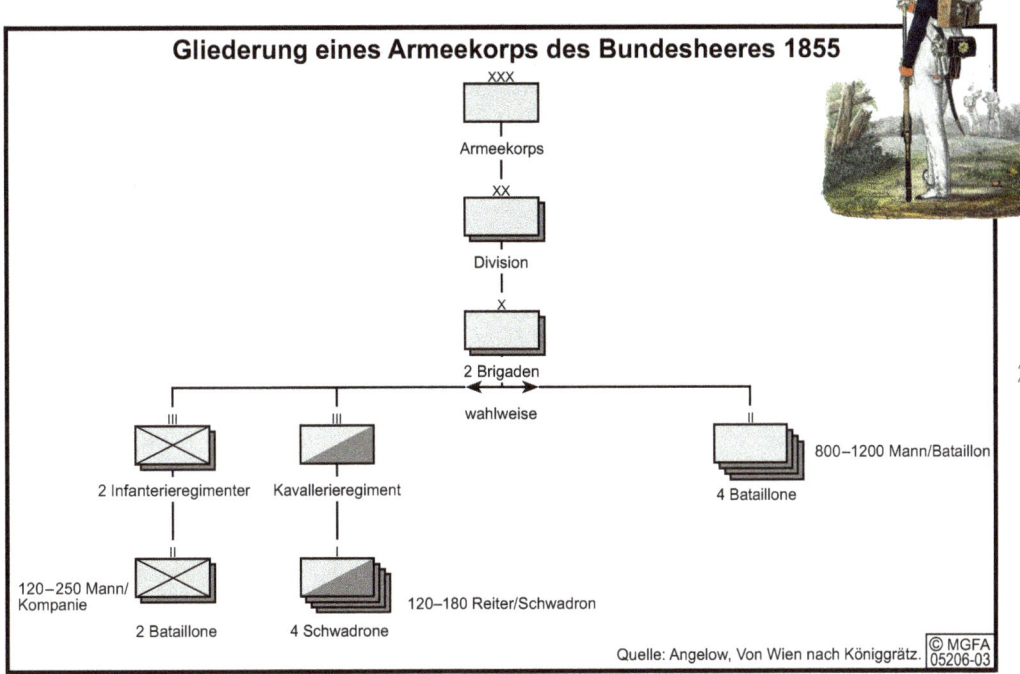

071 Stamm-, Rang- und Quartierliste des Königlich Preußischen Regimentes Garde du Corps. Zeitgenössische Lithografie von Ludwig Burger.

072 Preußischer Infanterist. Farblithografie 1830.

Gliederung eines Armeekorps des Bundesheeres 1855

XXX

Armeekorps

XX

Division

X

2 Brigaden

wahlweise

III
2 Infanterieregimenter

III
Kavallerieregiment

II
4 Bataillone

800–1200 Mann/Bataillon

II
2 Bataillone

120–250 Mann/ Kompanie

4 Schwadrone

120–180 Reiter/Schwadron

Quelle: Angelow, Von Wien nach Königgrätz.

© MGFA
05206-03

261

gung aller Staaten am Bundesheer mit Kontingenten, die nach einer Matrikel vom 20. August 1818 gestellt wurden. Hierbei wurde von knapp 30 Millionen Einwohnern im gesamten Bundesgebiet ausgegangen. Darüber hinaus wurde die Aufstellung dieser Kontingente schon im Frieden, deren ständige Einsatzbereitschaft und die Aufstellung von Reserven geregelt. Weitere Punkte betrafen die Militärgerichtsbarkeit nach den jeweiligen Staatsgesetzen und die Einsetzung eines Oberbefehlshabers durch den Bund im Kriegsfalle. Bei allen Maßnahmen wurde bewusst die Vorherrschaft eines Staates über andere vermieden. Weiter wurden nähere Bestimmungen erlassen, welche die Gliederung des Heeres, die Stärke der Waffengattungen, sowie Bewaffnung, Ausbildung und Mobilmachung betrafen. Ein Jahr später kam ein Nachtragsbeschluss hinzu, der die Situation der Bundesfestungen behandelte. Die Bundeskriegsverfassung blieb bis zum Ende des Deutschen Bundes 1866 relativ unverändert bestehen.

Der Oberfeldherr, den die Kriegsverfassung an die Spitze der Bundestruppen stellte, amtierte nur im Krieg. Seine Aufgaben begannen mit der Mobilmachung und endeten mit der Auflösung des Heeres. Gegen einen ständig präsenten Bundesfeldherrn sprachen politische und militärische Gründe. Ernannt werden sollte er durch Mehrheitsbeschluss der Bundesversammlung, eine Vorauswahl, etwa durch Österreich oder Preußen sollte nicht stattfinden.

Hinsichtlich des Oberbefehls gelangte der Passus in die Kriegsverfassung, dass der Oberfeldherr möglichst freie Hand in seinen Entscheidungen haben sollte. Verantwortlich war er nur gegenüber dem Bund, Kontakt zu den verschiedenen Armeekorps im Krieg hielt er durch abgeordnete Verbindungsoffiziere, die seine weisungsgebundenen Mitarbeiter wurden. Er erhielt das Recht zum provisorischen Waffenstillstand, er durfte die Kontingente der einzelnen Staaten mustern und die sofortige Abstellung von Mängeln fordern. Er übte das Standrecht aus und war befugt, alle Befehlshaber des Heeres zu suspendieren und jeden Untergebenen verhaften zu lassen.

Dieser Oberbefehl der Bundeskriegsverfassung ist jedoch niemals praktiziert worden. Im einzigen Krieg, den der Bund 1848 gegen Dänemark führte, wurde zwar ein Oberfeldherr berufen, doch nur Teile des Bundesheeres aufgeboten, so dass der preußische Feldmarschall Friedrich Graf von Wrangel neben seinen preußischen nur einzelne gemischte Verbände befehligte. Der Oberbefehl über die Bundeskontingente galt schon zur Mitte des Jahrhunderts nicht mehr als praktikabel, da der Dualismus der deutschen Großmächte Preußen und Österreich dem entgegenstand. Auf diese Situation war die Bundeskriegsverfassung aber auch nicht zugeschnitten; im Gegenteil, in der Vorbeugung oder Vermeidung dieses ▸ Dualismus lag das Bestreben des Sicherheitssystems des Wiener Kongresses, in das diese überstaatliche Wehrorganisation eingebettet war.

In Artikel 11 der Bundesakte versprachen alle Mitglieder des Bundes »sowohl ganz Deutschland als jeden einzelnen Bundesstaat gegen jeden Angriff in Schutz zu nehmen« und sie »garantierten sich gegenseitig ihre sämtlichen unter dem Bunde begriffenen Besitzungen«. Zwar behielt jedes Mitglied das Recht auf »Bündnisse aller Art«, verpflichtete sich jedoch, »keine Verbindungen einzugehen, welche gegen die Sicherheit des Bundes oder einzelner Bundesstaaten gerichtet wären«. Sollten Streitigkeiten dennoch mit Gewalt ausgetragen werden, erhielt der Bund das Recht die Rechtsinstrumente der Bundesintervention und der Bundesexekution auszuüben.

073 Kampfgeschehen vor Düppel zwischen Truppen der preußischen Armee unter General Wrangel und Truppen der dänischen Armee.
Zeitgenössische kolorierte Lithografie.

1 Otto von Bismarck,
»Gegen Österreich fechten müssen«
(26. April 1856)

In einem Privatschreiben Bismarcks an den preußischen Ministerpräsidenten Otto von Manteuffel spricht der spätere Kanzler über den Dualismus zwischen Preußen und Österreich.

»Nach der Wiener Politik ist einmal Deutschland zu eng für uns beide; so lange ein ehrliches Arrangement über den Einfluß eines jeden in Deutschland nicht getroffen und ausgeführt ist, pflügen wir beide denselben streitigen Acker, und so lange bleibt Österreich der einzige Staat, an den wir nachhaltig verlieren und von dem wir nachhaltig gewinnen können. [...]
Der deutsche Dualismus hat seit 1000 Jahren gelegentlich, seit Karl V. [1519–1556 Deutscher Kaiser] in jedem Jahrhundert, regelmäßig durch einen gründlichen innern Krieg seine gegenseitigen Beziehungen reguliert, und auch in diesem Jahrhundert wird kein andres als dieses Mittel die Uhr der Entwicklung auf ihre richtige Stunde stellen können.
Ich beabsichtige mit diesem Räsonnement keineswegs zu dem Schlüsse zu gelangen, daß wir jetzt unsre Politik darauf richten sollen, die Entscheidung zwischen uns und Österreich unter möglichst günstigen Umständen herbeizuführen. Ich will nur meine Überzeugung aussprechen, daß wir in nicht zu langer Zeit für unsere Existenz gegen Österreich werden fechten müssen, und daß es nicht in unsrer Macht liegt, dem vorzubeugen, weil der Gang der Dinge in Deutschland keinen andern Ausweg hat.«

Zit. nach: Gerd Fesser, Königgrätz – Sadowa. Bismarcks Sieg über Österreich, Berlin 1994, S. 60 f.

074 Karikatur auf die Optionen preußischer Bündnispolitik während des Krieges in Oberitalien 1859.
Zeitgenössischer Holzstich nach Wilhelm Scholz.

263

Die Aufrechterhaltung von Ruhe und Ordnung unterlag allein den jeweiligen Regierungen in ihren Hoheitsgebieten. Sollte es aber zu Unruhen kommen oder gar die »Verbreitung aufrührerischer Bewegungen« zu fürchten sein, die auf Nachbargebiete überzugreifen drohten, konnte es zu Beistandsersuchen der Regierung an den Bundestag kommen, der dann »schleunigste Hülfe zur Wiederherstellung der Ordnung« veranlasste. Die Intervention durch Bundestruppen konnte auch »unaufgerufen« veranlasst werden, wenn die jeweilige Regierung »notorisch außer Stande war, den Aufruhr durch eigene Kräfte zu unterdrücken«. In ihrer Revolutionsfurcht gestanden die Staaten dem Bund das Recht der Intervention über ihren Souveränitätsvorbehalt zu. Im Rahmen dieses durfte das betroffene Land besetzt und der Landtag aufgelöst werden, es durften Festnahmen und Urteile vollstreckt werden – das Ziel bestand darin, die legitime Landesregierung gegen Aufruhr und innere Unruhen zu unterstützen oder gar wiederherzustellen.

Im Gegensatz hierzu richtete sich eine Bundesexekution nicht gegen revolutionäre Umtriebe, sondern gegen legitime Regierungen, die gegen die Verfassung des Bundes handelten. Mit dem Mittel der Exekution ging der Bund gegen Länder vor, welche die Erfüllung seiner Forderungen verweigerten oder Schiedssprüche des Bundes nicht anerkannten. Die Exekution fand dann auf Antrag der Regierung statt, der durch Schiedsspruch Recht gegeben worden war, die aber nicht zur Selbsthilfe schreiten durfte. Damit erst alle friedlichen Lösungsmöglichkeiten ausgeschöpft wurden, war die Prozedur zur Exekutionsanwendung umständlich geregelt. Die Exekution musste im Namen aller Bundesländer durch eine oder mehrere Regierungen durchgeführt werden; die Leitung wurde einem Zivilkommissar übertragen, der dem Bund Rechenschaft ablegen musste.

2. Das Bundesheer

Die 41 Bundesstaaten waren grundverschieden an politischer, ökonomischer und militärischer Kapazität, aber gleich in den Ansprüchen ihrer Souveränität. Die schwierige Aufgabe war es, eine Vielzahl unterschiedlicher militärischer Organisationsformen und Bewaffnungssysteme der Armeen möglichst zu vereinheitlichen und zu »möglichster Gleichförmigkeit und Kraft der Einheit« zu bringen, wie es der Bundestag verlangt hatte. Erschwerend kam hinzu, dass die meisten Staatskassen nach nahezu 20 Jahren Krieg erschöpft waren und teilweise Kriegskredite zurückbezahlt werden mussten. Allgemein lässt sich feststellen, dass das Gewicht des militärischen Faktors in den Beziehungen der europäischen Staaten nach 1815 überall recht gering war und sich erst nach dem Krimkrieg spürbar erhöhen sollte. Unter diesen Vorzeichen gab es klare Tendenzen, den Militäretat so klein wie möglich zu halten. Dementsprechend wurden die militärischen Leistungen der deutschen Staaten für den Bund so gering wie möglich angesetzt und konstitutionell verankert.

Geschaffen wurde hier ein ▸ Kontingentsystem, nach dem jeder Bundesstaat im Höchstfall 1,8 Prozent seiner Bevölkerungszahl an Truppen zu stellen hatte. Die Matrikel von 1818, die dazu herangezogen wurden, berücksichtigten nur Bevölkerungszahl. Flächenraum und Finanzkraft der Mitglieder wurden nicht einbezogen. Die Bundesstaaten konnten dabei ihre Truppen auf unterschiedliche Art und Weise organisieren, rekrutieren, ausbilden, ausrüsten und bewaffnen.

Aus dem Prinzip der Gleichstellung erwuchs die Tatsache, dass auch die Mittel- und Kleinstaaten komplette Armeen stellen wollten, und somit die Aufschlüsselung nach Waffengattungen bereits innerhalb der Kontingente erfolgte.

Kontingente des Bundesheeres um 1842		
Mitgliedstaaten	Soldaten	Verbände
Österreich	94 822	I.–III. Korps
Preußen	79 484	V.–VI. Korps
Bayern	35 600	VII. Korps
Württemberg	13 555	VIII.–X. Korps
Baden	10 000	
Hessen-Darmstadt	6 195	
Sachsen	12 000	
Hessen-Kassel	5 679	
Nassau	4 039	
Luxemburg	2 536	
Hannover	13 054	
Braunschweig	2 096	
Holstein-Lauenburg	3 600	
Mecklenburg-Schwerin	3 580	
Oldenburg	2 829	
Mecklenburg-Strelitz	718	
Hamburg	1 298	
andere	8 369	Reservediv.
gesamt	303 493	10 Armeekorps + Reservediv.

076 Erstürmung der Düppeler Schanzen bei Sonderburg durch ein aus Bayern und Sachsen bestehendes Bundesheer. Zeichnung von A. Beck, um 1849.

265

077 Offizier-Pallasch, um 1820/30.

Die Infanterie stellte dabei mit knapp 77 Prozent den Hauptteil des Heeres. Die Aufstellung von Spezialwaffengattungen auch in kleinen Territorien konnte durchaus zu kuriosen Verhältnissen führen. Die Überlagerung von Kontingentstruktur des Bundesheeres und Heeresgliederung der Bundesstaaten wurde teilweise ausgeglichen, indem innerhalb eines Korps die Länder sich nach dem Waffengattungsschlüssel vertreten konnten. Ein Mitglied verzichtete demnach auf die Formierung einer Spezialwaffe wie beispielsweise Pioniere oder reitende Artillerie und stellte dafür mehr Infanterie, während ein benachbartes Land zugunsten dieser Spezialtruppen weniger Infanterie bereitzustellen hatte. Möglich war auch eine Vertretung gegen Geldzahlung: So stellte z.B. das größere Mecklenburg-Schwerin ab dem 1. Oktober 1843 die 69 Kavalleristen und 36 Artilleristen des kleineren Bruders Mecklenburg-Strelitz, dieses leistete dafür einen finanziellen Ausgleich. Insgesamt gesehen aber war das Zusammenbleiben der Truppen im Kontingentsystem politisch motiviert und gewollt: Der landsmannschaftliche Charakter der Truppenteile sollte auch im überstaatlichen Militärsystem aufrechterhalten werden. Der »vaterländischen Gesinnung« des Soldaten sollte so entgegengekommen werden, und ihm das Verteidigen des Vaterlandes im Verband mit seinen Miteinwohnern erleichtert werden.

Wenn der Bund auch von allen Staaten forderte, die Kontingente bezüglich der Mannschaft und des Materials auf einem Stand zu halten, der eine Mobilmachung innerhalb von vier Wochen ermöglichte, so brauchte doch im Frieden nicht die Kriegsstärke bereitzustehen, sondern nur die so genannten Stämme. Das Verhältnis von Friedens- zu Kriegsstärke sollte bei der Infanterie mit 1:6, bei Offizieren allerdings 5:6 und bei Unteroffizieren 2:3 betragen. Bei der Kavallerie und reitenden Artillerie hielt man

Verhältnisse von 2:3, bei der Fußartillerie von 1:3 für ausreichend. Der Rest der Truppen wurde beurlaubt und nur einmal pro Jahr für eine vierwöchige Wehrübung herangezogen. Zur Vervollständigung der Kontingente war neben den Linientruppen auch Landwehr zugelassen.

3. Truppengattungen, Bewaffnung, Uniformierung und Manöver

Der Hauptteil eines jeden Heeres bestand aus der Infanterie. Die Infanteristen trugen in den verschiedenen Staaten andere Namen, in Preußen hieß der Großteil noch Musketiere, nach der ehemaligen Schusswaffe, der Muskete. In vielen anderen Staaten war der Begriff des Füsiliers gebräuchlich, der vom *Steinschlossgewehr* (franz.; fusil) herrührte. Eine Ausnahme bildeten die Jäger- und Schützenabteilungen, die sich Mitte des 18. Jahrhunderts etabliert hatten und ursprünglich aus wirklichen Jägern bestanden. Sie führten eine Büchse mit gezogenem Lauf mit sich, die den gezielten Einzelschuss ermöglichte. Ihre Bedeutung erwuchs daher zumeist aus militärischen Sonderaufgaben, im Erkunden und Verteidigen von Pässen, Furten, Brücken, Schanzen u.Ä. Sonst bestand die Bewaffnung der Infanterie zumeist aus Vorderladern mit glattem Lauf. Ein einheitliches Kaliber gab es nicht, man sprach spöttisch von einer »Munitionsapotheke«. Aufgrund der starken Rückstände beim Verbrennen des Pulvers verdreckte der Lauf schnell und es mussten von vornherein kleinere Geschosse verwendet werden, die im Lauf nur schlecht geführt wurden. Die Treffsicherheit der Waffen war dementsprechend schlecht. Die bei Regen und Wind höchst unsichere Zündung durch den Feuerstein wurde bis 1840 durch Zündhütchen mit Knallquecksilber oder Chlorkali umgerüstet.

079 Infanteriegewehr M 1839 mit Dillenbajonett

080
Husaren-Corporal,
Sachsen.

081 Leichte Infanterie
1. Bataillon, Sachsen.

082
Garde-Dragoner
und Stabsoffizier,
Preußen.

083
Chevaulegers-
Leutnant, Bayern.

S Die Kontingente der Reservedivision
um 1830

*Die Reservedivision blieb in ihrer Gestalt von
1830 eine militärische Formation von zweifelhaf-
tem Wert. Sie bestand ausschließlich aus Infanterie und sollte im Kriegsfall die Besatzung der
Bundesfestungen verstärken.*

Mitgliedsstaat	Anzahl Soldaten
Anhalt-Bernburg	370
Anhalt-Dessau	529
Anhalt-Köthen	325
Freie Stadt Frankfurt a.M.	479
Hessen-Homburg	200
Hohenzollern-Hechingen	145
Hohenzollern-Sigmaringen	356
Liechtenstein	55
Lippe-Detmold	691
Lippe-Schaumburg	240
Reuß ältere Linie	223
Reuß jüngere Linie	522
Sachsen-Altenburg	982
Sachsen-Coburg-Gotha	1366
Sachsen-Meiningen	1150
Sachsen-Weimar	2010
Schwarzburg-Rudolstadt	539
Schwarzburg-Sondershausen	451
Waldeck	519
gesamt	11 152

267

084 Kugelzange, erstes Drittel 19. Jahrhundert.

085 Kugelbeutel, bis 1833.

Eine wesentliche waffentechnische Verbesserung gab es erst nach 1850 mit der Einführung gezogener Läufe und neuer Spitzgeschosse, sowie der schrittweisen Einführung des ersten Hinterladers, des preußischen Zündnadelgewehrs.

Bei der Kavallerie unterschied man schwere und leichte Reiterei. Zur schweren Reiterei, die für den geschlossenen Angriff zur Schlachtentscheidung eingesetzt wurde und mit dem Reiterdegen, dem Pallasch, und Pistolen bewaffnet war, gehörten vor allem die Kürassiere, benannt nach ihrem Brustpanzer, dem ▸ Kürass. Die Dragoner, die ursprünglich eine Art aufgesessene Fußtruppe gewesen waren und die Ulanen, die zusätzlich mit einer Lanze bewaffnet waren, konnten – abhängig von der Größe ihrer Pferden – sowohl zur schweren als auch zur leichten Reiterei gehören. Hauptaufgabe der leichten Reiterei waren Aufklärung und Sicherung sowie die Verfolgung des Feindes. Zu ihr gehörten die Husaren, die mit ihrer reich verschnürten Uniformjacke, dem Dolman, an ihre südosteuropäische Herkunft erinnerten, und die *Chevaulegers* (franz.; leichte Pferde).

Die Artillerie wurde in reitende und Feldartillerie unterteilt. Die reitende war zum schnellen Transport befähigt und sollte Kavallerie oder Infanterie unterstützen, in der fahrenden Artillerie marschierten die Kanoniere neben ihren Geschützen. Verschossen wurden bis 1850 eiserne Vollkugeln, die allmählich durch Granatgeschosse ersetzt wurden. In den 1850er-Jahren wurden Raketenbatterien Mode, die allerdings bald wieder verschwanden. Für Spezialaufgaben unterhielten die größeren und mittleren Staaten technische Truppen, die Pioniere. Zu ihnen gehörten die Sappeure, die Verschanzungen herzustellen oder zu beseitigen hatten, Mineure, die unterirdische Gänge oder Bauten für den Minenkrieg anlegten und Pontoniere, die Kriegsbrücken bauten und so für Flussüberquerungen sorgten.

Der ganze vielstaatliche Hintergrund des Bundesheeres äußerte sich auch in seinen unterschiedlichen Uniformen. Dass sich hinter der malerischen und vielfältigen Erscheinung der Bundeskontingente, die von Mittel- und Kleinstaaten gestellt wurden, dennoch ein relativ einheitliches Heerwesen versteckte, war eine Folge des Vorbilds der Großmächte, allen voran Österreich und Preußen. Ein gemeinsames Erkennungszeichen, wie etwa die 1814 von den alliierten Truppen getragene weiße Armbinde, gab es nicht. 1848 verfügte der Bundestag, dass die Bundeskontingente die schwarz-rot-goldene Kokarde tragen sollten, doch geschah dies in revolutionären Zeiten. Österreich ignorierte den Beschluss, Preußen übernahm zwar die Kokarde, kehrte aber 1849 wie alle anderen Kontingentsheere zu den eigenen Farben zurück. Einzig das Linienbataillon der Stadt Frankfurt behielt die Kokarde bis zum Ende des Deutschen Bundes bei. Der Bund selbst besaß anfangs keine Symbole, erst 1843 wurde der Doppeladler des alten Reiches eingeführt, er blieb nur als Zeichen auf den Kanonen der Bundesfestungen bestehen.

Am Uniformschnitt änderte sich seit der napoleonischen Zeit vorerst wenig: Das Hauptbekleidungsstück der Infanterie war ein frackartiger Rock, der als Wetterschutz kaum zweckmäßig war. Als Kopfbedeckung wurde fast überall ein Tschako getragen, an dem nicht nur Erkennungszeichen, Fangschnüre oder Metallzierrat angebracht waren, sondern in dem auch – in Ermangelung von Taschen – die kleinen Habseligkeiten des Soldaten untergebracht waren. Die Jacken der Reiterei waren meist kürzer als die der Fußtruppen, als Kopfbedeckung diente häufig ein schwerer Leder-

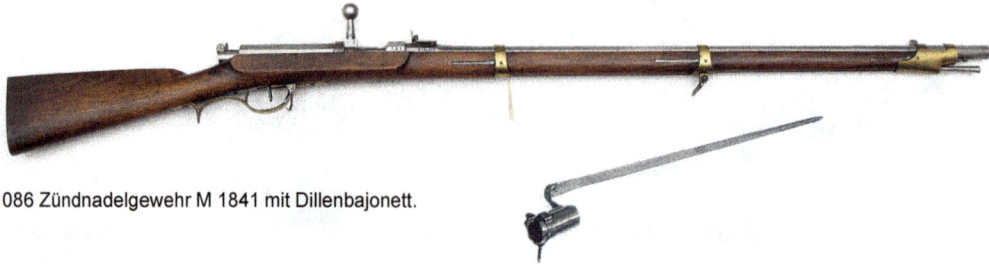

086 Zündnadelgewehr M 1841 mit Dillenbajonett.

087 Kürassier zu Pferde, 1821. Kolorierter Holzstich von Richard Knötel.

Der Kürass ist ein Brustpanzer, der von den für die Schlachtentscheidung bestimmten, mit schweren Pferden berittenen Kavalleristen getragen wurde. Er bestand aus Brust- und Rückenstück, die oben durch zwei mit Metallschuppen oder Metallketten besetzten Lederriemen, an der Taille aber mit einfachen Lederriemen zusammengehalten wurden. Kürasse wurden aus starkem, gewalzten Eisenblech gefertigt und sollten gegen Kugeln aus dem glatten Vorderladegewehr bis auf 60 Meter schussfest sein. Zur Schussfestigkeit trug aber auch die Form bei. Die Krümmung sollte ein senkrechtes Auftreffen der Kugel verhindern. Um das Abgleiten zu begünstigen, wurden Kürasse poliert. Das Gewicht eines vollen Kürasses betrug zischen neun und zehn Kilo.

269

Vom Kriege.

Hinterlassenes Werk

des

Generals Carl von Clausewitz.

Erster Theil.

Berlin,
bei Ferdinand Dümmler.
1832.

Die Entstehung

Mit seinem Hauptwerk »Vom Kriege«, das allerdings unvollendet blieb, schuf Clausewitz ein Standardwerk zur Theorie des Krieges, dessen strategische und taktische Erkenntnisse noch heute Anspruch auf Gültigkeit erheben. Bereits während seiner Studienzeit auf der Berliner Kriegsschule beschäftigte sich Clausewitz mit dem Gedanken, sich wissenschaftlich mit den Fragen des Krieges und der Kriegskunst auseinander zu setzen. In dieser Zeit übte sein Lehrer Johann Gerhard David von Scharnhorst großen Einfluss auf ihn aus. Die damalige Kriegstheorie war mit der Aufgabe konfrontiert, sich mit den Veränderungen, welche die Französische Revolution auf Krieg und Kriegführung ausübte, kritisch zu befassen. Hierbei ging es um nichts Geringeres als um ein gänzlich neues Kriegsbild. Um dieses neue Bild des Krieges zu verstehen, wandte sich Clausewitz gegen das »Systemdenken« der »rational begrenzten« Kriegführung des 18. Jahrhunderts. Die von Clausewitz propagierte Abkehr vom Denken in »Systemen« wurde auch zu einer tragenden Idee des Werkes.

091 Titelblatt der Erstausgabe, 1832.

092 Das Treffen von Ostrowna vor Witepsk, 23. Juli 1812. Zeitgenössischer, kolorierter Kupferstich.

*093 Gerhard von Scharnhorst.
Öl auf Leinwand von Friedrich Bury, vor 1813.*

Die Wirkungsgeschichte

In der preußisch-deutschen Armee entwickelte sich eine auch von Moltke vertretene Auffassung, wonach man zwar Clausewitz' militärische Thesen bejahte, die politischen Grundsätze jedoch ablehnte oder nur bedingt anerkannte. Clausewitz hatte in jedem Fall den Primat der Politik und die Unterordnung des Militärs unter die politische Führung postuliert. Doch gerade diese Ansicht teilten Moltke und viele führende Offiziere nicht. Der Konflikt zwischen Bismarck und Moltke während des Krieges 1870/71 hatte hierin seine Wurzeln. In den Jahren zwischen 1871 und 1914 vollzog sich eine zunehmende Abkehr im preußisch-deutschen Heer von Clausewitz. Die Beschäftigung mit ihm und seinem Werk beschränkte sich in erster Linie darauf »positive Lehren«, Anweisungen und Leitfäden für das praktische Handeln zu entwickeln. Der »Philosoph des Krieges« wurde jedoch in der deutschen Militärliteratur vor 1914 umso mehr gepriesen, je weniger seine tragenden Ideen Beachtung fanden. Hatten vor 1914 im Wesentlichen Soldaten Clausewitz gelesen, so wurden nach dem Ersten Weltkrieg auch Politiker und Wissenschaftler auf ihn aufmerksam, was ihm letztendlich den Status eines »Klassikers« sowie Standardwerkes der Kriegstheorie verlieh.

095 Helmuth Graf von Moltke d.Ä.
Porträtaufnahme, um 1885.

096 Moltke mit seinem Stabe vor Paris. Öl auf Leinwand von Anton von
Werner, um 1873.

Clausewitz ist weniger in seiner eigenen Zeit als vielmehr nach seinem Tode wirksam geworden. Außerhalb Deutschlands sollte er etwa um die Mitte des 19. Jahrhunderts bekannt werden. Zur selben Zeit begann sich auch Helmuth von Moltke mit dessen Werk zu beschäftigen. Moltke übernahm die militärischen Lehren des Buches »Vom Kriege« in Abstimmung auf die Gegebenheiten des damaligen Kriegswesens und zählte es später zu den Büchern, die einen größeren Einfluss auf ihn gehabt hätten. Die Siege der preußischen Truppen in den Schlachten der Einigungskriege machten das Werk mit einem Schlag einer größeren Öffentlichkeit bekannt. So setzte in den Jahrzehnten nach 1871 eine allgemeine Beschäftigung mit Clausewitz und seinem Schaffen ein, die bis heute anhält.

094
Carl von Clausewitz.
Farblithografie nach dem
Gemälde von Wilhelm Wach,
um 1820.

helm. Erst nach 1842 begann sich die Uniformierung zu ändern, nunmehr war ein langer Waffenrock das Hauptbekleidungsstück, der besser gegen Wind und Wetter schützte. Als Kopfbedeckungen setzten sich nach französischem Muster das Käppi oder, wie in Preußen, die bekannte Pickelhaube durch. Nach 1850 begann man das Tragegepäck zu verlagern; Gepäck und Ausrüstung wurden nun durch Leibkoppel und Gürtelrüstung getragen.

Die knappen Kassen zwangen viele Mittel- und Kleinstaaten, nur geringe Friedensstämme unter den Fahnen zu halten und die vorgesehenen Manöver ausfallen zu lassen. Fanden Manöver statt, wie vom 21. September bis zum 11. Oktober 1843 eine Übung des X. Armeekorps in der Nähe von Lüneburg, so war dies für die gemischten Kontingente die einzige Möglichkeit, die Zusammenarbeit der Verbände zu üben. Beim Manöver des X. Korps kam es zu typischen landsmannschaftlichen Problemen oder Verhaltensweisen: Holsteiner, Mecklenburger und Oldenburger waren schnell befreundet, Hannoveraner und Braunschweiger grenzten sich vorerst ab, ja, es kam in den ersten Tagen zu tätlichen Auseinandersetzungen zwischen den Parteien. Sie konnten allerdings im Laufe des Manövers beigelegt werden, so dass letztendlich alles, bis auf die Leistungen der Hamburger Kavallerie, zur allgemeinen Zufriedenheit ablief.

Kontrolliert wurden Übungen oder Truppenteile durch Inspektoren des Bundes. Nach 1854 fanden die Musterungen alle fünf Jahre statt, wobei die Kontingente jeweils von Offizieren anderer Korps gemustert wurden. Die Inspektionen sollten Aufschluss über die Einsatzbereitschaft der Truppen und der militärischen Verbände geben. Der Wert dieser Einrichtung wurde allerdings dadurch eingeschränkt, dass

272

Kontrollbesuche vorher angemeldet werden mussten; größere Staaten schlugen sogar die zu besichtigenden Einheiten bindend vor.

Neuerungen gab es erst nach der Revision der Bundeskriegsverfassung im Jahre 1855. Nunmehr wurde der Präsenzbestand der Truppen erhöht, die Dienstverpflichtung wurde einheitlich auf sechs Jahre festgelegt, von denen der Fußsoldat zwei bis zweieinhalb, der Reiter drei bis dreieinhalb Jahre präsent zu halten war. Einheitliche Rahmenbestimmungen zu Ausbildung und Übung wurden festgelegt: Minimale Ausbildungszeit für den Rekruten wurden sechs Monate, jeder taktische Körper musste einmal im Jahr zusammengebracht werden und sollte mindestens alle zwei Jahre an einer Übung im Divisions- oder Brigaderahmen teilnehmen. Jeder Bundesstaat wurde zur alljährlichen Durchführung vierwöchiger Übungen seines Kontingents in mindestens halber Kriegsstärke verpflichtet.

Nachdem 1849/50 beim Verladen und Befördern von Truppen über das Eisenbahnnetz große Schwierigkeiten aufgetreten waren, wurde seit 1854 auch das gesamte deutsche Eisenbahnnetz auf seine Eignung für Mobilmachung und Aufmarsch des Bundesheeres von der Militärkommission überwacht. In den ihr zugewiesenen Arbeitsbereichen übte die Kommission zwar die Tätigkeit eines Kriegsministeriums aus, doch besaß sie kein Initiativrecht. Verantwortlich war die Kommission nur dem Bundestag, der allein exekutiv tätig werden und Anordnungen an sie verfügen durfte. Neben den Kontrollaufgaben, der Vorlage militärischer Gutachten und der Sammlung, Vorlage und Kommentierung der Standes- und Diensttabellen der Kontingente, hatte die Militärkommission eine weitere gewichtige Aufgabe: die Aufsicht über die Bundesfestungen.

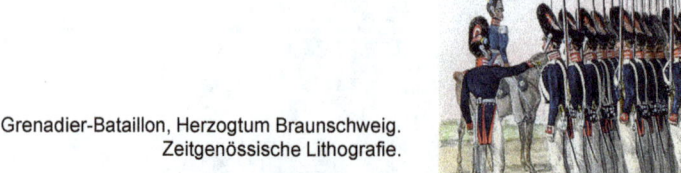

097 Grenadier-Bataillon, Herzogtum Braunschweig.
Zeitgenössische Lithografie.

098
Helm für Offiziere,
die so genannte
Pickelhaube.

099
Kavallerie-Pistole
M 1823.

100
Infanterie-Offizier-
Degen alter Art
mit Präsentierdorn,
erstes Drittel
19. Jahrhundert.

273

101 Unteroffizier vom 2. Garde-Regiment, um 1830. Zeitgenössische Lithografie.

4. Die Bundesfestungen

Mit den Pariser Verträgen wurden am 3. Dezember 1815 durch die vier verbündeten Großmächte Österreich, Russland, Preußen und Großbritannien feste Plätze zur Sicherung der deutschen Westgrenze festgelegt. Luxemburg, Mainz und Landau, das durch den zweiten Pariser Frieden der bayerischen Pfalz zugefallen war, sollten Festungen des Deutschen Bundes werden und gegen die französische Festungskette den Rhein decken und durch eine Flankenstellung den Moselraum unterstützen. Zu diesen bestehenden Anlagen kamen 1841 und 1842 noch die Neubauten von ▸ Rastatt und Ulm als Bundesfestungen hinzu. Im militärischen ▸ Denken der Zeit nahmen Festungen noch immer einen zentralen Platz ein, auch wenn sie längst kein unüberwindliches Hindernis mehr darstellten. Im Allgemeinen lag ihre vordergründigste Aufgabe darin, gewissermaßen als Knoten das strategische Gewebe eines Landes zusammenzuhalten.

Hinter der Anlage der Bundesfestungen stand der Plan, dass sie im Kriegsfall den Gegner zu zeitraubenden Belagerungen zwingen und den Aufmarsch der Bundestruppen decken sollten. Besonders exponiert lag die Festung Luxemburg. Flankiert wurde sie von den preußischen Festungen Saarlouis, Wesel und Köln-Deutz. Die Bundesfestung Mainz deckte das mittelrheinische Gebiet und die Stadt Frankfurt als Sitz des Bundestages, unterstützt werden sollte sie von der preußischen Festung ▸ Koblenz-Ehrenbreitstein. Die Sicherung der oberrheinischen Tiefebene war zunächst alleinige Aufgabe der Festung Landau, bevor 1836 mit dem Ausbau der bayerischen Festung Germersheim begonnen wurde, die der Bund finanziell unterstützte.

Die Festungen standen schon im Frieden unter der direkten Aufsicht und administrativen Leitung des Bundes, die durch die Militärkommission wahrgenommen wurde. Oberster militärischer Befehlshaber war ein Festungsgouverneur, dem ein Festungskommandant unterstellt wurde, der den Truppendienst leitete. Hinzu kamen ein Artillerie- und ein Geniedirektor. Unter dem Gesamtbegriff der Genietruppen wurden Spezialisten verstanden, deren Leitung und Führung in der Hand von Ingenieuren lagen. Die Offiziere standen in Eid und Pflicht des Bundes, sie gehörten abwechselnd den Staaten an, welche die Besatzung stellten. Die Besoldung, Bekleidung und Verpflegung der Besatzungstruppen lagen bis zum Eintreten des Kriegs- oder Belagerungszustandes in der Hand der jeweiligen Kontingentstaaten, dann des Bundes. Die Festungsbauten verschlangen große Summen Geldes, was nicht ohne Folgen für die gesamte militärische Entwicklung blieb. Der Gesamtvoranschlag für das Jahr 1860 für die Festung Mainz betrug 1 871 668, für Luxemburg 1 062 027 und für Landau noch 595 964 Gulden. Zum Vergleich: Ein Subalternbeamter, etwa dem heutigen Regierungsinspektor vergleichbar, hatte ein Jahresgehalt von 1200 Gulden, was nach Einführung der Mark 1873 ungefähr 2400 Mark entsprach. Dem Bau der Festung Ingolstadt, einem Prestigeprojekt des bayerischen Königs ▸ Ludwig I., wurde bei der Bereitstellung der Landesmittel in hohem Maße Priorität eingeräumt und dafür in anderen Bereichen der Armee gespart. Dies führte dazu, dass die Festung Ingolstadt zu einem Hemmschuh für die Gesamtentwicklung der bewaffneten Macht Bayerns und damit für ein wichtiges Kontingent des Bundesheeres insgesamt wurde.

274

B Ludwig I. (1786–1868)
König von Bayern – Als Kronprinz lehnte Ludwig die napoleonfreundliche Politik seines Vaters Max I. Joseph ab und setzte sich für gesamtdeutsche, nationalstaatliche Interessen ein. Anlässlich seiner Hochzeit im Oktober 1810 wurde ein Pferderennen auf der zu Ehren der Braut benannten Theresienwiese veranstaltet. In Erinnerung daran entwickelte sich später das Oktoberfest. Ludwig I. wurde als liberaler König (seit 1825) geschätzt, regierte jedoch nach 1830 autoritärer. Im Jahre 1848 kam es in München zu Unruhen, darauf dankte er zu Gunsten seines Sohnes Maximilian II. ab.

102 Ludwig I. Öl auf Leinwand von Joseph Stieler, 1826.

1 Ernst Ludwig von Aster, »Über die neudeutsche Befestigtungmanier«
Als Chef des preußischen Ingenieurkorps und Vertreter der neudeutschen Manier äußerte sich von Aster zum besonderen Wert des neuen Befestigungssystems wie folgt:

»Seitdem die Kriege in größerem Maßstabe und bedeutenden Massen geführt werden, ist auch den festen Plätzen ein unveränderter Einfluß auf die Kriegshandlung dadurch zuteil geworden, daß sie mehr die Aktivität (als Waffenplätze) als der Passivität (als Sperrung) zu dienen bestimmt sind, worauf die neuesten Konzeptionen hinauslaufen, indem das im Geschützbereich befindliche Terrain den Charakter eines vorbereiteten Schlachtfeldes annimmt, auf welchem sich Truppen, angelehnt an die Werke, im Freien bewegen und schlagen können.«

Zit. nach: Rüdiger Wischemann, Die Festung Koblenz. Vom römischen Kastell und Preußens stärkster Festung zur größten Garnison der Bundeswehr, Koblenz 1978, S. 200

105
Die Festung Rastatt.
Aquarell, um 1860.

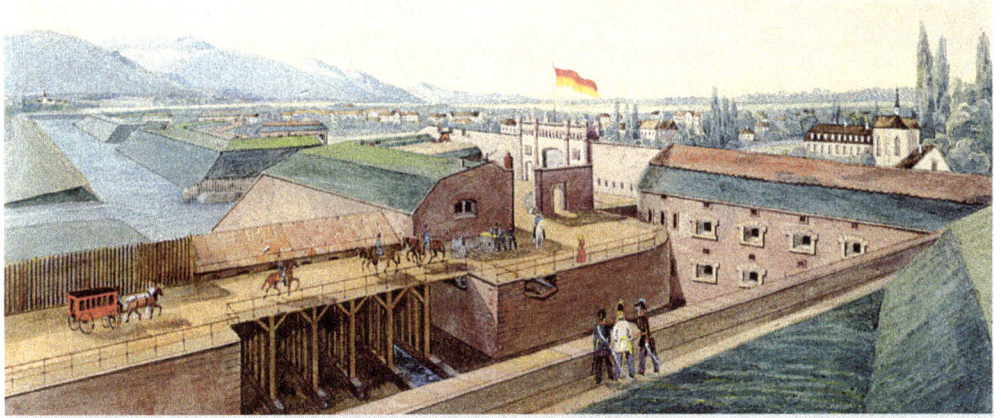

2 Friedrich Wilhelm Schindhelm, »Die Festung Rastatt« (1962)
Der Grafiker und Heimatforscher Schindhelm fasst die Geschichte und Bedeutung der Festung Rastatt zusammen:

»Bei der Grundsteinlegung am 18. Oktober 1844 sprach der Festungsbaudirektor folgende Worte: ›So wolle Gott den begonnenen Bau dieser Festung wohl vollenden helfen, auf daß sie stark und unbezwinglich werde und auch an ihrem Platz bereit sei, die Unabhängigkeit des großen Vaterlandes in aller Zukunft: zu verteidigen und zu behaupten.‹ Nun, die Festung wurde nie vollendet, und für die Unabhängigkeit des Bundes trat sie auch nur unglücklich in Erscheinung. Beim Aufstand 1849 wurde sie vom 1. Juli bis 23. Juli belagert und beschossen, nach der Übergabe mit nachfolgenden Standgerichten von Preußen bis 1850 besetzt gehalten. Nach Wiederherstellung des Bundes sollten 3000 Österreicher, 2000 Preußen und 2000 Badener die Festung beziehen, aber bereits am 10. und 14. Juni 1866 verließen Osterreicher und Preußen die Stadt, in der nur Truppenteile aus Baden, Coburg-Gotha, Waldeck und Reuß verblieben. Nach diesem traurigen Trennungskrieg wurde Baden rechtmäßiger Besitzer der Festung. Im Kriege 1870/71 mußte auf Befehl des Gouverneurs die Rheinau vollständig geräumt werden, aber nur die 17 000 Gefangenen der eroberten Festung Straßburg zogen in ein Barackenlager im Zay bis zur Entlassung 1871. Im gleichen Jahr ging die Festung in die Fürsorge der Preußen über unter Beibehaltung der badischen Territorialhoheit. Bereits am 13. März 1871 wurde die ›Desarmierung‹ befohlen und durch die sofortige Öffnung der Tore wurde der Stadt die erste Verkehrserleichterung zuteil.
Schon nach vierzig Jahren war durch die rasche Steigerung der Tragweite der Geschütze die Festung wertlos geworden. Durch Kabinettsorder befahl am 4. März 1890 Kaiser Wilhelm II. die Aufhebung der Festung Rastatt. Während das noch brauchbare Material nach Straßburg wanderte, wurde der Abbruch mit der Niederlegung der freistehenden Stadtmauern und der Krönungsmauer der oberen Schleuse begonnen und der Stadt damit der Blick in die freie Zukunft eröffnet.«

Zit. nach Wilhelm Schindhelm, Die Festung Rastatt. In: Um Rhein und Murg, 2 (1962), S. 113

106 Festung Ehrenbreitstein.
Kolorierter Kupferstich aus der
Werkstatt von Matthaeus Merian d.Ä.,
um 1646.

107 Blick auf Koblenz und die
Festung Ehrenbreitstein.
Stahlstich von Hermann Emden,
um 1863.

Die Festung Ehrenbreitstein

Gegenüber der Moselmündung liegt bei Koblenz die Festung Ehrenbreitstein 118 Meter über dem Rheintal. Sie ist eine der besterhaltenen Festungsanlagen Europas und galt Mitte des 19. Jahrhunderts als uneinnehmbar. Die Besiedlung des schroffen Festungsberges reicht jedoch bis in die vorgeschichtliche Zeit zurück.

Eine erste kleinere Burg, die um das Jahr 1000 gebaut wurde, kam um 1020 in den Besitz des Erzbistums Trier. Im Laufe der Jahrhunderte entwickelte sich eine größere Festung. Zu ihren ersten Geschützen gehörte um 1525 die Prunkkanone »Greif«.

Während des Dreißigjährigen Krieges eroberten erst französische, danach kaiserliche Truppen den steilen Ehrenbreitstein. Daraufhin ließen die Trierer Erzbischöfe weitere Bastionen bauen und durch Wälle verstärken.

Zwischen 1795 und 1799 belagerten französische Revolutionstruppen viermal die Befestigung, bis die 2500 Mann Besatzung schließlich kapitulieren musste. Da die Franzosen nach dem Frieden von Lunéville 1801 die rechte Rheinseite zu räumen hatten, sprengten sie die Festungsmauern mit 30 000 Pfund Pulver.

Nach dem Wiener Kongress fielen die Rheinlande und der Ehrenbreitstein 1815 an das Königreich Preußen. Sofort beauftragte König Friedrich Wilhelm III. die Generalmajore von Astern und von Rauch sowie Oberstleutnant Le Bauld de Nans mit dem Wiederaufbau der Feste. So entstand bis 1828 die heute erhaltene Festung Ehrenbreitstein.

Sie war Teil des Festungsrings um Koblenz und sollte einen moselabwärts ziehenden Feind am Überschreiten des Rheins hindern. Daneben sollten die Festungswerke die Verkehrswege sichern und gegnerische Truppen binden.

Im Kriegsfall konnten 1500 Mann mit 80 Kanonen die Feste Ehrenbreitstein verteidigen. Achtmal wurde sie in volle Verteidigungsbereitschaft versetzt, zuletzt während des Ersten Weltkrieges, doch musste die Defensivkraft nicht mehr unter Beweis gestellt werden.

Mit der Gründung des deutschen Kaiserreiches wurde der Ehrenbreitstein 1871 Reichsfestung, verlor allerdings bald seine militärische und strategische Bedeutung.

Nach dem Ersten Weltkrieg entgingen die Festungswerke der Schleifung nur wegen ihres musealen, kultur- und kunsthistorischen Wertes. Militärisch hatte sie infolge des waffentechnischen Fortschritts längst ihre Bedeutung verloren.

Heute befinden sich auf dem weitläufigen Gelände unter anderem das Landesmuseum Koblenz, Ausstellungsräume und das Ehrenmal des deutschen Heeres.

108 Die Festung Ehrenbreitstein.

109
Das Ehrenmal
des deutschen
Heeres, Foto 2005.

Das Ehrenmal des deutschen Heeres

Das Ehrenmal des deutschen Heeres befindet sich in einer Nische der nördlichen Festungsmauer. Es ist dem Gedenken an die gefallenen Soldaten des Ersten und Zweiten Weltkrieges sowie der in Ausübung ihres Dienstes zu Tode gekommenen Bundeswehrsoldaten gewidmet. Im Jahre 1972 wurde das Denkmal im Beisein des damaligen Bundesverteidigungsministers Georg Leber und des Generalinspekteurs der Bundeswehr, Admiral Armin Zimmermann, eingeweiht. Schirmherr des Denkmals ist der Inspekteur des Heeres.

Die Form des Ehrenmals ist bewusst schlicht gehalten. Im Mauerbogen befindet sich des Eiserne Kreuz, die Gedenkinschrift lautet: »Den Toten des deutschen Heeres«.

Die vom Münchener Bildhauer Professor Hans Wimmer geschaffene Skulptur stellt einen aufgebahrten Soldaten mit Stahlhelm dar. Für den Helm wurde eine Übergangsform gewählt, die Heeressoldaten zwischen den beiden Weltkriegen trugen. Alljährlich zum Volkstrauertag findet eine Gedenkstunde statt.

Die Verträge hinsichtlich der Bundesfestung Mainz umfassten erstens einen Vertrag zwischen Österreich, Preußen und Hessen, zweitens eine preußisch-österreichische Militärkonvention über den Besatzungsdienst und die Verwaltung und drittens das Reglement für die Bundesfestung Mainz. Sie wurden beispielgebend für alle Abmachungen bezüglich der anderen Festungen des Bundes. Alle fünf Jahre wechselte das Recht auf die Benennung des Gouverneurs und des Kommandanten zwischen Preußen und Österreich, die auch den Hauptteil der 7000 Mann starken Friedenstruppen (Sollstärke) trugen; Hessen-Darmstadt sollte ein Bataillon stellen. Diese Zahlen wurden jedoch nie erreicht. Im August 1830 lagen 4800 Mann in Mainz. In der Kernfestung gab es nicht genug Platz, so dass ein Teil der Truppen in Bürgerquartieren der Stadt Mainz untergebracht werden musste. Dies führte sowohl zu Spannungen zwischen den beiden großen Kontingenten als auch zu Auseinandersetzungen innerhalb der Mannschaften. Im Kriegsfall sollte die Festung auf etwa 21 000 Mann aufgestockt werden, neben Preußen und Österreich sollten Kontingente der herzoglich-sächsischen und anhaltinischen Kleinstaaten das letzte Drittel bilden.

Durch Staatsvertrag mit den Niederlanden bekam Preußen das Recht, in der Bundesfestung Luxemburg sowohl den Gouverneur als auch den Kommandanten wie den Hauptteil der Friedensbesatzung zu stellen. Im Kriegsfall sollte das luxemburgische Kontingent von 1217 Mann zu den 4333 Preußen und 1450 Soldaten der Reservedivision stoßen und die große Festung mit ihren umliegenden 24 Forts besetzen. Die Friedensstärke der Festung Landau betrug zunächst 2800 Mann, die allein von Bayern aufgebracht wurden, das auch die Gouverneure und Kommandanten bestimmte. 1831 wurde festgelegt, dass die Kriegsbesatzung neben 4000 Bayern aus Bundestruppen mittel- und süddeutscher Kleinstaaten wie Schwarzburg-Sondershausen, Liechtenstein und anderen mehr bestehen sollte.

Die Zufälligkeiten der Festungsorte Luxemburg, Mainz und Landau versuchte man durch das bayerische Germersheim und die neuen Bundesfestungen Rastatt und Ulm zu korrigieren, um einen Festungsgürtel des Deutschen Bundes gegen Frankreich zu erlangen. Nach der außenpolitischen Isolierung Frankreichs durch die ▶ Orientkrise im Jahre 1840 und der ▶ öffentlichen Forderungen nach dem Rhein als nationaler Grenze Frankreichs, schien ein von Frankreich entfesselter europäischer Krieg möglich, der sich auch gegen die süddeutschen Staaten richten konnte. Vor diesem Hintergrund beschloss die Bundesversammlung 1841 den Bau der Festungen Rastatt und Ulm.

Nach zweijährigen Erdarbeiten fanden am 18. Oktober 1844 die Grundsteinlegungen für beide Festungen statt, sie wurden aber erst gegen 1860 endgültig fertig gestellt. In Rastatt bestimmte Baden die administrative Leitung der Festung, lediglich die Geniedirektion wurde durch Österreich gestellt. Die Gestellung der Garnisonstruppen teilten sich Baden, Österreich und Preußen. Die Friedensstärke betrug 2500 Mann, die im Kriegsfall auf 10 000 Mann aufgestockt werden sollte. Die Friedensbesatzung der Festung Ulm, einem Zentralpunkt und Hauptwaffenplatz für die Defensivoperationen in Süddeutschland, bestand aus 5000 Mann, 4400 Württembergern und Bayern und 600 Mann österreichischer Artillerie. Im Kriegsfall sollte Ulm mit 20 000 Soldaten besetzt werden.

Die Orientkrise dauerte von 1839 bis 1841. Sie wurde ausgelöst durch den Beitritt Frankreichs auf Seiten Ägyptens in der Auseinandersetzung zwischen dem osmanischen Sultan und dem Pascha von Ägypten. Die Verbündeten des Osmanischen Reiches waren England, Russland, Österreich und Preußen. Zu einem Krieg kam es nicht, da der Pascha von Ägypten, Mehmet Ali (1769–1849), sich der Seeblockade der europäischen Großmächte fügte. Die 1. Londoner Konvention vom 15. Juli 1840 führte zu Gesprächen zwischen den beteiligten Parteien und endete mit einer diplomatischen Niederlage Frankreichs. Dies förderte die Kriegsstimmung in Frankreich und Ministerpräsident Adolphe Thiers (1779–1877) forderte den Rhein als französische Ostgrenze. Die 2. Londoner Konvention vom 13. Juli 1841 führte zum Meerengenvertrag zwischen dem Sultan und den fünf Großmächten. Laut diesem wurden die Dardanellen und der Bosporus für nichttürkische Kriegsschiffe in Friedenszeiten gesperrt.

1 Nikolaus Becker, »Rheinlied« (1840)
Als Frankreich 1840 erneut Ansprüche auf das linke Rheinufer erhob, verfasste Becker sein »Rheinlied«, das in Deutschland schnell an Popularität gewann und nach seiner Vertonung zum Volkslied wurde.

»Sie sollen ihn nicht haben,
den freien deutschen Rhein,
ob sie wie gier'ge Raben
sich heiser danach schrein,
Solang er ruhig wallend
sein grünes Kleid noch trägt,
solang sein Ruder schallend
in seine Woge schlägt.
[...]
Solang die Flosse hebet
ein Fisch auf seinem Grund,
solang ein Lied noch lebet
in seiner Sänger Mund.
Sie sollen ihn nicht haben,
den freien deutschen Rhein,
bis seine Flut begraben
des letzten Manns Gebein!«

110 Fest steht und treu die Wacht am Rhein. Holzstich nach Zeichnung von Caspar Scheuren, 1871.

Zit. nach: Erich und Heinz Lafontaine, Die liberale und nationale Bewegung in Deutschland im 19. Jahrhundert, Stuttgart 1992 (= Tempora, Quellen zur Geschichte und Politik, Sekundarstufe II/Kollegstufe), S. 59 f.

111 Plan der Bundesfestung Rastatt um 1857.

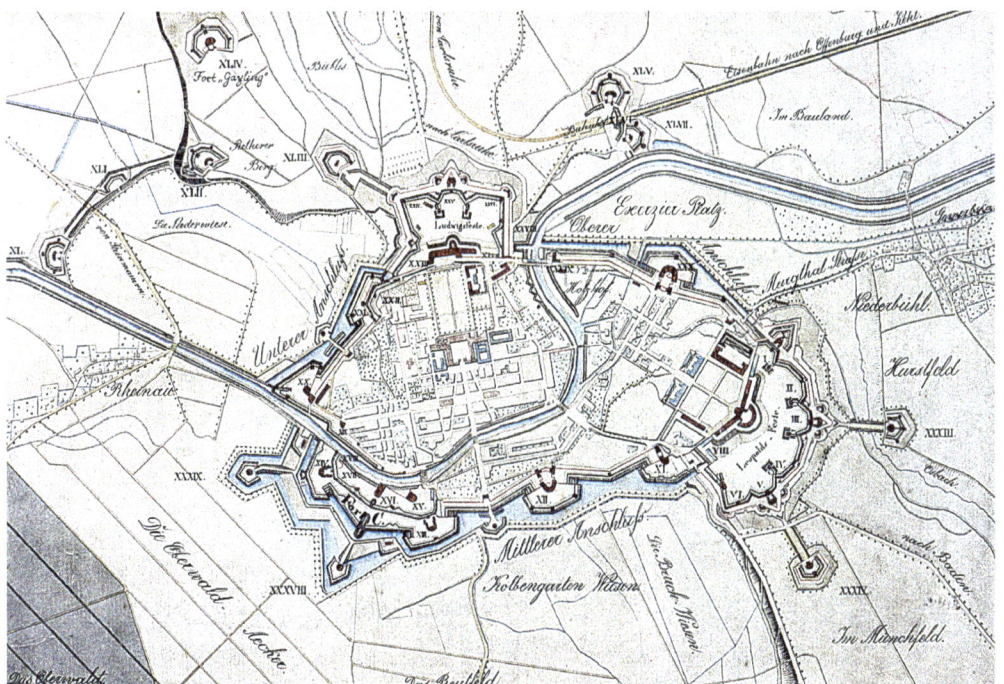

5. Die deutsche Bundesflotte von 1848 (Herbert Kraus)

Nachdem bereits die provisorischen Gremien der Revolution im April und Mai 1848 eine Marine als bewaffneten Schutz deutscher Interessen zur See gefordert hatten, beschloss die Nationalversammlung in der Frankfurter Paulskirche am 14. Juni 1848, nur knapp einen Monat nach ihrem ersten Zusammentreten, insgesamt sechs Millionen Taler »zum Zwecke der Begründung eines Anfangs für die deutsche Marine« bereitzustellen.

Aus den Debattenbeiträgen der Abgeordneten General ▶ Joseph Maria von Radowitz und Johann Ludwig Tellkampf lassen sich die Motive für das fast einstimmige Votum herauslesen. Das unmittelbarste Argument der Flottengründung war der bestehende Konflikt mit dem Königreich Dänemark über den künftigen Status der Herzogtümer Schleswig und Holstein. Der Seemacht des Inselstaates hatte Deutschland in seinen Teilen und im Ganzen nichts entgegen zu setzen. Parteiübergreifend formuliert wurde die Bedeutung der neu zu gründenden Marine als Symbol der nationalen Einheit nach innen und außen. Auch der Schutz des Seehandels spielte eine wichtige Rolle. Die Erweiterung des politischen Horizonts der Nation und die Förderung von Technologie und Arbeitsplätzen wurden ebenfalls vorgetragen. Einige Abgeordnete gingen noch darüber hinaus: Sie forderten eine Marine zum Erwerb und Schutz von Kolonien und der weltweiten Präsenz deutscher Macht zur See.

Am 31. Juli 1848 beschloss das Parlament die Einführung einer Kriegsflagge: Schwarz-Rot-Gold sollte im Obereck das Reichswappen, den doppelköpfigen Adler, tragen. Aus der überschaubaren Gruppe derer, die seinerzeit den Aufbau einer Marine in Deutschland theoretisch durchdacht haben, ragt ▶ Adalbert, Prinz von Preußen, heraus. Der Vetter König Friedrich Wilhelms IV., seit seiner Jugend der Seefahrt verbunden, wurde im Frühjahr 1848 vom preußischen König beauftragt, eine Denkschrift über Maßnahmen zur Sicherung der preußischen Ostseeküste zu verfassen. Durch den preußischen Kriegsminister gebeten, erweiterte Adalbert den Untersuchungsgegenstand auf die relevanten Gesichtspunkte zur Bildung einer gesamtdeutschen Kriegsmarine und veröffentlichte seinen Bericht im Mai 1848 in Potsdam und Frankfurt.

Adalbert kombinierte in seinen Überlegungen die Vorstellungen der preußischen Schule des Küstenschutzes mit den bürgerlichen Vorstellungen des Handelsschutzes. Im Kern schlug er in seiner Denkschrift drei Varianten einer deutschen Marine vor, die auch als Entwicklungsstufen betrachtet werden können:

»Eine Kriegsmarine zur rein defensiven Küstenverteidigung, eine solche zur offensiven Verteidigung und zum nothwendigsten Schutze des Handels, oder eine selbstständige Seemacht.«

Im Folgenden legte Adalbert detailliert dar, wie die jeweilige Variante in der überschaubaren Zukunft auszustatten sei und welche weiteren Konsequenzen dies für Personal, Infrastruktur und Haushalt sowie die politische Gesamtstrategie des Landes haben werde. Dem Entscheidungsträger, sei es ein gesamtdeutsches Parlament oder sei es ein preußischer Monarch, war mit dieser Denkschrift eine differenzierte Entscheidungsgrundlage gegeben. Nachdem die Technische Marinekommission des Parlaments im März 1849 eine Kombination aus der ersten und zweiten Variante Adalberts vorgeschlagen hatte, wurde ein Rüstungsprogramm aufgelegt, das folgende Zielvorstellungen hatte:

280

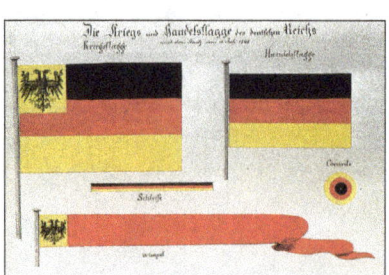

112 Die Kriegs- und die Handelsflagge des Deutschen Reichs. Faksimile des Aquarells für den Entwurf der Flaggen, veröffentlicht mit dem Reichsgesetzblatt vom 13. November 1848.

113 Prinz Adalbert
von Preußen.
Holzstich, 1870.

Adalbert Prinz von Preußen (1811–1873)

B Admiral – Der Vetter der preußischen Könige Friedrich Wilhelm IV. und Wilhelm I. durchlief die für Angehörige der preußisch-königlichen Familie übliche Armeeausbildung, wandte sich jedoch schon in seiner Jugend maritimen Fragen zu. Deshalb reiste er nach Holland, England und Russland. Erfahrungen als Seefahrer sammelte Adalbert 1842/43 auf einer Reise nach Brasilien. Seine ursprünglich für den Aufbau der preußischen Marine entworfene »Denkschrift über die Bildung einer deutschen Kriegsflotte« arbeitete er 1848 für die Bundesflotte um.

In dieser nahm Adalbert in verschiedenen Kommissionen maßgebende Stellungen ein, aber als Mitglied des preußischen Königshauses konnte er jedoch keine verantwortlich-leitende Rolle ausüben. Seit 1849 Chef der preußischen Marine, darauf 1867–1871 Oberbefehlshaber der Norddeutschen Bundesmarine, veranlasste Adalbert die Gründung von Wilhelmshaven. Von der Reichsgründung bis zu seinem Tod bekleidete er das Amt des Generalinspekteurs der Kaiserlichen Marine.

114
Die Reichsminister
und Politiker zur Zeit der
Nationalversammlung.
Zeitgenössische
Radierung.

Oben von links:
Hermann von Beckerath
(Finanzminister),
Anton von Schmerling
(Innenminister),
Johann Heckscher
(Justizminister)

Mitte: Arnold Duckwitz
(Handels- und
Marineminister),
Fürst Karl
von Leiningen
(Ministerpräsident),
Robert von Mehl
(Justizminister)

Unten:
Gustav von Mevissen
(Liberaler
Unternehmer),
Eduard von Peucker
(Kriegsminister)
und Friedrich Daniel
Bassermann
(Vorsitzender des
Verfassungs-
ausschusses).

115 Joseph Maria
von Radowitz.
Lithografie von Heinrich
Hasselhorst, 1848.

Joseph Maria von Radowitz (1797–1853) 281

B Preußischer General, Diplomat und Politiker – Seit 1808 besuchte Radowitz verschiedene Militärschulen. 1812 trat er in die westfälische Armee ein und kämpfte auf der Seite der napoleonischen Truppen in der »Völkerschlacht« bei Leipzig. 1814 nahm er mit der kurhessischen Armee an den Freiheitskriegen gegen Napoleon teil und unterrichtete anschließend an hessischen Militärschulen. Seit 1842 war er Gesandter beim Deutschen Bund in Frankfurt am Main. Er verließ den preußischen Staatsdienst 1848 und war seitdem Abgeordneter in der Frankfurter Nationalversammlung, wo er insbesondere auch in militärischen Ausschüssen aktiv war. Im November 1850 wurde er für kurze Zeit zum preußischen Außenminister bestellt und war anschließend Sonderbotschafter in London. Seit 1852 bekleidete Radowitz das Amt des Generalinspekteurs für die preußische Armeeausbildung.

15 Segelfregatten und fünf Schoner, fünf Dampffregatten und 20 Dampfkorvetten sowie 80 Kanonenschaluppen mit zehn Dampfavisos zum Schleppen. Die Schiffe seien im Ausland zu kaufen oder nach ausländischen Plänen in Deutschland zu bauen. Das Führungspersonal sei ebenfalls im Ausland anzuwerben und die Leitung auf ein ziviles Zentralbüro in Frankfurt am Main und ein militärisches Oberkommando in einem Kriegshafen aufzuteilen. Bevorzugter Partner sollten die ▸ USA sein. Die Kosten für den auf zehn Jahre angelegten Hafen- und Flottenbau waren ebenfalls berechnet worden. Allein daraus wird deutlich, dass diese Marine nicht für den aktuellen Konflikt mit Dänemark ausgelegt war. Den Beteiligten war klar, dass die Marine ein langfristig zu schaffendes Instrument sein musste.

Der verantwortliche Politiker in der provisorischen Zentralgewalt in Frankfurt war der Handelsminister Arnold Duckwitz, der bis zu seinem Rücktritt energisch für den Aufbau der Marine eintrat. Zum ersten Befehlshaber und Seezeugmeister der neuen Flotte wurde der in der griechischen Marine dienende Stabsoffizier ▸ Karl Rudolf Bromme, genannt Brommy, berufen.

Dem im November 1849 zum Konteradmiral ernannten Brommy gelang es, aus dem rasch zusammengewürfelten Personal und Material eine militärische und seemännische Gemeinschaft zu formen, deren Dienst und Ausbildung geregelt ablief.

Am 5. April 1849 gelang der schleswig-holsteinischen Küstenverteidigung ein großer Erfolg bei der Abwehr eines dänischen Landungsunternehmens vor Eckernförde. Aufkommender *auflandiger* (von See kommend) Wind behinderte die dänischen Schiffe in ihrer Manövrierfähigkeit und setzte damit die entschlossen geführten Küstenbatterien in die Lage, das Linienschiff CHRISTIAN VIII. in Brand zu schießen, so dass es schließlich explodierte, und die aufgrund gelaufene Fregatte GEFION zum Streichen der Flagge zu zwingen. Dieser maritime Erfolg war keiner der Flotte, brachte ihr jedoch mit der bald instand gesetzten und in ECKERNFÖRDE umbenannten ehemals dänischen Fregatte kampfkräftigen Zuwachs.

Ein neuer Weg maritimer Technologie wurde 1849 beschritten. Der bayerische Unteroffizier Wilhelm Bauer konstruierte in Kiel das erste deutsche Tauchboot, den ▸ BRANDTAUCHER. Der BRANDTAUCHER sank jedoch auf seiner ersten Unterwasserprobefahrt im Kieler Hafen. Die dreiköpfige Besatzung unter ihrem Kommandanten Bauer konnte sich retten.

Das Scheitern des revolutionären Versuchs, einen parlamentarisch geprägten deutschen Nationalstaat zu gründen, versetzte die im Aufbau befindliche Marine schließlich in einen Zustand fragwürdiger Zugehörigkeit. Der politisch wieder belebte Deutsche Bund bot nur einen schwachen Ersatz. Dennoch sollte es noch über drei Jahre dauern, bis die Bundesflotte aufgelöst wurde. Die Sympathie der Öffentlichkeit, die durch die Tüchtigkeit Brommys aufrecht erhaltene Reputation und das Kalkül sowie die Begehrlichkeiten der deutschen Staaten ließen die Marine vorerst in einer Nische weiter existieren. Dennoch besiegelte die Uneinigkeit der deutschen Staaten letztlich auch das Ende der Marine: Die neun Dampfschiffe, zwei Segelfregatten und 27 Ruderkanonenboote wurden 1852/53 abgetreten, verkauft oder abgewrackt. Ohne einen Staat konnte das staatliche Instrument Marine nicht dauerhaft weiter existieren.

116 Die Vernichtung des Linienschiffes CHRISTIAN VIII. und die Gefangennahme der Fregatte GEFION im Hafen von Eckernförde am 5. April 1849.

1 Friedrich Wilhelm IV.,
»Ausbildung von Seekadetten
in der US-Navy« (1848)

*Der preußische König veranlasste im Oktober
1848 die Abkommandierung von vier aus Preußen
stammenden Seekadetten.*

»Da nach dem Mir gehaltnen Vortrage die Norda-
merikanische Regierung sich bereit erklärt hat, vier
preußische junge Seeleute zur weiteren Ausbildung für die Kriegsmarine als freiwillige Midship-
men, an Bord nehmen zu lassen, so will Ich die
von Ihnen im Einverständnis mit den betreffenden
Ministerien getroffne Anordnung genehmigen, dass
der dazu bestimmten Nordamerikanischen Fregatte ST. LAWRENCE die See-Cadetten Julius Hoffmann,
Willy Berger, Carl Behrendt und Carl Batsch unter
den vereinbarten Bedingungen überwiesen und
die Kosten aus der General Staatskasse berichtigt
werden; wonach Sie das Weitere zu veranlassen
haben.«

*Zit. nach: Jörg Hillmann und Reinhard Scheiblich,
»Das rote Schloß am Meer«. Die Marineschule
Mürwik seit ihrer Gründung, Hamburg 2002, S. 17*

118 USS ST. LAWRENCE.
Zeitgenössisches Ölgemälde.

117 Heinrich Heine.
Öl auf Leinwand von
Gottlieb Gassen,
1828.

 1 Heinrich Heine, »Unsere Marine«

*In seinem Gedicht verspottet Heine die Bestrebung
zur Gründung einer deutschen Kriegsflotte.*

»Wir träumten von einer Flotte jüngst,
Und segelten schon vergnüglich
Hinaus aufs balkenlose Meer,
Der Wind war ganz vorzüglich. [...]

Wir träumten so schön, wir hatten fast
Schon eine Seeschlacht gewonnen –
Doch als die Morgensonne kam,
Ist Traum und Flotte zerronnen.

Wir lagen noch immer im heimischen Bett
Mit ausgestreckten Knochen.
Wir rieben uns aus den Augen den Schlaf,
Und haben gähnend gesprochen:

›Die Welt ist rund. Was nützt es am End,
Zu schaukeln auf müßiger Welle!
Der Weltumsegler kommt zuletzt
Zurück auf dieselbe Stelle.«

*Zit. nach: Heinrich Heine, Werke in fünf Bänden,
Bd 1: Gedichte. Hrsg. von der nationalen
Forschungs- und Gedenkstätte der klassischen
deutschen Literatur in Weimar, Berlin 1991,
S. 193 f.*

283

 **B** Karl Rudolf Bromme (1804–1860)
Admiral – Nach Diensttätigkeit bei maritimen Verbänden der verschiedensten
Länder nahm Bromme (genannt Brommy) ab 1827 am griechischen Freiheitskampf teil.
Bekannt geworden durch sein Werk »Die Marine«, wurde er 1848 von der Frankfurter Nationalversammlung aufgefordert, am Aufbau einer deutschen Flotte mitzuwirken. Darauf
wurde er unter anderem in die Technische Marinekommission und zum Seezeugmeister
berufen. Mit der Auflösung der Bundesflotte nahm er 1853 seinen Abschied. Nach nur
kurzem Dienst in der österreichischen Marine starb Brommy bei Bremen.

119 Karl Rudolf Bromme. Stahlstich, um 1850.

120 Das einzige Gefecht der Bundesflotte gegen dänische Kriegsschiffe am 4. Juni 1848. Zeitgenössisches Ölgemälde.

Die Schiffe der deutschen Bundesflotte

Der Kampf um die territoriale Zugehörigkeit der Herzogtümer Schleswig und Holstein zwischen Dänemark und dem Deutschen Bund führte das Fehlen einer deutschen Kriegsmarine schmerzlich vor Augen. Dänemark blockierte als Reaktion auf die Bundesexekution den gesamten Seehandel der deutschen Nord- und Ostseehäfen. Die in Frankfurt am Main zusammengekommene Nationalversammlung bildete deshalb am 14. Juli 1848 einen Marineausschuss und bewilligte für die Schaffung einer deutschen Seestreitmacht sechs Millionen Taler. Dem Handelsminister Arnold Duckwitz wurde die Aufgabe übertragen den Aufbau der Flotte zu koordinieren. Zum Befehlshaber der ersten deutschen Kriegsmarine wurde der erfahrene Seeoffizier Rudolf Brommy ernannt. Er bestimmte Bremerhaven zum Heimathafen der entstehenden Flotte.

Der Aufbau

Den Grundstock für die zu schaffende Bundesflotte bildete die »Hamburger Flottille«. Auf Initiative der Hamburger Reeder Godeffroy und Slomann wurden von der Hanseatischen Dampfschifffahrt-Gesellschaft im Auftrag der Hamburger Admiralität und mit Mitteln aus Sammlungen des Marinevereins am 23. Juli 1848 vier Handelsschiffe gekauft. Die »Hamburger Flottille« bestand aus den Radkorvetten BREMEN, HAMBURG und LÜBECK, sowie der Segelfregatte DEUTSCHLAND. Die Schiffe trafen am 15. Oktober 1848 in Bremerhaven ein und wurden für ihre neue Verwendung im Winter 1848/49 umgebaut. Anfang 1849 trafen die GROSSHERZOG VON OLDENBURG, FRANKFURT und DER KÖNIGLICHE ERNST AUGUST in Bremerhaven ein. Diese Dampfschiffe hatte Handels- und Marineminister Duckwitz in England für die Bundesflotte bauen lassen. Im März 1849 verstärkten die von der englischen Reederei Cunard Line angekauften Nordatlantikdampfer BARBAROSSA und ERZHERZOG JOHANN die Bundesflotte. In die erste deutsche Flotte wurden ferner die beim Artilleriegefecht in der Bucht von Eckernförde am 5. April 1849 erbeutete dänische Fregatte GEFION als ECKERNFÖRDE und die in den USA angekaufte HANSA, die ehemalige UNITED STATES, aufgenommen.

123 Die Kieler Flotte. Zeitgenössisches Ölgemälde.

Einsatz und Ende

Ende Mai 1849 betrachtete Kapitän Brommy die Bundesflotte als einsatzbereit. Am 4. Juni 1849 stach er mit seinem Flaggschiff BARBAROSSA und den Dampfschiffen HAMBURG und LÜBECK in See und traf bei Helgoland auf das dänische Blockadegeschwader. Nach einem kurzen Seegefecht kehrte Brommy mit seinen Schiffen unbehelligt nach Bremerhaven zurück. Aus dem Treffen bei Helgoland ging keine Partei als Sieger hervor. Die Flotte der ersten deutschen Kriegsmarine bestand somit bis 1852 aus zwei Segel-Fregatten, drei Dampf-Fregatten bzw. Radfregatten, sechs Dampf-Korvetten und mehreren kleineren Ruder-Kanonenbooten. Das Scheitern der bürgerlichen Revolution in Deutschland und die finanzielle Misere in den Marineangelegenheiten brachte schließlich das Ende der Bundesflotte. Die deutschen Staaten konnten sich nicht auf Art und Weise des Fortbestehens einer deutschen Kriegsmarine einigen. Die Bundesversammlung beschloss deshalb am 2. April 1852 ihre Auflösung. Die Schiffe der ersten deutschen Flotte wurden am 18. August 1852 in Brake versteigert.

121 Die Versteigerung der Bundesflotte durch Hannibal Fischer. Zeitgenössischer Holzschnitt.

122 Erinnerungskreuz für Kämpfer in Schleswig-Holstein, Vorderseite. Königreich Sachsen, 1849.

125 Wilhelm Bauers Brandtaucher. Kolorierter Holzstich, 1863.

126 Wilhelm Bauer. Porträtaufnahme, 1864.

S Der BRANDTAUCHER war das erste funktionsfähige deutsche Tauchboot. Konstruiert wurde es von Wilhelm Bauer (1822–1875) im Jahr 1850 für die Schleswig-Holsteinische Marine. Im Krieg zwischen den Truppen des Deutschen Bundes und der dänischen Armee hatte Bauer die Idee eines »Brand-Tauch-Apparats« entwickelt. Nach dem Ende seiner zweijährigen Dienstzeit in der bayerischen Armee trat er als Unteroffizier in Schleswig-Holsteinische Dienste. General von Willisen beauftragte Bauer den BRANDTAUCHER zu bauen. Das Geld für den Bau wurde weitgehend durch Spenden aufgebracht. Das Tauchboot wurde in Kiel gebaut, am 18. Dezember 1850 fertiggestellt und zu Wasser gelassen. Aus Geldmangel waren die proportionierten Stärken bei den Eisenwandungen, Rippen und der Steuereinrichtung sowie den Tauchzellen reduziert worden. Der im Innenraum aufgeschichtete Ballast drohte bei Schräglage in Bewegung zu geraten. Den ersten Tauchversuch führte Bauer am 1. Februar 1851 im Kieler Hafen durch. Nach zwei erfolgreich verlaufenen Tauchversuchen geriet das Boot beim dritten Tauchversuch außer Kontrolle und sank auf den Meeresgrund. Der Besatzung gelang es sich zu retten. Versuche, den BRANDTAUCHER in 1850er Jahren zu heben, blieben erfolglos. Das Wrack konnte erst 1887 gehoben werden.

124 Denkschrift über die Bildung einer deutschen Kriegsflotte. Titelblatt der Originalausgabe.

127 Modell des Brandtauchers im Maßstab 1:10.

Kapitel III – Konflikte:

»Die Trommel schlug zum Streite«

128 Die Schlacht bei Schleswig am 23. April 1848, Holzstich, 1848.

Das Staatensystem des Deutschen Bundes als Gesamtmacht führte lediglich einen Krieg, und in diesen Auseinandersetzungen mit Dänemark in den Jahren nach 1848 wurde nur ein Teil des Bundesheeres aufgeboten. Dennoch sollen im Folgenden die militärischen Konflikte skizziert werden, in die der Deutsche Bund zum Teil involviert war oder die Auswirkungen auf die Geschicke des Deutschen Bundes oder die militärische Entwicklung Europas hatten.

1. Der Krieg gegen Dänemark 1848 bis 1852

Der einzige Bundeskrieg ist durch den deutsch-dänischen Nationalitätenkonflikt und die Frage der Zugehörigkeit des Herzogtums Schleswig entstanden. Dieses gehörte, anders als Holstein und Lauenburg, nicht zum Gebiet des Deutschen Bundes, Schleswig war aber staatsrechtlich auch kein Teil des dänischen Königreichs. Der dänische König war jedoch in so genannter Personalunion sowohl König von Dänemark als auch Herzog von Schleswig, Holstein und Lauenburg – eine politisch nicht unproblematische Situation. Ausgangspunkt für den Kriegsausbruch war der dänische Versuch von 1846, die weibliche Erbfolge auch in den Herzogtümern Schleswig und Lauenburg einzuführen, für Holstein war eine andere Rechtsgrundlage vorgesehen. Die Empö-

rung, die daraufhin losbrach, wurde zu einem Lieblingsthema der öffentlichen Meinung. Die »Schleswig-Holstein-Frage« wurde im Januar 1848 zu einem europäischen Problem, als der Plan einer gemeinsamen Verfassung für Dänemark und Schleswig publik wurde. Die Auswirkungen der Februarrevolution in Paris führten zu Revolutionen in Kopenhagen und Kiel. Für gemäßigte Töne war nun kein Platz mehr.

Am 24. März wurde in Kiel eine provisorische Regierung für Holstein eingesetzt. Sie betonte, sich den Einheitsbestrebungen Deutschlands anschließen zu wollen. Ihr Handeln sei rechtmäßig, da der König und Herzog in Kopenhagen durch die revolutionären Umtriebe und die neue Regierung unfrei in seinen Handlungen sei. Am 3. April wurde die provisorische Regierung von den versammelten schleswig-holsteinischen Ständen in Rendsburg anerkannt. Die starke dänische Garnison dieser Festung war bereits am 24. März handstreichartig von schleswig-holsteinischen Truppen unter dem Befehl des Prinzen Friedrich aus der Nebenlinie Sonderburg-Augustenburg, nach seinem Gut Noer bei Eckernförde meist Prinz von Noer genannt, überrumpelt worden. Auf eine wirkliche Kon-

129 Schlacht bei Idstedt am 25. Juli 1850. Farblithografie, um 1850.

130
Tschako der 4. Kompanie der Annaberger Kommunalgarde.
Sachsen, erste Hälfte des 19. Jahrhunderts.

131 Deutscher Sturmangriff auf Friedrichstadt am
4. Oktober 1850. Farblithografie, um 1850.

frontation mit Dänemark waren die Herzogtümer aber nicht vorbereitet, man verließ sich auf die Unterstützung des Deutschen Bundes und des preußischen Königs Friedrich Wilhelm IV., der versichert hatte, sich an die Spitze der ▸ nationalen Bewegung in Deutschland zu stellen.

Auf beiden Seiten bereitete man sich auf den Krieg vor, wobei sich in Schleswig-Holstein-Lauenburg sowohl Offiziere, die zumeist aus Dänemark stammten, als auch einzelne Truppenteile auf ihren Eid beriefen, den sie dem dänischen König gegenüber geleistet hatten. Sie wurden entweder nach Hause geschickt oder kamen in Gefangenschaft. So reichten die vorhandenen Kräfte nicht aus, und in der Schlacht von Bau bei Flensburg erlitten die schleswig-holsteinischen Truppen am 9. April 1848 eine empfindliche Niederlage. Am 4. April 1848 hatte der Bundestag die Unterstützung Schleswig-Holsteins beschlossen. Unter dem Oberbefehl des preußischen Generals ▸ Friedrich Graf von Wrangel besiegten ein preußisches Korps mit 12 000 Mann, eine Division des 10. Bundeskorps (10 000 Mann) und die schleswig-holsteinische Armee unter dem Prinzen von Noer mit 9000 Mann die dänischen Truppen am 23. April bei Schleswig und bei Oeversee. Preußische Truppen besetzten die südlichen Teile Jütlands.

Durch Intervention der europäischen Mächte wurde nach Verhandlungen in London am 26. August 1848 im schwedischen Malmö für sieben Monate ein Waffenstillstand geschlossen. Diesen Waffenstillstand kündigte Dänemark gegen den Rat der Großmächte nach sechs Monaten im Februar 1849, da von beiden Seiten keine tragfähigen Lösungen für den Konflikt in Schleswig-Holstein gefunden worden waren. Die kriegerischen Auseinandersetzungen begannen mit einer spektakulären Niederlage der Dänen am 5. April – die Küstenbatterien bei Eckernförde vereitelten eine dänische Landung, sprengten das Linienschiff CHRISTIAN VIII. und kaperten die Fregatte GEFION. Der Siegeszug der verbündeten Armeen setzte sich mit der Einnahme der Düppeler Schanzen und der Stadt Kolding fort. Erst vor der dänischen Festung Fridericia endete der Vormarsch.

Erneut wurde der Krieg durch die Intervention der europäischen Mächte beendet und im Juli 1849 wurde in Berlin Frieden zwischen Preußen und Dänemark geschlossen. Auf Betreiben des britischen Staatssekretärs Lord ▸ Henry Palmerston kam das erste Londoner Protokoll zustande, das die Integrität des dänischen Gesamtstaates anerkannte. Doch die schleswig-holsteinische Armee kämpfte ohne Unterstützung Preußens und des Bundes weiter. Ende Juli 1850 wurde sie bei Idstedt geschlagen, und auch die nachfolgenden Kämpfe um Missunde und die sinnlose Beschießung und Zerstörung Friedrichstadts durch schleswig-holsteinische Truppen endeten mit Niederlagen. Ohne die Schleswig-Holsteiner wurde der Friede am Konferenztisch geschlossen: In Olmütz einigten sich Preußen und Österreich auf eine Beendigung des Krieges. Dies bedeutete das Ende des schleswig-holsteinischen Alleingangs. Das zweite Londoner Protokoll besiegelte 1852 endgültig die Erhaltung des dänischen Gesamtstaates, welche von Russland, Großbritannien, Frankreich, Österreich und Schweden garantiert wurde. Allen Herzogtümern wurde ein ungeteilter Verbleib im Gesamtstaat Dänemark zugewiesen. Schleswig sollte aber nicht in das Königreich einverleibt werden. Die Gegensätze wurden dadurch nicht aufgehoben, die geschürten nationalen Leidenschaften nicht besänftigt. Die schleswig-holsteinische Frage blieb ein Problem, das 1864 erneut zum Krieg führen sollte.

288

B Henry John Temple Palmerston (1784–1865)
Britischer Politiker – Als britischer Außen- und späterer Premierminister setzte er sich für das Mächtegleichgewicht sowie für die nationalen und liberalen Bewegungen in Europa ein. Für seine vielgeschäftige, sich überall einmischende, oft unüberlegte Politik erhielt er den Beinahmen »Lord Firebrand«.

132 Henry Palmerston. Holzstich von Alexandre Collette um 1880.

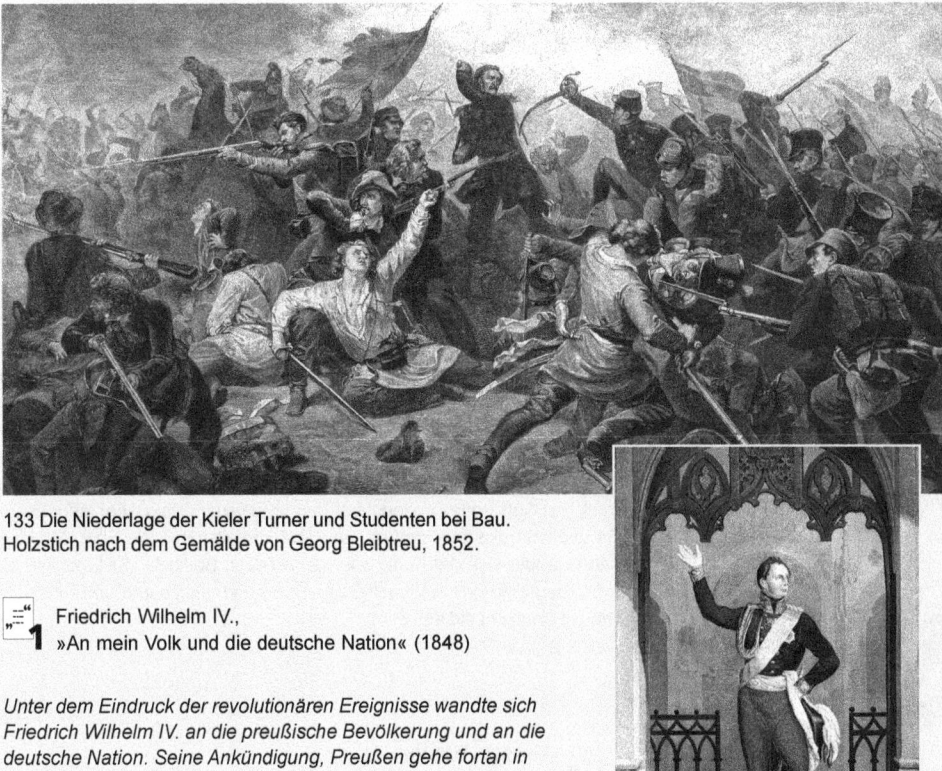

133 Die Niederlage der Kieler Turner und Studenten bei Bau. Holzstich nach dem Gemälde von Georg Bleibtreu, 1852.

1 Friedrich Wilhelm IV.,
»An mein Volk und die deutsche Nation« (1848)

Unter dem Eindruck der revolutionären Ereignisse wandte sich Friedrich Wilhelm IV. an die preußische Bevölkerung und an die deutsche Nation. Seine Ankündigung, Preußen gehe fortan in Deutschland auf, weckte allenthalben in Deutschland große Hoffnungen auf eine Neugestaltung der alten Ordnung.

»Mit Vertrauen sprach der König vor fünfunddreißig Jahren in den Tagen hoher Gefahr zu seinem Volke, und sein Vertrauen ward nicht zu Schanden; der König, mit seinem Volke vereint, rettete Preußen und Deutschland vor Schmach und Erniedrigung.

134 Friedrich Wilhelm IV. seinem Volk schwörend.

Mit Vertrauen spreche ich heute, im Augenblick, wo das Vaterland in höchster Gefahr schwebt, zu der deutschen Nation [...]. Deutschland ist von innerer Gärung ergriffen und kann durch äußere Gefahr von mehr als einer Seite bedroht werden. Rettung aus dieser doppelten, dringenden Gefahr kann nur aus der innigsten Vereinigung der deutschen Fürsten und Völker unter einer Leitung hervorgehen.

Ich übernehme heute diese Leitung für die Tage der Gefahr [...]: Ich habe heute die alten deutschen Farben angenommen und Mich und Mein Volk unter das ehrwürdige Banner des deutschen Reiches gestellt. Preußen geht fortan in Deutschland auf.«

Zit. nach: Erich und Heinz Lafonaine, Die liberale und nationale Bewegung in Deutschland im 19. Jahrhundert, Stuttgart 1992, S. 71 f.

289

B Friedrich Graf von Wrangel (1784–1877)
Preußischer Generalfeldmarschall – Wrangel nahm schon an Kämpfen in den Freiheitskriegen teil. 1848 war er Kommandeur der Bundestruppen in Schleswig-Holstein. Auf Grund seiner Verdienste als militärischer Führer der Gegenrevolution in Preußen wurde Wrangel 1856 zum Generalfeldmarschall ernannt. Während des Deutsch-Dänischen Krieges 1864 hatte er zunächst den Oberbefehl über die preußisch-österreichischen Truppen inne. Er wurde im Verlauf des Krieges aber schnell abgelöst, da er wegen seines fortgeschrittenen Alters nicht mehr in der Lage war, die Armeen zu führen.

135 Friedrich Graf von Wrangel. Kreidelithografie, 1856.

136 Erster Angriff der Kavallerie
auf das unbewaffnete Volk vor
dem königlichen Schlosse in Berlin
(14. März 1848).
Zeitgenössische kolorierte
Lithografie.

137 Erste Sitzung der Nationalversammlung in der Frankfurter
Paulskirche. Kolorierter Holzstich,
um 1890.

138 »Nun, Majestät, entscheiden
Sie sich ... wollen Sie die Krone des
deutschen Kaisers? ... ich bekom-
me langsam Krämpfe in den Armen,
ich kann nicht ewig auf den König
von Preußen warten!«
Karikatur von Amédée C.H. de Noe,
1849.

Die Revolution in Deutschland

Im März 1848 war der Funke der Revolution von den französischen Unruhen im Februar auf die deutschen Staaten übergesprungen. Doch anders als die französische Februarrevolution, die zur Abdankung des Königs und zur Aus-rufung der Republik geführt hatte, wurden in der deutschen Märzrevolution Forderungen nach liberalen Reformen und nationaler Einheit erhoben. Einige deutsche Staaten zeigten Entgegenkommen: Pressefreiheit, konstitutionelle Verfassungen und Volksbewaffnung wurden eingeführt, Reformregierungen eingesetzt und die Wahl eines gesamtdeutschen Parlaments (Nationalver-sammlung) in Aussicht gestellt.

Die Volksmiliz gehörte zu einer der Grundforderungen von 1848. So geneh-migten beispielsweise die Regierungen in Wien und Berlin die Bewaffnung von »Bürgergarden«. Diese sahen sich selbstbewusst als Ordnungskräfte des Bürgertums. Nachdem die Bürgergarden allerdings im Verlauf von Aufständen auf Seiten der Revolutionäre gekämpft hatten, wurden sie wieder aufgelöst.

In Preußen entwickelten sich aus einer Großkundgebung am 18. März 1848 plötzlich blutige Barrikadenkämpfe mit preußischen Truppen. Am folgenden Tag ordnete König Friedrich Wilhelm IV. den Abzug des Militärs an. Unter dem Druck des Aufstandes bezeugte er den im Berliner Schlosshof aufgebahrten 254 toten Barrikadenkämpfern, den »Märzgefallenen«, die Ehre. Mit einem Aufruf wandte sich der König »an meine lieben Berliner«. Er bewilligte eine verfassungsgebende Nationalversammlung und verkündete: »Preußen geht fortan in Deutschland auf.«

 1 Friedrich Wilhelms IV.,
»Zurückweisung der Kaiserkrone« (1849)

*Am 3. April 1849 trug die Kaiserdeputation der Frankfurter National-
versammlung dem preußischen König die Kaiserwürde feierlich an.
Der Monarch lehnte jedoch diesen formellen Antrag schroff ab.*

»Ich will weder der Fürsten Zustimmung zu der Wahl noch die Krone. Verstehen Sie die markierten Worte? Ich will Ihnen das Licht darüber so kurz und hell als möglich schaffen. Die Krone ist erstlich keine Krone. Die Krone, die ein Hohenzoller nehmen dürfte, wenn die Umstände es möglich machen könnten, ist keine, die eine, wenn auch mit fürstlicher Zustimmung eingesetzte, aber in die revolutionäre Saat geschossene Versammlung macht [...] sondern eine, die den Stempel Gottes trägt [...]. Die aber, die Sie – leider – meinen, verunehrt überschwenglich mit ihrem Ludergeruch der Revolution von 1848, der albernsten, dümms-ten, schlechtesten, wenn auch gottlob nicht der bösesten dieses Jahr-hunderts. Einen solchen imaginären Reif, aus Dreck und Letten geba-cken, soll ein legitimer König von Gottes Gnaden, und nun gar der König von Preußen sich geben lassen, der den Segen hat, wenn auch nicht die älteste, doch die edelste Krone, die niemandem gestohlen ist, zu tragen [...]. Ich sage es Ihnen rund heraus: soll die tausendjährige Kro-ne deutscher Nation, die 42 Jahre geruht hat, wieder einmal vergeben werden, so bin ich es und meinesgleichen, die sie vergeben werden; und wehe dem, der sich anmaßt, was ihm nicht zukommt.«

*Zit. nach: Dokumente zur deutschen Verfassungsgeschichte, Bd 1.
Hrsg. von Ernst Rudolf Huber, Stuttgart 1961, S. 327 f.*

Bekanntmachung.

Seine Majestät der König haben auf den Wunsch der Einwohner Berlins die Bürgerbewaffnung zu genehmigen geruht und ist darüber von den dazu ernannten Unterzeichneten einstweilen folgende provisorische Bestimmung getroffen:

§. 1.
Es wird eine Bürgerbewaffnung organisirt.

§. 2.
Daran nehmen die Bürger und Schutzverwandten Theil.

§. 3.
Die Kosten der Bewaffnung trägt der Staat.

§. 4.
Die Schützengilde wird auf der Stelle einberufen und außerdem eine angemessene Zahl von Bürgern sogleich armirt.

§. 5.
Alle näheren gesetzlichen Bestimmungen dieser Organisation werden so schnell als möglich in den nächsten Tagen erfolgen.

Berlin, den 19ten März 1848.
v. Minutoli.
Holthein, Glaue, Haack, Woenlger, Devaranne, Krug.

Druck von E. E. Bister.

139 Bekanntmachung »An meine lieben Berliner!«, 18./19. März 1848.

140 Aufbahrung der Märzgefallenen. Trauerfeier auf dem Gendarmenmarkt. Öl auf Leinwand von Adolph Menzel, 1848.

Die Revolution in Österreich

In Österreich kam es im März nach dem Sturz des reaktionären Staatskanzlers Klemens Fürst Metternich zu bürgerkriegsähnlichen Aufständen. Kaiser Ferdinand I. floh nach Innsbruck und leitete Gegenmaßnahmen ein. Diese richteten sich auch gegen – mit der Nationalitätenfrage und Autonomiebestrebungen verknüpfte – Aufstände in Oberitalien, Böhmen und Ungarn. Erst im März 1849 wurde die Revolution in Österreich mit einer einseitig vom Monarchen bewilligten Verfassung beendet, die einen großen österreichischen Gesamtstaat schaffen sollte.

141 Klemens Fürst von Metternich. Zeitgenössischer Stahlstich, um 1814.

Die Folgen

Diese Entwicklung brachte jedoch die in Frankfurt am Main tagende deutsche Nationalversammlung in Schwierigkeiten, die über die Gründung eines »großdeutschen« oder eines »kleindeutschen« Nationalstaates debattierte. Nachdem Österreich die Aufnahme des ganzen Kaiserreichs (auch mit den von nichtdeutscher Bevölkerung bewohnten Landesteilen) gefordert hatte, entschied sich die Nationalversammlung für die »kleindeutsche« Lösung. Daraufhin boten die Abgeordneten dem preußischen König die Kaiserkrone an. Dieser wies allerdings die »Volkskrone« zurück. Als die beiden Großmächte Preußen und Österreich auch noch die neue Verfassung ablehnten, war die Nationalversammlung letztendlich gescheitert. Aufstände, die in Baden aufflackerten, wurden durch preußische Truppen niedergeschlagen. Die antirevolutionären Kräfte erstarkten in den einzelnen Ländern wieder. Wenn auch einzelne Errungenschaften der Revolution in einigen Bundesstaaten beibehalten wurden, so war das Hauptziel, die Einheit Deutschlands, nicht erreicht worden.

142 »Deutsche Nation, siehe hier Deinen König!« Karikatur, um 1848.

2. Der Revolutionskrieg in Baden und der Pfalz 1848/49

Für die revolutionären Vorgänge in den deutschen Mittel- und Kleinstaaten war das Geschehen im Großherzogtum Baden charakteristisch und bahnbrechend. In Mannheim machte sich nach den Ereignissen der Pariser Februarrevolution der Anwalt Friedrich Hecker an das »Werk für Deutschlands Befreiung«. Am 27. Februar fand in der Stadt eine erste Versammlung mit mehr als 2500 Menschen statt, in den kommenden Märztagen und -wochen sollten unzählige weitere in ganz Deutschland folgen. In der badischen Hauptstadt wurden den Regierenden wie überall in Deutschland die »Märzforderungen« übergeben, die unbedingte Pressefreiheit, unabhängige Schwurgerichte, Volksbewaffnung durch Milizen, die Errichtung eines deutschen Parlamentes und vieles mehr beinhalteten. Vor allem mit dem Ruf nach Bürgerwehren oder Nationalmilizen sollte das Gewaltmonopol der Fürsten gebrochen werden und die Unterdrückung des Volkes ein Ende finden. Hecker verlangte, den »Märzforderungen« unverzüglich zu entsprechen, und der badische Großherzog Leopold gab nach. Baden bekam eine »Märzregierung«, ein gemäßigt Liberaler übernahm das Amt des Ministerpräsidenten und ▸ Karl Welcker ging als badischer Bundesgesandter nach Frankfurt am Main.

In allen deutschen Staaten fanden in rasender Geschwindigkeit ähnliche Prozesse statt, welche die Einrichtung konstitutioneller Monarchien und die Beseitigung bisheriger Regierungen versprachen. Die schnelle Beendigung und Verrechtlichung der Revolution in den ▸ »Märzministerien« verbitterte jedoch diejenigen, die sich ein Fortschreiten der Revolution in eine weiter reichende, radikal demokratischere

143 Badische Regierungstruppen unter General Hoffmann gegen die Revolutionäre. Gefecht in Staufen am 24. September 1848. Öl auf Leinwand von Friedrich Kaiser, um 1850.

und vielleicht sozialistische Richtung wünschten. In Südbaden war die Enttäuschung am größten. Hier war unter ▸ Friedrich Hecker und Gustav von Struve eine Bewegung entstanden, die auch von Bauern und Handwerkern getragen wurde. Am 12. April 1848 proklamierte Hecker, gestützt auch auf seine ▸ Popularität als Volksheld, in Konstanz die deutsche Republik und forderte alle waffenfähigen Männer auf, sich in Donaueschingen zu versammeln. Am nächsten Tag marschierte er selbst mit 6000 Mann in Richtung Freiburg und seine Mitstreiter, u.a. Georg Herwegh, mobilisierten weitere 4000 Mann. Ein Zusammenschluss der Verbände gelang jedoch nicht und die erhoffte Revolte der Bevölkerung blieb aus. Die von der badischen Regierung aufgebotenen Bundestruppen machten dem Aufstand in Kandern (20. April)

S Die »Märzministerien« traten im Revolutionsjahr 1848 an die Stelle der fürstlichen Kabinette. Dem Bürgertum war es zusammen mit Arbeitern und Handwerkern gelungen, liberale Regierungen, die so genannten Märzministerien, in Sachsen, Hannover, Hessen-Darmstadt, Kurhessen, Baden und Württemberg einzusetzen. In München musste König Ludwig I. – unwillig, sich mit den neuen Kräften zu arrangieren – im Zusammenhang seiner Affäre mit der Tänzerin Lola Montez zu Gunsten seines Sohnes Maximilian II. zurücktreten. Doch Militär, Justiz und Verwaltung, die Instrumente staatlicher Macht, blieben überall in der Verfügungsgewalt der Fürsten.

Gustav von Struve (1805–1870)
Politiker – Während des Vormärz gehörte er der badischen Zweiten Kammer an und entwickelte sich zum radikalen Demokraten. In der Frankfurter Nationalversammlung wurde 1848 sein föderativ-republikanischer Verfassungsentwurf abgelehnt. Zusammen mit Hecker leitete er 1848/49 die Aufstände in Baden. Nach deren Niederschlagung floh er über die Schweiz in die USA. Dort kämpfte er im Amerikanischen Bürgerkrieg auf Seiten der Nordstaaten. Nach seiner Begnadigung kehrte Struve 1863 zurück nach Deutschland.

144 Gustav von Struve, Unbezeichneter Holzstich, 1848.

145 Das Guckkastenlied vom großen Hecker.

Unbekannter Verfasser, »Das Heckerlied«
Das Lied ist dem Anführer des so genannten Heckeraufstandes, Friedrich Hecker, gewidmet.

»Wenn die Roten fragen,
Lebt der Hecker noch,
Sollt ihr ihnen sagen,
Ja, er lebet noch.
Er hängt an keinem Baume,
Er hängt an keinem Strick,
Er hängt an seinem Traume
Der deutschen Republik.

Schmiert die Guillotine
Mit Tyrannenfett,
Reißt die Konkubine
Aus des Pfaffen Bett!
Ja, dreiddreißig Jahre
Währt die Sauerei.
Wir sind keine Knechte,
Wir sind alle frei!

Fürstenblut muß fließen,
Knüppelhageldick,
Und daraus erspießen
die rote Republik!
Ja, dreiunddreißig Jahre
Währt die Sauerei.
Wir sind keine Knechte,
Wir sind alle frei!

Gebet nun, ihr Großen,
Euren Purpur her!
Das gibt rote Hosen
Für der Freiheit Heer,
Für der Menschen Rechte,
Für der Freiheit Reich!
Wir sind keine Knechte,
Wir sind alle gleich!«

Zit. nach: Revolution und Nationalversammlung 1848. Hrsg. von Walter Reinöhl, Stuttgart, 1919, S. 59

Friedrich Hecker (1811–1881)
Politiker – Zunächst Mitglied der badischen Zweiten Kammer, setzte sich Hecker in der Revolution von 1848 für radikaldemokratische und republikanische Gedanken ein. Zusammen mit Gustav von Struve rief er zum bewaffneten Aufstand in Baden auf, der jedoch niedergeschlagen wurde. Danach floh er über die Schweiz in die USA. Dort kämpfte er auf Seiten der Nordstaaten als Oberst im Amerikanischen Bürgerkrieg.

146 Friedrich Hecker. Öl auf Pappe von Bernhard Neher.

Karl Theodor Welcker (1790–1869)
Staatsrechtslehrer – Welcker profilierte sich vor 1848 in der badischen Zweiten Kammer als ein Führer der süddeutschen Liberalen. Zusammen mit Rotteck gab er das fünfzehnbändige »Staats-Lexikon« heraus. Hierin spiegelte sich das liberale Gedankengut der Zeit wider. 1848 wurde Welcker in die Frankfurter Nationalversammlung gewählt. Dort arbeitete er an der Reichsverfassung mit. Obwohl Anhänger der großdeutschen Lösung, stellte Welcker den Antrag, dem preußischen König Friedrich Wilhelm IV. die Kaiserkrone anzubieten.

147 Karl Theodor Welcker. Stahlstich von Nordheim, um 1840.

und Dossenbach (27. April) ein Ende. Die Beteiligten wurden verurteilt, Hecker und Struve flohen.

Im September 1848 kam es aus Enttäuschung über den Waffenstillstand von Malmö zu Kundgebungen in Frankfurt, in deren Folge preußische und österreichische Truppen in die Stadt beordert wurden. Die zuerst friedliche Lage eskalierte daraufhin und unter Einsatz von Artillerie wurde der Frankfurter Aufstand zusammengeschossen. Die Reichsregierung ergriff resolute Abwehrmaßnahmen, ein politischer Rechtsruck erfolgte. In Baden, wo die Führer des Hecker-Aufstandes aus dem Exil heraus eine radikale Bewegung in Gang hielten, sorgten die Vorkommnisse in Frankfurt für einen erneuten Aufstand. Gustav Struve kehrte nach Baden zurück und rief in Lörrach erneut die Republik aus. Nachdem er regen Zulauf fand, marschierte er nach Staufen und beschlagnahmte die Stadtkasse. Kurz darauf trafen Linientruppen ein, die dem zweiten badischen Aufstand ein blutiges Ende bereiteten. Struve wurde verhaftet.

Ende April 1849 kam es wegen der Nichtanerkennung der Reichsverfassung durch einige Monarchen zu weiteren Erhebungen. Der revolutionäre Kampf in Sachsen, an dem sich Prominente wie der Kapellmeister ▶ Richard Wagner und der Hofarchitekt Gottfried Semper beteiligten, markierte dabei den Höhepunkt der ersten Phase. Es folgte der Aufstand in der bayerischen Rheinpfalz, die ein Bündnis mit Baden schloss, wo im Mai erneut eine heftige Revolution ausgebrochen war. Anfang Juni marschierten 30 000 preußische Soldaten unter dem Kommando Prinz Wilhelms in die Pfalz ein. Dem waren die knapp 13 000 Aufständischen mit nur 3500 Gewehren nicht gewachsen. Widerstand wurde kaum geleistet und der Aufstand relativ unblutig niedergeschlagen.

In Baden waren Forderungen nach Auflösung der Kammer und Neuwahlen nach freiem, gleichem Wahlrecht nie verstummt, als am 11. Mai 1849 die Rastatter Festungstruppen meuterten und sich weigerten, weiterhin politische Gefangene zu bewachen. Bald schloss sich dem Aufstand die Mehrheit der badischen Linientruppen an. Von Soldaten unterstützt, wurde am 12. Mai 1849 in Offenburg eine Versammlung abgehalten, die sich für das Programm einer sozialen und demokratischen Republik aussprach. Nachdem die Karlsruher Regierung samt Großherzog geflohen war, übernahm der Mannheimer Rechtsanwalt Lorenz Brentano an der Spitze einer Exekutivkommission die Regierungsgewalt. Mit Ausnahme weniger Offiziere fügte sich der gesamte badische Staatsapparat in die neue republikanische Ordnung. Doch Herzog Leopold hatte um militärische Unterstützung nachgesucht, und die preußischen Einheiten aus der Pfalz sowie hessische, württembergische und mecklenburgische Truppenkontingente rückten in Baden ein. Am 15. Juni wurde Mannheim besetzt, es folgten die Niederlagen der Aufständischen bei Waghäusel sowie in der Schlacht an der Murg Ende Juni. Die Regierung brach auseinander und der Großteil des Revolutionsheeres ging über die Schweizer Grenze. Preußische Truppen stießen nun bis Südbaden vor und schlossen Anfang Juli die Festung Rastatt mit einer Garnison von 5600 Mann ein. Am 23. Juli 1849 kapitulierte Rastatt. Die gefangenen badischen Aufständischen wurden vor Standgerichte in Mannheim, Freiburg und Rastatt gestellt. Etwa 10 000 Menschen wurden verhaftet. Preußen zog einen blutigen Schlussstrich, 51 Personen wurden hingerichtet, darunter auch die Verteidiger von Rastatt, der Kommandant Gustav Tiedemann und der Oberst Ernst von Biedenfeld. Gustav Struve, der

294

B Richard Wagner (1813–1883)
Deutscher Komponist – Nach erfolgreichen Opernuraufführungen in Dresden wurde Wagner 1843 zum Königlichen Sächsischen Hofkapellmeister ernannt. Die Beteiligung an der Revolution 1848/49 zwang ihn zur Flucht in die Schweiz. Im Jahre 1864 berief ihn König Ludwig II. von Bayern an seinen Hof.

148 Richard Wagner. Öl auf Leinwand von Cäsar Willich, 1862.

149 Das Ausfallgefecht vor Rastatt. Aquarell von Ernst von Lepell, 1852.

150 Freischärler in Karlsruhe, vorn Georg Böhning, zu Pferd Elise Blenker und Lorenz Brentano. Aquarell von Friedrich Kaiser, 1849.

151 Entwaffnung der Insurgentenbesatzung von Rastatt. Kreidelithografie, 1849.

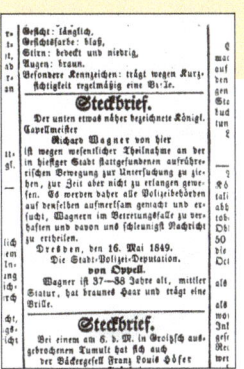

152
Georg Herwegh.
Kupferstich von Carl
Arnold Gonzenbach.

 Georg Herwegh, »Aufruf« (1841)

Herwegh gilt als einer der bedeutendsten Dichter des Vormärz. Mit seinem Werk »Gedichte eines Lebendigen«, das 1841 erschien, wurde er schlagartig berühmt.

»Reißt die Kreuze aus der Erden!
alle sollen Schwerter werden,
Gott im Himmel wird's verzeih'n.
Laßt, o laßt das Verse schweißen!
Auf den Ambos legt das Eisen!
Heiland soll das Eisen sein.

[...]

Deutsche, glaubet Euren Sehern,
Unsre Tage werden ehern,
Unsre Zukunft klirrt in Erz;
Schwarzer Tod ist unser Sold nur,
Unser Gold ein Abendgold nur,
Unser Rot ein blutend Herz!

Zit. nach: Erich und Heinz Lafonaine, Die liberale und nationale Bewegung in Deutschland im 19. Jahrhundert, Stuttgart 1992, S. 55 f.

295

153 Steckbrief der Stadtpolizei-Deputation Dresden, den 16. Mai 1849. Richard Wagner wird wegen Beteiligung an der Revolution gesucht.

auch im dritten badischen Aufstand gekämpft hatte, floh erst in die Schweiz und dann in die USA, wo er auf der Seite der Nordstaaten am Unabhängigkeitskrieg teilnahm. In ganz Deutschland hatte die Gegenrevolution gesiegt.

3. Der Krimkrieg 1853 bis 1856

Die »Orientalische Frage« erwies sich seit dem Wiener Kongress, der sie bewusst ausgeklammert hatte, als »Dauerbrenner«. Russland sah sich 1853 kurz vor dem Ziel, alte Pläne verwirklichen zu können: Das Protektorat über den östlichen Balkan und die Kontrolle über die Dardanellen durch die Beherrschung Konstantinopels, um den Schwarzmeer- und Donauhandel unter seine Kontrolle zu bringen. Dem Osmanischen Reich, dem »kranken Mann am Bosporus«, gegenüber führte Zar ▸ Nikolaus I. außerdem die Befreiung der 1453 zur Moschee umgebauten Hagia Sophia an, sah er sich doch als Beschützer der orthodoxen Glaubensbrüder im Osmanischen Reich. Diesem Ansinnen stand Großbritannien entgegen, das im 19. Jahrhundert sein Weltreich ausbaute und mit Russland bereits wegen seiner Indienpolitik aneinander geraten war. Die Briten wollten eine Stärkung der Seemacht Russlands im östlichen Mittelmeer und Vorderen Orient nicht dulden, und auch Österreich lag an einer Aufrechterhaltung bestehender Verhältnisse in Südosteuropa. Als dritte europäische Macht trat Frankreich unter Napoleon III. hinzu, der durch aktive Unterstützung englischer Interessen auf eine Revision der Verträge von 1815 hoffte. Preußen und die anderen deutschen Staaten verhielten sich neutral.

Im Juli 1853 marschierten russische Truppen in das Moldaugebiet ein, weitere Verbände wurden an die Nordseite des Schwarzen Meeres und nach Transkaukasien verlegt. Im November überfielen russische Kriegsschiffe die Reede von Sinope und versenkten ein ganzes türkisches Geschwader. Der türkische Sultan öffnete daraufhin den Flotten der Briten und Franzosen die Dardanellen, die Anfang 1854 ins Schwarze Meer einliefen. Im März drang eine russische Armee in die Dobrutscha ein. London reagierte darauf mit der Kriegserklärung, der ein englisch-französischer Allianzvertrag folgte. Österreich verweigerte dem Zaren Waffenhilfe und erzwang die Freigabe der Moldau und der Wallachei. Die ersten Truppentransporte verließen nun die Häfen Englands und Frankreichs, doch eine Vereinigung der Alliierten mit der türkischen Armee unter Omar Pascha geschah erst im Juni 1854. Mit dem Bombardement von Odessa hatte der maritime Kampf allerdings bereits am 22. April begonnen. Die Alliierten entschlossen sich zu einer amphibischen Expedition an das Randgebiet der Krim, wo die Festung Sewastopol als russische Marinebasis das verwundbarste Operationsobjekt bildete. Das Ziel Sewastopol wollte man so schnell wie möglich handstreichartig einnehmen, doch Zweifel, unentschlossenes Handeln und Uneinigkeit der einzelnen Befehlshaber führten zu Verzögerungen, die es den Russen unter General Alexander Fürst Menschikow ermöglichten, die Anlagen Sewastopols zu verstärken und ausbauen zu lassen.

Am 17. Oktober 1854 begann das Feuer auf die Festung mit Unterstützung der Flotte. Die bei Windstille manövrierunfähigen Segelschiffe jedoch bildeten leichte Ziele. Von diesem Tage an beschränkte sich die Marine auf Nachschubaufgaben, die sie leistungsfähig erfüllte. Die Truppen vor Sewastopol standen

156 Englische Artilleriestellung im Krimkrieg:
Mörser vor dem Stützpunkt Piquet House
Light Division.
Foto von Roger Fenton, 1855.

154 oben links: Bombardement von Sewastopol.
Zeitgenössische und nachkolorierte Kreidelithografie
von Lemercier.

155 oben rechts: Zerstörte Schanze in Sewastopol.
Foto von James Robertson, 1855.

157 Nikolaus I., Zar von Russland.
Öl auf Leinwand von Yegor Ivanovich.

B Nikolaus I. Pawlowitsch (1796–1855)
Zar von Russland – Nikolaus I. folgte seinem älteren Bruder Alexander I. nach dessen Tod 1825 auf
den Thron. Der Dekabristenaufstand (1825), ein Putschversuch gegen das autokratische Zarenregime, wurde
von ihm niedergeschlagen. Die daraus resultierende Revolutionsfurcht des Zaren veranlasste ihn in der Folge,
das russische Reich als absolutistischen Polizeistaat zu organisieren: Zensur, Bespitzelung und bürokratische
Willkür waren an der Tagesordnung, die systematische Abschottung gegenüber dem Westen wurde zur außenpolitischen Maxime. So kam es in den knapp 30 Jahren seiner Herrschaft zu mehreren hundert Bauernunruhen,
die zum großen Teil durch die Missstände der Leibeigenschaft bedingt waren. Unter Nikolaus I. machten sich
nicht einmal bescheidene Ansätze zu einer industriellen Revolution bemerkbar. Als er während des Krimkrieges
(1853–1855) verstarb, hinterließ Nikolaus I. seinem Sohn Alexander II. in außen- und innenpolitischer Hinsicht
ein undankbares Erbe.

in einem Belagerungskampf unter schwierigsten Verhältnissen. Am 25. Oktober machten die russischen Truppen einen Ausfall, der zu hohen Verlusten auf beiden Seiten führte. Das Zögern der alliierten Heerführer bescherte ihren Soldaten im Winter vor Sewastopol in den verschlammten Laufgräben allergrößtes Elend. Am schlimmsten erging es den Briten, die keinen eigenen Truppen-Train besaßen. Die französische Armeeorganisation zeigte sich überlegen im Nachschubwesen wie im Wege- und Schanzenbau. Die untragbaren hygienischen Verhältnisse führten zur Ausbreitung von Typhus, Skorbut und Cholera. Als die »London Times« darüber offen berichtete, brachte die Krankenschwester Florence Nightingale als »rettender Engel« zusammen mit Geld- und Kleiderspenden Erleichterung. Inzwischen steigerte sich der Festungskrieg zur Materialschlacht; in sechs Bombardements wurde Sewastopol im Laufe des Jahres 1855 sturmreif geschossen.

In diesem Jahr war Piemont-Sardinien mit 15 000 Mann an die Seite der Alliierten getreten, um politische Verdienste zu erreichen, die bei der Einigung Italiens helfen sollten. Der Stellungskrieg auf der Krim zeigte bereits Merkmale kommender Kämpfe: Zermürbender Artillerieeinsatz mit bisher nicht gekanntem Munitionsverbrauch und zehntausende Soldaten auf engstem Raum, die monatelang im Grabenkampf um jeden Fußbreit Boden kämpften. Eine bemerkenswerte Rolle spielte auch zum ersten Mal in der Kriegsgeschichte der Einsatz von Tele- und Fotografie. Am 8. September 1855 wurde die Stadt gestürmt und nach 349 Tagen Belagerung räumten die Russen Sewastopol. Am 30. März 1856 beendete der Frieden von Paris den Krieg, der seinen Namen von den Kämpfen auf der Krim hat, 1854/55 allerdings

auch in der Ostsee geführt wurde, wo England und Frankreich Angriffe gegen die russische Ostseeküste führten, die allerdings ohne Resultate abgebrochen wurden. Der Pariser Frieden bestätigte die Souveränität des »kranken Mannes am Bosporus« und die englische Vormachstellung im östlichen Mittelmeer, Frankreich erreichte den erneuten Einstieg in das Konzert der Großmächte. Österreich hingegen hatte durch seine Diplomatie die alte Freundschaft zwischen Wien und Petersburg beschädigt.

4. Der Piemontesisch-Österreichische Krieg 1859

Anders als der Krimkrieg war der oberitalienische Krieg von 1859 kein Kabinettskrieg, der um begrenzte Ziele ausgefochten wurde, er war vielmehr ein »Nationalkrieg mit durchaus revolutionären Zügen« (Thomas Nipperdey). Schon seit 1848/49 forderte die Unabhängigkeitsbewegung in Oberitalien den Abzug der Österreicher; auf dem Pariser Friedenskongress hatte der leitende Minister des Königreichs Piemont-Sardinien, ▶ Camillo Benso Graf von Cavour, 1856 eine flammende Rede gegen Österreich gehalten. Unterstützung erhielt er dabei von Frankreich. Napoleon III. glaubte, großen Einfluss auf einen oberitalienischen Bund ausüben zu können. Als Gegenleistung für die gegenüber Graf Cavour bereits im Juli 1858 in Plombières fest zugesicherte militärische Hilfe gegen Österreich, die im Geheimvertrag mit Piemont-Sardinien im Januar 1859 endgültig festgelegt wurde, forderte Frankreich Nizza und Savoyen. Russland war in diesem Konflikt eher desinteressiert, gegen eine Schwächung und Vertreibung Österreichs aus Italien hätte es nach dem Krimkrieg aber nichts einzuwenden gehabt. In einem Geheim-

298

B Camillo Benso Graf von Cavour (1810–1861)
Italienischer Staatsmann – Als Anhänger des gemäßigten Liberalismus war Cavour seit 1850 Minister, seit 1852 Ministerpräsident des Königreichs Sardinien. Nach dem Krieg gegen Österreich (1859) erreichte Cavour vorwiegend durch diplomatisches Geschick die Einigung Italiens.

158 Camillo Benso Graf von Cavour. Öl auf Leinwand von Fernando Hayez, 1864.

159 Florence Nightingale pflegt Verwundete.
Zeitgenössischer und später kolorierter Stahlstich
von D.J. Pound.

160 Erstürmung des Malakoffturmes am 8. September
1855. Zeitgenössische Farblithografie.

161 Schlacht bei Solferino am 24. Juni 1859.
Farblithografie, um 1859.

B Florence Nightingale (1820–1910)
Krankenschwester – Die Tochter einer
wohlhabenden britischen Familie entschloss sich
unter dem Eindruck der damals unzureichenden
Gesundheitsversorgung besonders der ärmeren
Bevölkerungsschichten als Krankenpflegerin zu
arbeiten. Berichte über die katastrophale Versor-
gung der britischen Soldaten während des Krimkrieges entsetzten die Öffentlichkeit. Im Auftrag des
Kriegsministeriums reiste Nightingale mit anderen
Pflegerinnen an die Krim und verbesserte dort die
medizinische Versorgung der Verwundeten. Dieser
Einsatz machte sie ihrem Heimatland und in ganz
Europa berühmt. In den folgenden Jahren revoluti-
onierte sie mit dem so genannten Nightingaleschen
System die Krankenpflege und gründete Kranken-
pflegeschulen.
Henri Durant wurde durch Nightingales Einsatz auf
der Krim später zur Gründung des Roten Kreuzes
angeregt.

299

vertrag sagte es Frankreich Neutralität und das Bemühen, Preußen aus dem Krieg herauszuhalten, zu. Großbritannien hielt sich, nicht zuletzt wegen der Aufstände in Indien, vorerst zurück, versprach dem Deutschen Bund im Falle eines französischen Angriffs allerdings Unterstützung.

Die Haltung des Deutschen Bundes wurde vorrangig von den Machtinteressen beider deutscher Vormächte dominiert. Als sich im Winter 1859 die Kriegsgefahr verdichtete, legte der preußische Generalsstabschef Helmuth von Moltke eine Denkschrift vor, in der er einen Präventivkrieg der deutschen Staaten gegen Frankreich forderte. In dieser Schrift sagte Moltke voraus, die Frage des Oberbefehls werde sich von selbst erledigen, da alle Bundeskontingente in den preußischen Aufmarsch einzubeziehen seien. Im März drängte Hannover beim Deutschen Bund darauf, einen Angriff auf Österreich abzuwehren. Dieser Haltung schlossen sich Sachsen und Süddeutschland an. Die Bundesversammlung bewilligte vorerst nur eine Summe von über 1 Million Gulden zum Ausbau der Bundesfestungen, doch im April wurde in einem Gefühl nationaler Euphorie die Marschbereitschaft aller Hauptkontingente beschlossen. Erst an diesem Tag wurde Sardinien das österreichische Ultimatum übergeben, das die Abrüstung der sardischen Armee und die Auflösung der italienischen Freikorps verlangte. Ende April landeten französische Truppen in Norditalien, die sich mit den sardischen Truppen verbündeten. Den 100 000 Mann Österreichern standen 60 000 Sarden, 120 000 Franzosen und die 4000 Alpenjäger des Freiheitshelden ▸ Giuseppe Garibaldi gegenüber. Daraufhin wurde in großen Teilen der deutschen Öffentlichkeit, vor allem im Süden des Bundesgebietes, ein Na-

300

tionalkrieg gegen Frankreich gefordert. Mitte Mai erreichte die kriegerische Stimmung in den deutschen Staaten, hier vor allem in Süddeutschland, ihren Höhepunkt.

Die Österreicher mussten sich jedoch nach den empfindlichen und blutigen Niederlagen bei Magenta (4./5. Juni) und ▸ Solferino (24. Juni) zurückziehen. Die völlig unzureichende Versorgung der Verwundeten, die teilweise fünf Tage auf dem Schlachtfeld von Solferino lagen, veranlasste den Schweizer Geschäftsmann Henri Dunant, der sich zufällig in der Nähe aufhielt, zur Gründung des ▸ Roten Kreuzes. Preußen beantragte nach der Niederlage der Österreicher die Mobilmachung und die Unterstellung aller Kontingente unter preußischen Befehl. Dies hätte die Bundeskriegsverfassung außer Kraft gesetzt und Preußen die militärische Hegemonie über ganz Deutschland in die Hände gespielt.

Dazu kam es jedoch nicht. Am 11. Juli schloss Kaiser Franz Joseph mit Napoleon III. den Präliminarfrieden von Villafranca, der für Österreich den Verlust der Lombardei bedeutete. Die Vollendung der Einigung Italiens allerdings blieb Garibaldi in den nächsten Jahren überlassen. Seit dem 21. Juli wurde das Bundesheer demobilisiert. Bundespolitisch verschärfte der Krieg den Dualismus der beiden deutschen Vormächte. Österreich ging erneut geschwächt aus einem Konflikt hervor. In europäischer Sicht führte der Krieg zu einer Verschlechterung des englisch-französischen Verhältnisses, Preußen konnte seine gute Stellung zwar wahren, bundespolitisch allerdings war man in den mittleren und kleineren Staaten des Deutschen Bundes, dem »Dritten Deutschland«, nunmehr deutlich vor preußischen Vormachtansprüchen gewarnt.

B Giuseppe Garibaldi (1807–1882)
Italienischer Freiheitskämpfer und Politiker – In der Revolution 1848 focht Garibaldi mit einem Freikorps gegen die Österreicher. Im Jahre 1859 führte er ein Alpenjägerkorps gegen Österreich, danach kämpfte er in Süditalien mit Cavours Unterstützung für die Einigung Italiens.

162 Garbibaldi in Rom 1849. Öl auf Leinwand von Eduard Hauser, 1849.

163 Henri Dunant. Kolorierter Holzstich, undatiert.

S Das Rote Kreuz wurde vom Schweizer Geschäftsmann Henri Dunant im Jahre 1863 gegründet. Am 24. Juni 1859 wurde er zufällig Zeuge der Schlacht bei Solferino, in deren Verlauf rund 40 000 Soldaten getötet oder verwundet wurden. Die völlig unzureichende medizinische Versorgung und Betreuung bewegte Dunant so sehr, dass er sich mehrere Tage lang der Pflege der Verwundeten sowie der Organisation von Hilfsmaßnahmen widmete. Unter dem Eindruck dieser Erlebnisse verfasste er sein Buch »Eine Erinnerung an Solferino«. Hier regte Dunant die Bildung einer freiwilligen Hilfsorganisation an, die sich in Friedenszeiten auf die Versorgung von Verwundeten im Krieg vorbereiten sollte. Das von ihm 1863 in Genf gegründete »Internationale Komitee der Hilfsgesellschaften für die Verwundetenpflege«, das spätere »Internationale Komitee vom Roten Kreuz«, lud im gleichen Jahr zu einer internationalen Konferenz ein. Hier wurde die Gründung nationaler Hilfsgesellschaften für Kriegsverwundete, Neutralisierung der Verwundeten, Entsendung freiwilliger Pflegekräfte für Hilfeleistungen auf das Schlachtfeld und die Einführung eines Kenn- und Schutzzeichens in Form einer weißen Armbinde mit dem Roten Kreuz beschlossen. Ein Jahr später wurde die erste Genfer Konvention unterzeichnet. In dieser Konvention wurden der Schutz und die Neutralität der Verwundeten, des Hilfspersonals und der entsprechenden Einrichtungen international verbindlich festgelegt. Bei den Kämpfen um die Düppeler Schanzen während des Deutsch-Dänischen Krieges im April 1864 nahmen erstmals Hilfskräfte und offizielle Delegierte unter dem Zeichen des Roten Kreuzes an einem Krieg teil. Dunant wurde schließlich 1901 für sein Engagement mit dem erstmals verliehenen Friedensnobelpreis geehrt.

1 Henri Dunant, »Erinnerung an Solferino« (1864)

Henri Dunant ruft in seinem Buch zur Bildung von Hilfsgesellschaften für die Verwundetenpflege auf.

»Von wieviel Todeskämpfen und Leid vermöchten die drei Tage vom 25. bis 27. Juni zu erzählen! Durch die Hitze, den Staub und den Mangel an Wasser und an Pflege sind die Wunden bösartig und recht schmerzhaft geworden. Ekelhafte Dünste verpesten die Luft, trotz aller Anstrengungen, die man macht um die als Lazarette dienenden Räumlichkeiten in gutem Stande zu erhalten. [...] Obschon jedes Gebäude sich in ein Krankenhaus verwandelt hat und jede Familie sich der Pflege der aufgenommenen verwundeten Offiziere widmet, glückt es mir dennoch schon Sonntag früh, eine Anzahl Frauen aus dem Volk zusammenzubringen, welche nach Kräften mitwirken, um den vielen Tausenden von hilflosen Verwundeten Beistand zu leisten. Hier gilt es, Leute, welche buchstäblich vor Hunger und Durst sterben, zu speisen und vor allem zu tränken, ihre Wunden zu verbinden, diese blutigen, mit Schmutz und Würmern bedeckten Körper zu waschen, und dies alles in einer glühend heißen Luft, inmitten übelriechender, ekelerregender Ausdünstungen und umtönt von Klagen und Schmerzgeheul. [...] Aber was nutzt es, die Erinnerung an so viele Schmerzen- und Jammerszenen aufzufrischen und so peinliche Gefühle wachzurufen? [...] Auf diese ganz natürliche Frage möchten wir mit einer anderen Frage antworten. Sollte es nicht möglich sein, in allen europäischen Ländern Hilfsgesellschaften zu gründen zu dem Zweck, die Verwundeten in Kriegszeiten ohne Unterschied der Volksangehörigkeit durch Freiwillige pflegen zu lassen?«

Zit. nach: Rudolf Müller, Entstehungsgeschichte des Roten Kreuzes und der Genfer Konvention, Stuttgart 1897, S. 20 f.

164 Die Schlacht bei Solferino (Ausschnitt). Öl auf Leinwand von Anton Straßgschwandtner.

Die Württemberger in der Schlacht bei Wörth. Öl auf Leinwand von Georg Bleibtreu, um 1880.

Einigung durch »Eisen und Blut« – Militärgeschichte im Zeitalter der Reichsgründung 1858 bis 1871

von Michael Epkenhans

1858	9. Oktober	Prinz Wilhelm übernimmt die Regentschaft
1859	16. September	Gründung des Deutschen Nationalvereins
1860	12. Januar	Beginn des Heeres- und Verfassungskonflikts
1861	2. Januar	Regierungsantritt Wilhelms I.
	6. Juni	Gründung der Deutschen Fortschrittspartei

002 Die Krönung Wilhelms I. zu Königsberg. Farblithografie nach Zeichnung von Carl Röchling.

1862	30. September	»Eisen-und-Blut«-Rede Bismarcks
	8. Oktober	Ernennung Bismarcks zum preußischen Ministerpräsidenten und Minister des Auswärtigen
1863	23. Mai	Gründung des Allgemeinen Deutschen Arbeitervereins
	17. August –1. September	Frankfurter Fürstentag
	16. –18. November	Trennung Schleswigs von Holstein

003 Der Fürstentag in Frankfurt am Main, 1863. Der Ball bei Herrn Bethmann. Holzstich von Franz Hohnbaum, 1863.

1864	1. Februar	Beginn des Deutsch-Dänischen Krieges
	16. April	Sturm der Düppeler Schanzen
	22. August	Genfer Konvention
1866	14. Juni	Austritt Preußens aus dem Deutschen Bund
	21. Juni	Beginn des »Bruderkrieges«
	3. Juli	Schlacht bei Königgrätz
	20. Juli	Seeschlacht von Lissa
	26. Juli	Vorfriede von Nikolsburg
	23. August	Friede von Prag

004 Die Seeschlacht von Lissa Radierung von G. Zoebl, 1876.

005 Nach der Schlacht von Königgrätz überreicht König Wilhelm seinem Sohn den Orden Pour le Mérite. Farblithografie von Georg Koch, um 1898.

006 Eine 24-Pfünder-Belagerungsbatterie der Sachsen während der Belagerung von Paris 1870. Zeitgenössische Lithografie von J. Richter.

007 Der Einzug deutscher Truppen in Paris am 1. März 1871. Zeitgenössische altkolorierte Kreidelithografie.

1866	3. September	Ende des Heeres- und Verfassungskonflikts
1867	1. Juli	Die Verfassung des Norddeutschen Bundes tritt in Kraft
1869	7.–9. September	Gründung der Sozialdemokratischen Arbeiterpartei
1870	13. Juli	»Emser Depesche«
	19. Juli	Beginn des Deutsch-Französischen Krieges
	18. August	Schlacht von Gravelotte/St. Privat
	1./2. September	Schlacht bei Sedan
	4. September	Ausrufung der französischen Republik
	18. September	Beginn der Belagerung von Paris
	31. Dezember	Beginn der Beschießung von Paris
1871	18. Januar	Kaiserproklamation Wilhelms I.
	28. Januar	Waffenstillstand
	26. Februar	Vorfriede von Versailles
	18. März	Aufstand der Pariser Kommune
	10. Mai	Friedensvertrag von Frankfurt am Main

1. Literaturauswahl

Überblick

Angelow, Jürgen, Von Wien nach Königgrätz. Die Sicherheitspolitik des Deutschen Bundes im europäischen Gleichgewicht 1815–1866, München 1996 (= Beiträge zur Militärgeschichte, 52)

Böhme, Helmut, Deutschlands Weg zur Großmacht. Studien zum Verhältnis von Wirtschaft und Staat während der Reichsgründungszeit 1848–1881, Köln 1966

Brandt, Harm-Hinrich, Deutsche Geschichte 1850–1870, Stuttgart 1999

Doering-Manteuffel, Anselm, Die deutsche Frage und das europäische Staatensystem 1815–1871, 2. Aufl., München 2001

Luckszat, Jan, Der Weg zur Reichseinigung. CD-ROM mit Begleitband. Hrsg. vom Militärgeschichtlichen Forschungsamt, Potsdam 2008 (=Hilfen für die historische Bildung, 2)

Nipperdey, Thomas, Deutsche Geschichte 1800–1918, 3 Bde, 1983–1992

Umfeld

Becker, Frank, Bilder von Krieg und Nation. Die Einigungskriege in der bürgerlichen Öffentlichkeit Deutschlands 1864–1913, München 2001

Huber, Ernst Rudolf, Deutsche Verfassungsgeschichte seit 1789, Bd 3: Bismarck und das Reich, Stuttgart 1963

Kunze, Rolf-Ulrich, Nation und Nationalismus, Darmstadt 2005

Militär und Gesellschaft im 19. und 20. Jahrhundert. Hrsg. von Ute Frevert, Stuttgart 1997

Walter, Dierk, Preußische Heeresreformen 1807–1870. Militärische Innovation und der Mythos der »Roonschen Reform«, Paderborn 2003 (= Krieg in der Geschichte, 16)

Strukturen

Demeter, Karl, Das deutsche Offizierkorps in Gesellschaft und Staat 1650–1945, Frankfurt a.M. 1962

Hackl, Othmar, Die Vorgeschichte, Gründung und frühe Entwicklung der Generalstäbe Österreichs, Bayerns und Preußens. Ein Überblick. Hrsg. mit Unterstützung des Militärgeschichtlichen Forschungsamtes, Osnabrück 1997

Helmert, Heinz, Militärsystem und Streitkräfte im Deutschen Bunde am Vorabend des preußisch-österreichischen Krieges von 1866, Berlin 1964

Schmidt-Bückeburg, Rudolf, Das Militärkabinett der preußischen Könige und deutschen Kaiser. Seine geschichtliche Entwicklung und staatsrechtliche Stellung 1787–1918, Berlin 1933

Showalter, Denis, Railroads and Rifles: Soldiers, Technology and the Unification of Germany, Hamden, CT 1975

Showalter, Denis, The Wars of German Unification, London 2004

Konflikte

Bremm, Klaus-Jürgen, Von der Chaussee zur Schiene. Militärstrategie und Eisenbahnen in Preußen von 1833 bis zum Feldzug von 1866, München 2005 (= Militärgeschichtliche Studien, 40)

Craig, Gordon A., Königgrätz 1866 – Eine Schlacht macht Weltgeschichte, Wien 1997

Der Deutsch-Dänische Krieg 1864, 2 Bde. Hrsg. vom Großen Generalstabe. Abteilung für Kriegsgeschichte, Berlin 1866, 1888

Der Deutsch-Französische Krieg 1870–71. Redigiert von der Kriegsgeschichtlichen Abteilung des Großen Generalstabes, 5 Bde, Berlin 1874–1881

Kaulbach, Eberhard, Der Feldzug 1870 bis zum Fall von Sedan. Zur deutschen militärischen Führung in heutiger Sicht. In: Entscheidung 1870. Der Deutsch-Französische Krieg. Hrsg. von Wolfgang von Groote und Ursula von Gersdorff, Stuttgart 1970, S. 44–104

Epochenquerschnitt

Im Jahre 1858 verschlechterte sich der Gesundheitszustand des preußischen Königs Friedrich Wilhelm IV. rapide. An Stelle des schwer kranken kinderlosen Monarchen übernahm daher sein Bruder Prinz Wilhelm endgültig die Regentschaft. Obwohl der Prinzregent durch und durch Soldat war und 1848/49 aktiv an der Niederschlagung der Revolution mitgewirkt hatte, betrachteten viele Zeitgenossen dieses Ereignis als den Beginn einer »Neuen Ära«. Wilhelms Eid auf die preußische Verfassung von 1850 – gegen den ausdrücklichen Rat seines Bruders – sowie die Ablösung des »reaktionären« Ministeriums Manteuffel durch ein konservativ-liberales Kabinett schienen die Hoffnungen vieler Liberaler zu bestätigen. In einer Rede vor dem neuen Staatsministerium unterstrich der Prinzregent Anfang November 1858 seinen Willen, einen Politikwechsel vorzunehmen: »In Deutschland muss Preußen moralische Eroberungen machen, durch eine weise Gesetzgebung bei sich, durch Hebung aller sittlichen Elemente und durch Ergreifung von Einigungselementen [...] Die Welt muss wissen, dass Preußen überall das Recht zu schützen bereit ist.« Diese Worte weckten nach den Jahren der Reaktion große Erwartungen. Die große Mehrheit der Bevölkerung versprach sich von dem Regierungswechsel sowohl mehr innere Freiheit als auch eine Lösung der »nationalen Frage«. In ihrem Enthusiasmus übersah sie freilich, dass der Prinzregent bei aller Bereitschaft, sich an die Verfassung zu halten und Reformen einzuleiten, ausdrücklich den Gedanken zurückgewiesen hatte, »dass die Regierung sich fort und fort treiben lassen müsse, liberale Ideen zu entwickeln, weil sie sich sonst von selber Bahn brächen.«

008 Germanias Siegespreis. Germania mit Elsass, Lothringen und der Muse der Geschichtsschreibung. Holzstich nach Zeichnung von Julius Schnorr von Carolsfeld, 1871.

Zunächst überwog jedoch die allgemeine Aufbruchstimmung, die schließlich alle Staaten des Deutschen Bundes einschließlich Österreich erfasste und teilweise weit reichende Reformen von Staat, Gesellschaft und Wirtschaft zur Folge hatte. Die Feiern zu Ehren des »Dichters der Freiheit«, Friedrich Schiller, im Jahre 1859, die Gründung von Parteien (Deutsche Fortschrittspartei 1861, ▶ Allgemeiner deutscher Arbeiterverein 1863) und die Entstehung eines lebendigen Vereinswesens sind weitere Beispiele für die nationale Begeisterung und die wachsende »Politisierung« in diesen Jahren.

Der Piemontesisch-Österreichische Krieg von 1859 verstärkte die allgemeine Aufbruchstimmung zusätzlich. Zwar wurde die Frage einer Unterstützung des Habsburgerreiches 307

Ferdinand Lassalle (1825–1864)
B Sozialistischer Politiker und Publizist – Lassalle nahm an der Revolution von 1848/49 aktiv teil. Anfang 1863 publizierte Lassalle sein »Offenes Antwortschreiben an das Zentralkomitee zur Berufung eines Allgemeinen Deutschen Arbeiterkongresses zu Leipzig«, welches die Grundlage des am 23. Mai 1863 gegründeten Allgemeinen Deutschen Arbeitervereins (ADAV) bildete. Lassalle wurde zum Präsidenten dieses Vorläufers der SPD gewählt. Am 31. August 1864 starb Lassalle an den Folgen eines Duells.

009 Ferdinand Lassalle. Lichtdruck nach Foto von Phillip Graff, um 1862.

durch die Mitglieder des Deutschen Bundes in der Öffentlichkeit heftig diskutiert, am Ende verhielten sich dessen Mitglieder aber neutral oder taktierten wie Preußen um eigener Vorteile willen im innerdeutschen Machtkampf so lange, bis der Krieg entschieden war. Für die deutsche Nationalbewegung war dieser Krieg jedoch Anlass, sich enger zusammenzuschließen, um den Prozess der Einigung voranzutreiben. Ein wesentliches Motiv dabei war auch die Sorge vor einem Übergewicht Frankreichs in Europa; nur ein geeintes Deutschland schien in der Lage, diesem wirksam entgegentreten zu können. Die große Mehrheit war überzeugt, dass diese Einigung nur unter preußischer Führung möglich sei. Einer der wesentlichen Motoren dieser Bewegung war der Deutsche Nationalverein, der 1859 nach dem Vorbild der italienischen »Società nazionale« in Frankfurt am Main gegründet worden war. Bestrebungen den Deutschen Bund zu reformieren und den preußisch-österreichischen Gegensatz zu Gunsten der Mittelstaaten zu entschärfen, blieben jedoch letztlich erfolglos. Allein ein erneuertes und starkes Preußen schien wie schon 1848/49 geeignet, den Traum von Einheit und Freiheit zu verwirklichen. Der 1862 gegründete pro-österreichische Deutsche Reformverein blieb daher ohne Bedeutung. Ebenso wenig war der Vielvölkerstaat in der Lage, die Nationalbewegung mit vagen Versprechungen für seine Reformpläne zu gewinnen. Nicht unterschätzt werden sollte in diesem Zusammenhang die Anziehungskraft des von Preußen dominierten Zollvereins. Diesem anzugehören versprach in der Zeit einer sich beschleunigenden wirtschaftlichen Dynamik und seit dem Abschluss des preußisch-französischen Handelsvertrages von 1862 weitaus mehr Vorteile als die Mitgliedschaft in der mitteleuropäischen Zollunion, die das ökonomisch eher rückständigere Österreich seit 1849 anstrebte.

Die Hoffnungen der Nationalbewegung auf Preußen wurden zunächst jedoch eher enttäuscht. Infolge der Auseinandersetzungen über die Reform des Heeres kam es in Preußen 1862 zu einem schwer wiegenden Verfassungskonflikt. Aus Sicht des seit 1861 regierenden Königs Wilhelm I. war die Berufung Otto von Bismarcks zum Ministerpräsidenten die letzte Möglichkeit, um eine einschneidende Verschiebung der Gewichte zwischen Krone und Abgeordnetenhaus zu verhindern. Bismarcks Versuche, die Liberalen durch gemeinsames Vorgehen in der nationalen Frage für sich zu gewinnen, blieben jedoch vorerst erfolglos. Diese waren nicht bereit, zu Gunsten der Einheit auf die Freiheit zu verzichten. Bismarcks »Eisen-und-Blut«-Rede vom September 1862 schien vielmehr ihre schlimmsten Befürchtungen über dessen wahre Ziele zu bestätigen.

So wie Bismarck im Innern die Stellung des Monarchen zu stärken versuchte, wollte er nach außen die Rolle Preußens in Deutschland – insbesondere gegenüber Österreich – wie auch im Rahmen des »Europäischen Konzerts« entscheidend verbessern. Viel klarer als seine Vorgänger im Amt oder die meisten Zeitgenossen hatte er erkannt, dass die durch den Krimkrieg veränderten Verhältnisse auf dem Kontinent eine offensivere Machtpolitik der kleinsten der fünf Großmächte durchaus zuließen. Diese Politik, in der Macht vor Recht ging, war nicht ohne Risiken. Insgesamt gelang es Bismarck aber, die Großmächte bis 1870 aus der »Deutschen Frage« herauszuhalten: Russland verhielt sich seit der indirekten preußischen Unterstützung bei der Niederschlagung des ▸ polnischen Aufstands 1863 wohlwollend und Großbritannien hatte sich von Europa abgewandt und war bereit,

B Alexander II. Nikolajewitsch (1855–1881)
Zar von Russland – Alexander II. trat als ältester Sohn Nikolaus I. dessen Nachfolge an. Die schwache wirtschaftliche Entwicklung Russlands ließ ihn erkennen, dass eine Reihe von Reformen erforderlich war, damit sich das Land von den Folgen des Krimkrieges (1853–1855) möglichst schnell erholen und wirtschaftlich wettbewerbsfähig werden konnte. So hob er 1861 nach preußischem Vorbild die Leibeigenschaft der Bauern auf und reformierte in den Jahren 1862 bis 1866 das Heer-,

010 Alexander II. Nikolajewitsch. Öl auf Leinwand von Egor Bottmann, 1856.

011 Polnischer Aufstand 1863. Holzstich nach dem Gemälde von Wojciech von Kossak, um 1891.

Im Jahre 1863 brach der polnische Aufstand gegen die russische Besatzungsmacht aus. Bismarck sah in diesem Aufstand eine Gefahr für die Integrität der preußischen Ostprovinzen, auf welche die Erhebung übergreifen konnte. Schwerer wog in seinem Machtkalkül aber die Bedrohung des preußischen Staatsinteresses, das er mit einer Belebung der polnischen Hoffnungen auf einen unabhängigen Nationalstaat unmittelbar verbunden sah. Preußen, neben Österreich und Russland eine der drei polnischen Teilungsmächte, werde, so sein Urteil, stets ein natürlicher Gegner der autonomen nationalen Entwicklung des Königreiches Polen bleiben müssen. Der Aufstand ging einher mit polenfreundlichen, westlich orientierten Strömungen in Russland und mit

012 Karikatur auf Napoleon III. während des Aufstands in Russisch-Polen 1863.
Holzstich nach Zeichnung von Wilhelm Scholz, um 1863.

Sympathien für die Unabhängigkeitsbewegung in Frankreich. So barg er einerseits die Gefahr eines »französischen Lagers an der Weichsel«, wie Bismarck glaubte, und bot andererseits die Möglichkeit, die französisch-russische Annäherung zu durchkreuzen – eine willkommene Gelegenheit, die Solidarität der Teilungsmächte mit dem Zarenreich sowie die Gemeinsamkeit ihrer antiliberalen Grundhaltung zu demonstrieren. In der Konvention Alvensleben sicherte Bismarck Russland daher indirekte Unterstützung zu.

309

Justiz-, Finanz-, Verwaltungs- und Schulwesen. Es zeigte sich jedoch schnell, dass die Reformen im Ansatz stecken blieben. Außenpolitisch verfolgte Alexander bald einen deutschfreundlichen Kurs. Russland wurde 1873 Mitglied des von Bismarck initiierten Dreikaiserbundes (Preußen, Österreich-Ungarn, Russland). Immer auf eine Revision des Pariser Friedens von 1856, der den Krimkrieg beendet hatte, bedacht, betrieb Alexander II. die Expansion des russischen Imperiums nach Asien. Alexander II. fiel 1881 einem Bombenanschlag der revolutionären Gruppe »Narodnaja Wolja« (russ.; »Volkswille«) zum Opfer.

einen Machtzuwachs Preußens hinzunehmen, solange dieser das europäische Gleichgewicht nicht grundlegend veränderte.

Obwohl sich die Fronten im Innern seit 1862 zunächst eher verhärteten, kam dennoch allmählich Bewegung in die nationale Frage. Verantwortlich dafür war die Krise um Schleswig und Holstein 1863/64. Der Versuch der dänischen Regierung, durch eine Änderung der Verfassung das Herzogtum Schleswig in den dänischen Gesamtstaat einzugliedern, löste eine Welle der Empörung in Deutschland aus. Als alle Versuche, auf diplomatischem Wege den alten Rechtszustand wiederherzustellen, gescheitert waren, erklärten Preußen und Österreich Dänemark im Frühjahr 1864 den Krieg. Nach mehreren Niederlagen und wegen der fehlenden Unterstützung der bisherigen Schutzmächte Großbritannien und Russland musste Dänemark im Frieden von Wien die umstrittenen Herzogtümer abtreten.

Die Probleme mit den von Preußen und Österreich gemeinsam verwalteten Länder führten letztlich auch zur Lösung der »deutschen Frage«. Da eine Einigung zwischen beiden Mächten gescheitert war, kam es im Sommer 1866 zum Krieg zwischen Preußen und den Kleinstaaten Norddeutschlands einerseits, Österreich und den wichtigsten Staaten innerhalb des Deutschen Bundes (Bayern, Württemberg, Sachsen, Hannover, Baden, Hessen-Darmstadt und Kurhessen) andererseits. Kriegsentscheidend war der Sieg Preußens über Österreich bei Königgrätz am 3. Juli 1866.

Als Folge der Niederlage musste Österreich aus dem Deutschen Bund, der nunmehr aufgelöst wurde, ausscheiden. Zugleich dehnte Preußen seinen Machtbereich in Norddeutschland aus: Hannover, Kurhessen, Nassau sowie die freie Stadt Frankfurt wurden annektiert und ebenso wie die Herzogtümer Schleswig und Holstein nun ein Teil Preußens. Alle Gebiete nördlich des Mains vereinigten sich darüber hinaus im Norddeutschen Bund. Die süddeutschen Staaten, die an der Seite Österreichs gekämpft hatten, schlossen geheime Schutz- und Trutzverträge mit Preußen. Über den Zollverein und das Zollparlament rückten sie zugleich näher an den ▶ Norddeutschen Bund heran. Eine Ausdehnung des preußischen Herrschaftsbereiches jenseits der Mainlinie hielt Bismarck zu diesem Zeitpunkt aus innen- wie außenpolitischen Gründen für zu risikoreich.

Bereits die Wahlen zum preußischen Abgeordnetenhaus, die am Tag der Schlacht von Königgrätz statt fanden, verschoben die Gewichte zu Gunsten der Konservativen. Entgegen deren Hoffnungen auf eine klare Absage an alle liberalen Bestrebungen ging der preußische Ministerpräsident jedoch auf die Liberalen zu. Nunmehr ganz der »weiße Revolutionär« (Henry Kissinger) versuchte Bismarck mit den Liberalen einer Politik der Modernisierung den Weg zu ebnen. Die Grundlagen der politischen und gesellschaftlichen Stellung der »alten Eliten« sollten allerdings unangetastet bleiben.

Unter dem Eindruck der preußischen Siege war eine wachsende Mehrheit der Liberalen bereit, mit diesem zuvor regelrecht »verhassten«, so der liberale Göttinger Rechtsgelehrte ▶ Rudolf von Ihering, »Mann der Tat« Frieden zu schließen. Im Streit über die nachträgliche Billigung von Bismarcks Politik seit 1862, der »Indemnität«, spaltete sich die Deutsche Fortschrittspartei zwar in eine »linientreue« linksliberale und eine realpolitisch denkende nationalliberale Fraktion. Eine »Kapitulation« vor der Macht Bismarcks war dieses Verhalten jedoch keineswegs. Wegen der gegebenen, engen Handlungsspielräume hatten allerdings weder

310

Rudolf von Ihering (1818–1892)
B Jurist – Ihering prägte entscheidend die Rechtswissenschaft in der zweiten Hälfte des 19. Jahrhunderts. Er wurde der prominenteste Vertreter der so genannten Zweckjurisprudenz, nachdem er am Anfang seiner Laufbahn noch ein Anhänger der historischen Rechtsschule gewesen war. Nach seiner Auffassung dient das Recht dem Schutz der individuellen und gesellschaftlichen Interessen durch deren Koordination, die eine Minimierung möglicher Konflikte ermöglicht.

013 Rudolf von Ihering. Porträtaufnahme, 1877.

014 Einzug der siegreichen preußischen Truppen durch
das Brandenburger Tor nach dem »Bruderkrieg«.
Farblithografie nach einer Zeichnung
von Wilhelm von Camphausen, um 1866.

S Ein weiteres Ergebnis des Krieges von 1866
war die Gründung des Norddeutschen Bundes.
Nach der Beilegung des Verfassungskonfliktes ging
Bismarck daran, die Staaten nördlich des Mains in
einem von Preußen beherrschten Bundesstaat zu
vereinigen. Dieser bildete die Grundlage des Deutschen Reiches von 1871; einige seiner wesentlichen
Charakterzüge fanden sich noch in der Weimarer
Republik der 1920er-Jahre. Der Verfassungsentwurf,
der nur die notwendigsten Staatsorgane schaffen sollte, stammte im Kern von ihm selbst. Mitte Dezember
1866 wurde dieser den Vertretern der norddeutschen
Staaten vorgelegt, die ihn bis Anfang Februar des folgenden Jahres berieten. Am 16. April 1867 wurde die
so ausgehandelte Verfassung, von welcher der Führer

015 König Wilhelm I. frisst die deutschen
Kleinstaaten. Zeitgenössischer kolorierter Holzstich.

311

der Nationalliberalen, Rudolf von Bennigsen, meinte, sie sei ein »verbesserungsbedürftiges, aber auch verbesserungsfähiges Werk«, vom Reichstag mit großer Mehrheit angenommen. Zwar ging dieses Gesamtparlament
aus gleichen, allgemeinen, direkten und geheimen Wahlen hervor, seine Rechte aber blieben, zugunsten der
monarchischen Exekutive beschränkt.

016 Der französische Botschafter Graf Benedetti überreicht Wilhelm I. während dessen Kuraufenthalt in Bad Ems am 13. Juli 1870 die Forderung, dass die Hohenzollern auch in Zukunft auf eine spanische Thronkandidatur verzichten sollen. Zeitgenössischer Holzstich.

verbesserungsfähiges Werk«. Die Einführung des demokratischen, allgemeinen und gleichen Wahlrechts war vor diesem Hintergrund von großer Bedeutung.

Wie lange es dauern würde, die endgültige Einheit herzustellen, war nach 1866 jedoch eine offene Frage. Diese Einheit schien nur möglich, wenn es gelang, den absehbaren französischen Widerstand gegen einen erneuten Machtzuwachs Preußens zu beseitigen und zugleich die süddeutschen Staaten für Preußen zu gewinnen. Die Krise um das ehemals zum Deutschen Bund gehörige Großherzogtum Luxemburg 1867 wie auch die aus preußischer Sicht keineswegs erfreulichen Ergebnisse der Wahlen zum Zollparlament machten deutlich, dass der Weg zur endgültigen Einheit steinig und voller Hindernisse war.

Bismarck war sich dessen voll bewusst, und in gleicher Weise wie 1864 die dänische »Provokation« war es schließlich ein »Glücksfall«, diesmal die spanische Thronkandidatur eines Hohenzollernprinzen, der es ihm 1870 ermöglichte, durch geschicktes Operieren Bewegung in die innere und äußere Politik zu bringen. Bismarck war sich durchaus darüber im Klaren, dass ein Krieg gegen Frankreich die Nationalstaatsgründung leichter vollenden und nicht zuletzt auch seine eigene Stellung stärken würde. Wie gezielt er aber diese Thronkandidatur benutzte, um ▶ Napoleon III. herauszufordern und damit in seinem Sinne voranzukommen, ist bis heute in der Forschung umstritten. Der französische Kaiser Napoleon III. war ungeschickt genug, die Frage der Thronkandidatur in ungewöhnlicher Weise hochzuspielen und zu einer Prestigeangelegenheit zu machen. Dabei verkannte er, dass diese Frage nicht nur in Frankreich und Preußen, sondern auch in

die Nationalliberalen noch die Linksliberalen eine realistische Alternative zu einer Politik der begrenzten Zusammenarbeit mit Bismarck. Obwohl zentrale Bereiche staatlichen Handelns – Regierung, Diplomatie, Militär, und Verwaltung – dem Zugriff des Parlaments entzogen blieben, erschien die Situation offen und eine Regierungsbeteiligung der Liberalen in nicht allzu ferner Zukunft möglich. Die Verfassung des Norddeutschen Bundes von 1867, die in manchem über das hinausging, was Bismarck vorgeschwebt hatte, und die wider Erwarten teilweise auch an die verfemte Tradition von 1848/49 anknüpfte, war, so urteilte einer der liberalen Führer, Rudolf von Bennigsen, ein zwar »verbesserungsbedürftiges«, aber auch

312

017 Wilhelm I.,
Leopold von Hohenzollern
und Napoleon III.
Kolorierte Lithografie
von G. Berthold, um 1871.

ganz Deutschland große Emotionen hervorrufen würde. Als der französische Botschafter daher den preußischen König am 13. Juli 1870 in Bad Ems trotz des bereits erklärten Verzichts des Hohenzollernprinzen geradezu zur Unterzeichnung eines Dokuments zu nötigen versuchte, das Preußen diplomatisch zutiefst gedemütigt hätte, bot er Bismarck die Möglichkeit, Frankreich doch noch auszumanövrieren. Die Veröffentlichung der ▸ »Emser Depesche« über diese Forderungen in verkürzter Form war aus der Perspektive Napoleons III. insofern ein Schlag ins Gesicht. Um seine ohnehin im Wanken begriffene Herrschaft zu stabilisieren, erklärte Frankreich Preußen den Krieg, das wegen der Bündnisse mit den süddeutschen Staaten jedoch nicht allein stand.

Die Folge war ein Krieg zwischen Frankreich und Deutschland, der von den Massen mit großem Jubel begrüßt wurde. Sie erhofften sich davon die endgültige Einigung Deutschlands. Nach dem entscheidenden Sieg über Frankreich bei Sedan am 1./2. September 1870 stand der Gründung eines deutschen Nationalstaates unter preußischer Führung nichts mehr im Wege.

Am 18. Januar 1871 wurde der preußische König im Spiegelsaal des Schlosses von Versailles zum deutschen Kaiser proklamiert. Wie sich dieses neue Reich in der Mitte Europas unter preußischer Führung nach dem Sieg über die bisherige Hegemonialmacht Frankreich im Innern entwickeln und nach außen verhalten würde, blieb abzuwarten.

---

1 »Emser Depesche« (13. Juli 1870)
Den provozierend verkürzten Inhalt des Telegramms zu den Vorgängen in Bad Ems verbreitete Bismarck noch am selben Abend .

König Wilhelm schreibt: »»Graf Benedetti fing mich auf der Promenade ab, um auf zuletzt sehr zudringliche Art von mir zu verlangen, ich sollte ihn authorisieren, sofort zu telegraphieren daß ich für alle Zukunft mich verpflichtete, niemals wieder meine Zustimmung zu geben, wenn die Hohenzollern auf ihre Kandidatur zurückkämen. Ich wies ihn, zuletzt etwas ernst, zurück, da man à tous jamais dergleichen Engagements nicht nehmen dürfe, noch könne. [...]« *Von Bismarck veröffentlichte Fassung:* »Nachdem die Nachrichten von der Entsagung des Erbprinzen von Hohenzollern der Kaiserlich Französischen Regierung von der Königlich Spanischen amtlich mitgeteilt worden sind, hat der französische Botschafter in Ems an Seine Majestät den König noch die Forderung gestellt, ihn zu authorisieren, daß er nach Paris telegraphiere, daß Seine Majestät der König sich für alle Zukunft verpflichte, niemals wieder seine Zustimmung zu geben, wenn die Hohenzollern auf ihre Kandidatur wieder zurückkommen sollten. Seine Majestät der König hat es darauf abgelehnt, den französischen Botschafter nochmals zu empfangen, und demselben durch den Adjutanten vom Dienst sagen lassen, dass Seine Majestät dem Botschafter nichts weiter mitzuteilen habe.«

Zit. nach: Dokumente zur deutschen Verfassungsgeschichte, Bd 2. Hrsg. von Ernst Rudolf Huber, Stuttgart 1964

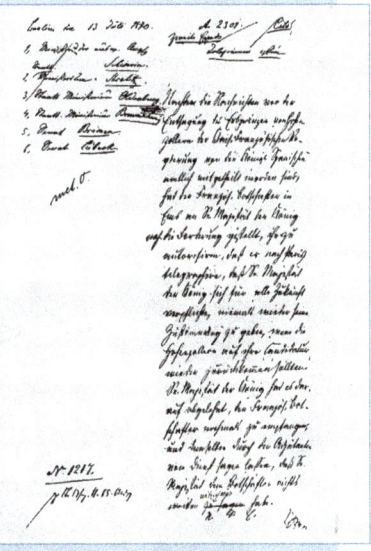

018 »Emser Depesche«. Handschrift der gekürzten und am 14. Juli veröffentlichten Fassung Bismarcks.

313

B Napoleon III., Charles Louis Napoléon Bonaparte (1808–1873)
Kaiser der Franzosen – Als Neffe Napoleons I. wuchs er nach dessen Sturz 1815 im süddeutschen und schweizerischen Exil auf. Im Revolutionsjahr 1848 wurde der langjährige Emigrant zum Präsidenten der französischen Republik gewählt. Im Jahre 1852 gründete er als Napoleon III. das Zweite Kaiserreich. Nach der verlorenen Schlacht bei Sedan und einer kurzen Festungshaft auf Schloss Wilhelmshöhe bei Kassel starb er im Exil in England.

019 Napoleon III. Öl auf Leinwand von Hypolyte Flandrin, um 1862.

Geschichte

Im militärischen Brauchtum der Bundeswehr nimmt der Große Zapfenstreich eine herausragende Stellung ein. Das heute übliche Zeremoniell des Großen Zapfenstreichs geht auf die Zeit der Freiheitskriege (1813–1815) zurück. Der preußische König Friedrich Wilhelm III. befahl im Jahr 1813, angeregt durch einen Brauch in der russischen Armee, auch bei den preußischen Truppen nach dem Zapfenstreich ein Gebet zu halten.

020 Der Zapfenstreich am Abend des 7. September 1872, Unter den Linden, anlässlich des Dreikaisertreffens von Wilhelm I., Franz Joseph von Österreich und Alexander II. von Russland. Holzstich nach Zeichnung von Friedrich Kaiser, 1872.

Der Große Zapfenstreich verbindet die beiden großen Traditionslinien der deutschen Militärmusik: Die Trommeln und die Pfeifen, das »Spil« der Landsknechte, einerseits und die Trompeten und Pauken der Reiterei andererseits. Der Ausdruck »Zapfenstreich« entstammt der Epoche der Landsknechtsheere. Im Jahre 1596 wurde erstmals ein Abendsignal in Verbindung mit dem »Zapfenschlag« erwähnt. Mit einem solchen Schlag oder Streich über den Zapfen eines Fasses gab der Profoss, ein Offizier, der mit der Überwachung der Marsch- und Lagerordnung beauftragt war, das Signal zur Nachtruhe. Von diesem Zeitpunkt an durften die Marketender und Wirte keine Getränke mehr ausschenken, die Soldaten mussten sich in ihre Zelte zurückziehen und die Nachtruhe einhalten. Eine Zuwiderhandlung gegen dieses Gebot wurde vom Profoss, wie es damals hieß, »exemplariter bestraffet«. Im Laufe der Zeit wurde es üblich, das Zeichen zur Nachtruhe auch in musikalischer Form zu geben. Die Reiterei benutzte dazu Trompetensignale (»Retraite«), die Fußtruppe Flöte und Trommel.

021 Pfeifer und Trommler der Landsknechte. Holzschnitt von Jost Aman, 1566.

022 Trompeter der Reiterei. Holzschnitt von Jost Aman, 1566.

025
Die Bundeswehr feiert am 26. Oktober 2005 ihren 50. Geburtstag mit einem Großen Zapfenstreich vor dem Berliner Reichstag.

Aufbau

Der Große Zapfenstreich gliedert sich in drei Bestand-
teile: »Locken«, »Zapfenstreich« und »Gebet«. Erstmals
zu hören war der Große Zapfenstreich in seiner
heutigen Form im Jahre 1838 in Berlin, anlässlich eines Besuchs des russischen Zaren. Seit
dieser Zeit wurde die Spielfolge bis zum Ende
des deutschen Kaiserreichs 1918 zum großen
Teil beibehalten. Seit der Weimarer Republik
endet der Große Zapfenstreich mit der Nationalhymne. Am Zeremoniell des Großen
Zapfenstreichs sind neben einem Spiel-
mannszug und einem Musikkorps zwei Züge
Soldaten unter Gewehr sowie Fackelträger
beteiligt.

024
Armeehorn.
Königreich Sachsen,
um 1850.

023
Preußischer Zapfenstreich. Titelblatt des
Notendrucks, um 1895.

Befehligt wird der Große Zapfenstreich von einem Offizier, der mindestens im Range eines Stabsoffiziers steht
und die für den Großen Zapfenstreich angeordneten Kom-
mandos gibt. Die Zeremonie beginnt mit dem Einmarsch der Formation zu den Klängen des »Yorckschen Marsches«.
Nach der Meldung an den zu Ehrenden folgt eine Serenade aus üblicherweise drei Musikstücken. Anschließend beginnt
der eigentliche Zapfenstreich: Das »Locken«, der Zapfenstreichmarsch durch die Spielleute und das Musikkorps sowie
die »Retraite« des traditionellen Zapfenstreichs der Reiterei. Danach folgt das Gebet in Form des Musikstücks »Ich
bete an die Macht der Liebe«. Der Große Zapfenstreich wird nach der Nationalhymne durch die Abmeldung bei der zu
ehrenden Persönlichkeit beendet.

Kapitel I – Umfeld:

Das Militär und der Aufbruch in die Moderne

1. Von der Heeresreform ...

In der deutschen Geschichte des 19. Jahrhunderts gibt es kaum eine Epoche, die für das zukünftige Verhältnis von Militär, Staat und Gesellschaft von derartig zentraler Bedeutung war, wie das so genannte Reichsgründungsjahrzehnt. Die Auswirkungen des Streits über die preußische Heeresreform seit 1860 wie auch die Erfolge der preußischen Armee in den Reichseinigungskriegen beeinflussten die preußisch-deutsche Politik im Innern und nach außen in vielfältiger und nachhaltiger Weise. Ohne den Heeres- und Verfassungskonflikt wäre es vermutlich nicht zur Polarisierung der Kräfte in Preußen und der daraus resultierenden Ernennung ▸ Bismarcks zum Ministerpräsidenten sowie dessen Politik gekommen, an deren Ende ein ausgedehnter, auf die Armee gestützter, preußischer Machtbereich stand. Zugleich war das Ergebnis dieses Konflikts maßgeblich für die besondere Stellung mitverantwortlich, welche die Armee in den folgenden Jahrzehnten bis zum Ende des Ersten Weltkrieges in Staat und Gesellschaft spielen sollte. Was war der eigentliche Anlass für diesen Heereskonflikt, der sich innerhalb kurzer Zeit zu einem Verfassungskonflikt mit weit reichenden Folgen entwickelte?

In den 1850er Jahren hatte es mehrfach Anläufe gegeben, die preußische Armee von

026 Deutschlands Einigung.
Holzstich nach einem Gemälde von Anton von Werner.

Grund auf zu reformieren und zugleich ihre Schlagkraft durch eine Vergrößerung der Friedenspräsenzstärke massiv zu erhöhen. Hinter diesen Bestrebungen standen sowohl militärische und politische als auch soziale und volkswirtschaftliche Motive. Den Mittelpunkt der Reformüberlegungen bildete dabei die Landwehr: Ihre Trennung von der Linie erschien führenden preußischen Militärs, allen voran Prinz Wilhelm, aus militärischer Sicht weder zeitgemäß noch im Kriegsfalle effizient. Dieser Schritt, die Armee zu reorganisieren und damit in letzter Konsequenz die Landwehr abzuschaffen, erschien auch insofern folgerichtig, als die Selbstständigkeit der Landwehr als

Otto von Bismarck (1815–1898)

B Staatsmann – Bismarck, Sohn eines ostelbischen Adligen, studierte von 1832 bis 1836 Rechtswissenschaften in Göttingen und Berlin. Die Revolution von 1848, die er mit Gewalt unterdrückt sehen wollte, bestärkte ihn in seiner konservativen und monarchistischen Haltung. Nach der Revolution wurde er Abgeordneter im Erfurter Parlament, führendes Mitglied der Konservativen Partei und Mitarbeiter der konservativen Kreuzzeitung. Nach seiner Gesandtentätigkeit in Frankfurt am Main (1851–1859), in Sankt Petersburg (1859–1862) und als preußischer Botschafter in Paris (1862) wurde Bismarck im Herbst 1862 von König Wilhelm I. zum Ministerpräsidenten und Außenminister ernannt. In Preußen war die Auseinandersetzung zwischen Regierung und Parlament über eine Heeresform zu einem scheinbar unlösbaren Konflikt eskaliert. Weder König noch Abgeordnetenhaus waren zu einem Kompromiss bereit. In dieser Pattsituation berief König Wilhelm I. im September 1862 Bismarck zum Regierungschef. Bismarck vertrat hartnäckig die Rechte der Krone und weitete damit den Heereskonflikt zum Verfassungskonflikt aus. Bismarcks politische Virtuosität zeigte sich in der Verquickung und Lösung außen- und innenpolitischer Krisen: Mit seinem außenpolitischen Engagement gelang es Bismarck vorübergehend, von der Krise im Innern abzulenken. Im

027 Bismarck in Kürassieruniform.
Öl auf Leinwand von Franz von Lenbach, um 1890.

Jahre 1864 führte Preußen gemeinsam mit Österreich Krieg gegen Dänemark, das schließlich Schleswig, Holstein und Lauenburg an Preußen und Österreich abtreten musste. Die Frage nach der Vorherrschaft im Deutschen Bund hatte sich nach diesem Krieg deutlich zugespitzt, und der preußisch-österreichische Dualismus eskalierte schließlich 1866 im »Bruderkrieg«. Mit dem Sieg Preußens über Österreich war der Deutsche Bund zerstört und Österreich aus Deutschland verdrängt. Den Abschluss der deutschen Einigung bildete der Krieg gegen Frankreich 1870/71.

028 Königin Augusta.
Gemälde von Gustav Richter, um 1860.

1 Königin Augusta, »Aufzeichnung« (1862)

Zu den schärfsten Gegnern Bismarcks gehört Königin Augusta. In einem Schreiben teilte sie dem König ihre Bedenken bezüglich dessen Ernennung zum preußischen Ministerpräsidenten mit.

»Als Bundestags Gesandter hat H.v.B. den Preußen freundlichen Regierungen stets Mißtrauen eingeflößt und auf die Preußenfeindlichen Häuser nur mit Hülfe der politischen Anschauungen gewirkt, die nicht der Stellung Preußens in Deutschland, sondern seiner Stellung als drohender Großmacht entsprechen. [...] Die Ernennung des H.v.B. in Paris hat bereits durch die Presse die öffentliche Meinung alarmirt, in wie weit höherem Maaße würde dies aber der Fall seyn, wenn er, zum Eintritt in das gegenwärtige Ministerium veranlaßt, gerade in diesem Augenblick einer allgemeinen deutschen Bewegung geeignete Veranlassung darböte, seinen unpopulären Nahmen gegen Preußen auszubeuten.

H.v. Bismarck hat seine reactionären Verbindungen in der königl. Familie, am Hofe, unter den Beamten sowie unter der schroffsten feudalen Partei unverändert aufrechterhalten und gilt persönlich für frivol und anmaßend bei sonstigem unverkennbarem Talent. Er bleibt mithin großen Anfechtungen ausgesetzt.«

Zit. nach: Egmont Zechlin, Bismarck und die Grundlegung der deutschen Großmacht, Stuttgart 1960, S. 254

Wehrformation in ihrer ursprünglichen Form ohnehin nicht mehr gegeben war. Im Rahmen verschiedener Reformen, insbesondere der Landwehrreform von 1852, hatten aktive Offiziere inzwischen fast alle Kompanieführerstellen besetzt und die bestehenden Landwehrregimenter waren unter Verlust ihrer eigenen Identität bereits in die Brigaden des stehenden Heeres überführt worden.

Auch eine Erhöhung der jährlichen Rekrutenquote erschien aus Gründen der Wehrgerechtigkeit und zur Bildung größerer personeller Reserven kriegstauglicher Männer notwendig. Der Anstieg der Bevölkerung von 11 auf 18 Millionen bei gleichzeitigem Rückgang der Heerespräsenzstärke befreite faktisch immer mehr wehrfähige Männer vom Dienst an der Waffe. Diese »Befreiung« vom Wehrdienst war jedoch nicht nur ein Problem der Wehrgerechtigkeit. Die damit verknüpfte Überalterung des Feldheeres sowie die zunehmend als zu gering empfundene Stärke der Armee drohten vielmehr auch die politische Handlungsfähigkeit der Regierung im Falle eines innerdeutschen oder europäischen Konflikts unnötig einzuschränken. Nur ein starkes Heer könne, wie der Prinzregent im November 1858 den Mitgliedern des Staatsministeriums erklärte, »im Moment der Entscheidung ein schwer wiegendes politisches Gewicht in die Waagschale legen«.

In diesem Kontext gehörte die aus dem Piemontesisch-Österreichischen Krieg 1859 gezogene Lehre, dass die durch die moderne Technik veränderten Bedingungen der Kriegführung und der taktischen Führung im Gefecht eine Professionalisierung der Armee – und das hieß in erster Linie ihres Offizierkorps – sowie eine längere Ausbildung der Mannschaften im Umgang mit neuen Waffen zwingend erforderten (Dennis Showalter). Die Abkehr von der Land-

wehr und die unnachgiebige Haltung des Monarchen hinsichtlich der dreijährigen Dienstzeit haben hierin zumindest teilweise ihre Ursache. Weiterhin spielte bei der Reform auch der Wille eine Rolle, negative Auswirkungen bei der Einziehung älterer, im Beruf stehender Familienväter auf die Volkswirtschaft wie auch auf deren soziale Lage bereits im Vorfeld zu vermeiden.

Schließlich beabsichtigten einige der Verantwortlichen, allen voran der seit 1859 amtierende preußische Kriegsminister General Albrecht von Roon und der einflussreiche Chef des Militärkabinetts, General ▸ Edwin von Manteuffel, aber auch der Prinzregent, die Landwehr, dieses ohnehin nicht besonders geliebte Überbleibsel der Reformzeit und der Befreiungskriege, wegen ihrer vermeintlichen Unzuverlässigkeit endgültig zu beseitigen. In einer Zeit raschen politischen, sozialen und ökonomischen Wandels sowie wachsender Ansprüche des Parlaments auf Mitsprache sollte damit, wie auch mit der Beibehaltung der dreijährigen Dienstzeit sicher gestellt werden, dass die von Grund auf reformierte Armee ein uneingeschränkt zuverlässiges Instrument in der Hand des Monarchen bleiben würde. Hierüber konnte nach Meinung Manteuffels »nicht paktiert und debattiert werden, das steht fest wie das Evangelium«. Dafür war er schließlich sogar bereit »Blut fließen« zu lassen: Im Herbst 1862 gingen die versiegelten Einsatzbefehle für eine militärische Besetzung Berlins an die Generalkommandos heraus.

Die ältere Forschung und selbst viele neuere Überblicksbände haben bei der Behandlung der Heeresreform dieses allgemeinpolitische Motiv in der Regel in den Vordergrund geschoben. Dabei wurde aber übersehen, wie neuere Arbeiten deutlich gemacht haben, dass dieses Motiv, die Heeresreform als Hebel zur Zurückdrängung des Parlaments, Ausweitung der Kommando-

Edwin von Manteuffel (1809–1885)
B Preußischer Generalfeldmarschall – Manteuffel trat 1827 in die preußische Armee ein. Nach der Thronbesteigung Friedrich Wilhelms IV. wurde Manteuffel Adjutant des Prinzen Albert. Den liberalen Bestrebungen des Bürgertums, die in der Märzrevolution 1848 ihren Ausdruck fanden, stand er ablehnend gegenüber. Nach der Ernennung
zum persönlichen Flügeladjutanten des Königs erhielt Manteuffel Zugang zu konservativen Kreisen des Hofes,
die sich als Gegenpol zu den demokratischen Strömungen verstanden. Seit 1857 war er Chef des Militärkabinetts,
sorgte in dieser Eigenschaft unter anderem für die Ernennung Helmuth von Moltkes zum Chef des Generalstabes
und war an der preußischen Heeresreform beteiligt. 1865 erhielt er den Oberbefehl über die preußischen Truppen
in Schleswig-Holstein. Im Krieg von 1866 war er Oberbefehlshaber über die Mainarmee,
mit der er mehrere Siege über die bayerischen Truppen erringen konnte. Während des
Deutsch-Französischen Kriegs 1870/71 belagerte er die Festung Metz und zeichnete sich
in der Schlacht bei Colombey-Nouilly aus. Nach dem Sieg über Frankreich wurde Manteuffel Oberbefehlshaber der Okkupationsarmee, welche die französischen Repara-
tionszahlungen sicherstellen sollte. Nach der Erledigung dieser Aufgabe wurde
er zum Generalfeldmarschall ernannt. 1879 folgte Manteuffels Ernennung
zum Reichsstatthalter von Elsass-Lothringen. In dieser Verwendung legte
er den Grundstein für die langsame verwaltungsmäßige Integration der
ehemaligen französischen Provinzen in das Deutsche Reich.

1 Edwin Freiherr von Manteuffel
»Krone, Parlament und Armee in Preußen«
(19. Dezember 1858)

*Manteuffel war 1857 vom preußischen König zum Chef des
Militärkabinetts berufen worden. Nach der Übernahme der
Regierungsgeschäfte durch den Prinzregenten Wilhelm im Jahre 1858 war
es zu Unstimmigkeiten zwischen Manteuffel und dem Kriegsminister
von Bonin gekommen. Wilhelm gab dem Abschiedsgesuch Manteuffels
jedoch nicht statt.*

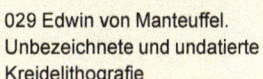
029 Edwin von Manteuffel.
Unbezeichnete und undatierte
Kreidelithografie

»Ew. Kgl. Hoheit kennen meine Ansichten über die Notwendigkeit eines unmittelbaren Verhältnisses des Militärs
zu der Allerhöchsten Person. Auf der Erkenntnis der Unerläßlichkeit eines solchen Verhältnisses beruht die Stellung, die ich bekleide. Dazu ist sie von Ew. Königlichen Hoheit erlauchten Vorfahren und von Ew. Hoheit in Gott
ruhenden Herrn Vaters Majestät eingeführt und von Seiner Majestät dem Könige nach Ablauf der revolutionären
Unruhen wieder hergestellt worden. Ew. Kgl. Hoheit Allerhöchstselbst haben mir die deutlichsten Beweise von
Ihrer Würdigung dieser Stellung gegeben und mir dadurch in meinem Berufe Mut und Freudigkeit verliehen. Die
Bedingung desselben ist inneres Einverständnis mit dem Minister, der mit der Militärverwaltung im allgemeinen
betraut ist [Kriegsminister v. Bonin]. Diese Bedingung ist es, welche ich in diesem Augenblick nicht erfüllt sehe.
Es haben sich Differenzen herausgestellt, die zwar noch zu geringfügig sind, um zu einem Eclat zu führen, die
aber doch die obersten Prinzipien berühren. Noch ist es nicht so weit gekommen, aber mir scheint, die Frage wird
einmal sein, ob die Armee von einem konstitutionellen und vielleicht dem Landtage verantwortlichen Minister
abhängig sein soll wie die anderen Zweige des öffentlichen Dienstes von ihren Ministern, oder ob das persönliche Verhältnis der Armee, vornehmlich der oberen und unteren Offiziere zu dem Kriegsherrn aufrechterhalten
werden kann. Ich muß leider urteilen, daß es mir bei den derzeitigen persönlichen Verhältnissen unmöglich sein
wird, das militärische Prinzip in der vollen Reinheit, wie ich es verstehe, zu behaupten. Fallen lassen kann ich
aber davon nichts. Meine ganze Vergangenheit und meine innere Existenz, denn der äußeren gedenke ich dabei
nicht, hängen damit zusammen, und die Verantwortung, daß unter meiner Bekleidung dieses Amtes und vielleicht durch meine Persönlichkeit herbeigeführt, es seiner alten Rechte verlustig ginge, geht über meine Kräfte.«

*Zit. nach: Dokumente zur deutschen Verfassungsgeschichte. Hrsg. von Ernst Rudolf Huber, Bd 2:
Deutsche Verfassungsdokumente 1851–1918, Stuttgart 1964, Nr. 7*

319

gewalt und »restlosen Entbürgerlichung des Heeres« (Michael Geyer) zu benutzen, keineswegs von Anfang an der zentrale Leitgedanke der ▸ Reform gewesen ist. Diese Überlegungen haben zweifellos bei einigen Akteuren eine Rolle gespielt, im Vordergrund standen aber zunächst rein fachmilitärische Erwägungen.

Eine der Grundlagen der im Februar 1860 schließlich dem Abgeordnetenhaus vorgelegten Reformvorlage war die vom Kommandeur der in Posen stationierten 20. Infanteriebrigade, ▸ General von Roon, im Juli 1858 verfasste Denkschrift »Bemerkungen und Entwürfe zur vaterländischen Heeresverfassung«. Roons Vorschläge, die sich von den Entwürfen des Allgemeinen Kriegsdepartements im Preußischen Kriegsministerium nicht grundsätzlich unterschieden, waren hinsichtlich mancher Details durchaus vage, zeigten aber dennoch die Richtung an, in die es gehen sollte: Den Aufbau eines straff organisierten Königsheeres. Dazu forderte er eine Eingliederung der Landwehr, gegen die Roon heftig polemisierte, in der Linie und eine Erhöhung der Friedenspräsenzstärke bei gleichzeitiger Beibehaltung der dreijährigen Dienstzeit.

Der preußische Kriegsminister, General Eduard von Bonin, verweigerte allerdings zu weitgehenden Forderungen seine Unterstützung. Grundsätzlich stimmte er zwar den Prinzipien der geplanten Reorganisation – flexiblere Mobilmachungen, höhere Kriegsbereitschaft, stärkere Reserven, gleichmäßigere Verteilung der Verteidigungslasten, Sicherstellung der ▸ Wehrgerechtigkeit und einheitlicherer Aufbau der Feldarmee – zu, machte aber gegen die Vorschläge des Prinzregenten und der hinter diesem stehenden Militärs finanzielle und wirtschaftliche Bedenken geltend. Anfang Dezember 1859 trat Bonin schließlich zurück. Sein Nachfolger wurde der zwischenzeitlich zum Kommandeur der 14. Division in Düsseldorf ernannte General von Roon. Den Vorgaben des Prinzregenten folgend, brachte das Staatsministerium bereits im Februar 1860 im Abgeordnetenhaus einen Gesetzentwurf über die Verpflichtung zum Kriegsdienst ein. In seiner Begründung wies es vor allem auf die bisher fehlende Wehrgerechtigkeit sowie den allgemeinen volkswirtschaftlichen Nutzen einer Reorganisation hin. Die Auswirkungen der Vorlage in Bezug auf die zukünftige Rolle der Landwehr versuchte es hingegen soweit als möglich zu verschleiern.

Zunächst war vorgesehen, die Präsenzstärke der Armee von 151 000 auf 212 000 Mann zu erhöhen. In der Linie sollten 39 Infanterieregimenter und zehn Kavallerieregimenter neu aufgestellt werden. Wie im Wehrgesetz von 1814 festgelegt sollte die aktive Dienstzeit in Zukunft drei Jahre betragen, nach dem sie aus finanziellen Gründen auf zwei Jahre beschränkt worden war. Grundsätzlich umgestaltet werden sollte vor allem das Verhältnis zwischen Linie und Landwehr. Bisher hatte sich die Linie aus drei aktiven und zwei Reservejahrgängen zusammengesetzt, die Landwehr aus dem ersten Aufgebot von sieben Jahrgängen und einem zweiten Aufgebot von weiteren sieben Jahrgängen. Im Gegensatz zur bisherigen Praxis, in der Linie, Reserve und Landwehr ersten Aufgebots das Feldheer gebildet hatten, sollte die Landwehr in Zukunft mit den ersten drei Jahrgängen der Reserve eingegliedert werden, die übrigen Jahrgänge verstärkten hingegen das bisherige zweite Aufgebot. Das Feldheer bestand somit aus acht Jahrgängen – drei aktiven und fünf Reservejahrgängen. Die Rolle der Landwehr, die sich aus elf Jahrgängen zusammensetzte, beschränkte sich auf den Etappen-, Festungs- und Garnisondienst.

Albrecht Graf von Roon (1803–1879)
Preußischer Generalfeldmarschall und Politiker – Roon wurde 1859 preußischer Kriegsminister, von 1861 bis 1871 war er zugleich Marineminister. Er galt als ein konservativer Altpreuße und entschiedener Parteigänger der Krone. 1862 unterstützte er die Berufung Bismarcks zum Ministerpräsidenten. Roons Heeresreform war die Grundlage für die Kriegführung Helmuth von Moltkes in den »Einigungskriegen«. Sie löste jedoch auch den Verfassungskonflikt aus. Im November 1873 legte er alle Ämter nieder.

030 Albrecht Graf von Roon. Zeitgenössisches Foto.

Die Frage der Notwendigkeit einer Heeresreform führte zu einem folgenreichen Konflikt zwischen König und Parlament. Der Konflikt offenbarte ein tief greifendes Strukturproblem zwischen einem monarchisch-autoritären Herrschaftssystem und einer liberalen Staats- und Gesellschaftsidee. Zwar war es dem neuen Regenten in Berlin erspart geblieben, seine Armee während des Krieges um Italiens Einheit in einen Waffengang zu führen, doch allein die enttäuschenden Erfahrungen der letzten Mobilisierungen von 1850 und 1859, dabei vornehmlich der Mangel an ausgebildeten jungen Rekruten, hatten die Notwendigkeit einer preußischen Heeresreform offenbart. Seit den 1840er-Jahren war die Dienstzeit de facto auf zwei Jahre verkürzt, und durch die Möglichkeit der Freilosung musste weniger als ein Drittel der Wehrfähigen wirklich dienen. Die allgemeine Wehrpflicht bestand somit nur auf dem Papier. Obendrein stand die militärische Qualifikation der Landwehr in keinem guten Ruf. Das Heer, Stütze und Garant auch einer aktiven preußischen Machtpolitik, sollte den Erfordernissen der Zeit angepasst werden.

031 Preußische Soldaten des 2. Dragoner- und 3. Ulanen-Regiments, der 3. Artillerie-Brigade sowie des 6. Kürassier- und 3. Husaren-Regiments in den Jahren 1843–1845. Kolorierte, zeitgenössische Lithografie.

032 Preußischer Verfassungskonflikt und Heeresreform 1862. Holzstichvignette von Adolf Brennglas, um 1863.

321

Von Wehrgerechtigkeit wird gesprochen, wenn alle tauglichen Wehrpflichtigen eines Jahrgangs gleichmäßig zum Wehrdienst herangezogen werden. Die Wehrgerechtigkeit ist nicht mehr gegeben, wenn ein großer Teil der tauglichen Wehrpflichtigen wegen fehlenden Bedarfs nicht eingezogen wird. Während des preußischen Heeresbzw. Verfassungskonflikts argumentierte der preußische Kriegsminister Roon, dass es einer Reorganisation des preußischen Heeres unter anderem auch deshalb bedürfe, weil mit der Umsetzung der dreijährigen Dienstpflicht auch der Wehrgerechtigkeit genüge getan werde. Durch die vermehrte Einziehung von Rekruten zur Armee sollte die Friedenspräsenzstärke verstärkt werden. Die Rekrutierungsquote erhöhte sich zwar in den folgenden Jahren, aber einer vollen Ausschöpfung der allgemeinen Wehrpflicht entsprach dies nicht. Auch nach Einführung der dreijährigen Dienstpflicht erreichte die Quote der eingezogenen Wehrpflichtigen nur den Stand von 1815.

Die Kosten dieser Reorganisation wurden auf 9,5 Millionen Taler jährlich sowie 6,8 Millionen Taler einmalig veranschlagt.

Vom Umfang her betrachtet, war diese Vorlage insgesamt maßvoll. Die Verstärkung der Linie durch die vermehrte Einziehung von Rekruten bedeutete entgegen der landläufigen Meinung keinen Übergang zu einem Millionenheer; dies sollte erst viele Jahrzehnte später, im 20. Jahrhundert, der Fall sein. Wohl erhöhte sich die Rekrutierungsquote nun von 25 auf 40 Prozent; die übrigen Wehrfähigen galten auch weiterhin als untauglich oder unabkömmlich. Eine volle Ausschöpfung der Wehrpflicht war dies aber nicht, denn faktisch erreichte die Rekrutierungsquote damit lediglich den Stand des Jahres 1815.

Im europäischen Vergleich lag Preußen mit dieser erhöhten Ausschöpfung der Wehrkraft nunmehr zwar an erster Stelle – Großbritannien ausgenommen, das keine allgemeine Wehrpflicht besaß. So zog Österreich zur gleichen Zeit nur 25 bis 27 Prozent seiner Wehrpflichtigen ein. Frankreich und Russland brachten es nur auf 30 und 15 Prozent der entsprechenden Altersklassen. In absoluten Zahlen hinkte Preußen mit seinen jetzt 63 000 Rekruten pro Jahr aber weiterhin teilweise erheblich hinter den anderen Großmächten her: Österreich zog zur gleichen Zeit zwischen 74 000 und 81 000 Rekruten ein, Frankreich 96 000 und Russland 100 000. Vor diesem Hintergrund betrachtet, war die preußische Heeresreform trotz der nicht unerheblichen personellen Aufrüstung daher allenfalls eine »Nachrüstung« (Dierk Walter), die Preußen in die Lage versetzte, in Zukunft wenigstens ansatzweise mit den Armeen der anderen Großmächte mitzuhalten. Umso mehr gilt es daher zu fragen, wie die Schärfe des Heereskonflikts zu erklären ist.

2. ... zum Verfassungskonflikt in Preußen

Dieser Konflikt stellte »das Lebensgesetz« (Thomas Nipperdey) der »neuen Ära« zunehmend radikaler infrage. Stand die Verschiebung der Gewichte zwischen Krone und Parlament bislang unter dem Motto »nur nicht drängen«, so entwickelte sich der Streit über die Reichweite der königlichen Kommandogewalt einerseits, das Recht des Parlaments auf Mitwirkung im Bereich der allgemeinen Gesetzgebung und der Bewilligung von Haushaltsmitteln andererseits zu einer Auseinandersetzung von grundsätzlicher Bedeutung. Die Organisation der Armee war zweifellos eine Frage der Kommandogewalt des Königs; diese Gewalt gehörte zu den traditionellen Vorrechten des Souveräns, auf die das Parlament keinerlei Einfluss nehmen sollte. Dennoch gab es gute Gründe für die Behauptung führender Liberaler, die Heeresvorlage sei als »Gesetz« zustimmungspflichtig, da sie nicht nur das bisherige Wehrgesetz von 1814 ändere, sondern den Bürgern auch neue finanzielle Lasten auferlege. Was auf den ersten Blick wie ein unsinniger Streit um Kompetenzfragen aussieht, war in einer Zeit, als die Entwicklung des deutschen Parlamentarismus noch in den Kinderschuhen steckte und die Bestrebungen zur Emanzipation des Bürgertums nach dem Scheitern der Revolution gerade erst einen neuen Aufschwung erlebten, politisch höchst brisant.

Wenn die Regierung – freiwillig, wie es hieß – die Notwendigkeit der Vorlage eines Wehrgesetzes in dieser Situation durchaus anerkannte, dann tat sie dies nur, weil sie hoffte, das Abgeordnetenhaus langfristig im Bereich des Militärwesens durch ein Wehrgesetz binden zu können. Billigten die Abgeordneten das

033 Otto von Bismarck im preußischen Abgeordnetenhause. Holzstich, um 1890.

S Bismarck forderte vom Abgeordnetenhaus ein Äternat, also die Zustimmung zur Friedenspräsenzstärke des Heeres ohne zeitliche Begrenzung. Das Äternat stellte eine erhebliche Beschneidung des Budgetrechts des Abgeordnetenhauses dar, weil etwa vier Fünftel des Haushalts für die Armee aufgewendet wurden. Um einen erneuten Verfassungskonflikt zu vermeiden wurde mit dem Septennat ein Kompromiss gefunden. Nach dem Äternat galt der Militärhaushalt mit dem Septennat sieben Jahre.

034 Karikatur nach der Ernennung Bismarcks zum preußischen Ministerpräsidenten im Dezember 1862.

Wehrgesetz, dann konnten sie in späterer Zeit nur noch über die Veranschlagung von Einzelposten abstimmen, die gesetzlich fest gelegte Organisation als solche aber nicht mehr infrage stellen. Das Ziel, den Militäretat, den größten Einzelposten des jährlichen Haushalts, durch ein Gesetz dauerhaft vor dem Zugriff des Parlaments zu schützen, diesen zu ▸ »äternisieren«, wie es damals hieß, wird hier erstmals erkennbar. In den folgenden Jahrzehnten sollte es wegen der prinzipiellen Bedeutung eines Heeres- und später auch eines Marineäternats regelmäßig zu heftigen Auseinandersetzungen zwischen Regierung und Parlament kommen.

Die liberale Mehrheit im Abgeordnetenhaus stand dem Gedanken einer Reorganisation und Verstärkung der Armee keinesfalls ablehnend gegenüber. Nicht zuletzt die allgemeine europäische Krise des Jahres 1859 hatte vielen Abgeordneten deutlich gemacht, dass Konflikte, vor allem mit Frankreich, unter Umständen nicht zu vermeiden sein würden. Entgegen späterer Legenden waren viele Liberale ganz nach italienischem Vorbild freilich auch zutiefst davon überzeugt, dass die »deutsche Frage« nur gewaltsam, »mit Eisen und Blut«, wie Bismarck es später ausdrücken sollte, gelöst werden könne. Das Abgeordnetenhaus stimmte daher der Heeresvermehrung grundsätzlich zu, knüpfte diese Zustimmung aber an die Bedingung, dass die zweijährige Dienstzeit beibehalten und die Landwehr weiterhin ein Teil des Feldheeres sein sollte.

Angesichts der starren Haltung des ▸ Prinzregenten war absehbar, dass das Staatsministerium auf diese Forderungen nicht eingehen würde. Es entschloss sich daher, auf die Mitwirkung des Abgeordnetenhauses, um die es freiwillig »gebeten« hatte, zu verzichten und die geplante Reorganisation auf der Grundlage eines »Kommandoakts« des Monarchen durchzuführen.

Erste Maßnahmen dazu waren bei Demobilmachung des Heeres am Ende des Krisenjahres 1859 ohnehin schon ohne Zustimmung des Parlaments eingeleitet worden. Auf der Grundlage eines allgemeinen Armeebefehls waren Teile der einberufenen Landwehrstämme mit ihren Mannschaften im Dienst behalten worden, um sie in aktive Formationen umzuwandeln und diese durch die vermehrte Einberufung von Rekruten auf den vollen Stand zu bringen.

Diese organisatorischen Maßnahmen waren aufgrund der königlichen Kommandogewalt verfassungsrechtlich nicht zu beanstanden. Dennoch kam das Staatsministerium an der Mitwirkung des Abgeordnetenhauses nicht vorbei, da dieses den dadurch anfallenden Mehrkosten zustimmen musste. Das Staatsministerium hatte daher zugleich ein Finanzgesetz in der Form eines Nachtragsetats über 9,5 Millionen Taler eingebracht. Damit sollte die Reorganisation der Armee, für die 14 Monate veranschlagt wurden, finanziert werden. Um dem Abgeordnetenhaus die Zustimmung zu erleichtern, bezeichnete der preußische Finanzminister, Robert von Patow, dieses Gesetz auch als ein reines »Provisorium«; alle getroffenen Maßnahmen könnten demnach jederzeit rückgängig gemacht werden, falls die Kammer diese Mittel in Zukunft nicht mehr bewilligen wolle.

Diesem »Provisorium« stimmte das Abgeordnetenhaus am 15. Mai 1860 mit großer Mehrheit zu, verkannte dabei aber die Tragweite der Entscheidung: Unmittelbar nach Verkündung des Gesetzes löste der Prinzregent die nach seinem Reformplan überzähligen 36 Landwehrregimenter auf und setzte 36 Linien-Infanterieregimenter an ihre Stelle. Zugleich ernannte er die den Verbänden angehörenden Offiziere und Unteroffiziere. Dass der Prinzregent das finanzrechtlich bis zum 30. Juni 1861 befristete »Provisorium«

035 Tod des Königs Friedrich Wilhelm IV. von Preußen in Sanssouci am 2. Januar 1861.
Zeitgenössische, kolorierte Kreidelithografie.

036 Krönung Wilhelms I. zum König von Preußen am 18. Januar 1861 in der Schlosskirche zu Königsberg.
Ölskizze von Adolph von Menzel, 1861.

Wilhelm I. (1797–1888)

B König von Preußen und Deutscher Kaiser – Wilhelm war der zweite Sohn des preußischen Kronprinzen und späteren Königs Friedrich Wilhelm III. Im Juni 1829 heiratete er Augusta von Sachsen-Weimar, die ihm im Oktober 1831 einen Sohn gebar – den späteren Kaiser Friedrich III. (»99-Tage-Kaiser«). Im März 1848 wurde Wilhelm fälschlicherweise für die blutige Unterdrückung der Aufständischen in Berlin verantwortlich gemacht. Obwohl er bereits vor der Auseinandersetzung das Kommando abgegeben hatte, wurde er trotzdem zum »Sündenbock« gemacht und fortan als »Kartätschenprinz« beschimpft. Bis zur Entspannung der Situation verbrachte Wilhelm einige Monate in London. Nachdem Friedrich Wilhelm IV. im Jahre 1857 einen Schlaganfall erlitten hatte, wurde Wilhelm erst zu seinem Stellvertreter ernannt, leitete dann ab 23. Oktober 1858 offiziell als »Prinzregent« die Regierung und wurde mit dem Tod seines Bruders 1861 schließlich König von Preußen. Die Öffentlichkeit setzte große Hoffnungen auf den Regierungswechsel, von dem sie sich eine liberale Wendung der preußischen Politik versprach. Nach anfänglichen Modernisierungsschüben jedoch leitete Wilhelm I. die Umsetzung seines Hauptanliegens, die Heeresreorganisation, ein und ernannte Otto von Bismarck im September 1862 zum preußischen Ministerpräsidenten. Der preußische Sieg bei Sedan im September 1870 war für Wilhelm der Höhepunkt seiner Regierungszeit. Das geschickte Agieren Bismarcks bei der Einigung der deutschen Staaten unter preußischer Führung mündete am 18. Januar 1871, noch während des Krieges mit Frankreich, in die symbolträchtig in Szene gesetzte Proklamation Wilhelms zum Kaiser im Spiegelsaal von Versailles.

037 Wilhelm I.
Öl auf Leinwand
von Süßnapp.

325

militärrechtlich als ein »Definitivum« (Ernst Rudolf Huber) betrachtete, wurde endgültig deutlich, als die Kommandeure und die Fahnen der neuen Regimenter am 18. Januar 1861 demonstrativ an der Krönungsfeier Wilhelms I. in Königsberg teilnahmen. Diese Feier, mit welcher der neue König nach dem Tode seines Bruders gegen den Widerstand eines Teils des Staatsministeriums bewusst an alte preußische Traditionen anknüpfte, machte deutlich, dass der Monarch trotz grundsätzlicher Treue zur Verfassung in seiner Eigenschaft als oberster Kriegsherr nicht gewillt war, auf überlieferte Rechte zu verzichten.

Dass die Regierung an den Grundlagen der Reform nicht rütteln lassen wollte, machte sie bei den Verhandlungen über den Haushalt des Jahres 1861/62 deutlich. Entsprechend ihrer Haltung vom Vorjahr forderte sie nun allein die Mittel für die Finanzierung der Reform, ein Wehrgesetz legte sie jedoch nicht mehr vor. Dabei berief sie sich auf die bisherigen gesetzlichen Grundlagen. Die Opposition bestritt diese Auffassung unter Hinweis auf das Wehrgesetz von 1814, das ausdrücklich die Trennung von Linie und Landwehr vorsehe und forderte das Staatsministerium auf, ein Gesetz über die Dienstpflicht vorzulegen. Provisorisch billigte das Abgeordnetenhaus dennoch die Finanzvorlage der Regierung – wenn auch mit geringen Kürzungen. Aus Sicht der Regierung änderte dieses erneute »Provisorium« nichts an der Endgültigkeit der Reorganisation.

Die Hoffnung des Staatsministeriums, mithilfe dieser Strategie dauerhaft Erfolg zu haben, erwies sich jedoch als trügerisch. Die Gründung der ▸ Deutschen Fortschrittspartei im Sommer 1861 hatte binnen kurzer Zeit zudem eine Verschiebung der Gewichte innerhalb der liberalen Bewegung zur Folge. Im Vergleich mit den eher vorsichtig taktierenden Alt-Liberalen stellten sich die Mitglieder der Fortschrittspartei ganz

bewusst in die Tradition der 1848er Revolution. Mit großer Entschiedenheit kämpften sie für die konsequente Verwirklichung des Verfassungs- und Rechtsstaates, drängten auf eine Reform des Herrenhauses – dem Bollwerk des »alten« Preußen bis 1918 –, juristische Ministerverantwortlichkeit und am Ende auf eine liberale Regierung. Mit der gleichen Entschiedenheit traten sie für die zweijährige Dienstzeit und den Erhalt der Landwehr ein. Dahinter verbarg sich freilich nicht einfach nur ein doktrinärer Liberalismus. Die Liberalen befürchteten, dass die dreijährige Dienstzeit, die militärisch keineswegs notwendig war, wie selbst führende Generale eingestanden, allein den Zweck verfolge, die Mannschaften getreu dem Motto »gegen Demokraten helfen nur Soldaten« im konservativen Sinne zu disziplinieren und zu indoktrinieren. Wenn die Liberalen zugleich an der Landwehr festhielten, dann taten sie dies nicht allein wegen eines verklärten Bildes dieser Einrichtung von 1814. Wie die neuere Forschung überzeugend nachgewiesen hat, wollten sie damit entsprechend ihrem Ideal des freien, ökonomisch selbstständigen und wehrhaften Mannes vielmehr sowohl den Milizgedanken als auch die allgemeine paramilitärische Ausbildung der Jugend fördern. Nationalisierung und Militarisierung der politischen Kultur waren aus dieser Sicht identisch (Christian Jansen). Die militärische Ausbildung der ▸ Turner und Schützen ist für die Geisteshaltung dieser Zeit ein ebenso deutliches Merkmal wie die Sammlung von Geldern für den Aufbau einer neuen, gesamtdeutschen Flotte. Im Ansatz wird hier eine Tendenz erkennbar, die nach dem Wegfall der emanzipatorischen Komponente bürgerlicher Ideologie den Weg zur weit radikaleren Militarisierung der nationalen ▸ Verbände des Kaiserreichs – des Flottenvereins, des Wehrvereins und des Alldeutschen Verbandes – ebnen sollte.

Führende Vertreter der
Deutschen Fortschrittspartei

038 Rudolf Virchow.
Öl auf Leinwand von
Hugo Vogel, um 1896.

Der Gründung eines Vereins liegt das Recht auf Vereinigungsfreiheit zu Grunde, also das Recht der Staatsbürger, sich zu einem gemeinsamen Zweck zu versammeln und gemeinsame Ziele anzustreben. Diese Freiheiten gehören zu denjenigen Rechten, welche unmittelbar aus der persönlichen Freiheit abzuleiten sind. Die Entstehung des Vereinswesens ist eng mit dem Prozess der Emanzipation des Bürgertums verbunden. Die starren ständischen Korporationen, die bis dahin das wirtschaftliche und gesellschaftliche Leben geprägt hatten, wurden aufgegeben. Mit Beginn des 19. Jahrhunderts entstanden die verschiedensten Vereine, »Gesellschaften«, Verbindungen und Bünde. In diesen Vereinen fand das Bürgertum eine neue Grundlage zur Entfaltung gemeinschaftlichen Lebens und zur Durchsetzung kollektiver Interessen. Die Interessen der Vereine umfassten das gesamte Spektrum des menschlichen Daseins.

039 Sammelbüchse des Königlich Sächsischen Militär-Verein-Bundes.

Die Turnerbewegung in Deutschland geht auf den »Turnvater« Friedrich Ludwig Jahn zurück. Bald darauf entstanden in ganz Deutschland Turnvereine. Getreu ihrem Motto »frisch, fromm, fröhlich, frei« verbanden sie körperliche Ertüchtigung mit religiösen und patriotischen Ideen. Die Turner schlossen sich 1860 zur Deutschen Turnerschaft zusammen. Vereine gewannen in Deutschland zunehmend gesellschaftlichen Einfluss und Macht. In nahezu allen größeren Städten Deutschlands existierten Schützengilden. In den späten 1850 Jahren entwickelten sich die Schützenvereine neben den Turnern und Sängern zu Hauptträgern des deutschen Nationalismus. Unter der Schirmherrschaft des Herzogs Ernst II. von Sachsen-Coburg-Gotha gründete sich 1861 in Gotha der »Deutsche Schützenbund«. In der Folgezeit fanden in Deutschland alle drei Jahre in verschiedenen Städten Bundesschießen statt.

1 Franz Duncker, »Debatte über den Militäretat« (15. September 1862)
Der Abgeordnete sprach im preußischen Abgeordnetenhaus über den Militäretat.

»Meine Herren! Eben da die Landwehr sich anschicken sollte, ihr Jubelfest zu feiern, da sollen wir uns anschicken, durch unser Votum die Landwehr zu Grabe zu bestatten (Widerspruch rechts), und zwar nicht kriegerisch mit Sang und Klang, sondern trocken, aktenmäßig, durch eine budgetmäßige Abstimmung. Ich glaube, einer Volksvertretung, einem Lande ist nie ein selbstmörderischeres Votum angesonnen worden. (Bravo! links) Denn, meine Herren, nicht allein in dieser Vorzüglichkeit der Landwehr- Kriegs- Verfassung schätzt und liebt das Volk dieselbe, es schätzt und liebt sie auch in Folge ihres Ursprungs, und ich meine, meine Herren, wir hätten alle Ursache, sie auch um dieses Ursprunges willen lieb und wert zu halten. [...]
Ich möchte sagen, die Landwehr, sie ist die erste konstitutionelle Schöpfung Preußens; das Landwehr-Gesetz ist das erste Gesetz, welches, hervorgegangen aus der Initiative einer Volksvertretung, nämlich der Ostpreußischen Stände, mit der Krone vereinbart worden ist. Sie alle erinnern sich, daß vom Preußischen Landtage aus durch Yorks, Steins, des Grafen Dohna und anderer erleuchteter Männer Bemühungen der vollständige Entwurf für die Organisation der Preußischen Landwehr fertig gemacht worden, daß diese Provinzen sich erboten, in dieser Weise 20 000 Mann Landwehr auszurüsten – das alles geschah schon im Februar 1813 – und daß mit dem fertigen Landtagsbeschlusse der Graf Dohna nach Breslau zum Könige geschickt wurde, wo allerdings von Scharnhorst derartige Pläne bis dahin in der Stille seines Kabinetts gemacht worden waren, die aber noch nirgend Ausdruck und Erscheinung gewonnen hatten, und daß erst das Erscheinen der Abgesandten der Preußischen Stände der Landwehr eigentlich den Ursprung gegeben hat, indem nun Scharnhorst seinen früheren Entwurf mit dem der Stände in Einklang setzte.«

*Zit. nach: Quellen zum politischen Denken der Deutschen im 19. und 20. Jahrhundert,
Bd 5. Hrsg. von Rudolf Buchner und Winfried Baumgart, Darmstadt 1977, S. 259*

327

040 Franz Duncker. Holzstich, 1888.

041 Theodor Mommsen. Foto, um 1890.

Die Zielvorstellungen der Liberalen waren mit konservativen Prinzipien nicht vereinbar. Sie verstärkten vielmehr die vorherrschende Furcht vor den vom Liberalismus und der Nationalbewegung ausgehenden Gefahren für die überkommene Staats- und Gesellschaftsordnung im Allgemeinen wie für die Stellung des Militärs im Besonderen. Die latente Krise spitzte sich daher im Frühjahr 1862 zu. Der Aufforderung vom Vorjahre entsprechend, hatte die Regierung dem Abgeordnetenhaus zwar ein Dienstpflichtgesetz vorgelegt. Dabei handelte es sich aber um die bereits 1860 eingebrachte und inzwischen vom konservativen Herrenhaus verabschiedete Vorlage. Wie zuvor stieß diese auf Ablehnung. Gleichermaßen wurde eine Verlängerung des bisherigen »Provisoriums« abgelehnt. Um zu verhindern, dass die Regierung die mit dem jährlichen Haushalt bewilligten Mittel benutzte, um durch Einsparungen an anderer Stelle die sich in vollem Gange befindende Reorganisation zu finanzieren, beantragte die Fortschrittspartei die Spezialisierung des Staatshaushalts. Bisher hatte dieser die einzelnen Ausgaben nur sehr allgemein umschrieben. So enthielt der Heeresetat bisher nur einen einzigen Posten in Höhe von 31 Millionen Taler für »Verpflegung, Bekleidung und Bewaffnung«. Aus Sicht der Regierung war die Forderung nach Spezialisierung unannehmbar, da ihr damit die Möglichkeit genommen wurde, ihre wirklichen Ausgaben vor dem Abgeordnetenhaus zu verschleiern. Der Bruch zwischen Krone und Parlament war damit vollzogen, die mit so vielen Hoffnungen verknüpfte »Neue Ära« am Ende. Daher löste König Wilhelm I. im März 1862 das Abgeordnetenhaus auf, entließ die bisherige konservativ-liberale Regierung und ernannte ein rein konservatives Ministerium.

Die Neuwahlen vom Mai 1862 waren für die Regierung ein regelrechtes Desaster. Die ohne-

hin geringe Zahl konservativer Abgeordneter schrumpfte weiter (11 statt 14 Mandate), die katholische Fraktion (28 statt 54), welche die Regierung bisher loyal unterstützt hatte, und die Alt-Liberalen (65 statt 91) mussten ebenfalls herbe Verluste hinnehmen. Gewinner waren das so genannte Linke Zentrum (96 Mandate) und vor allem die Fortschrittspartei mit 133 Sitzen.

Eine Verständigung der Regierung mit der liberalen Mehrheit war daher kaum zu erwarten. Dennoch legte das Kabinett dem Abgeordnetenhaus im September 1862 erneut den bereits abgelehnten Haushaltsplan für 1862 sowie des Folgejahres vor. Gleichwohl erschien ein Kompromiss durchaus möglich. Der neue preußische Finanzminister ▸ August von der Heydt wie auch der Kriegsminister General von Roon befürworteten eine entgegenkommende Haltung. Sie waren davon überzeugt, dass ein ▸ Regieren ohne bewilligtes Budget mit der Verfassung unvereinbar sei. Auch führende Vertreter der liberalen Mehrheit plädierten für einen Kompromiss: Im Gegenzug für die Wiedereinführung der zweijährigen Dienstzeit waren sie bereit, den Haushalt zu bewilligen. Da auch der Kriegsminister diese Forderung aus militärischer Sicht für akzeptabel hielt, schien eine Einigung doch noch möglich, ein Verfassungskonflikt mit unabsehbaren Folgen vermeidbar.

Diese Hoffnungen erwiesen sich jedoch innerhalb weniger Tage als trügerisch. Der preußische König Wilhelm I. war eher bereit abzudanken, als den von seinen eigenen Ministern vorgeschlagenen Kompromiss zu akzeptieren. Diese zogen ihre Zustimmung daher zurück. Da hochkonservative Militärs um den Chef des Militärkabinetts, General von Manteuffel, zugleich unverhohlen mit einem Staatsstreich drohten, schien ein schwerer innenpolitischer Konflikt unmittelbar bevorzustehen.

1 Otto von Bismarck, »Die Proklamation des budgetlosen Regiments« (13. Oktober 1862)

Nachdem der Landtag der Heeresverstärkung der Regierung nicht zugestimmt hatte, löste der König den Landtag auf. In den folgenden vier Jahren regierte Bismarck ohne ein verfassungsmäßig bewilligtes Budget.

042 Ein preußisches Landwehrregiment auf dem Marsch, September 1870. Zeitgenössische Radierung.

»Die Regierung Seiner Majestät des Königs hat zu beklagen, daß die Berathungen über den Staatshaushalts-Etat für das Jahr 1862 zu einer gesetzlichen Feststellung desselben nicht geführt haben. [...]

Nachdem der Gesetz-Entwurf über den Staatshaushalts-Etat für das Jahr 1862 in der von dem Abgeordnetenhause beschlossenen Feststellung wegen seiner Unzulänglichkeit von dem Herrenhause verworfen worden, findet sich die Regierung Seiner Majestät des Königs in der Nothwendigkeit, den Staatshaushalt ohne die in der Verfassung vorausgesetzte Unterlage führen zu müssen. [...]

Die Regierung Seiner Majestät des Königs ist von der Überzeugung durchdrungen, daß eine gedeihliche Entwickelung unserer Verfassungs-Verhältnisse nur dann erfolgen kann, wenn jede der gesetzlichen Gewalten ihre Befugnisse mit derjenigen Selbstbeschränkung ausübt, welche durch die Achtung der gegenüberstehenden Rechte und durch das verfassungsmäßige Erforderniß der freien Übereinstimmung der Krone und eines jeden der beiden Häuser des Landtages geboten ist. Die Regierung Seiner Majestät zweifelt nicht, daß die Entwickelung unseres Verfassungslebens an der Hand der Erfahrung auf diesem Wege fortschreiten, und daß auf dem Grunde der gemeinsamen Hingebung für die Macht und Würde der Krone und für das Wohl des Vaterlandes auch die jetzt hervorgetretenen Gegensätze ihre Ausgleichung finden werden.«

Zit. nach: Dokumente zur deutschen Verfassungsgeschichte, Bd 2. Hrsg. von Ernst Rudolf Huber, Stuttgart 1964, Nr. 49

B August Freiherr (1863) von der Heydt (1801–1874)
Preußischer Politiker – Ende 1848 in die Nationalversammlung gewählt, übernahm er im selben Jahr das preußische Ministerium für Handel, Gewerbe und öffentliche Arbeiten. Mit der Berufung Bismarcks zum Ministerpräsidenten schied er, mittlerweile Finanzminister, aus der Regierung. Kurz vor Ausbruch des »Bruderkrieges« 1866 übernahm er erneut das Finanzministerium und verstand es, die Geldmittel für den Feldzug ohne Anleihe zu beschaffen. 1869 erhielt er unter Verleihung des Schwarzen Adlerordens die erbetene Entlassung.

043 August Freiherr von der Heydt. Lithografie von Carl Mittag.

329

3. Von der Berufung Bismarcks bis zur »Indemnität«

Die Zuspitzung des Konflikts war, wie häufig beschrieben, die »Stunde« Otto von Bismarcks. Der bisherige Gesandte in Paris erschien im Gegensatz zu den anderen Ministern skrupellos genug, um im Zweifel auch ohne Verfassung zu regieren. Vom Kriegsminister empfohlen, übernahm dieser im September 1862 zunächst kommissarisch, im Oktober dann endgültig das ▶ Amt des Ministerpräsidenten. Zuvor hatte das Abgeordnetenhaus den Bruch mit der Regierung besiegelt und alle Mittel für die Heeresreorganisation aus dem vorgelegten Haushaltsentwurf gestrichen. Dennoch: Entgegen seinem Ruf suchte auch der neue Ministerpräsident zunächst den Kompromiss, nicht den Konflikt. In einer später viel zitierten Rede vor der Budgetkommission des Abgeordnetenhauses versuchte er, diese für sein »Programm« zu gewinnen: Einigung Deutschlands unter preußischer Führung durch ▶ »Eisen und Blut«; er war sogar bereit, einige als kompromissbereit geltende Minister in sein Kabinett aufzunehmen, und selbst in der Frage der zweijährigen Dienstzeit signalisierte er Gesprächsbereitschaft, vorausgesetzt, das Parlament wäre bereit, den bisherigen verfassungsmäßigen Zustand anzuerkennen und keine weiteren Machtansprüche zu stellen. Die Liberalen haben dieses Angebot abgelehnt; die Folge war ein Verfassungskonflikt, der erst 1866, unter völlig anderen Vorzeichen, sein Ende fand.

Bis dahin regierte Bismarck teilweise mit diktatorischen Mitteln und löste das Abgeordnetenhaus im September 1863 schließlich auf. Zur Begründung seiner Politik berief Bismarck sich auf eine verfassungsrechtlich höchst strittige »Lückentheorie«. Demnach entschied im Konfliktfalle, also beim Scheitern aller Versuche der an der Gesetzgebung beteiligten Faktoren – Regierung, Abgeordneten- und Herrenhaus – einen Kompromiss zu finden, der König als Träger der eigentlichen Gewalt. Dieser »schloss« gewissermaßen die in der Verfassung offenbar vorhandene »Lücke«. Dieser Interpretation folgend, war der Monarch auch befugt, notfalls bis zu einer Einigung zwischen den anderen Gewalten ohne Verfassung und verabschiedetes Budget zu regieren. Der Streit, ob die Regierung befugt sei, ohne einen rechtmäßig zu Stande gekommenen Haushalt zu regieren, verdeckte freilich die weitaus bedeutendere Frage nach dem Umfang der königlichen Kommandogewalt und deren Kontrolle durch das Parlament. In beiden Punkten erwies sich Bismarck als unnachgiebig und stellte »Macht vor Recht«.

Die Siege der preußischen Armee von 1864, vor allem aber 1866 rechtfertigten scheinbar die starre Haltung der Regierung in der Frage der Reorganisation. Dabei entbehrt es nicht einer gewissen Ironie, dass 1866 und selbst 1870/71 noch im hohen Maße vermeintlich »unzuverlässige« und unbrauchbare Landwehreinheiten in vorderster Front mitgekämpft haben. Gegen den Widerstand der Konservativen war Bismarck allerdings klug und weitsichtig genug, diese Siege wie auch den allgemeinen Stimmungsumschwung nicht zu einer vollständigen Revision der Verfassung auszunutzen. »Soll Revolution sein, so wollen wir sie lieber machen als erleiden«, teilte er dem darüber zutiefst enttäuschten einflussreichen General von Manteuffel nach der Schlacht von Königgrätz mit. So enttäuscht die Konservativen über Bismarcks Bestreben waren, den bisherigen verfassungswidrigen Zustand durch eine ▶ »Indemnitätsvorlage« zu heilen, sosehr war die Mehrheit der Liberalen bereit, auf Bismarck zuzugehen, nachdem die-

---

S Auf dem Höhepunkt des Heereskonfliktes zwischen König und Abgeordnetenhaus wurde Bismarck zum Staatsminister berufen. Der Kriegsminister Roon betrieb insgeheim die Bildung eines neuen, konservativeren Ministeriums, das bereit war, die Auseinandersetzung mit dem Landtag durchzustehen. Er schickte dem für diese Konfliktregierung vorgesehenen Chef, der inzwischen von St. Petersburg nach Paris versetzt worden war, das berühmt gewordene Telegramm: »*Periculum in mora. Dépêchez-vous.*« (lat.; Gefahr im Verzug/franz.; Beeilen Sie sich). Am 23. September 1862 ernannte der König den inzwischen aus Paris eingetroffenen preußischen Gesandten, von Bismarck-Schönhausen, zum Staatsminister und interimistischen Vorsitzenden des Staatsministeriums. Damit, so urteilte die Wochenschrift des »National-Vereins« euphorisch, sei »der schärfste und letzte Bolzen der Reaktion von Gottes Gnaden verschossen«.

1 Otto von Bismarck, »Eisen und Blut«
(30. September 1862)

Der preußische Ministerpräsident hielt seine berühmte Rede vor der Budgetkommission des preußischen Abgeordnetenhauses.

»Wir sind ferner vielleicht zu ›gebildet‹, um eine Verfassung zu tragen; wir sind zu kritisch; die Befähigung, Regierungsmaßregeln, Akte der Volksvertretung zu beurteilen, ist zu allgemein; im Lande gibt es eine Menge katilinarischer Existenzen, die ein großes Interesse an Umwälzungen haben. Das mag paradox klingen, beweist aber doch alles, wie schwer in Preußen verfassungsmäßiges Leben ist. [...] Nicht auf Preußens Liberalismus sieht Deutschland, sondern auf seine Macht; Bayern, Württemberg, Baden mögen dem Liberalismus indulgieren, darum wird ihnen doch keiner Preußens Rolle anweisen; Preußen muß seine Kraft zusammenfassen und zusammenhalten auf den günstigen Augenblick, der schon einige Male verpaßt ist; Preußens Grenzen nach den Wiener Verträgen sind zu einem gesunden Staatsleben nicht günstig; nicht durch Reden und Majoritätsbeschlüsse werden die großen Fragen der Zeit entschieden – das ist der große Fehler von 1848 und 1849 gewesen – sondern durch Eisen und Blut.«

Zit. nach: Dokumente zur deutschen Verfassungsgeschichte, Bd 2. Hrsg. von Ernst Rudolf Huber, Stuttgart 1964, S. 44 f.

044 Otto von Bismarck als preußischer Botschafter in Paris, Foto 1862.

045 Der Schmied der deutschen Einheit.
Holzstich nach einem Gemälde von Guido Schmitt, um 1895.

sem, wie einer ihrer Führer es ausdrückte, auch die Geschichte »die Indemnität (lat.; nachträgliche Billigung eines Regierungsaktes, den das Parlament zuvor abgelehnt hatte) erteilt« habe.

Bismarcks Eingeständnis, die Verfassung gebrochen zu haben, war höchst verklausuliert. Das Problem der königlichen Kommandogewalt wurde dabei bewusst ausgespart. Entscheidend war freilich, dass dieses Gesetz mit dazu beitrug, den inneren Konflikt beizulegen. Dies war insofern bedeutend, als die Gründung des Norddeutschen Bundes 1867 unter preußischer Führung das Signal für eine sehr weit reichende Modernisierung von Staat, Gesellschaft und Wirtschaft war, an der die Liberalen, bei aller Skepsis gegenüber Bismarcks Politik im Einzelnen, mitwirken wollten.

4. Die Wehrverfassung des Norddeutschen Bundes

In vielen Bereichen konnten die im Februar 1867 gewählten Abgeordneten des Reichstages der neuen Ordnung ihren Stempel aufdrücken. In den entscheidenden Machtfragen, dem Verhältnis von Regierung und Parlament im Allgemeinen sowie der Rolle der Armee im Besonderen, gelang es ihnen jedoch nicht, Bismarck Zugeständnisse abzuringen. Um dem Parlament keinen Anlass mehr zu bieten, periodisch seine Machtfülle zu testen und sämtliche Staatseinrichtungen zu hinterfragen, versuchte die Regierung vielmehr unter dem Deckmantel der »Objektivierung des Streits um die Heeresstärke« (Klaus Erich Pollmann) einen Äternat für die Armee durchzusetzen: Die Friedenspräsenzstärke sollte ein Prozent der Bevölkerung betragen und jeder Bundesstaat sollte zugleich 225 Taler jährlich für die von ihm gestellten Sol-

daten zur Verfügung stellen. Heeresstärke und Heeresetat wären mit dieser Regelung dem Zugriff des Norddeutschen Reichstages entzogen gewesen.

Gegen diese vorgesehene weitgehende Selbstentmachtung machten die Liberalen Front. Nach langwierigen Verhandlungen einigten sich Regierung und Reichstag des Norddeutschen Bundes auf eine vierjährige Übergangsregelung, welche den Forderungen der Regierung Rechnung trug. Einem Antrag des preußischen Generalstabschefs und gleichzeitigen Abgeordneten Helmuth von Moltkes folgend, sollte diese Regelung jedoch nach Ablauf der vereinbarten Frist Ende 1871 noch so lange gelten, bis dem Reichstag ein neues Bundesgesetz vorgelegt wurde. Bis dahin hatte sich der Reichstag selbst gebunden, die notwendigen Mittel für die Heeresorganisation zur Verfügung zu stellen. Die Kommandogewalt des Monarchen blieb insofern weiterhin unangetastet; inwieweit diese Regelungen Bestand haben würden, musste die Zukunft zeigen.

Die Bestimmungen des ▶ Wehrgesetzes des Norddeutschen Bundes orientierten sich an dem preußischen Wehrgesetz von 1862. Wehrpflichtige dienten demnach drei Jahre in der Linie, vier Jahre in der Reserve und fünf Jahre in der Landwehr. Die noch souveränen süddeutschen Staaten übernahmen diese Regelung nach 1867 ebenso wie sie sich auch sonst in vielen Bereichen wie Offizierausbildung, taktischer Gliederung der Truppen sowie Technik am preußischen Vorbild orientierten.

Bei einem abschließenden Urteil über den Heeres- und Verfassungskonflikt, dessen Eskalation und Schärfe jenseits aller grundsätzlichen Aspekte ohne die gegenseitigen Missverständnisse, Ungeschicklichkeiten und Fehlwahrnehmungen der handelnden Akteure nicht zu

332

Als »Indemnitätsvorlage« wird die Gesetzesvorlage bezeichnet, die von Otto von Bismarck am 3. September 1866 im preußischen Abgeordnetenhaus eingebracht wurde. Bismarck beabsichtigte mit dieser Vorlage die nachträgliche Billigung der Staatshaushalte seit 1862 und somit die Beendigung des preußischen Heeres- bzw. Verfassungskonfliktes. Die Parlamentarier des Abgeordnetenhauses nahmen die Indemnitätsvorlage an; damit war der seit 1862 dauernde Verfassungskonflikt beendet.

»Kriegswesen des Norddeutschen Bundes«
1 (16. April 1867)

»Art. 63. Die gesamte Landmacht des Bundes wird ein einheitliches Heer bilden, welches in Krieg und Frieden unter dem Befehle Seiner Majestät des Königs von Preußen als Bundesfeldherrn steht. Die Regimenter etc. führen fortlaufende Nummern durch die ganze Bundes-Armee. Für die Bekleidung sind die Grundfarben und der Schnitt der Königlich Preußischen Armee maßgebend. Dem betreffenden Kontingentsherrn bleibt es überlassen, die äußeren Abzeichen (Kokarden etc.) zu bestimmen.

Der Bundesfeldherr hat die Pflicht und das Recht, dafür Sorge zu tragen, daß innerhalb des Bundesheeres alle Truppentheile vollzählig und kriegstüchtig vorhanden sind und daß Einheit in der Organisation und Formation, in Bewaffnung und Kommando, in der Ausbildung der Mannschaften, sowie in der Qualifikation der Offiziere hergestellt und erhalten wird. Zu diesem Behufe ist der Bundesfeldherr berechtigt, sich jederzeit durch Inspektionen von der Verfassung der einzelnen Kontingente zu überzeugen und die Abstellung der dabei vorgefundenen Mängel anzuordnen.

Der Bundesfeldherr bestimmt den Präsenzstand, die Gliederung und Eintheilung der Kontingente der Bundesarmee, sowie die Organisation der Landwehr, und hat das Recht, innerhalb des Bundesgebietes die Garnisonen zu bestimmen, sowie die kriegsbereite Aufstellung eines jeden Theils der Bundesarmee anzuordnen. [...]

Art. 64. Alle Bundestruppen sind verpflichtet, den Befehlen des Bundesfeldherren unbedingte Folge zu leisten. Diese Verpflichttung ist in den Fahneneid aufzunehmen. [...] Der Bundesfeldherr ist berechtigt, Behufs Versetzung mit oder ohne für die von Ihm im Bundesdienste, sei es im Preußischen Heere, oder in anderen Kontingenten zu besetzende Stellen aus den Offizieren aller Kontingente des Bundesheeres zu wählen.«

Zit nach: Dokumente zur deutschen Verfassungsgeschichte, Bd 2. Hrsg. von Ernst Rudolf Huber, Stuttgart 1964, Nr. 198

046 Erste ordentliche Sitzung des Norddeutschen Reichstages am 24. Februar 1867.

047 »Mutter, Mutter er beißt??«
Mutter aus dem Volke: »Aber du närrisches Kind, siehst du denn nicht, daß sich Niemand um den kleinen Kläffer kümmert? Der bellt ja nur!«
Karikatur auf die Machtlosigkeit Österreichs angesichts der Vereinigung der deutschen Staaten zum Norddeutschen Bund, 1869.

333

048 »Die Bestimmungen über den Militairdienst im Norddeutschen Bunde«, Berlin 1868.

verstehen ist, bleibt folgendes festzuhalten: Sowohl Preußen, als auch der Norddeutsche Bund und schließlich das Deutsche Reich waren Verfassungsstaaten. So sehr erzkonservative Militärs auch eine vollständige Revision der politischen Verhältnisse, selbst unter Inkaufnahme eines Staatsstreiches, angestrebt haben mochten, so isoliert waren sie am Ende doch. Selbst Wilhelm I. war nicht bereit, diesen Weg zu gehen; statt die Verfassung zu brechen, auf die er immerhin einen Eid abgelegt hatte, zog er es in Betracht, zu Gunsten seines Sohnes abzudanken. Diese »Treue« zur Verfassung schloss nicht aus, sie da, wo es zweckmäßig erschien, zu »biegen«, um das ▶ Parlament mit allen der Exekutive zur Verfügung stehenden Mitteln gefügig zu machen. Nach 1867 schien dies jedoch nicht mehr notwendig, da sich die Mehrheit der Konservativen und Liberalen mit der Realität des deutschen Konstitutionalismus einverstanden erklärte. Die Tragfähigkeit dieses Kompromisses über die »Machtfrage« musste sich allerdings noch erweisen. Verantwortlich für die Wehrvorlage von 1860 waren zunächst rein fachmilitärische Erwägungen. Das Offizierkorps und die Militärbürokratie betrachteten die bürgerlichen Emanzipationsbestrebungen zwar mit erheblichem Misstrauen. Bei der Reorganisation der Armee spielten politische Motive durchaus eine Rolle, sie waren aber »weder die einzigen noch auch nur die zentralen« Beweggründe für die Neuordnung (Dierk Walter). Die häufig zitierte Zuspitzung des Konflikts auf die Alternative »Parlamentsherrschaft oder Königsherrschaft« war aus dieser Perspektive vielmehr das Ergebnis der Verschärfung der Auseinandersetzungen zwischen Krone, Armee und Parlament nach 1860, nicht aber dessen eigentliche Ursache. Die politische und gesellschaftliche Stellung der

334

Armee erfuhr hierdurch eine nachhaltige Stärkung. Verantwortlich dafür war zunächst die Auslegung der mit der königlichen Kommandogewalt verknüpften Rechte durch Bismarck: Alle Fragen der Organisation waren demnach dem Zugriff des Abgeordnetenhauses entzogen – und für den Reichstag des Norddeutschen Bundes wie des Deutschen Reiches galt dies gleichermaßen. Das Parlament durfte allein über den Militäretat entscheiden. Inwieweit diese Befugnis dann doch Möglichkeiten des Einbruchs in königliche Reservatrechte wie die Kommandogewalt eröffnete oder sogar – wie von den Radikalliberalen gefordert – das Budgetrecht insgesamt der Hebel zu einer Verschiebung der Gewichte sein konnte, blieb auf die Dauer abzuwarten. Ohne schwere Auseinandersetzungen, dies hatte der Heereskonflikt gezeigt, würden derartige Veränderungen allerdings nicht vonstatten gehen. Dass Einbrüche in die monarchische Kommandogewalt nur unter großen Schwierigkeiten möglich sein würden, lag an dem Ansehen, das die Armee durch ihre Siege in drei Kriegen erwarb und welches auch das Bürgertum, in Teilen vielleicht sogar die Arbeiterschaft nachhaltig beeinflussen sollte.

Der bewaffnete Friede.

Man wandelt nicht ungestraft unter Palmen!

049 Karikatur auf Bismarck als Kanzler des Norddeutschen Bundes. Holzstich nach Wilhelm Scholz, um 1869.

050 Wilhelm I. und Bismarck in Babelsberg (22. September 1862).
Zeitgenössische Farblithografie nach Zeichnung von Carl Röchling.

»Adresse des Abgeordnetenhauses an den König« (22. Mai 1863)

Im Streit um den Heeresetat und die Frage der dreijährigen Dienstpflicht standen sich Parlament und König unversöhnlich gegenüber.

»Das Haus der Abgeordneten stand bei Empfang der Allerhöchsten Botschaft im Begriff, Ew. Majestät mit seiner Vorstellung gegen dies Verfahren seine allgemeinen Beschwerden über die Minister der Krone offen und ehrerbietig darzulegen.
Es sind mehr als drei Monate vergangen Mit unserer ehrfurchtsvollen Adresse vom 29. Januar d.J., ohne daß die Rückkehr zu verfassungsmäßigen Zuständen erfolgt, ohne daß eine Bürgschaft für diese Rückkehr gewonnen wäre. Die Minister Ew. Majestät fahren vielmehr fort, verfassungswidrige Grundsätze offen auszusprechen und zu betätigen. [...] Das Haus der Abgeordneten naht dem Throne in einem Augenblick, in welchem es leider nicht mehr zweifeln kann, daß Ew. Majestät die Absichten des Hauses und die Wünsche des Landes nicht der Wahrheit getreu vorgetragen werden. Es erfüllt noch einmal seine Gewissenspflicht, indem es vor Ew. Majestät in tiefster Ehrfurcht erklärt: Das Haus der Abgeordneten hat kein Mittel der Verständigung mehr mit diesem Ministerium; es lehnt seine Mitwirkung zu der gegenwärtigen Politik der Regierung ab.«

Zit. nach: Quellen zum politischen Denken der Deutschen im 19. und 20. Jahrhundert, Bd 5. Hrsg. von Rudolf Buchner und Winfried Baumgart, Darmstadt 1977, S. 276 f.

Wilhelm I,. **»Antwort auf die Adresse des Abgeordnetenhauses«** (26. Mai 1863)

Die Antwort des preußischen Königs wurde in der Sitzung des Abgeordnetenhauses verlesen.

»Meine Minister haben es an den zur Erzielung eines gesetzlich geordneten Staatshaushalts erforderlichen Vorlagen nicht fehlen lassen. Sie tragen nicht die Verantwortung dafür, daß die Beschlußnahme über dieselben bisher nicht erfolgt ist, vielmehr hat das Haus Zeit und Kräfte auf Beratungen und Diskussionen verwendet, deren Tendenz und Form schon seit längerer Zeit Zweifel an einem die Landes-Interessen fördernden Resultat der Verhandlungen erwecken mußten. [...] Unter allen Umständen ist und bleibt es ausschließlich Mein durch Art. 48 der Verfassungs-Urkunde verbrieftes Königliches Recht, über Krieg und Frieden zu befinden. [...] Mit allem Ernst muß Ich dem Bestreben des Hauses der Abgeordneten entgegentreten, sein verfassungsmäßiges Recht der Teilnahme an der Gesetzgebung als ein Mittel zur Beschränkung der verfassungsmäßigen Freiheit Königlicher Entschließungen zu benutzen. Ein solches Bestreben gibt sich darin kund, daß das Haus der Abgeordneten seine Mitwirkung zu der gegenwärtigen Politik Meiner Regierung ablehnt und einen Wechsel in der Person Meiner Ratgeber und Meines Regierungssystems verlangt.«

335

Zit. nach: Quellen zum politischen Denken der Deutschen im 19. und 20. Jahrhundert, Bd 5. Hrsg. von Rudolf Buchner und Winfried Baumgart, Darmstadt 1977, S. 279 f.

Kapitel II – Strukturen:

Von der Chaussee zur Schiene

1. Militär und technischer Fortschritt

051 Verladung preußischer und österreichischer Truppen auf dem Hamburger Bahnhof in Berlin, 1864.

Die preußischen Siege der Jahre 1864 und 1866 blieben nicht ohne Einfluss auf die Armeen der Staaten im Norddeutschen Bund wie auch auf die Armeen in Süddeutschland. In mehreren Schritten hatten sich diese ohnehin dem preußischen Vorbild angepasst. An Stelle unterschiedlicher Systeme der Wehrverfassung, die angesichts unzureichender Haushaltsmittel lediglich dem Ziel dienten, durch geringe Präsenzstärken möglichst wenig Geld für die Armee auszugeben, trat nunmehr überall die allgemeine, persönliche Wehrpflicht. Taktische Ausbildung, Waffen und Ausrüstung wurden ebenfalls angepasst oder modernisiert. Ein Großteil der einzelstaatlichen Armeen wurde wie die von Hessen-Darmstadt nach 1866 direkt in die preußische eingegliedert; die sächsische wurde als XII. Armeekorps angliedert, konnte aber einen Teil ihrer Selbstständigkeit unter einem eigenen Kriegsminister nach 1867 bewahren.

Die Mitte des 19. Jahrhunderts war nicht nur innen- und außenpolitisch eine Zeit großer Umwälzungen. Der allgemeine technische Fortschritt sowie der Durchbruch der Industrialisierung mit ihren ungeahnten Möglichkeiten zur Herstellung von Waffen und anderen militärischen Ausrüstungsgegenständen taten das Übrige. Die Folgen für die ▸ Kriegführung

waren gewaltig: Mobilmachung, Aufmarsch und Einsatz von Armeen vollzogen sich nun unter völlig anderen Bedingungen, als dies über viele Jahrhunderte der Fall gewesen war. Gleichermaßen einschneidend waren die Auswirkungen des Einsatzes neuer Waffen auf die Taktik von Infanterie, Kavallerie und Artillerie. Führende Militärs – sei es in Deutschland oder in anderen Ländern – verhielten sich diesen Neuerungen gegenüber zunächst relativ skeptisch. Vieles erschien wenig ausgereift; gleichermaßen fürchteten sie die Auswirkungen neuer Waffen wie beispielsweise die höhere Feuergeschwindigkeit bei Gewehren auf überlieferte taktische Grundsätze. Hinzu kamen die schwer abschätzbaren Kosten für neue Entwicklungen sowie ein erhebliches Misstrauen gegenüber privaten Unternehmern und deren Streben nach Profit.

Dennoch haben sich die militärischen Führungen insbesondere in Preußen, später auch in den anderen deutschen Bundesstaaten, wenngleich mit unterschiedlichem Tempo, dem Fortschritt nicht verschließen können, um gegenüber potenziellen Gegnern mithalten oder diese eventuell sogar überflügeln zu

336

Königlich Sächsisches (Leib-)Grenadier-Regiment Nr. 100

052 Schulterklappen für Mannschaften und Unteroffiziere.

1867–1873   1873–1893   1902–1904   1904–1915

Emile Zola, »Debacle« (1870)

Emile Zola, der als einer der größten französischen Romanciers des 19. Jahrhunderts gilt, schildert in seinem erfolgreichsten Roman »La Débâcle« die Situation vor der entscheidenden Schlacht bei Sedan.

»Zur linken Hand erblickte man auch die Maaswindung, ein langsam fließendes, in der hellen Sonne wie blankes Silber schimmerndes Gewässer, das, die Halbinsel Iges mit einer weiten und trägen Krümmung umfließend, den Weg nach Mézières vollständig versperrte und zwischen seiner Uferwand und den undurchdringlichen Wäldern nur das Thor der Thalschlucht von Saint-Albert offen ließ. Die hunderttausend Mann und die fünfhundert Kanonen der französischen Armee waren da in diesem Dreieck eingepfercht und umstellt; wenn der König von Preußen sich gegen Westen umwandte, erblickte er eine zweite Ebene, die von Donchery, kahle Felder, die sich gegen Briancourt, Marancourt und Vrignes-aux-Bois zu verbreiterten, endloses, graues und unter dem blauen Himmel staubig daliegendes Gelände; und wenn er sich gegen Osten wandte, war auch da gegenüber den dichtgedrängten französische Linien unermeßliches offenes Land, ein Gewimmel von Dörfern: Douzy und Carignan zuerst, dann aufsteigend Rubécourt, Pourru-aux-Bois, Francheval, Villers-Cernay, bis nach Chapelle an der Grenze. Alles Land ringsum gehörte ihm, er schob nach seinem Gutdünken die zweimalhundertundsechzigtausend Mann und die achthundert Kanonen seiner Armee vorwärts und umfaßte mit einem einzigen Blicke ihren alles überflutenden Marsch.«

Zit. nach: Emile Zola, Der Krieg von 1870/71 (Der Zusammenbruch). Roman, Stuttgart o.J., S. 270 f.

053 Albrecht Graf von Roon.
Foto von Löscher und Petsch, um 1875.

054
Königlich Hannover'sches 3. Jägerbataillon 1866.
Farblithografie von Richard Knötel.

Königlich Sächsisches Feldartillerie-Regiment Nr. 12

1867–1889   1889–1899   1899–1902   1904–1915

können. Dieser machte es erforderlich, Kriegsplanung und Ausrüstung den Erfordernissen moderner Kriegführung anzupassen. Ohne die tatkräftige Hilfe der Industrie war die Herstellung einer ausreichenden Zahl qualitativ hochwertiger Waffen ebensowenig möglich wie der Aufbau einer schlagkräftigen Marine schlichtweg.

2. Waffen

Technischer Fortschritt und industrielle Entwicklung beeinflussten im Laufe des 19. Jahrhunderts auch das ▸ Gewehr, seit der Frühen Neuzeit die Hauptwaffe des Infanteristen. Geradezu revolutionär waren der Übergang vom bisherigen Vorder- zum Hinterlader mit der Einführung gezogener Läufe. Der Hinterlader ermöglichte im Vergleich zu herkömmlichen Vorderladern ein dreimal schnelleres und zudem ungefährlicheres Feuern, da der Schütze sich beim Nachladen nicht mehr hinstellen musste, sondern den Ladevorgang auch im Liegen vollziehen konnte. Gezogene Läufe erhöhten zudem die Treffsicherheit und die Reichweite des Gewehrs.

Als erste Armee wurde die preußische seit den 1830er Jahren nach und nach mit diesem neuen Gewehrtyp, dem »Dreysegewehr« oder Zündnadelgewehr, wie es nach seinem Konstrukteur oder dem Zündmechanismus allgemein genannt wurde, ausgestattet. »Kinderkrankheiten« wie die Empfindlichkeit und mangelnde Gasdichtigkeit des Verschlusses sowie fehlende Kapazitäten zu dessen Herstellung verzögerten seine Einführung jedoch viele Jahre. Anfänglich gab es zudem erhebliche taktische Bedenken: Teile der Generalität befürchteten, dass die Infanteristen ihre Munition zu

schnell und vor allem zu ungenau verschießen könnten. Sie bevorzugten daher Vorderlader mit gezogenen Läufen, das so genannte Miniégewehr. Hinsichtlich seiner Treffsicherheit war dieses gegenüber dem Hinterlader anfänglich zumindest konkurrenzfähig. Gleichzeitig setzten die Generäle wie in den Kriegen des 18. und des frühen 19. Jahrhunderts auf den Angriff geschlossener Formationen und den massenweisen Stoß mit aufgepflanztem Bajonett.

Erst die Revolutionskämpfe 1848/49, in denen das Zündnadelgewehr seine Brauchbarkeit unter Beweis stellte, überzeugten dessen Kritiker. Da sich die Umbewaffnung nach den Plänen des preußischen Kriegsministeriums dennoch Jahre hinziehen würde, kam es in den 1850er Jahren allerdings sogar zu einem zeitweiligen Rückschritt. Der Schreck über die Überlegenheit gezogener Läufe auf den Schlachtfeldern des Krimkrieges veranlasste die Armeeführung – gegen den Widerstand des Prinzen von Preußen –, die vorhandenen Vorderlader innerhalb kurzer Zeit mit gezogenen Läufen auszustatten, anstatt auf die Ausrüstung aller Einheiten mit dem neuen Hinterlader zu warten. Diese Umrüstung war 1856 abgeschlossen. Erst nach 1858, mit Übernahme der Regentschaft durch Prinz Wilhelm, gelang die endgültige Einführung des Zündnadelgewehrs für alle Einheiten. Das M 1862 war dann auch die Waffe, mit der die preußische Armee in die Einigungskriege zog. In den ersten beiden Kriegen sollte sich das »Dreysegewehr« gegenüber den Vorderladern der Gegner als überlegen erweisen; dem französischen Chassepot-Gewehr, ebenfalls ein Hinterlader, war es 1870 jedoch hinsichtlich Reichweite und Treffsicherheit unterlegen.

Die Tatsache, dass es annähernd zwanzig Jahre dauerte, bis das Zündnadelgewehr mit dem zusammen die erheblich leichtere und durch-

055 Jägerbüchse M 1871.

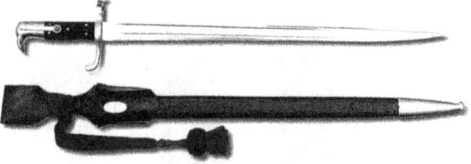

056 Hirschfänger M 1871 mit Scheide.

057 Fabrik, Büro und Wohngebäude der Firma Dreyse & Collenbusch in Sömmerda.
Öl auf Leinwand, um 1835/40.

2 Rolf Wirtgen, »Geschichte und Technik der automatischen Waffen« (1987)
Die Entwicklung automatischer Waffen beruhte auf den technischen
Voraussetzungen des Dampfmaschinenbaus.

»Betrachtet man die wichtigsten Konstruktionen aus der Nähe, stellt sich folgendes heraus: Richard J. Gatling, obwohl auch medizinisch ausgebildet, sowie die Ulmer Brüder Eberhardt waren in der Konstruktion landwirtschaftlicher Maschinen tätig gewesen, bevor sie die Entwicklung einer Schnellfeuerwaffe angingen, während Johann Feldl aus dem allgemeinen Maschinenbau stammte. Diese Erfinder verfügten zweifellos über den Erfahrungsschatz angewandter Technik, der sie befähigte, ihre Vorstellung in einem funktionsfähigen Modell zu realisieren. Wie wenig sie sich dabei von der sie täglich umgebenden Technik entfernten, zeigen die folgenden Details auf: Bei den Konstruktionen des Kartätschgeschützes von Feldl und des Repetiergeschützes der Gebrüder Eberhardt ist es offensichtlich, daß ihnen Funktionselemente des Dampfmaschinenbaues zugrunde gelegen haben. Das komplette Antriebssystem der Verschlüsse entsprach im wesentlichen der Schiebesteuerung bei zahlreichen Modellen von Dampfmaschinen [...]. Diese Beispiele, die sich durch solche anderer handbetätigter Maschinenwaffen ergänzen ließen, belegen, aus welchem technisch-historischen Erfahrungsschatz die Konstrukteure schöpften.

058 »Die preußischen Zündnadelgewehre haben große Verheerungen in den Reihen der Österreicher angerichtet.« Neueste Depeschen aus den »Leipziger Nachrichten«, 5. Juli 1866.

Ihre Konzepte waren einerseits eingebettet in den von dem Stand der allgemeinen Technik, insbesondere auf dem Gebiet des Land- und Dampfmaschinenbaues, vorgegebenen Rahmen, andererseits von dem aktuellen Entwicklungsstand auf dem Gebiet der Waffentechnik.«

Zit. nach: Rolf Wirtgen, Geschichte und Technik der automatischen Waffen in Deutschland.
Von den Anfängen bis 1871, Teil 1, Herford und Bonn 1987, S. 150.

339

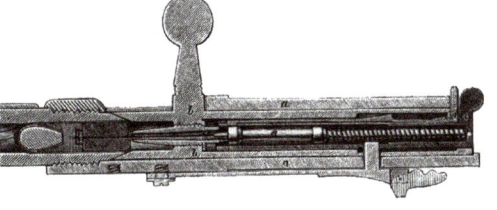

059 Dreyse Zündnadelgewehr M 1841.
a Verschlussgehäuse, b Kammer, c Schlösschen,
d Sperrfeder, e Nadelbolzen, f Zündnadel.

060 Zündnadelgewehr M 1866 Chassepot.

schlagskräftigere Einheitspatrone eingeführt wurde, zeigt deutlich, wie schwer sich verantwortliche Militärs in der Mitte des 19. Jahrhunderts noch bei der Aufnahme neuer technischer Entwicklungen und deren Umsetzung taten. Die Kehrseite dieser Anpassung an die moderne Technik war eine Beschleunigung des technischen Wettrüstens mit ungeahnten Folgen: 1871 führte die preußisch-deutsche Armee als Antwort auf das Chassepot das Gewehr M 71 ein, am Ende des Jahrhunderts folgte schließlich das Maschinengewehr.

Ähnlich wie beim Gewehr kam es auch im Bereich der Entwicklung der Geschütze zu revolutionären Veränderungen. Auch hier wurden aus Vorderladern Hinterlader, erhöhte der Übergang vom glattläufigen zum gezogenen Rohr Reichweite und Treffsicherheit der Artillerie. Nur so schien sie in der Lage, angreifende Infanterie mit ihren verbesserten und weiter reichenden Gewehren wirkungsvoll bekämpfen zu können. Die effektive Reichweite bisheriger Geschütze von 300 bis 500 Metern reichte dazu nicht mehr aus.

Der Weg zur Einführung von Hinterladergeschützen war dennoch lang. Traditionelle Vorurteile sowie zahlreiche Mängel der noch in der Entwicklung befindlichen neuen Geschützrohre wie die Gasdichtigkeit der Verschlüsse, die Unzuverlässigkeit der Zeitzünder und die zunächst noch zu geringe Wirkung der Sprenggranaten verzögerten die Durchsetzung dieser neuen Waffen. Das von der Essener ▸ Firma Krupp entwickelte Gussstahlgeschütz, das viele dieser Probleme beseitigte, wurde daher 1859 erst auf ausdrücklichen Befehl des Prinzregenten bestellt. Dennoch dauerte es bis ▸ 1870, bis die preußische Armee mit neuen gezogenen Geschützen ausgerüstet war. Zuvor, 1866, hatte sie bitter erfahren müssen, wie sehr die österreichische Artillerie mit ihren gezogenen Rohren den glattläufigen preußischen Zwölfpfündern überlegen war.

Dies war jedoch erst der Beginn der technischen Modernisierung der Artillerie. In der Folgezeit erhöhten sich mit der Einführung neuer Treib- und Sprengladungen Reichweite und Durchschlagskraft der Projektile. Die Erfindung der Rohrrücklaufbremse und die Verbesserung optischer Zieleinrichtungen steigerten am Ende des 19. Jahrhunderts Feuergeschwindigkeit und Treffsicherheit der Artillerie und machten diese zu einer Waffe, die im Zeitalter des »Maschinenkrieges« die Schlachtfelder in tödliche Trichterlandschaften verwandeln und selbst moderne Festungen in Schutt und Asche legen sollte.

3. Militär, Eisenbahn und Telegraf

Zu den großen technischen »Revolutionen« im 19. Jahrhundert gehörte die Entwicklung der Eisenbahn. Von Großbritannien ausgehend, trat sie seit Eröffnung der Verbindung zwischen Nürnberg und Fürth im Jahre 1835 auch in Deutschland ihren Siegeszug an. Je erfolgreicher dieser sich gestaltete und je leistungsfähiger die Bahnen wurden, umso mehr interessierte sich auch das Militär dafür. In idealer Weise ergänzte die Eisenbahn das Straßennetz, das seit 1800 systematisch angelegt worden war. In gleicher Weise wie Straßen in den napoleonischen Kriegen die Grundlagen der Logistik und Operationsführung beeinflusst hatten, wirkte sich seit der Mitte des Jahrhunderts die Schaffung eines immer dichter werdenden Netzes von Eisenbahnlinien auf militärische Planungen aus. Armeen mussten nun nicht mehr auf wenigen Straßen in großen geschlossenen Massen aus

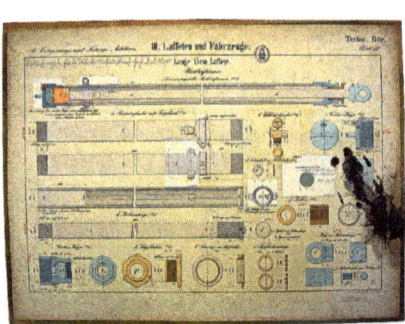

061 Konstruktionsplan der Rücklaufbremse einer 15-Zentimeter-Lafette.

062 Vortrag über das Zündnadelgewehr. Holzstich von Wilhelm von Camphausen, 1867.

1 »Kriegserklärung Frankreichs an Preußen« (19. Juli 1870)

Nach der Veröffentlichung der von Bismarck verfremdend gekürzten »Emser Depesche« erklärte Frankreich Preußen den Krieg.

»Da die Regierung Seiner Majestät des Kaisers der Franzosen das Projekt, einen preußischen Prinzen auf den spanischen Thron zu erheben, als eine gegen die territoriale Sicherheit Frankreichs gerichtete Unternehmung ansehen muß, sieht sie sich in die Notwendigkeit versetzt, von Seiner Majestät dem König von Preußen die Zusicherung zu erbitten, daß eine derartige Kombination sich nicht mit seiner Zustimmung verwirklichen könne. Da Seine Majestät der König von Preußen sich weigerte, diese Zusicherung zu geben, und vielmehr dem Botschafter Seiner Majestät des Kaisers der Franzosen bezeugte, daß er sich für diese und jede andere Möglichkeit die Freiheit vorbehalten wolle, die Umstände zu berücksichtigen, hat die Kaiserliche Regierung in dieser Erklärung des Königs einen für Frankreich und das allgemeine Gleichgewicht der Kräfte Europas bedrohlichen Hintergedanken erblicken müssen. Diese Erklärung ist noch durch die Bekanntgabe der Ablehnung, den Botschafter des Kaisers zu empfangen oder in irgend eine neue Erörterung mit ihm einzutreten, verschlimmert worden. Infolgedessen hat die Regierung Seiner Kaiserlichen Majestät unmittelbar für die Verteidigung ihrer Ehre und ihrer gefährdeten Interessen Vorsorge treffen zu müssen geglaubt und, entschlossen, hierzu alle durch die ihr aufgezwungene Situation gebotenen Maßregeln zu ergreifen, betrachtet sie sich von jetzt ab im Kriegszustand mit Preußen.«

Zit. nach: Dokumente zur deutschen Verfassungsgeschichte, Bd 2. Hrsg. von Ernst Rudolf Huber, Stuttgart 1964, S. 257

063
Verpackung für 11-Millimeter-Patronen.

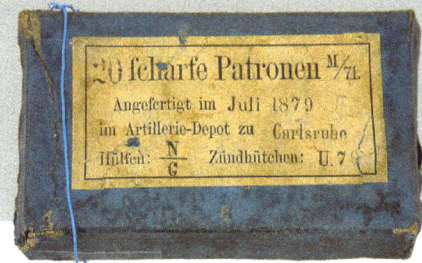

341

Die Vorgeschichte

In der zweiten Hälfte des 19. Jahrhunderts strebte die industrielle Revolution ihrem Höhepunkt zu. Unternehmen wie die Firma Krupp versuchten, die staatliche Macht ihren Interessen dienstbar zu machen. Eine leistungsfähige Wirtschaft verlangte nach einem starken Staat, der ihr im Innern gute Rahmenbedingungen schuf und sie auf den Weltmärkten schützte. Das Verhältnis gegenseitiger Abhängigkeiten zwischen Staat und Industrie lässt sich am Beispiel der Essener Waffenschmiede Krupp anschaulich darstellen. Während der Industrialisierung wurden in immer schnellerer Folge neue Entdeckungen und Erfindungen gemacht. Diese allgemeine Tendenz trieb auch die Entwicklung der Waffentechnik weiter voran. Aber nicht nur wirtschaftliche und technische Voraussetzungen bestimmten Art und Tempo der Waffenentwicklung, ebenso wichtig waren politische Beweggründe.

064 Blick über das Werksgelände der Friedrich-Krupp-AG in Essen. Foto, vor 1914.

065 Dampfhammer »Fritz«, 1861 von Alfred Krupp konstruiert, bis 1911 in Betrieb. Zeitgenössischer Holzstich.

066 Die 4. Mechanische Werkstatt der Krupp AG, Gussstahlfabrik in Essen. Foto, um 1885.

Die Firmengeschichte

Der Unternehmer Alfred Krupp hatte 1847 mit der Herstellung von Geschützen aus Gussstahl die Waffenproduktion begonnen. Aber die von Krupp hergestellten gussstählernen Geschütze wurden von der preußischen Artillerieprüfungskommission mit dem Hinweis auf die hohen Kosten und das fehlende Bedürfnis der Artillerieverbesserung abgelehnt, obwohl die Kommission die hervorragenden Eigenschaften der Gussstahlkanonen gegenüber den herkömmlichen Bronzegeschützen bestätigte. Erst nach Interventionen des Prinzregenten Wilhelm I. wurden schließlich 1859 die ersten 300 Krupp-Kanonen bestellt. Die neuen Waffen trugen auch zur Stärke der preußischen Armee in den Einigungskriegen bei. Neben den staatlichen Herstellungsbetrieben für Waffen waren um die Mitte des 19. Jahrhunderts vermehrt leistungsfähigere Privatunternehmen getreten, auf die, vor allem bei Neuentwicklungen, nicht mehr verzichtet werden konnte. Die Unternehmen mussten einen hohen Standard der Maschinentechnik gewährleisten, damit eine gleichbleibende Qualität der produzierten Waffen garantiert werden konnte. Außerdem mussten die Unternehmer über eine Kapitaldecke verfügen, mit der die langen Versuche und Erprobungsreihen finanziell durchgehalten werden konnten.

067 Alfred Krupp. Fotoporträt um 1860.

068
Eisenwalzwerk. Öl auf Leinwand
von Adolph von Menzel, 1875.

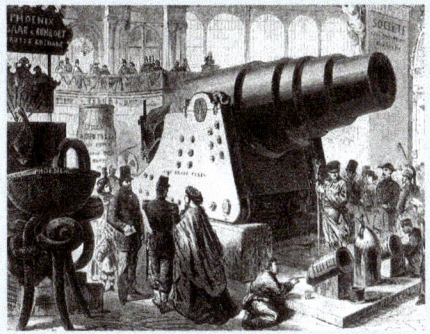

069 Das erste Bessemer-Stahlwerk auf dem
europäischen Kontinent, 1862 von Krupp in
Betrieb genommen. Foto, 1900.

070 Auf der Weltausstellung in Paris 1867 wird
die Krupp'sche Riesenkanone vorgestellt.
Nach einer Zeichnung von R. Geisler, 1867.

Die Wechselwirkung

So kam es zu einem gegenseitigen Abhängigkeitsverhältnis von
Staat und Großindustrie. Dieses Verhältnis verlief keineswegs
konfliktfrei. Der Staatshaushalt zwang das Militär zur Preis- und
Qualitätskontrolle und sorgte damit für einen starken Konkur-
renzkampf im Waffengeschäft. Gleichzeitig mussten Beihilfen
gezahlt oder der Verkauf von Waffen ins Ausland geduldet werden. So wurden zwischen 1875 und 1891 nur 18 Prozent der
von Krupp produzierten Waffensysteme vom Deutschen Reich
gekauft, die Masse der Kanonen ging in alle Welt. Um den
wirtschaftlichen Ruin der Firma Krupp zu verhindern, musste
das Reich es zulassen, dass selbst mögliche Gegner mit modernen Waffen beliefert wurden. Die Firma Krupp hatte seit
dem Deutsch-Französischen Krieg in Deutschland nahezu eine
Monopolstellung in der Waffenproduktion für die preußisch-
deutsche Armee inne. Mit dem Schlachtflottenbau unter der
Regentschaft Kaiser Wilhelms II. wurde Krupp endgültig zur
»Waffenschmiede des Reiches«.

071 Ballonabwehrkanone Kaliber 37 Millimeter
der Firma Krupp, 1870.

072 Oberdecklafette (72-pfündig, 180 Zoll Länge)
hergestellt von Krupp. Foto, 1870.

Zehntausenden von Soldaten, Pferden und einer Vielzahl von Fuhrwerken auf einer einzigen »Vormarschachse« marschieren. Nach einem späteren Ausspruch ▶ Moltkes konnten sie nun vielmehr »getrennt marschieren und vereint schlagen«.

Die Führung und Versorgung größerer Truppenverbände – sei es aus der Region, sei es aus Depots im Hinterland – wurden durch diese Verbesserungen der Infrastruktur und die Innovationen im Verkehrswesen zugleich einfacher und flexibler; Marsch- und Transportzeiten wurden mit dem Einsatz von Eisenbahnen kürzer, der »Weg in den Krieg« somit vom Beginn der Mobilmachung bis zur Schlacht insgesamt schneller – mit allen Problemen, die daraus entstanden, wie die Bedeutung der Eisenbahnfahrpläne bei der Mobilmachung 1914 zeigen sollte.

In Preußen beschäftigte sich das Kriegsministerium seit den 1840er Jahren detailliert mit der Nutzbarmachung der Eisenbahnen für militärische Zwecke. 1848/49 wurden erstmals Züge zur schnellen Verlegung von Truppen genutzt. Mit der Ernennung Moltkes zum Chef des Generalstabs und unter dem Eindruck des Piemontesisch-Österreichischen Krieges von 1859, bei dem erstmals große Truppenkontingente mittels Eisenbahnen befördert worden waren, begann die systematische Ausarbeitung von Plänen für den Einsatz. Ausführliche Vorschriften regelten die Zusammenarbeit der militärischen Behörden mit den zivilen Eisenbahngesellschaften, und Marschtableaus steuerten den Aufmarsch entsprechend den jeweiligen Operationsplänen.

Die Einbeziehung von ▶ Eisenbahnen in militärische Aufmarschplanungen warf erhebliche Probleme auf. Der geordnete Transport ganzer Armeen und deren Ausladung am richtigen Ort zum richtigen Zeitpunkt bedurfte sorgfältigster Planung. Hinzu kam die Schwierigkeit der ausreichenden und rechtzeitigen

Das preußische und süddeutsche Eisenbahnnetz um 1866

	Bundesfestung
	Preußische Festung
	Österreichische oder bayerische Festung
	Französische Festung
	Grenze des Deutschen Bundes

0   50   100   150   200 km

© MGFA
05168-04

073 Generalfeldmarschall Helmuth Graf von Moltke in Versailles.
Öl auf Leinwand von Anton von Werner, 1872.

1 Helmuth von Moltke,
»Verordnungen für höhere Truppenführer«
(24. Juni 1869)

Der berühmte Ausspruch »getrennt marschieren, vereint schlagen« des Chefs des Großen Generalstabs findet sich, wenn auch in etwas anderen Worten, in seinen Verordnungen für höhere Truppenführer wieder:

»Ohne einen ganz bestimmten Zweck und anders als für die Entscheidung alle Kräfte zusammenzufassen, ist daher ein Fehler. Für diese Entscheidung freilich kann man niemals zu stark sein, und dafür ist die Heranziehung auch des letzten Bataillons auf dem Schlachtfeld unbedingt geboten. Wer aber erst an den Feind heran will, darf nicht konzentriert auf einer oder wenigen Straßen vorgehen wollen. Für die Operationen so lange wie irgend möglich in der Trennung zu beharren, für die Entscheidung rechtzeitig versammelt zu sein, ist die Aufgabe der Führung großer Massen.«

Zit. nach: Helmuth von Moltke, Taktisch-strategische Aufsätze aus den Jahren 1857–71. Hrsg. vom Großen Generalstab, Militärische Werke, Bd 2, Berlin 1900, S. 165 f.

B Helmuth Graf von Moltke (1800–1891)
Preußischer Generalfeldmarschall – Moltke trat mehr auf Wunsch seines Vaters als aus eigenem Interesse in die dänische Armee ein und besuchte die Königliche Militärakademie in Kopenhagen. 1822 wechselte er in preußische Dienste über, da sich ihm hier größere Möglichkeiten für eine erfolgreiche Offizierslaufbahn boten. Im Jahre 1828 wurde er zunächst zum Topographischen Büro des Stabes, dem Vorzimmer des Generalstabes, nach Berlin kommandiert. Dort trat er durch seine kartographischen Arbeiten derart hervor, dass er 1832 direkt in den Großen Generalstab versetzt wurde. 1835 zum Hauptmann befördert, erhielt Moltke 1836 während einer Studienreise den Auftrag, dem türkischen Sultan Mahmud II. als militärischer Berater zur Seite zu stehen. Er unternahm viele Reisen durch das Osmanische Reich und lernte die türkische Sprache. Im Oktober 1857 schließlich wurde er Chef des Großen Generalsta-

074 Helmuth Graf von Moltke

bes; diesen Posten hatte er bis 1888 inne. Den Höhepunkt seiner militärischen Laufbahn erreichte Moltke am 16. Juni 1871 mit der Ernennung zum Generalfeldmarschall. Vielfach wird noch heute argumentiert, dass die Reichsgründung nicht nur ohne Bismarck, sondern auch ohne die militärstrategische Leistung Moltkes nicht möglich gewesen wäre. Die »Reichseinigungskriege« fanden zum Großteil unter seiner direkten Leitung statt. Moltke prägte in dieser Zeit auch den Begriff der »Aufmarschsiege«. Er konzentrierte sich bei der Operationsplanung auf den Aufmarsch, sah einer darüber hinausreichenden Planbarkeit dagegen enge Grenzen gesetzt. Deshalb forderte er Handlungsfreiheit für die militärischen Führer aller Befehlsebenen. Nach dem erfolgreichen Aufmarsch hatte eine Beurteilung der Lage vor Ort zu einem schnellen Entschluss zu führen. Schwerpunkte in den Reformen Moltkes bildeten folglich die strategische Planung von Mobilmachung und Aufmarsch sowie die Ausbildung der Offiziere, die zu Eigenverantwortlichkeit und Flexibilität erzogen werden sollten. Ebenso offen und fortschrittlich verfuhr Moltke mit dem Einsatz technischer Neuerungen seiner Zeit. Nicht nur moderne Waffen (Zündnadelgewehr), sondern auch die Möglichkeiten der Eisenbahn und der Telegrafie setzte er in seinen Operationsplanungen optimal ein. Nur so wurde ein rasches Manövrieren der neuen Massenheere überhaupt möglich. Bis zu seinem Tod saß Moltke für die Konservativen als Abgeordneter im Reichstag.

345

Die zivile Nutzung

Die Eisenbahn wurde zum Symbol der Industrialisierung und gleichzeitig zu ihrem wichtigsten Leitsektor. Diese Kombination von Schienenweg und Dampfkraft konnte weite Räume miteinander verbinden, große Distanzen verringern und so das Tempo und die Streckenleistung des Verkehrs in bis dahin unglaublicher Weise steigern. 1835 verband die erste Kurzstrecke Nürnberg mit Fürth, 1838 wurde die Strecke Berlin-Potsdam eröffnet, von der sich Friedrich Wilhelm III. allerdings in nostalgischer Sorge über das neue Tempo »keine große Seligkeit [...] versprechen [konnte], ein paar Stunden früher in Berlin und Potsdam zu sein«. Andere Zeitgenossen erkannten eher die tiefen und nachhaltigen Veränderungen des öffentlichen und privaten Lebens, die mit dem Eisenbahnbau einhergingen: »Die Eisenbahnen sind wieder ein solches bestimmendes Ereignis, das der Menschheit einen neuen Schwung gibt, das die Farbe und Gestalt des Lebens verändert« schrieb Heinrich Heine 1843. Der Eisenbahnbau trieb durch seine enorme Nachfrage nach Maschinen, Schienen, Eisen und Kohle die Modernisierung und Expansion vor allem der Montan-, Stahl- und Maschinenbauindustrie voran.

075 Inbetriebnahme der ersten deutschen Eisenbahnverbindung zwischen Nürnberg und Fürth am 7. Dezember 1835. Zeitgenössische Zeichnung.

076 Abschied bayerischer Landwehrleute in München. Zeitgenössischer Holzstich nach Zeichnung von Knut Ekwall.

Die militärische Nutzung

Die Verlagerung des Truppentransportes von der Chaussee zur Schiene war ein langsamer Prozess. In Preußen begannen die ersten konkreten Überlegungen zur militärischen Nutzung der Eisenbahn um das Jahr 1833. Doch waren die Militärs gegenüber diesem neuartigen Transportmittel noch eher skeptisch. Sie bezweifelten, dass die Eisenbahn überhaupt in absehbarer Zeit in der Lage sein würde, den Transport größerer Verbände zu leisten. Deshalb sahen die führenden preußischen Militärs vorerst keinen Grund, das bewährte, auf den Chausseen basierende System der Militär- und Etappenstraßen zugunsten der Eisenbahn aufzugeben. Die preußische Armee betrachtete die Eisenbahn Mitte der 1830er Jahre lediglich als Ergänzung zum herkömmlichen militärischen Transportwesen.

077 Schmuckblatt zur Vollendung der 3000. Lokomotive bei Krauss & Comp. München. Aquarell von Franz Weinköppel, 1894.

Die Voraussetzungen

Eine wichtige Voraussetzung für die militärische Nutzung der Eisenbahn im größeren Maßstab war der Ausbau des Schienennetzes. Zu diesem Zweck wurde 1838 das preußische Eisenbahngesetz verabschiedet. Ab 1842 unterstützte der preußische Staat privatwirtschaftliche Investoren, die sich beim Eisenbahnbau engagierten, mit Zinsgarantien. Seit dieser Zeit stand die preußische Eisenbahnpolitik im größeren Zusammenhang strategischer Erwägungen. So gingen wesentliche Impulse für den Ausbau der preußischen Eisenbahnen und vor allem für die Anlage militärisch wichtiger Strecken von der Eisenbahnpolitik Frankreichs aus. Das preußische Eisenbahnfinanzierungsgesetz von 1842 wäre ohne das französische Eisenbahngesetz aus dem selben Jahr kaum so zügig verabschiedet worden. Aber trotz des zunehmenden Interesses der Armee an der Nutzung der Eisenbahn fanden bis zum Deutsch-Dänischen Krieg 1864 mit Ausnahme der Revolutionsjahre 1848/50 kaum größere Truppenverschiebungen mit der Eisenbahn statt. Die Eisenbahntransporte der Revolutionszeit lieferten wertvolle Erfahrungen für die zukünftigen Mobilmachungsplanungen des preußischen Generalstabs.

078 Verladung des 5. westfälischen Ulanenregiments. Holzstich nach einer Zeichnung von Otto Fikentscher, 1870.

080 Kavallerietransport auf der Eisenbahn. Holzstich nach einer Zeichnung von Friedrich Kaiser, 1870.

079 Ankunft des 17. preußischen Landwehr-Infanterieregiments in Düsseldorf 1870. Zeitgenössische Darstellung von Otto Fikentscher.

Der Chef des Generalstabs Karl Friedrich Wilhelm von Reyher (1786–1857) hatte 1856 endgültig die strategische Bedeutung der Eisenbahn erkannt und gab die Erstellung von Fahrplänen für das Haupttransportmittel der Armee für den Fall der Mobilmachung in Auftrag. Unter Reyhers Nachfolger im Amt des Generalstabschefs der Armee, General Helmuth von Moltke, wurden schließlich die Aufmarschpläne auf Grundlage der Eisenbahnfahrpläne ausgearbeitet. Außerdem schuf Moltke eine eigene Eisenbahnabteilung im Generalstab. In der Eisenbahnabteilung wurden die Daten erarbeitet, auf deren Grundlage die Mobilmachungspläne konzipiert wurden. Die raschen Aufmärsche der preußischen Truppen im Deutschen Krieg 1866 und im Deutsch-Französischen Krieg 1870/71 verdeutlichten den hohen Grad der Effizienz, der durch die Einbeziehung der Eisenbahn in die Mobilmachungspläne unter Moltke erreicht wurde.

081 Karl von Reyher. Zeitgenössische Darstellung.

Versorgung dieser Verbände über große Entfernungen hinweg. Eingleisige Streckenführungen, die unterschiedliche Dichte des Eisenbahnnetzes sowie das noch viel schwieriger zu lösende Problem des Transports auf der Schiene bei einem Einmarsch in Feindesland waren weitere Hürden, die es zu überwinden galt.

Unter der Führung Moltkes beschäftigten sich speziell ausgebildete Offiziere seit den 1850er Jahren mit diesen Fragen. Im Jahre 1866 wurde für die Dauer des Krieges eine Feldeisenbahnabteilung gebildet, 1869 folgte die Eisenbahnabteilung im Großen Generalstab und 1871 das Eisenbahnbataillon. Seit Anfang der 1860er Jahre waren Schienentransporte zudem Übungsbestandteil auf Generalstabs- und Truppenebene. Konsequenter als zuvor nahm der Generalstab in enger Zusammenarbeit mit dem Handelsministerium nun auch Einfluss auf die Streckenführung bei Neubauten und die Nutzung der Bahnen im Konfliktfalle.

Trotz aller Planungen bedurfte es auch hier eines erheblichen Lernprozesses. Die Bahn hatte 1864 vergleichsweise kleine Kontingente nach Schleswig und Holstein zu transportieren, 1866 erfolgte die Mobilmachung in Preußen stufenweise und relativ langsam, so dass es zu keiner Überlastung der Bahnen kam. Bei der Versorgung der Armeen auf dem Kriegsschauplatz in Böhmen kam es jedoch zu erheblichen Problemen. Der Aufmarsch gegen Frankreich 1870 vollzog sich dagegen wesentlich schneller, zudem hatte der Generalstab die Eisenbahnen erstmals für den zivilen Verkehr sperren lassen. Bei der anschließenden Versorgung der Truppen kam es aber erneut zu erheblichen Engpässen. Nicht zuletzt erwies sich das deutsche Eisenbahnnetz gegenüber dem französischen als keineswegs dicht und leistungsfähig genug. Im Vergleich zu den anderen Großmächten,

348

insbesondere der Habsburgermonarchie, war der in Preußen um 1870 erreichte Stand bei der militärischen Nutzung der Eisenbahnen dennoch »einmalig« (Dierk Walter).

Im Gegensatz zur Eisenbahn, die eine rein zivile Erfindung war, deren militärischer Nutzen sich erst langsam erschloss, war das Militär bei der Einführung der Telegrafie in Preußen wenig zögerlich. Zunächst handelte es sich dabei um einen ▶ optischen Telegrafen, der Berlin mit den preußischen Provinzen im Westen bis nach Koblenz verband. Nach 1848 setzte sich der elektrische Telegraf durch. Dieser war leistungsfähiger und vor allem jederzeit, unabhängig von Wind, Wetter und Tageszeit, einsetzbar. Vieles blieb dabei lange improvisiert. Zwar wurden die Telegrafen entlang der Eisenbahnlinien gebaut, der Einsatz im Feld, vor allem in Feindesland, warf aber lange Zeit erhebliche Probleme auf. Vor allem fehlte eine eigene Nachrichtentruppe. Erst 1859 wurden Mannschaften eigens für den Telegrafendienst ausgebildet und neues Material wurde beschafft. Weder 1864 noch 1866 erfüllte die Telegrafie die in sie gesetzten Erwartungen. 1867 kam es daher zu einer grundlegenden Neuordnung des Telegrafenwesens: Feldtelegrafenabteilungen mit leichtem Gerät sollten die Verbindung zwischen den Truppenteilen und Stäben auf dem Gefechtsfeld herstellen. Die Etappentelegrafenabteilungen waren für die Verbindung von der Feld- zur Staatstelegrafie verantwortlich. Diese wiederum hielten die Verbindung zum Hauptquartier. Als besonders erfolgreich erwiesen sich diese Neuerungen jedoch im Krieg gegen Frankreich nicht. Erneut fehlte es an ausreichend qualifiziertem Personal und brauchbaren Geräten.

082 Preußischer Feldtelegraf, ab 1870.

083 Preußische optische Telegrafen-Station auf der Telegrafen-Linie Berlin–Koblenz (eingerichtet 1832/33). Zeitgenössischer Holzstich.

Der optische Telegraf (gr.; Fernschreiber) war schon im Altertum bekannt. Bei der optischen Telegrafie wurden mittels Licht bzw. Blinkzeichen Nachrichten übermittelt. Der Mathematiker Carl Friedrich Gauß konstruierte 1831 mit dem Physiker Wilhelm Weber in Göttingen den ersten brauchbaren elektrischen Telegrafen. Der elektrische Telegraf ermöglichte nun unabhängig vom Wetter die Kommunikation durch den Austausch von elektrischen Signalen, den Morsezeichen.

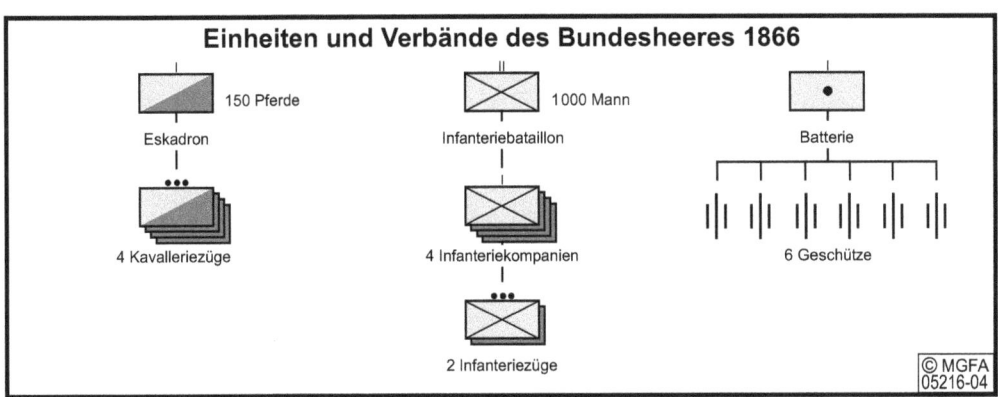

Einheiten und Verbände des Bundesheeres 1866

150 Pferde
Eskadron

1000 Mann
Infanteriebataillon

Batterie

4 Kavalleriezüge

4 Infanteriekompanien

6 Geschütze

2 Infanteriezüge

© MGFA
05216-04

4. Heeresorganisation, Gefechtsformen und Alltag im Feld

Eine erfolgreiche Kriegführung setzte im Zeitalter stetig wachsender Armeen sowie des Einsatzes immer neuer Waffen eine reibungslos funktionierende Organisation voraus. Nur so konnte gewährleistet werden, dass die jeweiligen Kommandoebenen, taktischen Einheiten und Waffengattungen im Sinne der Auftragserfüllung zusammenarbeiteten.

Bataillone und Eskadronen waren seit der preußischen Reformzeit die Grundpfeiler der Heeresgliederung. Das Bataillon mit einer Kriegsstärke von ungefähr 1000 Mann bestand aus vier Kompanien, die sich wiederum jeweils aus zwei (später drei) Zügen zusammen setzten. Die Eskadronen mit einer Kriegsstärke von 150 Pferden gliederten sich in vier, nach 1867 in fünf Züge, wobei der fünfte allerdings nicht zum Ausrücken bestimmt war. Wichtigste taktische Einheit der Artillerie schließlich war die Batterie. Diese umfasste zunächst acht, später sechs Geschütze. Die Bedienmannschaften waren zunächst in Kompanien gegliedert, die ab 1851 dann ebenfalls Batterien hießen.

Unter diesen taktischen Einheiten gab es zudem für spezielle Zwecke vorgesehene und dementsprechend unterschiedlich ausgerüstete Waffengattungen wie beispielsweise Grenadiere und Füsiliere, Kürassiere, Husaren oder Ulanen. Im Bereich der Artillerie sind die reitende, die Fuß- und die Festungs-Artillerie zu nennen. Als eigenständige Verbände kamen im Laufe des 19. Jahrhunderts ▸ Pionierbataillone, die jeweils aus einer Pontonier- und Mineur- sowie zwei Sappeurkompanien bestanden nebst erwähnten selbstständigen Trainbataillonen hinzu.

Bataillone und Eskadronen bildeten zwar den Stamm der taktischen Gliederung der Armee, seit den napoleonischen Kriegen gab es an Stelle der ursprünglich improvisierten Bildung höherer Verbände wie der Armee jedoch eine feste Spitzengliederung im Frieden wie im Krieg. Der Grundgedanke einer feststehenden Spitzengliederung, die ihren Ursprung im französischen Ancien Régime hat, war die Verbindung von Einheiten unterschiedlicher Waffengattungen. Durch die entsprechend ihren jeweiligen Stärken und Schwächen von vornherein richtige »Mischung« sollten sie sich gegenseitig ergänzen und in bestimmtem Rahmen in der Lage sein, selbstständig zu kämpfen.

Das Regiment war im Rahmen dieser Spitzengliederung kaum mehr als ein administrativer Verband, der nach einigen zwischenzeitlichen Änderungen schließlich ein halbes Grenadier-, ein Füsilier- sowie zwei Musketierbataillone umfasste. Zwei Regimenter bildeten eine Brigade, zwei Infanteriebrigaden, zwei Kavallerieregimenter sowie eine reitende und zwei Fußbatterien eine Division. Das Armeekorps wiederum umfasste zwei Infanteriedivisionen, eine Kavalleriedivision, die Reserveartillerie und eine Pionierabteilung.

Dieses »Gerüst« für das Kriegsheer erlaubte es, bereits in Friedenszeiten das Zusammenwirken unterschiedlicher Waffengattungen zu üben. Eine *Ordre de Bataille* (franz.; Schlachtordnung) wies zudem jedem Truppenteil den Platz zu, den er im Marsch, beim Biwak und im Gefecht auch ohne besonderen Befehl einzunehmen hatte. Vorhut (Avantgarde), Hauptmacht (Gros) und Nachhut (Reserve) waren diesbezüglich die wichtigsten Unterteilungen, die wiederum Auswirkungen auf den Einsatz der vorhandenen Kräfte hatten.

Auszeichnungen der »Einigungskriege«

084 Düppelner Sturmkreuz am Bande der Reservetruppen, Vorderseite. Weißbronze, Preußen 1865.

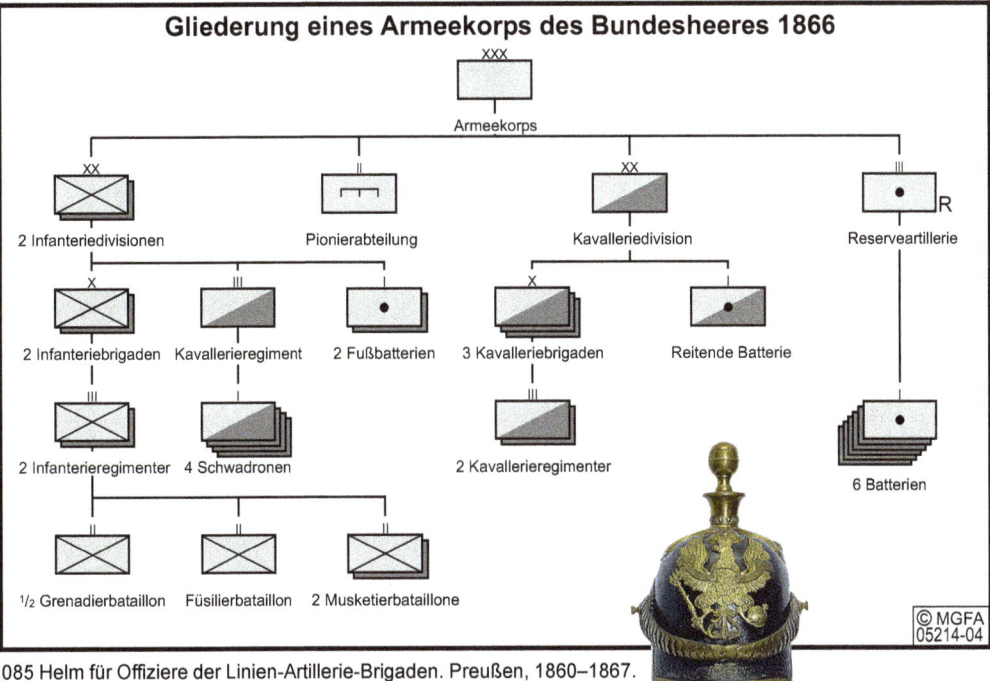

Gliederung eines Armeekorps des Bundesheeres 1866

XXX
Armeekorps

XX — 2 Infanteriedivisionen
II — Pionierabteilung
XX — Kavalleriedivision
III R — Reserveartillerie

X — 2 Infanteriebrigaden
III — Kavallerieregiment
2 Fußbatterien
X — 3 Kavalleriebrigaden
Reitende Batterie

III — 2 Infanterieregimenter
4 Schwadronen
III — 2 Kavallerieregimenter
6 Batterien

½ Grenadierbataillon   Füsilierbataillon   2 Musketierbataillone

© MGFA
05214-04

085 Helm für Offiziere der Linien-Artillerie-Brigaden. Preußen, 1860–1867.

1 Wilhelm Rüstow, »Die Lehre von Gefecht« (1865)
Der preußische Offizier und Militärschriftsteller über die Bedeutung der technischen Truppen.

»Wenn man nun die technischen Truppen aus den oben angegebenen Gründen möglichst wenig vermehren wollte, so blieb nichts Anderes übrig, als Leute mit technischen Kenntnissen, Fähigkeiten, technischer Vorübung aus den Combattanten selbst herauszunehmen und aus ihnen, damit wir uns eines allerdings noch nicht üblichen, aber passenden Ausdruckes bedienen, *Truppenpioniere* zu bilden, denen man etwa sagte: Wo ihr nicht als Pioniere zu handeln habt, da seid ihr Kämpfer, wie alle euere übrigen Kameraden; wo wir aber technische Hülfe brauchen, dort seit ihr unsere, dieses Bataillons, dieser Brigade Pioniere. Wo die eigentlichen Pioniere (Sapeurs du Génie) Hülfe brauchen, weil ihre eigenen numerisch schwachen Kräfte nicht ausreichen, dort wird man zuerst *euch* nehmen, um ihnen diese Hülfe zu gewähren. Diese Einrichtung der sogenannten *Brigade-* oder *Bataillon-spioniere*, Sappeurs der Regimenter oder Bataillone, existirt jetzt wohl in allen europäischen Armeen, in der einen vollkommener, in der anderen unvollkommener. In *Preußen* scheint man am meisten auf die Entwickelung dieses Verhältnisses verwendet zu haben. Man nähert sich auf solche Weise den römischen Legionen, in denen jeder Mann Kämpfer und Arbeiter war; – was übrigens heute um so leichter zu erzielen ist, je weniger die Heere aus Soldaten von Profession bestehen und sich beständig aus allen Classen des Volkes heraus erneuen.«

Zit. nach: Wilhelm Rüstow, Die Lehre vom Gefecht aus den Elementen neu entwickelt für die Gegenwart und nächste Zukunft, Zürich 1865, S. 496

351

086 Düppelner Sturmkreuz am Bande der Reservetruppen, Rückseite. Weißbronze, Preußen 1865.

087 Erinnerungskreuz mit Inschrift »Königgrätz, den 3. Juli 1866«, Vorderseite. Bronze, Preußen 1866.

Einer der Gründe für die Festlegung der Spitzengliederung war der Wandel taktischer Prinzipien seit dem ausgehenden 18. Jahrhundert. Die Lineartaktik, also die Aufstellung zwei- oder dreigliedriger Linien, die ihre Feuerkraft möglichst gleichzeitig zur Geltung zu bringen versuchten, hatte sich in den napoleonischen Kriegen nicht mehr zeitgemäß erwiesen. An deren Stelle trat die Kolonnentaktik. Die Kolonne brachte ihre Feuerkraft nicht mehr gebündelt zum Tragen, sondern neben- oder nacheinander. Eine Bataillonskolonne bestand nach dem Reglement aus einem Karree von zwei mal zwei Kompanien, wobei in jeder Kompanie zusätzlich die beiden Züge hintereinander statt nebeneinander standen. Da jeder Zug drei Mann tief und rund 40 Mann breit war, war die Bataillonskolonne etwa 80 Mann breit und nur zwölf Glieder tief (Dierk Walter).

So groß wie es auf den ersten Blick erscheint, waren die Unterschiede jedoch nicht. Auch die Kolonne war eine verhältnismäßig starre Formation, in der die Soldaten dicht gedrängt neben- und hintereinander standen. Ähnlich wie zuvor die Linie diente sie zudem dazu, den Offizieren die direkte Kontrolle über ihre Mannschaften zu ermöglichen. An der generellen Verwundbarkeit dieses Systems im Gefecht änderte sich daher kaum etwas. Gleichermaßen erlaubte diese Formation auch keine Eigeninitiative. Spätestens im ▸ Deutsch-Französischen Krieg 1870/71, der erstmals die Feuerkraft moderner Infanteriewaffen wie auch der Artillerie im Gefecht offenbar werden ließ, erwies sie sich als untauglich. Der Schütze, der als leichter Infanterist bereits in den Jahrzehnten zuvor neben dem Linieninfanteristen gestanden hatte, spielte nunmehr die wichtigste Rolle im Gefecht. Das Gelände ausnutzend lösten sich Kompanien, Bataillone schließlich bald

088 Die Bayern bei Wörth 1870.
Farblithografie nach Richard Knötel, um 1899.

ganze Regimenter in Schützenschwärme auf. Sprungweises Vorgehen, das Suchen von Deckung hinter Bäumen oder in Bodenvertiefungen und der Laufschritt zur schnelleren Überwindung von Feuerzonen war nunmehr der »Normalfall«. Der klassische Bajonettangriff des Linieninfanteristen wurde vom Feuergefecht abgelöst; geführt von einzelnen Schützen, angepasst an das Gelände und ausgerüstet mit modernen Hinterladern, die nach der Einführung von Magazinen bald eine immer höhere Schussfolge zuließen. In gleicher Weise änderten sich auch die Kavallerie- und die Artillerietaktik. Heroische Reiterangriffe der »Schlachtenkavallerie« erwiesen sich dabei aufgrund der Wirkung moderner Infanteriewaffen sowie der Artillerie alsbald als undurchführbar. Allein bei der Aufklärung erfüllte die Kavallerie noch ihre traditionelle Funktion, bevor diese während des Ersten Weltkrieges zunehmend von Flugzeugen übernommen wurde. Die Artillerie entwickelte sich mit dem Durchbruch moderner Technik zunehmend zu einer eigenständigen Waffengattung und war nicht mehr in erster Linie Hilfswaffe der Infanterie. Die Artillerie konzentrierte sich nunmehr darauf, aus größerer Entfernung Stellungen des Geg-

089 Erinnerungskreuz 1866, Rückseite. Bronze, Preußen 1866.

090 Kriegsgedenkmünze für Kombattanten mit Initialen F(ranz) J(oseph) und W(ilhelm), Vorderseite. Bronze, Österreich 1864.

091 Attacke der Brigade Bredow in der Schlacht bei
Vionville am 16. August 1870.
Öl auf Leinwand von Heinrich Lang,1872.

1 »Tätigkeitsbericht eines Vereins-Lazaretts«
(1871)
*Aus einem Bericht des Vereins-Lazaretts »Panorama«
in Ems für verwundete und erkrankte Krieger. Nach der
Schlacht bei Metz kümmerten sich Hilfsvereine um die
verwundeten Sodlaten. In dem Bericht des Vereinsla-
zaretts »Panorama« in Ems heißt es dazu:*

092 Betreuung eines Vewundeten 1866.
Öl auf Leinwand von Christian Sell, um 1867.

»Unter den Verwundeten von Metz befand sich eine hervorragende Anzahl Schwer-Verwundeter. Die Meisten
davon waren kurz nach der Verwundung dem immerhin
rohen Transport auf Bauernwagen bei zum Theil schlechten Wegen (wie ich am 15. und 16. August in Courcelles
Gelegenheit hatte, aus eigener Anschauung kennen zu lernen) ausgesetzt gewesen, sodann nach längerem
Transport auf Strohlager in Güterwagen der Eisenbahn nach Ems gelangt. Daß die Wunden, die bereits im Stadium der Entzündung und Eiterung sich befanden, durch die anhaltende Erschütterung der Fahrt bei Ermangelung
fortgesetzter Eis-Aufschläge während des Transports keineswegs gut aussahen, läßt sich begreifen. Dazu kam
eine nicht zu verkennende große Abspannung und Erschöpfung der Verwundeten, welche in den Tagen vor den
Schlachten das Maaß ihrer Kräfte durch forcirte Märsche, wie es im Kriege eben unvermeidlich, aufs Aeusserste
angestrengt hatten. Von den 114 Verwundeten von Metz, von denen die leichteren Fälle sofort wieder evacuirt
wurden, verloren wir allein 10 Mann durch den Tod, also 8,7 Prozent, während auf die 244 später Verpflegten
nur 5 Todesfälle, also 2,0 Prozent kommen. Weitere bedeutendere Transporte Verwundeter erhielten wir am
8. Dezember (28 Mann), meistens verwundet am 2. Dezember bei Paris und bei Orleans; endlich am 31. Januar
52 Mann verwundet am 19. Januar bei St. Quentin. Die beiden letztgenannten Transporte über nahmen wir aus
2 Sanitätszügen, welche gleichzeitig für das im Dezember hier eröffnete Reserve-Lazareth bestimm waren und
aus denen wir in Folge Übereinkommens mit dem dirigirenden Arzt des Reserve-Lazareths [...] vorzugsweise die
Verwundeten resp. Schwerverwundeten, soweit unsere freien Plätze reichten, übernahmen.«

*Zit. nach: Entscheidung 1870. Der deutsch-französische Krieg.
Hrsg. von Wolfgang von Groote und Ursula von Gersdorff, Stuttgart 1970, S. 376*

093 Kriegsgedenkmünze für
Kombattanten, Rückseite.
Bronze, Österreich 1864.

094 Große Ordensschnalle mit Auszeichnungen der
»Einigungskriege«.

ners, allen voran dessen ▸ Artillerie, gezielt und massiert unter Feuer zu nehmen. Zugleich versuchte sie, die angreifenden eigenen Truppen durch indirektes Feuer zu unterstützen, was wegen unzuverlässiger Zeitzünder bei Schrapnells und Granaten aber vergleichsweise riskant war.

Während die Kolonne taktisch gesehen in der zweiten Jahrhunderthälfte vom Gefechtsfeld verschwand, war sie weiterhin das wichtigste Element beim Marsch, dem bis hinein in den Ersten Weltkrieg wichtigsten Mittel zur schnellen Verlegung von Truppen. Eine wesentliche Erleichterung stellten diesbezüglich die neuen Chausseen dar, die selbst schwere Fahrzeuge befahren konnten.

Die durchschnittliche Marschstrecke bei Reise- und Kriegsmärschen betrug 20 bis 25 Kilometer, der vierte Marschtag war in der Regel ein Ruhetag, und das von jedem Soldaten mitzuführende Gepäck wog ungefähr 25 Kilogramm. Die Unterbringung erfolgte in den Städten und Dörfern auf dem Marsch und war auf der Grundlage eines Marschtableaus im Zusammenspiel von militärischen und zivilen Behörden festgelegt worden. Marschiert wurde in Kolonnen. Bei meist fünf Mann in der Front pro Bataillon, einer zu Dreien marschierenden Eskadron und einer zu Einem fahrenden Batterie betrug die Länge einer derartigen Kolonne zwischen 608 und 738 Metern. Umgerechnet auf ein Armeekorps war dies eine Marschtiefe von 30 Kilometern. Soweit möglich, versuchten Divisionen daher, parallel laufende Straßen zu nutzen.

Auch wenn die Soldaten während des Marsches soweit als möglich in festen Quartieren unterzukommen suchten, war dies bei Annäherung an den Feind kaum mehr möglich. Stattdessen schlugen sie – abhängig vom Gelände

– auf Südhängen und von Sträuchern, Büschen oder Wäldern windgeschützt Biwaks auf, die nach strengen Reglements errichtet wurden. Zur Unterbringungen der Soldaten dienten kleine Zelte, die aus Zeltbahnen zusammengeknüpft werden konnten. Systematisch angelegte Latrinen halfen, das Hygieneproblem in den Griff zu bekommen.

Die Tagesverpflegung (Ration) bestand in der Regel aus länger haltbarem Brot (1000 Gramm), zumeist Roggenbrot, Fleisch (250 Gramm) oder Speck (125 Gramm) und Gemüse sowie Branntwein (62,5 Milliliter). Kochen mussten die Soldaten selbst mit Hilfe des Kochgeschirrs, das Teil ihrer Ausrüstung war. Dazu wurden Feuerungsgräben angelegt. Da lange Garzeiten hinderlich für schnelle Operationen waren, erhielten die Soldaten alsbald »Eiserne Rationen«, die aus Zwieback, Speck, Reis und Kaffee bestanden und von denen jeder Soldat 1870 drei mitführte. Spezielle Verpflegungskonserven wurden seit den 1860er Jahren entwickelt, um die Versorgung im Felde zu verbessern. Während Brot und Fleischkonserven jedoch schnell verdarben, bewährte sich die »Erbswurst«.

095 Die so genannte Erbswurst, ein in Darm gefülltes Gemisch aus Erbsmehl, Fett und Speck, wurde zur Verpflegung an preußische Soldaten im Deutsch-Französischen Krieg 1870/71 erstmals ausgegeben und ist noch heute im Handel erhältlich.

1 Xaver Wiebe, »Kriegserinnerungen« (1870)
Die Wirkung des französischen Feldgeschüt-
zes »canon de sept« wurde von einem preußischen
Oberst beschrieben.

»Bei Loigny am 2. December machte ich zum ersten-
male die Bekanntschaft des ganz neu geschaffenen
französischen Hinterladungs-Feldgeschützes canon
de sept. Dasselbe unterschied sich zu seinem Vor-
theil – nicht zu dem unsrigen – ganz wesentlich von
den bisher nur genossenen Leistungen der Geschütze systême la Hütte; es kam hinsichtlich Flugbahn,
Treffgenauigkeit und Geschoßwirkung unseren Feld-
geschützen mindestens gleich. Von zahlreichen Geschützen dieser Sorte beschossen zu werden und in
deren Feuer stille halten zu müssen, gehörte daher
keineswegs zu den Annehmlichkeiten. Namentlich in
den ersten Nachmittagsstunden, als die Franzosen

096 Beschießung von Straßburg.
Zeitgenössischer Öldruck.

das brennende Loigny hatten gänzlich räumen müssen, richteten sie auf diesen Ort und dessen nähere Umgebung anhaltend ein wahres Höllenfeuer. Ich kam von rechts vorwärts, wo ich Bayrische Batterien in Stellung
gebracht hatte, auf der Suche nach dem Großherzog zurück in dieses Feuer und erfuhr, daß derselbe eben fort-
geritten sei, aber bald wiederkommen wolle. Ohne Noth ungedeckt in dem von Kreuzfeuer bestrichenem Raum
hinter dem Ort zu verweilen, war nicht nach meinem Geschmack, ich suchte und fand einige Deckung etwas
näher an den letzten Häusern, welche aber auch fortgesetzt von Granaten durchschossen wurden. Da erschien
kurz nach mir zu gleichem Zwecke der Flügeladjutant Graf Waldersee in vollem Gallop mit seinem Reitknecht.
Letzterer fing an, ohne Unterbrechung zu jammern und zu heulen: ›Herr Graf, Herr Graf, was soll das werden?
Hier kommen wir alle nicht lebendig davon!‹ Mittlerweile kam auch der Großherzog mit seinem Gefolge, soweit
solches nicht verschickt war, zu uns und ritt dann nach kurzem Verweilen in ruhigem Schritt nach rechts und nach
links im denjenigen Revier umher, wo man den Fortgang des Gefechts am besten beobachten konnte, bis zum
Erlöschen des Feuers nach Einbruch der Dunkelheit. Wir begleiteten ihn auf seinen Wunsch nicht als geschlossener Trupp, sondern mit reichlichen Abständen und Zwischenräumen, jetzt vorzugsweise unter Schrapnellfeuer
genommen. Die Geschosse hatten die angenehme Eigenschaft, meistens sehr hoch in der Luft zu krepiren und
keinen Schaden zu thun. Ich bekam eine Kugel durch den Trensenzügel.«

Zit. nach: Entscheidung 1870. Der deutsch-französische Krieg. Hrsg. von Wolfgang von Groote
und Ursula von Gersdorff, Stuttgart 1970, S. 372

097 Biwak auf dem Schlachtfeld bei Skalitz. Farblithografie von Alfred Hindorf um 1866.

Die Reichsgründung

Mitteleuropa 1866 bis 1914

1 : 7 000 000

0   50   100   150   200   250
km

Quelle: Putzger
Historischer
Weltatlas, 2000.

© Cornelsen
05163-10

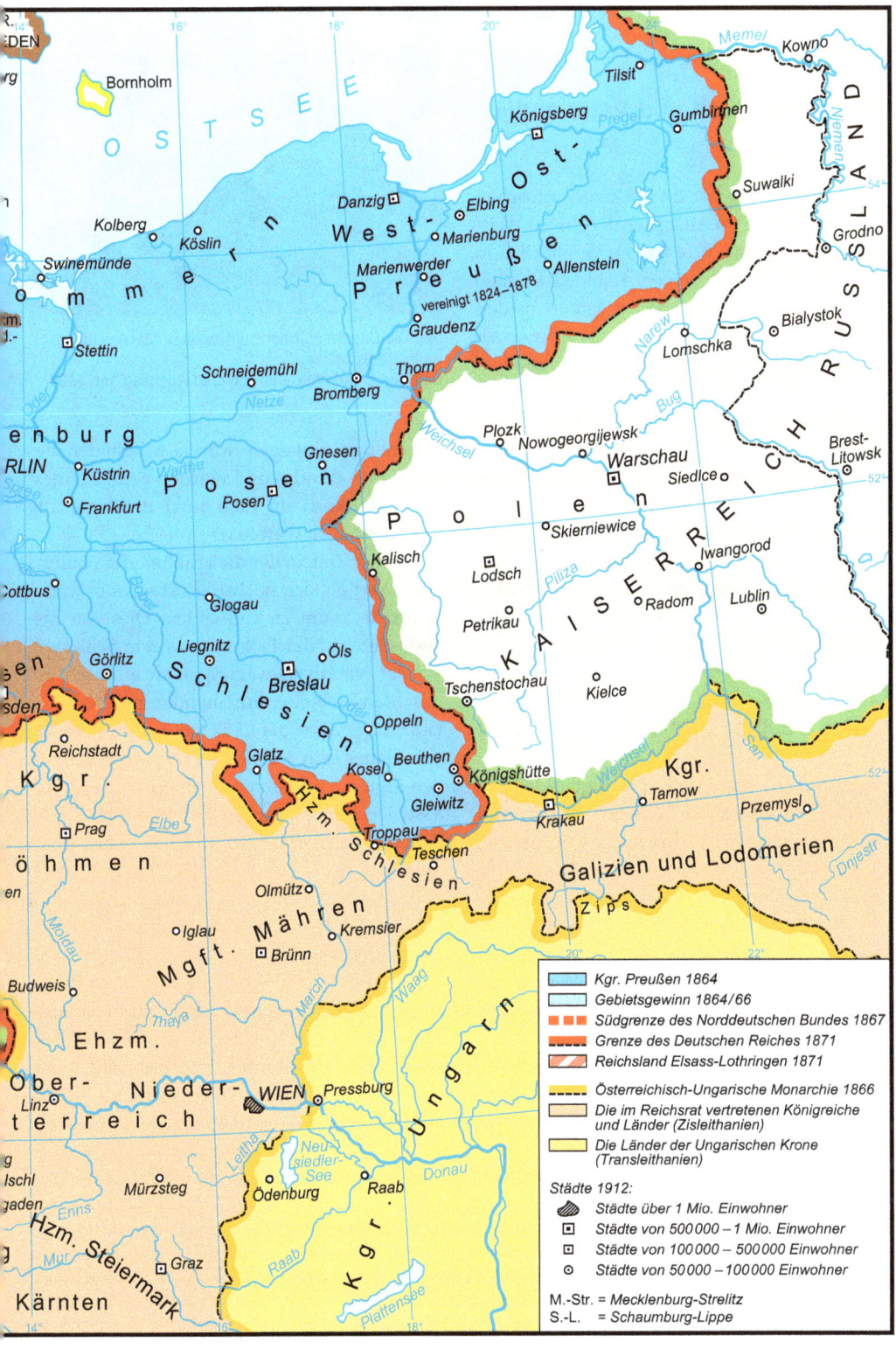

Kgr. Preußen 1864
Gebietsgewinn 1864/66
Südgrenze des Norddeutschen Bundes 1867
Grenze des Deutschen Reiches 1871
Reichsland Elsass-Lothringen 1871
Österreichisch-Ungarische Monarchie 1866
Die im Reichsrat vertretenen Königreiche
und Länder (Zisleithanien)
Die Länder der Ungarischen Krone
(Transleithanien)

Städte 1912:
Städte über 1 Mio. Einwohner
Städte von 500 000 – 1 Mio. Einwohner
Städte von 100 000 – 500 000 Einwohner
Städte von 50 000 – 100 000 Einwohner

M.-Str. = Mecklenburg-Strelitz
S.-L.   = Schaumburg-Lippe

Kapitel III – Konflikte:

»Für König, Gott und Vaterland!«

Die Zeit nach dem Ende der napoleonischen Kriege 1815 bis zum Ausbruch des Ersten Weltkrieges im Sommer 1914 war im Vergleich zum 18. Jahrhundert mit seinen Kabinettskriegen und dem 20. Jahrhundert mit seinen beiden Weltkriegen eine der großen Friedensperioden der deutschen Geschichte. Abgesehen von den revolutionären Ereignissen der Jahre 1830/31 und 1848/49 und dem gleichzeitig stattfindenden 1. Deutsch-Dänischen Krieg, gab es »nur« drei »duellartige« Kriege, in die deutsche Streitkräfte verwickelt waren: 1864 gegen Dänemark, 1866 zwischen Preußen und Österreich und ihren jeweiligen Verbündeten sowie 1870/71 zwischen Preußen und seinen Alliierten (seit 1871 dem Deutschen Reich) und Frankreich.

1. Der Deutsch-Dänische Krieg 1864

Im Jahre 1852 hatten alle beteiligten Mächte versucht, den Konflikt zwischen Dänen und Deutschen in den Herzogtümern ▸ Schleswig, Holstein und – meist vergessen – Lauenburg durch das »Londoner Protokoll« beizulegen. Die Lage in den Herzogtümern war insofern kompliziert, als der König von Dänemark diese zwar in Personalunion regierte, deren staatsrechtliche Stellung war jedoch unterschiedlich. So gehörte Schleswig zu Dänemark, hatte aber Sonderrechte inne. Diese sollten sicherstellen, dass das Herzogtum kein integrierter Teil des dänischen Gesamtstaats wurde. Holstein und

098 Die Bayern stürmen zum zweiten Mal das stark besetzte Bazeilles.
Farbdruck nach Aquarell von Carl Röchling, um 1894.

Lauenburg hingegen waren Mitglieder des Deutschen Bundes und wurden beim Bundestag in Frankfurt am Main durch die Regierung in Kopenhagen vertreten.

In einer Zeit, in der die »Einheit der Nation« zum Wert an sich hochstilisiert wurde, waren Konflikte kaum zu vermeiden. Dies war insbesondere da der Fall, wo – wie in Schleswig – zwei Nationalbewegungen in ethnisch gemischten Gebieten aufeinander prallten. Die Hoffnung, dass die 1852 gefundene Lösung von Dauer sein würde, erwies sich bereits in den folgenden Jahren als trügerisch. 1863 verabschiedete das dänische Parlament eine neue Gesamtstaatsverfassung, welche die historisch miteinander verbundenen Herzogtümer endgültig trennte: Schleswig wurde rechtlich Teil Dänemarks, Holstein und Lauenburg erhielten einen Sonderstatus.

Dieser einseitige Bruch des Londoner Protokolls war Anlass für hektische ▸ diplomatische Aktivitäten zwischen den deutschen Bundesstaaten. Ende Dezember 1863 besetzten preußische, österreichische, sächsische und hannoversche Truppen die Herzogtümer Holstein

S Im unmittelbaren Anschluss an die Aufstände in Polen bahnte sich in der Frage um Schleswig und Holstein die nächste Krise europäischen Ausmaßes an. Sowohl die preußische Militärmacht als auch der deutsche Nationalismus hatten während der Revolution von 1848 in der Auseinandersetzung um die beiden Herzogtümer eine demütigende Niederlage erfahren. In den Jahren 1863/64 wurde dort die Nationalitätenfrage wieder akut und öffnete den Weg zur Machterweiterung Preußens in Deutschland. Mehr noch, diese Krise brachte Bismarck die innenpolitische Chance, die den Ausbruch aus der verfassungsrechtlichen Pattsituation ermöglichen sollte. Die Bedeutung des Krieges Preußens und Österreichs gegen Dänemark liegt daher in seiner nicht zu unterschätzenden Weichenstellung für die zukünftige Entwicklung in Deutschland.

099 Fürstentag in Frankfurt
am Main 1863.
Zeichnung von Franz Hohnbaum.

S Unter dem Vorsitz des österreichischen Kaisers trafen sich
im Jahre 1863 die deutschen Fürsten
in Frankfurt am Main zum so genannten Frankfurter Fürstentag. Der preußische König blieb dieser Versammlung
auf Wunsch Bismarcks fern. Ohne die
Teilnahme der Großmacht Preußen
waren die Verhandlungen über eine
Reform des Deutschen Bundes von
Beginn an aussichtslos und wurden
schließlich abgebrochen.

100 Fürstentag in Frankfurt am Main, Franz Joseph in der
Mitte mit weißem Waffenrock, links von ihm Johann von
Sachsen und Maximilian II. von Bayern, rechts von ihm
Georg von Hannover. Foto, 1863.

359

101 Gefechtsszene aus dem Deutsch-Dänischen Krieg.
Ölgemälde von Adolf Northen, 1867.

und Lauenburg, die vorher von der dänischen Armee freiwillig geräumt worden waren, im Rahmen einer so genannten Bundesexekution. Im Januar 1864 beschlossen Österreich und Preußen die Pfandbesetzung Schleswigs, falls Dänemark nicht binnen 48 Stunden die neue Verfassung aufhebe. Die deutschen Mittel- und Kleinstaaten, vor allem aber die Nationalbewegung sahen in der »Befreiung« der Herzogtümer unter Führung eines liberalen Fürsten, des ▸ Herzogs Friedrich VIII. von Schleswig-Holstein-Sonderburg-Augustenburg, ein Mittel zur Herstellung der ersehnten Einheit und Freiheit. Wie schon 1848 wurde eine große Anzahl von Schleswig-Holstein-Vereinen gegründet, Mannschaften wurden trainiert und sogar Geld für Waffen gesammelt; letztendlich wurde die Nationalbewegung jedoch von den beiden deutschen Großmächten überspielt. Während es Österreich dabei lediglich um die Wiederherstellung vormaliger Zustände ging, strebte Preußen unter Bismarcks Führung die Annexion der Herzogtümer an. Voraussetzung für die Verwirklichung dieses Zieles, das er unter dem Deckmantel einer »legalistischen Politik« betrieb, war die Nichteinmischung der europäischen Großmächte.

Nach Ablauf des Ultimatums rückten Preußen und Österreich am 1. Februar 1864 mit zwei preußischen und einem österreichischen Armeekorps in einer Gesamtstärke von 56 000 Mann unter Führung von Generalfeldmarschall Friedrich Graf von Wrangel in Schleswig ein. Diesen gegenüber stand die von General Christian de Meza geführte dänische Armee mit etwa 35 000 bis 40 000 Mann, größtenteils Reservisten und Freiwillige ohne jegliche Ausbildung und Erfahrung. In kleineren Feldbefestigungen entlang der Schlei und am Danewerk, einem hastig provisorisch ausgebauten mittelalterlichen Ver-

teidigungswall, sollten diese den eindringenden Verbänden Widerstand leisten. Zunächst waren sie dabei auch durchaus erfolgreich. Der Übergang der preußischen Truppen unter Prinz Friedrich Karl über die Schlei bei Missunde am 2. Februar 1864 blieb innerhalb weniger Minuten unter hohen Verlusten im Feuerhagel stecken. Erfolgreicher war das II. österreichische Korps, das die dänischen Stellungen bei Ober-Selk am 2. Februar und bei Oeversee am 6. Februar eroberte, beide Male jedoch hohe Verluste hinnehmen musste. Die dänische Armee gab nach diesen Niederlagen die Danewerk-Stellung auf und zog sich kämpfend aus Schleswig in das dänische Kernland zurück. Allein die isolierte Festung ▸ Düppel blieb in dänischer Hand. Diese wurde seit dem 12. Februar vom I. preußischen Korps eingeschlossen.

Der Krieg war mit den teuer erkauften Erfolgen in Schleswig keineswegs gewonnen. Vielmehr war zu befürchten, dass die von der dänischen Politik verfolgte Strategie aufgehen könnte, durch hinhaltenden Widerstand einerseits die eigene Verhandlungsposition zu verbessern und andererseits die europäischen Großmächte zur Intervention zu bewegen. In diesem Falle drohte das nicht sehr stabile Bündnis zwischen Preußen und Österreich zu zerbrechen. Der durch missverständliche Befehle des Oberkommandos zu erklärende Einmarsch preußischer Truppen in Jütland und die kampflose Besetzung Koldings am 18. Februar entsprachen daher wohl der Logik der vorwärts drängenden Militärs um Generalfeldmarschall von Wrangel und des Generalstabschefs Helmuth von Moltke. Bismarcks Kalkül, durch einen schnellen Sieg in Schleswig eine Einmischung der Großmächte wie 1850 zu verhindern, drohte damit aber zu scheitern. Bereits im Vorfeld des Krieges hatte es zwischen dem Ministerpräsidenten und dem

B Friedrich VIII. von Schleswig-Holstein-Sonderburg-Augustenburg (1829–1880)
Herzog von Schleswig-Holstein – Nach dem Aussterben der männlichen Linie des Hauses Sonderburg erhob die Augustenburger Nebenlinie Erbanspruch auf das Herzogtum. Rechtlich war dieser Anspruch umstritten. Unterstützung erhielt Friedrich

102 Friedrich VIII. Holzstich nach Zeichnung von Adolf Neumann, um 1863.

Die Erstürmung der Düppeler Schanzen durch die preußischen Truppen entschied den Krieg gegen Dänemark. Es ist fraglich, ob die militärische Auseinandersetzung um die Herzogtümer überhaupt als »Krieg« einzuschätzen ist. Die Exekution des Bundes gegen Holstein wie auch die Besetzung Schleswigs hatte eher polizeilichen Charakter. Der strategische Grundgedanke dieses Waffenganges, der Plan eines schnellen Zangenangriffs, stammte aus der Feder des neuen preußischen Generalstabschefs Helmuth von Moltke. Doch die von ihm geplante Umfassung der dänischen Hauptkräfte im Danewerk am Ausgang der Schlei misslang, nicht zuletzt aufgrund der Inkompetenz des preußischen Oberkommandierenden General von Wrangel. Während am Deutschen Bundestag über Kriegsgrundlage und Kriegsziel gestritten wurde, rückten die preußischen und österreichischen Verbände im März auch in Jütland ein. Gegen die örtlichen Befehlshaber setzten Bismarck und Roon, die angesichts des Heeres- und Verfassungskonfliktes einen Prestigeerfolg wünschten, die verlustreiche Erstürmung der Düppeler Schanzen am 18. April 1864 durch. Dass diese Eroberung 6000 Tote, Verwundete und Gefangene zurückließ, ging in der preußischen Siegesstimmung unter – der Krieg war militärisch entschieden. Im Krieg zur See erreichte der österreichische Kommodore Wilhelm von Tegetthoff im Seegefecht bei Helgoland am 9. Mai 1864 die Aufbrechung der dänischen Blockade an der Deutschen Bucht.

103 Erstürmung der Düppeler Schanzen bei Sonderburg durch preußische Truppen am 18. April 1864. Zeitgenössische, kolorierte Lithografie.

104 Erstürmung der Düppeler Schanzen durch preußische Truppen am 18. April 1864. Zeitgenössischer, kolorierter Holzstich.

105 Düppeler Schanzenwache am 18. April 1864. Undatiertes Ölgemälde von Wilhelm von Camphausen.

361

vom Deutschen Bund. Preußen verweigerte ihm allerdings die Anerkennung als Herzog von Schleswig-Holstein. Im Jahre 1867 wurde das Herzogtum von Preußen annektiert und als Provinz Schleswig-Holstein in das Königreich Preußen eingegliedert. Friedrich zog sich daraufhin auf seine Güter zurück. Kurz vor seinem Tod gab er sein Einverständnis in die Eheschließung seiner Tochter mit dem preußischem Thronfolger, dem späteren deutschen Kaiser Wilhelm II.

Chef des Generalstabs heftige, ins Grundsätzliche gehende Auseinandersetzungen über die Frage des militärischen Vorgehens gegeben, die letztlich ein Streit über den Vorrang der »Staatskunst« oder des »Kriegshandwerks« waren. In vielfältiger Weise sollte dieser Konflikt, der an dieser Stelle erstmals in aller Schärfe erkennbar wurde, die gesamte Geschichte Preußen-Deutschlands durchziehen.

Anfang März verständigen sich Preußen und Österreich auf eine Fortsetzung der Operationen. Bei Veile schlugen österreichische Truppen dänische Einheiten, anschließend begannen sie, die Festung Fredericia zu belagern. Schlechtes Wetter, das die Operationen von Anfang an behindert hatte, verzögerte den Vormarsch ebenso wie die Belagerung und Stürmung der Düppeler Schanzen. Um die eigene Verhandlungsposition auf der für April geplanten Londoner Konferenz zu verbessern, wurde deren Eroberung jedoch gegen den Willen des Befehlshabers des I. preußischen Korps, Prinz Friedrich Karl, beschleunigt. Nach verlustreichen Kämpfen kapitulierten die dort eingeschlossenen Truppen am 18. April, am 28. April ergab sich auch die eingeschlossene Festung Fredericia den österreichischen Belagerern.

Zur gleichen Zeit begannen in London Verhandlungen über eine Beilegung des Konflikts. Aufgrund der dänischen Weigerung, den alten Rechtszustand wiederherzustellen, verliefen diese Ende Juni jedoch im Sande. Damit endete auch der Mitte Mai geschlossene Waffenstillstand. Unter ihrem neuen Oberbefehlshaber Prinz ▸ Friedrich Karl, der inzwischen das Kommando von Generalfeldmarschall von Wrangel übernommen hatte, setzten die verbündeten Armeen ihren Vormarsch fort. Am 29. Juni landeten preußische Truppen unter Hinnahme schwerer Verluste auf der ▸ Insel Alsen, Anfang Juli erreichten preußische und österreichische Verbände ohne größere Kämpfe gemeinsam Skagen, wenig später besetzten preußische Soldaten die friesischen Inseln.

Allein zur See konnte Dänemark zunächst größere Erfolge erringen. Der preußischen Flotte überlegen, blockierte die dänische Marine die Seefahrtswege in der Ost- und Nordsee. Das Ausfallgefecht der preußischen Flotte unter Kapitän z.S. Eduard Jachmann bei Jasmund Mitte März war allenfalls ein »Punktsieg«, der an der Lage jedoch nichts änderte. Gleichermaßen beherrschten dänische Schiffe die Nordsee und blockierten die Seewege nach Hamburg und Bremen, wenn auch nicht mit dem gleichen großen Erfolg wie im 1. Deutsch-Dänischen Krieg. Erst ein ▸ österreichisches Geschwader unter Admiral ▸ Wilhelm von Tegetthof konnte die Blockade der Deutschen Bucht im Gefecht bei Helgoland Anfang Mai 1864 brechen.

Am 20. Juli erklärte Dänemark sich zur Kapitulation bereit. Im ▸ Wiener Frieden vom 30. Oktober 1864 trat es die Elbherzogtümer an Preußen und Österreich ab. Beide Mächte einigten sich im August 1865 im Gasteiner Vertrag über eine Teilung der Herzogtümer: Preußen erhielt die Verwaltung in Schleswig und Lauenburg sowie das Recht zur Errichtung eines Marinestützpunkts in Kiel, Österreich bekam Holstein. Die Schleswig-Holstein-Frage war damit aber keineswegs gelöst. Bismarcks Wille, beide Herzogtümer zu annektieren, um den preußischen Machtbereich in Norddeutschland zu erweitern, das Streben der Nationalbewegung nach Errichtung eines unabhängigen Herzogtums innerhalb des Deutschen Bundes und Österreichs Bereitschaft, diese Kräfte zu unterstützen, um Preußen einzudämmen, bildeten vielmehr ein explosives Gemisch, das sich jederzeit entzünden konnte.

362

S Am 30. Oktober 1864 besiegelte der Wiener Frieden den vollständigen dänischen Verzicht auf die Herzogtümer, die unter preußisch-österreichische Herrschaft gestellt wurden. Damit war der Deutsch-Dänische Krieg offiziell beendet. Doch der Wiener Frieden löste die Frage nach dem zukünftigen Status der Elbherzogtümer innerhalb Deutschlands nicht. Vielmehr sollte die Frage um die »Beute von 1864« von nun an die Beziehungen der beiden deutschen Großmächte bestimmen und zum Ausgangspunkt der entscheidenden Auseinandersetzung um die Vorherrschaft in Deutschland werden.

106 Wilhelm von Tegetthoff.
Undatierte Porträtaufnahme.

B Wilhelm von Tegetthoff (1827–1871)
Österreichisch-ungarischer Admiral – Tegetthoff machte sich im Zweiten Deutsch-Dänischen Krieg von 1864 und im Deutschen Krieg von 1866 um die österreichische Flotte verdient. Im zweiten Deutsch-Dänischen Krieg gelang es ihm, im Seegefecht vor Helgoland mit einem österreichisch-preußischen Geschwader die dänische Blockade der Elbmündung zu brechen. Schon zwei Jahre später tat er sich im Seegefecht vor Lissa erneut hervor. In dieser am Schnittpunkt verschiedener militärtechnischer Entwicklungslinien (Dampfantrieb, Artillerie, Panzerung, Rammsporn) liegenden Schlacht verhalf Tegetthoff durch seine Rammtaktik der Habsburger Monarchie zu einem der wenigen Siege in diesem Krieg gegen Italien. Er wurde daraufhin, mit erst 39 Jahren, zum Vizeadmiral ernannt und erhielt das Kommandeurkreuz des Maria Theresia-Ordens. 1868 berief ihn der österreichische Kaiser zum Marinekommandanten und Chef der Marinesektion des Kriegsministeriums.

S Die Kriegsmarine Österreich-Ungarns galt vor Ausbruch des Ersten Weltkriegs als sechstgrößte Flotte der Welt. Ihre wichtigsten Häfen waren Triest und Pola. Neben der Hochseeflotte besaß die k.u.k. Marine auch eine so genannte Donauflottille. Die Donauflottille war der älteste Teil der österreichischen Marinestreitkräfte, sie bestand bereits seit 1440. Österreich stieg durch die Ergebnisse des Friedens von Campo Formio 1797 zur Großmacht an der Adria auf. Auf dem Wiener Kongress 1814/15 wurde Österreich die Erwerbung Venedigs bestätigt. Die ehemalige Kriegsmarine des napoleonisch-italienischen Königreichs ging damit an Österreich-Ungarn über.
Im Deutsch-Dänischen Krieg 1864 gingen Preußen und Österreich gemeinsam gegen Dänemark vor. Dänemark errichtete am 26. Februar 1864 eine Seeblockade gegen schleswig-holsteinische und am 8. März 1864 auch gegen preußische Häfen. Da Preußen nur über eine sehr kleine Seestreitmacht verfügte, musste Österreich zur Hilfe eilen. Eine entscheidende Wende der österreichischen Marinegeschichte war die Seeschlacht von Lissa am 20. Juli 1866. Hier gelang es österreichischen Seestreitkräften unter dem Kommando Tegetthoff eine zahlenmäßig überlegene italienische Flotte zu besiegen. Nach dem Sieg bei Lissa war die österreichische Marine in der Adria eine ernst zu nehmende Kraft.

107 Soldaten der k.u.k. Marine von links: Marineinfanterie-Offizier, Linienschiffskapitän, Geniekorps-Offizier, Artillerieoffizier und Linienschiffskadett. Kolorierte Lithografie von Heinrich Ambros Eckert und Dietrich Monten, 1835–1843.

108 Prinz Friedrich Karl von Preußen. Undatierte Porträtaufnahme.

B Friedrich Karl Nikolaus (1828–1885)
Prinz von Preußen – Als Sohn Prinz Karls, des Bruders Wilhelms I., wurde er von 1842 bis 1846 von Roon in militärischen Dingen ausgebildet. Es folgte ein Studium in Bonn. Bereits 1848 machte er seinen ersten Feldzug nach Schleswig als Hauptmann mit. Ein Jahr später nahm er als Major im Generalstab am Feldzug in Baden teil, wurde aber an der Spitze seiner Husaren schwer verwundet. Als General der Kavallerie erhielt er 1864 den Oberbefehl über die preußischen Truppen in Schleswig und Holstein. Im Jahre 1866 war er Oberbefehlshaber der ersten Armee im preußisch-österreichischen Krieg. Im Deutsch-Französischen Krieg erhielt er den Oberbefehl über die zweite deutsche Armee und befehligte nach siegreichen Schlachten die erste und zweite Armee, die Marschall Bazaine in Metz eingekesselt hatten. Im Jahre 1871 wurde er zum Generalfeldmarschall befördert. Er zählte zu den größten Feldherren der preußischen Armee.

363

109 Ulysses Grant, der 18. Präsident der USA, hier noch als General der Unionstruppen im Amerikanischen Bürgerkrieg (li. sitzend) mit Offizieren seines Stabes. Undatiertes Foto von Mathew Brady.

Die Vorgeschichte

Mit der Wahl des Präsidentschaftskandidaten der Republikanischen Partei Abraham Lincoln zum Präsidenten der Vereinigten Staaten von Amerika am 6. November 1860 ging ein tiefer Riss durch die amerikanische Gesellschaft. Der neue Präsident stand der Sklaverei ablehnend gegenüber. Die Diskussion über die Sklaverei hatte das Land gespalten. Auf der einen Seite standen die industrialisierten Nordstaaten, auf der anderen die vorwiegend Plantagenwirtschaft betreibenden und Sklaven haltenden Südstaaten. Zwei Wochen nach der Wahl Lincolns trat South Carolina als erster von sieben Bundesstaaten aus der Union aus und leitete damit die Abspaltung ein. Anfang des Jahres 1861 folgten die Staaten Mississippi, Florida, Alabama, Georgia, Louisiana und Texas. Diese Staaten schlossen sich zu den »Confederate States of America«, einem unabhängigen und selbstständigen Staatenbund, zusammen. Die Konföderierten Staaten wählten am 9. Februar 1861 Jefferson Davis zum Präsidenten. Bei seinem Amtsantritt am 4. März 1861 kündigte Lincoln an, dass er die Sklaverei in den Sklavenhalterstaaten nicht abschaffen wolle, aber deren Austritt aus der Union nicht hinnehmen werde. Daraufhin eröffneten die Konföderierten die Feindseligkeiten am 12. auf den 13. April 1861 mit der Beschießung von Fort Sumter in South Carolina.

110 Morgendliche Musterung so genannter Contrabands, also von den Truppen des Nordens befreite und beschlagnahmte Sklaven. Holzstich, 1861.

Die Anfangserfolge des Südens

Zunächst waren die konföderierten Südstaaten dank ihres traditionellen Übergewichts in der US-Army militärisch im Vorteil, langfristig konnte aber der stärker industrialisierte Norden seine höhere Bevölkerungszahl und sein größeres Wirtschaftspotenzial mobilisieren. Die Anerkennung der Konföderation als Krieg führende Macht durch Großbritannien beantwortete die Union mit einer Seeblockade der Südstaaten. Auf die Niederlage bei Bull Run nahe Washington D.C. am 21. Juli 1861 reagierte der Norden mit der Einführung der allgemeinen Wehrpflicht. Den Truppen der Union gelang es am 1. Mai 1862 New Orleans einzunehmen und bei Antietam am 17. September 1862 einen Sieg zu erringen. Trotz einer schweren Niederlage bei Fredricksburg erfolgte am 1. Januar 1863 eine Proklamation, welche die in den aufständischen Gebieten lebenden Sklaven für frei erklärte (»Proclamation of Emancipation«).

111 Ein Militärzug mit der Lokomotive Firefly auf einer von Pionieren errichteten Notbrücke auf der Strecke Orange – Alexandria. Undatierte Fotografie.

Der Sieg der Nordstaaten

Nach dem Sieg der Union in der Schlacht bei Gettysburg vom 1. bis zum 3. Juli 1863 war die Konföderation in der Defensive. Der General der Union William T. Sherman besetzte am 2. September 1864 Atlanta in Georgia, dieser militärische Erfolg trug erheblich zur Wiederwahl Lincolns bei. Von Atlanta aus unternahm Sherman seinen »March to the Sea«. Auf diesem Marsch zerstörten seine Truppen Brücken, Eisenbahnanlagen und vor allem die Ernte. Sie hinterließen eine 300 Meilen lange und 60 Meilen breite Schneise der Verwüstung. Am 21. Dezember 1864 erreichte Sherman schließlich den Seehafen Savannah. Die Armee der Konföderierten kapitulierte am 9. April 1865 in Appomattox.

112 Panzerschiff USS. St. Louis, umbenannt in Baron de Kalb, unter der Flagge der Union während des Sezessionskrieges. Foto, Oktober 1862.

113 Ein Hospitaltrain (Lazarettzug) der Unionsarmee. Holzstich, 1865.

114
Die Schlacht bei Gettysburg, Pennsylvania, vom 1. bis 3. Juli 1863. Kolorierte zeitgenössische Kreidelithografie.

Ergebnisse

Der Krieg hatte in vier Jahren erbitterter Kämpfe 620 000 Soldaten das Leben gekostet. Die Anzahl der Opfer unter der Zivilbevölkerung ist unbekannt. Der Amerikanische Bürgerkrieg war der erste ansatzweise industrialisierte Großkrieg. Die Eisenbahn sowie die industrielle Massenproduktion von Waffen, Uniformen und Ausrüstung für die Armeen waren für den Verlauf des Krieges von erheblicher Bedeutung. Auf Seiten der Union nahmen in größerer Zahl auch Deutsche am Krieg teil. Einer der bekanntesten unter ihnen war Carl Schurz. Schurz musste nach der gescheiterten Revolution von 1848 Deutschland verlassen und immigrierte in die USA. Im Bürgerkrieg diente er als General und zeichnete sich in den Schlachten bei Bull Run, bei Chancellorsville, bei Gettysburg und bei Chattanooga aus. Nach Ende des Bürgerkrieges ging er in die Politik und stieg unter US-Präsident Hayes zum Innenminister der USA auf.

115
Deutsch-amerikanische Generale im Amerikanischen Bürgerkrieg. Stahlstich, 1865. In der obersten Reihe ganz rechts Carl Schurz.

2. Der »Bruderkrieg« von 1866

Bismarck hatte zwar nie einen Hehl daraus gemacht, dass er bereit war, die Gleichberechtigung Preußens gegenüber Österreich notfalls auch mit Gewalt durchzusetzen. Wegen der unkalkulierbaren Risiken eines Krieges schreckte er aber vor diesem Schritt letztlich lange zurück. Im Sommer 1866 kam es dennoch zu diesem »Bruderkrieg«, wie die Öffentlichkeit mit Schrecken und Abscheu feststellte. Auslöser war das Scheitern aller Verhandlungen über die Zukunft der Elbherzogtümer. Preußen war nicht bereit, diese als eigenen Staat unter einem womöglich liberalen Fürsten, dem Herzog Friedrich von Schleswig-Holstein-Sonderburg-Augustenburg, innerhalb des weiterhin von Österreich dominierten Deutschen Bundes zu akzeptieren. Verantwortlich für den Ausbruch des Krieges war insofern einerseits der preußische Wille, die eigene Machtstellung in Norddeutschland zu stärken, andererseits aber auch die Wiener Position, an einer Hegemonialstellung festzuhalten, die inzwischen einer reellen staatspolitischen Grundlage entbehrte.

Zur Stärkung des eigenen Lagers suchten beide Seiten seit dem Frühjahr 1866 Verbündete. Im April 1866 schloss Preußen ein auf drei Monate befristetes Bündnis mit Italien, das seinerseits hoffte, Österreich aus Venetien verdrängen zu können. Parallel beantragte Preußen im Bundestag die Einberufung einer aus allgemeinen Wahlen hervorgegangenen Nationalversammlung als wesentlichen Bestandteil einer Reform des Deutschen Bundes. Mit diesem Schritt wollte Bismarck – wenn auch zunächst vergeblich – die liberale Nationalbewegung auf seine Seite ziehen. Österreich hingegen unterzeichnete im Juni einen Neutralitätsvertrag mit Frankreich, der eine französische Mitsprache im Falle einer Reorganisation des Deutschen Bundes beinhaltete sowie den Verzicht auf Venedig einräumte.

Nachdem beide Großmächte bereits in den Wochen zuvor begonnen hatten, gegeneinander mobil zu machen, nutzte Österreich einen letzten Konflikt in Schleswig-Holstein, um am 14. Juni gegen Preußen die so genannte ▸ Bundesexekution zu beantragen. Während ein Teil der Mitglieder des Deutschen Bundes sich auf die Seite der Habsburgermonarchie schlug, erklärte Preußen den Bundesvertrag für gebrochen und erloschen. Die Wiener Ordnung von 1815 war damit endgültig tot.

Auf dem Papier schien die österreichische Armee mit nahezu 850 000 Mann – die Heere der verbündeten Bayern, Württemberger und Sachsen, von den kleineren Staaten ganz abgesehen, nicht mit gerechnet – der preußischen mit nur 355 000 Soldaten in dem bevorstehenden Krieg eindeutig überlegen, tatsächlich brachte sie es aber nur auf 528 000 Mann. Kaum weniger beeindruckend schien die österreichische Überlegenheit im Bereich der Artillerie. Österreich besaß 736 gezogene und 58 glatte Geschütze, Preußen hingegen nur 492 gezogene und noch 306 glatte Kanonen. Allein im Bereich der Infanterie schien die österreichische Armee mit ihrem Vorderlader dem preußischen Hinterlader hinsichtlich Schussfolge und Treffsicherheit unterlegen. Die diesbezügliche Einschätzung des österreichischen Kriegsministeriums, das Zündnadelgewehr habe sich im Krieg gegen Dänemark keineswegs bewährt, war ein fataler Irrtum. Als gleichermaßen nachteilig erwies sich die geringe Leistungsfähigkeit der eingleisigen österreichischen Eisenbahnen an die Grenze. Der schnelle preußische Vormarsch gegen die Mittelstaaten wie auch nach Böhmen war trotz mancher Schwierigkeiten

116 Schlacht von Königgrätz.
Zeitgenössische Farblithografie.

117 Österreichische Reiter greifen preußische
Infanteristen an.
Öl auf Leinwand von Alexander von Bensa d.J.

118 Sachsen im Gefecht bei Gitschin 1866.
Zeitgenössischer Ölfarbdruck.

1 »Bundesbeschluss über die
Mobilisierung des Bundesheeres
gegen Preußen« (14. Juni 1866)

*Nach dem preußischen Einmarsch in Holstein
macht der Bund gegen Preußen mobil.*

»Mit Stimmenmehrheit (9 gegen 6 Stimmen) faßte
die Bundesversammlung den Beschluß:
1. die Mobilmachung des VII., VIII., IX. und X. Bun-
des-Armeecorps anzuordnen und an die betreffenden höchsten und hohen Regierungen das
Ersuchen zu stellen, ihre Bundescontingente
nach der angenommenen Kriegsformation in
der Stärke des Haupt- und Reservecontingen-
tes ungesäumt auf den Kriegsstand zu setzen
und selbes in den innehabenden oder einzu-
nehmenden Standquartieren binnen 14 Tagen
derart marsch- und schlagfertig aufzustellen,
daß es auf ergehende Aufforderung innerhalb
24 Stunden mit allem Kriegsbedarf abmarschi-
ren könne;
2. dieselben höchsten und hohen Regierungen
ferner zu ersuchen, auf die Bildung der Ersatz-
contingente Bedacht zu nehmen;
3. dieselben höchsten und hohen Regierungen
zu ersuchen, in möglichst kurzer Frist, jedenfalls innerhalb der nächsten 14 Tage, bei der
Bundesversammlung den Vollzug dieser Anordnungen anzuzeigen;
4. den Ausschuß in Militärangelegenheiten anzuweisen, sich mit der Militärcommission wegen
Durchführung dieses Beschlusses ins Einver-
nehmen zu setzen.«

*Zit. nach: Dokumente zur deutschen Verfassungs-
geschichte, Bd 2. Hrsg. von Ernst Rudolf Huber,
Stuttgart 1964, S. 205*

367

nur wegen eines gut ausgebauten Schienennetzes und intensiver Planung des Einsatzes von Eisenbahnen im Rahmen der beabsichtigten militärischen Operationen möglich.

Aus der Sicht vieler führender Militärs war Moltkes Kriegsplan »unorthodox« und höchst riskant. Anstatt seine Kräfte bereits vor Feldzugsbeginn in herkömmlicher Weise zu versammeln und zusammenzufassen, schien er diese mit seinem dezentralen Aufmarsch gegen die in Böhmen herangeführte österreichische Armee zu »verzetteln«. Seine Kritiker verkannten dabei Moltkes Lehre, dass das Wesen der Strategie »in der rechtzeitigen Anordnung getrennter Märsche unter Berücksichtigung rechtzeitiger Versammlung« aller Streitkräfte bestehe. Ein wesentliches Element dieser Strategie war der Wille, das vorhandene und gut ausgebaute Eisenbahnnetz erstmals vollständig für den militärischen Aufmarsch und die Vereinigung der drei Armeen – der 1. Armee unter Prinz Friedrich Karl in der Lausitz, der 2. Armee unter Kronprinz Friedrich Wilhelm in Schlesien und der Elbarmee unter General Eberhard Herwarth von Bittenfeld im Raum Torgau – zur entscheidenden Schlacht in Nordböhmen zu nutzen. Jeder Leutnant, spottete Friedrich Engels, der Militärexperte der sozialistischen Bewegung, wäre mit diesem Plan durch die Offizierprüfung gefallen. Dies war eine Ansicht, die, als sie am 3. Juli 1866 publiziert wurde, bereits von der Geschichte überholt worden war.

Am 22. Juni 1866 erteilte Moltke, der durch königliche Kabinettsordre erstmals – 1864 hatte er nur eine beratende Funktion inne – die Befehlsgewalt über alle Armeen besaß, den Befehl zum Vormarsch nach Böhmen. Begonnen hatte der »Bruderkrieg« jedoch bereits am 16. Juni mit der Besetzung der mit Österreich

verbündeten Staaten Sachsen, Hannover und Kurhessen. Deren Armeen entzogen sich allerdings weitgehend dem preußischen Zugriff und versuchten, sich mit österreichischen und süddeutschen Truppen zu vereinigen. Allein die hannoversche Armee konnte Ende Juni bei Langensalza in Thüringen gestellt werden. Taktisch ungeschickt geführt, erlitten die preußischen Truppen in diesem Gefecht sogar eine unerwartete Niederlage. Wenig später kapitulierte die hannoversche Armee dann aber doch vor der herangeführten Verstärkung.

Inzwischen waren die preußischen Armeen in Böhmen einmarschiert. Der Übermacht der 1. Armee und der Elbarmee waren die österreichischen Verbände, die ihren Aufmarsch noch nicht beendet hatten, nicht gewachsen und wichen in Richtung der Festung Königgrätz aus. Bei der Überquerung des Riesengebirges wurde die preußische 2. Armee jedoch von Teilen des österreichischen Heeres gestellt. Bei Skalitz und Nachod wehrten preußische Truppen die Angriffe der Österreicher erfolgreich ab, bei Trautenau waren diese aber trotz hoher Verluste siegreich. Dieser Sieg war jedoch ein ▸ »Pyrrhussieg« – einmal wegen der hohen Verluste, aber auch, weil die einzige Chance des österreichischen Oberbefehlshabers Feldzeugmeister ▸ Ludwig Ritter von Benedek, eine einzelne preußische Armee durch Konzentration der eigenen Kräfte zu schlagen, damit endgültig vertan war. Sein Entschluss, stattdessen der 1. Armee entgegenzutreten, erwies sich als Fehlentscheidung. »Dass ein Feldherr den einmal gefassten Plan nicht leichthin wieder aufgibt, ist gewiss anerkennenswert, noch höher ist es jedoch zu schätzen, wenn er die Gunst des Augenblicks zu einem entscheidenden Schlage benutzt«, urteilte später Generalfeldmarschall Alfred Graf von Schlieffen,

---

S Von einem Pyrrhussieg wird gesprochen, wenn ein Sieg so verlustreich für den Sieger ist, dass er mittelfristig eine Niederlage darstellt. Der Begriff geht auf Pyrrhus, den König der Molosser und Hegemon von Epirus (319–272 v.Chr.), zurück. Pyrrhus schlug die Römer in der Schlacht bei Ausculum 279 v.Chr. unter hohen eigenen Verlusten. Nach der Schlacht soll er zu einem seiner Gefolgsleute gesagt haben: »Noch so ein Sieg und wir sind verloren!«

B Ludwig August Ritter von Benedek
(1804–1881)

Österreichischer General – Benedek entstammte einer alten österreichisch-ungarischen Adelsfamilie. Im Jahre 1822 trat er in die österreichische Armee ein und wurde in den Jahren 1848/49 bei Kämpfen in Ungarn und Italien eingesetzt. Zwischen 1850 und 1859 war er Chef des Stabes unter Generalfeldmarschall Radetzky. In der Schlacht von Solferino zeichnete er sich besonders aus. 1860 wurde Benedek wegen seiner militärischen Erfolge zum General-

119 Ludwig von Benedek.
Radierung, um 1860.

stabschef, später zum Oberbefehlshaber in Venetien und den Alpenländern ernannt. Als 1866 der Krieg Österreichs gegen Preußen begann, sollte Benedek das Oberkommando über die österreichische Nordarmee übernehmen. Nur widerwillig nahm er dieses Kommando an, da die Armee sehr schlecht ausgerüstet und damit den preußischen Truppen unterlegen war. Die Entscheidung des Krieges fiel am 3. Juli 1866 bei Königgrätz. Benedeks Truppen wurden von der preußischen Armee unter Generalstabschef Helmuth von Moltke geschlagen. Nach Beendigung des Krieges musste er sich wegen der Niederlage bei Königgrätz einem Kriegsgerichtsverfahren stellen, das aber auf Befehl Kaiser Franz Josephs eingestellt wurde.

120
Franz Joseph I., Kaiser von Österreich und König von Ungarn.
Öl auf Leinwand von J. Siegert, 1895.

121
Telegramm des Feldzeugmeisters von Benedek an
Kaiser Franz Joseph. Hohenmauth, am 4. Juli 1866.

122 Schlacht bei Skalitz am 28. Juni 1866. General Karl von
Steinmetz beobachtet den Vormarsch der preußischen Truppen.
Farbdruck nach Aquarell von Carl Röchling, um 1894.

Nachfolger Moltkes als Generalstabschef um die Wende vom 19. zum 20. Jahrhundert.

Infolge dieser Fehleinschätzung versammelte Benedek die österreichischen Truppen vor der Festung Königgrätz. Von acht Armeekorps waren nur noch zwei intakt. Die erlittenen schweren Verluste, schlechtes Wetter und Hunger, vor allem aber die Wirkung des preußischen Zündnadelgewehrs hatten die Soldaten inzwischen erheblich demoralisiert. »Was einmal im Feuer gegen Euer Zündnadelgewehr gewesen, ist nicht wieder heranzuführen«, klagte später ein Kommandeur gegenüber preußischen Offizieren. Benedek plädierte daher zeitweilig für einen baldigen Friedensschluss, entschloss sich dann aber doch, weiterzukämpfen anstatt zurückzugehen.

Die Schlacht bei ▶ Königgrätz am 3. Juli 1866 gehört zu den größten Schlachten der Geschichte: 215 000 österreichische und sächsische Soldaten kämpften dort gegen 220 000 preußische. Die österreichische Defensivstellung erwies sich dabei zunächst als durchaus vorteilhaft. Trotz Zündnadelgewehr konnte die 1. Armee keine entscheidenden Erfolge erringen, da die österreichische Artillerie sehr gezielt feuerte. Schlachtentscheidend war das rechtzeitige Eintreffen der 2. Armee an der Nordflanke der Österreicher. Der zwischen drei Flüssen eingezwängten Armee Benedeks drohte nun die Umfassung über die Flügel, wie sie von Moltke geplant worden war. Unter dem Schutz der eigenen Artillerie ging diese daher zurück und löste sich schließlich fast auf.

Obwohl Österreich trotz hoher Verluste – nahezu 44 000 Offiziere und Mannschaften gegenüber ungefähr 8000 preußischen Soldaten – keineswegs den Krieg verloren hatte und Benedeks Armee nach einigen Tagen wieder kampffähig war, hielt dessen Regierung eine

Fortführung der Kämpfe an der schwer befestigten Donaulinie für sinnlos. Die österreichischen Erfolge gegen das mit Preußen verbündete Italien bei Custozza und in der ▶ Seeschlacht von Lissa änderten nichts an dessen desolater Lage.

Größtenteils vergessen ist, dass nach der Niederlage Österreichs der Krieg zwischen Preußen, Bayern und Württemberg erst begann. Im Kurgarten von Bad Kissingen und mehreren Orten entlang des Mains kam es zu teilweise heftigen Gefechten, die erst Anfang August – nach dem Vorfrieden von Nikolsburg – endeten.

Dieser Friede, der endgültig Ende August in Prag geschlossen wurde, war erst nach heftigen Auseinandersetzungen zwischen »Staatskunst« und »Kriegshandwerk« möglich. Während Bismarck Österreich weitgehend schonen wollte, strebte die militärische Führung, unterstützt von König Wilhelm I., einen vollständigen Sieg an. Sie wollte siegreich in Wien einmarschieren, eventuell sogar Teile Böhmens annektieren. Bismarck, der Österreich lediglich aus dem Deutschen Bund hinausdrängen wollte, konnte sich aber durchsetzen. Sein Argument, die Habsburgermonarchie nicht als zukünftigen Bundesgenossen zu verlieren, und sein Hinweis auf die Gefahr einer folgenschweren Intervention Frankreichs überzeugte schließlich auch den anfänglich widerstrebenden Monarchen.

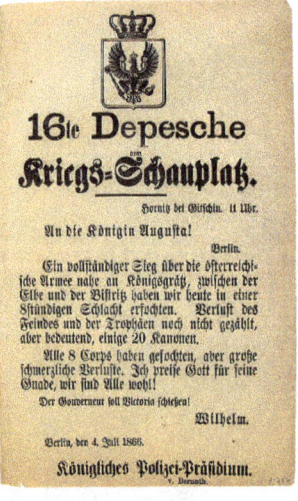

123
16te Depesche
vom Kriegsschauplatz,
Berlin 4. Juli 1866.

124 Schlacht bei Königgrätz am 3. Juli 1866. Die Brigade Gordon verteidigt den Swiep-Wald bei Cischkowes. Farbdruck nach Aquarell von Carl Röchling, um 1894.

125 Trauernde Germania. 1868 wurde dieses Denkmal über einem Massengrab der am 14. Juli 1866 in Bad Kissingen Gefallenen als Zeichen der Trauer, aber auch der Versöhnung aufgestellt.

1 Lothar von Schweinitz, »Eindrücke der Schlacht bei Königgrätz« (1866)

Der General und Adjutant des Königs schildert seine Erlebnisse der Schlacht, die Preußen die endgültige Vorherrschaft in Deutschland brachte.

»Ich weiß nicht mehr genau die Stelle zu bezeichnen, wo es geschah, daß ich etwa um die Mittagsstunde fast allein mit dem Könige, welcher abgestiegen war, auf einem freien Felde stand [...]. Als wir so dastanden, sahen wir aus dem vor uns liegenden Walde erst einzelne Leute, dann lange dünne Reihen heraus und auf uns zu kommen; nicht fliehend, aber völlig erschöpft, apathisch kehrten diese Trümmer verschiedener, fast aufgeriebener Truppenteile aus jener Hölle zurück, in der sie gegen dreifache Übermacht stundenlang ausgehalten hatten und fast alle ihre Führer verloren hatten. Zuerst kam ein langer Zug solcher todmatten Leute; hinter ihnen ritt auf einem müden, mageren Pferde ein krummer Vizefeldwebel mit verbundenem Kopfe und einer Brille; als sie uns sahen, blieben die Leute stehen und nahmen Gewehr ab; der Anblick des Königs brachte aber nicht den geringsten Eindruck auf sie hervor. Nun kamen ihrer immer mehr, darunter auch Offiziere; sie ließen die Köpfe hängen, keiner sprach ein Wort, niemand gab ein Kommando, von taktischer Ordnung war keine Spur mehr vorhanden.«

Zit. nach: Gerd Fesser, Königgrätz – Sadowa. Bismarcks Sieg über Österreich, Berlin 1994, S. 96 f.

3. Der Deutsch-Französische Krieg 1870/71

Bismarcks Vorsicht gegenüber Frankreich war nicht unbegründet. Gestützt auf seine Armee beanspruchte das französische Kaiserreich unter Napoleon III. seit dem Ende des Krimkrieges und den Erfolgen bei der Einigung Italiens eine Hegemonialstellung in Europa. Misstrauisch betrachteten die Franzosen daher die wachsende Macht Preußens. Mit den vagen Aussichten, Teile der Pfalz oder Luxemburg französischem Einfluss zu überlassen, hatte Bismarck Napoleon III. zunächst zur Duldung der preußischen Politik in Deutschland bewegen können. Nach mehreren diplomatischen Niederlagen war jedoch absehbar, dass Frankreich eine günstige Gelegenheit benutzen würde, um Preußen zurückzudrängen. Die Kandidatur eines Prinzen aus der süddeutschen Linie Hohenzollern-Sigmaringen für den spanischen Thron schien dazu geeignet, Preußen eine diplomatische »Schlappe« zuzufügen. Mit der »Emser Depesche« durchkreuzte Bismarck jedoch das Kalkül Napoleons III. Dessen Regierung nahm die darin vermeintlich enthaltene politische Demütigung zum Anlass, Preußen am 14. Juli 1870 den Krieg zu erklären.

Die preußische Armee war auf diesen Kriegsfall in zweierlei Hinsicht vorbereitet: Politisch durch das Inkrafttreten der ▶ Schutz- und Trutzbündnisse mit den süddeutschen Staaten; militärisch durch einen ausgearbeiteten Operationsplan. Drei Armeen marschierten Anfang August westlich des Rheins entlang einer Linie auf, die von der Mosel im Raum Trier über Kreuznach und Mainz bis Speyer reichte: Die 1. Armee unter General Karl von Steinmetz und die 2. Armee des Prinzen Friedrich Karl sollten die französische Hauptgruppe an der Saar binden, während die 3. Armee des preußischen Kronprinzen, die zugleich auch die süddeutschen Kontingente umfasste, durch das Elsass vorstoßen und in nördliche Richtung einschwenkend, die offene Flanke der »Rheinarmee« angreifen sollte. Mit 350 000–450 000 Mann war diese Streitkraft den 250 000–350 000 Soldaten, die Napoleon III. zu Beginn des Krieges aufbieten konnte, überlegen. Dessen »Rheinarmee« trat unter Marschall Maurice Mac Mahon bei Straßburg und unter Marschall François Bazaine bei Metz an. Ursprüngliche Pläne, beide Armeeteile gemeinsam ins Feld zu führen, um die noch im Aufmarsch begriffenen preußischen Armeen anzugreifen, hatten sich wegen unzureichender operativer und logistischer Planungen nicht verwirklichen lassen. Dennoch wollte Napoleon III., der den Oberbefehl über die »Rheinarmee« persönlich übernahm, durch möglichst schnelle Erfolge Frankreichs Stellung stärken und Österreich und Italien veranlassen, ihre abwartende Neutralität zu dessen Gunsten aufzugeben.

Dementsprechend drangen französische Verbände Anfang August in Saarbrücken ein; die anschließenden Grenzschlachten bei Spichern, Wörth und Weissenburg konnten sie jedoch nicht gewinnen. Trotz hoher eigener Verluste zwangen die 2. und die 3. Armee die Einheiten Mac Mahons zum Rückzug in Richtung Chalons, wo dieser seine Armee neu aufstellte. Die deutschen Armeen wandten sich daher gegen die im Raum Metz stehenden Hauptkräfte der »Rheinarmee« unter Bazaine. Bei Colombey-Nouilly, Gravelotte, Mars-la-Tour, Vionville und St. Privat wurde diese Mitte August geschlagen und zum Rückzug in die Festung Metz veranlasst, da alle anderen Wege versperrt waren. Bazaines Armee, seit Ende August in der Festung eingeschlossen, kapitulierte schließlich Ende Oktober angesichts aussichtsloser Lage und fehlender Vor-

372

Ludwig II. (1845–1886)

B König von Bayern – Ludwig II., begeisterter Förderer Richard Wagners und Erbauer prachtvoller Schlösser, politisch jedoch wenig erfolgreich, gilt weithin als der realitätsentrückteste Herrscher auf dem Bayernthron. Als Ludwig seinem Vater Maximilian II. Joseph 1864 auf den Thron folgte, war er für seine künftige Rolle schlecht vorbereitet. Durch seine »produktive Realitätsverweigerung« nahm die sich seit länge-

126 Der König von Bayern Ludwig II.
Öl auf Leinwand von Ferdinand Piloty d.J., um 1865.

1 »Geheimer Bündnis-Vertrag zwischen Preußen und Bayern«
(22. August 1866)

*Nach dem »Bruderkrieg« 1866 und dem Sieg der preußischen Armee
schlossen viele süddeutsche Staaten »Schutz- und Trutzbündnisse« um
möglichen französischen Gebietsforderungen entgegenzuwirken.*

»Seine Majestät der König von Preußen und Seine Majestät der König von
Bayern, beseelt von dem Wunsche, das künftige Verhältniß der Souveraine und
Ihrer Staaten möglichst innig zu gestalten, haben zur Bekräftigung des zwischen
Ihnen abgeschlossenen Friedens-Vertrages vom 22. August 1866 beschlossen,
weitere Verhandlungen zu pflegen, und haben mit diesen beauftragt, und zwar:
[es folgen die Namen der Bevollmächtigten]. Dieselben haben ihre Vollmachten
ausgetauscht und haben sich, nachdem diese in guter Ordnung befunden worden waren, über nachfolgende Vertragsbestimmungen geeinigt:

Art. I. Zwischen Seiner Majestät dem Könige von Preußen und Seiner Majestät
dem Könige von Bayern wird hiermit ein Schutz- und Trutzbündniß geschlossen. Es garantieren sich die hohen Contrahenten gegenseitig die
Integrität des Gebietes ihrer bezüglichen Länder, und verpflichten sich, im
Falle eines Krieges ihre volle Kriegsmacht zu diesem Zwecke einander
zur Verfügung zu stellen.

Art. 2. Seine Majestät der König von Bayern überträgt für diesen Fall den Oberbefehl über seine Truppen Sr. Majestät dem Könige von Preußen.

Art. 3. Die hohen Contrahenten verpflichten sich, diesen Vertrag vorerst geheim zu halten.

Art. 4. Die Ratification des vorstehenden Vertrags erfolgt gleichzeitig mit der Ratification des unter dem heutigen
Tage abgeschlossenen Friedensvertrages, also bis spätestens zum 3.k.Mts. Gleichlautende Verträge
wurden abgeschlossen:
1. zwischen Preußen und Württemberg am 13. August 1866,
2. zwischen Preußen und Baden am 17. August 1866,
3. zwischen Preußen und Hessen am 11. April 1867.
Die nach Art. 3 zunächst geheim gehaltenen Verträge mit Bayern, Württemberg und Baden wurden im
März 1867 veröffentlicht.«

*Zit. nach: Dokumente zur deutschen Verfassungsgeschichte, Bd 2. Hrsg. von Ernst Rudolf Huber,
Stuttgart 1964, S. 205*

127 Wilhelm I. beim
Einmarsch in Frankreich.
Farblithografie, 1870.

128 Der Kronprinz, Oberbefehlshaber der 3. Armee, und sein Hauptquartier im Feldzug 1870/71.

rem abzeichnende Finanznot Bayerns im Jahre 1884 ein beängstigendes Ausmaß an. Im Jahre 1885 forderte daraufhin
Ludwigs Ministerium die Einstellung seiner aufwändigen Bauten. Auf die ablehnende Haltung des Königs hin bereitete
man schließlich, auch im Hinblick auf die psychische Krankheit, die Erklärung seiner Regierungsunfähigkeit vor und be-
scheinigte so die Regierungsunfähigkeit des Monarchen. Ludwig wurde am 12. Juni nach Schloss Berg am Starnberger
See gebracht, wo er am folgenden Tag unter nicht geklärten Umständen zusammen mit seinem Psychiater ertrank.

räte: 200 000 halbverhungerte Soldaten und 1500 Geschütze ergaben sich der 2. Armee.

Verantwortlich für dieses Desaster der »Rheinarmee« war das Scheitern der Pläne Mac Mahons, Bazaine von Chalons aus zur Hilfe zu kommen, sich mit diesem falls möglich bei der Festung Sedan an der Maas zu vereinigen. Dort traf er am 1. September auf die 3. Armee und die neu aufgestellte Maasarmee unter dem Kronprinzen ▸ Albert von Sachsen. Von überlegenen Kräften eingeschlossenen, ergab sich die Armee Mac Mahons nach heftiger Gegenwehr am 2. September 1870. Napoleon III., der sich zwischenzeitlich dieser Armee angeschlossen hatte, ging mit 100 000 Mann in Gefangenschaft.

Der Sieg bei Sedan – später Anlass für symbolträchtige Feiern im Reich – bedeutete aber nicht das Ende des Krieges: Reguläre französische Truppen befanden sich noch in der Festung Metz, ebenso bei Straßburg und anderen kleineren Festungen. Hinzu kamen Einheiten in Paris, das seit Ende September von der 3. Armee und der Maasarmee eingeschlossen war.

Die großen Niederlagen zu Lande beeinflussten auch die Operationen der französischen Marine. Pläne für eine amphibische Operation an den deutschen Küsten hatte sie mangels fehlender Landungstruppen sowie Dänemarks Festhalten an der eigenen Neutralität zwar aufgeben müssen, die Blockade der Deutschen Bucht – mehr als 200 Handelsschiffe fielen dieser schließlich zum Opfer – war aber durchaus erfolgreich. Schlechtes Wetter und der zunehmende Einsatz von Marineangehörigen in den neu aufgestellten Einheiten zu Lande zwangen die Blockadeeinheiten jedoch bereits im September zum Rückzug.

Entscheidend für die Fortführung des Krieges zu Lande war die Weigerung der neuen französischen Regierung unter General Louis Trochu und ▸ Léon Gambetta, die nach der Niederlage von Sedan Napoleon III. gestürzt und die Republik ausgerufen hatte, zu kapitulieren. Nach dem Vorbild der Levée en Masse von 1792 sollten vielmehr alle Kräfte zur Verteidigung französischen Bodens mobilisiert werden. In den noch nicht besetzten Gebieten im Norden, Süden und Südwesten wurden daher neue Armeen aufgestellt, um Paris zu entsetzen. Deren Kampfkraft war zwar gering, dennoch war die damit verbundene Ausdehnung der Kämpfe eine zunehmend schwerere Belastung der preußischen Armee. Gleiches galt für die ▸ Franctireurs, Freischärlerverbände aus versprengten Soldaten und Freiwilligen. Später kamen straffer organisierte und besser ausgebildete kleine Einheiten hinzu, die sich teilweise spontan gebildet hatten und die den preußischen Truppen in manchen Regionen erheblich zu schaffen machten. Nachhutkolonnen und Wachtposten, Telegrafen- und Eisenbahnlinien, Tunnel und Brücken waren Hauptziele ihrer Angriffe. Angetrieben wurden sie dabei von dem Willen, das eigene Vaterland zu verteidigen, aber auch das Requirieren von Lebensmitteln und Futter für die Pferde oder die erzwungenen Einquartierungen zu rächen. Zahlenmäßig waren die dadurch verursachten preußischen Verluste zwar gering – ungefähr 1000 Soldaten wurden Opfer der Franctireurs –, und auch die materiellen Schäden beeinflussten die Kriegführung nicht nachhaltig. Dennoch waren die preußischen Gegenmaßnahmen, so zurückhaltend sie im Vergleich zu 1914–1918 und 1939–1945 erscheinen, teilweise drakonisch: Geiselnahmen, standrechtliche Exekutionen und die Zerstörung ganzer Dörfer ließen die möglichen Entgrenzungen der Kriegführung im Übergang vom Kabinetts- zum Volkskrieg erkennbar werden, die zu einem Wesensmerkmal der Kriege des 20. Jahrhunderts werden sollten.

B Albert I. von Sachsen (1828–1902)
König von Sachsen – Er stand für die Integration Sachsens in das preußisch dominierte Deutsche Reich. Seit 1873 war er König von Sachsen. Militärisch war er in allen Waffengattungen ausgebildet und befehligte im »Deutschen Krieg« 1866 die sächsischen Truppen. Er führte im Deutsch-Französischen Krieg die Maasarmee an, die Sedan mit einschließen sollte. Daraufhin wurde er 1871 zum preußischen Generalfeldmarschall ernannt. Unter seiner Regierung wurde Sachsen zum Beispiel einer konstitutionellen Monarchie.

129 König Albert von Sachsen. Öl auf Leinwand von Leon Pohle, 1882.

130 Les Franctireurs du Nord nach dem Sieg über die Preußen am 10. Januar 1871.
Kolorierte, zeitgenössische Radierung.

132
Leon Gambetta.
Kolorierte Kreidelithografie
von F.C. Wentzel um 1880.

131 Ein preußischer Gardekürassier versucht, ein Geständnis von einem französischen Zivilisten zu erpressen. Öl auf Leinwand von Paul Boutigny, 1886.

Als Franctireurs bezeichnete man die freiwilligen Kämpfer, die auf französischer Seite im Krieg 1870/71 gegen die preußische Armee ins Feld zogen. Nach der Gefangennahme Napoleons III. wurde am 4. September 1870 in Frankreich die Monarchie gestürzt und durch eine republikanische Regierung ersetzt. Deren führende Köpfe Jules Favre und Léon Gambetta proklamierten einen Volkskrieg und setzten den Kampf gegen die seit dem 13. September 1870 Paris belagernden deutschen Truppen fort. In den französischen Provinzen entwickelte sich ein zäher Kampf mit eilig aufgestellten republikanischen Armeen, den so genannten Franctireurs. Die Niederlage Frankreichs konnten diese Freischärler aber nicht verhindern.

B Léon-Michel Gambetta (1838–1882)
Französischer Politiker – Als Advokat und radikaler Abgeordneter wandte er sich entschieden gegen das Zweite Französische Kaiserreich unter Napoleon III. Als nach der französischen Niederlage bei Sedan Anfang September 1870 auch der französische Kaiser in deutsche Gefangenschaft geriet, proklamierte Gambetta am 4. September 1870 in Paris die Republik. In der »Regierung der nationalen Verteidigung« erhielt er das Amt des Innenministers, später auch des Kriegs- und Finanzministers und organisierte den nationalen Volkskrieg Frankreichs gegen die deutschen Truppen zum Entsatz der Hauptstadt Paris. Die militärische Niederlage Frankreichs war allerdings mit dem Fall der Hauptstadt am 28. Januar 1871 besiegelt; Gambetta trat am 6. Februar 1871 von seinen Ämtern zurück.

133 Karikatur auf die Gefangennahme Napoleons III. durch König Wilhelm I. nach der Schlacht bei Sedan. Kolorierte Lithografie von E. Rosambeau, 1870.

Ein langer, verlustreicher Krieg entsprach aber keineswegs den Absichten Bismarcks. Ähnlich wie 1864 und 1866 befürchtete er in diesem Fall eine Intervention der anderen europäischen Großmächte. Bismarck, der sich, wie schon 1866, stets in der Umgebung Wilhelms I. befand, drängte daher auf eine baldige ▸ Beschießung von Paris. Davon erhoffte er sich ein schnelles Ende des Krieges. Moltke wies diese Maßnahme jedoch angesichts der damit verbundenen technischen und logistischen Schwierigkeiten zurück, aber auch wegen der Erfahrungen vor Straßburg, das sich keineswegs aufgrund heftigen Artilleriefeuers, sondern erst nach mehrwöchiger Belagerung ergeben hatte. In gleicher Weise wollte Moltke die französische Hauptstadt aushungern und zur Aufgabe zwingen. Mit großer Entschiedenheit lehnte der Chef des Generalstabs daher auch Bismarcks Einmischung in die operative Führung des Krieges ab. Dennoch musste er Mitte Dezember in der Frage der Beschießung von Paris nachgeben und Ende Januar 1871 auch Bismarcks An-

376

spruch auf umfassende Information anerkennen. Der Kanzler verhandelte dann auch alleine mit Jules Favre über die Einstellung der Beschießung von Paris, einen Waffenstillstand und schließlich auch den endgültigen Frieden von Frankfurt am Main im Mai. Darin erhielt das Deutsche Reich, dessen Kaiser symbolisch bedeutsam am 18. Januar 1871 im Spiegelsaal von Versailles proklamiert worden war, Elsass und Lothringen sowie eine Kriegsentschädigung in Höhe von fünf Milliarden Francs, zahlbar innerhalb von drei Jahren. So groß der Sieg auch zu sein schien und so enthusiastisch die überwältigende Mehrheit der Bevölkerung auf die Einigung des Reiches und den Sieg über den »Erbfeind« reagierte, so schnell erkannte zumindest der verantwortliche Staatsmann, dass das neu geschaffene Deutsche Reich durch das Ergebnis dieses Krieges in seiner außenpolitischen Bewegungsfreiheit vollständig »immobilisiert« war. Die Annahme der Militärs, mit der Annexion von Elsass und Lothringen den strategischen Vorsprung gegenüber Frankreich vergrößert, dieses nachhaltig geschwächt und somit das europäische Gleichgewicht bewahrt zu haben, sollte sich schnell als Illusion erweisen. Gleichermaßen empfanden die Franzosen die Reichsgründung in Versailles als eine Demütigung, die im nationalen Gedächtnis haften blieb und die erst 1919 mit einer Wiederholung unter umgekehrten Vorzeichen gerächt schien.

134 Mit dieser Feder unterzeichnete Otto von Bismarck am 10. Mai 1871 den Friedensvertrag mit Frankreich.

135 Bismarck und Jules Favre im Schwanenhotel in Frankfurt. Holzstich, um 1871.

136 Die Proklamierung des Deutschen Kaiserreiches. Öl auf Leinwand von Anton von Werner, um 1885.

Otto von Bismarck,
1 »Immediatbericht an König Wilhelm I. betreffend die Beschießung der Forts von Paris« (28. November 1870)
Der preußische Ministerpräsident sprach sich während des Deutsch-Französischen Krieges für die Beschießung des belagerten Paris aus.

»Der Widerstand Frankreichs beruht wesentlich mit auf der Hoffnung, daß, wenn er nur lange genug fortgesetzt werde, das Ausland doch endlich nicht umhin kommen werde, einzuschreiten. Diese Hoffnung wird durch die Illusion genährt, daß nur darum Paris nicht beschossen werde, weil die Neutralen es nicht zugeben wollten. [...] Um den Eindruck zu erreichen, den ich politisch für wichtig halte, ist ein Bombardement der Stadt Paris selbst nicht erforderlich; es genügt dazu ein Angriff auf die Forts, und schon die Constatirung des Vorhandenseins und der Tragweite unserer Geschütze würde nicht ohne moralische Wirkung sein. [...] Wenn auch die Armee Eurer Majestät in der Lage ist, abzuwarten, bis der Hunger den Parisern jenen Entschluß aufnötigt, so darf ich auf Grund der oben alleruntänigst dargelegten Erwägungen ehrfurchtsvollst zu behaupten wagen, daß die Politik eine Beschleunigung desselben durch die Beschießung der Forts sehr wünschenswert macht.«

*Zit. nach: Dokumente zur deutschen Verfassungs-
geschichte, Bd 2. Hrsg. von Ernst Rudolf Huber,
Stuttgart 1978, S. 358*

137 Moltke mit seinem Stabe vor Paris.
Öl auf Leinwand von Anton von Werner, um 1873.

138 Belagerung von Paris.
Heliogravure nach einem Gemälde von Karl Rechlin.

Das deutsche Kanonenboot Iltis unter Beschuss der Taku - Forts am 17. Juni 1900. Gemälde von Willy Stöwer.

Des Kaisers »schimmernde« Wehr – Militärgeschichte des Deutschen Kaiserreichs 1871 bis 1914

von Karl-Volker Neugebauer

1871	18. Januar	Kaiserproklamation Wilhelms I.
1872–1876		»Kulturkampf«
1873		»Gründerkrach«
1875		»Krieg-in-Sicht-Krise«
1878	Juni–Juli	Berliner Kongress Sozialistengesetz
1879	7. Oktober	Zweibund-Vertrag mit Österreich-Ungarn
1881		Dreikaiserbündnis
1882	20. Mai	Dreibund-Vertrag zwischen Deutschland, Österreich-Ungarn, Italien
1883–1889		Sozialgesetzgebung
1883		Entwicklung des Maschinengewehrs
1884		Beginn des Erwerbs von deutschen Kolonien
1887	18. Juni	Rückversicherungsvertrag mit Russland
1888		»Dreikaiserjahr«
1890	20. März	Entlassung Bismarcks
1890–1894		Reichskanzler Leo von Caprivi
1893		französisch-russisches Bündnis

002 Vier Generationen Hohenzollern, von links: Friedrich III., Wilhelm II., Wilhelm I. sowie Kronprinz Wilhelm. Koloriertes Foto.

003 Kreuzer und Kanonenboot hissen auf Ponape die deutsche Flagge. Farblithografie nach Carl Saltzmann, 1902.

004 Kaisermanöver 1906: Der Kaiser mit Generalstabschef Graf Helmuth von Moltke und König August von Sachsen. Foto von O. Tellgmann, 1906.

005 Hochöfen des Eisen- und
Stahlwerkes Hoesch in Dortmund.
Farblithografie, um 1908.

006 Offizier der Schutztruppe, Mann-
schaften (Sudanesen), aufständische
Eingeborene. Farblithografie nach
Aquarell von Richard Knötel, um 1905.

007 Abfahrt des einberufenen Landsturms von einem Berliner Bahnhof.
Nachkoloriertes Foto, 1914.

1898	6. März	Kiautschou wird deutsches Pachtgebiet
1898		Beginn des Flottenbauprogramms Faschoda-Krise
1899		Erste Haager Landkriegsordnung
1900		Boxer-Aufstand
1900–1909		Reichskanzler Bernhard Graf von Bülow
1904		Entente Cordiale
1904–1907	12. Januar	Herero-Aufstand
1905		Erste Marokko-Krise
1907		britisch-russischer Interessenausgleich
1908		Daily-Telegraph-Affäre
1909–1917		Reichskanzler Theobald von Bethmann Hollweg
1911		Zweite Marokko-Krise
1912		Haldane-Mission
1912/13		Balkankriege
1914	28. Juni	Ermordung des österreichischen Thronfolgers Franz Ferdinand
	1. August	Beginn des Ersten Weltkrieges

1. Literaturauswahl

Überblick

Berghahn, Volker R., Das Kaiserreich 1871–1914. Industriegesellschaft, bürgerliche Kultur und autoritärer Staat, 10. Aufl., Stuttgart 2003 (= Gebhardt, Handbuch der deutschen Geschichte, 16)

Hillgruber, Andreas, Die gescheiterte Großmacht. Eine Skizze des Deutschen Reiches 1871–1945, Düsseldorf 1980

Stürmer, Michael, Das ruhelose Reich. Deutschland 1866–1918, Berlin 1983 (= Die Deutschen und ihre Nation, 3)

Winkler, Heinrich August, Der lange Weg nach Westen, Bd 1: Deutsche Geschichte vom Ende des Alten Reiches bis zum Untergang der Weimarer Republik, München 2000

Umfeld

Berghahn, Volker R., Der Tirpitz-Plan. Genesis und Verfall einer innenpolitischen Krisenstrategie unter Wilhelm II., Düsseldorf 1971 (= Geschichtliche Studien zu Politik und Gesellschaft, 1)

Hildebrand, Klaus, Das vergangene Reich. Deutsche Außenpolitik von Bismarck bis Hitler 1871–1945, Stuttgart 1995

Hillgruber, Andreas, Bismarcks Außenpolitik, 2. Aufl., Freiburg i.Br. 1980

Messerschmidt, Manfred, Militär und Politik in der Bismarckzeit und im wilhelminischen Deutschland, Darmstadt 1975 (= Erträge der Forschung, 43)

Röhl, John C.G., Kaiser, Hof und Staat. Wilhelm II. und die deutsche Politik, München 1987

Wehler, Hans-Ulrich, Das deutsche Kaiserreich 1871–1914, 6. Aufl., Göttingen 1988

Strukturen

Hobson, Rolf, Maritimer Imperialismus. Seemachtideologie, seestrategisches Denken und der Tirpitzplan 1875 bis 1914. Hrsg. vom Militärgeschichtlichen Forschungsamt, Potsdam und dem Institut für Verteidigungsstudien, Oslo, München 2004 (= Beiträge zur Militärgeschichte, 61)

Das Militär und der Aufbruch in die Moderne 1860 bis 1890. Armeen, Marinen und der Wandel von Politik, Gesellschaft und Wirtschaft in Europa, den USA sowie Japan. Im Auftrag des Militärgeschichtlichen Forschungsamtes und der Otto-von-Bismarck-Stiftung hrsg. von Michael Epkenhans und Gerhard P. Groß, München 2003 (= Beiträge zur Militärgeschichte, 60)

Der Schlieffenplan. Anlaysen und Dokumente. Im Auftrag des Militärgeschichtlichen Forschungsamtes und der Otto-von-Bismarck-Stiftung hrsg. von Hans Ehlert, Michael Epkenhans und Gerhard P. Groß, Paderborn 2006 (= Zeitalter der Weltkrieg, 2)

Schmid, Michael, Der »Eiserne Kanzler« und die Generäle. Deutsche Rüstungspolitik in der Ära Bismarck (1871–1890), Paderborn 2003 (= Wissenschaftliche Reihe der Otto-von-Bismarck-Stiftung, 4)

Storz, Dieter, Kriegsbild und Rüstung vor 1914. Europäische Landstreitkräfte vor dem Ersten Weltkrieg, Herford, Berlin, Bonn 1992 (= Militärgeschichte und Wehrwissenschaften, 1)

Konflikte

Preston, Diana, Rebellion in Peking. Die Geschichte des Boxeraufstands, München, Stuttgart 2001

Völkermord in Deutsch-Südwestafrika. Der Kolonialkrieg (1904–1908) in Namibia und seine Folgen. Hrsg. von Jürgen Zimmerer und Joachim Zeller, Berlin 2003

Westphal, Wilfried, Geschichte der deutschen Kolonien, Berlin 1987

Epochenquerschnitt

Die Proklamation König Wilhelms I. von Preußen zum Deutschen Kaiser fand noch während der Belagerung von Paris – also vor Abschluss des Krieges – am 18. Januar 1871 im berühmten Spiegelsaal des Schlosses von Versailles statt. Noch am Vortag hegte Wilhelm I. die Befürchtung, dass mit seiner Kaiserkrönung das konservative Preußen im neuen Reich aufgehen würde.

Verfassungsmäßig war dieses Deutsche Reich ein Staatenbund, eigentlich sogar ein »Fürstenbund«, denn es war nicht durch einen Willensakt des Volkes, sondern durch Verträge des Königs von Preußen mit 21 deutschen Fürsten und drei Freien Städten (Bremen, Hamburg, Lübeck) gebildet worden.

Dem König von Preußen stand das erbliche Präsidium dieses »Fürstenbundes« mit dem Titel »Deutscher Kaiser« zu. Er vertrat das Reich nach außen, ernannte und entließ den Reichskanzler. Der Kanzler war der Vorsitzende des Bundesrates und zugleich preußischer Ministerpräsident. Verantwortliche Reichsminister gab es nicht, sondern nur dem Reichskanzler nachgeordnete Staatssekretäre als Leiter der Reichsämter (z.B. Auswärtiges Amt, Reichsmarineamt, Reichskolonialamt). Die Reichsverfassung sah keine dem Reichstag verantwortliche Regierung vor und der Reichskanzler war nicht an die Zustimmung durch das Parlament, sondern ausschließlich an das Vertrauen des Monarchen gebunden. Die Verfassungsform, der »preußisch-deutsche Konstitutionalismus«, verband somit absolutistische mit parlamentarischen, demokratischen und bundesmäßigen Elementen.

Der Reichstag, nach dem damals demokratischsten Wahlrecht Europas von der männ-

008 Die Proklamierung des Deutschen Kaiserreiches. Öl auf Leinwand von Anton von Werner, um 1885.

lichen Bevölkerung in allgemeinen und gleichen Wahlen gewählt, war ein Zugeständnis Otto von Bismarcks an alte Traditionen und Forderungen der Liberalen. Neben dem Recht auf Steuerbewilligungen hatte das Parlament die Befugnis auf Initiative und Beschluss von Reichsgesetzen, die aber der Zustimmung des Bundesrates und damit auch des wenig demokratischen Preußens bedurften, in dem ältere Verfassungs- und Gesellschaftsstrukturen wie das Preußische Herrenhaus sowie das nach Dreiklassenwahlrecht zusammengesetzte Preußische Abgeordnetenhaus noch erhalten waren. Nahm das politische Gewicht des Reichstages in der »Realverfassung« auch bis 1914 zu, so waren seit Bismarck die konservativen Kräfte keineswegs zu einer Parlamentarisierung und Öffnung des politischen Systems bereit, die für sie einer politischen »Revolution« gleich kam. Das Parlament sah sich somit 383

Die Könige von Preußen und (ab 1871) Deutschen Kaiser

1688–1713
009 Friedrich I. (ab 1701 König in Preußen) Öl auf Leinwand von Samuel Theodor Gericke, nach 1701.

ständig zwei »Druckmitteln« ausgesetzt, einerseits dem seiner Auflösung, die mehrfach praktiziert wurde, und andererseits dem der Androhung eines »Staatsstreichs«, also der Abschaffung der Verfassung und Errichtung eines

010 Die preußische Königskrone.

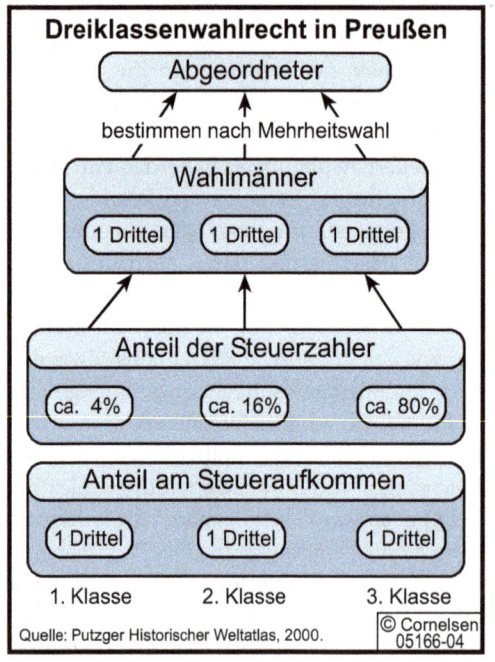

Dreiklassenwahlrecht in Preußen

Abgeordneter

bestimmen nach Mehrheitswahl

Wahlmänner

| 1 Drittel | 1 Drittel | 1 Drittel |

Anteil der Steuerzahler

| ca. 4% | ca. 16% | ca. 80% |

Anteil am Steueraufkommen

| 1 Drittel | 1 Drittel | 1 Drittel |

| 1. Klasse | 2. Klasse | 3. Klasse |

Quelle: Putzger Historischer Weltatlas, 2000.

© Cornelsen
05166-04

384

auf die Armee gestützten absoluten Regimes. Diese Drohung wurde später von Bismarck mehrfach erwogen, aber nie realisiert.

Schon wegen der Größe (65 Prozent der Fläche sowie 62 Prozent der Bevölkerung) war Preußen im Deutschen Reich vorherrschend. Die politischen und sozialen Strukturen waren in Preußen äußerst widersprüchlich – altmodisch und modern zugleich. Auf der einen Seite die agrarisch orientierten, noch immer tonangebenden altpreußischen Provinzen mit ▸ halbfeudaler Gesellschaftsordnung, auf der anderen Seite die liberal oder katholisch geprägten Industrieregionen an Rhein und Ruhr und in Oberschlesien mit dem neu entstehenden Industrieproletariat. Das preußische ▸ Dreiklassenwahlrecht – in ähnlicher Form in fast allen norddeutschen Staaten üblich – begünstigte die konservativen Führungseliten bei den Wahlen zum Abgeordnetenhaus außerordentlich stark. Der Adel dominierte im Preußischen Herrenhaus, stellte die Hofgesellschaft, überwog in der Diplomatie, der höheren Verwaltung und im höheren Offizierkorps.

Wilhelm I. überließ während seiner Regierungszeit das Regieren weitgehend seinem Kanzler Bismarck, der sich relativ leicht gegen konkurrierende Kräfte am Hof und in der Militärelite durchsetzte. Mit dem Regierungsantritt Wilhelms II. und seinem Anspruch auf ein ▸ »persönliches Regiment« kam es zunächst zu einer Bündelung der vollziehenden Gewalt im Umfeld des Kaisers, der zur Stärkung der eigenen Position fähige und eigenständige Persönlichkeiten entließ und durch ihm untertänig ergebene Männer ersetzte. Dieser engere »Freundeskreis« versuchte ein »Management« des nicht unbegabten, aber unsteten und sprunghaften jungen Monarchen durch persönliche Beeinflussung. Das erwies sich nach

1713–1740

011 Friedrich Wilhelm I., der Soldatenkönig.

1740–1786

012 Friedrich II., der Große.

015 Preußische Provinzwappen: 1 Mittleres preußisches Staatswappen, 2 Brandenburg, 3 Hessen-Nassau, 4 Schlesien, 5 Schleswig-Holstein, 6 Hohenzollern, 7 Westfalen, 8 Westpreußen, 9 Rheinprovinz, 10 Hannover, 11 Pommern, 12 Sachsen, 13 Posen, 14 Ostpreußen. Farbtafel aus Meyers Konversationslexikon, 1900.

Als »persönliches Regiment« wurde der Regierungsstil Wilhelms II. nach der Entlassung Bismarcks bezeichnet. Nach seinem Ausscheiden 1890 fehlte dem preußisch-deutschen Staat die charismatische Führungspersönlichkeit an der Spitze. Die Verfassung des Reiches war auf Bismarck zugeschnitten gewesen, nun fehlte dem System sein Koordinationszentrum. Wilhelm II. versuchte daraufhin mit seinem »persönlichen Regiment« in gewisser Weise Kaiser und Kanzler gleichzeitig zu sein. Bürokratie, Militär und Reichstag hatten ihre eigenen Interessen und zu viel Einfluss, als dass sich das »persönliche Regiment« des Monarchen noch hätte verwirklichen lassen können. Der Erste Weltkrieg enthüllte schließlich, dass Wilhelm II. nur noch die Rolle eines »Schattenkaisers« spielte.

Preußen war durch eine halbfeudale Gesellschaftsordnung geprägt. Feudalismus bezeichnet eine politische, soziale und wirtschaftliche Gesellschaftsordnung, die von einer adligen Oberschicht dominiert wird. Ihre Vorrechte und Grundherrschaft bezieht diese Schicht lehnsrechtlich vom Herrscher. Mit Blick auf Preußen ist insofern von einer halbfeudalen Gesellschaftsordnung die Rede, als Monarch und Adel trotz Verfassung den Staat kontrollierten. Wesentliche Bereiche wie Armee, Bürokratie und Diplomatie entzogen sich der parlamentarischen Kontrolle.

385

1786–1797

013 Friedrich
Wilhelm II.,
der dicke Wilhelm.

1797–1840

014 Friedrich
Wilhelm III.

Die Erwerbstätigen in Deutschland 1800–1970 nach Wirtschaftssektoren

Erwerbstätige in Millionen

davon beschäftigt in:
Landwirtschaft
Industrie u. Handwerk
Dienstleistungen
(Zahlenangaben in %)

Jahr	Landwirtschaft	Industrie u. Handwerk	Dienstleistungen
1800	62	21	17
1825	59	22	19
1850	55	24	21
1875	49	30	21
1900	38	37	25
1914	34	38	28
1935	30	38	32
1970	5	48	47

Quelle: Putzger Historischer Weltatlas, 2000.

© Cornelsen 05211-06

der Jahrhundertwende mit den zunehmend komplizierter werdenden politischen Rahmenbedingungen als immer problematischer und führte auf den Weg zu einer Herrschaft mit mehreren rivalisierenden Machtzentren um den Reichskanzler, im Auswärtigen Amt, im Großen Generalstab und vor allem im Reichsmarineamt. Die ernste außenpolitische Lage des Reiches im Jahrzehnt vor dem Kriegsausbruch, die unauflösbare Polarisierung der Kräfte im innenpolitischen Raum wie die unversöhnliche Frontstellung gegenüber der Sozialdemokratie und die hohe Verschuldung der öffentlichen Hand hätten es erfordert, sich gegenüber Interessen von Machtfaktoren außerhalb des etablierten Regimes zu öffnen. Reichskanzler Theobald von Bethmann Hollweg versuchte, durch eine konservative und

vorsichtige Reformpolitik diesen Forderungen im Ansatz zu entsprechen, jedoch folgten der Hof und vor allem die militärische Führung dieser Umorientierung nicht. Vielmehr nahm die »Militarisierung« der kaiserlichen Umgebung zu. Das Militär konnte einen weitgehend eigenständigen Kurs sowohl in der Innen- wie in der Außenpolitik steuern. In der Julikrise 1914 dominierten diese vermeintlich militärischen Sachzwänge schließlich die Politik und führten zum verhängnisvollen Schritt in den Krieg.

Bereits Mitte des 19. Jahrhunderts setzte in Deutschland ein wirtschaftlicher Aufschwung ein, der bis zum Beginn des Ersten Weltkrieges anhielt. Die nach dem »Gründerboom« und dem »Gründerkrach« 1873 bis 1890 andauernde so genannte Große Depression war rückblickend keine Flaute im eigentlichen Sinne sondern nur eine Periode des langsameren Wachstums. Der Eisenbahnbau beschleunigte den Aufstieg der Stahlindustrie und des Bergbaus, und somit wuchs das Ruhrgebiet zum größten Industrierevier Europas heran. Finanziert von Großbanken oder Kapitalgesellschaften entstanden Firmen von bisher unbekannten Ausmaßen. Chemische Erfindungen revolutionierten die Landwirtschaft mit der Entwicklung neuer Düngemittel. Angestoßen durch neue Industriezweige wie Elektrotechnik, Motorenbau und Chemie erlebte Deutschland zwischen 1890 und 1914 eine Phase der Hochkonjunktur.

Bis in die 1880er Jahre lag der ▶ Anteil der Land- und Forstwirtschaft am Bruttosozialprodukt bei annähernd 40 Prozent vor dem der Industrie mit 30 bis 35 Prozent. Vor Kriegsbeginn war der Anteil des primären Sektors (Land- und Forstwirtschaft) auf 25 Prozent gesunken, der des sekundären Sektors (Industrie, Bergbau, Handwerk) auf 45 Prozent angestiegen, obwohl

386

1840–1861

016 Friedrich Wilhelm IV.
(seit 1858 regierungsunfähig)

1861–1888

017 Wilhelm I.
(seit 1871 Deutscher Kaiser)

020 Erntehelfer beladen in der Provinz Schlesien einen Leiterwagen mit Roggengarben.

021 Wohnquartiere für Arbeiter im Hamburger Gängeviertel. Foto, um 1900.

022 Apparatelager des Bayer-Werkes in Leverkusen. Foto, 1907.

387

1888

018 Friedrich III., der »100-Tage-Kaiser«

1888–1918

019 Wilhelm II.

sich die absolute landwirtschaftliche Produktion von 1870 bis 1914 verdreifachte. Deutschland entwickelte sich in dieser Zeit »vom Agrarstaat mit starker Industrie zum Industriestaat mit starker agrarischer Basis« (K. J. Bade). Allerdings stand der positiven wirtschaftlichen Entwicklung eine doppelte strukturelle Agrarkrise gegenüber. Sie resultierte zum einen aus einer starken Binnenwanderung, der Landflucht, welche die größere Produktivität, die höheren Gewinne und die besseren Löhne in der Industrie als Ursache hatte und somit auch eine Erhöhung der Lohnkosten in der Landwirtschaft nach sich zog. Zum anderen flossen nach Ende des Amerikanischen Bürgerkrieges und der Erschließung des Mittelwestens der Vereinigten Staaten durch die Eisenbahn billige Getreidemassen auf den europäischen Markt. Die Erlöse vor allem der ostelbischen Landwirtschaft sanken rapide, der Ruf nach Schutzzöllen wurde laut, die aber wiederum gegen die Interessen der exportorientierten Industrie verstießen.

Gab es auch ungeheure Einkommensunterschiede, so ging es der Bevölkerung insgesamt doch materiell zunehmend besser. Obwohl die Bevölkerung von 1873 bis 1895 von rund 41 Millionen auf 52 Millionen, bis 1913 auf 67 Millionen anstieg, gab es jene die Existenz großer Bevölkerungsteile bedrohenden Hungersnöte, wie noch in der ersten Jahrhunderthälfte, nicht mehr. Allerdings traten mit dem Umbruch von der Agrar- zur Industriegesellschaft schwerwiegende soziale Probleme auf und in den Städten herrschte teilweise drückendes Elend. Erst seit der Jahrhundertwende hatte auch der Arbeiter am Aufschwung spürbaren Anteil, konnte einen »Spargroschen« zurücklegen und sich ein Fahrrad oder eine Nähmaschine leisten, obwohl gerade die breiten Massen durch das System der indirekten Steuern auf Gütern des täglichen Bedarfs besonders belastet wurden. Allen verbesserten Lebensumständen zum Trotz hatten sich inzwischen aber – nicht zuletzt wegen der unnachgiebigen »Ausgrenzung« der Sozialdemokraten durch die übrige Gesellschaft – deutliche Ansätze für die Entwicklung zu einer schärfer ausgeprägten Klassengesellschaft gezeigt, eine Problematik, zu deren Lösung das politische System des Kaiserreichs bis 1914 nicht fähig war.

Die »Erfolgsgeschichte« des Kaiserreiches spielte sich deshalb im Wesentlichen im bürgerlichen Milieu ab: Die Künste, die Musik, die Literatur blühten. Trotz zahlreichen Prozessen wegen »Majestätsbeleidigung« verhielt sich die »Obrigkeit« relativ tolerant, Opposition, Kritik, Witz und Satire wurden in bescheidenem Rahmen geduldet. Die deutschen Wissenschaften genossen weltweit höchstes Ansehen. Forschung und Technologie gelangten an die führende Position in der Welt, die meisten ▶ Nobelpreise gingen nach Deutschland.

Bismarcks Innenpolitik zielte darauf hin, einerseits die »Nationsbildung«, also die innere Festigung des Reiches, voranzutreiben, andererseits an seiner Seite möglichst viele politische Kräfte zu sammeln, die grundsätzlich gegen jede Art von Parlamentarisierung und Öffnung des Systems eingestellt waren. Die liberale Reichstagsmehrheit gewann Bismarck im ▶ »Kulturkampf« gegen die katholische Kirche, die als dem Vatikan höriger »ultramontaner Reichsfeind« verunglimpft wurde. Statt die katholische Kirche zu schwächen, ging der deutsche Katholizismus ebenso wie seine politische Partei, das Zentrum, gestärkt aus dem Kampf hervor, den Bismarck 1878 stillschweigend abbrechen musste.

Ähnlich scheiterte er im Kampf gegen die Sozialdemokratie, die – neben Polen, Dänen,

Deutsche Nobelpreisträger im Kaiserreich

Physik-Nobelpreis 1901

023 Wilhelm Conrad Röntgen.

Zwei Attentate auf Kaiser Wilhelm I. im Jahre 1878 waren der Vorwand für das Sozialistengesetz. Nach dem ersten Attentat am 11. Mai 1878 fand die von Reichskanzler Bismarck eingebrachte Vorlage des Reichsgesetzes »wider die gemeingefährlichen Bestrebungen der Sozialdemokratie« zunächst keine Mehrheit. Erst nach vorgezogenen Neuwahlen und einem zweiten Attentat am 2. Juni 1878, bei dem der Kaiser schwere Verletzungen davon trug, wurde das Sozialistengesetz mit den Stimmen der Nationalliberalen am 21. Oktober 1878 angenommen.

026 Der Klempnergeselle Hoedel schießt auf den Kaiser Wilhelm I. Zeitgenössische, kolorierte Lithografie.

027 Polizeiliche Hausdurchsuchung bei einem politisch verdächtigen Arbeiter. Stich, 1885.

Von einem »Kulturkampf« gegen die deutschen Katholiken sprach Rudolf Virchow, Abgeordneter der Fortschrittspartei, während einer Debatte im preußischen Abgeordnetenhaus. Er gab damit den von Reichskanzler Bismarck initiierten und von den protestantischen Nationalliberalen im Reichstag unterstützten antikatholischen Gesetzen einen Namen, die dem im Zentrum versammelten politischen Katholizismus Feindschaft gegenüber dem Kaiserreich vorwarf. Den als *Ultramontane* (lat.; jenseits der Berge) verschmähten Katholiken wurde angelastet, nicht dem Staat, sondern dem Vatikan zu dienen. Ehe die Kulturkampf-Gesetze zwischen 1880 und 1883 zurückgenommen wurden, verbüßten Hunderte von Katholiken Haft- und Geldstrafen.

028 Bismarck und Papst Pius IX. Holzstichkarikatur von W. Scholz, 1875.

389

Chemie-Nobelpreis 1902

024 Emil Hermann Fischer.

Chemie-Nobelpreis 1905

025 Adolf von Baeyer.

Elsass-Lothringern und Welfen – bis 1914 in die Hauptrolle unter den »Reichsfeinden« gedrängt wurde. Nach zwei fälschlich den Sozialisten angelasteten ▸ Attentaten auf Kaiser Wilhelm I. gewann Bismarck eine knappe Reichstagsmehrheit für die »Sozialistengesetze«, mit deren Hilfe die organisierte Arbeiterschaft, die SPD und die Gewerkschaften zerschlagen werden sollten. Andererseits versuchte der Kanzler, die Basis der Arbeiterschaft für den Staat zu gewinnen, indem er durch die Sozialgesetzgebung (Kranken-, Unfall-, Alters- und Invalidenversicherung) ihre wirtschaftliche Lage verbesserte. Ein weiteres Anwachsen der SPD verhinderte Bismarck damit nicht. Bei der Reichstagswahl von 1890, kurz nach Aufhebung der Sozialistengesetze, erhielt die SPD fast 20 Prozent der Stimmen, 1912 wurde sie mit knapp 35 Prozent die stärkste Fraktion. Indirekt trugen die Sozialistengesetze schließlich zum Sturz des Kanzlers bei: 1889 kam es wegen der Verlängerung der Gesetze zum Konflikt mit dem Reichstag, wo Bismarck hierfür keine Mehrheit fand. Reichstagsauflösung und Neuwahlen brachten nicht das gewünschte Ergebnis, sondern eine Stärkung der Linken, Gerüchte kursierten, dass Bismarck den Staatsstreich plane. Daraufhin entließ der junge Kaiser Wilhelm II. im März 1890 kurzerhand seinen alten Kanzler.

Dessen Nachfolger Leo von Caprivi, von den Agrariern als »Mann ohne Ar und Halm« geschmäht, wurde zwischen den Interessen der Grundbesitzer und der Industrie zerrieben: Hier stand der Bund der Landwirte für eine Hochschutzzollpolitik, dort traten die Industriellen für den Abbau des Protektionismus ein. Die mit dem ausgehenden Jahrhundert propagierte ▸ »Weltpolitik«, verbunden mit dem Aufbau einer Hochseeflotte, ermöglichte noch einmal Kompromisse zwischen den politischen Kräften rechts von der SPD. Doch der Flottenrüstungswettlauf führte zu einer enormen Verschuldung des Reiches. Der Versuch des Reichskanzlers Bernhard von Bülow, die schwere Finanzkrise durch eine Finanzreform unter Einführung von direkten Reichssteuern zu lösen, scheiterte 1907 und polarisierte die politischen Kräfte endgültig. Die »kleinen Leute« reagierten verbittert, weil sie nun die Finanzmisere mit indirekten Verbrauchssteuern beheben sollten. Die Krise machte aber auch deutlich, dass die Parlamentarisierung de facto so weit gediehen war, dass ein Reichskanzler gegen den Willen des Reichstages auf Dauer nicht zu halten war.

Bis 1914 hatte sich das Grundmuster der politischen Landschaft mit vier großen Blöcken fast unüberbrückbar verfestigt: Sozialdemokratie, Liberale, Zentrum und Konservative, daneben die Minoritäten wie Polen und Dänen. Selbst in Grundsatzfragen waren diese Blöcke jedoch unfähig zur Übereinstimmung. Daraus haben einige Historiker die These abgeleitet, dass die 1914 verbreitete Kriegsbereitschaft einer Flucht der Führungsschichten aus der Krise des Kaiserreiches in den Krieg gleichkam. Dennoch ist angesichts der ständig zunehmenden Bedeutung des Parlaments eher die Deutung vertretbar, dass der preußisch-deutsche Konstitutionalismus in Richtung auf eine parlamentarische Demokratie reformfähig gewesen wäre.

Die Außenpolitik des 1871 mitten in Europa neu entstandenen Machtfaktors Deutsches Reich konnte von Anfang an nur ein Balanceakt sein zwischen Selbstbehauptung und Selbstbescheidung. Bismarcks oberste Ziele bestanden deshalb darin, den »Erbfeind« Frankreich, das wegen des Verlustes von Elsass-Lothringen unversöhnlich auf Genugtuung sann, isoliert zu halten und den anderen Großmächten kei-

390

Medizin-Nobelpreis 1905

029 Robert Koch.

Physik-Nobelpreis 1909

030 Otto Braun.

Kolonialmächte und Kolonialgebiete 1914

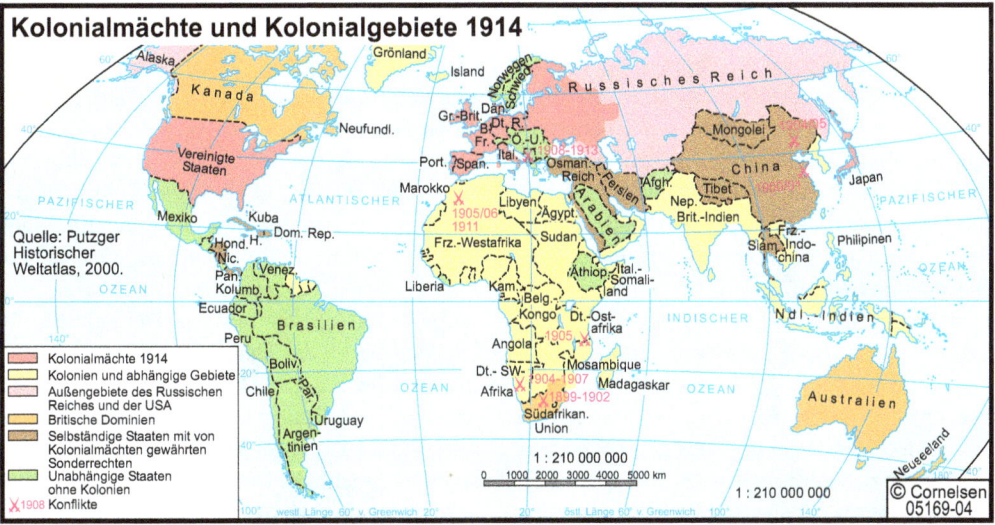

Quelle: Putzger Historischer Weltatlas, 2000.

Legende:
- Kolonialmächte 1914
- Kolonien und abhängige Gebiete
- Außengebiete des Russischen Reiches und der USA
- Britische Dominien
- Selbständige Staaten mit von Kolonialmächten gewährten Sonderrechten
- Unabhängige Staaten ohne Kolonien
- ✗1908 Konflikte

1 : 210 000 000

© Cornelsen
05169-04

Die Daily-Telegraph-Affäre bekam ihren Namen nach einem am 28. Oktober 1908 in der englischen Zeitung Daily Telegraph erschienenen Artikel. Darin wurden Teile eines Gesprächs zwischen Kaiser Wilhelm II. und dem britischen Oberst Edward Stuart Wortley wiedergegeben. Sowohl in Deutschland als auch im europäischen Ausland sorgte der Artikel für Verstimmung. Wilhelm II. meinte, die schlechten Beziehungen Deutschlands zu England seien in der feindlichen Haltung der deutschen Öffentlichkeit begründet. Er selbst sehe sich als ein Freund der Briten. Des Weiteren gab der Kaiser bekannt, die deutsche Flottenpolitik richte sich nicht gegen das Königreich, vielmehr könne es im Fernen Osten einmal zur deutsch-britischen Allianz kommen. Damit forderte er das mit England verbündete Japan heraus. Außerdem versuchte Wilhelm II. erfolglos, einen Keil zwischen England, Frankreich und Russland zu treiben. Denn angeblich sei er es gewesen, der eine kontinentale, gegen das Königreich gerichtete Allianz verhindert hätte.

033 Daily Telegraph-Affäre 1908.
Verhandlung im Reichstag 10./11. November 1908.
Der Abgeordnete Bassermann begründet die Interpellation der Nationalliberalen.
Zeitgenössische Gouache von Arthur P. Garrat.

391

Chemie-Nobelpreis 1909

031 Wilhelm Ostwald.

Chemie-Nobelpreis 1910

032 Otto Wallach.

nen Anlass zu geben, Druck auf das Reich auszuüben, indem er sie zu überzeugen suchte, dass das Deutsche Reich ▸ »saturiert«, also gesättigt, sei. Der Ausgleich mit Österreich-Ungarn und Russland gelang zunächst im Dreikaiserbündnis von 1873, aber nur solange die Interessen dieser beiden Mächte auf dem Balkan nicht aufeinander prallten. Hierzu kam es jedoch bereits 1878. Auf dem Berliner Kongress versuchte Bismarck, als neutraler »ehrlicher Makler« den Konfliktstoff auf dem Balkan zu entschärfen. Da Russland sich jedoch benachteiligt fühlte, wurden hier die Wurzeln für deutsch-russische Spannungen gelegt, die wiederum zu einem engeren Zusammengehen Deutschlands mit Österreich-Ungarn im Zweibund führten. Trotz des geheimen Rückversicherungsvertrages mit Russland verschärften sich die Gegensätze, vor allem wegen der hohen Schutzzölle, die den russischen Getreide- und Fleischexport nach Deutschland erschwerten. Der »stille Wirtschaftskrieg« auf dem Agrarsektor weitete sich aus, als 1887 der deutsche Kapitalmarkt für Russland praktisch gesperrt wurde, um den Ausbau des westrussischen Eisenbahnnetzes aus strategischen Erwägungen zu hemmen. Die Russen liehen sich das benötigte Kapital in Frankreich und näherten sich ihm auch politisch an; knapp drei Jahre nach Bismarcks Entlassung kam es zum Bündnis zwischen St. Petersburg und Paris. Damit begann der deutsche Albtraum von der Gefahr eines Zweifrontenkrieges.

Reibungsflächen mit England bestanden ursprünglich nicht, bis das Reich in den 1880er Jahren koloniale Ambitionen zeigte. Obwohl es in der Ära nach Bismarck zeitweise offene Konflikte gab wie im Zusammenhang mit der Krüger-Depesche oder der ▸ Daily-Telegraph-Affäre, sondierten die Briten um die Jahrhundertwende die Möglichkeit einer deutsch-englischen Annäherung. In Überschätzung der englisch-französischen und englisch-russischen Gegensätze in Afrika und Zentralasien glaubte die Reichsleitung, eine solche Bindung ablehnen und eine »Politik der freien Hand« verfolgen zu können. Außerdem fürchtete man, im Bündnis mit England die ehrgeizigen Flottenpläne nicht umsetzen zu können, die vorgeblich Großbritannien daran hindern sollten, sich gegen das Deutsche Reich zu stellen, die aber im Endziel Deutschland einen Platz unter den »Weltmächten« garantieren sollten und somit auch gegen die britische Seemachtstellung gerichtet waren.

Nach der – noch akzeptierten – »Revolutionierung« des europäischen Mächtesystems mit der Gründung des mächtigen Deutschen Reiches in Zentraleuropa zielte nun der Tirpitzplan auf eine Veränderung des gegenwärtigen Zustandes in weltweiter Hinsicht. In Reaktion auf die deutschen weltpolitischen Absichten näherte sich Großbritannien Frankreich an und beschleunigte den Bau von Großkampfschiffen. Hiermit und durch die Konstruktion eines neuen Schiffstyps (Dreadnought-Sprung), der alle älteren Linienschiffe fast wertlos machte, entstand ein Rüstungswettlauf, der das Kaiserreich finanziell überforderte. England und Frankreich, die nach Zusammenstößen im Sudan während der Faschoda-Krise noch 1898 knapp vor einem Krieg gestanden hatten, schlossen 1904 die *Entente Cordiale* (franz.; herzliches Einverständnis). 1907 folgte der britisch-russische Interessenausgleich.

Diese Politik wurde in Deutschland als »perfide Einkreisungspolitik« aufgefasst, war aber zum Teil auch durch eine Haltung bedingt, die man mit dem Schlagwort »deutsche Selbst-Auskreisung« belegen könnte. Es

---

S Reichskanzler Bismarck prägte den Ausspruch »das Deutsche Reich ist saturiert«. Nach dem erfolgreichen Reichsgründungskrieg gegen Frankreich von 1870/71 war Bismarck darauf bedacht, außenpolitisch einen Ausgleich mit den europäischen Großmächten herzustellen, indem er von der »Saturiertheit« des Deutschen Reiches sprach. Demnach verfolgte das erstarkte Deutschland keine weitere territoriale Expansion, die die anderen Mächte wie Großbritannien, Russland und das auf Revanche sinnende Frankreich gegen den in der Mitte Europas geschaffenen Staat aufbringen würde.

gelang zwar noch, einige internationale Krisen zu lösen oder zu lokalisieren wie zum Beispiel die Marokko-Krisen 1905 und 1911 sowie die ▸ Balkankriege 1912/13, doch in der Kernfrage, der Begrenzung der Seerüstung, konnte sich Reichskanzler Bethmann Hollweg gegen den Kaiser und Admiral Alfred von Tirpitz nicht durchsetzen, obwohl spätestens 1912 deutlich war, dass die deutsche Flotten- und Weltpolitik gescheitert war.

Die Schwäche des Osmanischen Reiches war der Grund für die Balkankriege 1912/13. Das Osmanische Reich, der »Kranke Mann am Bosporus«, war durch die Revolution der Jungtürken 1907/08 sowie den Tripolis-Krieg mit Italien (1911/12) stark angeschlagen. In dieser Situation ergriffen die Balkanbundstaaten Serbien, Griechenland, Montenegro und Bulgarien die Gelegenheit, um die restlichen verbliebenen osmanischen Provinzen auf dem Balkan zu erobern. In weniger als zwei Monaten Krieg sollte das Osmanische Reich beinahe fast alle seine europäischen Besitzungen verlieren. Unter Vermittlung der europäischen Großmächte wurde am 30. Mai der Londoner Vertrag geschlossen, der den Ersten Balkankrieg beendete. Die Hohe Pforte musste auf alle europäischen Gebiete westlich der Linie zwischen Midia am Schwarzen Meer und Enos an der Ägäisküste verzichten, die Insel Kreta kam zu Griechenland. Unstimmigkeiten bei der Verteilung der im Ersten Balkankrieg eroberten Gebiete, insbesondere von Makedonien, führten schließlich noch im selben Jahr zu einem weiteren Waffengang zwischen den Siegern. Aus den folgenden Friedensverhandlungen ging Serbien als politisch und territorial gestärkte Macht auf dem Balkan hervor.

VIVE L'ENTENTE CORDIALE!

034 »Lang lebe die Entente Cordiale!«
Zeitgenössische englische Postkarte.

035 Die europäischen Mächte auf dem Pulverfass Balkan. Zeitgenössische Karikatur.

Kapitel I – Umfeld:

Das Militär im politischen und gesellschaftlichen System des Kaiserreichs

036 Veteranentreffen. Karikatur auf einen deutschen Kriegerverein. Lithografie von Eduard Thöny, 1899.

1. Staat und Streitkräfte

Die ▸ Verfassung des Deutschen Reiches von 1871 knüpfte mit geringfügigen Veränderungen an das Modell des Norddeutschen Bundes von 1867 an und war unter staatsrechtlichen Aspekten eher kompliziert und mehrschichtig. Das Reich war der Form nach ein »Staatenbund«, und dieser Bund war der »Souverän« des Reiches, nicht das Volk; der von den Einzelstaaten gebildete Bundesrat mit Gesetzgebungs-, Verordnungs- und Aufsichtsrechten war sein zentrales Organ. In ihm waren die Bundesstaaten mit insgesamt 58 Stimmen vertreten, 14 Stimmen galten als Sperrminorität bei Verfassungsänderungen. Preußen verfügte über 17 Stimmen, die anderen drei Königreiche Bayern, Sachsen und Württemberg zusammen über 14.

Das erbliche Präsidium des Bundes führte der König von Preußen als Deutscher Kaiser. Er ernannte den Vorsitzenden des Bundesrates, der zugleich Reichskanzler und preußischer Ministerpräsident war. Als eine die Politik bestimmende Kraft haben sich die im Bundesrat vertretenen Einzelstaaten gegenüber dem Präsidium nur selten durchgesetzt, zumal ihm im ▸ Reichstag eine zentralistische Instanz gegenüberstand. Seinem Wesen nach wies das Deutsche Reich deshalb die Merkmale

eines Bundesstaates auf. Der Kaiser und der Kanzler, deren Handlungsspielraum lediglich durch das Budgetrecht des Parlaments eingeengt war, standen zwischen dem Föderalismus des Bundesrates und dem Zentralismus des Reichstages, konnten zwischen beiden balancieren und besaßen somit eine Position, mit der ein Staatsmann vom Format Bismarcks geschickt umzugehen verstand.

Die Reichsverfassung sah keine dem Parlament verantwortliche Regierung vor, da der Reichskanzler nicht auf die Zustimmung des Reichstages angewiesen war, sondern ausschließlich auf das Vertrauen des Monarchen. Gleichwohl benötigte die Regierung für ihre Gesetzesvorlagen Reichstagsmehrheiten. Dazu bediente sich Bismarck aus taktischen

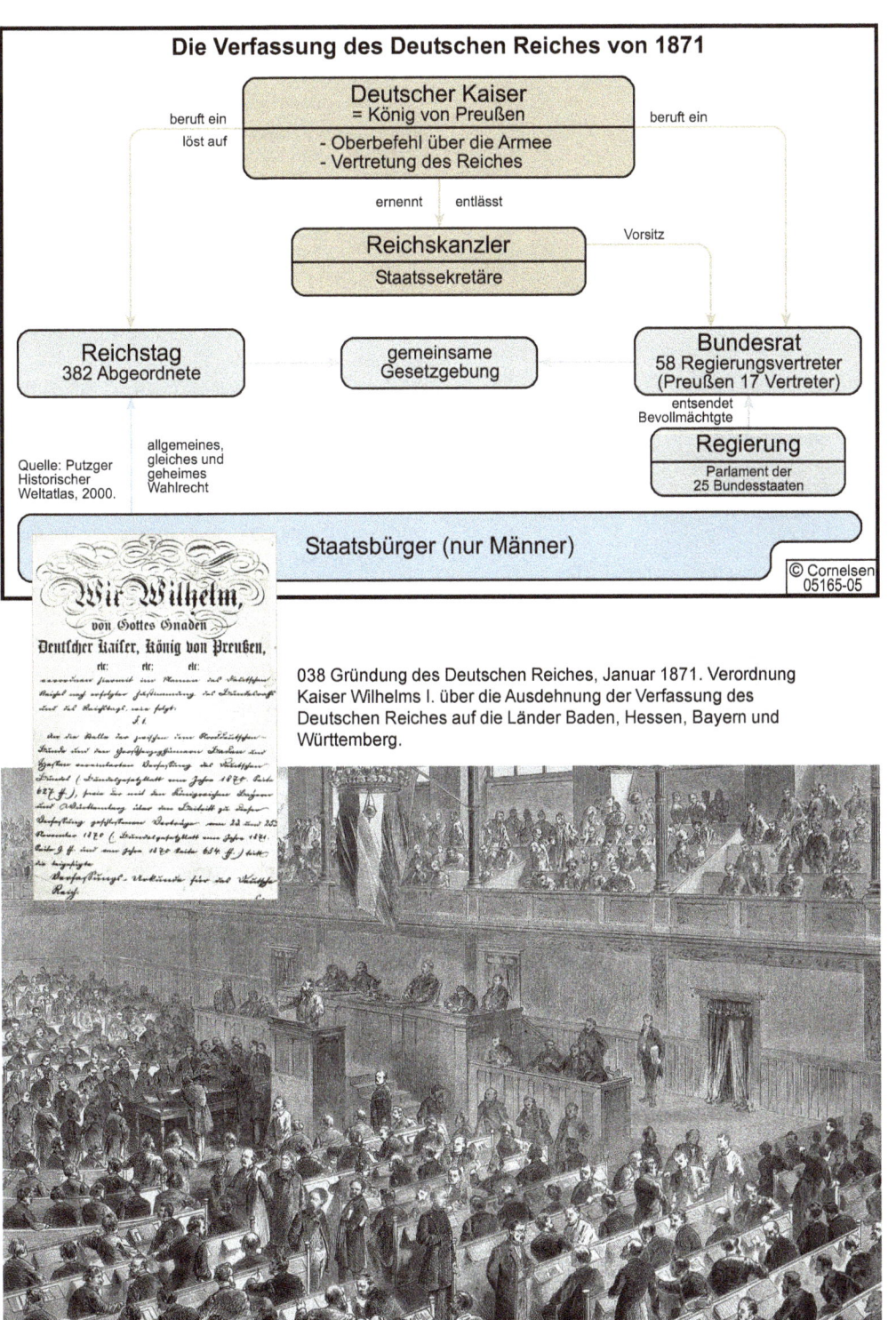

Die Verfassung des Deutschen Reiches von 1871

Deutscher Kaiser
= König von Preußen

- Oberbefehl über die Armee
- Vertretung des Reiches

beruft ein
löst auf

beruft ein

ernennt entlässt

Reichskanzler

Staatssekretäre

Vorsitz

Reichstag
382 Abgeordnete

gemeinsame
Gesetzgebung

Bundesrat
58 Regierungsvertreter
(Preußen 17 Vertreter)

entsendet
Bevollmächtigte

Regierung

Parlament der
25 Bundesstaaten

Quelle: Putzger
Historischer
Weltatlas, 2000.

allgemeines,
gleiches und
geheimes
Wahlrecht

Staatsbürger (nur Männer)

© Cornelsen
05165-05

038 Gründung des Deutschen Reiches, Januar 1871. Verordnung Kaiser Wilhelms I. über die Ausdehnung der Verfassung des Deutschen Reiches auf die Länder Baden, Hessen, Bayern und Württemberg.

395

037 Berlin, 21. März 1871. Erste Sitzung des Deutschen Reichstages im Gebäude des Preußischen Herrenhauses. Neben dem Rednerpult Bismarck, im Gang Moltke. Zeitgenössischer Holzstich.

Interessenverbände im Deutschen Kaiserreich

Bund der Landwirte
gegründet: 1893
Mitglieder: 200 000 (1894)
- Vertretung der Agrarproduzenten, vor allem des Großgrundbesitzes in Ost- und Mitteldeutschland
- Forderung nach Schutz der deutschen Landwirtschaft durch staatliche Schutzzölle
- antisemitisch und antiliberal

Deutsche Kolonialgesellschaft
gegründet: 1887
Mitglieder: 40 000 (1914)
- Forderung nach dem Engagement des Reiches beim Erwerb überseeischen Besitzes

Deutscher Flottenverein
gegründet: 1898
Mitglieder: 1 100 000 (1914)
- Förderung von Interesse, Bedeutung und Ausbau der deutschen Kriegsflotte

Alldeutscher Verband
gegründet: 1891
Mitglieder: 21 000 (1892)
- aggressive Außen-, Flotten- und Kolonialpolitik
- rechtsradikal
- Forderung von Annexionen im Ersten Weltkrieg

Kyffhäuserbund
gegründet: 1900
Mitglieder: 1 800 000 (1900)
- Dachverband der Landes-Krieger-Verbände
- Unterstützungs- und Fürsorgewesen für Soldaten
- antisozialdemokratisch

Gründen wechselnder Parteien und spielte diese wiederum gegeneinander aus. Andererseits brauchten die Parteien dadurch keinerlei Regierungsverantwortung zu übernehmen, sondern vertraten nur Strömungen und Schichten der Wählerschaft, was sie vor Wahlen häufig dazu verleitete, unhaltbare Versprechungen zu machen.

Daneben gab es zur Austragung politischer Konflikte, zur Durchsetzung der eigenen Ziele, aber auch zur Unterstützung bestimmter Programme, wie etwa des Flottenbaus, im Kaiserreich mächtige ▶ Interessenverbände. Sie dürfen nicht als Teil eines demokratischen Willensbildungsprozesses angesehen werden, sondern müssen als autoritäre Machtinstrumente egoistischer Gruppeninteressen verstanden werden, deren Einfluss nicht unterschätzt werden darf: Erst wenn man in Betracht zieht, wie verwoben grundbesitzender Adel, Offizierkorps, Landräte und höhere Beamtenschaft miteinander waren, kann man sich vorstellen, welchen Einfluss beispielsweise der Bund der Landwirte ausüben konnte.

Wie die Reichsverfassung die Konstitution des Norddeutschen Bundes weiterentwickelte, so wurde auch dessen Wehrverfassung im Wesentlichen auf das Reich übertragen. Hatte das Deutsche Reich die Staatsform eines Bundesstaates, so war die bewaffnete Macht zu Lande ein Kontingentsheer. Obwohl das Heerwesen spätestens nach 1900 so vereinheitlicht war, dass man der Sache nach vom »Reichsheer« hätte sprechen können, setzte sich im Bewusstsein der Bevölkerung, vor allem außerhalb Preußens, das Heer aus den Kontingenten der Bundesstaaten zusammen. Einzelne Hannoveraner, die sich nach der Annexion 1866 als »Zwangs-Preußen« fühlten und weiter am exilierten ▶ welfischen Königshaus hingen, erfüllten ihre Dienstpflicht nicht im preußischen Heer, sondern beispielsweise in Sachsen. Dabei war das Kontingentssystem ein eher vordergründiges Zugeständnis Bismarcks an die süddeutschen Staaten gewesen; in der militärischen Wirklichkeit herrschten bald einheitliche Verhältnisse, und die wurden nur an einer Stelle bestimmt, und zwar in Berlin. Im Gegensatz zur Landstreitmacht wurde aber Marine und Schutztruppen von vornherein als reine »Reichsangelegenheit« empfunden.

Die Grundlagen des Wehrwesens im Kaiserreich wurden rechtlich durch ▸ Militärkonventionen und Bundesverträge sowie durch die Reichsverfassung und Reichsgesetze geregelt. Militärkonventionen hatte Preußen schon Anfang der sechziger Jahre mit einigen norddeutschen und thüringischen Kleinstaaten abgeschlossen, weitere folgten mit den Ländern des Norddeutschen Bundes und schließlich mit den süddeutschen Monarchien. Die Beziehungen zu Preußen waren darin sehr unterschiedlich gestaltet. Die Truppen einiger Kleinstaaten wurden direkt in preußische Truppenteile integriert, unter anderem die des Fürstentums Waldeck und der Hansestädte, einige Bundesstaaten behielten geringe, meist äußerliche »Reservatrechte« wie landeseigene Regimenter oder Brigaden, Initialen des Landesherrn an der Uniform, so z.B. in Mecklenburg und den sächsischen Herzogtümern. Hessen trat mit einer eigenen Großherzoglich Hessischen Division in die preußische Armee ein, die auf den Bundesfeldherrn, den König von Preußen und Deutschen Kaiser, vereidigt wurde. Das badische Kontingent wurde geschlossen in die preußische Armee eingereiht und bildete in ihr, durch einige eingereihte preußische Verbände auf Korpsstärke gebracht, das XIV. Armeekorps (A.K.). Der Großherzog verfügte über

039 Übersicht über die Uniformen des deutschen Heeres. Farbtafel, undatiert.

 1 »Die Militärkonvention zwischen Baden und Preußen« (25. November 1870)
Der badische Staatsminister Ludwig Jolly berichtet einen Tag vor Vertragsabschluss Karlsruhe über erreichte bzw. nicht durchsetzbare badische Wünsche.

»Bei Einreihung des badischen Offizierkorps in das preußische ist zwar im allgemeinen der bisher in allen analogen Conventionen aufgestellte Grundsatz beibehalten, daß die Offiziere durch den Uebertritt hinsichtlich der Anciennität nicht besser zu stehen kommen dürfen, als wenn sie von Anfang an in der preußischen Armee gedient hätten, daneben ist aber ausdrücklich zugesagt, daß diejenigen Offiziere, welche wegen besonderer Qualifikation und Leistungen etwa bevorzugte Beförderung erfahren haben, die erlangte Anciennität thunlichst gewahrt erhalten sollen.«

Zit. nach: Ernst Rudolf Huber, Dokumente zur deutschen Verfassungsgeschichte, Bd 2, Stuttgart 1964, Nr. 198

040 Übersicht über die Uniformen des deutschen Heeres. Farbtafel, undatiert.

die Rechte eines Kommandierenden Generals. Württemberg formierte ebenfalls ein Armeekorps »nach preußischen Normen« (XIII.). Die Ernennung und Beförderung von Offizieren behielt sich jedoch der König von Württemberg vor, ebenfalls das Militärjustizwesen. Ähnlich lagen die Verhältnisse in Sachsen, das zuerst ein geschlossenes Armeekorps stellte (XII.), ab 1899 ein weiteres (XIX.). Wie Württemberg und Bayern besaß Sachsen ein eigenes Kriegsministerium, dazu eine Militärverwaltung und ein sächsisches Kadettenkorps.

Über alle diese Kontingente hatte der Bundesfeldherr, der König von Preußen, schon im Frieden Kommandogewalt. Im Gegensatz dazu unterstand die bayerische Armee (I. und II. bayer. Armeekorps, ab 1900 III.) im Frieden dem König von Bayern als Oberkommandierendem, der Bundesfeldherr besaß lediglich Inspektionsrecht und hatte erst im Kriegsfall Kommandogewalt. Bayern verpflichtete sich, seine Armee strukturell dem Bundesheer anzupassen, behielt aber eine eigene Militärverwaltung und besaß höhere Bildungsanforderungen für den Offiziernachwuchs.

Trotz diesen unterschiedlichen »Reservatrechten« wurde aber das preußische System praktisch von den anderen Bundesstaaten übernommen, zumal die Reichsverfassung die Kernfragen des Militärwesens zur Reichssache machte: Die Militärgesetzgebung lag bei den Organen des Reiches. Dabei war die preußische Dominanz durch die Verfassung festgeschrieben: Einmal konnte Preußen durch seine 17 Stimmen im Bundesrat Verfassungsänderungen verhindern, zum anderen besaß Preußen ein Vetorecht gegen Änderungen der Gesetzgebung über Militär, Marine, Zölle und Verbrauchssteuern. Ein Reichskriegsministerium war nach Bismarcks Absicht nicht vorgesehen, diese Aufgaben nahm der preußische Kriegsminister wahr. Die gesamte Organisation war somit auf den Oberbefehl des preußischen Königs als Kaiser zugeschnitten. Besondere Reichsgesetze regelten Einzelkomplexe des Wehrwesens, so z.B. das Reichsmilitärstrafgesetzbuch von 1872, das Reichsmilitärgesetz von 1874 oder das Gesetz über den Landsturm von 1875.

Auf militärpolitischem Gebiet stand dem Reichstag lediglich das Recht zu, über den Wehretat zu bestimmen. Um ein alljährlich wiederkehrendes Ringen zwischen Regierung und Parlament um das Budget zu vermeiden, wurde der Heeresetat über längere Zeiträume, zunächst *Septennate* (sieben Jahre), dann *Quinqennate* (fünf Jahre), festgelegt. Der preußische Kriegsminister hatte die Regierungsvorlagen vor dem Reichstag zu vertreten. Das Kriegsministerium wurde aber im Laufe der Zeit, auch um das Militär dem Einfluss des Reichstages möglichst zu entziehen, zu einer reinen Verwaltungsbehörde umstrukturiert, während das Militärkabinett und der ▸ Große Generalstab – beide der parlamentarischen Kontrolle entzogen – die eigentlichen Vollzugsorgane der kaiserlichen Kommandogewalt darstellten.

Einen scheinbar anderen Kurs, den der teilweisen Zusammenarbeit, schlug die Marineführung unter Admiral Tirpitz ein. Für das Flottenbauprogramm musste der Reichstag die erforderlichen Mittel bewilligen, welche die Marine auch im Wesentlichen erhielt. Das erweckte den Anschein, als würde sich die Marinepolitik schrittweise einer Parlamentarisierung öffnen. In Wirklichkeit beabsichtigte Tirpitz jedoch, den Reichstag »auszumanövrieren«: Wenn die Flotte die geplante Stärke erreicht haben würde, nämlich mehrere Geschwader zu jeweils acht Schiffen, ergäbe sich

041 Das Generalstabsgebäude am Königsplatz
Ecke Moltkestrasse/In den Zelten, Berlin.
Foto der Gebrüder Häckel, um 1910.

042
Großadmiral von Tirpitz (links) auf dem
Weg zur Paroleausgabe. Foto, 1903.

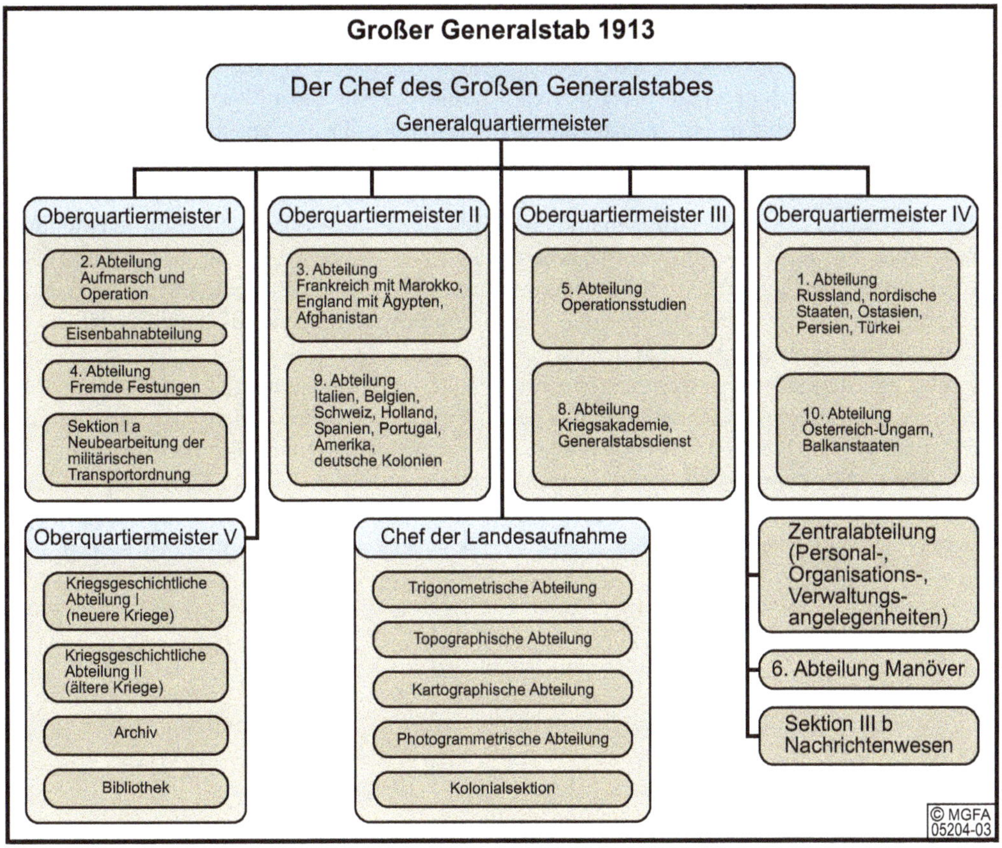

Großer Generalstab 1913

Der Chef des Großen Generalstabes
Generalquartiermeister

Oberquartiermeister I

- 2. Abteilung Aufmarsch und Operation
- Eisenbahnabteilung
- 4. Abteilung Fremde Festungen
- Sektion I a Neubearbeitung der militärischen Transportordnung

Oberquartiermeister II

- 3. Abteilung Frankreich mit Marokko, England mit Ägypten, Afghanistan
- 9. Abteilung Italien, Belgien, Schweiz, Holland, Spanien, Portugal, Amerika, deutsche Kolonien

Oberquartiermeister III

- 5. Abteilung Operationsstudien
- 8. Abteilung Kriegsakademie, Generalstabsdienst

Oberquartiermeister IV

- 1. Abteilung Russland, nordische Staaten, Ostasien, Persien, Türkei
- 10. Abteilung Österreich-Ungarn, Balkanstaaten

Oberquartiermeister V

- Kriegsgeschichtliche Abteilung I (neuere Kriege)
- Kriegsgeschichtliche Abteilung II (ältere Kriege)
- Archiv
- Bibliothek

Chef der Landesaufnahme

- Trigonometrische Abteilung
- Topographische Abteilung
- Kartographische Abteilung
- Photogrammetrische Abteilung
- Kolonialsektion

- Zentralabteilung (Personal-, Organisations-, Verwaltungs- angelegenheiten)
- 6. Abteilung Manöver
- Sektion III b Nachrichtenwesen

© MGFA
05204-03

399

ein zwingender Automatismus für den alljährlichen Ersatz technisch veralteter Schiffe durch
Neubauten, dem sich das Parlament zwangsläufig unterwerfen müsste. In der Flottenfrage
stand der Reichstag zudem unter dem Druck
einer breiten Öffentlichkeit. Im Gegensatz zum
überwiegend »preußischen« Bewusstsein gegenüber dem Heer hatte die Flottenbegeiste-
rung deutsch-nationalen Charakter. In ihr verbanden sich alter »Reichspatriotismus« (erste
Reichsflotte 1848) mit dem jungen deutschen
Nationalismus, den Tirpitz in massiver Form
für die »Flottenagitation« zu instrumentalisie-
ren wusste.

2. Militär und innenpolitische Strukturen

Zum Zeitpunkt der Reichsgründung lag die
Revolution von 1848 fast ein Vierteljahrhun-
dert zurück. Aber immer noch belastete die
Erfahrung von 1848, die Erhebung gegen den
»geheiligten« Monarchen, einige konservative
Splittergruppen in Preußen wie ein Trauma.
Für sie bestand die Hauptaufgabe der preußi-
schen Armee sogar eher in der Unterdrückung
liberaler Strömungen im Innern des Landes als
im Schutz der äußeren Grenzen des Reiches.
Aber sogar weniger extreme Gruppen und natürlich auch die Masse des Offizierkorps sahen
in der Armee den gewichtigsten Faktor zur
Stabilisierung des politischen Systems und zur
Erhaltung des eigenen gesellschaftlichen Status, also gleichermaßen den Garanten innerer
Ordnung wie äußerer Machtentfaltung. Die
Sonderstellung der Armee in der preußischen
Verfassung, die uneingeschränkte Kommandogewalt des Königs, wurde von den Offizieren gebilligt und wenn es schon nicht mehr

möglich war, die einzige bedeutende Errun-
genschaft des preußischen Liberalismus, das
Budgetrecht des Parlaments, auszuhebeln, so
lag es doch im Interesse des Militärs, die Rechte des Parlaments auszuhöhlen und die Armee
möglichst weitgehend jeder parlamentarischen
Kontrolle zu entziehen.

Bei diesem Ziel bestand eine gemeinsame
Schnittmenge der Interessen verschiedener
konservativer Führungseliten, so sehr auch die
zivile politisch Leitung und die militärische
Führung miteinander um Einfluss rangen. In
der Reichsverfassung wurde der für Preußen-
Deutschland folgenschwere »Dualismus an
der Führungsspitze von quasi gleichberech-
tigten, neben- und gegeneinander stehenden
höchsten zivilen und militärischen Gewalten
›unterhalb‹ des allein als Klammer wirkenden
Monarchen« von Preußen auf das Reich übertragen (Andreas Hillgruber). Da Bismarck die
politische Bühne souverän beherrschte, fielen
während seiner Amtszeit die in diesem Dualismus liegenden Gefahren nicht auf, stand doch
der Primat der Politik nie wirklich in Frage. Erst
als ▸ Wilhelm II. in maßloser Selbstüberschät-
zung die zivile und militärische »Doppelspitze«
der Staatsführung gegeneinander ausspielte,
um eine vermeintliche persönliche Herrschaft
des Monarchen zu installieren, jedoch nicht fähig war, seine verfassungsrechtlichen Möglichkeiten in eigene Regierungstätigkeit umzusetzen, entwickelte sich die Reichsleitung zu einer
▸ »autoritären Polykratie ohne Koordination«
(Hans-Ulrich Wehler).

Bei allen Rivalitäten gab es allerdings keine grundsätzlichen Differenzen zwischen politischer und militärischer Führungsspitze im
innenpolitischen Bereich. Zum Beispiel unterstützte das Militär Bismarcks Kurs gegenüber
den Sozialdemokraten: Unterdrückung der so-

Wilhelm II. (1859–1941)

Deutscher Kaiser und König von Preußen – Wilhelm II. stand früh in Opposition zur liberalen Aufgeschlossenheit seiner Eltern und pochte auf die Umsetzung der Bismarck'schen Fiktion einer »persönlichen Monarchie« in die Wirklichkeit. Seinen Führungsanspruch, der unmittelbar nach der Thronbesteigung zum offenen Konflikt und schließlich zur Entlassung von Bismarck führte, legitimierte er durch das Gottesgnadentum. Wilhelms »persönliches Regiment« unterwanderte bei dem Versuch, alle militärischen, außen- und personalpolitischen Entscheidungen selbst zu treffen, die bestehenden Beamten- und Soldatentraditionen und schuf somit neue »byzantinische« Verhaltensweisen und Entscheidungs-

043 Wilhelm II.
Öl auf Leinwand von
Felix Ehrlich, um 1897.

strukturen, die in hohem Grade von ihm persönlich abhängig waren. Sein Festhalten an dem Tirpitz'schen Schlachtflottenbau sabotierte alle Bemühungen des Reichskanzlers und des Auswärtigen Amtes um eine Verständigung mit Großbritannien. Durch seine unbedachten außenpolitischen Auftritte hinterließ er einen diplomatischen »Scherbenhaufen«, der Deutschland zunehmend in die Isolation trieb. Nach Ausbruch des Ersten Weltkrieges, für dessen Verursachung Wilhelm im weitesten Sinne schwere Verantwortung trägt, trat er gegenüber der Obersten Heeresleitung und dem Reichstag vollkommen in den Hintergrund. Während des Weltkrieges wurde der Deutsche Kaiser von den Kriegsgegnern als aggressiver Kriegstreiber und Inbegriff deutscher Eroberungslust beschimpft. Der Versailler Vertrag sah die Auslieferung Wilhelms und die Anklage als Kriegsverbrecher vor, dennoch konnte er nach der Niederlage Deutschlands im niederländischen Exil in Doorn bis zu seinem Tod 1941 unbehelligt weiterleben.

044 Wilhelm II. auf einer Bank im
Park von Haus Doorn. Foto, 1935.

Hans-Ulrich Wehler, »Das Deutsche Kaiserreich 1871–1918« (1988)
Wehler, der als einer der besten Kenner des Deutschen Kaiserreiches gilt, benennt die Akteure der Reichspolitik dieser Zeit.

»Zuerst versucht der junge Monarch, Kaiser und Kanzler gleichzeitig zu sein, ein zumindest formell elliptisches System durch einen ›populären Absolutismus‹, wie Bismarck spottete, zu ersetzen. Dieses Experiment stellte den Anlauf zur Erringung eines ›persönlichen Regiments‹ dar. Dazu ist es jedoch weder verfassungsrechtlich gekommen, noch gelang es Wilhelm II., die Verfassungsrealität dauerhaft zu verändern – wie immer auch die byzantinistischen Sprachspiele seiner Beraterclique den Entscheidungsprozeß mit der Illusion kaiserlicher Entscheidungsgewalt umgeben mochten. [...]
Die Reichskanzler andererseits – ausnahmslos auf dem Wege der ›Ochsentour‹ eines Aufstiegs in der bürokratisch-diplomatischen Hierarchie hochgekommen, was Bismarck für ganz so schädlich gehalten hatte, wie es Max Weber für verhängnisvoll hielt –, die Reichskanzler konnten alle ebensowenig das Machtvakuum voll ausfüllen [...].
Neben ihnen aber gab es geheime Schlüsselfiguren, wie den Admiral von Tirpitz, der mit dem Schlachtflottenbau die Innen- und Außenpolitik, die Sozial-, Finanz- und Militärpolitik grundlegend beeinflußte. Wahrscheinlich stellte er von 1898 bis zur grellen Desillusionierung spätestens im Sommer 1914, als seine gesamte Konzeption Schiffbruch erlitt, eine größere Entscheidungspotenz dar als die drei Reichskanzler dieser Zeit [...]
Schlüsselfiguren der wilhelminischen Machtelite wurden auch – ungleich stärker noch als vor 1887/1890 – die Geschäftsführer der großen Interessenverbände, die Leiter der Agitationsvereine, die Planer des Generalstabs. Vor allem wurden die Verbände selber neben der preußischen Bürokratie und den Reichsbehörden, neben Heer und Flotte zu Machtzentren, von denen die Entscheidung der Reichspolitik weithin festgelegt wurden.
Nicht Wilhelm II. drückte der Reichspolitik seiner Zeit den Stempel auf, sondern die traditionellen Oligarchien taten das im Verein mit den anonymen Kräften der autoritären Polykratie. Ihre Macht reichte auch ohne einen Halbdiktator, aber mit Hilfe einer bonapartistischen Strategie zur Verteidigung der Herrschaftsposition aus – mit wie fatalen Folgen auch immer.«

Zit. nach: Hans-Ulrich Wehler, Das deutsche Kaiserreich 1871–1918, 6. Aufl. Göttingen 1988, S. 69–72

401

zialistischen Bewegung bei gleichzeitiger Gewährung sozialer Erleichterungen »von oben« entsprach dieser Denkweise. Natürlich fand des Kanzlers »Kulturkampf« gegen die katholische Kirche und die »Ultramontanen« weitgehenden Beifall der protestantisch geprägten norddeutschen Eliten. Auch die das Verhältnis zu Russland stark belastende Schutzzollpolitik zu Gunsten der deutschen Landwirtschaft lag ganz im Interesse der vielfach in agrarischen Kreisen verwurzelten Offiziere.

Dennoch sorgte Bismarck mit subtilen Mitteln dafür, dass neben ihm kein bedeutender militärischer Machtfaktor aufkam. Von vornherein hatte er darauf geachtet, dass kein Reichskriegsministerium geschaffen wurde, sondern er über die Funktion des Reichskanzlers den ▸ bestimmenden Einfluss auf das Militärwesen des Reiches ausüben konnte. Als dann später das politische Gewicht des preußischen Kriegsministers, der die Militärangelegenheiten des Reiches gegenüber dem Reichstag zu vertreten hatte, gleichzeitig mit der zunehmenden Bedeutung des Parlaments erheblich anwuchs, wurden dessen Kompetenzen auf Haushaltsangelegenheiten »zurückgestutzt«. Im Jahre 1883 musste der Kriegsminister auf Betreiben Bismarcks gegenüber Anfragen des Reichstags erklären, dass er in allen anderen das Militär betreffenden Fragen keinerlei Zuständigkeit besitze.

Das Kaiserreich verharrte hier in der preußischen Tradition: die Überbetonung der direkten Beziehung zwischen dem Monarchen und der Armee unter möglichst weitgehender Ausschaltung der Politik und vor allem des Parlaments. Die zunehmende Zahl der Debatten im Reichstag über militärische Angelegenheiten wurde von den Militärs als »Machtstreben« des Reichstages empfunden. Seine Bedeutung

als Forum des sich entwickelnden politischen Bewusstseins der ganzen Nation erkannten sie nicht, sondern sahen in ihm eher eine Bedrohung der bestehenden Verhältnisse. Je mehr das späte Kaiserreich in die internationale Isolierung geriet, umso größeres Gewicht erhielt die politische Position parlamentarischer Gruppen gegenüber außenpolitischen Fragen. Umso mehr wuchs aber auch die Entschlossenheit des Militärs, die monarchische Unabhängigkeit in der Außen- und Verteidigungspolitik wie in der Entscheidung über Krieg und Frieden notfalls mit Gewalt zu bewahren.

Diese Grundhaltung nur mit der »halbabsolutistischen Tradition« oder gesellschaftlichen Interessen zu erklären, wäre jedoch einseitig. Das weit verbreitete Bewusstsein der heiklen politisch-strategischen Lage des Kaiserreiches spielte eine nicht zu unterschätzende Rolle. Deutschlands Mittellage mit der drohenden Gefahr eines Zweifrontenkrieges gegen Russland und Frankreich erforderte hohe militärische Schlagkraft. Jeder Widerstand des Reichstages gegen eine Erhöhung des Militäretats erfüllte die führenden Soldaten aus fachlicher Einsicht mit Sorge. In der Auseinandersetzung mit dem Parlament fühlte sich die Armeeführung nicht nur als Wahrer der Interessen des Militärs, sondern auch als Garant der Sicherheitsbedürfnisse der Nation.

3. Militär und Gesellschaft

Die bürgerliche Revolution von 1848/49 war teilweise durch die preußische Armee blutig niedergeschlagen worden. Kein Wunder, dass das preußische Heer in weiten Kreisen als reaktionäres Instrument der Krone galt. Doch 1848 misslang die deutsche Einigung, 1871 war sie

1 Otto von Bismarck,
»Schreiben an König Wilhelm I.«
(24. Februar 1883)

Bei den Beratungen des Reichstags wurden Anfragen der Linken gegen das Militärpensionsgesetz und die Steuerfreiheit des Privatvermögens der Offiziere gerichtet. Während Bismarck hierin eine Verletzung der Unabhängigkeit des königlichen Oberbefehls sah, hatte sich der Kriegsminister von Kameke zu Eingeständnissen bereitfinden lassen und den König ohne Wissen Bismarcks um seine Einwilligung dazu gebeten.

»Wenn in Preußen wie in England der Kriegsminister ein Zivilist und die Macht des Parlaments auch in betreff der Armee eine verfassungsmäßig ebenso eingreifende wäre, so würde die Beziehung des Heeres zu dem Allerhöchsten Kriegsherrn durch größere oder geringere Fügsamkeit eines solchen Kriegsministers vom Zivil gegen das Parlament und durch ein mehr oder minder sich unterordnendes Werben um die Gunst des Parlaments für die Armee weniger berührt werden. Bei uns aber ist der Kriegsminister gleichzeitig Euer Majestät aktiver General und ein hervorragendes Mitglied der Armee, und jedes Werben und Paktieren um die Gunst des Parlaments, welches die Grenzen der Unabhängigkeit des Kgl. Oberbefehls nicht ganz zweifellos innehält, muß in Euer Majestät Kriegsheer dem Gedanken, vom Parlament mehr oder weniger abzuhängen, in einem Maße Eindruck verschaffen, welches durch die Verfassung an sich nicht geboten ist. Ein parlamentarischer General in activem Dienste ist stets eine unpreußische Erscheinung, als Kriegsminister aber eine gefährliche. Damit würde eine Zukunft angebahnt werden, in welcher die monarchischen Traditionen unseres Heeres langsam aber sicher hinfällig werden müßten.«

Zit. nach: Otto von Bismarck, Die Gesammelten Werke, 2. Aufl., Politische Schriften. Bearb. von Werner Frauendienst, Bd 6c: 1871 bis 1890, Berlin 1935, S. 273–275

oben 045 »Es hat keine Generation in Deutschland gegeben, die nicht verpflichtet war, gegen Frankreich den Degen zu ziehen.« Bismarck im Reichstag. Nach zeitgenössischer Zeichnung von Fritz Gehrke.

unten 046 Bismarck bei Kaiser Wilhelm I. im historischen Eckzimmer des Königlichen Palais. Aquarell von Konrad Siemenroth, 1887.

»Parole« (1889)
In einem Artikel der Zeitschrift des Deutschen Kriegerverbandes, »Parole«, wird das Auftreten einiger Kriegervereine kritisiert.

»Unsere Kriegervereine haben in der letzten Zeit mehrfach Gelegenheit gehabt, sich dem Auge ihres obersten Kriegsherrn zu präsentieren und vor demselben vorüber zu marschieren [...].
Die Pflicht der Kriegervereine ist, bei solchen Veranlassungen auch in der schneidigen, militärisch-exakten Weise aufzutreten, wie sie unser Militär bei allen Veranlassungen in vollendeter Form bewahrt und zeigt. Und dieser Pflicht wird nicht überall genügt – hier ist ein ernster Mahnruf an der Stelle.
Es ist wahr, wir sind keine Soldaten mehr, die Dienstzeit liegt hinter uns; aber wir können es morgen wieder werden und vor allem, wir sind es gewesen. Die ganze besondere Stellung, welche die Kriegervereine beanspruchen, beruht auf dem ehemaligen Militärverhältnisse ihrer Mitglieder und auf der Fortpflanzung der glorreichen Überlieferungen unserer Armee in das bürgerliche Leben. Mit dieser Zusammengehörigkeit mit der Armee stehen wir und fallen wir.«

Zit. nach: Untertan in Uniform. Militär und Militarismus im Kaiserreich 1871–1914. Quellen und Dokumente. Hrsg. von Bernd Ulrich, Jakob Vogel und Benjamin Ziemann, Frankfurt a.M. 2001, S. 87

047 Mitgliedsabzeichen des Sächsischen Kriegervereins Preußen.

404

im Wesentlichen der bewaffneten Macht zu verdanken. Somit vollzog sich nach den Einigungskriegen ein Bewusstseinswandel innerhalb der Bevölkerung, das Militär gewann durch seine Siege bedeutend an Ansehen und galt fortan als Garant für den Bestand des Reiches nach innen und außen. Dies blieb nicht ohne Folgen für das Ansehen und Prestige der Offiziere.

Der Offizierstand bildete die Spitze aller Gesellschaftsschichten. Darüber hinaus beanspruchten seine oberen Vertreter auch eine politische Führungsrolle. Das Bürgertum akzeptierte nach 1871 die Sonderstellung der Offiziere schnell und versuchte daran teilzuhaben. Vermögend gewordene Bürger setzten sogar alles daran, ihre Töchter mit Hilfe großzügiger Mitgiften mit Offizieren zu verheiraten. Immer mehr Bürgerliche wurden Offiziere, doch sie »verbürgerlichten« nicht etwa den Berufsstand, sondern passten sich rasch den überkommenen Lebensformen der militärisch-aristokratischen Führungselite an. Die Aushöhlung liberaler Denktraditionen war der Preis für den Aufstieg an die gesellschaftliche Spitze. So zogen militärische Attitüden und Verhaltensweisen in viele Häuser der »besseren« bürgerlichen Gesellschaft ein, nicht zuletzt auch dadurch, dass der Status des ▸ Reserveoffiziers das Ziel war, das jeder »gebildete« junge Mann zu erreichen suchte. Man darf jedoch daraus nicht schließen, dass alle diese Männer begeisterte Soldaten oder gar kriegslüsterne Militaristen gewesen wären. Es gab gesellschaftliche Zwänge, Reserveoffizier zu sein, und brachte im Leben konkrete Vorteile.

Der »militärische Geist« wurde allerdings in Deutschland überall gepflegt. Dazu dienten zahllose Vereine und Verbände wie die über 30 000 örtlichen ▸ Kriegervereine, seit 1900 im Kyffhäuserbund mit insgesamt drei Millionen

048
SM Yacht Hohenzollern auf See.
Plakat von A. Glück, 1901.

Mitgliedern vereinigt. Die Agitation für den Bau der Hochseeflotte und für die Marinebegeisterung betrieb hauptsächlich der 1898 gegründete ▸ Flottenverein, der ein Jahr später bereits eine Viertelmillion Mitglieder zählte. Für die Jugend gab es den Jungdeutschlandbund, daneben Wehrverein und Alldeutschen Verband.

Als Kernfunktion war diesen Verbänden die Eindämmung der Sozialdemokratie, des »Schreckgespenstes« der bürgerlichen und aristokratischen Schichten zugedacht. Das Wehrprogramm der SPD sah ein Milizheer vor, das selbstverständlich der ausschließlichen Kommandogewalt des Kaisers zu entziehen war. Mit wachsender Sorge registrierte deshalb auch die militärische Führung die Wahlerfolge der SPD. 1890 erwogen Bismarck und führende Generale Staatsstreichpläne; der Reichstag sollte ausgeschaltet werden. Immerhin schätzten hohe Militärkreise die von den Sozialisten ausgehende Gefahr so hoch ein, dass einige Kommandierende Generale die Verhängung des Belagerungszustandes vorbereiten und Verhaftungslisten anlegen ließen, auf denen sogar Reichstagsabgeordnete verzeichnet waren. Die Armee wurde als *Ultima Ratio Regum* (lat.; letztes Mittel der Könige) in einem Bürgerkrieg gegen die Arbeiterschaft angesehen, den viele Offiziere befürchteten.

Doch bestand in diesen Jahren auch die Furcht, die Armee selbst könnte von »sozialistischen Elementen« unterwandert werden. In den neunziger Jahren hatten führende SPD-Politiker tatsächlich damit gerechnet, die Armee würde im Lauf der Zeit durch die allgemeine Wehrpflicht in ihrer Mehrheit sozialistisch werden, doch diese Erwartung trog. Um der Unterwanderung entgegenzuwirken, wurden lieber Rekruten vom Lande als aus den Industriestädten eingezogen, wurden in

 Johann Georg Mönckeberg, »Brief an den Sohn« (1896)
Der Hamburger Bürgermeister reagiert in seinem Brief auf die Bedenken seines Sohnes Reserveoffizier zu werden.

»Die eigentliche Veranlassung meines heutigen Briefs sind Deine Bemerkungen über das Offizierwerden [...] Der Kampf ums Dasein, die Konkurrenz ist heutzutage so schwer – einerlei, welchem Berufe Du Dich widmest –, daß man verständigerweise keinen Vorteil zurückweisen darf, der ehrlicher- und anständigerweise sich bietet. Es unterliegt aber m.E. gar keinem Zweifel, daß der Reserveoffizier heute auf den verschiedensten Gebieten Vorteile hat, die andere nicht haben. Ob es gerechtfertigt ist, daß der Reserveoffizier diese Vorteile genießt, kommt nicht in Betracht; wir müssen mit der Welt und dem Leben rechnen, wie es zur Zeit ist, und da steht es fest, daß Dir das Fehlen der Offiziersqualität oft schaden, der Besitz dieser Qualität oft nützen kann. Da Du nun, wie ich annehme, Offizier werden kannst, und zwar ohne besondere Opfer dafür zu bringen [...] so scheint es mir in der Tat nicht verständig, die Chance, deren Wert für Deine Zukunft Du augenblicklich nicht übersehen kannst, wegzuwerfen [...]. Du darfst Dich darüber nicht täuschen, daß das ›Nicht-Offizierwerden‹ von der Welt ganz anders aufgefaßt wird als von Dir und einem kleinen Kreise.«

Zit. nach: Bürgermeister Mönckeberg. Eine Auswahl seiner Briefe und Aufzeichnungen, Hrsg. von Carl Mönckeberg, Stuttgart 1918, S. 97 f.

049
Reservistenbild, Ende 19. Jahrhundert.

S Der Deutsche Flottenverein wurde 1898 auf Initiative der Industrie durch das Reichsmarineamt gegründet. Der Flottenverein sollte das Interesse des Bürgertums an der Bedeutung und dem Ausbau der deutschen Kriegsflotte wecken. Schon nach kurzer Zeit war er einer der mitgliederstärksten Vereine des Kaiserreiches. Zu Beginn des Ersten Weltkriegs 1914 gehörten ihm etwa 1,1 Millionen Mitglieder an. Nach der Niederlage im 1918 verlor der Verein, der sich 1919 in »Deutschen Seeverein« umbenannte, stark an Bedeutung. Schließlich wurde der Deutsche Seeverein 1934 in den »Reichsbund deutscher Seegeltung« überführt.

den Kasernen Spinde nach Agitationsmaterial durchsucht und »verdächtige« Soldaten bespitzelt. Konnten die konservativen Eliten sich des Gehorsams der Offiziere bei einem potenziellen Einsatz im Innern weitgehend sicher sein, so gab es im Hinblick auf die Unteroffiziere gelegentliche Zweifel. Um »negativen« Einflüssen entgegenzuwirken, wurde die Löhnung verbessert und nach Ableistung der zwölf Dienstjahre ein Geldbetrag ausbezahlt, der die entlassenen Unteroffiziere weiterhin an den Staat binden sollte. Doch wurde die Gefahr der sozialistischen Agitation bei den Unteroffizieren überschätzt, spürbare Erfolge erzielten die Sozialisten nicht. Es herrschte vielmehr der staats- und kaisertreue Typus vor, dessen Geist mit dem nach der zwölfjährigen Dienstzeit erworbenen Zivilversorgungsschein auch in die Amtsstuben der Behörden und Kommunalverwaltungen einzog. Er prägte das Bild vom »deutschen Militarismus« mit, wie es kritisch im Ausland beobachtet wurde: in allen Lebensbereichen soldatische Umgangsformen, militärische Ordnungsvorstellungen, Unterordnung und Uniformen.

Dieser Militarismus als Phänomen des Zeitalters war keine deutsche Erfindung oder Eigenschaft, er spielte in allen europäischen Mächten eine mehr oder weniger markante Rolle. In Deutschland wurden aber unter Wilhelm II. die Symptome des Militarismus besonders deutlich durch die Auftritte des Kaisers herausgestellt, durch seine Vorliebe für alles Militärische, die Sonderstellung des Militärs in der Gesellschaft sowie militärische »Schauspiele«. Zwei Ereignisse beleuchten diesen Zeitgeist schlaglichtartig: der Streich des Schusters Wilhelm Voigt, des ▸ »Hauptmanns von Köpenick«, der in einer beim Trödler erworbenen Uniform eine ganze Stadtverwaltung »ausheben« konnte, und die

▸ Zabern-Affäre 1913, die außerdem verdeutlicht, wie unangefochten die Armeeführung einen eigenständigen Kurs in innen- und rechtspolitischen Fragen steuern konnte.

Der junge Leutnant Günther Freiherr von Forstner beschimpfte im elsässischen Zabern seine Rekruten mit dem Ausdruck »Wackes«. Das war ein abfälliger Begriff für Elsässer und sogar dienstlich verboten. Der Zwischenfall gelangte an die Öffentlichkeit und belastete das ohnehin gespannte Verhältnis zum Militär, obwohl die dortige Bevölkerung sich in der Mehrheit »deutsch« fühlte. Unter Einfluss der Lokalpresse entstanden Unruhen. Der Regimentskommandeur Oberst Adolf von Reuter ließ Zivilisten festnehmen unter dem Vorwand, die Zivilbehörden seien nicht in der Lage, die Ordnung aufrecht zu erhalten. Die Presse des In- und Auslandes fiel über die Angelegenheit her. Der Kaiser versagte: Anstatt den Vorfall nüchtern untersuchen zu lassen, stellte er sich bedingungslos vor »seine« Offiziere. Der Reichskanzler musste sie in einer tumultartigen Sitzung des Reichstages verteidigen und ein Missbilligungsvotum von überwältigender Mehrheit hinnehmen – verfassungsrechtlich jedoch ohne Belang. Die Schuldigen wurden in einem skurrilen Militärgerichtsverfahren freigesprochen. Im Elsass verstärkte sich das Gefühl »besetzt« zu sein. Im Ausland verfestigte sich die Überzeugung, dass in Deutschland das Prestige des Militärs allem übergeordnet sei. Mochte die Furcht der Nachbarn vor dem »deutschen Militarismus« auch nur zum geringen Teil berechtigt und begründet sein, so war sie doch vorhanden. Die logische Folge war, dass Deutschlands Gegner im Ersten Weltkrieg die Austilgung des preußisch-deutschen Militarismus als ihr Hauptziel propagierten.

S Anfang des 20. Jahrhunderts sorgte die Geschichte des »Hauptmanns von Köpenick« für Schlagzeilen. Am 16. Oktober 1906 verkleidete sich der arbeitslose Schuhmacher Wilhelm Voigt als preußischer Hauptmann, unterstellte die Mannschaft der Schwimmschulwache vom Plötzensee seinem Kommando und besetzte mit ihr das Rathaus von Köpenick. Er verhaftete den Bürgermeister und beschlagnahmte die Stadtkasse. Voigt flüchtete mit einem Teil der Stadtkasse nach Berlin.

050 Wilhelm Voigt. Foto, um 1912.

1 Theobald von Bethmann Hollweg, »Erklärung zum Zabern-Fall« (1913)

Der Reichskanzler schildert vor dem Reichstag die Vorfälle in Zabern. Die Öffentlichkeit war empört über die Verspottung der Elsässer durch einen Offizier. Die aufgebrachten Bewohner von Zabern, wo es zu diesem Zwischenfall gekommen war, wurden mit militärischen Mitteln zur »Ruhe« gebracht.

»Am 28. November sammelte sich während der Turnstunde der Offiziere in der städtischen Turnhalle eine Menschenmenge an der Kanalbrücke. Als die Offiziere herauskamen, wurde von der Menge gejohlt und gebrüllt. Ein Arbeiter von etwa 18 Jahren rief dem Leutnant Forstner Schimpfworte nach. Er wurde festgenommen. – Das war unzweifelhaft gesetzlich berechtigt. – Darauf sammelten sich die Leute in der Hauptstraße bis zur Kanalbrücke, schrien und johlten. Um zwei Offiziere [...] sammelten sich Menschen und schrien. Darauf befahl der Regimentskommandeur [...] auf den Schloßplatz zu rücken und diesen zu säubern. – Auch wenn hierzu eine formelle gesetzliche Befugnis nicht vorlag, so ist die Maßregel doch lediglich aus dem Bestreben entstanden, Schlimmerem vorzubeugen [...]. An die Räumung des Schloßplatzes haben sich dann weitere Patrouillengänge angeschlossen, bei denen das Militär gegen 30

051 Das Ruhmesblatt von Zabern. Karikatur auf einen Zwischenfall wegen Beleidigung des Militärs.

Personen, darunter zweifellos unbeteiligte Passanten, verhaftet und bis zum nächsten Vormittag im Keller der Kaserne festgehalten hat [...]. Ob Verletzungen der Strafgesetze vorgelegen haben, ob zivilrechtliche Entschädigungsansprüche geltend zu machen sind, das wird der Richter entscheiden müssen. Jedenfalls aber bitte ich [...] nicht zu vergessen, daß die Armee das Recht hat, sich gegen direkte Angriffe zu schützen. Und sie hat nicht nur dieses Recht, sie hat auch die Pflicht dazu. Sonst kann keine Armee in der Welt bestehen.«

Zit. nach: Dokumente zur deutschen Verfassungsgeschichte, Bd 2. Hrsg. von Ernst Rudolf Huber, Stuttgart 1964, S. 299

Zuvor hatte der Hauptmann von Köpenick der Polizei noch den Befehl erteilt, für Ruhe und Ordnung zu sorgen. Zehn Tage später wurde Voigt verhaftet und durch das Landgericht zu vier Jahren Haft verurteilt. Da Kaiser Wilhelm II. ihn begnadigte, wurde er am 16. August 1908 vorzeitig aus der Haftanstalt Tegel entlassen. Diese Episode lieferte die Grundlage für die literarische Gestaltung der von Carl Zuckmayer 1930 geschriebenen Tragikomödie »Der Hauptmann von Köpenick«.

052 Schumacher Voigt aus Tilsit, der Sieger von Köpenick. Karikatur von Ernst Kellermann, 1906.

4. Armee und Außenpolitik

In der Verfassung des Deutschen Reiches war ein Dualismus von politischer Leitung und militärischer Führung angelegt. Wie sich dieser Dualismus ausformen würde, hing von den jeweils verantwortlichen Persönlichkeiten ab. Bei allen sachlichen Gegensätzen zwischen Bismarck und Generalfeldmarschall Helmuth von Moltke, dem Chef des Generalstabs der preußischen Armee, behielt Bismarck stets die Oberhand. Unter Kaiser Wilhelm II., der von der »Doppelspitze« des Reiches den militärischen Part bevorzugte, erwiesen sich vor Beginn des Ersten Weltkrieges die im Vergleich zu Bismarck viel schwächeren Nachfolger gegenüber militärischen Einflussnahmen wiederholt als zu nachgiebig. Dabei focht das Militär den Primat der Politik in Friedenszeiten formal nicht an, die Auseinandersetzung ging darum, wer im Krieg den Kurs des »Staatsschiffes« bestimmen sollte.

Nachdem Bismarck dem noch relativ unbekannten Generalstabschef Moltke im Feldzug von 1866 »ins Handwerk gepfuscht« hatte, indem er über dessen Kopf hinweg durch Telegramme an die Main-Armee in die Operationsführung eingegriffen hatte, kam es nach der gewonnenen Schlacht bei Königgrätz zur nächsten Konfrontation. König Wilhelm I. und Moltke wollten den Krieg fortsetzen und schließlich in Wien einmarschieren. Nach schweren Auseinandersetzungen beugten sie sich der Argumentation Bismarcks, den Kampf schnell und ohne für Österreich demütigende Umstände zu beenden, um eine Einmischung anderer Großmächte zu verhindern. Im Krieg gegen Frankreich 1870/71 verärgerte Moltke Bismarck zutiefst, als der Generalstabschef von seinem Recht Gebrauch machte, dem König ohne Anwesenheit des Kanzlers Vortrag zu halten. Zu schwersten Zusammenstößen kam es in der Frage der Beschießung der Festung Paris. Bismarck forderte ein verschärftes Bombardement, um die französische Regierung zu einer schnellen Kapitulation zu zwingen und damit den Krieg abzukürzen, während Moltke den Kampf gegen die französischen Streitkräfte bis zur totalen militärischen Niederringung Frankreichs fortsetzen und es somit aus der Reihe der Großmächte entfernen wollte. Auch in dieser Frage folgte der König schließlich seinem politischen Ratgeber.

In diesen Konflikten ging es um die grundsätzliche Frage, wem im Krieg die ▶ Leitungsbefugnis zustehen sollte. Moltke hat im Frieden nie danach gestrebt, seine Kompetenzen auf die Mitbestimmung der Politik auszudehnen. Aber während eines Krieges, zumindest solange die militärischen Operationen nicht abgeschlossen waren, beanspruchte er für sich, der ausschlaggebende Berater des Königs zu sein, und lehnte jede Einmischung des Staatsmannes in die militärischen Belange ab. Diese Einstellung Moltkes machte sich die militärische Führungselite gerne zueigen. Die engstirnige Überzeugung von der »verderblichen« Einmischung der Politik in die Kriegführung, ein altes Problem von 1813/15, machte Schule bis zu Erich Ludendorff im Ersten Weltkrieg.

In Bismarcks Außenpolitik ging es um das komplizierte europäische Problem von Vormacht und Gleichgewicht. Zur Ausbalancierung der Stellung des Reiches bestanden im Prinzip drei Möglichkeiten: Erstens die Übereinkunft mit anderen Großmächten, die Einflussgebiete abzustecken; das barg die Gefahr in sich, wieder ins Schlepptau Russlands zu geraten. Zweitens Moltkes Vorstellung präventiver Schläge gegen einzelne potentielle Gegner; aber gerade diese Lösung konnte die Bildung der befürchteten

053 Die Eröffnung des Deutschen Reichstags im Weißen Saal des Berliner Schlosses durch Kaiser Wilhelm II. am 25. Juni 1888. Öl auf Leinwand von Anton von Werner, 1888.

 1 Helmuth von Moltke, »Immediatschreiben« (26. Januar 1871)

Generalstabschef Moltke fordert vom König die Unabhängigkeit seiner militär-
strategischen Entscheidungen während des Deutsch-Französischen Krieges.
Die Einmischung durch Bismarck in seiner Funktion als Kanzler war der Anlass
für dieses Schreiben.

»2. Die bisher häufig vorgekommenen Klagen des Bundeskanzlers darüber, daß er nicht hinreichend über den Gang der Operationen informirt sei, sind meines allerunterthänigsten Dafürhaltens durchaus unbegründet. Es dürfte Unterschied zu machen sein zwischen den vollendeten Thatsachen und den beabsichtigten bezw. in der Ausführung begriffenen Operationen. In ersterer Beziehung wird der Graf Bismarck stets unmittelbar nach Eingang der Meldungen über stattgehabte wichtige Ereignisse informirt. Die Benachrichtigung an ihn geht selbst der an die Armeebefehlshaber vor. [...]

054 Helmuth Graf von
Moltke d.Ä.
Porträtaufnahme, um 1885.

Ich glaube, daß es gut sein würde, mein Verhältniß zum Bundeskanzler definitiv festzustellen. Bisher habe ich dasselbe dahin aufgefaßt, daß der Chef des Generalstabes (besonders im Kriege) und der Bundeskanzler zwei gleich berechtigte und von einander unabhängige Behörden unter E.K. Maj. directem Befehl sind, welche sich gegenseitig in Kenntniß zu halten haben. Von meiner Seite ist dies geschehn von der andern nicht. Ich glaube aber E.K. Maj. Gerechtigkeit mit der allerunterthänigsten Bitte anrufen zu dürfen, mich gegen die wiederholten und völlig unbegründeten Anklagen des Grafen v. Bismarck in Schutz nehmen zu wollen.«

Zit. nach: Rudolf Stadelmann, Moltke und der Staat, Krefeld 1950, S. 434 f.

409

Koalition gegen Deutschland provozieren und England auf den Plan rufen. Drittens die Ablenkung der Energien der Großmächte an die Randgebiete Europas und nach Übersee sowie das Ausspielen ihrer dortigen Gegensätze. Dabei mussten sich dann die deutschen Interessen allerdings auf Zentraleuropa beschränken.

In der ▶ »Krieg-in-Sicht-Krise« 1875 entschied sich Bismarck endgültig für den dritten Weg. Frankreich hatte sich damals rasch von seiner Niederlage erholt und ein neues Wehrgesetz verabschiedet, das als Vorbereitung für einen Revanchekrieg aufgefasst werden musste. Moltke forderte einen Präventivschlag gegen den »Erbfeind«, Bismarcks Politik zielte auf eine diplomatische Schlappe Frankreichs, indem er es durch Gewaltandrohung zur Aufhebung des Wehrgesetzes zwingen wollte. Als sich als Folge des deutschen Druckes ein Zusammengehen Großbritanniens und Russlands mit Frankreich abzeichnete, verwarf Bismarck die Option eines Präventivkrieges und musste einen Rückzieher machen. Die Krise zeigte, dass der 1871 errungene Status, die »halbhegemoniale« Stellung des Reiches in Mitteleuropa, das Äußerste war, was die anderen Großmächte hinzunehmen bereit waren, andernfalls aber ihre Rivalitäten zurückstellten, die im Mittelmeer, auf dem Balkan und im Mittleren Osten nach Bereinigung der Krise schnell wieder dominant wurden.

Die Krise machte weiter deutlich, dass die außenpolitische Manövrierfreiheit des Deutschen Reiches geringer war, als Bismarck sie eingeschätzt hatte. Der deutsch-österreichische Zweibund von 1879 schränkte sie noch mehr ein, denn Deutschland war nun von der sich verschärfenden russisch-österreichischen Rivalität auf dem Balkan indirekt betroffen. Das Verhältnis zu Russland hatte sich schon im Jahr zuvor auf dem ▶ Berliner Kongress merklich abge-

kühlt, als das »Mächtekonzert« den Russen den Zugriff auf die türkischen Meerengen versagte. 1879 war es so gespannt, dass Moltke einen Präventivkrieg gegen Russland erwog. Bismarck wollte Russland zu einer Wiederannäherung bewegen, was 1881 und 1884 im geheimgehaltenen Dreikaiservertrag (gegenseitige Neutralitätsverpflichtung) und 1887 mit dem geheimen Rückversicherungsvertrag vordergründig gelang. Doch war der 1878 auf dem Berliner Kongress angelegte prinzipielle Gegensatz nicht mehr dauerhaft zu überbrücken.

Im Zusammenhang mit der Balkankrise 1885–1887 sah sich der Kanzler einer gewichtigen Front von Befürwortern eines Präventivkrieges gegen Russland gegenüber. Bulgarien hatte sich aus dem Schlepptau seines »Befreiers« Russland gelöst. Als das Zarenreich seinen dortigen Einfluss wieder aufzurichten versuchte, zog es sich die Gegnerschaft der Donaumonarchie und vor allem Englands zu. In Frankreich kochten nach einem innenpolitischen Umsturz die nationalistischen und antideutschen Gefühle hoch. Gegen Russland stand Deutschland gerade in einem »Zoll- und Wirtschafts-Krieg«. In dieser Situation plädierten Moltke und sein Stellvertreter, der Generalquartiermeister ▶ Alfred Graf von Waldersee, im Herbst 1887 für einen präventiven Winterfeldzug gegen Russland. Der Plan fand auch im Auswärtigen Amt einflussreiche Befürworter. Sogar viele Vertreter der politischen »Linken« begrüßten in der Öffentlichkeit einen Krieg gegen die »zaristische Gewaltherrschaft«. Bismarck jedoch hielt diesen Bestrebungen ein kategorisches Nein entgegen.

Ohne Bismarcks zu Recht vielgerühmte Außen- und Bündnispolitik herabzusetzen, muss seinen Nachfolgern zugestanden werden, dass sich die außenpolitische Lage für sie kompli-

410

S »Ist der Krieg in Sicht?«, lautete am 8. April 1875 die Überschrift eines Artikels in einer der deutschen Regierung nahe stehenden Zeitung. Deshalb wird die Zeit bis zum 10. Mai 1875 als eine Phase bezeichnet, die einen neuen Krieg zwischen Frankreich und Deutschland heraufbeschwor. Nachdem das Deutsche Reich 1871 im Deutsch-Französischen-Krieg gesiegt hatte, waren die Franzosen bis 1875 um Aufrüstung bemüht. Graf Helmuth von Moltke, Generalstabschef des Heeres, schlug Reichskanzler Bismarck einen Präventivkrieg gegen den auf Revision sinnenden westlichen Nachbarn vor. Bismarck – zunächst Befürworter eines solchen Vorgehens – erkannte schnell, dass er damit die um Vermittlung bemühten Mächte England und Russland gegen das Deutsche Reich aufgebracht hätte.

055 Der Kongress zu Berlin.
Öl auf Leinwand von Anton von Werner, 1881.

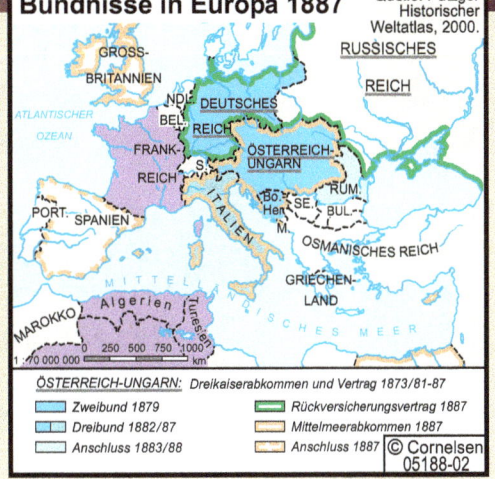

S Auf dem Berliner Kongress vom 13. Juni bis zum 13. Juli 1878 unter dem Vorsitz des deutschen Reichskanzlers Bismarck als »ehrlichem Makler« berieten die europäischen Großmächte und das Osmanische Reich über die politische Situation auf dem Balkan nach dem Ende des Russisch-Türkischen Krieges.

Mit dem Abschluss der Berliner Kongressakte wurde die politische Landkarte der Balkanhalbinsel neu geordnet. Makedonien fiel an das Osmanische Reich zurück. Bulgarien wurde entlang des Balkangebirges geteilt. Serbien, Montenegro und Rumänien wurden unabhängig. Rumänien musste Bessarabien an Russland abtreten, wurde jedoch auf Kosten Bulgariens mit der Dobrudscha entschädigt. Bosnien und Herzegowina wurden von Österreich-Ungarn okkupiert.

Langfristig wurde damit der Gegensatz von Russland und Österreich zu einer Konstante der europäischen Außenpolitik, die in den Ausbruch des Ersten Weltkrieges mündete.

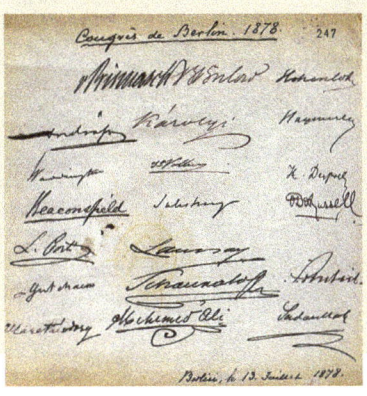

056
Unterschriften der Delegierten des
Berliner Kongresses.

411

Alfred Graf von Waldersee (1832–1904)
B General – Seit dem Krieg 1866 gegen Österreich Generalstabsoffizier. Auf Initiative des alternden Generalstabschefs Helmuth von Moltke wurde er 1882 als Generalquartiermeister dessen Stellvertreter, 1888 sein Nachfolger. Nach persönlichen Differenzen mit Kaiser Wilhelm II. trat er als Generalstabschef 1891 zurück. Waldersee wurde 1900 zum Generalfeldmarschall ernannt und erhielt das Kommando über die europäischen Truppen in China, die den Boxeraufstand niederwerfen sollten.

057 Alfred von Waldersee. Undatierte Porträtaufnahme.

058
Kaiser Wilhelm I. dankt dem
Fürsten Bismarck bei der Ent-
hüllung der Siegessäule am
2. September 1873. Ölskizze
von Robert Warthmüller, um
1894.

059 Parade vor der Berliner
Universität am 10. Geburtstag
des Kronprinzen. Rechts der
Kronprinz, in der Mitte
Wilhelm II. Foto vom
6. Mai 1892.

Die Siegessäule

Die Siegessäule auf dem Großen Stern inmitten des Berliner Tiergartens wurde in den Jahren 1864 bis 1873 erbaut. Anlass für die Errichtung des Denkmals war der Sieg im Deutsch-Dänischen Krieg 1864. Eingeweiht wurde
die Siegessäule am 3. Jahrestag der Schlacht bei Sedan, am 2. September 1873, als Nationaldenkmal der Einigungskriege. Die Siegessäule erinnert an Kriege gegen Dänemark 1864, den Deutschen Krieg 1866
und gegen Frankreich 1870/71. Das Denkmal wird von einer vergoldeten
Bronzeskulptur gekrönt, die von den Berlinern liebevoll »Goldelse« genannt
wird. Die Skulptur stellt Viktoria, die Siegesgöttin der römischen Mytholo-
gie, mit Lorbeerkranz, adlergeschmücktem Helm und Feldzeichen mit Eisernem Kreuz dar. Ihr Adlerhelm lässt die Siegesgöttin auch als Borussia,
die Verkörperung Preußens, erscheinen. Den Granitsockel des
Denkmals schmücken Szenen aus den Schlachten der Einigungskriege, weiter oben erinnert ein Mosaikfries an die
Reichsgründung von 1871. Ursprünglich wurde die Siegessäule auf dem Königsplatz, dem heutigen Platz der Republik, vor dem Reichstag errichtet. Im Zuge der geplanten
Umgestaltung von Berlin durch die Nationalsozialisten wurde die Säule 1938 auf den Großen Stern,
ihren heutigen Standort, versetzt.

060 Die Siegessäule auf dem Königsplatz.
Foto, um 1905.

Der Sedantag

Der »Sedantag« wurde im deutschen Kaiserreich am 2. September gefeiert. Im Deutsch-Französischen Krieg errangen die deutschen Truppen an diesem Tag bei der französischen Stadt Sedan den entscheidenden Sieg über Frankreich, wobei der französische Kaiser, Napoleon III., in Gefangenschaft geriet. Die mit erbeuteten Kanonen aus den Einigungskriegen verzierte Siegessäule betont

061 Illumination des Brandenburger Tores zum 25. Jahrestag der Schlacht bei Sedan. Foto vom 2. September 1895.

die militärischen Aspekte der Reichseinigung. Durch die, ab 1873, alljährlich anlässlich des Sedantages abgehaltenen Militärparaden wurde dies noch unterstrichen. So war der Sedantag unter der Regentschaft Kaiser Wilhelms I. vor allem ein Feiertag zu Ehren der preußischen Armee. Nach der Thronbesteigung Wilhelms II. 1888 verstärkte sich das militärische Gepräge des Sedantages noch einmal. Aber der militärische Glanz der Feierlichkeiten reichte nicht aus, um diesen Feiertag im Bewusstsein aller gesellschaftlichen Gruppen des Kaiserreichs zu verankern. Die Ausgestaltung des Sedantages wurde häufig von der Sozialdemokratie und Teilen des politisch agierenden Katholizismus kritisiert. Lediglich zu besonderen Jubiläen, wie etwa dem 25. Jahrestag 1895 oder dem 40. Jahrestag 1910, erfuhren die Sedanfeiern für kurze Zeit wieder eine größere Akzeptanz. Nach der Niederlage im Ersten Weltkrieg und dem Untergang des deutschen Kaiserreichs kam auch das Ende des Sedantages. Im Sommer 1919 wurde verfügt, dass es keine Sedanfeiern mehr geben werde, der Feiertag entsprach nicht mehr den Zeitverhältnissen.

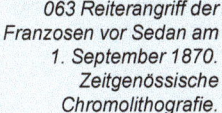

062 Germanias Siegespreis. Germania mit Elsass, Lothringen und der Muse der Geschichtsschreibung. Holzstich nach Zeichnung von Julius Schnorr von Carolsfeld, 1871.

1 Adolf Clarenbach, »Erinnerungen an den Sedantag« (undatiert)

Der Gemeindepfarrer des kleinen westfälischen Dorfes Borgeln berichtet über eine um die Jahrhundertwende veranstaltete Feier anlässlich des Sedantages.

»Ehedem war das Kriegervereinsfest mit der Feier des Sedantags verbunden gewesen. Am Morgen des 2. Septembers war ein Festgottesdienst, an dem der Kriegerverein offiziell teilnahm. Nach demselben war Paradeaufstellung des Vereins auf dem Kirchhof mit den nötigen Festreden und Parademarsch. Am Nachmittag fand für die Schulen des Kirchspiels ein großes gemeinsames Kinderfest mit Kuchen und Limonade, mit Turnen und Spielen statt. Wir freuten uns als Schulkinder schon ein halbes Jahr vorher auf dieses Fest. Gegen Abend ging dann das Kinderfest allmählich über. Etliche Jahre vor meinem Amtsantritt hatte es eine Opposition im Kriegerverein fertiggebracht, mit Rücksicht auf die in dieser Zeit allerdings drängende Arbeit in der Landwirtschaft, daß das Kriegerfest auf den dem 2. September folgenden Sonntag verlegt wurde. Damit war sicherlich dem Gedanken des allgemeinen nationalen Festtages am Sedantag empfindlich Abbruch getan. So war denn mein Vater mit anderen nicht recht damit einverstanden. Der Verein hatte zwar auch an seinem Feste Kirchenparade, aber es war doch kein richtiger vaterländischer Gedenktag mehr.«

Zit. nach: Adolf Clarenbach, Heitere Erinnerungen aus dem Leben eines westfälischen Landgeistlichen, Borgeln 1981, S. 73–76

063 Reiterangriff der Franzosen vor Sedan am 1. September 1870. Zeitgenössische Chromolithografie.

zierter darstellte. Denn gegen Ende des Jahrhunderts, nach der gewaltigen ökonomischen Entwicklung Deutschlands, wurde erst richtig deutlich, welches Machtpotenzial in der Mitte Europas entstanden war, das jetzt nicht mehr nur in einem europäischen Gleichgewicht gehalten, sondern in einem globalen Kräftespiel ausbalanciert werden musste. Nach Bismarcks Entlassung 1890 setzten sich in der politischen Leitung des Reiches jene Kräfte durch, die sein Bündnissystem für zu kompliziert und eine Verbindung zu Russland für überflüssig hielten. Obwohl Russland sein Interesse am Rückversicherungsvertrag signalisiert hatte, wurde dieser nicht erneuert. Bismarcks Nachfolger, Reichskanzler ▸ Leo von Caprivi, erwartete wie alle Vertreter des »Neuen Kurses« die unvermeidliche Auseinandersetzung zwischen Frankreich und Russland einerseits und Deutschland und Österreich-Ungarn andererseits mit von Jahr zu Jahr zunehmender Gewissheit. Russland war längst auf dem Weg, sich eng an Frankreich zu binden. Schon mit der Sperrung des deutschen Kapitalmarkts für russische Kreditwünsche im Jahre 1887 hat die deutsche Wirtschaftspolitik die Orientierung Russlands nach Frankreich mitbewirkt: Französische Banken gaben den Russen bereitwillig die für Industrialisierung, Eisenbahnbau und Rüstung benötigten Kredite. 1892/93 folgten die ersten Militärkonventionen.

Mitte der neunziger Jahre kam es durch die beiden Monarchen ▸ Nikolaus II. und Wilhelm II. noch einmal zu einem Annäherungsversuch, der dazu führte, dass nun Russlands Ostasienrivale Großbritannien die Fühler nach Deutschland ausstreckte. Die deutsche Politik gegenüber dem Inselreich erschien aber als ein Zick-Zack-Kurs von Entgegenkommen und Herausforderung, die Briten vermissten Beständigkeit. Dabei wurde die politische Atmosphäre durch diplomatische Ungeschicklichkeiten des Kaisers wie die ▸ Krüger-Depesche (1896) nachhaltig vergiftet. Dennoch kam es zwischen 1898 und 1901 zu Bündnissondierungen, weil die Briten eine Partnerschaft im ostasiatischen Raum anstrebten. Die Reichsleitung befürchtete, die Rolle eines »Juniorpartners« und »Festlandsdegen« übernehmen zu sollen, und ging darauf nicht ein, zumal sie glaubte, in einigen Jahren, nach dem Aufbau einer starken Flotte, aus einer stärkeren Position heraus mit England über ein Bündnis verhandeln zu können.

Das militärpolitische Dilemma des Deutschen Reiches bestand in der Gefahr eines Zweifrontenkrieges, mit der sich das Reich wegen seiner Mittellage konfrontiert sah. Zu schwach, um an beiden Fronten gleichzeitig zu siegen, musste es versuchen, die Gegner nacheinander zu schlagen, was eine Präventivlösung nahe legte. Schon der ältere Moltke litt unter dieser Zwangslage, was sich letzten Endes auch darin zeigte, dass er den Schwerpunkt des geplanten Kräfteansatzes mehrfach zwischen Ost und West verschob und in der Winterkrise 1887/88 zunächst einen Präventivkrieg gegen Russland befürwortete. Der Chef des Generalstabs von 1891 bis 1905, Alfred Graf von Schlieffen, setzte seit 1895 mehr und mehr auf eine Entscheidungssuche im Westen, für die bis 1906 mehrere Fassungen einer Operationsidee ausgearbeitet wurden, die eine möglichst schnelle Niederringung Frankreichs als Ziel hatte. Der rechte deutsche Angriffsflügel sollte durch Luxemburg, Belgien und Nordfrankreich nach Westen vorbrechen und in einer riesigen Schwenkbewegung westlich an Paris vorbeistoßen, die französischen Armeen umfassen, einkesseln und vernichten. Dafür hielt Schlieffen es für erforderlich, den rechten Flügel sieben Mal so stark zu machen wie den linken in Elsass-Lothringen. Der Plan war operativ plau-

Georg Leo Graf von Caprivi (1831–1899)
B Reichskanzler – Der ehemalige Chef der Admiralität war innenpolitisch zwar um Ausgleich bemüht, scheiterte mit seiner industriefreundlichen Politik, die u.a. zur Senkung von Einfuhrzöllen führte, aber an den Agrarkonservativen Ostelbiens. Außenpolitisch orientierte sich Caprivi nicht am Bismarck'schen Bündnissystem, was an der Nichtverlängerung des Rückversicherungsvertrages mit Russland (1890) deutlich wurde. Vielmehr stand Caprivi für den »Neuen Kurs«, der Deutschland eine freie Hand im Kräftespiel der Großmächte sichern sollte.

064 Leo Graf von Caprivi. Porträtaufnahme, 1890.

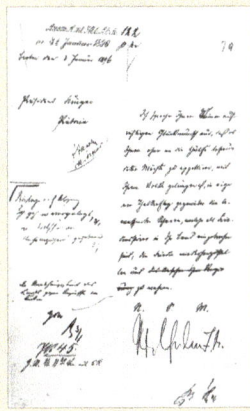

Aufgrund der Krüger-Depesche, einem Telegramm Kaiser Wilhelms II. an den Burenpräsidenten Ohm Krüger, kam es zwischen dem Deutschen Reich und Großbritannien vor dem Hintergrund unterschiedlicher kolonialer Interessen zu einer diplomatischen Krise. Die von den Briten beanspruchte Burenrepublik Transvaal, in der sich etwa 5000 Deutsche aufhielten und deutsche Unternehmen zwischen 300 und 500 Millionen Reichsmark investiert hatten, wies seinerzeit knapp ein Viertel des Weltaufkommens an Gold auf. Die Buren wehrten 1896 erfolgreich einen Angriff englischer Freischärler ab, was Wilhelm II. zu Glückwünschen an Ohm veranlasste. In Großbritannien wurde die Depesche an Krüger als deutsche Einmischung gewertet.

065 Glückwunschtelegramm Wilhelms II. vom 3. Januar 1896 an Ohm Krüger zur siegreichen Abwehr des englischen Einfalls.

067
Der Lotse verlässt das Schiff. Karikatur auf die Entlassung Bismarcks durch Kaiser Wilhelm II. am 22. März 1890. Kolorierte Federlithografie nach Zeichnung von John Tenniel.

B Nikolaus II. Alexandrowitsch (1868–1918)
Zar von Russland – Zeitlebens sah Nikolaus es als seine Hauptaufgabe, die ihm »von Gott gegebene« Macht zu bewahren. Er regierte autokratisch, ohne sich mit den sozialen und politischen Folgen der von Minister Witte betriebenen Industrialisierung auseinander zu setzen und ohne Verständnis für die Notwendigkeit einer grundlegenden Modernisierung der russischen Wirtschaft und Gesellschaft zu zeigen. Breite Zustimmung fand der Zar mit der Anordnung zur allgemeinen Mobilmachung vom 30. Juli 1914, die Russland in den Ersten Weltkrieg führte. Im Jahre 1915 übernahm er gegen den Rat seiner Minister den Oberbefehl über die russischen Streitkräfte. Fern von der Hauptstadt war er jedoch schlecht über die innenpolitische Situation und die wachsende Kriegsmüdigkeit informiert. Bei politischen Entscheidungen verließ er sich mehr

066 Nikolaus II. Alexandrowitsch. Koloriertes Foto, um 1910.

und mehr auf die Empfehlungen der Zarin Alexandra, die unter dem Einfluss des Mönches und Wunderheilers Rasputin stand. Entscheidungsschwäche und die Unfähigkeit, drängende Probleme wie die Versorgung der Truppen und der Zivilbevölkerung zu lösen, diskreditierten den Zaren; militärische Niederlagen kamen hinzu. Angesichts der Februarrevolution dankte Nikolaus am 15. März 1917 ab. Zusammen mit seiner Familie wurde er interniert und im Juli 1918 von der Bolschewiki in Jekaterinburg ermordet.

415

068 Lenin spricht auf dem Roten Platz in Moskau zu der Menge. Foto, 1. Oktober 1917

Mobilisierungs-Befehl.

Soeben ist ein Erlaß des Kaisers ergangen, der die

allgemeine Mobilisierung des Deutschen Heeres und der Flotte anordnet.

Als erster Mobilmachungstag gilt:

Sonntag, der 2. August 1914.

069 Kaiser Wilhelm II. ordnet am 1. August um 17 Uhr die Mobilmachung von Heer und Flotte an.

Empires zur Folge haben würden. Fatalistisch nahmen sie angebliche militärische Sachzwänge hin. Indem die politische Leitung den Plan akzeptierte, verzichtete sie von einem bestimmten Zeitpunkt an auf alle diplomatischen Optionen. Ohne Alternativen hatte sie bei drohender Kriegsgefahr keinen Verhandlungsspielraum mehr, alles kam darauf an, so frühzeitig wie möglich loszuschlagen. Ein Automatismus aus operativen Zwängen würde einsetzen.

Bedeutete der ▶ Schlieffenplan nun den Primat des Militärs über die Politik? Gewiss nicht in dem Sinne, dass das Militär die Richtlinien der Politik bestimmt hätte. Aber die Erfolge des Militärs in den Einigungskriegen, seine Stellung als »Garant« des Reiches hatten dazu geführt, dass die militärische Fachkompetenz weit überbewertet wurde. Der Generalstab erschien als die zentrale Instanz, von der das künftige Schicksal abhing. Die führenden Politiker setzten dieser Tendenz allerdings keine politische Kompetenz entgegen, sondern ließen sich von dem Trend erfassen, weil sie alle von der Unabwendbarkeit des Krieges, also von der »militärischen Lösung«, überzeugt waren. Sie glaubten gar, sich nicht anmaßen zu dürfen, militärische Möglichkeiten oder Notwendigkeiten zu beurteilen. Der in allen politischen Krisen von den Militärs favorisierte ▶ »Präventivgedanke« beherrschte schließlich auch das Denken der Politiker. Zwar hatte das Deutsche Reich in den letzten zwei Jahren vor Beginn des Ersten Weltkrieges eine zurückhaltende, eher passive Außenpolitik betrieben. Doch standen Prestigedenken und der nicht nur in Deutschland, sondern auch in den anderen europäischen Völkern und ihren Führungen verbreitete Fatalismus politischen Schritten zur ▶ Friedenserhaltung entgegen und trugen dadurch wesentlich zu dem verhängnisvollen Ausgang der Julikrise von 1914 bei.

sibel und schien die einzige militärstrategische Lösung aus der Zwickmühle zu bieten. Aber er besaß zwei gefährliche Mängel: Er schloss im Fall eines drohenden Krieges jede Alternative aus, und er hatte fatale politische Auswirkungen auf die Haltung Großbritanniens.

Der Überlegungen sahen seit 1897 vor, die Neutralität Belgiens und Luxemburgs, ursprünglich auch der Niederlande, zu verletzen. Die Reichskanzler ▶ Bernhard Graf von Bülow und ▶ Theobald von Bethmann Hollweg akzeptierten diese »strategische Notwendigkeit«, obgleich ihnen klar war, dass die Neutralitäts-

416 verletzungen den Kriegseintritt des britischen

B Bernhard Graf von Bülow (1849–1929)
Reichskanzler – Bülow artikulierte mit der Forderung nach einem »Platz an der Sonne« die deutschen Weltmacht-Ambitionen. Zum »Freundeskreis« des Kaisers gehörend, erhob dieser ihn 1905 als einzigen Reichskanzler nach Bismarck in den Fürstenstand. Die enge Verbindung zwischen Kaiser und Bülow währte jedoch nur bis zum November 1908, als Bülow für die »Daily-Telegraph-Affäre« die Verantwortung übernehmen musste. Anlass für seine Entlassung war schließlich das Scheitern der Reichsfinanzreform.

070 Bernhard Graf von Bülow. Porträtaufnahme von Jacob Hilsdorf, vor 1909.

071 Mobilmachung. Abfahrt eines Zuges
mit Reservisten im August 1914.

Die Haager Landkriegordnung (HLKO) stellt das erste internationale Abkommen über die »Gesetze und Gebräuche des Landkrieges« dar und ist das Ergebnis der Ersten (1899) und Zweiten Haager Friedenskonferenz (1907). Die HLKO bestimmt den Begriff der kriegführenden Parteien und den der legitim kriegführenden Personen, zu denen auch Angehörige nichtmilitärischer Gruppen (Freischärler) gehören, sofern sie ein Abzeichen tragen, ihre Waffen offen zeigen und eine einheitliche Führung besitzen. Zentraler Punkt der HLKO ist die Unterscheidung zwischen Militär und Zivilbevölkerung. Innerhalb der bewaffneten Macht werden Kombattanten und Nichtkombattanten unterschieden. Beide Gruppen haben den Anspruch als Kriegsgefangene »mit Menschlichkeit behandelt« und »nach dem Friedensschlusse binnen kürzester

072 Bildpostkarte, um 1914.

Frist in ihre Heimat entlassen« zu werden. Außerdem regelt die HLKO Fragen zu Kriegshandlungen und Kriegsmitteln, darunter das Verbot von Giftgasen und der Beschießung unverteidigter Wohnstätten. Die Landkriegordnung legte die Grundregeln für die Ausübung militärischer Gewalt auf besetztem Gebiet und die Pflichten der Besatzungsmacht fest.

417

B Theobald von Bethmann Hollweg (1865–1921)
Reichskanzler – Nach einer Laufbahn in der höheren Staatsverwaltung wurde er 1905 schließlich preußischer Innenminister. Im Jahre 1907 wurde er zum Staatssekretär des Inneren (Reich) und zum Vizepräsident des preußischen Staatsministeriums berufen und schließlich 1909 Reichskanzler. In dieser Position suchte er einen Ausgleich mit England. Im Sommer 1917 wurde er entlassen, als seine Politik der Diagonalen zwischen Rechts- und Linksparteien versagt hatte.

073 Theobald von Bethmann Hollweg. Kolorierte Porträtaufnahme, um 1915.

Der so genannte Schlieffenplan geht auf eine Denkschrift des Chefs des Generalstabes der Armee Alfred Graf von Schlieffen vom Dezember 1905 zurück. Schlieffen bekleidete das Amt des Generalstabschefs von 1891 bis 1905. Kurz vor seinem Ruhestand entwickelte er in einer Denkschrift einen Operationsplan für einen Zweifrontenkrieg gegen Frankreich und Russland, der vorsah, dass während der für die russische Mobilmachung erforderlichen Zeit zunächst Frankreich niedergeworfen und anschließend die Truppen von der Westfront an die Ostfront verlegt werden sollten. Der Schlieffenplan sah also eine rasche Entscheidung im Westen vor. Angesichts des Ungleichgewichts der Stärkeverhältnisse der Heere Deutschlands und Österreichs sowie Frankreichs und Russlands setzte Schlieffen auf eine große Westoffensive, die innerhalb kurzer Zeit im Rahmen einer Umfassungs- und Vernichtungsschlacht einen Sieg erreichen sollte. Da ein Frontalangriff auf die stark befestigten französischen Stellungen entlang der Linie Belfort–Verdun wenig Aussicht auf Erfolg versprach, plante der Generalstabschef eine großangelegte Umfassungsoperation im Nordwesten, bei der er die Verletzung der Neutralität Luxemburgs, Belgiens und der Niederlande einkalkulierte. Das deutsche Westheer sollte innerhalb von fünf Wochen bis Paris vordringen und das gesamte französische Feldheer umfassen und vernichten, dessen Hauptkontingente in der Nähe des französischen Festungsgürtels vermutet wurden. Um dieses Ziel zu erreichen, sah Schlieffen ein Kräfteverhältnis von 7:1 zwischen dem rechten Umfassungsflügel und dem linken Defensivflügel im Westen vor, während die deutsche Ostfront und das Oberrheingebiet von deutschen Truppen weitgehend entblößt bleiben sollten.

Mit dieser Operation sollte Frankreich besiegt werden, noch ehe die russischen Streitkräfte voll einsatzfähig waren. Der Grundgedanke des Schlieffenplans, dass das Deutsche Reich einen Zweifrontenkrieg gegen Russland und Frankreich führen muss, verdichtete sich vor 1914 zum Dogma und wurde von Schlieffens Amtsnachfolger,

074 Alfred von Schlieffen.
Porträtaufnahme, um 1910.

Gerhard Ritter, »Staatskunst
2 **und Kriegshandwerk« (1960)**
Der Historiker bewertet die politischen Folgen
des Schlieffenplans.

Man mag den großen Operationsplan Schlieffens von 1905 als militär-technische Leistung noch so sehr bewundern: daß sein Grundgedanke von der politischen Reichsleitung ohne weiteres gebilligt wurde, ohne die schweren politischen Bedenken, die dagegen sprachen, überhaupt zum Gegenstand einer Beratung zu machen, ohne jede Rückfrage (wenigstens bis 1913), ob denn wirklich kein anderer, politisch weniger gefährlicher Operationsplan möglich wäre als eben dieser, ja ohne die Einzelheiten des Planes überhaupt zur Kenntnis zu nehmen – das gehört zu den Unbegreiflichkeiten des wilhelminischen Reiches. Oder vielmehr: es begreift sich allein aus den Mängeln dieses Regierungssystems und dieser Wehrorganisation, die wir nun schon so ausführlich erörtert haben.«

Zit. nach: Gerhard Ritter, Staatskunst und Kriegs-
handwerk. Das Problem des Militarismus in
Deutschland, Bd 2: Die Hauptmächte und das wil-
helminische Reich (1890–1914), München 1987,
S. 254 f.

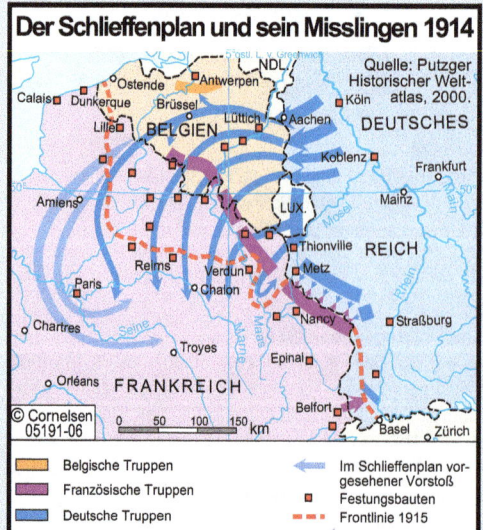

Der Schlieffenplan und sein Misslingen 1914

Quelle: Putzger Historischer Weltatlas, 2000.

© Cornelsen
05191-06

0   50   100   150 km

	Belgische Truppen
	Französische Truppen
	Deutsche Truppen

Im Schlieffenplan vorgesehener Vorstoß
Festungsbauten
Frontlinie 1915

Helmuth Graf von Moltke dem Jüngeren, weiter überarbeitet. Die deutschen Armeen sollten Frankreich von Norden und Süden her umklammern. Der Nordflügel sollte Paris westlich umfassen und den Gegner zur Kapitulation zwingen. Voraussetzung für die Durchführung des Schlieffenplans blieb weiterhin der Bruch der Neutralität Belgiens. Da Großbritannien aber Garantiemacht der belgischen Neutralität war, hatte der deutsche Einmarsch vom 3. August 1914 die Kriegserklärung Großbritanniens zur Folge. Die Umsetzung des Schlieffenplans scheiterte. Generalstabschef Moltke brach die Schlacht an der Marne im September 1914 frühzeitig ab. Zudem waren russische Truppen schon im August in Ostpreußen eingedrungen.

S Der Präventivkriegsgedanke setzte sich im deutschen Generalstab schon kurz nach dem Deutsch-Französischen Krieg 1870/71 durch. Während der »Krieg-in-Sicht-Krise« 1875 trat die deutsche militärische Führung mit Nachdruck für einen Präventivkrieg gegen den Gegner im Westen ein. Nachdem Großbritannien und Russland signalisiert hatten, dass sie bei einem weiteren Waffengang im Herzen Europas nicht abseits stehen und auch einen erneuten Machtzuwachs des Reiches nicht akzeptieren würden, trat eine vorbeugende Aktion gegen Frankreich in der Planung des Generalstabs wieder zurück. Dagegen wurde nun von der militärischen Führung immer häufiger die Frage eines Präventivschlages gegen das zaristische Russland aufgeworfen. Seit 1882 wurden die Planungen für einen möglichen Präventivkrieg erheblich durch den Generalquartiermeister und Stellvertreter Moltkes, Alfred Graf von Waldersee, forciert. Doch Bismarck widersetzte sich in dieser Frage dem Drängen des Generalstabs und erteilte einem militärischen Vorgehen gegen Russland eine Absage.

076 Helmuth von Moltke (der Jüngere). Porträtaufnahme, um 1907.

075 Großbritanniens Kriegseintritt am 4. August 1914 nach Verletzung der belgischen Neutralität durch das Deutsche Reich.

5. Imperialismus und Tirpitzplan

Der »Lotse des Kaiserreiches«, Reichskanzler Otto von Bismarck, stand der Erwerbung von deutschen Kolonialgebieten zunächst ablehnend gegenüber. Er fürchtete Interessenkonflikte mit Großbritannien und Frankreich. So schlossen Kaufleute die ersten Verträge mit Eingeborenen und gründeten Niederlassungen in West- und Ostafrika wie in der Südsee. Die Gründung des Kolonialvereins und der Gesellschaft für deutsche Kolonisation Anfang der achtziger Jahre verlieh dem Verlangen breiter bürgerlicher Kreise nach Kolonialbesitz Nachdruck, dem sich der Kanzler nicht lange widersetzen konnte. Nicht zuletzt aus wahltaktischen Gründen stellte er die privat erworbenen Gebiete nach der Devise »die Flagge folgt dem Handel« unter den Schutz des Reiches und handelte ihre Grenzen in Verträgen mit den anderen betroffenen Kolonialmächten aus: 1884–1886 Deutsch-Südwestafrika, 1884 Kamerun und Togo, 1884/85 Südsee-Gebiete und 1885 Deutsch-Ostafrika. In den folgenden Jahren wurden in den Kolonien ▸ »Schutztruppen« oder wenigstens Polizeitruppen aufgestellt.

Nach Bismarcks Entlassung 1890 intensivierte sich das deutsche Streben nach »Weltgeltung« energisch. Mit dem Imperialismus vergrößerte sich aber auch das Konfliktpotenzial der Großmächte. Pseudowissenschaftliche Theorien wie der »Sozialdarwinismus«, der das »Recht des Stärkeren« propagierte, wurden von fast allen Kolonialmächten zur Begründung ihrer jeweiligen Ausdehnung angeführt. Auch die irrige Annahme, Stillstand bedeute Rückschritt, schien jede Expansion zu rechtfertigen. Mit der Kurzformel »Weltmacht oder Niedergang« artikulierten nationalistische Kreise den Anspruch des Deutschen Reiches auf einen ▸ »Platz an der Sonne« und auch die Forderung nach einer starken Schlachtflotte fand hierin ihre Begründung. Die Kurzformel dafür lautete: »Weltmacht als Ziel, Weltpolitik als Aufgabe und die Flotte als Instrument.« Allerdings ist das Phänomen eine starke Seemacht zu werden um angebliche überseeische Expansionsbedürfnisse zu erfüllen, bei fast allen Großmächten zu beobachten – auch in Österreich-Ungarn und Italien.

Der Flottenbau gehörte als Kern zu der seit 1890 vom »Neuen Kurs« Wilhelms II. anvisierten »Weltpolitik«. Der Kaiser selbst schien von der Idee einer mächtigen Flotte geradezu besessen. Treibende Kraft war Admiral Alfred von Tirpitz, von 1897 an 19 Jahre lang Staatssekretär des Reichsmarineamtes. Seit 1897 begann ein planmäßiger Aufbau der Schlacht- und Hochseeflotte mit dem qualitativen und quantitativen Ziel, eine mögliche britische Seeblockade aufbrechen zu können. Um den Reichstag zur Bewilligung der notwendigen Haushaltmittel zu bewegen, setzte Tirpitz eine noch nie dagewesene Kampagne in der Öffentlichkeit in Gang (»Flottenagitation«), die ihre Wirkung nicht verfehlte. Letztlich herrschte auch im Parlament eine breite Mehrheit für den Flottenbau vor.

Gründe und Zweck des Flottenbaus waren vielschichtig. Um die deutschen Handelsinteressen in der Welt zu schützen, wäre wohl eine starke Kreuzerflotte ausreichend gewesen. Das Ziel war aber, die Voraussetzungen für eine Weltmachtstellung des Deutschen Reiches – neben zwei oder drei anderen »Weltmächten« – mit gesicherten Zugängen zu den Rohstoffen und Märkten in Übersee zu schaffen. Eckpfeiler dafür war die Schlachtflotte, welche die möglichen kommerziellen und kolonialen Rivalen, insbesondere England, von dem Versuch abschrecken sollte, das Reich mit militärischen Mitteln von seinen Überseegebieten abzuschneiden. Hier wird ein innerer Wider-

420

S In den Schutzgebieten Deutsch-Ostafrika, Kamerun und Deutsch-Südwestafrika wurden in den 1890er Jahren Schutztruppen aufgestellt. Die Schutz- und Polizeitruppen bildeten neben dem Reichsheer und der Kaiserlichen Marine einen eigenständigen Teil der Streitkräfte des Kaiserreichs und unterstanden dem Kaiser als oberstem Kriegsherren. Die Schutztruppe war aber keine vom Reichsheer völlig losgelöste Kolonialarmee. Die zur Schutztruppe wechselnden Soldaten schieden zwar aus Heer oder Marine aus, konnten jedoch nach dem Dienst in den Kolonien bei Wahrung des Dienstalters dort wieder eintreten. Zusammengesetzt war die Schutztruppe aus Offizieren, Sanitäts- und Veterinäroffizieren, Unteroffizieren, und – was die Truppe in Deutsch-Südwest betraf – auch aus freiwilligen Soldaten des Heeres und der Kaiserlichen Marine. Außerdem wurden in Deutsch-Ostafrika und Kamerun afrikanische Söldner, die so genannten Askaris, für den Militärdienst angeworben.

1 Bernhard von Bülow, »Platz an der Sonne«
(6. Dezember 1897)

*In einer Reichstagsrede forderte der Staatssekretär
des Auswärtigen Amtes die Teilnahme Deutschlands
an der Weltpolitik.*

»Die Zeiten, wo der Deutsche dem einen seiner Nachbarn die Erde überließ, dem anderen das Meer und
sich selbst den Himmel reservierte, wo die reine Dokt-
rin thront (Heiterkeit – Bravo!) – diese Zeiten sind vorüber. Wir betrachten es als eine unserer vornehmsten
Aufgaben, gerade in Ostasien die Interessen unserer
Schiffahrt, unseres Handels und unserer Industrie zu
fördern und zu pflegen [...].
Wir müssen verlangen, daß der deutsche Missionar
und der deutsche Unternehmer, die deutschen Waren, die deutsche Flagge und das deutsche Schiff
in China geradeso geachtet werden, wie diejenigen
anderer Mächte. (Lebhaftes Bravo.) Wir sind endlich
gern bereit, in Ostasien den Interessen anderer 15
Großmächte Rechnung zu tragen, in der sicheren Vo-
raussicht, daß unsere eigenen Interessen gleichfalls
die ihnen gebührende Würdigung finden. (Bravo!) Mit
einem Wort: wir wollen niemand in den Schatten stellen, aber wir verlangen auch unseren Platz an der
Sonne. (Bravo!)«

*Zit. nach: Verhandlungen des Reichstages. IX. leg.
per. V. Session 1897/98, 1. Bd, S. 601*

077 Der Traum vom Weltreich.
Karikatur von F. Boscovitz, 1900.

078 Hissen der deutschen Flagge in Kamerun 1884.
Zeitgenössische Zeichnung.

079 Askarikompanie, Deutsch-Ostafrika.
Farbdruck nach Aquarell,1913.

421

spruch deutlich: Die deutsche Schlachtflotte, die aus technischen Gründen (z.B. Reichweite) nur »vor der eigenen Haustür« eingesetzt werden konnte, war somit für eine Nahentscheidung in der Nordsee konzipiert – strategisch lagen die Ziele der deutschen Flottenrüstung jedoch in der Ferne. Das Erklärungsmuster zur Auflösung dieses Widerspruchs lieferte letztlich Tirpitz' »Risiko-Theorie«: Die deutsche Flotte sollte so stark sein, dass es für England ein Risiko bedeuten sollte, Deutschland zum Gegner zu haben, dass England also Deutschlands Freundschaft suchen müsste. Genau das Gegenteil war jedoch die Folge, als die britisch-französischen Absprachen von 1904 (Entente Cordiale) bekannt wurden. Die älteren Thesen einiger Historiker, dass hinter dem Flottenbauprogramm ein geheimes militärisches Kalkül stand, die britische Seemacht zu brechen und damit auch die Stellung Großbritanniens als Garant des europäischen Gleichgewichts zu Gunsten einer deutschen Vormachtstellung auszuhebeln, wird durch neuere Forschungen in Frage gestellt. Im Sinne einer vermeintlichen historischen »Gesetzmäßigkeit« des Aufstiegs und Absinkens von Weltmächten spekulierten aber Tirpitz und seine Anhänger auf eine zukünftige Konstellation, in der das Deutsche Reich mit seiner dann vorhandenen Hochseeflotte – die Planungen für 1920 zielten auf 61 Großkampfschiffe – die Vormachtstellung Englands zur See erschüttern und dessen Nachfolge antreten könnte.

Der Bau des technologisch revolutionären Großkampfschiffes ▶ Dreadnought durch die britische Admiralität, das alle bisherigen Typen durch seine höhere Geschwindigkeit und überlegene schwere Artillerie nahezu wertlos machte, führte praktisch zu einem Neuansatz des Rüstungswettlaufs zur See. Die Verschuldung der öffentlichen Hand in Deutschland erforderte für den Flottenbau Steuerbelastungen, welche die Verteilungskämpfe und sozialen Spannungen im Innern beschleunigten. Außenpolitisch sah sich das Deutsche Reich einer veränderten Bündnisstruktur gegenübergestellt: England hatte sich mit seinem Kolonial-Rivalen Frankreich verständigt (Entente Cordiale); zusätzlich schien Russland nach dem verlorenen Krieg gegen Japan (1904/05), vor allem aber durch innere Unruhen geschwächt, das Deutsche Reich hingegen übermächtig. Es entsprach den Prinzipien der englischen Außenpolitik, auf dem europäischen Kontinent den Schwächeren gegen einen potenziell Stärkeren zu stützen. Im Jahre 1907 gelang ein britisch-russischer Interessenausgleich, den man in Deutschland ebenfalls nie für möglich gehalten hätte. Die Flottenrüstung hatte einen gewichtigen Anteil daran, Großbritannien in die Arme von Deutschlands Gegnern zu treiben. Allmählich wurde klar, dass der Flottenbau eine gigantische politische und militärische Fehlentscheidung war.

Bethmann Hollweg war bemüht, auf eine Außenpolitik mit kontinentalem Schwerpunkt zurückzuschwenken und einen Ausgleich mit England zustande zu bringen. An Versuchen, Absprachen über Flottenstärken zu erreichen, hat es nicht gefehlt. Doch Tirpitz widersetzte sich vehement allen Begrenzungsplänen. Auch noch dann, als das Scheitern seiner Flottenpolitik für die Eingeweihten offenkundig war, hielt er mit Unterstützung des Kaisers am eingeschlagenen Kurs fest, obgleich die Verschärfung des Neubautempos die deutsche Wirtschaft schließlich überstrapazierte. Mit Hilfe tendenziöser Berichte »seiner« Marineattachés verstärkte Tirpitz die Überzeugung des Kaisers, England werde die Einschränkung der Flottenrüstung als »Schwäche« auslegen. Der britische Kriegsminister ▶ Richard Haldane versuchte 1912 durch einen Besuch in

Richard Burdon Haldane (1856–1928)
Britischer Politiker – Als Kriegsminister führte Haldane auf Grund der Erfahrungen aus dem Burenkrieg eine Neuordnung des britischen Heeres nach preußisch-deutschem Muster durch. In Haldanes Amtszeit wurden ferner der Imperiale Generalstab gebildet und Reserveformationen aufgestellt, die im Kriegsfall eine rasche Vergrößerung des Berufsheeres ermöglichten. 1915 trat er von seinem Ministeramt zurück, da ihm – verstärkt seit Beginn des Ersten Weltkriegs – eine zu deutschlandfreundliche Haltung vorgeworfen wurde.

080 Richard Burdon Haldane. Foto, um 1910.

Der so genannte Dreadnoughtsprung vollzog sich mit dem Stapellauf des englischen Kriegsschiffes HMS DREADNOUGHT (engl.; Fürchtenichts). Als die DREADNOUGHT 1905 in Portsmouth vom Stapel lief, war sie das größte, stärkste und schnellste Großkampfschiff der Welt. Sie besaß eine Wasserverdrängung von 17 900 Tonnen, erreichte eine Geschwindigkeit von 21–22 Knoten und verfügte über zehn Geschütze Kaliber 30,5 Zentimeter in Doppeltürmen. Diesem Schiff folgten bald weitere und noch stärkere Dreadnoughts. Mit dem »Dreadnought-Sprung« erreichte das deutsch-britische Flottenrüsten ein neues Stadium, denn auch die deutsche Marine musste ähnliche Schiffe bauen, um im Rüstungswettlauf mit den britischen Seestreitkräften Schritt halten zu können, was jedoch nicht gelang. Die strategische Überlegenheit der britischen Flotte blieb bis zum Beginn des Ersten Weltkrieges bestehen.

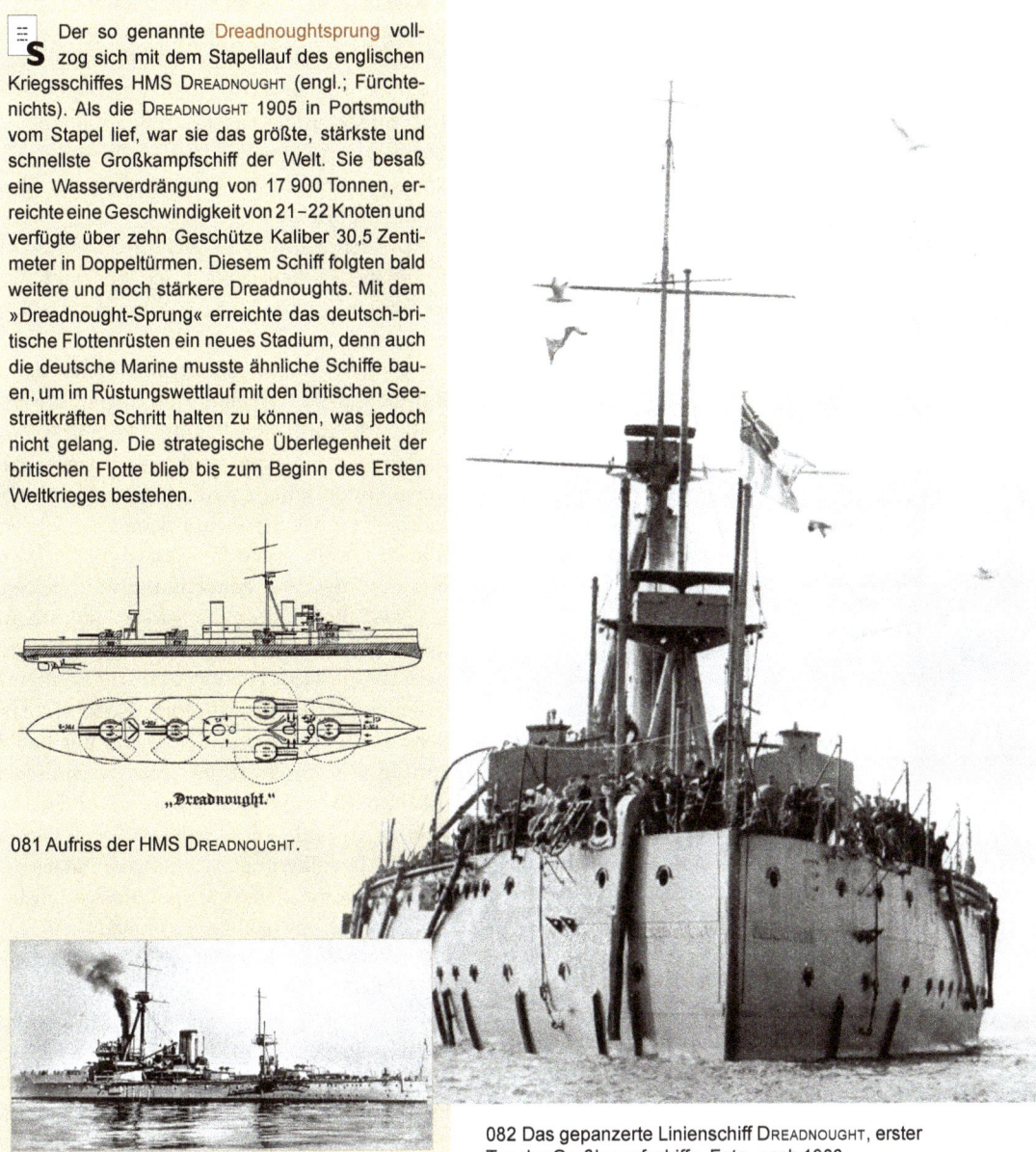

„Dreadnought."

081 Aufriss der HMS DREADNOUGHT.

083 HMS DREADNOUGHT. Undatiertes Foto.

082 Das gepanzerte Linienschiff DREADNOUGHT, erster Typ der Großkampfschiffe. Foto, nach 1906.

423

Als Haldane-Mission wird das inoffizielle Treffen zwischen dem Reichskanzler Bethmann Hollweg und dem englischen Kriegsminister Richard Burdon Haldane bezeichnet. Zu einem Ausgleich zwischen Großbritannien und Deutschland führte diese Mission am 8. Februar 1912 jedoch nicht, denn Kaiser Wilhelm II. wich erstens nicht vom Tirpitz'schen Flottenplan ab, wonach sich die Größe der deutschen Marine im Verhältnis 2:3 zur britischen belaufen sollte. Zweitens verlangte der Kaiser, dass sich die Briten im Falle eines Krieges zwischen Deutschland und Frankreich neutral verhalten sollten. Die Neutralität wollte Haldane aber nur zur Verhandlung stellen, so lange das Deutsche Reich in einen Defensivkrieg verwickelt würde.

084 Eisenbahnviadukt der Bagdadbahn bei Konya. Foto, um 1910.

S Die Strecke der Bagdadbahn verlief im Osmanischen Reich von Konya über Bagdad bis nach Basra am Persischen Golf. Die »Kaiserliche Ottomanische Bagdadbahn« wurde nach ihrem Baubeginn 1903 zum Hauptinstrument der deutschen Weltpolitik im Orient. Während seiner Orientreise im Herbst 1898 erklärte sich Kaiser Wilhelm II. im Heiligen Land zum Schutzherrn aller Muslime und solidarisierte sich öffentlich mit Sultan Abdul Hamid. Diese Einflussnahme auf das Osmanische Reich provozierte Spannungen mit Großbritannien und Russland. Kurz vor Ausbruch des Ersten Weltkrieges unterzeichneten Deutschland und Großbritannien ein Abkommen, das vorsah, dass die Strecke bis Bagdad unter deutscher Leitung und die Endstrecke von Bagdad nach Basra von britischen Ingenieuren fertiggestellt werden sollte. Die ersten 600 Kilometer, von insgesamt 2250 Kilometern, wurden nach 10 Jahren Bauzeit 1913 in Betrieb genommen. Das Projekt der friedlichen Durchdringung des Osmanischen Reiches war mit dem Ausbruch des Ersten Weltkrieges gescheitert.

085 Bauarbeiten: Einheimische Arbeiter östlich von Aleppo (Syrien). Foto, um 1909/10.

086 Reliefkarte zur Übersicht über die Anatolische Bahn, die Bagdad-Bahn und anschließende Linien. Zeichnung von M. Schammler, um 1904.

Berlin noch einmal, zu einer Verständigung zu gelangen. Bethmann Hollweg konnte seinen Kurs der Verlangsamung des Flottenbaus jedoch nicht durchsetzen; die politische Einsicht trat hinter militärstrategische Ziele zurück. Der letzte Ausgleichsversuch scheiterte auch am gegenseitigen Misstrauen und nicht überbrückbarer Rivalität.

Für den rückschauenden Beobachter wie für manchen hellsichtigen Zeitgenossen war es eindeutig klar, dass die Rolle einer »Weltmacht« für das Deutsche Reich eine Nummer zu groß war, da Deutschland weltpolitisch mit Großbritannien und Frankreich oder den USA nicht mithalten konnte. Die politischen, diplomatischen und auch militärischen Aktionen und Demonstrationen des Deutschen Reiches, zum Beispiel um Samoa (1898), vor Manila (1898), gegen Venezuela (1902/03), im Nahen Osten (▸ Bagdadbahn) und in der ersten (1905/06) und zweiten ▸ Marokkokrise mit der ▸ Entsendung des Kanonenboots PANTHER nach Agadir (1911) brachten überwiegend nur außenpolitische oder diplomatische »Schlappen« ein, wurden von der Masse der Bevölkerung aber als Ausdruck einer dynamischen »Weltpolitik« empfunden und von »offiziösen« Kreisen auch als solche gefeiert. Somit kam es bei der Bevölkerung zu einer realitätsfernen Wahrnehmung der Außenpolitik des Reiches und ihrer Möglichkeiten. Es entstand ein starkes Missverhältnis zwischen Wunschdenken und Realität. Aber selbst wenn Reichskanzler Bethmann Hollweg seiner Einsicht gefolgt wäre und eine entschiedenere Abkehr von der »Weltpolitik« vollzogen hätte, bleiben berechtigte Zweifel, ob er das ohne schwer wiegende innenpolitische Folgen und ohne nachhaltige Erschütterung des kaiserlichen Beamtenregimes hätte zu Ende führen können.

Die erste Marokkokrise 1905/06 entstand, nachdem der Abschluss der »Entente Cordiale« zwischen Frankreich und Großbritannien den französischen Einfluss in Marokko absicherte. Das Deutsche Reich befürchtete nun eine Beeinträchtigung seiner wirtschaftlichen Interessen in Marokko. Auf Drängen des Reichskanzlers Bernhard von Bülow besuchte Kaiser Wilhelm II. demonstrativ Tanger, um der Forderung nach einem deutschen Mitspracherecht in Marokko und der formalen Souveränität des Sultans Nachdruck zu verleihen. Zur Beilegung der Krise wurde die Konferenz von Algeciras einberufen. Die deutsche Diplomatie hatte die Konferenz durch Kriegsdrohungen an Frankreich erzwungen, um die Ausdehnung der französischen Interessensphäre auf Marokko zu verhindern. Sie erlitt jedoch eine völlige Niederlage, weil bis auf Österreich-Ungarn alle Staaten das deutsche Vorgehen ablehnten.

Die zweite Marokkokrise, auch als »Panthersprung nach Agadir« bekannt, wurde 1911 durch die Entsendung des deutschen Kriegsschiffs SMS Panther nach Agadir ausgelöst, nachdem französische Truppen Fès und Marrakesch infolge von Unruhen besetzt hatten. Die Krise wurde schließlich durch den Marokko-Kongo-Vertrag (11. November 1911) beigelegt, in dem das Deutsche Reich auf seine Ansprüche in Marokko verzichtete und dafür mit einem Teil der französischen Kolonie Französisch-Äquatorialafrika (Neukamerun) entschädigt wurde.

088 Agadir. Karikatur von Hans Gabriel Jentzsch, 1911.

---

1 Die Norddeutsche Allgemeine Zeitung, »Hurrah! Eine Tat!« (1. Juli 1911)

Die Zeitung berichtet über die Entsendung eines deutschen Kriegsschiffes in den Hafen von Agadir. Diese als »Panthersprung« bekannt gewordene Aktion löste die zweite Marokkokrise aus.

»Die im Süden Marokkos interessierten deutschen Firmen haben die Kaiserliche Regierung unter Hinweis auf die Gefahren, die angesichts der Möglichkeit des Übergreifens der in anderen Teilen Marokkos herrschenden Unruhe den dortigen gewichtigen deutschen Interessen drohen, um Maßregeln zur Sicherung von Leben und Eigentum der Deutschen und deutschen Schutzgenossen in jenen Gegenden gebeten. Die Kaiserliche Regierung hat zu diesem Zweck zunächst die Entsendung von Seiner Majestät Schiff Panther, das sich in der Nähe befand, nach dem Hafen von Agadir beschlossen und dies den Mächten angezeigt. [...] Es wird wie ein jubelndes Aufatmen durch unser Volk gehen. Der deutsche Träumer

087 SM Kanonenboot Panther.

erwacht aus zwanzigjährigem Dornröschenschlaf. Endlich eine Tat, eine befreiende Tat, die den Nebel bittersten Mißmutes in deutschen Landen zerreißen muß. In den zwei Jahrzehnten nach dem Abgang des großen Reichsschmiedes haben unfähige Nachfolger Mißerfolg auf Mißerfolg gehäuft. In feiger Furcht sind die unwürdigen Nachkömmlinge der Helden von 1870 Schritt für Schritt vor den Herausforderungen des Auslandes zurückgewichen [...] Als ob wir nicht die volksstärkste Nation in Europa wären, als ob wir uns mit unseren berechtigten Machtansprüchen nicht auf ein Heer von 5 Millionen Bajonetten stützen könnten und auf eine Flotte, die nicht mehr zu verachten ist. [...] Nun endlich eine Tat, eine befreiende Tat!«

Zit. nach: Unter Wilhelm II. 1890–1918. Hrsg von Hans Fenske, Darmstadt 1982 (= Quellen zum politischen Denken der Deutschen im 19. und 20. Jahrhundert. Freiherr-vom-Stein-Gedächtnisausgabe, 7), S. 303 f.

Kapitel II – Strukturen:

Heer und Marine

1. Zwischen Traditionen und Moderne

a) Wehrverfassung und sozialgeschichtliche Auswirkungen

Mit der Verfassung des Deutschen Reiches von 1871 wurde bis auf wenige Ausnahmen jeder deutsche Mann wehrpflichtig. Das Wehrgesetz, das Art und Dauer der Wehrpflicht festlegte, blieb in den Kernbestimmungen noch bis 1919 in Kraft. Nach der Fassung von 1888 dauerte die allgemeine Wehrpflicht vom 17. bis zum 45. Lebensjahr, die Dienstpflicht im Heer oder in der Marine vom 20. bis zum 39. Der Soldat gehörte sieben Jahre lang zum stehenden Heer, davon drei Jahre aktiv bei der Truppe und vier Jahre in der Reserve; seit 1893 bei den Fußtruppen nur noch zwei Jahre im aktiven Dienst und fünf in der Reserve. Danach wurde der gediente Wehrpflichtige für fünf Jahre zur Landwehr 1. Aufgebots überwiesen, aus der im Mobilmachungsfall Landwehrtruppen aufgestellt wurden, und anschließend bis zum 39. Lebensjahr zur Landwehr 2. Aufgebots. Alle Wehrpflichtigen, die diesen Organisationen nicht zugewiesen waren, zählten zum Landsturm, der im Mobilmachungsfall Sicherungsaufgaben in der Heimat zu erfüllen hatte. Bedingt taugliche und andere nicht eingezogene Wehrpflichtige kamen zunächst ungedient für zwölf Jahre in die Ersatzreserve und traten danach zum Landsturm über.

089 Die Begegnung von zwei Zeitaltern: Kapitän Engelhard in einem Wright-Flugzeug im Flug über Johannisthal bei Berlin. Foto vom 12. August 1910.

Da im Verhältnis zur rasch ansteigenden Bevölkerungszahl Deutschlands immer weniger Rekruten eingezogen wurden, nahm die Zahl nicht ausgebildeter tauglicher Wehrpflichtiger drastisch zu, 1914 waren es über fünf Millionen. Ein Grund für die nur teilweise Ausschöpfung des Wehrpflichtigen-Potenzials lag in der Bestimmung der Reichsverfassung, dass die Friedens-Präsenzstärke ein Prozent der Bevölkerung betragen sollte, jedoch wiesen die geburtenstarken Jahrgänge deutlich mehr taugliche junge Männer auf. Außerdem hinkte die Präsenzstärke durch den raschen Bevölkerungsanstieg und die Festlegung der Etatstärke für die nächsten fünf Jahre immer dem Soll hinterher. Schließlich »diente« nur noch gut die Hälfte aller Tauglichen und von »Wehrgerechtigkeit« konnte eigentlich nicht mehr die Rede sein.

Allerdings gab es auch bereits im Wehrgesetz festgeschriebene Ausnahmen von der »Wehrgerechtigkeit«: Zum Beispiel waren Angehörige bestimmter hochadeliger Häuser von der Wehrpflicht befreit. Ein anderes Privileg unterlief den Gleichheitsgrundsatz: der Einjährig-Freiwillige. Wer die 10. Klasse des Gymnasiums, die so genannte ▶ Untersekunda, ab-

426

090 »Wir Deutsche fürchten Gott, aber sonst nichts auf der Welt!« Rede Bismarcks zum Landwehrgesetz am 6. Februar 1888 im Reichstag. Gemälde von Ernst Henseler, 1901.

S

Frühere Klassenbezeichnung	Heutige Klassenbezeichnung
Sexta	5. Klasse
Quinta	6. Klasse
Quarta	7. Klasse
Untertertia	8. Klasse
Obertertia	9. Klasse
Untersekunda	10. Klasse
Obersekunda	11. Klasse
Unterprima	12. Klasse
Oberprima	13. Klasse

091 Erdkundeunterricht in einer Obersekunda der Hauptkadettenanstalt Lichterfelde, Berlin.

427

geschlossen hatte oder wer einen dementsprechenden Bildungsnachweis erbringen konnte, zählte zu den »gebildeten Ständen«. Wenn er in der Lage war, die Kosten für Bekleidung, Ausrüstung, Unterkunft und Verpflegung aufzubringen, je nach Truppengattung 2000 bis 3000 Mark für ein Jahr, also etwa das Jahresgehalt eines älteren Oberleutnants, zwei Jahresgehälter eines jüngeren Lehrers oder drei Jahreseinkommen einer Arbeiterfamilie, dann konnte er verkürzt, nur ein Jahr, Dienst leisten. Aus diesen ▷ »Einjährigen« rekrutierte sich, nach weiteren Wehrübungen, die Masse des Reserveoffizierkorps.

Für die Einführung der dreijährigen aktiven Dienstzeit 1860 in Preußen war als zentrales Argument angeführt worden, dass die Verlängerung von zwei auf drei Jahre die Voraussetzung dafür sei, dem Soldaten neben der militärisch-handwerklichen Ausbildung auch den rechten militärischen und politischen »Geist« anerziehen zu können. Im Hinblick auf die politische Gesinnung dürfte das weitgehend auch während der späteren zweijährigen Dienstzeit gelungen sein, wenn man das Ziel dahingehend einschränkt, dass die Masse der Wehrpflichtigen bei der Entlassung aus dem aktiven Dienst von der Notwendigkeit des »Dienens« überzeugt war. Wie stark der »Vaterländische Unterricht« – die Vermittlung der konservativen Werte der Hohenzollernmonarchie – dazu beigetragen hat, ist schwer zu beurteilen. Da aber beim Militär junge Männer aus den verschiedensten Landesteilen Deutschlands, aus verschiedenen Schichten und Berufen zusammenkamen, hat das Militär mit Sicherheit einen großen Beitrag zur Nationalisierung der Bevölkerung geleistet. Allgemein wurde die Armee als ▷ »Schule der Nation« betrachtet. Und alle diese Sozialisationsmechanismen bewirkten

schließlich eine grundsätzliche Identifizierung mit der Gesellschaftsordnung des Kaiserreichs und ihren Institutionen. Zwar wurden Reformen für dringend erforderlich gehalten, aber kaum jemand stellte die Monarchie grundsätzlich in Frage.

Alle aktiven Soldaten unterstanden in sämtlichen Strafsachen einer besonderen Militärgerichtsbarkeit. Zwar gab es im Deutschen Reich seit 1872 ein einheitliches Militärstrafgesetzbuch, doch wiesen die Prozessordnungen einschneidende Unterschiede auf. Am fortschrittlichsten war die Bayerns, welche ein mündliches, öffentliches Verfahren vorsah, am rückständigsten die Preußens, in der ein schriftlicher, geheimer Untersuchungsprozess festgelegt war, der die Ämter des Anklägers, Verteidigers und Richters in einer Person vereinigte. Preußens König fürchtete bei einem öffentlichen Verfahren vorgeblich um die Disziplin in der Armee, hatte aber wohl eher Angst davor, dass Missstände nach außen gelangen und seine »Kommandogewalt« beeinträchtigt werden könnten. Erst 1898 wurde eine modernisierte Prozessordnung in Kraft gesetzt. Als oberste Instanz für Armee, Marine und Schutztruppen wurde 1900 das ▷ Reichsmilitärgericht mit einem separaten bayerischen Senat gegründet.

b) Die Auswirkungen des technischen Fortschritts (Dieter Storz)

In seinem Hauptwerk »Vom Kriege« erwog Carl von Clausewitz, ob eine Weiterentwicklung der technischen Kriegsmittel einen Wandel der Kriegführung herbeiführen könne. Diesen Gedanken verwarf er allerdings, da er sich »bei der Einfachheit und inneren Notwendigkeit, zu der alles gediehen ist«, solche Veränderungen nicht vorstellen konnte: Damals hatte die Anfertigung von Kriegsgerät vor allem

428

S Das Reichsmilitärgericht in Berlin wurde als oberste deutsche Militärgerichtsbehörde für alle Angehörigen des Heeres, der Marine und der Schutztruppen am 1. Oktober 1900 errichtet. An der Spitze des Reichsmilitärgerichts stand ein General. Die oberste deutsche Militärgerichtsbehörde unterteilte sich in drei Senate und die Militäranwaltschaft. Die Mitarbeiter waren obere Militärbeamte und trugen, einschließlich des dritten Senats, der sich nur aus bayerischen Offizieren zusammensetzte, keine Kontingentsabzeichen, sondern nur die Reichskokarde und den Reichsadler als Helmzier. Am 1. Oktober 1900 trat die Militär-Strafgerichtsordnung in Kraft, durch die das deutsche Militärgerichtswesen vereinheitlicht wurde. Vorher hatte in Bayern, Sachsen und Württemberg eine eigene Militär-Straf-

1 Victor Tissot, »Einjährige Freiwillige« (1887)
*Das militärische Leben nahm in den Reise-
schilderungen des französischen Journalisten viel
Platz ein.*

»Der Kontrast ist groß zwischen den Rekruten vom
Land, die den Grundstock der Garnison bilden, und
den Freiwilligen aus guten und reichen Familien, die
ihr Freiwilligenjahr in einem in der Hauptstadt behei-
mateten Regiment ableisten. Diese jungen Herren ge-
nießen alle Arten von Privilegien; unter der Voraussetzung, daß sie sich pünktlich zu den ersten Übungen
einfinden und nicht die Kurse versäumen, stellt es
ihnen die Militärführung mehr oder weniger frei, nach
ihren eigenen Vorstellungen zu leben. Sie sind nicht
einmal verpflichtet, in der Kaserne zu schlafen, und
wohnen weiterhin bei ihren Eltern [...]. Es gibt nicht die

092 Geschützexerzieren im 1. Kurhessischen Feldartillerie-Regiments Nr. 11. Rechts ein Einjährig-Freiwilliger.

geringste Beziehung zwischen diesen Freiwilligen und ihren Kameraden des Regiments. Der Kastengeist, der
die Basis der preußischen Armee bildet, zeigt sich so bereits auf den ersten Stufen der Hierarchie.«

Zit. nach: Victor Tissot, De Paris á Berlin. Mes vacances en Allemagne, Paris 1887, S. 95 f.

1 Fritz Endres, »Die Schule der Nation« (1915)
*Der Dozent an der Königlich Bayerischen Kriegsschule in München äußerst
sich über die Bedeutung der militärischen Ausbildung für die Volkserziehung.*

»In den Händen der militärischen Vorgesetzten lag und liegt ferner ein wichtiger
Teil unserer Volkserziehung [...] der Offizier muß die Arbeit des Volksschulleh-
rers nach einer oft verhängnisvollen Pause wieder aufnehmen und das spröde
und unbiegsamer gewordene Material für die Allgemeinheit nutzbar machen,
muß neben der körperlichen und militärischen Ausbildung auch auf Hebung
der sittlichen und geistigen Kräfte des Soldaten bedacht sein.
Die körperliche, die geistige, die charakterliche Erziehung unserer ungelen-
ken Bauernburschen, unserer gescheiten, aber oft zuchtlosen und körperlich
vernachlässigten Fabrikarbeiter, unserer intellektuell überfütterten, physisch
und psychisch verkrüppelten akademischen Jugend ist das Verdienst unserer
Offiziere und in vieler Hinsicht auch unserer oft geschmähten Unteroffiziere.«

*Zit. nach: Das Buch vom Kriege. Hrsg. von Hans Ferdinand Helmolt,
Berlin 1915, S. 293 f.*

093 Spielzeug-Uniformwams,
Ende 19. Jahrhundert.

429

gerichtsordnung bestanden, wobei die sächsische der
preußischen Militär-Strafgerichtsordnung angeglichen
war. Die neue Militär-Strafgerichtsordnung berücksichtigte das moderne Strafprozessrecht und sah öffentliche
Hauptverhandlungen vor.

094 Ansicht des Reichsmilitärgerichts.
Bildpostkarte, um 1910.

eine quantitative Dimension. Neu produzierte Waffen ersetzten Verlust und Verschleiß, in ihrem Leistungsvermögen waren sie jedoch seit Generationen nahezu unverändert geblieben. Wenige Jahre nach dem Tod des preußischen Generals änderte sich dieser Zustand aber grundlegend und für immer. Der Umgang mit technischem Wandel wurde fortan zu einer der wichtigsten Aufgaben militärischer Eliten.

Der Krimkrieg war die erste große militärische Auseinandersetzung des Jahrhunderts, bei der qualitative Unterschiede der Bewaffnung eine wichtige Rolle spielten. Während die Russen noch durchgehend glattläufige Musketen führten, also unpräzise Kugelschleudern geringer Reichweite, deren eigentliche Bestimmung viele Taktiker darin sahen, ein Bajonett an ihrer Spitze zu befestigen, um damit zum Sturmangriff anzutreten, verfügten die Alliierten bereits über Vorderladergewehre mit gezogenen Läufen, die weit und genau schossen. Die preußische Armee besaß zu diesem Zeitpunkt schon eine von hinten zu ladende Waffe, das Zündnadelgewehr. Während des »Bruderkrieges« von 1866 zeigten die Niederlagen der Österreicher, dass eine Armee mit Vorderladern gegen eine mit rasch feuernden Hinterladern chancenlos war. Eine vergleichbare Entwicklung vollzog sich auf dem Gebiet der Artilleriebewaffnung: Von hinten zu ladende Geschütze mit gezogenen Rohren aus Stahl, die weit und genau schossen, traten innerhalb weniger Jahre an die Stelle glattläufiger Bronzekanonen, deren ballistische Leistung seit der Zeit Kaiser Maximilians grundsätzlich gleich geblieben war.

Die ▸ taktische Leistung einer Truppe im Gefecht hängt nun entscheidend davon ab, dass es der Führung gelingt, die Anstrengungen einer großen Zahl von Individuen einheitlich zu organisieren. Das traditionelle Mittel dazu war die Anordnung der Soldaten in kompakten Formationen, die es dem Einzelnen unmöglich machten, sich dem Führerwillen zu entziehen. Solche Formen waren natürlich feuerempfindlich, aber Verluste, auch hohe, nahm man eben hin, solange man auf diese Weise den Gefechtserfolg erzielen konnte. Das weit tragende, präzise Feuer moderner Waffen führte aber zur kompletten Vernichtung von Truppenkörpern, die auf dem Gefechtsfeld in geschlossener Ordnung auftraten. Die Wirkung solcher Waffen ließ sich nicht einfach durch gleich leistungsfähige Modelle kompensieren, wie manche zunächst dachten, sondern verlangte zugleich nach einer Anpassung der Fechtweise. Die Herausforderung bestand darin, die taktischen Formen so weit aufzulösen, dass sie auf dem Schlachtfeld überlebensfähig waren, dabei aber stark genug blieben, das Gefecht erfolgreich durchzukämpfen und ihren Führern nicht aus der Hand gerieten, ein Dilemma, das die Armeen ununterbrochen von der Mitte des 19. Jahrhunderts bis zum Ausbruch des Weltkrieges beschäftigte.

Der Anfang der siebziger Jahre erreichte waffentechnische Standard hielt immerhin etwa fünfzehn Jahre. Die Infanterie führte Gewehre mit Rohrweiten zwischen zehn und elf Millimetern, was den verwendeten Munitionsbestandteilen, Schwarzpulver und Blei, optimal angepasst war. Die Einführung eines neuen Infanteriegewehrs durch Frankreich im Jahr 1886 änderte die Situation schlagartig. Das Kaliber betrug nur noch acht Millimeter, die eigentliche Herausforderung lag aber in der Verwendung eines neuen Treibmittels auf der Basis nitrierter Zellulose, der »Schießbaumwolle«. Das neue Pulver war kräftiger als das alt ehrwürdige Schwarzpulver, vor allem aber verbrannte es unter nur schwacher Rauchentwicklung, weshalb man es auch rauchloses

095 Die Württemberger in der Schlacht bei Wörth.
Öl auf Leinwand von Georg Bleibtreu, um 1880.

 1 »Exerzier-Reglement für die Infanterie«
(29. Mai 1913)
*Das Angriffsverfahren wurde in dem Reglement wie
folgt festgelegt.*

»324. Der Angriff besteht im Vortragen des Feuers
an den Feind, nötigenfalls bis auf nächste
Entfernung. Im Sturmanlauf mit der blanken
Waffe wird die Überwindung des Gegners besiegelt.

096 Deutscher Stoßtrupp beim Verlassen
des Grabens. Foto, 1917.

325. Innerhalb des einem Verbande für den Angriff zugewiesenen Raumes ist die deckungslose Ebene
möglichst zu meiden oder auf ihr doch nur das Vorgehen schwächerer, lose gefügter Kräfte anzuordnen, während die Hauptkräfte da anzusetzen sind, wo gedeckte Annäherung möglich ist. Fehlt es hierzu an geeignetem Gelände, so muß der entscheidende Angriff über die offene Ebene geführt werden.
[...]

345. Hat die vordere Linie den Eindruck gewonnen, daß die Entscheidung herangereift ist, so darf sie nicht
zögern, den Sturm zu wagen. Durch Wink gibt sie von diesem Entschluß nach hinten Kenntnis. Die
rückwärtigen Abteilungen haben sofort anzutreten und auf kürzestem Wege ohne Beachtung von
Verlusten vorzueilen.

346. Geht der Sturmentschluß von den hinten befindlichen Führern aus, so wird als Ankündigung das Signal ›Seitengewehr pflanzt auf‹ befohlen, das von allen für den Sturm in Betracht kommenden Teilen
aufzunehmen ist. Auf dieses Signal steigern die Schützen ihr Feuer bis zu äußersten Höhe; die noch
weiter ab befindlichen Teile der Feuerlinie arbeiten sich so schnell wie möglich auf nächste Entfernung
an den Feind heran; alle rückwärtigen Verstärkungen eilen geradeaus vorwärts.

347. Sobald dann die vordere Linie zum Sturm antreten soll, blasen alle Hornisten dauernd das Signal
›Rasch vorwärts‹, alle Tamboure schlagen, und alle Teile werfen sich mit größter Entschlossenheit auf
den Feind. Für die Schützen ist es Ehrensache, sich frühestens beim Einbruch von den Unterstützun-
gen einholen zu lassen. Unmittelbar vor dem Feinde ist das Gewehr zu fällen und unter ›Hurra‹ in die
Stellung einzubrechen.«

*Zit. nach: D.V.E. Nr. 130. Exerzier-Reglement für die Infanterie vom 29. Mai 1906. Neuabdr. mit Einfügung
der bis April 1913 ergangenen Änderungen, Berlin 1913*

Die Infanterie

Die Seitenwaffen hatten durch den technischen Fortschritt erheblich an Bedeutung verloren und dienten bei den Offizieren in erster Line nur noch repräsentativen Zwecken. Die Mannschaften waren mit dem Bajonett ausgerüstet, aber die Zeit des Sturmangriffs der Infanterie mit aufgepflanztem Bajonett gehörte, wie der Erste Weltkrieg zeigen sollte, der Vergangenheit an.

Das Hinterladergewehr hatte sich nach den Einigungskriegen endgültig durchgesetzt und die nun langsam zur Serienreife gelangte Metallpatrone bildete die Grundlage für neue Gewehrmodelle. Der große Vorteil des Hinterladers lag in der Erhöhung der Feuergeschwindigkeit. Auf Grund dieser Erfahrungen wurde in den 1870er Jahren im Reichsheer das Infanteriegewehr M 71 eingeführt. Nach dem Deutsch-Französischen Krieg von 1870/71 standen Frankreich und das Deutsche Reich in einem latenten Rüstungswettlauf. Das Erscheinen des neuen kleinkalibrigen französischen Infanteriegewehrs M 1886 (System Lebel) mit dem rauchschwachen Pulver eröffnete einen völlig neuen Abschnitt der Waffentechnik. Das Reich reagierte auf diese waffentechnische Herausforderung mit der Entwicklung des Gewehrs 88. Eine weitere Innovation stellte dann das Gewehr 98 dar, dessen Produktion 1900 anlief. Die ersten Waffen erhielt das Ostasiatische Expeditionskorps, erst nach 1901 wurde es in der Armee eingeführt. Diese ausgereifte Konstruktion war das Ergebnis einer drei Jahrzehnte langen kontinuierlichen Entwicklungsarbeit. Ein weiteres neues Kampfmittel der Infanterie war das Maschinengewehr. Maschinengewehre wurden seit 1895 in Deutschland gefertigt und als MG 01 in die Armee eingeführt. Das deutlich verbesserte Maschinengewehr 08 stand der Truppe seit 1908 zur Verfügung. Wegen seines hohen Gewichts von 26,3 Kilogramm musste das MG 08 auf Lafetten montiert werden. Transportiert wurde das Maschinengewehr auf einem Gewehrwagen mit Protze, auf denen die Bedienungsmannschaft mitfuhr. Im Gefecht stand das MG 08 auf einer Schlittenlafette.

097 Infanterie auf dem Marsch während eines Manövers. Foto von Waldemar Titzenthaler, um 1897.

098 Bajonettfechten im Infanterie-Regiment Nr. 111. Foto, um 1910.

099 Gewehre M 88 und M 98.

100 Schweres Maschinengewehr 08 auf modifiziertem Schlitten.

101 »Auf nach Peking«. Titelblatt des Notendrucks, 1900.

Die Kavallerie

Nur noch ein relativ kleiner Teil des Heeres bestand aus der Kavallerie. Die Unterscheidung der Kavallerie in schwere und leichte Reiterei hatte erheblich an Bedeutung verloren, weil die taktische Verwendung einheitlich gehandhabt wurde. Die traditionellen Bezeichnungen und Uniformbesonderheiten der verschiedenen Truppenteile wurden jedoch beibehalten. Zur Bewaffnung der Reiterei gehörte der Pallasch oder Säbel und der Karabiner. Eine besondere Rolle spielte die Lanze. Ursprünglich wurde sie nur von den Ulanen geführt. Die Lanze wurde 1890 in Deutschland mit dem Karabiner 88 bei allen Reitergattungen eingeführt. Seitdem wurde die deutsche Reiterei einheitlich bewaffnet und ausgebildet.

102 Das Kriegsbild vor 1914: Husarenattacke.

Die Artillerie

Auch für die Artillerie hatten die deutschen Einigungskriege einige zukunfts-weisende Lehren gebracht. So hatte sich bei den Geschützen der Hinterlader durchgesetzt. Nach der Schussart wurde nun zwischen Flachfeuergeschüt-zen mit sehr gestreckter Flugbahn und Steilfeuergeschützen unterschieden, deren Geschosse im Bogen hinter Deckungen gelangen und deshalb einen genügend großen Einfallwinkel besitzen mussten. Zur ersten Kategorie wur-den traditionell die Kanonen gerechnet, zur zweiten die Haubitzen und Mör-ser. Verschossen wurden Granaten und Schrapnells. Beide Geschossarten enthielten ein Sprengmittel, das durch einen Zünder zur Detonation gebracht werden musste. Zumeist bestanden die Geschosse aus Eisenguss, teilweise auch schon aus Stahl und konnten doppelwandig sein, wobei die innere Hülle mit Furchen versehen war, die das leichte Zerspringen ermöglichten. Andere waren aus Ringsegmenten zusammengesetzt, die viele einzelne Sprengstü-cke ergaben.

103 Rekruten beim
Geschützexerzieren an
der Feldkanone 96.

Nach dem Deutsch-Französischen Krieg lag ein besonderes Augenmerk auf der weiteren Entwicklung im Bereich der Feldartillerie. So wurde die deut-sche Feldartillerie mit dem Feldgeschütz C 73 ausgerüstet. Ihm folgte die Feldkanone 96. Diese beiden Geschütze waren so genannte Flachbahnge-schütze. Das Deutsche Reich war die erste militärische Großmacht, die ihre Feldartillerie zur Bekämpfung von Feldbefestigungen mit einem Steilfeuer-geschütz, der leichten Feldhaubitze 98, ausrüstete. Bei Ausbruch des Ersten Weltkrieges war ein Viertel der deutschen Feldartillerie mit diesen Haubitzen ausgestattet.

104 8-Zentimeter-Krupp-Geschütze
im Artillerielager in Tsingtau.
Foto, 1897.

Eine weitere Innovation im Bereich der Artillerie war die Entwicklung des hydromechanischen Rohrrücklaufs. Durch den Rohrrücklauf gelang es die Feuergeschwindigkeit der Geschütze erheblich zu erhöhen.

Neue Waffengattungen und Mittel des Krieges

In den beiden Jahrzehnten vor dem Ausbruch des Ersten Weltkrieges machte die Kriegstechnik erhebliche Fort-schritte. Schon in den Einigungskriegen hatte sich ein grundlegender Wandel angekündigt. Das Pferd verlor seine Bedeutung für die rasche Nachrichtenübermittlung. Die Aufmärsche erfolgten mittels der Eisenbahn und die wichtigen Nachrichten von den Kriegsschauplätzen wurden durch die Telegrafie übermittelt. Zu Beginn des 20. Jahrhunderts standen dem Militär dann weitere neue Mittel zur Verfügung: das mit Verbrennungsmotor angetriebene Automobil, Luftschiffe und Flugzeuge, die Funkentelegrafie und der Fernsprecher.

105 Aufruf zur National-Flugspende.
Bildpostkarte, 1912.

106 Aufstieg eines Zeppelin-Luftschiffes. Zeichnung, undatiert.

oder richtiger rauchschwaches Pulver nannte. Schwarzpulver dagegen hatte kräftig ge-
qualmt, einige Salven genügten, dichte weiße
Wolken zu erzeugen. Ein Schütze mochte noch
so gut im Gelände versteckt sein, sowie er den
ersten Schuss löste, gab er seine Position preis.
Das wurde nun anders: Von einer möglichen
Wirkung abgesehen, hinterließ das neue Gewehr nur noch ein flüchtiges Geräusch. Erst
jetzt wurde es für kämpfende Truppen sinnvoll
und möglich, aber auch notwendig, sich so un-
auffällig wie möglich zu machen. Die meisten
Armeen führten bis 1914 ▸ Uniformen ein, deren Farben sich der Natur anpassten. Schon die
Zeitgenossen erkannten, dass das neue Pulver
für die Kriegführung von größerer Bedeutung
war als die Einführung der Schusswaffe an sich
im ausgehenden Mittelalter, und so brach nun
eine weltweite Gewehrkonjunktur aus, welche
die der Jahre nach 1866 noch übertraf.

Diesen Gewehren folgte das Maschinengewehr. Das gab es zwar schon zur Zeit des
Schwarzpulvers, doch stellten die festen Ver-
brennungsrückstände dieses Treibmittels ein
zuverlässiges Funktionieren des Mechanismus
in Frage. Rauchschwaches Pulver dagegen verwandelte sich bei der Verbrennung fast vollständig in Treibgas. Bis 1914 beschafften alle
Armeen solche Maschinengewehre, meist zwei
pro Infanteriebataillon, das entsprach der Feuerkraft von etwa 1000 Gewehrschützen.

1897 erschütterte Frankreich die Welt mit einer zweiten waffentechnischen Neuheit, nämlich einer Feldkanone mit langem Rohrrücklauf.
Bei klassischen Geschützen waren die Schild-
zapfen, um die man das Rohr drehte, um ihm
die für die jeweilige Schussentfernung notwendige Erhöhung zu erteilen, unmittelbar mit der
Lafette verbunden. Ein solches Geschütz sprang
beim Schuss nach hinten, musste anschließend

in die ursprüngliche Position zurückgescho-
ben und völlig neu eingerichtet werden. Bei
der neuen französischen Kanone war das Rohr
in einer besonderen Wiege gelagert, auf der es
beim Schuss zurückglitt, gebremst und wieder
in seine ursprüngliche Lage zurückbefördert
wurde. Das Geschütz stand dabei ruhig und
konnte daher wesentlich schneller schießen.
Statt über Kimme und Korn zielte man nun mit
Hilfe einer Optik, die einen drehbaren Ausblick
besaß. Damit war es auch wesentlich einfacher,
das Geschütz nach einem Hilfsziel festzulegen
und aus verdeckter Feuerstellung zu schießen,
was dem Artillerieeinsatz im Weltkrieg das Gepräge gab: Eine Sichtverbindung zwischen Feuerstellung und Ziel war nicht mehr nötig. Dieses
Geschütz war zweifellos die wichtigste einzelne
Neuerung der ganzen Artilleriegeschichte und
prägte eine ganze Epoche.

Moderne Waffen schossen also schneller,
weiter und genauer, und sie qualmten kaum
noch. Das machte es wesentlich schwieriger als
früher, ihren Standort aufzuklären und sie zu
bekämpfen. Bewegungen im wirksamen Bereich dieses Feuers wurden gefährlicher, ja unmöglich. Das erleichterte die Verteidigung und
erschwerte den taktischen Angriff außerordentlich. Um zu dieser Einsicht zu gelangen, waren
die militärischen Eliten der Epoche keineswegs allein auf den Weg theoretischer Speku-
lation und Manövererfahrungen angewiesen.
Zeitgenössische Kriege gaben hinreichenden
Aufschluss: Im ▸ Russisch-Türkischen Krieg
von 1878 mussten die Truppen des Zaren ihre
Angriffe gegen einen im Gelände verschanzten
Verteidiger mit schweren Verlusten bezahlen.
Gut zwanzig Jahre später erging es den Engländern in Südafrika nicht besser, als sie bei
Infanterieangriffen gegen Burenmilizen herbe Niederlagen hinnehmen mussten, obwohl

S Anfang des 20. Jahrhunderts verabschiedeten sich die Armeen vom bunten Rock und zogen fortan mit feldgrauen Uniformen in den Krieg. Bislang war die Uniform durch leuchtende Farben und auffällige Abzeichen darauf angelegt, auch bei starker Rauchentwicklung auf dem Schlachtfeld die eigenen Truppen von den gegnerischen unterscheiden und sogar die Truppengattung erkennen zu können. Die gesteigerte Waffenwirkung und das rauchschwache Pulver zwangen alle Armeen zur Einführung der Felduniformen in unauffälligen Farben. Bei Ausbruch des Ersten Weltkrieges 1914 zog nur noch das französische Heer in seiner bunten Friedensuniform ins Feld. In Deutschland setzte sich der Gedanke der Tarnung bereits früher durch. So wurden die 1897 aufgestellten Jäger zu Pferde und die 1901 formierten Maschinengewehr-Abteilungen in grau-grüne Uniformen eingekleidet. Auf breiter Basis wurde die feldgraue Uniformierung im Reichsheer ab 1910 eingeführt.

107 Uniformtafel Infanterie um 1900.
Deutsches Reich, Österreich-Ungarn, Italien;
Frankreich, Russland, Großbritannien.
Kolorierte Zeichnung von Richard Knötel,
um 1900.

435

S Der Russisch-Türkische Krieg schloss sich der Niederlage Serbiens im Krieg gegen das Osmanische Reich an. Russland besetzte die zwischenzeitlich zu Rumänien vereinigten ehemaligen Fürstentümer Moldau und Walachei und eroberte die türkische Festung Plewna. Die russischen Truppen rückten Anfang 1878 gegen Konstantinopel vor. Den europäischen Großmächten, besonders Österreich-Ungarn und Großbritannien, ging das russische Engagement auf dem Balkan zu weit, sie drohten mit Krieg. Im Frieden von San Stefano vom 3. März 1878 musste sich das Osmanische Reich einem für Russland günstigen Diktatfrieden beugen. Der russische Machtzuwachs auf der Balkanhalbinsel verstieß aber gegen die Interessen der Großmächte Österreich-Ungarn, Großbritannien und Frankreich. Um die Orientkrise zu entschärfen, wurde am 13. Juli der Berliner Kongress einberufen.

diese, nur oberflächlich ausgebildet und wenig diszipliniert, nach europäischen Begriffen nur geringen militärischen Wert besaßen. In der Mandschurei kam es 1904/05 zwischen Russland und Japan zu einem regelrechten Stellungskrieg mit Schützengräben, Stacheldraht und Maschinengewehren. Ähnliche Bilder zeigten die Balkankriege, vor allem der erste. Trotzdem hielten die Armeen Europas daran fest, dem angriffsweisen Kampfverfahren den Vorrang vor der Defensive zu geben.

Die Erfahrungen der Sommerschlachten des Jahres 1914 genügten vollauf, um die Unzulänglichkeit der Friedenstaktik unter Beweis zu stellen. Die Frage war nur, wie es zu dieser Taktik gekommen war. Hier wird gern auf den Konservatismus der Militärführungen im Allgemeinen und der deutschen im Besonderen hingewiesen, die sich mit dem Studium weit zurückliegender Feldzüge beschäftigt und das aktuelle Geschehen vernachlässigt hätten. Das aber ist vollkommen falsch. Die zeitgenössischen Kriege wurden von der deutschen wie von allen anderen Armeen sorgfältig beobachtet, und das nicht nur aus den Amtsräumen der Generalstäbe, sondern an Ort und Stelle mit Scharen von Militärbeobachtern und -beratern. Die Ereignisse wurden intensiv analysiert und interpretiert. Leitend dafür war die epochale Überzeugung, dass der Gefechtserfolg weniger von materiellen als vielmehr von den »moralischen Faktoren« abhänge, also von dem Willen, zu kämpfen und zu siegen. Danach hatten die Buren ihre Erfolge weniger der Schussfolge des modernen Gewehrfeuers zu verdanken, als der Vitalität eines Naturvolkes, das um seine Existenz kämpfte. In den Japanern sahen die damaligen Europäer die geglückte Verbindung einer alten Kriegerkultur mit moderner Ausrüstung. Diese Fixierung auf die »Moral« wurde von der zunehmenden Technisierung des Kriegswesens eher verstärkt, denn man glaubte, hier gewissermaßen den ▸ Archimedischen Punkt gefunden zu haben, der es erlaubte, die Vielzahl neuer und verwirrender Phänomene zu ordnen und zu begreifen. Der Wille zu kämpfen war nun tatsächlich eine wesentliche Voraussetzung für kriegerische Betätigung, er wurde aber zunehmend von einer notwendigen zu einer hinreichenden Bedingung für den Erfolg erhoben, und er war taktisch nicht neutral. Über die Grenzen hinweg bestand Einigkeit darüber, dass sich die moralische Überlegenheit im Entschluss zum Angriff kundtue, der Selbstvertrauen und Kraftgefühl zeige: Die Verschanzungen der Russen waren zuletzt den Sturmangriffen der unermüdlichen Japaner erlegen. Dazu gehörte auch die selbstverständliche Bereitschaft, zum Erreichen dieser Ziele große Blutopfer zu bringen: Lange Verlustlisten galten nicht als Beweis militärischer Unfähigkeit, sondern kollektiver Vitalität, und die war notwenig, wollten die Völker im ▸ »Kampf ums Dasein« bestehen, der im Denken der militärischen Eliten eine zentrale Rolle spielte.

Dieses Denken ist im Licht rückschauender Betrachtung ohne weiteres als ideologisch zu erkennen, doch darf man daneben nicht übersehen, dass auf der militärfachlichen Ebene gründlich gearbeitet wurde. Nie zuvor waren Streitkräfte friedensmäßig so intensiv ausgebildet und bewusst für den Ernstfall geschult worden wie in den Jahren vor 1914. Die Durchsetzung und Verbreitung der Auftragstaktik fällt in der deutschen Armee in die Jahrzehnte vor dem Ersten Weltkrieg. Die Entscheidungsspielräume der Unterführer wurden bewusst vergrößert, weil die moderne Feuerwirkung eine Auflösung der Gefechtsformationen verlangte, bei der es nicht mehr sinnvoll schien, die Führung in

---

≡S Der Begriff des Archimedischen Punktes geht auf den gleichnamigen Gelehrten zurück. Der griechische Mathematiker Archimedes von Syrakus formulierte als erster das Gesetz der Hebelkraft. Als anschauliches Beispiel für das Hebelgesetz behauptete er, dass er selbst die Welt aus den Angeln heben könne, wenn ihm nur ein fester Punkt und ein genügend langer und stabiler Hebel zur Verfügung stünde.

108 Feldpostkarte, undatiert.

Sozialdarwinismus ist der Sammelbegriff für sämt-liche sozialwissenschaftliche Theorien, die die Evolutionstheorie des britischen Naturforschers Charles P. Darwin auf den sozialen Bereich übertragen. Darwin ging bei der biologischen Evolution von bestimmten Prinzipien wie der natürlichen Auslese, dem Kampf ums Dasein, der Anpassung an die Umwelt sowie der Vererb-barkeit erlernter Fähigkeiten aus. Auf dieser Grundlage nahmen Sozialdarwinisten an, sozialgeschichtliche Ent-wicklungen in einer Gesellschaft seien ebenso Ausle-se- und Anpassungsprozesse wie in der Natur. Damit begründeten sie soziale Hierarchien, die von vermeint-lich Tüchtigen dominiert würden, und argumentierten für eine natürliche Ungleichheit zwischen Menschen. Die-ses biologistische Gesellschaftsmodell, das den »Kampf ums Dasein zwischen den Völkern« propagierte, war eine zentrale Grundlage für Rassismus und Antisemitis-mus und ebnete den Weg für die nationalsozialistische Rassenideologie.

109 Russisch-Japanischer Krieg 1904/05. Kämpfe um den russischen Flottenstützpunkt Port Arthur vom 9. Februar 1904 bis zum 2. Januar 1905. Farbdruck, 1904.

437

überkommener Weise zu zentralisieren oder gar auf physischen Zusammenhang zu stützen. Die technischen Hilfsmittel der Gegenwart wurden in einer Hierarchie der Werte den vitalen Faktoren zwar nachgeordnet, aber weder verschmäht noch ignoriert. Von einer grundsätzlichen Technikfeindlichkeit der Heeresleitungen der Epoche kann man nicht sprechen. Gerade die Produkte des Industriezeitalters, die den höheren Ebenen der militärischen Hierarchie ihr Geschäft erleichterten, fanden rasch Eingang in die Arsenale: Flugzeuge leisteten in der Aufklärung weit mehr als herkömmliche Kavalleriepatrouillen. Fernsprecher und Kraftfahrzeuge revolutionierten die Nachrichtenverbindungen. Schon vor 1914 war die Armee einer der wichtigsten Abnehmer für hoch entwickelte technische Produkte, die man auch nutzte, um die Probleme des modernen Schlachtfeldes zu lösen: Deutschland entwickelte eine starke feldbewegliche ▸ schwere Artillerie, die jene Stauungen aufbrechen sollte, die Feldbefestigungen dem angestrebten Bewegungskrieg zu bereiten drohten.

Seit dem ausgehenden 19. Jahrhundert beschleunigte sich der Wandel der Streitkräfte. Dabei verbanden sich technisch-taktische Modernisierung mit einer psychologisierenden Theorie, nach der die seelisch-vitalen Faktoren für den Kampferfolg ausschlaggebend seien. Der Hinweis auf die 1914 tatsächlich vorhandenen Modernitätsdefizite verdeckt die Tatsache, dass das angestrebte Ziel, der zu einer schnellen Entscheidung führende Bewegungskrieg, mit den damaligen Mitteln eben nicht zu erreichen war. Die technischen Neuerungen der Epoche hatten die Feuerkraft dramatisch gesteigert, die taktische Beweglichkeit beruhte aber wie seit Jahrtausenden auf den Beinen von Mann und Ross. Es war 1914 eben viel einfacher, den Raum mit Feuer zu sperren als ihn rasch zu durcheilen.

2. Das Heer

a) Führung und Organisation

Die politischen und militärischen Führungsstrukturen des Deutschen Reiches waren ganz auf den »halbabsoluten« Monarchen zugeschnitten, der als oberste Instanz eine Anzahl von konkurrierenden höchsten zivilen und militärischen Gewalten koordinieren musste, von denen allerdings die Person Bismarcks eine herausragende Stellung besaß. Deshalb traten in dessen Regierungszeit, die vom Vertrauen des »alten« Kaisers Wilhelm I. getragen wurde, jene im System verborgenen Mängel nicht hervor. Je moderner die inneren Strukturen des Reiches wurden, je komplexer Politik, Wirtschaft und Gesellschaft sich miteinander verflochten, um so unzulänglicher erwies sich die Leitungsorganisation, die den Kaiser als Zentralinstanz letztlich überfordern musste.

Nach Bismarcks Entlassung wirkte sich nicht nur der Dualismus von politischer Leitung und militärischer Führung verhängnisvoll aus, sondern auch die weitgehende Dezentralisierung der militärischen Führungsspitze. Einerseits existierte in Preußen eine 1866 beginnende und 1883 vollzogene Dreiteilung der Kommandobehörden in Kriegsministerium, Militärkabinett und Generalstab. Andererseits unterstanden sämtliche Kommandierenden Generale der Armeekorps dem Kaiser *immediat* (lat.; unmittelbar) und besaßen das Recht auf Immediatvortrag. Dieses Recht hatten außerdem sechs bis sieben General-Inspekteure, die für den Kriegsfall vorgesehenen Oberbefehlshaber der Armeen, der Generaladjutant und etwa zehn weitere Generale in wichtigen Dienststellungen. Nimmt man die Marine hinzu, so waren dem Kaiser die etwa 50 höchsten Kommandobehörden ohne Zwischenebene

438

110 Ausbildung der Feldartillerie im Kasernenhof.

111 Auf der Weltausstellung in Paris 1867
wird die Krupp'sche Riesenkanone vorgestellt.
Nach einer Zeichnung von R. Geisler.

 1 Friedrich Albert Krupp,
»Schreiben an Kaiser Wilhelm II.«
(20. Juni 1898)

Friedrich Albert Krupp berichtet dem Kaiser über die erfolgreiche Erprobung der firmeneigenen Geschütze durch die Schweizer Armee.

»Nachdem im letzten Jahre bereits die Geschütze von Maxim Nordenfeld in London, Arms, Chatillon & Commentry und Le Creusot als unbrauchbar aus der Konkurrenz ausgeschieden worden waren, fanden in diesem Monat Versuche statt mit Geschützen von St. Chanoud (Darmancier) Nordenfeld (Cockerill) und hiesiger Fabrikation. [...] Canet (Le Creusot) hatte das Probegeschütz nicht rechtzeitig fertiggestellt. Endlich kam eine aptierte Schweizer Lafette mit zum Versuch. Das von hier gelieferte Versuchsgeschütz hat die Geschütze der concurrierenden Firmen glänzend geschlagen [...]. Der in der Schweiz errungene Erfolg freut mich umsomehr, als die Schweizer Artillerie Offiziere, insbesondere diejenigen, welche die Versuchskommission bilden, hervorragend tüchtige Techniker und Artilleristen sind, als ferner, wie hier seit Jahren bekannt, alle Versuche in der Schweiz ausserordentlich sorgfältig und sachverständig durchgeführt werden und als endlich das Votum der aus 7 Mitgliedern bestehenden Kommission einstimmig abgegeben wurde, obwohl von 3 Herren bekannt ist, dass sie von Haus aus ausgesprochene Sympathien für Frankreich und dessen Industrie haben.«

Zit. nach: Volker Mollin, Auf dem Wege zur »Materialschlacht«. Vorgeschichte und Funktionieren des Artillerie-Industrie-Komplexes im Deutschen Kaiserreich, Pfaffenweiler 1986, S. 393 f.

439

direkt unterstellt – eine kaum überschaubare Führungsaufgabe für eine einzelne Person.

Das Kriegsministerium war als oberste Militärverwaltungsbehörde zuständig für Organisation, Bewaffnung, Ausrüstung, Versorgung und Finanzen. Da es kein Reichskriegsministerium gab, hatte der preußische Kriegsminister als Bundesratsbevollmächtigter und Vorsitzender des Bundesratsausschusses für das Heer die Aufgabe, den Heeresetat zu verwalten und vor dem Reichstag zu vertreten. Der Minister war also partiell dem Parlament verantwortlich, ein für konservative Kreise fast unerträglicher Zustand! Daraus ergab sich die Tendenz, dem Ministerium möglichst viele Kompetenzen zu entziehen.

So wurde das Militärkabinett, ursprünglich Teil des Ministeriums, 1883 ganz aus diesem herausgelöst. Es bearbeitete vor allem die Personalangelegenheiten der Offiziere und war die »Vollzugsbehörde« des Königs für alle anderen Angelegenheiten, die seiner persönlichen Kommandogewalt unterlagen, setzte also seine Befehle um und war jeder parlamentarischen Kontrolle oder Einflussnahme entzogen. Der Große Generalstab war verantwortlich für die strategisch-operative Planung und Vorbereitung der Kriegführung. Der Chef des Generalstabes hatte zwar ▸ Immediatstellung, Kommandogewalt besaß er jedoch nicht, hingegen aber das Recht, im Auftrag des Kaisers und Königs Operationsbefehle zu erteilen. Seit den überwältigenden militärischen Erfolgen in den Einigungskriegen besaßen die »Halbgötter« im Generalstab zudem ein ungeheures Prestige.

Als größter Truppenverband bestand im Frieden das Armeekorps (A.K.) mit einem Truppengeneralstab von nur drei Generalstabsoffizieren. Zwar gab es einige Armee-Inspektionen, die als Oberkommandos für die im Krieg zu bildenden Armeen vorgesehen waren, doch

die General-Inspekteure verfügten im Frieden außer einem persönlichen Adjutanten weder über Stäbe noch über Befehlsgewalt. Im Jahre 1875 umfasste das Kontingentsheer des Reiches 18 Armeekorps (14 preußische, 2 bayerische, je 1 sächsisches und württembergisches). Ihre Anzahl wuchs bis 1914 auf 25 Armeekorps (19 preußische, 3 bayerische, 2 sächsische, 1 württembergisches) mit einer Friedensstärke von jeweils etwa 35 000 Mann und einer Kriegsstärke von knapp 45 000 Mann, davon über 38 000 Mann Kampftruppen.

Nach den Einigungskriegen gliederte sich ein Armeekorps in zwei Divisionen, eine Feldartillerie-Brigade, ein Pionier- und ein Train-Bataillon. Die Division bestand aus zwei Infanterie- und einer Kavallerie-Brigade, die Brigaden jeweils zu zwei Regimentern. Erst 1899 trat die Feldartillerie als Brigade zu zwei Regimentern unter das Kommando der Divisionskommandeure, so dass nun die Division der kleinste Verband der »verbundenen Waffen« war. Korpstruppen waren ein Pionier-Bataillon, ein Train-Bataillon, häufig ein Jäger-Bataillon und Fußartillerie. Für den Mobilmachungsfall war vorgesehen, aus den Divisionen je ein Kavallerie-Regiment herauszuziehen und aus jeweils sechs Regimentern Kavallerie-Divisionen aufzustellen, insgesamt elf Divisionen in vier Kavallerie-Korps, die als »schnelle« Heeresverbände dienen sollten. Der Stellungskrieg im Westen brachte dann jedoch eine grundsätzliche Änderung dieser Divisionsgliederung.

112
Attila eines Gefreiten des Königlich Preußischen Leib-Garde-Husaren-Regiments, um 1910.

113 Kaisermanöver 1901. Das 1. Leibhusaren-Regiment beim Aufmarsch. Foto von Oscar Tellgmann.

S Im staatlichen Bereich hat derjenige eine Immediatstellung inne, der der obersten staatlichen Institution ohne Einschaltung von Zwischeninstanzen untergeordnet ist. Das so genannte Immediat-Vortragsrecht gestattet einem Minister den Zugang zum Staatsoberhaupt, ohne erst beim Regierungschef vorstellig werden zu müssen.

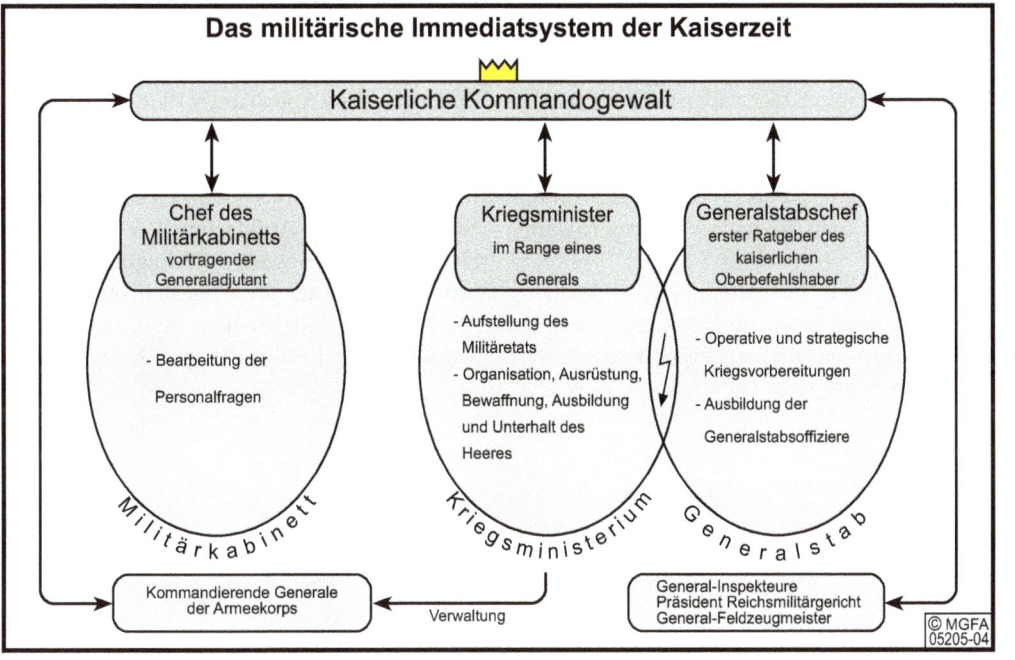

b) Waffengattungen

Vor Kriegsbeginn umfasste die Infanterie 217 Regimenter zu je drei Bataillonen und 18 Bataillone Jäger und Schützen. Trotz der verschiedenen traditionellen Bezeichnungen (Grenadiere, Musketiere, Füsiliere) handelte es sich um eine Einheits-Infanterie. Lediglich die Jäger stellten mit ausgesuchtem Mannschaftsersatz und intensiverer Schießausbildung eine Besonderheit dar. Einige Jahre vor Kriegsausbruch erhielten die Jägerbataillone als 5. Kompanie eine MG-Kompanie zu sechs ▸ Maschinengewehren (MG) und eine 6. Radfahr-Kompanie, während erst 1913 jedes Infanterie-Regiment eine zusätzliche 13. MG-Kompanie erhielt. Die früheren MG-Abteilungen waren mit sechs vierspännig gefahrenen MG- und drei Munitionswagen ausgerüstet, erst das 1908 eingeführte MG 08 wurde zweispännig gefahren.

Das Infanterie-Bataillon bestand aus vier (Kampf-)Kompanien. Seine Friedensstärke betrug etwa 20 Offiziere und 600 Mann, Kriegsstärke etwa 1000 Mann. Im Krieg 1870/71 war der preußische Infanterist noch mit dem seit den vierziger Jahren eingeführten Zündnadelgewehr bewaffnet, das dem französischen Gewehrmodell Chassepot nicht mehr ebenbürtig war. Das Folgemodell M 71 hatte ein auf elf Millimeter verkleinertes Kaliber, erstmals eine Patronenhülse aus Metall, aber noch Schwarzpulverladung. Das überstürzt eingeführte Gewehr 88 war ein Mehrlader mit nun rauchschwachem Nitropulver. Seine Mängel führten zur Entwicklung des Gewehrs 98, das in leicht modernisierter Form als Karabiner 98 noch im Zweiten Weltkrieg die deutsche Standardwaffe war.

In den dreißig Jahren vor 1900 vergrößerten sich die äußersten am Visier einstellbaren Schussweiten von 400 auf 2000 Meter. Musste man 1870/71 die Infanterie auf mindestens 400 Meter an den Feind heranführen, um überhaupt wirken zu können, so wuchsen die Kampfentfernungen, zumindest gegen Massenziele, bis 1900 erheblich. Hatte man mit Schwarzpulver feuernde Truppen früher schon auf große Entfernung durch Pulverdampf aufklären können, vermochten Schützen mit modernen Gewehren nun selbst auf kurze Entfernung verborgen zu bleiben. Diese Entwicklungen änderten die Kampfweise grundlegend hinsichtlich Deckung und Auflockerung und erforderten die Ausarbeitung neuer Ausbildungsvorschriften.

Die Infanterie galt als die Hauptwaffengattung. Ihre Feuerwirkung, mehr aber noch ihr Angriffsgeist wurden als kampfentscheidend angesehen. Trotz der enorm gestiegenen Feuerkraft wurde in den Vorschriften vor dem Anlegen von Deckungen gewarnt, könnten sie doch den offensiven Geist lähmen, und trotz Auflösung in immer dünnere Linien und Schwärme ging es um das Vorwärtsstürmen um jeden Preis. In den ersten Kriegswochen 1914 schien sich die Richtigkeit dieser taktischen Grundsätze zunächst herauszustellen, bis das »Feuer« über die »Bewegung« triumphierte.

Dass die Kavallerie bei der verbesserten Infanteriebewaffnung die schlachtentscheidende Attacke nicht mehr vortragen konnte, war schon 1870/71 schmerzlich klargeworden. Dennoch endeten noch unter Wilhelm II. ▸ Kaisermanöver regelmäßig mit imposanten Reiterattacken. Sollte Reiterei sinnvoll eingesetzt werden, so konnte das nur als Heereskavallerie zur weiträumigen Aufklärung, Verschleierung, Flankenumfassung oder Verfolgung geschehen. Dafür waren im Kriegsfall elf Kavallerie-Divisionen vorgesehen. Aber außer der Garde-Kavallerie-Division gab es im Frieden

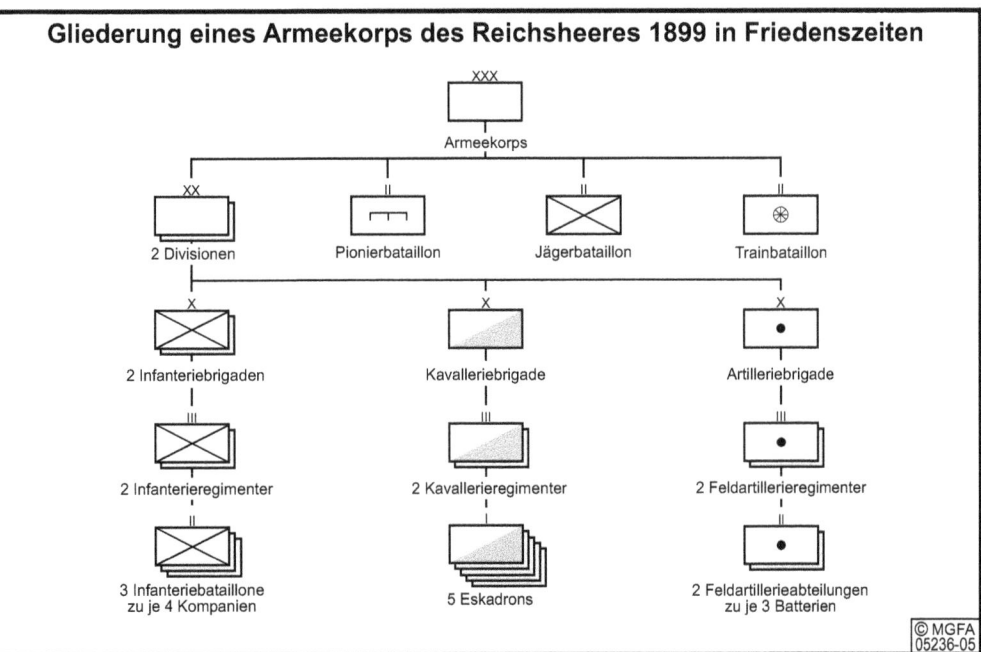

Gliederung eines Armeekorps des Reichsheeres 1899 in Friedenszeiten

114 Ein deutscher Maschinengewehrschütze feuert aus einem Unterstand.

S Mit der Erfindung des Maschinengewehrs durch den Amerikaner Hiram S. Maxim 1883 gab es erstmals in der Geschichte eine vollautomatisch feuernde Waffe. Maxim erhielt sein Patent für die Entwicklung eines Maschinengewehrs mit einem Kniehebelverschluss, das als Rückstoßlader mit kurzem Rohrrücklauf konzipiert war. Seine Gewehre wurden seit 1895 in Deutschland gefertigt und als MG 01 in die Armee eingeführt. Das deutlich verbesserte Maschinengewehr 08 stand der Truppe seit 1908 zur Verfügung. Wegen seines hohen Gewichts von 26,3 Kilogramm musste das MG 08 Lafetten erhalten. Transportiert wurde das Maschinengewehr auf einem Gewehrwagen, auf dem die Bedienungsmannschaft mitfuhr. Im Gefecht stand das MG 08 auf einer Schlittenlafette.

keine entsprechenden Großverbände, denn die Regimenter verblieben unter dem Kommando der (Infanterie-)Divisionen. Die Friedens- und Kriegsstärke eines Kavallerie-Regiments betrug etwa 30 Offiziere und knapp 700 Unteroffiziere und Mannschaften. Im Gegensatz zur Infanterie wurde die Kavallerie im Mobilmachungsfall nicht wesentlich durch Reservisten verstärkt. Von den fünf Eskadrons eines Regiments rückten nur vier ins Feld, die fünfte füllte die anderen Eskadrons auf und blieb als Ersatz in der Heimat. Auch über Maschinengewehre verfügten die Regimenter nicht. Aber die Kavallerie-Division sollte – neben einer Abteilung reitender Artillerie zu drei Batterien – eine MG-Abteilung mit sechs Maschinengewehren erhalten.

Obwohl der 1909 eingeführte Karabiner 98 eine hervorragende Waffe für den Feuerkampf abgesessener Reiter war, wurde erst allmählich dem Gefecht »zu Fuß« größere Bedeutung beigemessen. Die Verwendung der Kavallerie als schnell bewegliche, abgesessen kämpfende »berittene Infanterie« widersprach dem Geist und der Tradition dieser Waffengattung, die sich aus Stolz dagegen eher zur Wehr setzte. Der weiträumige Einsatz schneller Großverbände stieß aber auch aus anderen Gründen an technische Grenzen: Trotz intensiver Anstrengungen die Nachrichtenübermittlung zu verbessern war die Fernmeldetechnik noch zu wenig entwickelt, um über größere Entfernungen melden und führen zu können; ferner war das Nachschubproblem ohne Fortschritte in der Motorisierung nicht zu lösen.

Der rasante »Aufstieg der Artillerie« während des Ersten Weltkrieges zur das Gefechtsfeld dominierenden Waffe lässt die ebenfalls erstaunliche Entwicklung vom Vorderlader zum Schnellfeuergeschütz in den 40 Jahren davor

nahezu verblassen. Mehrmals ging es in dieser Zeit darum, einen französischen Technikvorsprung aufzuholen. Als unglücklich erwies sich die 1872 eingeleitete Trennung in Feld- und Fußartillerie. Unbeweglich, oft an Festungen gebunden, sank die Fußartillerie zu einer Nebenwaffe minderen Ansehens herab. Sie wurde fast ausschließlich auf das Gebiet des Festungskrieges beschränkt, entwickelte aber gerade in der Isolierung vom Feldheer moderne Techniken und neuartige Schießverfahren, vor allem beim indirekten Richten. Ursprünglich sollte sie im Krieg zur Belagerung feindlicher Festungen mit der Eisenbahn bewegt werden. Doch machten um die Jahrhundertwende neuartige Sperrforts den Einsatz von schwerer Artillerie bei der Fronttruppe erforderlich, so dass sich aus der Fußartillerie die schwere Artillerie des Feldheeres entwickelte.

1899 erhielt jede Division ihre Feldartillerie-Brigade mit zwei Regimentern zu je sechs (fahrenden) Batterien in zwei Abteilungen. Jede Batterie verfügte über sechs Geschütze. Elf Regimenter hatten eine zusätzliche reitende Abteilung für die zu formierenden Kavallerie-Divisionen. Das ergab 1914 insgesamt 100 Regimenter mit 633 Batterien. Das veraltete deutsche Einheitsgeschütz, die Feldkanone C 73/88 (Kaliber 88 Millimeter) wurde seit 1896 durch die Feldkanone C 96 (Kaliber 77 Millimeter) ohne Rohrrücklauf ersetzt. Nur ein Jahr später führten die Franzosen die weit modernere Feldkanone M 97 (Kaliber 75 Millimeter) mit Stahlschutzschild ein, die durch ihren ▸ hydropneumatischen Rohrrücklauf das erste in Massen produzierte Schnellfeuergeschütz war.

Obwohl Rheinmetall seit 1900 das Ausland, zum Beispiel Großbritannien und Italien, mit Rohrrücklaufgeschützen belieferte, wurde die

---

S Der hydropneumatische Rohrrücklauf des französischen Feldgeschützes M 1897 ermöglichte durch die hydropneumatische Bremse, dass der Rücklauf eines Geschützrohres durch den Widerstand einer Flüssigkeit oder den von gepresster Luft gebremst wurde. Dadurch musste das Geschütz nicht nach jedem Schuss neu ausgerichtet werden, weil der Rückstoßimpuls verringert worden war. Außerdem konnte an der Kanone ein Schild für die Bedienung angebracht werden, der als Schutz vor Infanteriemunition diente.

115 Kaisermanöver 1906: Der Kaiser mit Generalstabschef Graf Helmuth von Moltke d.J. und König August von Sachsen, dem zweiten von rechts. Foto von Oscar Tellmann, 1906.

116 Zeitgenössische Postkarte.

1 Robert Graf Zedlitz-Trützschler,
»Kaisermanöver« (1924)
Über das Kaisermanöver des Jahres 1903 heißt es in den Erinnerungen des Grafen Zedlitz-Trützschler.

»Ein schreckliches Gefühl beschlich mich [...] in dem Anfang September bei Merseburg stattfindenden Kaisermanöver. Wie soll es im Ernstfall werden, wenn der Chef des Generalstabes der Armee, ein Mann wie Graf Schlieffen, keine Ansicht mehr äußert, von einer Überzeugung ganz zu schweigen. Stumm, ernst und ausdruckslos beteiligt er sich, indem er die Befehle von Allerhöchster Stelle ausführt. ›Zu Befehl, Eure Majestät!‹ das ist seine stereotype Antwort. [...] Im Verlauf dieser Kaisermanöver merkte man einsichtigen Generalstäblern und vielen älteren Offizieren eine gedrückte Stimmung an. Statt daß man die Führer vor wichtige Entschließungen stellte, die kriegsgemäßen Situationen entsprangen, handelte es sich lediglich um eine größere oder geringere Abhängigkeit vom Kaiserlichen Hauptquartier. ›Es darf nicht zu weit werden.‹ ›Es müssen Bilder gezeigt werden.‹ ›Massenangriffe sind bevorzugt.‹ ›Es muß hier zum Kampfe kommen, da nur hier die Kavallerie attackieren kann.‹ Das waren mehr oder minder leitende Gesichtspunkte.«

Zit. nach: Robert Graf Zedlitz-Trützschler, Zwölf Jahre am deutschen Kaiserhof. Aufzeichnungen, 7. und 8. Aufl., Berlin, Leipzig 1924, S. 42 f.

117 Erinnerungsmedaille Kaisermanöver.

445

S Bei den großen Kaisermanövern, die stets im öffentlichen Interesse standen, dienten die eindrucksvollen Kavallerieattacken der militärischen Selbstdarstellung Kaiser Wilhelms II. und der Erbauung des Publikums. Zum Leidwesen vieler Offiziere wurden Gefechtsbilder, die wenig mit den zu erwartenden Geschehnissen in einem zukünftigen Krieg gemein hatten, als parademäßige Theaterstücke zur Schau gestellt.

deutsche Feldartillerie erst seit 1906 mit dem Rohrrücklauf ausgestattet. Die umgerüstete Feldkanone C 96 n.A. (neuere Art) war dem französischen Geschütz nicht mehr unterlegen. Überlegenheit besaß die deutsche Feldartillerie dadurch, dass sie zu einem Viertel mit der leichten Feldhaubitze 98/09 (Kaliber 105 Millimeter) ausgerüstet war, der die Franzosen nichts Gleichwertiges entgegensetzen konnten. Zwischen 1905 und 1908 wurde die Feldartillerie mit modernen Richtmitteln ausgestattet, die ein indirektes Richten aus verdeckter Feuerstellung möglich machten, das bei den Artillerieoffizieren zunächst etwas verpönt war, weil es als nicht so »schneidig« angesehen wurde wie das offene Auffahren und Abprotzen im Angesicht des Feindes.

Jedes der 25 Armeekorps verfügte über ein Pionier-Bataillon. Die Forderung, für jede Division ein Pionier-Bataillon aufzustellen, wurde bis 1914 nicht erfüllt. Ziel der Ausbildung war eine vielseitige, moderne technische Kampftruppe, die vom »Angriffsgeist« beseelt war. Die Entwicklung im Festungsbau führte zur Aufstellung von neun Festungs-Pionier-Bataillonen, die auf diese Art des Kampfes spezialisiert waren. Hier entstanden auch die ersten Telegrafentruppen, die 1899 von den Pionieren gelöst wurden.

Unter der Inspektion der Verkehrstruppen standen nun die Eisenbahn-, Telegrafen-, Luftschiffer-, Flieger- und Kraftfahrtruppen. Die Eisenbahn war für den Aufmarsch – der Transport eines Armeekorps erforderte über 6000 Waggons – und den Nachschub von größter Bedeutung; die bis 1914 auf nur drei Regimenter und zwei Bataillone angewachsenen Eisenbahntruppen erfüllten aber ihre Aufgaben reibungslos. Von der Telegrafentruppe bestanden 1914 neun Bataillone. 1905 wurde

die erste bespannte Funken-Telegrafen-Abteilung geschaffen, im selben Jahr der Fernsprecher eingeführt. Die Kraftfahrtruppe kam über ein preußisches Bataillon und eine bayerische Abteilung nicht hinaus. Insgesamt muss wohl festgestellt werden, dass die »technischen« Truppen in Deutschland nicht die Beachtung fanden, die einer modernen Industrienation angemessen gewesen wäre. Auch die Bedeutung des Nachschubs wurde zunächst unterschätzt. Im Frieden bestanden 25 (bespannte) Train-Bataillone, für jedes Armeekorps eines, die bei der Mobilmachung allerdings stark vermehrt wurden.

c) Personalwesen: Mannschaften, Unteroffiziere, Offiziere

Für den Mannschaftsersatz hatte jedes Armeekorps, außer dem Gardekorps, einen eigenen Ersatzbezirk, aus dem es im Wesentlichen seinen Personalbedarf deckte, wobei zwischen den dicht und dünn besiedelten Gebieten des Reichs ein Ausgleich geschaffen wurde. Die Ersatzorganisation unterstand bis hinunter zur Ersatzkommission, welche die Rekruten musterte, dem jeweiligen Kommandierenden General. Obwohl längst nicht alle tauglichen Wehrpflichtigen aktiven Dienst leisteten und im späteren Kaiserreich aus »Sozialistenfurcht« die ländliche Bevölkerung bevorzugt wurde, war die allgemeine Wehrpflicht im Ganzen doch ein Integrationsfaktor im Sinne der »Reichsidee«. 200 000 bis 300 000 junge Männer wurden jährlich eingezogen und machten im Militärdienst oft zum ersten Mal die Erfahrung der »nationalen Bindekraft«. Sie erlebten für zwei bis drei Jahre eine Organisation mit großer ▶ Disziplin, in der versucht wurde, die Mannschaften streng, aber im Großen und Ganzen gerecht zu behandeln, wenn auch

»Der Kompagnie-Dienst« (1875)
Der Kommandeur der Unteroffizierschule im badischen Ettlingen erläutert den Kompaniechefs die Vorge-
hensweise, die bei der Aufnahme neuer Rekruten einzuhalten ist.

»Bei den Korporalschaften ist schon vor dem Eintreffen der Rekruten darauf gerücksichtigt, daß von den auf die
einzelnen Stuben zu legenden Mannschaften die Hälfte aus den alten Leuten inkl. Stubenältesten besteht, während die andere Hälfte durch die Rekruten zu ergänzen ist, für welche die letzteren demgemäß von den ersteren
zur Aufnahme alles vorbereitet worden.
Der Korporalschaftsführer hat nunmehr seinerseits je einem der alten Leute einen oder zwei Rekruten, je
nach Mannschaft unter Berücksichtigung der etwa zu anderen Dienstzwecken Abkommandierten ausreicht, zu
überweisen. Dem alten Soldaten erwächst hieraus die Pflicht, die Neulinge in allem zu unterweisen, was sich
auf seine im Interesse des Dienstes zu machenden ersten Anschaffungen, auf das Erlernen des Putzens, des
Anzuges, der Stubenordnung und Benehmen in wie außer dem Dienst bezieht, bis solches alles durch den zu
erteilenden anderweitigen Unterricht des mit seiner Ausbildung vertrauten Unteroffiziers die weitere endgültige
Ergänzung erhält [...].
Nachdem somit die Vorbereitung zum inneren Dienste angebahnt, so erfolgt das Haarschneiden nach dem
vorgeschriebenen militärischen Schnitt, nach diesem das Einkleiden, welches ein Hauptpunkt, auf den der
Kompaniechef mit der größten Sorgfalt zu achten hat, da von dem richtigen Verpassen der Bekleidungs- und
Ausrüstungsstücke nicht nur die äußere Erscheinung des jungen Soldaten, sondern auch Bewegungs- ja Leis-
tungsfähigkeit betreffs der einzelnen zu erlernenden Dienstzweige abhängt.«

Zit. nach: Müller, Der Kompagnie-Dienst. Ein Handbuch für den
Kompagniechef im inneren und äußeren Dienst der Kompagnie,
Berlin 1875, 3. Aufl. 1881, S. 2 f.

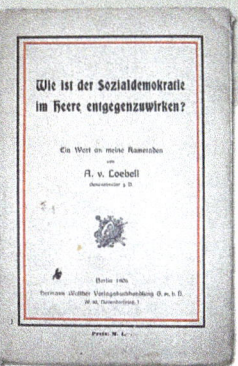

118 »Wie ist der Sozialdemokratie
im Heere entgegenzuwirken?«
Umschlagtitel der Erstausgabe von
Arthur von Loebell, Berlin 1906.

447

119
Standarten, Landesfarben und
Kokarden des kaiserlichen Hauses,
Preußen, Bayern, Sachsen,
Württemberg, Baden und Hessen.
Farblithografie nach Zeichnung von
Hugo Gerard Ströhl, 1897.

nicht immer mit Erfolg, wie die hin und wieder im Reichstag beklagten Fälle von ▸ Misshandlungen Untergebener zeigen. Aber gerade bei Übergriffen von Vorgesetzten war die obere Führung bemüht, drastisch durchzugreifen; die »Kunst« der Menschenführung war eben noch unterentwickelt. Oft entsprach die Einstellung der Unteroffiziere und Offiziere gegenüber den Rekruten nicht der veränderten sozialen Entwicklung und dem mittlerweile angestiegenen Bildungsstand der Gesamtbevölkerung, so dass häufig ein Übermaß an Drill und Bevormundung vorherrschte, anstatt den Soldaten mehr Eigenverantwortung zu übertragen.

Im ausgehenden 19. Jahrhundert war für die unteren Schichten der Bevölkerung die ▸ Dienstzeit beim Militär nicht unattraktiv. Manche erhielten bei der Einkleidung zum ersten Mal im Leben passendes eigenes Schuhwerk statt Holzpantinen und viele, die zu Hause das Bett mit einem Bruder teilten oder in den Großstädten als so genannte Schlafburschen Betten umschichtig mieten mussten, hatten in der Kaserne ihr erstes eigenes Bett. Verpflegung gab es regelmäßig und reichlich. Für viele Rekruten vom Land, die nie aus dem Dorf oder dem Landkreis hinausgekommen waren, bedeutete die Reise in die künftige Garnison den Aufbruch in die »weite Welt«, für manche war es sogar die erste Fahrt mit der Eisenbahn. Die dennoch spartanischen Dienst- und Lebensverhältnisse der Mannschaften gestalteten sich seit der Jahrhundertwende merklich günstiger: Mussten die Soldaten zum Beispiel früher ihre Verpflegung vom Sold bestreiten, so wurde sie nun von der Armee gestellt. Die Anzahl der Lazarette wurde vergrößert, Kurheime wurden gebaut, Renten – wenn auch in geringen Höhen – für den Fall der Erwerbsminderung

eingeführt. Somit wuchs die Attraktivität des Dienstes, und 1912 meldeten sich 64 000 junge Männer freiwillig.

Das Unteroffizierkorps rekrutierte sich zum größeren Teil aus freiwillig dienenden Mannschaftsdiensgraden, zum kleineren aus den Unteroffizierschulen. Zur Vorbereitung auf die Unteroffizierschulen gab es noch Unteroffiziervorschulen, die schon Jungen ab 14 Jahren aufnahmen. Die Masse der Unteroffiziere ging jedoch aus den »Kapitulanten« hervor, die bei der ersten Verlängerung der Regeldienstzeit um zwei Jahre eine Prämie von 100 Mark erhielten. Sie konnten bis zum Feldwebel, in wenigen Sonderlaufbahnen auch zu einer Art Fachoffizier (Feuerwerks-, Zeug- und Festungsbau-Offiziere) aufsteigen. Der Übergang in die Offizierlaufbahn war aber selbst im Krieg so gut wie ausgeschlossen. Das wurde von vielen als ungerecht empfunden, waren doch die Unteroffiziere ständig in direktem Kontakt mit den Mannschaften, Vorgesetzte aller Mannschaftsdiensgrade, wesentlicher Faktor in der Ausbildung und anerkanntermaßen das »Rückgrat der Armee«. Im Ersten Weltkrieg erprobte Zwischenlösungen mit Dienstgraden wie »Feldwebelleutnant« und »Offizierstellvertreter« bewährten sich nicht.

Die materielle Situation der Unteroffiziere verbesserte sich seit den neunziger Jahren deutlich und die Bewerberzahlen stiegen ständig. Ein Anreiz war gewiss die Zusicherung des Staates, die Unteroffiziere nach zwölfjähriger Dienstzeit in die zivile Verwaltung zu übernehmen. Wegen der weiteren schlechten Aufstiegsmöglichkeiten in der Armee war die Folge davon allerdings, dass die meisten Feldwebel nicht länger als zwölf Jahre aktiv dienen wollten, sondern der Zivilversorgung den Vorzug gaben.

448

»Werbebroschüre Unteroffizierslaufbahn« (1907)
Die Zivilversorgung eröffnete ehemaligen Militärangehörigen die Möglichkeit, nach der zwölfjährigen Dienstzeit in der zivilen Verwaltung ein Auskommen zu finden. Eine Werbebroschüre für die Unteroffizierlaufbahn erläutert das System.

»Mit Rücksicht darauf, daß der Soldatenstand schon an und für sich ein ehrenvoller Beruf ist, weil eine hohe und heilige Pflicht, die Einsetzung von Blut und Leben für die Ehre und den Wohlstand des Vaterlandes, auf seinen Schultern ruht, nimmt vor allen Dingen auch der Unteroffiziersstand eine geachtete und ehrenvolle Stellung ein; denn seinen Mitgliedern liegt nächst den Offizieren und unter deren Leitung die Ausbildung des so vortrefflich geschulten deutschen Heeres ob. – Aus dem Unteroffizier wird später nach zurückgelegter Dienstzeit ein Beamter, und dieser erfreut sich in jeder Beziehung bis in sein hohes Alter hinein der Fürsorge staatlicher Einrichtungen, die ihn zu jeder Zeit vor materieller Notlage schützen, auch wenn mit den Jahren seine Kräfte allmählich schwinden und er im Alter seine Tätigkeit gänzlich einstellen muß.«

Zit. nach: F. Gronau, Die Unteroffizier-Karriere oder Militäranwärter-Karriere, Berlin 1907, S. 3

120 Parade-Waffenrock und Helm eines Trompeters im Range eines Sergeanten des Königlich Sächsisches Feldartillerie-Regiments Nr. 12, Reitende Abteilung, um 1910.

Herzog Georg von Sachsen, »Geheimbefehl« (1891)
Ende des 19. Jahrhunderts waren Soldatenmisshandlungen in der kaiserlichen Armee ein von der Öffentlichkeit vielbeachtetes Problem. Der Kommandierende General des XII. Armeekorps erließ daraufhin folgenden Befehl.

»Ich habe aus den mir vorgelegten Akten, welche in Untersuchungen wegen vorschriftswidriger Behandlung Untergebener geführt worden sind, ersehen, daß die vorgekommenen Gewalttätigkeiten und körperlichen Mißhandlungen nicht etwa bloß die Folge augenblicklicher Erregung gewesen sind [...]
Ein großer Teil der zahlreichen körperlichen Mißhandlungen hat sich aber als etwas weit Schlimmeres qualifiziert: als raffinierte Quälerei, als Ausfluß einer Roheit und Verwilderung, die man bei dem Material, aus dem unser Unteroffiziers- und Instruktionspersonal sich ergänzt, kaum für möglich und bei der Aufsicht und Kontrolle, die in unseren Dienstverhältnissen ausgeübt werden soll, kaum für ausführbar halten sollte.
Der Obergefreite Hoffmann (1. Kompanie Fußartillerieregiments Nr. 12) ließ dem Kanonier Döbert fast täglich mit dem Stiefelschaft oder mit dem Säbelkoppel, und zwar stets in Gemeinschaft mit einem anderen Gefreiten, Hiebe, öfters bis zu 100 und 150, verabfolgen und wiederholt langdauernde Gewehrübungen machen. Als er einmal eine solche Übung unter lautem Zählen 1889 mal hatte wiederholen lassen, fiel Döbert in Ohnmacht und mußte vom Lazarettgehilfen in Behandlung genommen werden.«

Zit. nach: Untertan in Uniform. Militär und Militarismus im Kaiserreich 1871–1914. Quellen und Dokumente. Hrsg. von Bernd Ulrich, Jakob Vogel und Benjamin Ziemann, Frankfurt a. M 2001, S. 73 f.

Bis über die Einigungskriege hinaus bestand in Preußen – im Gegensatz zu den süddeutschen Staaten – das Offizierkorps überwiegend aus Angehörigen des Adels. Die Heeresvergrößerungen machten es erforderlich, den Offiziernachwuchs zunehmend aus nichtadeligen Bevölkerungsschichten, bevorzugt aus dem Besitz- und Bildungsbürgertum, zu rekrutieren. Obwohl schließlich 1913 etwa 70 Prozent der Offiziere bürgerlicher Herkunft waren, trat damit nicht etwa eine deutliche »Verbürgerlichung«, eine Liberalisierung und Demokratisierung des Offizierkorps ein, vielmehr wurden die bürgerlichen Offiziere vom »aristokratisch-feudalen« Offizierkorps weitgehend vereinnahmt.

Wer Offizier werden wollte, bewarb sich bei einem Regiment seiner Wahl. Denn selbstverständlich spielten bei der Auswahl der Bewerber Name, Herkunft oder alte Regimentszugehörigkeit der Väter keine geringe Rolle. Über die Annahme entschied einzig und allein der Regimentskommandeur. In Bayern wurde als Bildungsvoraussetzung das Abitur verlangt, in Preußen genügte daneben auch die »Primareife«, also das Versetzungszeugnis in die zwölfte Klasse, die Unterprima, die allerdings die Ablegung einer besonderen Fähnrichsprüfung erforderlich machte. Für die Vorbereitung auf die Prüfung gab es private Institute, so genannte Pressen. Bewerbern aus alten Soldatenfamilien konnte die Prüfung auch »auf dem Gnadenweg« erlassen werden. In den letzten Jahren vor Beginn des Ersten Weltkrieges besaßen aber auch in Preußen zwei Drittel der jungen Offiziere das Abitur.

Ein anderer Weg zum Offizierberuf führte über die ▸ Kadettenanstalten. 1914 gab es in Preußen acht Voranstalten (Potsdam, Köslin, Wahlstatt, Bensberg, Plön, Oranienstein, Karls-

ruhe und Naumburg) mit den Klassen Sexta bis Obertertia (5.–9. Klasse). Anschließend wurde die Hauptkadettenanstalt in Berlin-Lichterfelde mit den Klassen Untersekunda bis Oberprima oder Selekta (10.–13. Klasse) besucht. Sie sollte in den Grundzügen den Lehrplänen der Gymnasien angepasst sein; in der Oberprima und insbesondere der Selekta, in der die qualifiziertesten Kadetten zusammengefasst waren, herrschten schon militärische Lehrstoffe vor. Die Hauptkadettenanstalt war in zehn Kompanien zu je 100 Kadetten gegliedert.

Nach der ersten Ausbildung in der Truppe kam der Offizier-Anwärter auf eine der Kriegsschulen (Potsdam, Glogau, Neiße, Engers, Kassel, Hannover, Anklam, Metz, Hersfeld oder Danzig; Bayern: München). Im Anschluss an eine weitere Bewährungszeit in der Truppe musste er von den Offizieren seines Regiments in der »Offizierwahl« für geeignet und würdig befunden werden, in das Offizierkorps des Regiments aufgenommen zu werden, bevor der Kommandeur ihn zur Beförderung zum Leutnant vorschlug. Je nach Werdegang – Fähnrichsprüfung nach der 11. Klasse oder Abitur – dauerte die Ausbildung zum Leutnant zwischen 14 und 20 Monaten, Selektaner wurden unmittelbar nach Verlassen der Hauptkadettenanstalt Lichterfelde zum Leutnant ernannt.

Zur fachlichen Ausbildung gab es Spezialschulen der einzelnen Waffengattungen, wie die Infanterie-Schießschulen in Spandau und Augsburg, die Feld- und Fußartillerie-Schießschulen in Jüterbog oder die Kavallerie-Telegraphenschule in Berlin. 1901 wurde gar eine Militärtechnische Akademie ins Leben gerufen. Für die ▸ Kriegsakademie durfte sich jeder Offizier bewerben, der mindestens drei Offiziersdienstjahre abgeleistet hatte und in den nächsten fünf Jahren nicht zur Beförderung zum Hauptmann

121 Blick in den Speisesaal der Hauptkadettenanstalt in Berlin-Lichterfelde. Fotopostkarte, um 1900.

 Franz von Papen,
»Kadettenanstalt« (1952)
Der Reichskanzler von Papen schrieb über seine Erlebnisse in einer Kadettenanstalt.

»Es war hart, sehr hart für einen elfjährigen Jungen. Völlig in militärischen Formen und strengster Disziplin spielte das tägliche Leben sich ab. Die hohen, weiten Säle des alten Schlosses waren im Winter ungeheizt, und oft fanden wir im Waschsaal das Wasser in den Becken gefroren, wenn ein Trompetensignal uns zu früher Stunde aus den harten Feldbetten gescheucht hatte. Die Verpflegung war spartanisch einfach. Morgens eine Mehlsuppe mit einer Scheibe trockenen Brotes. Butter war eine seltene Delikatesse. Fleisch oder Braten einmal in der Woche und an Feiertagen. Trotzdem sind wir dabei groß und stark geworden, und die harte Disziplin hat uns frühzeitig gelehrt, einen strengen Maßstab an uns selbst zu legen für alles, was man von anderen verlangte. Nicht umsonst haben die aus solcher Schule hervorgegangenen Offiziere stets ein hohes Ansehen in der Armee als Vorbild ihrer Truppe genossen.«

Zit. nach: Franz von Papen, Der Wahrheit eine Gasse, München 1952, S. 18–24

122 Kaiser Wilhelm II. in der Hauptkadettenanstalt in Berlin-Lichterfelde am 21. Juni 1890. Vorbeimarsch der Kadetten. Foto von M. Ziesler.

123 Ansicht der Vorderfront der Hauptkadettenanstalt in Berlin-Lichterfelde. Postkarte, um 1900.

451

heranstand. Die Zahl der Bewerber war so groß, dass scharfe Aufnahmekriterien und -prüfungen erforderlich waren. Die Ausbildung dauerte drei Jahre, die Absolventen fanden je nach Qualifikation Verwendung im Generalstab, in der höheren Adjutantur – die das heutige G1-Gebiet bearbeitete – oder als Lehroffiziere an den Kriegsschulen. Vor Kriegsbeginn gab es insgesamt 480 Schülerstellen, was einer Jahresquote von 160 Absolventen gleichkam. Die bayerische Kriegsakademie in München hatte die Kapazität von einem Zehntel der preußischen.

Bis zur Beförderung zum Hauptmann oder Rittmeister wurden etwa 15 Jahre Dienstzeit benötigt, danach noch einmal zehn Jahre bis zum Major, erst dann beschleunigte sich die Karriere, aber der größere Teil des Offizierkorps wurde überhaupt nicht zum Stabsoffizier befördert. Da es keine festen Verpflichtungszeiten gab, konnten Offiziere jederzeit um ihren Abschied ersuchen. Eine große Anzahl machte davon Gebrauch, etwa um das väterliche Gut oder die Firma zu übernehmen. Diese Offiziere außer Dienst (a.D.) waren eine noch wertvollere Ergänzung des Offizierkorps im Mobilmachungsfall als die Reserveoffiziere.

Die meisten Reserveoffiziere gingen aus den Einjährig-Freiwilligen hervor. Geeignete Einjährig-Freiwillige konnten am Ende ihres Dienstjahres zur Reserveoffizier-Aspirantenprüfung zugelassen werden. Nach einer achtwöchigen Reserveübung und der Absolvierung der Reserveoffizierprüfung wurden sie zum Vizefeldwebel befördert. Wenn nach einer weiteren achtwöchigen Übung der Regimentskommandeur die Eignung zum Reserveoffizier festgestellt hatte, wurde der Anwärter dem Reserve- oder Landwehr-Offizierkorps seines Landwehrbezirks zur »Offizierwahl« gestellt und dann zur Beförderung zum Leutnant der

Reserve vorgeschlagen. Für das gesellschaftliche Ansehen war der Reserveoffiziergrad von großer Bedeutung, obwohl nur wenige über den Dienstgrad des Oberleutnants der Reserve (d.R.) hinauskamen. Im Ersten Weltkrieg waren die Reserveoffiziere und die Offiziere außer Dienst unverzichtbar: Von den 120 000 Offizieren bei Kriegsbeginn waren nur 29 000 aktive Offiziere, aber drei Viertel reaktivierte Offiziere a.D. oder Reserveoffiziere. Von den im Ersten Weltkrieg insgesamt reaktivierten beziehungsweise neu ausgebildeten und ernannten 226 000 Offizieren des Beurlaubtenstandes, so der zeitgenössische Begriff für Reserveoffiziere, sind insgesamt 35 000 gefallen.

d) Lebensumstände der Offiziere

Die herausragende gesellschaftliche Stellung des Offiziers hatte verschiedene Ursachen. Zum einen insbesondere in der preußischen Tradition, nach der das adelige Offizierkorps den Anspruch erhob, der erste Stand im Staat zu sein. Zum anderen in dem allgemeinen Bewusstsein, dass die nationale Einheit nicht durch eine Revolution von unten, sondern durch »Blut und Eisen« als »Revolution von oben« erkämpft worden war, was dem Militär den Respekt in weiten Kreisen des Bürgertums eingebracht hatte und ferner in dem Phänomen, dass gerade das ursprünglich liberale »gehobene« Bürgertum sich dem ▸ »feudalen« Lebensstil der militärischen Führungselite anzupassen suchte. War das Offizierkorps gegen Ende der Friedenszeit auch schon zu zwei Dritteln nichtadeliger Herkunft – auf der Rangstufe der Obersten etwa zur Hälfte –, so wurde doch darauf geachtet, dass der bürgerliche Nachwuchs aus bestimmten »Kreisen« kam: Bevorzugt wurden Söhne von Gutsbesitzern, Offizieren und höheren Beamten sowie Professoren und Industriellen. Natürlich

452

S Nach der Heeresvermehrung 1890 wandelte sich die preußische Kriegsakademie, ursprünglich für die wissenschaftliche Fortbildung des Offizierkorps ins Leben gerufen, immer mehr zur Generalstabsakademie, obwohl in Preußen, anders in Bayern, der Besuch der Kriegsakademie bis zum Ausbruch des Ersten Weltkrieges für die Berufung in den Generalstab nicht Voraussetzung war. Außerdem konnte nicht jeder Offizier, der die Kriegsakademie mit Erfolg absolviert hatte, mit einer Kommandierung zum Generalstab rechnen. Die Abschlussbeurteilung entschied darüber, ob sich der Absolvent für eine Verwendung im Generalstab, für die höhere Adjutantur oder für die Lehrtätigkeit qualifiziert hatte. Während des Ersten Weltkrieges wurde eine größere Anzahl von Absolventen der Kriegsakademie im Generalstab verwendet.

124 Hauptkadettenanstalt Berlin-Lichterfelde.
Die Kompanie Kadetten auf dem Marsch zur
Kaiserparade auf dem Tempelhofer Feld.
Foto, 1911.

125 Rapport in der Hauptkadettenanstalt
Berlin-Lichterfelde.

Offiziereinkommen um 1909			
Dienstgrad	Monatl. Gehalt in Mark	Monatl. Dienstzulage in Mark	Jährlicher Wohnungsgeldzuschuss (in 5 Stufen) in Mark
Oberleutnant und Leutnant			
vom 1.–3. Jahr	125		
vom 4.–6. Jahr	141		
vom 7.–9. Jahr	158		220–570
vom 10.–12. Jahr	175		
vom 13. Jahr ab	200		
Hauptmann (Rittmeister)			
vom 1.–4. Jahr	283		
vom 5.–8. Jahr	383		
vom 9. Jahr ab	425		630–1300
Major	546		
Regimentskommandeur	731		810–1680
Generalmajor	855	75	900–2100
Divisionskommandeur	1129	375	900–2100
Kommandierender General	1165	1500	

Zit. nach: Max von Bergh, Das Deutsche Heer vor dem Weltkriege. Eine Darstellung und Würdigung, Berlin 1934, S. 119 f.

453

gab es auch Ausnahmen: Der Vater des Generals Wilhelm Groener, der 1918 Nachfolger Erich Ludendorffs als Erster Generalquartiermeister und 1928 Reichswehrminister wurde, war ursprünglich württembergischer Unteroffizier, der sich zum Zahlmeister, einer Art Fachoffizier, hochgedient hatte. Doch konnte Groener nicht im selben Regiment Leutnant werden, in dem sein Vater »nur« Zahlmeister war, weil er in der Rangordnung über ihm gestanden hätte.

Allerdings handelte es sich hier um süddeutsche Verhältnisse, die sich von den preußischen deutlich unterschieden. War man in Bayern erst als Stabsoffizier »hoffähig« für Empfänge und Bälle, so war das in Preußen jeder Leutnant, während preußische Beamte erst auf einer Stufe »hoffähig« wurden, die etwa dem heutigen Leitenden Regierungsdirektor entspricht. Ähnliche Unterschiede gab es im gesellschaftlichen Verkehr. In

Finanzhaushalt eines verheirateten Oberleutnants um 1910		
1.	Wirtschaftsgeld pro Woche à 40	160.- Mk.
2.	Lohn für ein Dienstmädchen	20.- Mk.
3.	Miete monatlich	90.- Mk.
4.	Steuern	10.- Mk.
5.	Burschengeld	6.- Mk.
6.	Wäsche (waschen)	10.- Mk.
7.	Beleuchtung (Durchschnitt für Sommer und Winter)	12.- Mk.
8.	Heizung (Durchschnitt für Sommer und Winter)	15.- Mk.
9.	Kleidung	20.- Mk.
10.	Gesellschaften (Durchschnitt für Sommer und Winter)	20.- Mk.
11.	Arzt	5.- Mk.
12.	Diverse Ausgaben	20.- Mk.
		Sa 388.- Mk.

Zit. nach: Alfred Bristau, Der Offizier. Ernste Betrachtungen im Lichte der Wahrheit, Straßburg i.E., Leipzig 1910, S. 104

den Garnisonsstädten Süddeutschlands bestanden durchaus private Beziehungen zwischen Offizieren und dem einfacheren Bürgertum, in Preußen hingegen waren die gesellschaftlichen Schranken weitaus höher. Wer beispielsweise »Dienstleistungen« im weiteren Sinne erbrachte wie ein wohlhabender Kaufmann, der aber eben noch selbst hinter dem Ladentisch stand und »bediente«, kam für den näheren Umgang mit einem Offizier nicht in Frage.

Im krassen Gegensatz zu diesen hohen gesellschaftlichen Ansprüchen standen die bescheidenen, ja kargen ▶ finanziellen Verhältnisse der unteren Offiziersdienstgrade. Die Leutnante waren auf »Zulagen« von zu Hause angewiesen, um ein standesgemäßes Leben führen zu können, oder mussten sich verschulden. Die Höhe der erforderlichen Zuschüsse schwankte je nach Exklusivität des Regiments zwischen 50 und 200 Mark im Monat – 100 Mark betrug etwa das Monatseinkommen eines Arbeiterhaushalts, wenn die Frau ebenfalls werktätig war. Bei einzelnen Offizieren gingen die finanziellen Verpflichtungen noch weit darüber hinaus, wenn man sich, wie bei den Leib-Garde-Husaren in Potsdam üblich, einen eigenen Turnierstall halten musste. Überschuldungen waren keine Seltenheit. Vom Hauptmann an aufwärts wurden die Offiziergehälter denen der höheren Beamten angeglichen. Erst ein älterer Hauptmann konnte daran denken, eine Familie zu gründen, es sei denn, die Braut brachte genügend Vermögen in die Ehe mit, um das als Minimum angesehene Jahreseinkommen von 4000 Mark zu gewährleisten. Die finanzielle Frage spielte bei der Erteilung der Heiratserlaubnis durch den Dienstherrn eine mindestens ebenso wichtige Rolle wie die gesellschaftliche Herkunft der Braut. Somit wurden auch Geld und Vermögen zu einem Auswahlkriterium

126 Das Ballsouper. Öl auf Leinwand von Adolph von Menzel, 1878.

127 Wohngebäude einer neunköpfigen Arbeiterfamilie in Berlin. Foto, 1907.

📖 **1** Paul Freiherr von Schoenaich, »Mein Damaskus« (1929)

Schoenaich, der im Ersten Weltkrieg als Generalmajor diente und sich nach dem Krieg in der Deutschen Friedensgesellschaft engagierte, schildert in seinen Erinnerungen sein Leben als Offizier.

»Ich glaube sagen zu können, daß wir Gardekavallerieoffiziere ein Leben führten wie kaum ein anderer Stand auf der ganzen Erde. Der Dienst wurde sehr ernst genommen, aber schließlich dauerte er nur 5–6 Stunden täglich. Der ganze übrige Tag gehörte den Vergnügen in allen Abstufungen. Wer zu Hause bleiben wollte, hatte im Kasino einen reizend behaglichen Klub; wer ausgehen wollte, wurde geehrt wie es sich der Außenstehende kaum vorstellen kann. Das stieg natürlich manchem in den Kopf. Traf man irgendwo mit Linienoffizieren, womöglich Infanteristen oder gar Pionieren zusammen, so kam man sich nicht nur im innersten Herzen wesentlich wichtiger vor, sondern diese Überlegenheit wurde auch von den anderen mehr oder minder anerkannt.«

Zit. nach: Paul Freiherr von Schoenaich, Mein Damaskus. Erlebnisse und Bekenntnisse, Hamburg-Bergedorf 1929, S. 40

455

der Eheschließung. Andererseits gelang gerade wegen der finanziellen Probleme der jüngeren Offiziere einer Reihe von Töchtern aus reich gewordenen bürgerlichen oder gar jüdischen Familien der vom Vater durch großzügige Mitgift subventionierte »Aufstieg« in die Gesellschaftsschicht der Offiziere.

Diese »glänzende Welt« war seit Ende des 19. Jahrhunderts auch in die ursprünglich spartanischen preußischen Kasernen eingezogen. Die Offizierkorps mancher Regimenter wetteiferten um repräsentative Kasinobauten, monumentale Gemälde, luxuriöses Inventar, protziges Silber, exquisite Weinkeller und erlesene Speisen. Allerdings muss deutlich gesagt werden, dass es innerhalb der Armee, etwa zwischen einem Garde-Regiment und einem Festungs-Fußartillerie-Regiment, immense Unterschiede gab, man also nicht die Auswüchse des Luxus, gegen die schon der »alte« Kaiser Wilhelm I. gelegentlich eingeschritten war, zum Maßstab des Ganzen machen darf. Außerdem war das Kasino nun einmal der Mittelpunkt des Lebens der unverheirateten Offiziere und selbst die Kommandeure achteten darauf, dass das Offizierkorps auch den größten Teil der Freizeit miteinander verbrachte.

Wie die Offiziere eines Regiments ein geschlossenes »Korps« im engeren Sinn bildeten, fühlten sich alle Offiziere der Armee, ob »vornehme« Regimenter, ob Train-Bataillone, einschließlich der die Uniform tragenden gekrönten Häupter und Prinzen, als ein »Korps« mit festen Normen in Bezug auf Herkunfts- und Standesdünkel, Geisteshaltung und Verhaltensnormen, welche die hierarchischen Strukturen und die gesellschaftliche Stellung darin widerspiegeln sollten. Der Aufrechterhaltung der Geschlossenheit dienten mehrere Mechanismen wie die »Offizierwahl« oder

die ▶ Heiratsordnung, am markantesten war jedoch das Phänomen der Standesehre. Ehre bedeutete aus der Sicht der Krone zunächst einmal »unverbrüchliche Treue« gegenüber dem Monarchen. Aber Ehre bedeutete auch Treue des Offiziers gegenüber seinem Volk und Vaterland, das in die Realität übertragene sprichwörtliche »preußische« Pflichtbewusstsein. Hierzu gehörte der Begriff des »Dienens«, der auch die ganz persönliche Beziehung des Offiziers gegenüber seinem Monarchen enthielt, ferner ein ausgeprägtes Standesbewusstsein. ▶ Ehre umfasste aber auch die Treue »nach unten«, die als soziale Fürsorgepflicht für die Untergebenen empfunden wurde.

Jeder Offizier war verpflichtet, die Standesehre zu wahren und zu verteidigen. Ehre war nicht nur etwas Persönliches, Individuelles, sondern hatte auch eine kollektive Bedeutung für das gesamte Korps. Die Beleidigung eines einzelnen Offiziers konnte unter Umständen als ehrverletzend für den ganzen Stand verstanden werden. Setzte er sich dagegen nicht zur Wehr, musste er das Offizierkorps verlassen, auch wenn seine persönlichen Moral- und Normvorstellungen anderer Art waren. Sogar das Strafgesetz des Deutschen Reiches rangierte in der Praxis hinter einem ungeschriebenen »Standesgesetz«. Es wurde ignoriert, denn es verbot den Zweikampf mit Waffen, wenn auch die Strafandrohung von bis zu sechs Monaten Festungshaft niedrig war. Aber das Duell war nun einmal in schwer wiegenden Ehrenangelegenheiten das standesübliche Mittel, diese zu bereinigen. Hätte sich ein Offizier im Falle einer schweren Beleidigung auf die Strafgesetze berufen, wären Ehrverlust und Ausschluss aus dem Offizierkorps die Folge gewesen.

Gewiss war der Zweikampf in einer modernen Industriegesellschaft etwas Rückständiges

---

1 »Ehrengerichts-Verordnung, Einleitungsordre« (2. Mai 1874)
Der Ehrbegriff spielte eine zentrale Rolle im Offizierkorps. Eigene Verordnungen regelten alle Fragen, die zu dieser Thematik gehörten.

»Der Offizier soll bestrebt sein, nur diejenigen Kreise für seinen Umgang zu wählen, in denen gute Sitte herrschend ist, und darf am wenigsten an öffentlichen Orten aus dem Auge lassen, daß er nicht bloß als gebildeter Mann, sondern auch als Träger der Ehre und der gesteigerten Pflichten seines Standes auftritt. Von allen Handlungen, welche dem Ruf des einzelnen oder der Genossenschaft nachteilig werden können, besonders von allen Ausschweifungen,

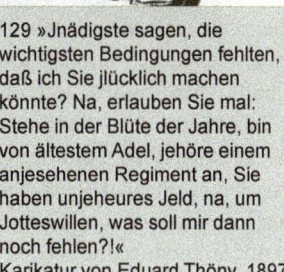

128 »Liebesmahl«. Im deutschen Heer gemeinschaftliches Mahl der Offiziere einer Garnison oder eines Regiments. Holzstich nach Gemälde von Robert Warthmüller.

1 »Verordnung über das Heiraten der Militärpersonen in Preußen« (1902)

Die Offiziere der deutschen Armee benötigten die kaiserliche Zustimmung bevor sie den Bund fürs Leben schließen durften.

»I. Offiziere, Sanitätsoffiziere u. Veterinäroffiziere
1. Offiziere, Sanitätsoffiziere u. Veterinäroffiziere des Friedensstandes, sowie die in etatsmäßigen Stellen des Heeres verwendeten Offiziere und Sanitätsoffiziere z.D. bedürfen zu ihrer Verheirathung der Erlaubniß Seiner Majestät des Kaisers und Königs.
Einer gleichen Erlaubniß bedürfen die im Heere behufs vorübergehender Dienstleistung angestellten, in den preußischen Staatsverband nicht aufgenommenen Angehörigen fremder Staaten. [...]
Die Erlaubniß zur Verheirathung eines in einer etatsmäßigen Stelle des Heeres verwendeten Offiziers zur Disposition, dessen Pension weniger als 3000 M. jährlich beträgt, darf nur dann nachgesucht werden, wenn zuvor so viel außerdienstliches Einkommen nachgewiesen wird, daß dieses und die Pension zusammen jährlich mindestens den bezeichneten Betrag erreichen.«

Zit. nach: D.V.E. Nr. 129. Verordnung über das Heirathen der Militärpersonen des Preußischen Heeres und der Preußischen Landgendarmerie vom 25. Mai 1902 (mit Änderungen bis April 1912)

129 »Jnädigste sagen, die wichtigsten Bedingungen fehlten, daß ich Sie jlücklich machen könnte? Na, erlauben Sie mal: Stehe in der Blüte der Jahre, bin von ältestem Adel, jehöre einem anjesehenen Regiment an, Sie haben unjeheures Jeld, na, um Jotteswillen, was soll mir dann noch fehlen?!«
Karikatur von Eduard Thöny, 1897.

457

Trunk und Hazardspiel, von der Übernahme solcher Verpflichtungen, mit denen auch nur der Schein unredlichen Benehmens verbunden sein könnte, vom hazardmäßigen Börsenspiel, von der Teilnahme an Erwerbsgesellschaften, deren Zweck nicht unantastbar und deren Ruf nicht tadellos ist, sowie überhaupt von jedem Streben nach Gewinn auf einem Wege, dessen Lauterkeit nicht klar erkennbar ist, muß der Offizier sich weit abhalten. Sein Ehrenwort darf er nie leichtsinnig verpfänden.«
Zit. nach: Karl Demeter, Das Deutsche Offizierkorps in Gesellschaft und Staat 1650–1945, 4. überarb. und erw. Aufl., Frankfurt a.M. 1965, S. 287–290

und in der Gesellschaft mit Recht umstritten. Dass er aber eine so große Bedeutung hatte, wie der viele Lärm in der Öffentlichkeit und im Reichstag über das »Duellunwesen« glauben machen könnte, darf bezweifelt werden. Als Überbleibsel eines feudalen Bewusstseins war das Duell für die Opposition ein willkommenes Instrument, die »rückständigen« Verhältnisse in der Armee anzuprangern. Für das Offizierkorps hatte das Duellwesen auch eine psychologische und gruppenstabilisierende Funktion. Indem der Offizier sich dem Duellzwang prinzipiell unterwarf, akzeptierte er die Besonderheiten des Standes mit seinen Pflichten und Vorrechten. Damit hob er sich von der Masse der Bevölkerung, die nicht satisfaktionsfähig war, wiederum deutlich ab. Um die Zahl der Zweikämpfe möglichst gering zu halten, gab es königliche Verordnungen über Ehrengerichte und Ehrengerichtsverfahren, in denen viele Händel beigelegt wurden, ohne dass es zum Äußersten kam.

3. Die Kaiserliche Marine (Werner Rahn)

Die Königlich-Preußische Marine entstand 1849. Auf Drängen von Wilhelm Adalbert Prinz von Preußen, der sich schon frühzeitig mit der seestrategischen Lage Preußens und Deutschlands beschäftigt hatte, wurde 1853 als zentrale Kommandobehörde die »Admiralität« geschaffen und ein erster Plan zum Aufbau einer Flotte entworfen. Prinz Adalbert baute die Marine gegen Vorbehalte in Politik und Familienkreis, aber mit Unterstützung weiter Volkskreise auf und suchte in den Ausbildungsprinzipien seemännischen Drill, Manneszucht und die militärpädagogischen Maximen der preußischen

Reformer zu vereinen. Die wenigen Kanonenboote und Korvetten konnten allerdings den Schutz der langen Küsten kaum sicherstellen. 1867 wurde die Preußische Kriegsmarine zur Norddeutschen Bundesmarine, die 1870/71 zwar über zehn gepanzerte Schiffe verschiedener Art verfügte, doch im Krieg gegen Frankreich bedeutungslos blieb.

a) Aufbau und Organisation

Mit der Reichsgründung von 1871 entstand aus der Norddeutschen Bundesmarine die »Kriegsmarine des Reiches«. Gemäß Artikel 53 der ▸ Reichsverfassung unterstand sie direkt dem Kaiser und ist daher als »Kaiserliche Marine« bekannt. Im Gegensatz zur Armee, die an die Einzelstaaten des Reiches gebunden blieb, war die Kaiserliche Marine ein reichsunmittelbares militärisches Instrument.

Am 1. Januar 1872 übernahm Generalleutnant Albrecht von Stosch die Führung der Kaiserlichen Marine als Chef der Admiralität. Als Staatsminister unterstand er mit der Marineverwaltung dem Reichskanzler, während er bei der militärischen Führung der Befehls- und Kommandogewalt des Kaisers unterworfen war. Bei dieser doppelten Unterstellung blieben Reibungen nicht aus. Stosch führte die Marine nach straffen militärischen Richtlinien, verlor dabei jedoch nicht ihren Auftrag aus den Augen, nämlich laufende Praxis in der Seefahrt und Ausbildung zum Seegefecht. Das Ausbildungssystem der Marine erreichte wegen seiner Initiative einen beispielhaften Stand. Leistungen und Motivation des länger dienenden Personals erlaubten eine große Ausweitung des Auslandsdienstes mit oft jahrelanger Abwesenheit von der Heimat.

Nach dem Flottengründungsplan von 1873 sollte die Marine aus acht Panzerfregatten,

130 Das Nachtgefecht der Glattdeckkorvette Nʏᴍᴘʜᴇ am
23. Juli 1870 gegen französische Kriegsschiffe vor Rügen.

1 »Reichs-Gesetzblatt Nr. 2« (1. Januar 1872)

Im Jahre 1872 wurde die Kaiserliche Admiralität gegründet.
Die Verwaltung, das Budget wie auch die Einsatzrichtlinien
für den Auslandseinsatz lagen im Zuständigkeitsbereich von
Reichskanzler Otto von Bismarck.

»In Verfolgung Meiner Erlasse vom 30. November und
31. Dezember v.J. bestimme Ich, daß das Marineministerium,
unter Fortdauer der durch das Regulativ vom 15. Juni v.J. [...]
geschaffenen Einrichtung der oberen Marinebehörde, fortan
den Namen ›Kaiserliche Admiralität‹ führen und einen Chef
zum Vorstande erhalten soll, welcher die Verwaltung unter
der Verantwortlichkeit des Reichskanzlers und den Oberbefehl nach Meinen Anordnungnen zu führen hat.«

459

131 Der erste Chef der Admiralität, General der
Infanterie Albrecht von Stosch (1818–1896).
Undatiertes Foto.

Zit. nach: Jörg Duppler, Germania auf dem Meere. Bilder
und Dokumte zur Deutschen Marinegeschichte 1848 bis
1998, Hamburg 1998, S. 63

sechs Panzerkorvetten, sieben Panzerkanonen-
booten, 20 Kreuzern, sechs Avisos, 18 Kano-
nen- und 20 Torpedobooten bestehen. Doch der
Reichstag genehmigte nur die Mittel für einen
Teil der Bauten, nach 20 Jahren war der Plan
lediglich bei den kleinen Einheiten erfüllt.

Mit Leo Graf von Caprivi trat 1883 als Nachfolger Stoschs der zweite Armeegeneral an die
Spitze der Marine. Die Gründe für diese Per-
sonalentscheidung lagen zum einen in dem
gespannten Verhältnis zwischen Bismarck und
Stosch und zum anderen in dem Zweifel der
Reichsleitung, ob die Marine schon aus ihren
eigenen Reihen einen Nachfolger für Stosch
stellen konnte.

In der Armee Preußens bestand seit 1883
eine Dreiteilung der oberen Führung in Kriegsministerium, Militärkabinett und Großer Generalstab. Sie wurde 1889 auch in der Kaiserlichen Marine eingeführt: ein Staatssekretär
des Reichsmarineamtes (RMA) war unter der
politischen Verantwortung des Reichskanzlers
für Verwaltung und Rüstung zuständig und in
Budgetfragen dem Reichstag verantwortlich,
ein Kommandierender Admiral im Oberkommando der Marine nahm die Kommando-An-
gelegenheiten wahr und das neu geschaffene
Marinekabinett bearbeitete das Personalwesen
und setzte die kaiserlichen Befehle um.

Zwischen RMA und Oberkommando entstanden bald Reibungen, die an Schärfe zu-
nahmen, als Konteradmiral Alfred Tirpitz 1897
Staatssekretär wurde. Tirpitz setzte 1899 beim
Kaiser die Auflösung des Oberkommandos
durch. Der Oberbefehl lag jetzt unmittelbar
beim Monarchen. Die übrigen Kompetenzen
des Oberkommandos wurden aufgesplittert.
Die Chefs der Marinestationen Nord- und Ostsee, der Generalinspekteur, der Inspekteur des
Bildungswesens, der Flottenchef, der Chef des
Kreuzergeschwaders und der Chef des Admi-
ralstabes besaßen oder erhielten Immediatstellung. Der Admiralstab ging bei der Auflösung
des Oberkommandos aus dessen Stabsabtei-
lung hervor. Im Gegensatz zum Heer, über
das im Kriegsfall der Generalstab de facto den
Oberbefehl übernahm, wurde dem Admiralstab eine vergleichbare Kompetenz nicht zugestanden. In der Marine dominierte Tirpitz als
Staatssekretär des RMA bis in den Krieg hinein.
Auf die Führung von Operationen hatte das
RMA keinen Einfluss, so dass 1914 kein funk-
tionsfähiges Oberkommando zur Verfügung
stand.

b) Laufbahnen der Unteroffiziere und Aus- bildung zum Offizier

Das Personal der Kaiserlichen Marine bestand
aus Wehrpflichtigen, Freiwilligen sowie Deck-,
Feuerwerks-, Sanitäts- und Seeoffizieren, Mari-
ne- und Torpedoingenieuren sowie Offizieren
der Marineinfanterie. Das Seeoffizierkorps war
besonders herausgehoben, da nur dessen Angehörige berechtigt waren, ein Kriegsschiff zu
führen und zum Flaggoffizier (Admiral) aufsteigen konnten.

Die Wehrpflichtigen sollten sich überwiegend aus der »seemännischen Bevölkerung«
rekrutieren, also auch im Zivilberuf Berührung
mit der Seefahrt haben. Die aktive Dienstzeit
betrug drei Jahre. Jeder Wehrpflichtige konnte freiwillig länger dienen. Bei einer »Kapitulation« (Verpflichtung) auf mehr als sechs
Jahre stand der Weg in die Unteroffizierlaufbahn – und darauf aufbauend – in die Deck-
offizierlaufbahn offen. Der größere Teil der
Unteroffiziere entstammte jedoch der Gruppe
der Schiffsjungen, die im Alter von 15 bis 18
Jahren auf besonderen Schulschiffen ausgebildet wurden. Besonders tüchtige Unteroffizie-

132 SM Großer Kreuzer HERTHA.
Farblithografie nach Aquarell von H. Graf,
1899/1900.

 1 »Die Einweihung der Marineschule Mürwik«
(21. November 1910)

*Kaiser Wilhelm II. eröffnete mit dieser Kabnettsorder
die Marineschule in Mürwik, in der noch heute der
Offiziernachwuchs der Marine geschult wird.*

»Ich brauche nicht zu betonen, wie sehr Mir das Seeoffizierkorps, dessen Uniform ich trage, ans Herz
gewachsen ist. Ich kenne es von Meiner frühesten
Jugend an. Ich habe es schätzen gelernt in seinen vor-
trefflichen Leistungen in der Führung Meiner Schiffe
im In- und Auslande und bei der ganzen Entwicklung
der Marine [...]. Unsere Zeit braucht ganze, eisenharte
Männer. Daher kommt es auf die Persönlichkeit, den
Charakter in erster Linie an. Ihre Charakterbildung zu
fördern, ist die wichtigste Aufgabe Ihrer Vorgesetzten, aber es ist vor allen Dingen auch die Aufgabe
jedes Einzelnen von Ihnen. Arbeiten Sie sich durch
zu einer strengsittlichen, auf religiöser Grundlage ruhenden Lebensanschauung, zu einer der gegenseitigen Verantwortung sich bewußten Kameradschaft,
zu ritterlichem Denken und Handeln und umschiffen
so die Klippen, an welchen leider immer noch so viele
Offiziere scheitern! Begeistern Sie sich an den großen
Vorbildern der Geschichte, die Ihnen lehren, daß es
geistige Kräfte sind, welche den Sieg erfechten, darunter nicht zuletzt die Seelenstärke, welche echtem
Gottesglauben entspringt! Dann werden Sie, mit hohen Zielen vor Augen, alle Härten und Schwierigkeiten
des Berufes leicht überwinden und Seeoffiziere werden, wie Ich sie Mir wünsche und wie das Vaterland
sie braucht: stolze und wetterfeste Männer im Sturme
des Lebens.«

*Zit. nach: Marineschule Mürwik (1910–1985). Hrsg.
vom Deutschen Marine Institut, Herford 1985, S. 16*

133 Das erste Reichsmarineamt am Leipziger Platz,
Berlin. Undatierte Postkarte.

134 Die Marineschule Mürwik im Jahre 1910.

135 Kaiser Wilhelm und seine Flotte mit
Prinz Heinrich und Großadmiral Alfred von Tirpitz.
Wandgemälde von Franz Müller-Gossen, 1906.

461

re konnten in die Laufbahn der Fachoffiziere aufsteigen (z.B. Torpedoingenieure, Torpedooffiziere, Feuerwerksoffiziere). Eine Eigentümlichkeit der Kaiserlichen Marine bildeten die Deckoffiziere, die nicht zum Offizierkorps sondern zur Rangklasse der Unteroffiziere und Mannschaften gehörten. Ihre Laufbahn verlief vom Obermatrosen über Maat und Obermaat zum Deckoffizier seiner Laufbahn (z.B. Steuermann, Stückmeister, Signalmeister oder Maschinist). Sie verfügten über ein hohes fachliches Können, hatten jedoch eine unglückliche Stellung zwischen den Unteroffizieren mit Portepee und dem Seeoffizierkorps, das sie nicht als gleichwertig anerkannte.

Die Seeoffizieranwärter sollten in der Regel Abitur haben. Bis 1914 erfüllten etwa 75 Prozent diese Anforderung. Außerdem war eine Eintrittsprüfung obligatorisch. Die Seekadetten hatten auch noch erhebliche finanzielle Hürden zu überwinden. Die Eltern mussten sich verpflichten, einen Teil der Ausbildungs-, Ausrüstungs- und Unterhaltskosten bis zur Beförderung zum Oberleutnant zu See – insgesamt etwa 7200 Mark – zu übernehmen. Daraus wird deutlich, welche sozialen Gruppen überhaupt in der Lage waren, ihren Söhnen diese Laufbahn zu ermöglichen.

Die Marineführung war sich darüber im Klaren, dass der künftige Seekrieg nicht nur tüchtige Spezialisten erforderte, sondern auch den Offizier, der über eine breite und vielseitige Ausbildung verfügte. Nach einer vier- bis sechswöchigen Grundausbildung folgte für etwa zehn bis elf Monate die praktische Bordausbildung auf einem Schulkreuzer, die mit der Fähnrichsprüfung abschloss. Der sich daran anschließende einjährige Offizierlehrgang auf der Marineschule hatte das Ziel, die notwendigen militärischen, nautischen und technischen Kenntnisse zu vermitteln und eine »Festigung der Persönlichkeit« zu erreichen. Diesem schlossen sich noch weitere kürzere Spezialkurse an. Nach zweieinhalb Jahren Ausbildung hatte sich der nunmehr zum Oberfähnrich Beförderte in der Flotte zu bewähren, bevor das Leutnantspatent anstand. Die weiteren Beförderungen erfolgten nach dem Dienstalter gemäß Rangliste, in die alle Offiziere eines Jahrgangs (Crew) nach dem Ergebnis der Offizierprüfung eingereiht wurden.

Für die Marineingenieure war nicht das Abitur Einstellungsvoraussetzung, sondern nur die Obersekunda-Reife (11. Klasse). Darüber hinaus mussten sie eine zweijährige praktische Tätigkeit auf Werften nachweisen. Der Ausbildungsgang umfasste nach der Grundausbildung eine lange praktische Bordausbildung (33 Monate), bevor der erste einjährige Lehrgang auf der Marineingenieur-Schule absolviert wurde. Nach weiteren vier Jahren Borddienst als Deckoffizier (Maschinist) folgte der zweite Lehrgang der mit der Ingenieurprüfung abschloss. Da der Dienstgrad Marineingenieur, vergleichbar mit dem Rang eines Leutnants zur See (z.S.), erst nach neun bis zehn Jahren erreicht wurde, lag bei den Ingenieuren das Durchschnittsalter beim Erreichen der nachfolgenden Dienstgrade um zehn bis fünfzehn Jahre höher als bei den Seeoffizieren. Das Marineingenieur-Korps wurde bis 1918 von der Marineführung nicht als gleichwertig angesehen und erhielt erst 1920 den Offizierstatus.

136 »Unsere Marine in China«.
Umschlagtitel der Erstausgabe
von Julius Richter, 1910.

462

Alfred von Tirpitz,
»Begründung zur 2. Flottenvorlage« (1900)

*Der Chef des Reichsmarineamtes begründet den
Flottenbau mit dem kolonialen Streben Deutschlands.*

»Unter den gegebenen Umständen gibt es nur ein
Mittel, um Deutschlands Handel und Kolonien zu
schützen: Deutschland muß eine Flotte von solcher
Stärke haben, daß selbst für die größte Flotte ein
Krieg mit ihm ein solches Risiko in sich schließen
würde, daß ihre eigene Überlegenheit gefährdet
wäre. Für diesen Zweck ist es nicht absolut notwendig, daß die deutsche Flotte ebenso groß ist
wie die der größten Seemacht, weil in der Regel
eine große Seemacht nicht in der Lage sein wird,
ihre ganze Kraft gegen uns zu konzentrieren. Aber
selbst, wenn es ihr gelingen sollte, uns mit überlegenen Kräften entgegenzutreten, würde der Feind
durch seine Überwindung des Widerstandes der
deutschen Flotte so erheblich geschwächt werden,
daß dann trotz des etwa errungenen Sieges die
eigene Machtstellung zunächst nicht mehr durch
eine ausreichende Flotte gesichert wäre.«

*Zit. nach: Vom Zeitalter der Aufklärung bis zur
Gegenwart. Bearb. von Hermann Meyer [u.a.],
Frankfurt a.M. 1975 (= Grundzüge der Geschichte.
Oberstufe. Historisch-Politisches Arbeitsbuch,
Quellenbd 2), S. 72 f.*

137 SMS Prinzregent Luitpold.

138 Leben an Bord: Zeugdienst an Deck.

139 Tuchmütze eines Matrosen
der SMS Württemberg.

R. T. Mahan,

Der

Einfluß der Seemacht auf die Geschichte.

In Uebersetzung herausgegeben

von der

Redaktion der Marine-Rundschau.

Berlin 1896.
Ernst Siegfried Mittler und Sohn
Königliche Hofbuchhandlung
Kochstraße 68–71.

140 Alfred T. Mahan, amerikanischer Marineoffizier und Historiker. Porträt, 1897.

141 Die deutsche Ausgabe von Mahans Denkschrift wurde in der Bücherkiste jedes Schiffes der Kaiserlichen Marine mitgeführt.

142 SMS Nassau. Aufrisszeichnung.

c) Seestrategien und maritime Konzepte

Im 19. Jahrhundert beeinflusste Großbritannien mit seiner überlegenen Flotte und seinem weltweiten Stützpunktsystem als dominierende Seemacht das maritime Machtkalkül aller übrigen Großmächte. Eine Neuorientierung der Seestrategie ging nach 1871 von Frankreich aus, das in seinem strategischen Kalkül sowohl den Dreibund (Deutschland, Österreich und Italien) mit der starken Bedrohung durch Landstreitkräfte als auch die Seemacht Großbritannien berücksichtigen musste. Unter dem Eindruck neuer technischer Entwicklungen vertrat eine Gruppe junger Offiziere, die *Jeune Ecole* (franz.; Junge Schule), unter Führung von Admiral Théophil Aube die Auffassung, dass eine schwächere Seemacht eine Schlachtentscheidung mit einem überlegenen Gegner vermeiden und sich statt dessen auf den Kreuzerkrieg und die neuen Seekriegsmittel Torpedo und Mine konzentrieren müsse, um die feindliche Blockadeflotte bekämpfen zu können. Das Schlachtschiff galt als ein unglücklicher Kompromiss, der in Verbindung mit dem Rammsporn, der Schiffsartillerie und der Panzerung zu Ungunsten der Geschwindigkeit und Manövrierfähigkeit erkauft werden musste. Der Seekrieg wurde dem Landkrieg untergeordnet und neu eingeteilt in allgemeinen Seekrieg, Handelskrieg und Küstenverteidigung. Die Jeune Ecole forderte für jede Aufgabe Spezialschiffe mit hoher Geschwindigkeit, vor allem Kreuzer und Torpedoboote. Für den Handelskrieg gegen feindliche Seeverbindungen sollten Kreuzer eingesetzt werden, für die Küstenverteidigung und den Kampf gegen die feindliche Blockadeflotte waren Torpedo- und Kanonenboote vorgesehen. Kleinere Mächte griffen den Grundgedanken der Jeune Ecole auf und verstärkten den Kreuzer- und Torpe-

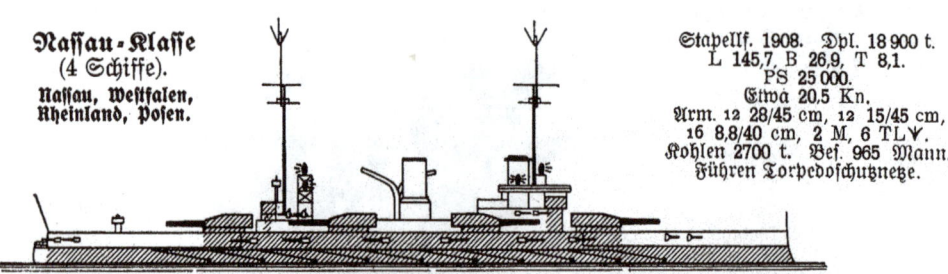

Naffau-Klaffe
(4 Schiffe).
Naffau, Weftfalen,
Rheinland, Pofen.

Stapellf. 1908. Dpl. 18 900 t.
L 145,7, B 26,9, T 8,1.
PS 25 000.
Etwa 20,5 Kn.
Arm. 12 28/45 cm, 12 15/45 cm,
16 8,8/40 cm, 2 M, 6 TL.
Kohlen 2700 t. Bef. 965 Mann.
Führen Torpedofchutznetze.

dobootbau. Diese neuen Entwicklungen führten im Kriegsschiffbau zwischen 1860 und 1890 zu einer verwirrenden Typenvielfalt.

Die Lehren der Jeune Ecole blieben umstritten, da sich in Manövern entscheidende Schwächen der Konzeption zeigten: Die Torpedoboote fanden nicht die Linienschiffe der Blockadeflotte und waren nicht genügend seefähig. Darüber hinaus hatte man die Wirkung des Abwehrfeuers der großen Schiffe unterschätzt. Aus der strategischen Theorie entwickelte sich eine Ideologie, die mit dogmatischer Starrheit verfochten wurde.

Wegen der kontinentalen Mittellage des Deutschen Reiches stand der ▶ Aufbau einer Marine lange Zeit im Schatten der Armee. Caprivi bemühte sich daher als Chef der Admiralität darum, der Marine einen sinnvollen Platz in einem gesamtstrategischen Zusammenhang zuzuweisen. Da er einen Zweifrontenkrieg gegen Frankreich und Russland erwartete, sollte sie in der Lage sein, eine mögliche Blockade zu brechen. Daher wurde der Bau von Torpedobooten verstärkt und der Auslandsdienst reduziert.

Im Gegenzug zur Jeune Ecole entwickelte der amerikanische Seeoffizier Alfred T. Mahan 1890 am Beispiel der britischen Royal Navy die These, dass Seemacht mehr sei als reine Flottenstärke. Ihre eigentliche Kraft könne diese nur in Verbindung mit einer günstigen geografischen Position, mit zahlreichen Überseestützpunkten, einer starken Handelsflotte sowie einer maritimen Politik ihrer Regierung entfalten. Eine Seemacht müsse stets über die Fähigkeit verfügen, die Verkehrswege für die eigenen Schiffe zu nutzen und dies dem Gegner zu versagen. Diese Fähigkeit sei nur mit einer starken Schlachtflotte gegeben.

Diese Thesen blieben in Deutschland nicht ohne Wirkung. Nachdem Wilhelm II. im Jahre

1 Otto Fürst zu Salm-Horstmar, »Flottenbau und Interessenpolitik« (3. Dezember 1901)

Der Präsident des Deutschen Flottenvereins in einem Schreiben an Alfred von Tirpitz, Staatssekretär des Reichsmarineamtes.

»Ew. [Euer] Exzellenz glaube ich im folgenden eine erfreuliche Mitteilung machen zu können:
Von Herren verschiedener Parteirichtungen bin ich gebeten worden, eine Bewegung einzuleiten, welche dahingeht, den Reichstag zu veranlassen, an die Regierung die Bitte zu richten, angesichts der schlechten Konjunktur und der ungünstigen Geschäftslage von Handel und Industrie und der damit zusammenhängenden Arbeitslosigkeit vieler Tausender von Arbeitern den auf einen längeren Zeitraum verteilten Bau von Kriegsschiffen in möglichst beschleunigtem Tempo herbeizuführen. Dadurch, daß der Bau der durch die letzte Marine-Vorlage bewilligten Schiffe so beschleunigt würde, wie es die deutschen Werften überhaupt leisten könnten, würden viele Industriezweige neue Aufträge erhalten, wodurch nicht nur diese über Wasser gehalten, sondern auch in den Stand gesetzt würden, ihre Arbeiter zu beschäftigen und bereits entlassene wieder einzustellen. Einer der wichtigsten Faktoren, die hier zur Sprache kommen, wäre aber der, daß durch den Auftrag neuer Kriegsschiffe und die dadurch herbeigeführte Belebung von Handel und Industrie die betreffenden Börsenkurse steigen, viele Werte gerettet und eine Konsolidierung des Marktes eintreten würde.«

Zit. nach: Das Deutsche Kaiserreich 1871–1914. Ein historisches Lesebuch. Hrsg. von Gerhard A. Ritter, 3. Aufl., Göttingen 1977, S. 304 f.

143 Kaiser Wilhelm II. in Großadmiralsuniform.

144 SMS Nassau. Undatiertes Foto.   465

1897 Konteradmiral Alfred Tirpitz zum Staatssekretär des RMA ernannt hatte, setzte der zielstrebige Ausbau einer Schlachtflotte ein. Tirpitz sah in Großbritannien den gefährlichsten potenziellen Gegner und somit galt die Schlachtentscheidung nunmehr als die natürliche Bestimmung der deutschen Flotte.

Solange die Reichsleitung nur mit Frankreich und später auch mit Russland als Gegner im Landkrieg rechnete, schien eine seestrategische Konzeption, wie sie Tirpitz zunächst propagiert hatte, der Lage angemessen zu sein. Langfristig verfolgte Tirpitz jedoch ein machtpolitisches Ziel: Mit dem Griff zur Seemacht sollte das Reich an der britischen maritimen Vormachtstellung vorbei eine Position als ▸ »Weltmacht neben anderen« erringen. Doch dies musste das tiefe Misstrauen der strategisch denkenden Eliten Großbritanniens wecken, ein Misstrauen, aus dem sich eine tödliche Gefahr für das Reich ergeben konnte.

Die seestrategischen Vorstellungen der deutschen Marineführung gingen davon aus, dass die Royal Navy in einem Krieg eine enge Blockade vor der deutschen Nordseeküste errichten würde. Aus einer solchen Blockade sollte sich dann in der Nähe von Helgoland unter für Deutschland günstigen Bedingungen eine »Entscheidungsschlacht« entwickeln. Diese Schlacht stand im Mittelpunkt aller operativen Überlegungen und der taktischen Flottenausbildung.

Dies erwies sich jedoch als Fehleinschätzung insofern Großbritannien nämlich nicht anstrebte, die gegnerische Flotte um jeden Preis auszuschalten, sondern nur dann, wenn diese die britischen Inseln selbst sowie die Seeverbindungswege im Atlantik ernsthaft bedrohen sollte. Jene Seewege blieben jedoch - später von U-Booten abgesehen - weitgehend außerhalb des Wirkungsbereiches deutscher Seestreit-466 kräfte. Unter Ausnutzung der günstigen geografischen Lage ging die britische Admiraltiät deshalb zur risikoloseren Fernblockade des Ärmelkanals sowie der Meerenge zwischen Schottland und Norwegen über, um die Seeverbindungen des Reiches bereits außerhalb der Reichweite seiner Flotte unterbrechen zu können.

Der deutsche Admiralstab erkannte zwar diese Umstellung der britischen Operationsplanung, kam aber nach entsprechenden Kriegsspielen zu dem Ergebnis, dass eine Seeschlacht unter für Deutschland günstigen Bedingungen nicht zu erzwingen war. Eine Neuorientierung der deutschen Seestrategie mit dem Ziel einer effektiven Seekriegführung gegen die Seeverbindungswege des Gegners unterblieb.

d) Marinerüstung

Die rasante technische Entwicklung im Schiffbau führte bis Ende des 19. Jahrhunderts bei den Kriegsschiffen zu einer Vielzahl von Typen. Um 1900 hatte sich jedoch ein Einheitslinienschiff entwickelt, das 12–15 000 Tonnen verdrängte, mit Kolbendampfmaschinen etwa 17–19 Knoten Höchstgeschwindigkeit erreichte und als Hauptbewaffnung zwei Doppeltürme mit 28 oder 30,5 Zentimeter-Geschützen trug. Daneben verfügten die Schiffe über eine umfangreiche Mittelartillerie bis zu einem Kaliber von 19 Zentimeter und über mehrere Unterwassertorpedorohre. Zur Aufklärung für die Schlachtflotte, für den Kreuzerkrieg und für den Dienst auf Auslandsstationen hatten sich zwei Kreuzertypen entwickelt: der Große Kreuzer von 8–10 000 Tonnen Verdrängung und der Kleine Kreuzer von 3–4000 Tonnen. Torpedoboote, die um diese Zeit etwa 400 Tonnen verdrängten, 26 Knoten erreichten und drei Torpedorohre hatten, waren in Flottillen

145 Das I. Geschwader in See: SMSS Thüringen, Helgoland, Oldenburg, Westfalen und Nassau. Foto, um 1910.

 1 Alfred von Tirpitz, »Vorbereitung und Zielsetzung der Novelle zum Flottengesetz«.
Notizen zum Immediatvortrag (28. September 1899)

Admiral Tirpitz war einer der stärksten Verfechter der Flottenrüstung. Die Flotte sollte Deutschlands Aufstieg zur Weltmacht ermöglichen.

»9) Sobald Ziel erreicht ist, haben Euer Majestät eine effektive Macht von 45 Linienschiffen nebst komplettem Zubehör. So gewaltige Macht, daß nur noch England überlegen. [...]
Abgesehen von den für uns durchaus nicht aussichtslosen Kampfverhältnissen wird England aus allgemein politischen Gründen und von rein nüchternem Standpunkt des Geschäftsmannes aus, jede Neigung uns anzugreifen, verloren haben und infolgedessen Euer Majestät ein solches Maß von Seegeltung zugestehen und Euer Majestät ermöglichen eine große überseeische Politik zu führen.

10) Falls Euer Majestät zustimmen und befehlen, daß ich diesem Ziele entsprechend vorgehe, so verspreche ich Euer Majestät meine ganze Person einzusetzen. [...]
Selbst wenn durch ein derartig energisches Vorgehen auf ein Ziel hin gelegentlich berechtigte Interessen in der Marine zu kurz kommen, ist die Schaffung einer leistungsfähigen Flotte für Deutschland eine so unbedingte Notwendigkeit, daß ohne diese Deutschland dem Ruin entgegengehen würde.
4 Weltmächte. Rußland, England, Amerika und Deutschland. Weil 2 dieser Weltmächte nur über See erreichbar, so Staatsmacht zur See in den Vordergrund.«

Zit. nach: Volker R. Berghahn und Wilhelm Deist, Rüstung im Zeichen der wilhelminischen Weltpolitik. Grundlegende Dokumente 1890–1914, Düsseldorf 1988, S. 159–161

von zehn bis zwölf Booten zusammengefasst, wesentlicher Bestandteil einer Schlachtflotte. Überall zeichnete sich bei jeder Art von Schiffstyp eine Steigerung der Kampfkraft ab, die eine allmähliche Vergrößerung des Einzelschiffes zur Folge hatte.

In Deutschland konnte Tirpitz 1898 im Reichstag das ▸ Erste Flottengesetz durchsetzen, das die wichtigste Grundlage für den weiteren Aufbau der Flotte bildete. Die Flotte sollte, einschließlich einer Materialreserve, einen Bestand von 19 Linienschiffen, 8 Küstenpanzerschiffen, 12 Großen und 30 Kleinen Kreuzern erreichen. Der Ersatz war für Linienschiffe nach 25, für Große Kreuzer nach 20 und für Kleine Kreuzer nach 15 Jahren festgelegt. Das Zweite Flottengesetz von 1900 ermöglichte eine Vergrößerung auf 38 Linienschiffe, 14 Große Kreuzer und 38 Kleine Kreuzer. Für Tirpitz lag der Schwerpunkt der Rüstung bei der quantitativen Erfüllung der Flottengesetze. Dadurch bestand allerdings die Gefahr, dass bei einem qualitativen Rüstungssprung die damit verbundenen höheren Baukosten zu Engpässen in der langfristigen Finanzplanung führen mussten.

Diese Krise zeichnete sich 1905 ab, als die britische Admiralität unter Führung ihres Ersten Seelords, Admiral Sir John Fisher, mit dem Linienschiff DREADNOUGHT zum Großkampfschiffbau überging.

Für den Bau der DREADNOUGHT waren folgende Überlegungen maßgeblich: Die wachsende Torpedobedrohung durch eine Steigerung der Reichweite und Sprengkraft der Waffe erforderte größere Entfernungen im Artilleriekampf. Bei größeren Entfernungen konnte aber nur die schwere Artillerie wirksam eingesetzt werden. Die Feuerleitung der schweren Artillerie auf große Entfernung war

nur mit einem Salvenfeuer von mindestens vier Türmen gleichen Kalibers möglich, daher erfolgte der Übergang zum Einheitskaliber. Ein Geschwindigkeitsüberschuss von zwei Knoten gegenüber den bisherigen Linienschiffen sollte im Gefecht taktische Vorteile bringen. Für die Steigerung der Maschinenleistung bot sich der Turbinenantrieb an. Stärkere Panzerung und bessere Unterwasserschiffeinteilung machten das Großkampfschiff zugleich standfester.

Parallel zum Bau der DREADNOUGHT vollzog die britische Admiralität den Übergang vom Panzer- zum Schlachtkreuzer. Der Schlachtkreuzer sollte mit hoher Geschwindigkeit von 26–28 Knoten und starker Artillerie an der Schlachtentscheidung mitwirken und der gegnerischen Flotte den Weg verlegen. Die hohe Geschwindigkeit war nur auf Kosten einer geringeren Panzerung zu erreichen.

Hiermit vollzog die Royal Navy eine so enorme Kampfkraftsteigerung, dass Tirpitz in Zugzwang geriet, wenn er im Schiff-Schiff-Vergleich dem potenziellen Gegner gewachsen bleiben wollte. Mit dem Übergang zum Großkampfschiffbau begann das eigentliche deutsch-britische Wettrüsten.

Tirpitz konnte im Reichstag beim Flottengesetz weitere Novellen durchsetzen, die einen Ersatz der Linienschiffe schon nach 20 Jahren und damit zusätzliche Bauten ermöglichten. Das Rüstungsprogramm wurde mit dem Ziel erweitert, dass etwa 1920 ein Bestand von 41 Linienschiffen, 20 Großen und 40 Kleinen Kreuzer, 144 Torpedobooten und 72 U-Booten erreicht werden sollte.

Vor 1914 waren moderne Kriegsschiffe nicht nur Teil des Militärpotenzials eines Staates, sondern zugleich eindrucksvolle Zeugnisse seiner industriellen und technologischen Leistungsfähigkeit. Nur hoch industrialisierte Länder sa-

468

146 Einhundert-Mark-Schein,
Rückseite: Germania unter einer Eiche,
im Hintergrund die Kaiserliche Flotte.

hen sich überhaupt in der Lage, die komplexen technischen Probleme, die mit dem Übergang zum Großkampfschiffbau verbunden waren, eigenständig zu lösen. Dies galt insbesondere für die Antriebs- und Waffentechnik sowie für die Weiterentwicklung der Standfestigkeit durch hochwertige Stahlpanzerung. Der Aufbau der Hochseeflotte erfolgte in einer Epoche des rasanten technologischen Umbruchs, der Seekriegsmittel sehr schnell veralten ließ. Im 20. Jahrhundert haben Kriegsschiffe im Schiff-Schiff-Vergleich zu keiner Zeit so schnell an Kampfkraft eingebüßt wie in den zehn Jahren von 1904 bis 1914. Dies gilt sowohl für Linienschiffe und Kreuzer als auch für Torpedoboote und U-Boote. Das Reich konnte den Rüstungswettlauf mit Großbritannien aus innenpolitischen Gründen finanziell nicht durchhalten. Nach einer strategischen Neuorientierung der Reichsleitung verlor die Marinerüstung ab 1912/13 an Bedeutung, denn die unmittelbare Verteidigung des Reiches war zunächst eine Aufgabe des Heeres. Die Kaiserliche Marine stieg zwar bis Kriegsbeginn zur zweitstärksten Marine der Welt auf, doch in der Juli-Krise 1914 erwies sich die erhoffte und stets propagierte Abschreckungswirkung der Hochseeflotte als Fehlkalkulation.

Im August 1914 trat die Kaiserliche Marine mit 33 Linienschiffen, 16 Großen und 31 Kleinen Kreuzern, 154 Torpedobooten und 28 U-Booten in den Krieg ein. Von den Linienschiffen und Großen Kreuzern waren nur 16 moderne Großkampfschiffe, die lediglich aus der Nordsee heraus operieren konnten, denen auf britischer Seite 27 vergleichbare Einheiten – gestützt auf weltweite strategische Positionen – gegenüber standen.

1 »Flottengesetz« (10. April 1898)
Das Gesetz wurde mit großer Mehrheit vom Reichstag verabschiedet und regelte die Stärke der deutschen Flotte.

»1. Der Schiffsbestand der deutschen Flotte wird, abgesehen von Torpedofahrzeugen, Schulschiffen, Spezialschiffen und Kanonenbooten, festgesetzt auf:

a) verwendungsbereit:
   1 Flottenflaggschiff,
   2 Geschwader zu je 8 Linienschiffen,
   2 Divisionen zu je 4 Küstenpanzerschiffen,
   6 große Kreuzer
 16 kleine Kreuzer
   3 große Kreuze
 10 kleine Kreuzer

b) als Material-Reserve:
   2 Linienschiffe,
   3 große Kreuzer,
   4 kleine Kreuzer.

2. Von den am 1. April 1898 vorhandenen und im Baue befindlichen Schiffen kommen auf diesen Sollbestand in Anrechnung:

als Linienschiffe	12,
als Küstenpanzerschiffe	8,
als große Kreuzer	10,
als kleine Kreuzer	23.

3. Die Bereitstellung der Mittel für die zur Erreichung des Sollbestandes (Ziffer 1) erforderlichen Neubauten unterliegt der jährlichen Festsetzung durch den Reichshaushalts-Etat mit der Maßgabe, daß die Fertigstellung des gesetzlichen Schiffsbestandes, soweit die im §. 7 dafür angegebenen Mittel ausreichen, bis zum Ablaufe des Rechnungsjahrs 1903 durchgeführt werden kann.«

Zit. nach: Reichsgesetzblatt 1898, S. 165–168

469

147 Vermehrung der Flotte nach Annahme der Novelle zum Flottengesetz am 27. März 1908. Die Verbündeten: »Großartig! Bar bezahlt?« Germania: »I bewahre, alles gepumpt.« Karikatur, 1908.

148
Schiffsbau auf der Werft Blohm & Voss. Foto, um 1913.

Ziele, ...

Der »Tirpitz-Plan«, benannt nach dem Staatssekretär des Reichsmarineamtes Admiral Alfred von Tirpitz, bezeichnet die von Tirpitz vor dem Ersten Weltkrieg verfolgte deutsche Seerüstung gegenüber Großbritannien. Tirpitz wollte dem Kaiserreich mit dieser Rüstung den Aufstieg zur Weltmacht ermöglichen, womit sich innenpolitisch die Hoffnung verband, die verschiedenen Gesellschaftsschichten mit der überkommenen Herrschaft im Reich zu versöhnen. Für die Außenpolitik erhoffte man sich eine abschreckende Wirkung gegenüber England.

149 Die englische Flottenschau auf der Reede von Spithead am 18. Juli 1914.

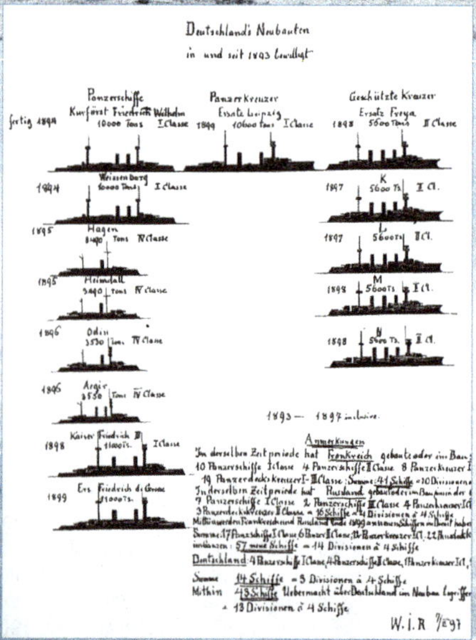

150
Im Jahr 1897 skizziert Wilhelm II. persönlich die Rüstungspläne der deutschen Marine und einiger Rivalen.

Kalkül ...

Tirpitz hatte für das Deutsche Reich eine Flotte vorgesehen, die Großbritannien daran hindern sollte, mit der
Royal Navy Druck auf Deutschland auszuüben. Um den
Einfluss des Reichstages auf das sich über Jahrzehnte erstreckende Flottenbauprogramm zu minimieren,
strebte Tirpitz ein konstantes Bautempo von jährlich
drei »großen Schiffen« (später: »Großkampfschiffe«)
an. Am Ende sollte eine sich regelmäßig erneuernde
Flotte von 60 Großkampfschiffen stehen. Bei diesem
angestrebten deutsch-britischen Stärkeverhältnis von 2
zu 3 sollte eine in der südlichen Nordsee zur Blockade
aufmarschierende britische Flotte mit dem Risiko eines
zu teuer erkauften Sieges oder sogar dem einer Niederlage konfrontiert werden. Schon Zeitgenossen hatte
die Frage beschäftigt, wie eine unterlegene Flotte sich
gegen die erste Seemacht der Welt würde durchsetzen
können – noch dazu unter der ungünstigen geografischen Lage Deutschlands. Die Kaiserliche Marine
selbst hatte für den, der im Seekrieg die strategische
Offensive ergriff, eine Überlegenheit von einem Drittel
für den Erfolg vorausgesetzt. Volker R. Berghahn hat in
dem Tirpitz-Plan die Umkehrung dieses Kalküls entdeckt
und so die Siegeschance für die in der Defensive operie-
rende deutsche Flotte ab einer Unterlegenheit von nicht
mehr als einem Drittel als gegeben angesehen.

151
Alfred von Tirpitz.
Öl auf Leinwand von Lovis Corinth, 1917.

und Wirklichkeit

Diese Interpretation ist jüngst in Kritik geraten. So sieht
der norwegische Historiker Rolf Hobson bei Tirpitz An-
zeichen für das Wirken einer Ideologie. Die Risikoflotte entbehrte des militärischen Kalküls. Dieses war, laut
Hobson, unter Tirpitz durch Anleihen bei dem Seemacht-
Ideologen Alfred Thayer Mahan ersetzt worden, dessen
seestrategische Erkenntnisse (Rolle der Stützpunkte,
Seeverbindungslinien und der strategischen Position)
dabei unberücksichtigt blieben. Die Abschreckung der
Risikoflotte ging lediglich von der vagen Vorstellung »politischer Seegeltung« aus.
Dieses Kalkül ging 1914 nicht auf. Nach zwei Flottenge-
setzen (1898 und 1900) und drei Novellen (1906, 1908
und 1912) standen bei Kriegsbeginn 19 deutsche Großkampfschiffe 31 britischen gegenüber, was in etwa dem
von Tirpitz angestrebten Verhältnis von 2 zu 3 entsprach.
Der Kriegseintritt Großbritanniens konnte aber weder
verhindert werden, noch gelang es der Hochseeflotte,
der Blockade des deutschen Überseehandels durch britische Streitkräfte wirksam zu begegnen.

152 »Wenn Du wüßtest, lieber Michel, was ich alles noch für Dich in petto habe!« Karikatur auf die Flottenpolitik, 1902.

Kapitel III – Konflikte:

Lehrbeispiele für den erwarteten europäischen Krieg?

153 The Germans to the front. Öl auf Leinwand von Carl Röchling, 1902.

1. Intervention in China 1900/1901

Seit Mitte des 19. Jahrhunderts war China in mehreren Kriegen wie dem »Opiumkrieg« (1840–1842) gezwungen worden, sich dem Handel zu öffnen und in »ungleichen Verträgen« den europäischen Großmächten, aber auch den USA und Japan, Zugeständnisse zu machen, die Chinas Souveränität beschränkten. Nach dem Japanisch-Chinesischen Krieg (1894/95) verschärften sich die Rivalitäten um ▸ Einflussgebiete in China. Nach mehrjährigen erfolglosen Verhandlungen nahm das Deutsche Reich die Ermordung von zwei Missionaren zum Anlass, die Bucht von Kiautschou mit Marinetruppen zu besetzen. Durch einen Vertrag mit China fiel 1898 das »Pachtgebiet« mit der Stadt Tsingtau für 99 Jahre an das Deutsche Reich.

Gegen die Überfremdung Chinas und das als anmaßend empfundene Wirken christlicher Missionare wie zur Wiederherstellung der Unabhängigkeit bildete sich der Geheimbund »Faust der Gerechtigkeit und des Friedens«, von den Europäern »Boxer« genannt. Seit 1899 kam es zuerst zu lokalen Revolten, zur Zerstörung von Eisenbahnlinien und Missionsstationen sowie zur Ermordung von Missionaren und chinesischen Christen. Im Frühsommer 1900 hatten sich Hunderttausende der Rebellion angeschlossen. Im Gesandtschaftsviertel in Peking wurden 950 Ausländer und 3000

472

chinesische Christen eingeschlossen und der deutsche Gesandte getötet. Angesichts der sich ausweitenden Rebellion stellten die rivalisierenden ausländischen Mächte ihre Eigeninteressen zurück und bildeten an der Mündung des Peiho und vor Taku (Dagu) eine internationale Befreiungstruppe aus britischen, französischen, italienischen, japanischen, österreichungarischen, russischen, amerikanischen und deutschen Landkommandos der Schiffe. Die Taku-Forts wurden von einem Flottenverband beschossen und gestürmt. Die Interventionstruppen kämpften sich am Ufer des Peiho und entlang der Bahnlinie gegen starken Widerstand auf Peking vor, wurden aber von den Chinesen zurückgeworfen und zeitweilig von ihrer Ausgangsbasis abgeschnitten. In einem harten Rückzugsgefecht befahl der britische Admiral Edward Seymour mit dem Satz »The Germans to the front« die deutsche Marine-Abteilung an die Spitze, eine Szene, die von dem Militärmaler Carl Röchling festgehalten wurde und bald in unzähligen Kopien die Wohnstuben patriotisch gesinnter Deutscher schmückte. Durch einen erneuten Vorstoß einer ver-

156 SMS Kanonenboot Iltis.
Farblithografie nach Aquarell von H. Graf, 1899.

154 Enthauptung von Boxern in Peking nach der Einnahme durch die Interventionstruppen. Foto des deutschen Militärattachés Otto Brandt, August 1900.

155 Feldmarschall Waldersee, die internationalen Truppen inspizierend. Farbdruck, 1901.

China zur Zeit des Boxeraufstandes

RUSSLAND

Sibirien

Amur

Sachalin

ÄUSSERE MONGOLEI

Mandschurei

Primorje

Chabarowsk

Wladiwostok

Gelber Fluss

Peking

Tientsin

Port Arthur (russ.)

Japanisches Meer

Seoul

Weihaiwei (brit.)

Tsingtao (dt.)

JAPAN

Tokio

CHINA

Jangtsekiang

Nanking

Shanghai

Ningpo

Fuzhou

Amoy

INDIEN

Yünnan

Kanton

Hongkong (brit.)

Formosa (Taiwan)

Kwang-chouwan (franz.)

Macao (port.)

Pazifik

BURMA

SIAM

FRZ. INDO-CHINA

PHILIPPINEN

Südchinesisches Meer

Einflussbereiche

russisch — deutsch
japanisch — französisch
britisch — italienisch

Quelle: Preston, Rebellion in Peking, 2001.

0 200 400 600
km

© MGFA
05217-08

473

stärkten Entsatzarmee wurden die in Peking Eingeschlossenen nach 55 Belagerungstagen schließlich am 14. August 1900 befreit.

Mittlerweile hatte Anfang Juli ein Marine-Expeditionskorps aus zwei mit Artillerie verstärkten Seebataillonen in Stärke von etwa 2500 Mann Wilhelmshaven verlassen. Eine Linienschiffsdivision sowie einige Kreuzer und Torpedoboote folgten. Schließlich befahl Kaiser Wilhelm II. die Aufstellung eines ▶ Ostasiatischen Expeditionskorps aus Freiwilligen des Heeres, die aus 120 000 Bewerbern ausgesucht wurden. Der Verband umfasste fast 20 000 Mann: sechs Infanterie-Regimenter, je ein Feldartillerie- und Kavallerie-Regiment, zwei schwere Batterien, Jäger, Pioniere, Nachrichten- und Eisenbahntruppen. Seit Ende Juli verließen die Kontingente auf 20 gecharterten Dampfern Bremerhaven. Bei der Verabschiedung hielt der Kaiser die berüchtigte ▶ »Hunnenrede«, in der er zum gnadenlosen Vorgehen gegen die Chinesen aufrief. Anfang September, der Aufstand war bereits zusammengebrochen, trafen die ersten Transporte vor Taku ein, aber die Ausladung der letzten Teile zog sich noch mehrere Wochen hin.

Auf Wunsch des Kaisers wurde ein gemeinsames Oberkommando der Interventionsmächte gebildet, das der preußische Feldmarschall Alfred Graf von Waldersee erhielt, der wegen der Ambitionen des Kaisers bald ironisch »Weltmarschall« genannt wurde. Waldersee ordnete zahlreiche »Strafexpeditionen« an, auf denen geplündert, geraubt, gebrandschatzt, vergewaltigt und gemordet wurde. Im Herbst 1901 musste China einen Friedensvertrag unterzeichnen, der den Großmächten unter anderem das Recht auf Truppenstationierungen einräumte. Zwischen Ende Juli und Ende Oktober 1901 kehrten knapp 15 000 Mann des Ostasiatischen Expeditionskorps nach Deutschland zurück, während eine 3000 Mann starke Besatzungsbrigade zunächst in China blieb. Die Verluste betrugen etwa 400 Gefallene, weit höher aber waren die Verluste durch Krankheit und Seuchen. Im Rückblick erwies sich dieses jedoch als »Glücksfall«, denn die Sanitätsoffiziere nutzten die Gelegenheit, alle jene Seuchen zu erforschen, die als Folge der Zusammenballung vieler Menschen und unzureichender Hygiene ausbrechen können und verfügten so im Ersten Weltkrieg über einschlägige Verhütungsverfahren. Weitere wichtige Erfahrungen konnten auch auf den Gebieten der Taktik und Waffentechnik gesammelt werden. Das neue Gewehr 98 kam zum ersten Mal zum Einsatz ebenso wie alle im Heer vorhandenen modernen Geschütztypen. Unter gefechtsmäßigen Bedingungen konnten somit Erkenntnisse über das Zusammenwirken modern ausgerüsteter Infanterie und Artillerie gewonnen werden. Die zunächst getragene blaue Feldbluse bewährte sich nicht, die daraufhin eingeführte feldgraue Uniform hingegen so gut, dass sie zehn Jahre später für die gesamte deutsche Armee beschafft wurde.

2. Die Kolonialkriege des Deutschen Reiches

In den deutschen »Schutzgebieten« kam es immer wieder zu Überfällen auf Niederlassungen und zur Ermordung von Europäern. Auch größere Landstriche wurden von den Rebellionen erfasst wie 1905 der ▶ Maji-Maji-Aufstand im Süden Deutsch-Ostafrikas, der mehrere Zehntausend Opfer forderte. Die Reaktionen der Kolonialherren waren abgestuft, aber meistens überzogen, und gipfelten in Strafaktionen und

474

Die Uniformen und Ausrüstung der Soldaten des Ostasiatischen Expeditionskorps, das 1900 zur Niederschlagung des so genannten Boxeraufstandes nach China kommandiert worden war, wurde speziell für diesen Einsatz angefertigt. Diese bestand für den Sommer aus einer bräunlich-kakifarbenen Uniform, die besonders für sandige Landstriche konzipiert war. Die Winteruniform wurde dagegen aus feldgrauem Stoff gefertigt. Der Tornister entsprach, bis auf die feldgrau gefärbten Lederriemen, dem in der Heimat verwendeten Modell. Außerdem trugen die Soldaten Strohhüte oder mit Stoff überzogene Helme und Tropenhelme.

157 Wilhelm II. während seiner so genannten Hunnenrede.

1 Wilhelm II., »Hunnenrede« (27. Juli 1900)
Die deutschen Truppen wurden zur Niederschlagung des Boxer-Aufstandes nach China gesandt. Die Verabschiedungsrede des Kaisers Wilhelm II. ist als »Hunnenrede« in die Geschichte eingegangen und bestimmte lange Zeit das Bild der Deutschen im englischsprachigen Ausland als »The huns«.

»Große überseeische Aufgaben sind es, die dem neu entstandenen Deutschen Reiche zugefallen sind, Aufgaben weit größer, als viele meiner Landsleute es erwartet haben. Das Deutsche Reich hat seinem Charakter nach die Verpflichtung, seinen Bürgern, sofern diese im Ausland bedrängt werden, beizustehen [...] An euch ist es, es ihnen gleich zu tun. Eine große Aufgabe harrt eurer; ihr sollt das große Unrecht, das geschehen ist, sühnen. Die Chinesen haben das Völkerrecht umgeworfen, sie haben in einer in der Weltgeschichte nicht erhörten Weise der Heiligkeit des Gesandten, der Pflicht des Gastrechts Hohn gesprochen. Bewahrt die alte preußische Tüchtigkeit, zeigt euch als Christen im freudigen Ertragen eurer Leiden, mögen Ehre und Ruhm Euren Fahnen und Waffen folgen, gebt an Manneszucht und Disziplin aller Welt ein Beispiel. Ihr wißt es wohl, ihr sollt fechten gegen einen verschlagenen, tapferen, gut bewaffneten grausamen Feind. Kommt ihr an ihn, so wißt: Pardon wird nicht gegeben, Gefangene werden nicht gemacht. Wie vor tausend Jahren die Hunnen unter König Etzel sich einen Namen gemacht haben, der sie noch jetzt in Überlieferung und Märchen gewaltig erscheinen läßt, so muß der Name Deutscher in China auf tausend Jahre durch euch in einer Weise bestätigt werden, daß niemals wieder ein Chinese es wagt, einen Deutschen auch nur scheel anzusehen [...]. Adieu, Kameraden!«

Zit. nach: Dokumente der Deutschen Politik und Geschichte von 1848 bis zur Gegenwart. Ein Quellenwerk für die Politische Bildung und staatsbürgerliche Erziehung, Bd 2: Das Zeitalter Wilhelms II. 1890–1918. Hrsg. von Johannes Hohlfeld, Berlin 1951, S. 114 f.

475

S Der Maji-Maji-Aufstand (Maji, kis.; Wasser) von 1905/06 war eine Aufstandsbewegung der afrikanischen Bevölkerung in der Kolonie Deutsch-Ostafrika. Sie richtete sich gegen die Erhebung der Hüttensteuer, die durch die Verrichtung von Zwangsarbeit auf den Plantagen der Kolonialherren zu erbringen war. Das Maji sollte den traditionell bewaffneten afrikanischen Kriegern Stärke verleihen und gegen die Gewehrkugeln der Schutztruppe unverwundbar machen.

-feldzügen, Verwüstungen von Landstrichen, Standgerichten oder Hinrichtungen. Die Qualität eines »Kolonialkrieges« hatten diese Operationen nicht, hingegen fand ein solcher von 1904 bis 1907 in ▶ Deutsch-Südwestafrika statt.

Aus bestehenden Freiwilligen-Einheiten war dort 1894 die Kaiserliche Schutztruppe in Stärke von 15 Offizieren und 500 Mann aufgestellt worden, vier Kompanien berittener Infanterie, die bald durch eine Feldbatterie verstärkt wurden. Trotz immer wieder aufflackernder Kämpfe, vor allem untereinander, hatten sich die eingeborenen Stämme im Großen und Ganzen der deutschen Herrschaft unterworfen. Zunehmende Landnahme durch die Europäer und der Eisenbahnbau sowie Ungerechtigkeiten und Misshandlungen führten zu Unruhen in der Bevölkerung und Anfang 1904 zum Aufstand der Hereros. Nördlich der Hauptstadt Windhuk wurden die Telegrafenleitungen durchschnitten, die Eisenbahn unterbrochen, mehrere Farmen und eine Militärstation überfallen und in wenigen Tagen 123 Deutsche umgebracht. Da die um drei Kompanien und zwei Batterien verstärkte Schutztruppe der Lage nicht Herr werden konnte, befahl der Kaiser die Entsendung von etwa viertausend Mann Verstärkungen: zunächst ein Bataillon Marine-Infanterie, dann 20 Kompanien berittener Infanterie, acht Feldbatterien Artillerie, zwei MG-Abteilungen und Unterstützungsteile.

Die Hereros konnten vereinzelte Erfolge verzeichnen, besonders wenn es ihnen gelang, kleinere Einheiten in Hinterhalte zu locken. Doch ihre Operationsführung blieb relativ unbeweglich, weil sie sich nicht von ihren Familien und vor allem von ihren Viehherden trennen wollten und nur die offene Feldschlacht suchten. Mitte 1904 zogen sich etwa 60 000 Männer, Frauen und Kinder im Großraum um den Waterberg zusammen. Der neue Befehlshaber der Schutztruppe, Generalleutnant Lothar von Trotha, griff Mitte August den Waterberg mit sechs Abteilungen (1500 Mann), zwölf MGs und 30 Geschützen konzentrisch an. Nach zwei Tagen harter Kämpfe wurden die ▶ Hereros in die wasserlose Kalahariwüste abgedrängt und dort abgeriegelt, in der zehntausende Männer, Frauen und Kinder elendig umkamen.

Noch während der Verfolgung und Abriegelung der Hereros in der Kalahari erhoben sich im Oktober 1904 im Süden überraschend die ▶ Nama (Hottentotten) unter dem Häuptling ▶ Hendrik Witbooi. Die deutschen Truppen mussten noch einmal verstärkt werden und hatten Mitte 1905 schließlich eine Stärke von etwa 1000 Offizieren und Sanitätsoffizieren und knapp 20 000 Mann. Obwohl das Namavolk nur 20 000 Menschen und wenige tausend Krieger zählte, gelang es den deutschen Truppen nur schwer, den Aufstand zu unterdrücken. Die Namakrieger kämpften äußerst beweglich, ihr Land war unerschlossen, Eisenbahnen und befestigte Wege gab es nicht, zudem war das Wasser knapp. So zog sich ein erbitterter und zäher Kleinkrieg über Monate hin. Erst im März 1907 wurde der Kriegszustand offiziell aufgehoben und die Schutztruppe auf knapp 2000 Mann verkleinert. Die deutschen Verluste betrugen rund 1600 Mann, die Kosten des Krieges lagen bei über 400 Millionen Mark, das entsprach den Baukosten von 15 Linienschiffen der Deutschland-Klasse.

Die taktischen Erfahrungen aus den Feldzügen wurden kaum ausgewertet, weil sie, so die Militärs in der Heimat, gegen einen »minderwertigen« und nicht mit europäischen Truppen vergleichbaren Gegner gemacht worden wären. Anerkannt wurde lediglich die Notwendigkeit, Infanterie und Kavallerie mit Maschinengeweh-

476

B Hendrik Witbooi (1834–1905)

Häuptling der Nama – Er vereinigte unter seiner Führung die zahlreichen ethnischen Gruppen der Nama. Von der deutschen Kolonialmacht wurde er 1896 als Oberhäuptling der Nama eingesetzt. Beim Aufstand der Herero 1904 unterstützte er zunächst die deutsche Schutztruppe mit Hilfstruppen, stellte sich aber im Oktober 1904 selbst an die Spitze der Widerstandsbewegung der Nama und führte einen Guerillakrieg gegen die Deutschen, der ihn das Leben kostete.

158 Hendrik Witbooi. Porträtaufnahme, zwischen 1894 und 1904.

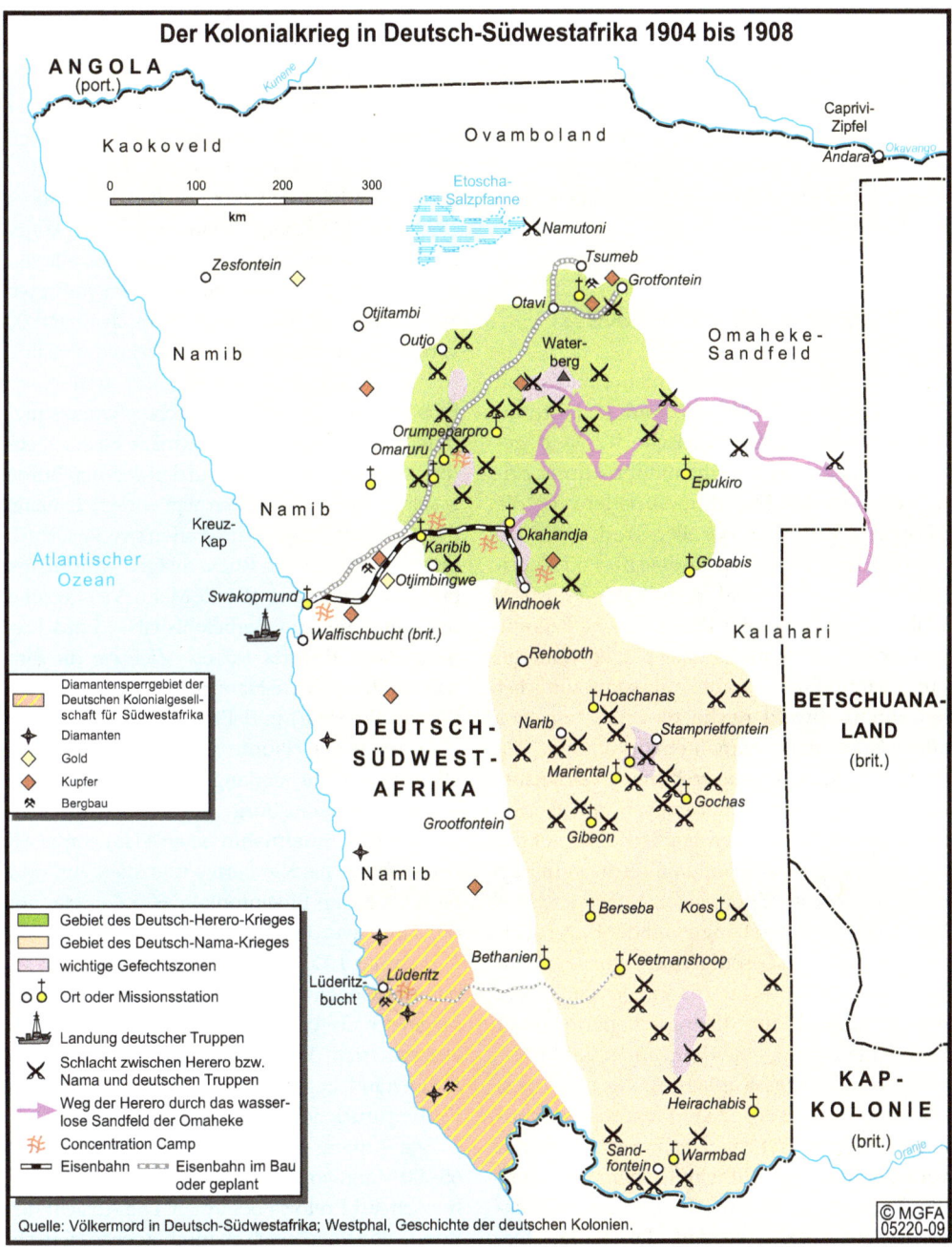

Der Kolonialkrieg in Deutsch-Südwestafrika 1904 bis 1908

ANGOLA (port.)

Kaokoveld

Ovamboland

Caprivi-Zipfel

Andara

Etoscha-Salzpfanne

Namutoni

Zesfontein

0 100 200 300
km

Otjitambi

Tsumeb

Grotfontein

Otavi

Outjo

Water-berg

Omaheke-Sandfeld

Namib

Orumpeparoro

Omaruru

Epukiro

Kreuz-Kap

Atlantischer Ozean

Namib

Karibib

Okahandja

Otjimbingwe

Swakopmund

Gobabis

Windhoek

Walfischbucht (brit.)

Kalahari

Rehoboth

Diamantensperrgebiet der Deutschen Kolonialgesell-schaft für Südwestafrika
◆ Diamanten
◇ Gold
◆ Kupfer
⚒ Bergbau

DEUTSCH-SÜDWEST-AFRIKA

Hoachanas

Narib

Stamprietfontein

Mariental

Gochas

BETSCHUANA-LAND (brit.)

Grootfontein

Gibeon

Namib

Berseba

Koes

Gebiet des Deutsch-Herero-Krieges
Gebiet des Deutsch-Nama-Krieges
wichtige Gefechtszonen
○ ● Ort oder Missionsstation
⚓ Landung deutscher Truppen
✕ Schlacht zwischen Herero bzw. Nama und deutschen Truppen
➔ Weg der Herero durch das wasser-lose Sandfeld der Omaheke
⚒ Concentration Camp
▭ Eisenbahn ▭ Eisenbahn im Bau oder geplant

Lüderitz-bucht

Lüderitz

Bethanien

Keetmanshoop

KAP-KOLONIE (brit.)

Heirachabis

Sand-fontein

Warmbad

Quelle: Völkermord in Deutsch-Südwestafrika; Westphal, Geschichte der deutschen Kolonien.

© MGFA 05220-09

477

Die Nama siedelten ursprünglich in Südafrika. Sie wurden aber im 17. Jahrhundert von den Buren verdrängt und in den »Hottentottenkriegen« unterworfen. Sie wanderten nach Südwestafrika und gerieten dort mit den Herero in Konflikt. Unter dem deutschen Protektorat beteiligten sie sich 1893/94 und von 1904 bis 1909 an Aufständen gegen die Kolonialherren. Diese wurden von der deutschen Schutztruppe blutig niedergeschlagen. Die innenpolitische Aus-einandersetzung über die deutsche Kolonialpolitik prägte die so genannten Hottentottenwahlen 1907.

ren auszustatten. Erwogen, aber nicht realisiert wurde die Aufstellung eines ständigen Eingreifverbandes für überseeische Einsätze. Im Ersten Weltkrieg versuchte die durch Siedler verstärkte Truppe, das Schutzgebiet gegen Truppen der Südafrikanischen Union zu verteidigen, und kapitulierte im Juli 1915.

3. Der Burenkrieg 1899–1902

Das von den überwiegend niederländischen *Buren* (ndl.; Bauern) im 17. und 18. Jahrhundert besiedelte südafrikanische Kapland gelangte Anfang des 19. Jahrhunderts unter britische Herrschaft. Damit unzufrieden, zog die Masse der Siedler im »Großen Treck« 1835 bis 1838 nach Norden und gründete dort die Republiken Natal, Transvaal und Oranje-Freistaat. Während Natal bereits 1843 britische Kolonie geworden war, konnten die beiden anderen Freistaaten ihre Unabhängigkeit zunächst bewahren, obwohl reiche Bodenschätze, vor allem Gold- und Diamantenvorkommen, die britischen Annexionsbestrebungen herausforderten. Außerdem unterbrachen die beiden Republiken das von den englischen Kolonialpolitikern angestrebte Kolonialreich »vom Kap bis Kairo« wie ein Sperrriegel. Neben anderen Versuchen, die Unabhängigkeit der Burenstaaten gewaltsam zu beseitigen, erregte vor allem der »Jameson-Raid« internationales Aufsehen: der zum Jahresbeginn 1896 gescheiterte Einfall Leander Jamesons, eines Vertrauten des Ministerpräsidenten des Kaplandes, Cecil Rhodes, mit einer Truppe von 800 Mann aus Betschuanaland gegen Pretoria. Der Erfolg der Buren veranlasste Kaiser Wilhelm II., dem Präsidenten Transvaals, ▶ Ohm Krüger, eine Glückwunschbotschaft zu senden, die »Krüger-De-

pesche«, die das deutsch-britische Verhältnis belasten sollte.

In den folgenden Jahren verschärfte sich der Konflikt, da die Burenrepubliken nicht bereit waren, den britischen Einmischungen in ihre inneren Verhältnisse nachzugeben. Im Oktober 1899 herrschte Kriegszustand. Die Buren konnten 37 000 Kämpfer aufbringen, die sich allmählich auf 55 000 verstärkten, die Briten verfügten zunächst über 27 000 Mann, die rasch auf 60 000 vermehrt wurden. Beide Seiten verzettelten ihre Kräfte, die Buren im Grenzschutz und durch Einschließung einiger britischer Grenzstützpunkte, die Briten durch Vormärsche auf mehrere Ziele. Ihre Vorstöße wurden von den Buren in erfolgreichen Gefechten abgewiesen. In Natal mussten 11 000 Briten die Waffen strecken. Nach diesen unerwarteten Rückschlägen schickte die britische Regierung 60 000 Mann Verstärkung und einen neuen Oberbefehlshaber, Lord Frederic Sleigh Roberts. Roberts Ziel war die Einnahme der beiden Hauptstädte Bloemfontain (Oranje-Freistaat) und Pretoria (Transvaal). Er ging mit seiner Hauptmacht von 40 000 Mann allerdings nicht entlang der Eisenbahnlinie Kapstadt–Johannisburg gegen Bloemfontain vor, sondern unternahm einen Flankenmarsch nach Westen bis Kimberley und stieß von dort nach Osten auf Bloemfontain. 60 Kilometer vor der Stadt wurden die burischen Truppen am 17. Februar 1900 umstellt. Nach zehn Tagen erbitterter Gegenwehr gingen 4000 Buren in Gefangenschaft. Auch aus dem Nordzipfel Natals mussten sich die Buren nach dreimonatigem Widerstand gegen die überlegenen britischen Kräfte zurückziehen.

Erst Anfang Mai 1900 konnte Roberts mit 65 000 Mann von Bloemfontain aus seinen Vormarsch auf Pretoria beginnen. Die Absicht der Buren, den Vormarsch abzuschlagen, scheiterte

478

Ohm Krüger (1825–1904)
B Präsident der Buren-Republik – Der in Südafrika geborene Paulus Krüger, genannt Ohm Krüger, war die zentrale Figur im Widerstand der Buren gegen England. Krüger wurde 1883 Präsident von Transvaal. In den folgenden Jahren gelang es ihm, erfolgreich die Unabhängigkeit der Buren-Republik zu verteidigen. Als sich im so genannten Burenkrieg 1899/1902 eine Niederlage der Buren abzeichnete, reiste Krüger nach Europa, dort bemühte er sich vergebens um Unterstützung.

159 Ohm Krüger. Farblithografie, um 1900.

160 Von links: Reiter aus Südwest-Afrika, Offiziere aus Südwest- und Ost-Afrika, Sudanese, Offizier und Unteroffizier aus Kamerun und Polizeisergeant aus Togo. Nach Aquarell von Richard Knötel.

161 Generalleutnant Lothar von Trotha. Porträtaufnahme, um 1906.

162 Leichte Reiterei der Burenarmee auf dem Weg an die Front. Foto, um 1899/1900.

479

163 Einrichtung von Concentration Camps durch die Briten zur Internierung der Buren, ab Mai 1900. Frau mit Kind. Undatiertes Foto.

In der militärischen Fachwelt wurde die Frage diskutiert, wieso ein »unprofessioneller« Verteidiger so lange einem weit überlegenen Gegner Stand halten konnte. Jeder Bure, von klein auf an die Jagd und das Reiten gewöhnt, war ein vorzüglicher Einzelkämpfer und Scharfschütze, der zahlenmäßig drei bis fünf reguläre Soldaten aufwog (Winston Churchill). Doch die Stärke der Buren lag in der Defensive, taktische Abwehrerfolge wurden nie energisch offensiv ausgenutzt. Vielmehr kam es vor, dass ganze Reitertrupps nach einem solchen Abwehrerfolg für einige Zeit zu ihren Farmen zurückkehrten. Eine geschickte Geländeausnutzung, das Eingraben oder die Anlage einfacher Feldbefestigungen, vor allem aber die hohe Feuergeschwindigkeit der modernen rauchschwachen Gewehre, erlaubten es, die Feuerlinie so dünn zu besetzen wie bisher nicht vorstellbar. Die Briten griffen in dichten Schützenlinien, gefolgt von geschlossenen Bataillonen, gegen einen »unsichtbaren« Feind auf einem »leeren« Gefechtsfeld an. Die Verluste waren entsprechend hoch und demoralisierend. Neben schwer wiegenden Fehlern der Führung wurde deshalb die britische Infanterietaktik, die zu dicht in sich aufgeschlossenen Schützen, als Ursache für die Misserfolge erkannt. Die Folgerung in den europäischen Generalstäben war, die angreifende Infanterie noch mehr in Schützenschwärme aufzulösen, nicht von vornherein kampfkräftige Schützenlinien zu entwickeln, sondern nach und nach durch Einschieben von Gruppen, um an einer Stelle die konzentrische Feuerüberlegenheit zu gewinnen und in die Verteidigungslinie einzubrechen. Ein solches Angriffsverfahren wurde 1902 in Deutschland erprobt, ohne dass es allerdings zu einer Anpassung der Gefechtsvorschriften aus dem Jahr 1888 kam.

an der Übermacht der Briten. Mit 4000 Kämpfern wichen sie nach Norden, dann nach Osten in Richtung Moçambique aus. Ende August wurden die letzten zusammenhängenden Verbände zerschlagen. Obwohl der Krieg damit eigentlich zu Ende war, zog sich ein Kleinkrieg noch bis Mai 1902 hin. Immer wieder schlugen kampfkräftige Reiter-Kommandos zu, unterbrachen Verbindungslinien, überfielen Nachschubkolonnen und hoben Stützpunkte aus. Die Folge war, dass die Briten schließlich 30 Brigaden und zwei Divisionen in kleinen Stützpunkten über das ganze Land, vor allem entlang den Eisenbahnen, dislozieren mussten. An den Eisenbahnen und wichtigsten Straßen errichteten sie befestigte Blockhauslinien und wandten zusätzliche Zwangsmaßnahmen an: 30 000 Farmen wurden niedergebrannt und die dort lebenden Burenfamilien in so genannte Concentration-Camps verbracht. Beim Friedensschluss im Mai 1902 standen noch immer über 15 000 Buren unter Waffen.

4. Der Russisch-Japanische Krieg 1904/05

Seit der Mitte des 19. Jahrhunderts erlebte das bis dahin abgeschottete Japan eine Phase stürmischer Modernisierung und begann wenige Jahrzehnte später, in Ostasien eine imperiale Politik nach westlichem Vorbild zu betreiben. Die japanische Expansion zielte auf Korea und die Mandschurei und geriet damit in Konflikt mit China, zusätzlich aber in Konkurrenz zur russischen Fernostpolitik, die Nordostchina als russisches Einflussgebiet beanspruchte. Nach dem Chinesisch-Japanischen Krieg 1894/95 musste China Formosa und die Halbinsel Kwantung mit dem Hafen Port Arthur an Japan abtreten und die »Unabhängigkeit« Koreas anerkennen. Auf Betreiben der europäischen Großmächte blieb Kwantung jedoch chinesisch. Japan fühlte sich gedemütigt, noch stärker 1898, als der eisfreie Hafen Port Arthur durch Pachtvertrag an Russland gelangte. Als die Russen eine Abzweigung der Transsibirischen Eisenbahn von Wladiwostok zur Kwantung-Halbinsel in Angriff nahmen und den Boxerkrieg 1900 dazu benutzten, sich mit Truppen in der Mandschurei festzusetzen, war der militärische Konflikt unausweichlich.

Nach Ausschaltung der russischen Pazifikflotte durch einen Überraschungsangriff auf Port Arthur im Februar 1904 landeten japanische Expeditionskorps ungehindert in Korea und in der Mandschurei. Im Russisch-Japanischen Krieg ragen zwei Operationen heraus: die Belagerung von Port Arthur und die Schlacht bei Mukden, heute Shenyang.

Um Port Arthur entbrannte ein mörderischer Stellungskrieg, bei dem etwa 58 000 Japaner und 38 000 Russen fielen. Veränderte Angriffs- und Verteidigungstaktiken, neue Waf-

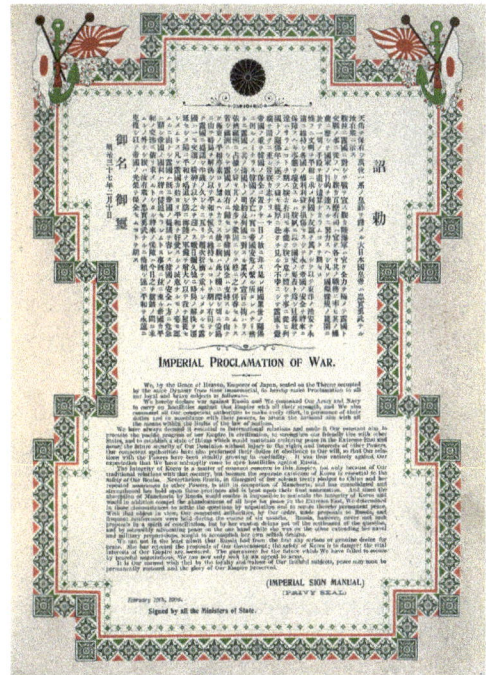

164 Offizielle Kriegserklärung Japans an Russland, 10. Februar 1904.

fen, die fatale Wirkung des Maschinengewehrs – all das, was im Ersten Weltkrieg zur Überlegenheit der Defensive und zum Grabenkrieg führen sollte, zeichnete sich hier schon ab. Nach 154 Tagen Belagerung kapitulierte die Festung. Inzwischen hatten die Japaner das russische Feldheer in mehreren, vor allem für die Infanterie äußerst verlustreichen Gefechten nach Nordosten zurückgedrängt. Im Oktober 1904 standen sich bei Mukden 210 000 Russen und 170 000 Japaner gegenüber. Eine russische Offensive mit dem Ziel der Entsetzung Port Arthurs wurde von den Japanern abgewiesen. In der anschließenden Ruhephase wurden beide Seiten auf jeweils 300 000 Mann verstärkt. Ende Februar 1905 begann die japanische Offensive, 481

165 Die russische Ostseeflotte passiert auf dem Weg nach Ostasien den Suezkanal. Farbdruck, 1904.

Mitte März entzogen sich die Russen einer drohenden Umklammerung durch Rückzug. Für eine Verfolgung war der Angreifer zu erschöpft. Mit 600 000 Soldaten und 2400 Geschützen war die Schlacht die größte vor dem Ersten Weltkrieg. Die Verluste des Siegers betrugen rund 40 000 Mann, die der Russen 90 000.

Nachdem die russische Ostseeflotte, im Oktober 1904 nach Ostasien in Marsch gesetzt, nach einem Anmarschweg von 18 000 Seemeilen – 33 000 Kilometer – am 27. Mai 1905 bei Tsushima durch die japanische Flotte vernichtet worden war, erhielt Japan im Frieden von Portsmouth/USA die Halbinsel Kwantung zurück sowie die Südspitze der Halbinsel Sachalin; Russland musste seinen Einfluss in der Mandschurei aufgeben. Die politische Folge war, dass sich die russischen Interessen vom

Fernen Osten abwandten und wieder verstärkt auf den Balkan richteten. Damit war ein Spannungsfeld beseitigt, das bisher zwischen Russland und Großbritannien stand, ein anderes sollte sich jedoch erheblich verschärfen: Die Rivalität zwischen Russland und Österreich-Ungarn auf dem Balkan, die schließlich zum Auslöser des Ersten Weltkrieges wurde.

Auf deutscher Seite herrschte allgemeine Zufriedenheit darüber, dass die Japaner die Grundzüge des deutschen Infanterie-Reglements von 1888 übernommen hatten und dass diese sich bewährt hatten. Die ungeheuren Verluste der japanischen Infanterie beim Angriff wurden als »Anfangsverluste«, wie bei jedem Feldzug, beschönigt. Das Angriffsverfahren entwickelte sich allerdings während des Krieges weiter zu noch größerer Auflockerung. Nach dem Ersten Weltkrieg wurde in Deutschland wie bei seinen Gegnern gegen die damalige Führung der Vorwurf erhoben, den Stellungskämpfen im Fernen Osten keine Beachtung geschenkt zu haben. Trotz seiner Bedeutung in der Mandschurei hielten die Generalstäbe den Stellungskrieg unter europäischen Verhältnissen für fast ausgeschlossen – hier würde die schnelle Entscheidung im Bewegungskrieg fallen. Die japanischen Angriffserfolge unter schwersten Bedingungen gegen Feldbefestigungen förderten sogar die Überzeugung, dass mit dem nötigen Offensivgeist ein Infanteriesturm zum Sieg führen würde. Im neuen Exerzierreglement für die Infanterie von 1906 fand deshalb der Stellungskrieg kaum Beachtung, während es ansonsten eine zeitgemäße Reaktion auf die moderne Waffenentwicklung darstellte. Dies galt besonders für das Maschinengewehr, das bislang von deutscher Seite unterbewertet worden war. Während im Burenkrieg MGs kaum eine Rolle spielten, wurde ihre Wirksamkeit im

166 Schlacht bei Mukden (China) vom 21. Februar bis zum 11. März 1905. Sieg der Japaner unter Marschall Oyama über die Russen unter Kuropatkin. Farbdruck, 1905.

Russisch-Japanischen Krieg deutlich, was zu ihrem verstärkten Einsatz im Krieg gegen die Hereros und Namas und ab 1907 zur Aufstellung von MG-Kompanien, zunächst für jede Infanterie-Brigade, führte.

Im Russisch-Japanischen Krieg deutete sich das Bild zukünftiger Kriege an: hier bekämpften sich zwei verhältnismäßig modern und gleichartig ausgerüstete Gegner. Entwickelte sich seit 1906 eine ▸ Strategiediskussion im deutschen Kaiserreich, die auch die Bedeutung des Stellungskrieges thematisierte, so war die operativ-taktische Umsetzung eher verhalten. Zwar wirkte der Stellungskrieg des Ersten Weltkrieges im Westen als Neuheit, doch die Entwicklung dahin war bereits frühzeitig absehbar, wurde aber nur unzureichend berücksichtigt. Tatsächlich überrascht konnte der deutsche Generalstab hiervon jedoch nicht sein.

167 Zurückgeschlagener Landungsversuch der Japaner, Februar 1904. Farbdruck, 1904.

168 Kämpfe um den russischen Flottenstützpunkt Port Arthur vom 9. Februar 1904 bis zum 2. Januar 1905. Farbdruck, 1904.

483

Der Strategiestreit markierte den entscheidenden Wendepunkt der Militärgeschichte in Deutschland von einer Generalstabsdisziplin zu einem Teilbereich der Geschichtswissenschaft. Die Gegenstände der als »Strategiestreit« in die Geschichte eingegangenen Auseinandersetzung, die der Historiker Hans Delbrück mit verschiedenen Generalsstabsoffizieren jahrzehntelang austrug, lassen sich im Wesentlichen nach drei Kategorien unterscheiden: Im Vordergrund der Auseinandersetzung stand das Problem einer angemessenen Beurteilung der Strategie Friedrichs des Großen im Vergleich zu der Napoleon Bonapartes, dieser Fragestellung hat der Disput auch seinen Namen zu verdanken. Neben den inhaltlichen Gesichtspunkten im engeren Sinne, wobei über die Aussagekraft des Quellenmaterials aus dem 18. Jahrhundert diskutiert wurde, wies die Debatte auch eine theoretische Seite auf, sofern die Beteiligten sich um die Anwendung der vom Kriegstheoretiker und preußischen Offizier Carl von Clausewitz stammenden Begriffe und deren Anwendung uneins waren.

Geschichte der Kriegskunst

im Rahmen der politischen Geschichte.

Von

Hans Delbrück.

Erster Theil.

Das Alterthum.

Berlin 1900
Verlag von Georg Stilke.

169
Titelblatt der Erstausgabe, 1900.

170 Hans Delbrück.
Undatierte Porträtaufnahme.

Drittens ging es im Strategiestreit um die Frage ob das Fach Militärgeschichte eher der Geschichtswissenschaft oder den Kriegswissenschaften zugerechnet werden sollte. Der Strategiestreit wurde durch eine Rezension von Hans Delbrück in der Zeitung für preußische Geschichte und Landeskunde 1879 ausgelöst. Delbrück trat der amtlichen Kriegsgeschichtsschreibung entgegen, dass Friedrich der Große der erste »Niederwerfungsstratege« und somit Vorläufer Napoleons gewesen sei. Im Anbetracht der Heftigkeit, Reichweite und Dauer des darauf folgenden Strategiestreits muss der Stellenwert des friderizianischen Mythos und das vorherrschende Geschichtsbild im preußischen Militär in Rechnung gestellt werden. Delbrück war durch Quellenkritik zu der These gelangt, dass die Strategie Friedrichs II. darin bestanden habe Gebiete zu annektieren und nicht die Vernichtung des Gegners herbei zu führen.

171 Friedrich der Große.
Öl auf Leinwand von
Franz Skarbina.

172
Die Schlacht bei Zorndorf,
25. August 1758.
Gemälde von
Carl Röchling.

173
Ansprache Bonapartes
an die Armee vor der
Schlacht bei den
Pyramiden am
21. Juli 1798.
Öl auf Leinwand von
Antoine-Jean Gros, 1810.

174
Bonaparte, die Alpen überschreitend (Großer St. Bernhard, 20. Mai 1800).
Öl auf Leinwand von Jacques Louis David.

Trotz der Ablehnung dieser These ließ die Detail- und Quellenkritik Delbrücks die Historische Abteilung des General-stabs nicht unbeeindruckt, sondern nötigte die Generalstabsoffiziere zur Aneignung methodischer Quellenkritik und schließlich zur Überprüfung eigener Positionen. Die Historische Abteilung musste Teilaspekte der Delbrück'schen These übernehmen. Die Unterschiedlichkeit der Strategie Friedrichs II. und Napoleons wurde anerkannt und der Ver-such aufgegeben, die Kriegführung Friedrichs des Großen als »Niederwerfungsstrategie« zu deuten. Der Fortgang der Auseinandersetzung wurde nun weniger von inhaltlichen als mehr von theoretischen Aspekten geprägt. Delbrück war in Anlehnung an Clausewitz davon ausgegangen, dass es im Grunde nur zwei Formen der Strategie gebe. Er unterschied die Ermattungsstrategie auf der einen und die Nieder-werfungsstrategie auf der anderen Seite. Das starre Festhalten Delbrücks an die-sen beiden Idealtypen der Strategie war missverständlich, weil Clausewitz' Werk »Vom Kriege« bei seinem frühzeitigen Tod noch nicht abgeschlossen war und es somit Raum für verschiedene Deu-tungen bot. Das preußische Militär hatte aufgrund der Interpretationen Clause-witz' den Vernichtungsgedanken zum all-gemeinen Prinzip erfolgreicher Strategie erklärt. Deshalb waren Delbrücks Thesen für die preußischen Generalstabsoffi-ziere sehr provokant, die Identifizierung Friedrichs II. mit der als minderwertig er-achteten Ermattungsstrategie kam noch hinzu. Aus dem Strategiestreit ging keine Seite als eindeutiger Sieger hervor. In Folge dieser Auseinandersetzung gelang es die Geschichte der bewaffneten Macht in die Universitäten zu holen und als Be-standteil der Geschichtswissenschaft zu etablieren.

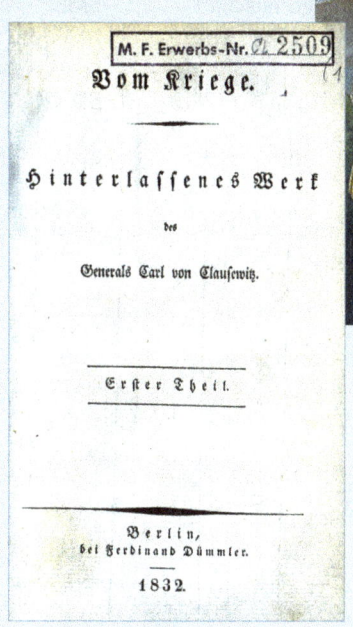

175 Carl von Clausewitz.
Farblithografie nach dem
Gemälde von Wilhelm Wach,
um 1820.

176
Titelblatt der Erstausgabe,
1832.

AA	Auswärtiges Amt		Inf.	Infanterie
abgedr.	abgedruckt		i.T.	im Taunus
Abt.	Abteilung		ital.	italienisch
a.D.	außer Dienst		Jg.	Jahrgang
ADAP	Akten zur deutschen auswärtigen Politik		Kav.	Kavallerie
			kis.	kisuaehli
ADAV	Allgemeiner Deutscher Arbeiter- verein		k.u.k.	kaiserlich und königlich
			lat.	lateinisch
Adj.	Adjutant		leg. per.	Legislaturperiode
AEG	Allgemeine Elektrizitäts-Gesellschaft		MGFA	Militärgeschichtliches Forschungs- amt
ahd.	althochdeutsch			
A.K.	Armeekorps		MGM	Militärgeschichtliche Mitteilungen
a.M.	am Main		MGZ	Militärgeschichtliche Zeitschrift
a.Rh.	am Rhein		mhd.	mittelhochdeutsch
Art.	Artillerie		MHM	Militärhistorisches Museum Dresden
Aufl.	Auflage			
BA-MA	Bundesarchiv-Militärarchiv		n.Chr.	nach Christus
BArch	Bundesarchiv		ndl.	niederländisch
Bd/Bde	Band/Bände		neubearb.	neubearbeitet
BdL	Bund der Landwirte		N.F.	Neue Folge
bearb.	bearbeitet		No.	Nummero
BRD	Bundesrepublik Deutschland		Nr.	Nummer
bzw.	beziehungsweise		NVA	Nationale Volksarmee
d.Ä.	der Ältere		Rgt.	Regiment
DDR	Deutsche Demokratische Republik		OKK	Oberkriegskollegium
DFV	Deutscher Flottenverein		S.	Seite
DHM	Deutsches Historisches Museum		SED	Sozialistische Einheitspartei Deutschland
Diss.	Dissertation (= Doktorarbeit)			
d.J.	der Jüngere		SM	Seine Majestät
DKG	Deutsche Kolonialgesellschaft		SMS	Seiner Majestät Schiff
d.R.	der Reserve		SMSS	Seiner Majestät Schiffe
D.V.E.	Druckvorschrift		span.	spanisch
ed.	edition/edited (= Auflage/heraus- gegeben)		SPSG	Stiftung preußische Schlösser und Gärten
E.K.	Eisernes Kreuz		St.	Sankt
engl.	englisch		T.	Teil
e.V.	eingetragener Verein		türk.	türkisch
f.	und folgende Seite		u.a.	unter anderem/ und andere
franz.	französisch		u.Ä.	und Ähnliches
germ.	germanisch		ursp.	ursprünglich
GG	Geschichte und Gesellschaft		USS	United States Ship
gr.	griechisch		v.a.	vor allem
GWU	Geschichte in Wissenschaft und Unterricht		v. Chr.	vor Christus
			VfZ	Vierteljahreshefte für Zeitgeschichte
hrsg.	herausgegeben		vol.	Volume (= Band)
HZ	Historische Zeitschrift		z.B.	zum Beispiel
i.Br.	im Breisgau		ZfH	Zeitschrift für Heereskunde
i.G.	im Generalstab		zit.	zitiert

Verzeichnis der Sachtexte

Personenregister

Es sind lediglich die Personen der Zeitgeschichte angegeben, die im Haupttext Erwähnung finden. Die Platzierung des jeweiligen Biogramms, falls vorhanden, ist fett ausgezeichnet.

Deutscher Bund
  akg-images 1–3, 8–11, 14, 16–23, 27 f., 30 f., 36, 52–55, 57, 63–67, 69, 74–76, 93–96, 102, 106, 110 f.,
  113, 115, 117, 119, 125 f., 128, 132 f., 135–137, 140, 143 f., 146–157, 159, 162–164 *Remigius Geyling /
  VG Bild Kunst/ Bonn 2017*: 68 *Electa*: 158 *Erich Lessing*: 5, 24, 26 *Visioars*: 25 **Bundesarchiv in Berlin**
  62, 112 **bpk Bildagentur** 4, 6 f., 13, 35, 38, 41, 44–47, 49 f., 107, 129, 131, 138, 161 *Geheimes Staats-
  archiv/SPK*: 37, *Nationalgalerie, SMB/Jürgen Liepe*: 56: *Félicien Faillet*: 45 *Marianne Harenberg-Aldick*:
  60 *Knud Petersen*: 32 (Kunstbibliothek/SMB), 71 (Kunstbibliothek/SMB), 87 (Kunstbibliothek/
  SMB), 101 (Kunstbibliothek/SMB) *Elke Walford*: 42 (Hamburger Kunsthalle) **Marineschule Mürwik** 118, 121, 124 **MGFA** 91 **Militärhistorisches Museum Dresden** 15, 34, 39 f., 43, 47, 51, 58 f.,
  70, 77–86, 88, 92, 97–100, 116, 122, 127, 130, 134, 139, 141 f., 145, 160 **Schifffahrtsmuseum Kiel**
  120, 123 **Dirk Sieg, Bonn** 109 **Stiftung Preußische Schlösser und Gärten** 29 ullstein bild 33,
  48, 114 *Archiv Gerstenberg*: 12, 61, 73 *Granger Collection*: 72 *Hartmann*: 108 **Wehrgeschichtliches
  Museum Schloss Rastatt** 104 f.

Reichsgründung
  akg-images 1, 2, 4 f., 7–18, 20, 23, 26, 28 f., 31–33, 35–38, 40 f., 43–45, 47, 49 f., 53, 57, 62, 64–68,
  72, 76, 78, 80, 83, 88, 91 f., 96–98, 102–104, 106, 109–114, 116, 118, 122, 124, 126 f., 131–133, 136 f.
  Erich Lessing: 19, 27 *Sotherby's*: 120 **bpk Bildagentur** 3, 6, 46, 117, 130: Kunstbibliothek/SMB, 135,
  138 *Joseph Albert: 100 Marianne Harenberg-Aldick: 107 J. Schäfer: 99* **Otto-von-Bismarck-Stiftung,
  Friedrichsruh 125, 134 Deutsches Historisches Museum, Berlin 71 Deutsches Museum, München 51 Erinnerungsstätte für die Freiheitsbewegungen in der deutschen Geschichte, Rastatt
  115 Hamburger Kunsthalle 73 Militärhistorisches Museum Dresden** 24, 30, 39, 48, 52, 55 f., 58,
  60 f., 63, 74, 82, 84–87, 89 f., 93 f., 101, 105, 121, 123, 128 f. **Karl-Volker Neugebauer, Potsdam** 54,
  59 **Dirk Sieg, Bonn** 95 **Stiftung Stadtmuseum Berlin** 34 ullstein bild 69 f., 75, 79, 108 *Giribas: 25
  Imagno: 119 Heritage images/Ann Ronan Pictures: 42*

Kaiserreich
  akg-images 3–6, 8, 11, 14, 16–19, 23–26, 28–33, 35–38, 43–46, 48, 50–55, 57–59, 61–69, 73–77,
  79 f., 82, 84–86, 88, 90, 95, 101, 104, 109, 113–115, 119, 121–123, 126–128, 132, 135, 146 f., 151–168,
  172, 174 f. *Erich Lessing*: 12 *Sammlung Franz Toth*: 70 *Visioars*: 173 **BArch** 96: Bild 146-1974-132-26A,
  Bundesarchiv in Berlin 71, 89, 92, 103, 106, 110, 143 **Bundesarchiv in Freiburg i.Br.** 91, 124 f.,
  137 f. **Otto-von-Bismarck-Stiftung, Friedrichsruh** 56 **bpk Bildagentur** 10, 150 **Landesinstitut
  für Schule und Medien** 94 **Luftwaffenmuseum der Bundeswehr** 105 **Marineschule Mürwik**
  83, 87, 130 f., 134, 141 f., 144 f., 149 **Martin Luther Universität zu Halle, Zentrale Kustodie** 9
  MGFA 81, 129, 169 f., 176 **Militärhistorisches Museum Dresden** 47, 49, 72, 93, 99 f., 102, 108, 112,
  116–118, 120, 136, 139 **Stiftung Preußische Schlösser und Gärten** 13 ullstein bild 1, 7, 20–22, 27,
  39–41, 60, 78, 107, 111, 148 *Granger, NYC*: 140 *Schnellbacher*: 133 *Julhaase*: 15, 107 *Viollett*: 34 *Gircke*:
  42 *Tietzenthaler*: 97 **Wehrgeschichtliches Museum Schloss Rastatt** 2, 98, 171

Autoren

Michael Busch, Dr., Universität Rostock

Michael Epkenhans, PD Dr., Geschäftsführer der Otto-von-Bismarck-Stiftung, Friedrichsruh

Winfried Heinemann, Dr., Oberst, MGFA, Potsdam

Stephan Huck M.A., Geschäftsführer der Stiftung Deutsches Marinemuseum, Wilhelmshaven

Herbert Kraus M.A., Fregattenkapitän, Militärhistorisches Museum, Dresden

Karl-Volker Neugebauer, Dr., Wissenschaftlicher Direktor, MGFA, Potsdam

Werner Rahn, Dr., Kapitän zur See a.D., Berlin

Matthias Rogg, Dr., Oberstleutnant, BMVg, Berlin

Dieter Storz, Dr., Bayerisches Armeemuseum, Ingolstadt